ISBN 978-0-364-20698-0
PIBN 10686529

Stimmen aus Maria-Laach.

Katholische Blätter.

Dreizehnter Band.

Freiburg im Breisgau.

Herder'sche Verlagshandlung.

1877.

Zweigniederlassungen in Strassburg, München und St. Louis, Mo.

Das Recht der Übersetzung in fremde Sprachen wird vorbehalten.

Buchdruckerei der Herder'schen Verlagshandlung in Freiburg.

Inhalt des dreizehnten Bandes.

Recensionen.

Miscellen.

Die Andacht zum göttlichen Herzen Jesu.

III. Wirkungen der Herz-Jesu-Andacht.

Der Sieg der göttlichen Werke besteht nicht bloß in einer materiellen Bewältigung der feindlichen Mächte, sondern auch in einer Fülle des Segens, welchen sie über die Welt ausgießen. So sehen wir es auch an der Herz-Jesu-Andacht. Daher müssen wir denn auch noch den Versuch machen, ein Bild ihrer herrlichen Früchte und Wirkungen zu entwerfen. Wir Kinder des 19. Jahrhunderts, die wir die zweite Säcularfeier der Offenbarung der Andacht erlebten, haben den Vortheil, sie auf ihrem zweihundertjährigen Gang durch die Welt begleiten zu können, und bei dem Anblick der Segensfülle, die sie begründet, haben wir nur eine Besorgniß, diejenige nämlich, daß unsere Darstellung allzu weit hinter der Wirklichkeit zurückbleiben möge. Es sind eben nur flüchtige Umrisse, die wir zu entwerfen im Staube sind, und wie Vieles, was in den Herzen gewirkt worden, entzieht sich nicht unseren Blicken!

Welches wird aber der Standpunkt sein, von dem aus wir einen Überblick über die zahllosen Segnungen gewinnen können? Es gibt wohl keinen andern als Christus selbst. Als ewiges Wort, Gott, Schöpfer und Erlöser ist er der Urheber, Erhalter, Träger des natürlichen und übernatürlichen, des einzelnen und des gesellschaftlichen Lebens, Alles trägt er durch das Wort seiner Kraft, Alles ruht ursprünglich, quellenhaft in ihm, geht von ihm aus und wird durch seine göttliche Kraftwirkung seinem Ziele zugeführt, alle Ordnungen und Abstufungen des Daseins und des Lebens sind nur ein Abbild, gleichsam eine Ausstrahlung seines eigenen inneren und äußeren, seines göttlichen und menschlichen Lebens; er ist Alles in Allem [1]. Der Mittelpunkt nun seines persönlichen, physischen und moralischen Menschenlebens ist, wie wir gesehen, sein göttliches Herz;

---

[1] Koloss. 1, 15 ff.

wie es aber gleichsam die Seele dieses seines Lebens ist, so wird es auch die Seele und Quelle der Mittheilungen und Wirkungen dieses seines Lebens sein. Alles reiht sich mithin als herrlicher, unendlicher Kranz um das göttliche Herz. So haben wir in dem Umfange der natürlichen und übernatürlichen Ordnung verschiedene Kreise von wohlthätigen Wir=kungen: vor Allem die Segnungen für den Einzelnen, dann für die ge=sellschaftlichen Verbindungen in Familie und Staat und Kirche, und endlich die Segnungen für die Welt.

Als Leitfaden in diesem weiten Felde des Segens dienen uns einer=seits die Verheißungen, die der Heiland selbst an die Andacht geknüpft, und andererseits die Daten deren wirklicher Erfüllung.

1. Beginnen wir mit den Segnungen für den Einzelnen. Wie groß und rührend sind da nicht die Versprechungen des Heilandes! Sie umfassen das ganze christliche Leben, die Interessen für Zeit und Ewig=keit. Was anders haben wir denn hienieden vor Allem nothwendig, als daß wir in der rechten Ordnung und Richtung zu Gott, d. h. auf dem Wege des Heiles seien? Dazu ist vor Allem nöthig, daß wir, als lebendige Glieder dem mystischen Leibe Christi eingefügt, die heiligmachende Gnade besitzen; sie ist es, die das Reich Christi im engeren Sinne ummarkt. Der Zustand der Gnade aber setzt das Freisein von der Herrschaft Satans durch die Tilgung der schweren Sünden voraus und fordert, falls wir die Taufgnade verloren, vor Allem die Gnade der Bekehrung.

Gerade dieses nun bietet vor Allem das göttliche Herz seinen Ver=ehrern. Deßhalb sagte er zu seiner Dienerin, er habe diese Andacht geoffenbart, „um das Reich Satans zu stürzen, um Unzähligen das Leben wiederzugeben, um sie vom Wege des Verderbens zu retten, den Klauen Satans, in denen sie schon lagen, zu entreißen [1]; um den Menschen die Schätze seiner Liebe, seiner Barmherzigkeit, der Gnade, der Heiligung und des Heiles, welche sein Herz umschließe, mitzutheilen [2]; um vielen armen, undankbaren, ungläubigen Herzen, die sonst zu Grunde gingen, seine Barmherzigkeit zu Gute kommen zu lassen" [3]. Und wie die Andacht die heiligmachende Gnade vermittelt, so erhält sie dieselbe auch. „Ich kann nicht glauben," sagt die sel. Margaretha, „daß Seelen,

---

[1] Lettre 98. 106. 114. 117.
[2] Lettre 126. 39.
[3] Lettre 54.

welche dem göttlichen Herzen geweiht sind, durch die schwere Sünde unter die Herrschaft Satans fallen." [1]

Welch' einen herrlichen und großartigen geschichtlichen Commentar aber liefern zu diesen Worten die zahlreichen Zeitschriften zur Verehrung des göttlichen Herzens in allen Ländern und Zungen! Kann man ein Blatt derselben zur Hand nehmen, ohne auf solche Gnadenwirkungen des göttlichen Herzens zu stoßen? Es würde uns zu weit führen, wollten wir hier auch nur das eine oder das andere mittheilen [2].

Die heiligmachende Gnade ist uns aber bloß gegeben als erstes Erforderniß des übernatürlichen Lebens, als ein Fruchtsame, der in Werken der Tugend und Vollkommenheit entsprießen und Früchte des ewigen Lebens tragen soll. Auch hier greift das göttliche Herz ent= wickelnd und treibend ein. Erstaunlich ist, was die Selige den gott= liebenden und nach Vollkommenheit ringenden Seelen in Aussicht stellt. Diese Andacht, sagt sie, berge eine unerschöpfliche Quelle des Heiles, einen Schatz von Liebe und Gnade, einen unendlichen Reichthum, um das Werk der Heiligung und Vervollkommnung zu vollenden; durch diese Andacht beabsichtige der Heiland, sich eine große Zahl von treuen Dienern, vollkommenen Freunden und dankbaren Kindern zu schaffen. „Ich glaube nicht," fährt sie in einem Briefe an P. Rollin fort, „daß es eine Übung im geistlichen Leben gibt, welche eine Seele in so kurzer Zeit zur höchsten Vollkommenheit zu erheben im Stande ist und welche sie die ganze Süßigkeit des Dienstes Jesu Christi kosten läßt . . . Sorgen Sie, daß besonders die Ordenspersonen diese Andacht pflegen; sie wer= den so viel Hilfe darin finden, daß es keines andern Mittels bedarf, um den rechten Eifer und die genaueste Regelmäßigkeit in der verkom= mensten Genossenschaft herzustellen und diejenigen, die gut bestellt sind, zum höchsten Gipfel der Vollkommenheit zu erheben." [3] „Es ist diese Andacht der sicherste Weg zur Vollkommenheit" [4], und zugleich der leich= teste und angenehmste; sie vergleicht das Ordensleben mit einer Fahrt auf dem Strome: „der Steuermann" sei der Heiland, „sein liebendes Herz der sichere Nachen", sanft und gewiß komme man zum Ziele [5].

---

[1] Lettre 48.

[2] Nur auf einige sei hier beispielsweise hingewiesen, die uns bei flüchtigem Durch= blättern eines einzigen Jahrgangs des „Sendboten des göttlichen Herzens" in's Auge fallen: Jahrg. 1873, S. 301, 382, 340, 339, 306, 267, 237, 168, 150, 199. Vgl. auch Jahrg. 1872, S. 116, 207. Jahrg. 1868, S. 295 u. s. w. u. s. w.

[3] Lettre 132.   [4] Lettre 53.   [5] Lettre 89.

Schon die Selige selbst konnte durch Beispiele die Wahrheit ihrer Worte beweisen. So sagt sie vom ehrw. P. de la Colombière, sie sei überzeugt, daß er sich durch diese Andacht in so kurzer Zeit zu einer so hohen Vollkommenheit emporgeschwungen [1]; von der Familie ihres Bruders, die auch eine Herz-Jesu-Kapelle hatte errichten lassen, erzählt sie, man könne nicht glauben, was diese Andacht in derselben gewirkt habe [2]; viele Personen übten sie zum großen Nutzen ihrer Seele, und große Frucht und Änderung bringe dieselbe in denen hervor, die sich ihr mit Eifer hingäben [3]; ganz wunderbare Frucht habe das Kloster von Semur aus der Annahme dieser Andacht gezogen. Dasselbe bezeugt die Geschichte von dem Kloster in Paray [4]. Es waren gewiß diese herrlichen Verheißungen und Früchte, welche das Concil von Cashel in Irland veranlaßte, den Predigern und Seelsorgern die Andacht zur Verbreitung und Förderung, namentlich bei denjenigen, die nach der Vollkommenheit streben, zu empfehlen [5]. Und das Concil von Avignon nimmt keinen Anstand, die Worte der Seligen mit dem Ausspruche zu bestätigen, es gebe keine Andacht, welche in reicherem Maße die Schätze der Gnaden an die Menschen vermittle [6]. So viel ist gewiß und die Geschichte der Andacht beweist es, alle Jene, welche im Laufe der beiden letzten Jahrhunderte sich besonders um die Einführung und Verbreitung der Andacht bemühten, wie die Bischöfe Languet, Belsunce, Beaumont und so viele Andere, Priester und Laien, deren wir früher Erwähnung gethan, waren Männer von hervorragender Frömmigkeit und Sittenreinheit, von bewunderungswürdiger Glaubensfestigkeit, von heldenmüthiger Opferwilligkeit, wahre Säulen der Kirche im Kampfe gegen den Unglauben und die Häresie.

Aber nicht allein geistliche Schätze, nein, häufig auch Abhilfe in zeitlichen Nöthen hat das heiligste Herz seinen Verehrern verheißen und verliehen. Stets hat sich das Wort der Seligen bewährt: „Die Personen in der Welt werden durch diese liebenswürdige Andacht alle für ihren Stand nöthige Hilfe finden, Aufmunterung und Erleuchtung in ihren Arbeiten und Mühen, Segen und Gnade für all' ihre Unternehmungen und Trost

---

[1] Lettre 48.   [2] Lettre 103.   [3] Lettre 45.
[4] Lettre 48.   Vie et Oeuvres, I. p. 244.
[5] Concil. Casseliense a. 1853. Acta et decr. conc. recent. Collect. Lac. T. III. p. 839.
[6] Concil. Avenion. a. 1849. Collect. Lac. T. IV. p. 364.

in allen Widerwärtigkeiten."[1] Die Beispiele ließen sich auch hier leicht häufen, von den Tagen der Seligen, die schon mehrere Fälle wunderbarer Hilfe in Noth und Krankheit verzeichnete[2], bis herab auf unsere Tage; ein einziges Beispiel aber möge genügen. P. J. Galliset verbaukte einem Gelübde zum göttlichen Herzen die Rettung seines Lebens aus einer gefährlichen Krankheit, und aus Dankbarkeit weihte er seine Kräfte der Verbreitung und Vertheidigung der Andacht. Er war ihr Hauptanwalt unter Benedict XIII. und die Hauptwerke über die Verehrung des göttlichen Herzens kamen aus seiner Feder[3].

Und ist nun diese Andacht für uns so gnadenreich im Leben, um wieviel mehr wird sie es erst im Augenblicke des Todes sein! „Welche dem göttlichen Herzen geweiht sind," schreibt die sel. Margaretha, „werden nicht zu Grunde gehen ... wenn sie sich ihm nur ganz übergeben, wenn sie nur trachten, es nach Kräften zu ehren, zu lieben, zu verherrlichen und sich ihm gleichförmig zu machen in seinen Grundsätzen[4] ... Dieses Herz ist wie eine Festung und ein sicherer Zufluchtsort für alle armen Sünder, die dahin fliehen, um dem Zorne der göttlichen Gerechtigkeit zu entgehen[5] ... Besonders im Tode werden sie in diesem göttlichen Herzen Hilfe finden. O wie süß ist es, zu sterben, nachdem man eine beständige Andacht unterhalten zu dem Herzen desjenigen, der uns richten soll."[6] In einer Erscheinung verhieß der Heiland für alle diejenigen, welche neunmal hintereinander am ersten Freitag des Monats communiciren, die Gnade der Buße und Bekehrung im Tode; sie würden nicht in seiner Ungnade und nicht ohne die Sacramente sterben, sein göttliches Herz will ihnen ein sicherer Hort im letzten Augenblicke sein[7]. Ja, selbst zur Linderung der Leiden der armen Seelen im Fegfeuer soll in unseren Händen die Übung dieser Andacht ein mächtiges Hilfsmittel sein. Die sel. Margaretha, welche, wie sie selbst erzählt, einen so vertrauten Umgang mit jenen leidenden Seelen unterhielt, sagt, dieselben hätten sie namentlich um die Messe zu Ehren des göttlichen Herzens gebeten, „das sei für sie ein ganz neues und mächtiges Linderungsmittel".[8]

Die Segnungen dieser Andacht werden uns endlich bis in die selige

---

[1] Lettre 133.　　[2] Vgl. Lettre 82.

[3] Daniel ch. 29. p. 443. Einer ähnlichen Thatsache verdankte in unsern Tagen das weitverbreitete Buch des P. J. Arnoud S. J., „Die Nachahmung des göttlichen Herzens", sein Entstehen.

[4] Lettres 30. 32 33. 48. 98.

[5] Lettre 95.　　[6] Lettre 132.　　[7] Lettre 82.　　[8] Lettre 85.

Ewigkeit folgen und uns da einen besonderen Grad von Freude und
Herrlichkeit bereiten. Der chrw. Mutter von Saumaise, ihrer ehemaligen
Oberin und der begeistertsten Beförderin der Andacht, schreibt die
Selige: „Sie dürfen es mir glauben, daß ewiges Wohlgefallen sein
wird vor dem göttlichen Herzen für Alles, was Sie für dasselbe ge=
than . . . Sie werden sich einst reichlich belohnt sehen, selbst wenn Sie
alle Leiden der Martyrer erduldet hätten . . . Ja, nichts von Allem,
was Sie in Ihrem Leben gethan, wird Ihnen so belohnt werden [1] . . .
Diese Absicht allein, sich auf die Verherrlichung des göttlichen Herzens
zu verwenden, gibt Ihnen mehr Verdienst als alles Andere ohne diese
Absicht . . . Ihr Name wird mit unauslöschlichen Zügen seinem Herzen
eingegraben sein . . Der Herr gab mir zu verstehen, daß er sich aus
einer Anzahl Personen, welche sich hienieden am meisten Mühe gegeben,
ihm Ehre zu erweisen, gleichsam ein Diadem winden wolle und daß
sie gleich glänzenden Sternen um sein Herz sein werden.“ [2] Einem
Mächtigen dieser Erde verspricht sie von Seiten des Heilandes eine Fülle
zeitlichen Segens, Gnaden des Heiles und nach dem Tode ein ewiges
Reich der Ehre und Herrlichkeit im göttlichen Herzen, wenn er auf die
Übung der Andacht eingehen und beim apostolischen Stuhle die Geneh=
migung der Messe zu Ehren des göttlichen Herzens erwirken wolle [3].
Sie erklärt sich sogar bezüglich ihres heiligen, verklärten Stifters, des
hl. Franz von Sales, sie sei der Ansicht, durch nichts werde seine außer=
wesentliche Glorie im Himmel so vermehrt, wie durch die Andacht zum
göttlichen Herzen, die seinem Orden zur besonderen Pflege anvertraut
worden [4].

Es ist mithin wahr, was die Selige einer eifrigen Beförderin
der Andacht schrieb: „Fürchten Sie nicht, sich selbst zu vergessen . . . der
Heiland vergißt Sie nicht . . . er sieht Sie, während Sie sich anstrengen,
ihn zu verherrlichen, er liebt Sie, und wenn Sie wüßten, in welchem
Maße, Sie fänden keine Grenzen in dem Eifer, ihm zu entsprechen.“ [5]
Nein, wir vergessen uns nicht; wir sorgen im Gegentheil durch die
Übung dieser Andacht sehr gut für unser eigenes Glück. Oder umfassen
diese Gnaden und Segnungen nicht das ganze christliche Leben in all'

---

[1] Dieses mag wohl gesagt sein mit Rücksicht auf die Schwierigkeiten, auf welche
die Andacht bei ihrem Beginne stieß. Vgl. hierüber Lettre 117.
[2] Lettres 25. 36. 82. 95.
[3] Lettre 104.   [4] Lettre 98.   [5] Lettre 106.

seinen Lagen und Verhältnissen, begleiten sie uns nicht bis in die selige
Ewigkeit und sichern sie nicht uns da noch einen besonderen Grad der
Glorie und Seligkeit?

Das darf uns aber auch nicht wundern. Es ist ja der Gegenstand
der Andacht gerade dieses Herz, das, wie wir gesehen, einen so aus=
nehmenden Antheil an der Verdienung aller Erlösungsgnaden genommen,
das einen Jeden von uns mit solcher Liebe umfaßt und von dem innig=
sten Verlangen beseelt ist, durch die Mittheilung dieser Gnadenschätze uns
glücklich zu machen, das gerade in dieser Absicht die Andacht eingesetzt
und geoffenbart, um sie zum Träger und Vermittler all' seiner Gnaden=
fülle zu machen; es ist dasselbe Herz, das alle Noth und alles Elend des
menschlichen Lebens auf sich genommen und den Kelch bis zur Hefe gekostet
hat; es ist dieses Herz, das beim Anblick des Sündenelendes der Men=
schen sich so oft mit dem innigsten Mitleid füllte, ihnen voll ausdauernder
und herablassender Liebe nachging, das die rührendsten Worte und Pa=
rabeln erfand, um ihnen zuzusprechen, wenn sie seinen Lehrstuhl umstanden;
das die Reuigen mit solch' herzgewinnender Güte und Milde aufnahm,
mit so geschickter, schonender Hand den Knäuel der Verirrungen entwirrte,
ihre Herzenswunden heilte, sie zu seinen Freunden und Jüngern, ja
durch ein Übermaß von Gnaden zu Vertrauten seines Herzens, zu Hei=
ligen, zu Säulen seines Reiches machte; es ist dasselbe Herz, das mit so
unwandelbarer Treue an seinen Freunden, Gläubigen und Aposteln hing,
mit unermüdlichem Eifer für ihre Bedürfnisse sorgte und in jeder Noth
und in jedem Anliegen mit Hilfe und Trost gegenwärtig war; es ist
dasselbe Herz, das mit ausnehmender Empfindsamkeit und Feinheit des
Gefühls sich in alle Seelenstimmungen hineinzuleben, alles Leid und
Freud sich zu eigen zu machen wußte, jeden Schmerz mit allmächtiger
Kraft heilte und hob, das Alles an sich, selbst den Saum seines
Kleides, wunderthätig machte, so daß auf seinem Wege Wunder sproßten,
zahlreich wie die Blumen unter dem Sonnenstrahl des Frühlings; es ist
dasselbe Herz, das sich selbst als Vorbild und Muster unserer Herzen
aufstellte mit den Worten: „Lernet von mir, ich bin demüthig und
sanftmüthig von Herzen" [1], dessen herrliche Tugendfülle aus jedem Wort,
aus jedem Zuge des Evangeliums hervorbricht und das sich selbst uns
in dieser Andacht zum Gegenstande darbietet, um Regel und Richtschnur
unserer Herzen zu werden, gleichsam als Spiegel, der uns die ganze

---

[1] Matth. 11, 29.

innere Schönheit des Gemüthes Christi schauen läßt [1]; es ist endlich das Herz, das der Heiland mit all' seiner Liebe und Zärtlichkeit für uns aus dem Staube des Grabes erweckt und mit sich lebendig in den Himmel genommen, damit es da für uns walte, das Herz unseres Heilandes, unseres Bruders, unseres Königs und Hohenpriesters Jesu Christi, der uns Allen Weisheit und Gerechtigkeit geworden aus Gott [2]. Zu welchen Hoffnungen berechtigt uns dieses Alles!

Aber auch unsererseits haben wir in der Andacht alle Hilfe, um dasjenige zu leisten, was zur Erreichung dieser Gnaden nöthig ist. Oder wie ist es möglich, daß derjenige, welcher sich das göttliche Herz zum Freund, zum Gesellschafter, zum Lehrmeister erwählt und oft mit ihm vertraulich verkehrt, nicht bald von der Sünde läßt, sich nach und nach zum Guten wendet und allmählich in dasselbe Bild umgewandelt wird? Eine einzige Unterhaltung mit dem Heilande genügte ja, um aus der Samariterin eine heilige Büßerin und eine Verkündigerin seiner Barmherzigkeit und seiner Güte zu machen. Wer kann die Abbitte für fremde Sünden leisten — und diese ist ja eine Hauptübung der Andacht — ohne seiner eigenen Sünden zu gedenken und sich zu dem Vorsatze hingedrängt zu fühlen, von ihnen abzulassen? Welch' rührende und einschneidende Bekehrungspredigt ist diese einzige Übung! Wie wohlthuend muß es nicht auf uns wirken, wenn wir in dieses Herz hineinblicken, das der reinste Spiegel der Güte Gottes und der lebendige Abglanz seiner Schönheit ist; wenn wir dieses wunderbar angelegte Gemüth des Herrn betrachten, diese Reinheit und Harmonie, wo alle natürlichen Triebe vollkommen der Vernunft und die Vernunft vollkommen Gott unterworfen sind, wo Gott wirklich in jedem Gedanken des Verstandes, in jeder Regung des Willens, in jeder Fiber des Lebens, wo er wirklich Alles in Allem ist; wenn wir diese Empfänglichkeit für alles natürliche und übernatürliche Edle, Schöne und Gute schauen, das nur anzuklingen braucht, um den lautesten Widerhall zu finden, diese Starkmuth und Großmuth der Liebe in dem Aufwande der Pläne und Entwürfe und in der Verschwendung von Opfern, endlich diese unermeßliche Weite des Herzens, die keine Anforderung unserer Hilfsbedürftigkeit, keine Kälte,

---

[1] In ihrer Denkschrift an Clemens XIII. sagen die polnischen Bischöfe: Der Gegenstand der Andacht sei das leibliche Herz als Sinnbild aller inneren Gemüthsbewegungen des Herrn. Nilles, I. p. 120.

[2] 1 Cor. 1, 30.

kein Undank, nicht das Meer unserer Sünden und Verbrechen zu er=
schöpfen vermögen, daß er nicht stets der gleich treue, sorgende, liebende
Heiland für Alle wäre! Unmöglich ist es, daß nicht allmählich der
Duft so herrlicher Tugenden den Verehrer des göttlichen Herzens durch=
wehe, daß er in einer so lieblich zugleich und so mächtig anregenden
Schule nicht Gottesfurcht lerne und Reinheit und Demuth und jegliche
Vollkommenheit, und stufenweise umgebildet werde in das Gleichniß der
Herrlichkeit seines Vorbildes.

Die glänzendste Bestätigung der Segnungen, die für den Einzelnen
an diese Andacht geknüpft sind, haben wir an der sel. Margaretha selbst.
Sie zeigt uns, in welch' erhabenem Sinne man mit der Andacht sein
Glück machen kann. Wir haben gesehen, wie die Einführung der An=
dacht ihre providentielle Aufgabe war; ihre Arbeiten, ihre Gebete, ihre
Opfer und Leiden gingen auf dieses glorreiche Ziel hin; damit hat sie
sich geheiligt und im Rufe der Heiligkeit verließ sie die Welt. Und
hiermit waren die Segnungen der Andacht für sie noch nicht erschöpft.
Am 18. September 1864 feierte Rom mit gewohntem Glanze eine feier=
liche Seligsprechung, und im folgenden Jahre (am 22. Juni 1865) sah
das festlich geschmückte Paray eine Procession durch seine Straßen ziehen,
wie es eine ähnliche noch nie geschaut: 100,000 Pilger, 400 Priester,
fünf infulirte Äbte und neun Carbinäle, Erzbischöfe und Bischöfe bil=
beten das glänzende Geleite, dessen Mittelpunkt ein goldstrahlender
Reliquienschrein war, der abwechselnd von 24 Priestern in Dalmatiken
drei Tage lang durch die Straßen getragen wurde, bis er endlich im
Chore der Klosterkirche der Heimsuchung neben dem Hauptaltare beigesetzt
ward. Es war dieses die Seligsprechungsfeier der ehrw. Margaretha.
So wurde sie nun in unerhörten Ehren durch dieselben Kloster= und
Gartengänge getragen, welche sie ehedem unbeachtet durchschritten hatte,
und die Ehren des Altares wurden ihr zu Theil, die sich in ihrer De=
muth des Lebens nicht werth hielt. Da ruht sie nun, die demüthige
Magd, die arme, treue, selbstlose Jüngerin des Herzens Jesu. — O, wie
hat sich Alles um sie geändert! Sie, die in ihrem Leben das lebendige
Bild der Armuth, der Entsagung, der Leiden und der Beschämung war,
ruht jetzt gebettet auf Gold und Silber, umgeben, geehrt von den
Dankeszeichen und Bannern aller christlichen Nationen, aufgesucht und
angefleht von den Bischöfen und Gläubigen der Kirche; sie ruht neben
dem Altare, auf welchem der Heiland jeden Tag sein welterlösendes
Opfer erneuert, an derselben Stelle, wo sie einst Tage und Nächte ge=

kniet und gebetet, und wo der Heiland ihr die süßen Geheimnisse seines göttlichen Herzens enthüllte und zu verkünden gebot. Wer kann sich Paray nähern, wer kann das stille, trauliche Klosterheiligthum betreten, wer kann in diesen Chor hineinblicken und auf den ruhenden Sarkophag, um den Tag und Nacht zahllose Lampen gleichsam einen leisen Heiligen= schimmer weben, ohne von heiliger Andacht und Rührung bewegt, ohne von einem milden, herzgewinnenden Anflug der Andacht angeweht zu werden, ohne den Wunsch zu fühlen, auch in den Segen der Andacht aufgenommen, ein Verehrer, ein Kind des göttlichen Herzens zu werden! In Paray, am Grabe der Seligen, da blickt etwas vom Himmel durch, von jenem Reiche, welches das göttliche Herz Jenen bereitet, die ihre Kraft und ihr Leben zur Förderung seiner Ehre einsetzen.

2. Der Mensch lebt aber nicht als Einzelwesen; in näheren und ferneren Kreisen umgeben ihn mehrfache Gesellschaften, denen er als Glied angehört, die nicht bloß von Bedeutung sind für sein Wohl und Weh, sondern denen er geradezu sein Dasein und seine Ausbildung für das Leben verdankt. Wer das Wohl des Einzelnen will, muß vor Allem wohlthätig auf diese Kreise wirken. So thut das göttliche Herz. Es bedenkt mit seinen Segnungen nicht bloß den Einzelnen, sondern auch die gesellschaftlichen Verbindungen, in denen er lebt. Der Heiland ist das geborene Haupt der Menschheit, aller Stände und Lebensformen, er selbst kam, um uns das Heil zu vermitteln und zu sichern durch Grün= dung einer großen Gesellschaft, durch welche alle anderen reformirt wer= den sollten, nämlich durch die Stiftung seiner Kirche.

Die erste gesellschaftliche Verbindung nun, ja das Vorbild und der Ursprung aller anderen ist die Familie. Wie konnte das göttliche Herz in seinen Segnungen sie vergessen? Wiederholt und auf das Huldvollste gedenkt es ihrer: es will der Familie den Frieden geben [1], es will die entzweiten Familien wieder vereinigen, es will diejenigen, welche sich in Noth befinden, beschützen, es will überall Segen und Frieden verbreiten, wo sein Bild aufgestellt und verehrt wird [2], wenn man sich nur mit Vertrauen an ihn wendet [3]. Scheint es doch, als ob der Heiland bei diesen Worten sich der seligen Zeit erinnerte, wo auch er als Kind in einer Familie lebte, wo er der einzige Gegenstand der Liebe und Zärtlichkeit einer hochbeglückten Mutter und der Sorge und der Arbeit eines Vaters war, wo von seinen zeitlichen Eltern und

---

[1] Lettre 123.　　[2] Lettre 32.　　[3] Lettre 33.

Ernährern unzählige Wohlthaten und Freuden ihm zuflossen. Es war die seligste Zeit seines Lebens, diese Kinderjahre im lieblichen Nazareth, im Schooße einer Familie, deren Reinheit, Friede und liebende Eintracht ihm das geschaffene Bild seines seligen Wohnens im Schooße der heilig= sten Dreieinigkeit bot. Um so mehr mußte jetzt diese Erinnerung sein Herz rühren, als er dieses Heiligthum, das er geschaffen, so vielfach er= brochen, entweiht, zur Stätte des Verbrechens und des Unglücks gemacht sah. Der Ruin des Familienlebens und das Verderben der Kinderwelt, welch' ein Schmerz für das göttliche Herz! Gewiß beßhalb hat es der Familie so huldvoll gedacht und eigene Segnungen für sie hinterlegt. An diese Erbarmungen appellirt so rührend das Concil von Sens [1], wenn es in seinem Synobalbericht sagt, es habe beschlossen, die ganze Diöcese, alle Bewohner, besonders aber die Jugend, dem göttlichen Herzen zu weihen, und wenn es in dem Weiheact selbst ausruft: „Möge es durch die Wirksamkeit Deiner Liebe geschehen, daß alle . . . alle Familien, die Jugend vor Allem, die Hoffnung des Vaterlandes und der Religion, die Vergangenheit vergessen und gut machen und Dir dicuen in Wahr= heit, im Glauben, in der Gerechtigkeit, im Frieden und in der Liebe."

Nur eine weitere Entfaltung des Familienkreises ist die Gemeinde und der Staat. Auch sie hat das göttliche Herz in den Bereich seines Segens und seines Schutzes gezogen, eben weil es ein königliches Herz ist, vom ersten Augenblick seines Daseins gewohnt, zu regieren und für= sorglich Alles zu umfassen. Daß die Verehrung des göttlichen Herzens ein Unterpfand des Segens auch für Gemeinden, Provinzen, Länder und Monarchien sein soll, spricht die Selige in mehreren Briefen aus. „Die Verehrer des göttlichen Herzens," sagt sie, „ziehen sich die Freundschaft und die ewigen Segnungen des liebenswürdigen Herzens zu und er= werben sich einen mächtigen Beschützer für das Vaterland." [2] Ludwig XIV. läßt sie im Auftrage des Heilandes sagen, er solle seinem göttlichen Herzen eine Kirche bauen, in welcher er sich mit seinem ganzen Hofe ihm weihe, er möge das Zeichen des göttlichen Herzens auf seine Fahnen und Standarten setzen, beim apostolischen Stuhle die Bestätigung der besonderen Messe und andere Gnadenbezeugungen für die Anbacht zu erlangen suchen, dann wolle es der Beschützer und Vertheidiger seiner

---

[1] Acta et decreta sacrorum Concil. Collect. Lac. T. IV. p. 933. 954.
[2] Lettre 95 à la Mère de Saumaise. Nach einer andern Abschrift hieße es überdieß noch: „und für Ihre Stadt" (Dijon).

Person und des Landes gegen alle Feinde sein. „Es will," sagt sie, „mit
Glanz und Herrlichkeit einziehen in die Paläste der Könige und Fürsten,
um sich zu entschädigen für die Verachtung und für die Unbilden wäh=
rend seines Leidens . . . es gewährt ihm jetzt eben so viele Freude, die
Mächtigen und Großen vor sich auf den Knieen zu sehen, als es ihm
Bitterkeit verursachte, zu ihren Füßen verachtet gewesen zu sein." [1] Der
König ging auf diesen Wunsch des Heilandes nicht ein, sei es, daß
P. Lachaise, welcher den Auftrag vermitteln sollte, es nicht wagte, den=
selben anzubringen, sei es, daß der König Wichtigeres zu thun zu haben
meinte. Wäre dem Wunsche des Heilandes willfahren worden, die Ge=
schicke Frankreichs hätten vielleicht eine andere Wendung genommen. Die
Familie Ludwig' XV. wetteiferte zwar an zarter und frommer Aufmerk=
samkeit für das göttliche Herz und schien so das Versäumniß, von welcher
Seite es kommen mochte, gut machen zu wollen [2]; der Dauphin, der Vater
des unglücklichen Ludwig XVI., ließ sogar im Schlosse von Versailles
selbst eine Kapelle zu Ehren des göttlichen Herzens errichten; Ludwig XVI.
versprach in dem Gelübde, welches er in seiner Gefangenschaft zu diesem
heiligsten Herzen machte, die Forderung des Heilandes Punkt für Punkt
zu erfüllen [3], während draußen die letzten Vertheidiger in der Vendée
das Zeichen des göttlichen Herzens auf ihrer Brust und auf ihren Fahnen
trugen. Es war zu spät, die Vendéer waren nicht Frankreich, Ludwig war
thatsächlich nicht mehr König, sondern nur mehr ein gefangenes Opfer.
Das war es nicht, was der Heiland wollte. Ein freier König, ein König
als Haupt der Nation, sollte Frankreich zu dem Altare führen! Der
Augenblick der Gnade schien verscherzt, dagegen zog und schleppte die
Nation den König und die alte Monarchie auf das Blutgerüst! Son=
derbar! Jetzt, nach beinahe zweihundert Jahren, seit die Aufforderung
an Ludwig XIV. erging, dem göttlichen Herzen in Paris eine Kirche
zu erbauen (1689), erheben sich wirklich auf dem höchsten und schönsten
Punkte, gleichsam der Akropolis der Stadt, die gewaltigen Unterbauten
eines herrlichen, dem Herzen Jesu geweihten Nationalheiligthums, welches
Paris krönen, beherrschen, bekehren, welches das Wahrzeichen von ganz
Frankreich werden soll. Das Heiligthum soll die goldene, weithin strah=
lende Aufschrift an der Stirne tragen: Sacratissimo Cordi Christi
Jesu Gallia poenitens et devota!

---

[1] Lettres 98. 104.
[2] Bougaud, Hist. de la B. Marguerite, ch. 16. p. 399.
[3] L. c. p. 402.

Einen glänzenden Beweis, wie sicher Stadt und Land unter den Flügeln des Herzens Jesu ruhen, liefert uns Marseille bei Veranlassung der Pest von 1720; wir wollen indessen hier bei dieser bereits im letzten Aufsatze erwähnten Thatsache nicht länger verweilen. Noch ist das An= denken an die empfangene Wohlthat nicht erloschen; im Jahre 1821 errichtete die Stadt eine neue Herz=Jesu=Kapelle an Stelle der älteren, welche durch die Revolution dem Erdboden gleichgemacht worden war.

Wie könnten wir hier das glaubenstreue Tirol vergessen? Vor einigen Monaten, den 23. Juni letzten Jahres, erneuerte es in Bozen feierlich seinen Bund mit dem göttlichen Herzen, den es im Jahre 1796 geschlossen, als das Land von feindlichen Heeren angegriffen wurde, von dem angestammten Kaiserhause losgerissen und mit Revolutionssegen beglückt werden sollte. Der Bund war nicht vergeblich geschlossen. Das zeigten die schweren Kriegsjahre von 1797 und 1801, als ein Häuflein braver Tiroler einen dreimal überlegenen Feind siegreich aus dem Lande jagte und über die Revolutionszeiten hinaus die Einheit und den katho= lischen Glauben dem Laude sicherte. Deßhalb wollte das brave und dankbare Volk die alte, treubewährte Bundesgenossenschaft erneuern; auf das Glänzendste sollte das Fest gefeiert werden. Aus den entlegensten Thälern kamen schlicht und fromm in ihren malerischen Trachten die Schaaren der Landesschützen, den Rosenkranz in der Hand [1]. Wieder sah man die alten Fahnen flattern, und ihre spärlichen, zerschossenen und zersetzten Überreste erzählten den Kindern von dem Drange der Noth der Väter und des Landes und von den herrlichen Siegen, zu denen das Herz Jesu sie geführt. In ihrem Schatten und vor dem Bilde des obersten Bundesherrn, vor dem ihre Väter zum ersten Male den Bund beschworen, erneuerte das Volk auf dem Platze der Stadt Bozen den Bundeseid, den der Segen des Oberhirten der Kirche bestätigte. Es war ein schönes, frommes, erhebendes Fest und ein schwerwiegendes Beispiel, das der Welt das Tirolervolk gab. Während der glaubenslose Flach= sinn der Zeit das Heil bloß in Kanonen und Kasernen sucht, vernehmen wir hier das Zeugniß, daß Heil und Sieg noch anderswo liegen, in

---

[1] Die braven Schützen wollten mit ihren Stutzen und in kriegerischer Wehr vor ihrem Bundesherrn erscheinen. Die besorgte Beamtenschaft aber fürchtete, dieses bewaffnete Auftreten möchte die Friedensruhe Europa's stören. So war der Festzug ein ganz friedlicher und statt der Stutzen fungirte der Rosenkranz. Die Kraft des Landes liegt nicht in der Wehr, sondern im Arm, der sich auf Gott stützt. Das ist auch eine schöne Lehre.

der Hand des Herrn der Heerschaaren, der sie gewährt, wem er will.
Dieses Zeugniß der Wahrheit, beschworen durch die einhellige Stimme
eines biederen Volkes, war es, was in der Flammenbeleuchtung der
Tiroler Berge lustig hinausflammte durch alle Länder und so freudig
von allen katholischen Herzen und zumeist von den Verehrern des Herzens
Jesu begrüßt wurde. Jedermann wird wohl gerne die Worte mit unter=
schreiben, die vor dem Portal der Stadtkirche, vor welcher die Bundes=
erneuerung stattfand, geschrieben standen:

> „Herz Jesu, leg' zum Heil Tirols
> Auf unsern Bund der Allmacht Segen.
> Er ist die Bürgschaft alles Wohls;
> Wenn er für uns, wer steht dagegen?"

Indem wir hier einiger Gnadenerweise des göttlichen Herzens an
Städte und Völker gedachten, lag es uns übrigens ferne, in ihnen die
vollgiltige Erfüllung der oben erwähnten, den Staaten bedingungs=
weise gewordenen Verheißung zu finden. Gerne geben wir sogar zu,
daß das staatliche Leben der Völker bis jetzt das kümmerlichste Feld der
Segensentfaltung unserer Andacht ist. Gegenüber den glänzenden Ver=
heißungen des Heilandes, an denen wir nicht zweifeln können, begegnen
wir nur einzelnen Segenserweisungen, die zum Theil nur halbe Er=
folge sind, oder gar in scheinbare Mißerfolge umschlagen. Wer denkt
nicht mit Wehmuth an den edlen Garcia Moreno und sein unglück=
liches Land?

Wie haben wir uns diese Thatsachen zu erklären? Wir glauben
einfach so: Was zunächst die Spärlichkeit der Erfolge angeht, so darf
uns dieselbe nicht wundern, da verhältnißmäßig nur eine sehr keine
Zahl öffentlicher Körperschaften und staatlicher Verbindungen als solche
auf die Absichten und Wünsche des göttlichen Herzens bereitwillig ein=
gegangen sind und sich feierlich ihm angelobt und unter seinen Schutz ge=
stellt haben. Durch den Wegfall der ersten Bedingung, an welche die
Segnungen der Andacht geknüpft sind, drängt sich also hier der Kreis
der Wirkungen von selbst zusammen. Das göttliche Herz Jesu ist ein
königliches Herz, es wünscht nichts sehnlicher als auch die Völker in sein
Segensgebiet einzuschließen, aber es findet für seine huldvollen Einladungen
kein Gehör. Es bestätigt dieß nur die traurige Thatsache, wie sehr der
gläubige und katholische Sinn aus den leitenden Kreisen geschwunden
ist, und erweckt die Sehnsucht, daß es doch bald anders werden möge.
Oder sind die Staaten nicht auch einer Erlösung aus den großen

Drangſalen der Zeit benöthigt, und wo finden ſie dieſelbe anders als in den Verheißungen des göttlichen Herzens?

Bezüglich vereinzelter Mißerfolge aber, trotzdem die äußeren Bedingungen zur Theilnahme an den Segnungen erfüllt wurden, behaupten wir ſtets als Chriſten den Standpunkt, den wir im letzten Aufſatze einnahmen, und ſagen zuverſichtlich: Gottes Wege ſind nicht der Menſchen Wege. Erhört werden wir ſtets in der einen oder andern Weiſe, bisweilen aber fällt die Erhörung nicht nach unſerem Erwarten aus. Oft wird ſie in Zeiten hinausgeſchoben, die Gott beſtimmt und ſieht, und oft ſchlägt der zeitliche Segen, den wir erflehten, in den übernatürlichen Segen des Leidens und Opfers um; die volle Frucht geht erſt in der ſeligen Ewigkeit auf. Die Selige, die ſo beredt in der Verkündigung der Verheißungen der Andacht iſt, ſagt uns dieſes ausdrücklich. „Der Heilaub ſagt mir nicht,“ ſpricht ſie in einem Briefe an die Mutter Greyffié [1], „daß ſeine Freunde nichts zu leiden haben werden“; in einem andern bemerkt ſie: „Ich glaube nicht, um offen zu ſein, daß die Gnaden und Segnungen, die er Ihnen verſpricht, in der Fülle zeitlichen Glückes beſtehen; das macht uns nur arm an Gnade und Liebe.“ [2] Und ſo ſchließen wir denn dieſen Abſchnitt unſerer Betrachtung mit der feſten Zuverſicht, daß die volle Verwirklichung der den Völkern dargebotenen Verheißungen einer glücklicheren Zeit vorbehalten iſt.

(Fortſetzung folgt.) 787.

M. Meſchler S. J.

Die Janſeniſten und Gallikaner um das Jahr 1730.

Unter dem Titel: „Geſchichte der Auflehnung gegen die päpſtliche Autorität“ haben wir vor längerer Zeit in dieſer Zeitſchrift [3] eine Reihe von Aufſätzen veröffentlicht, in denen die antikirchliche Bewegung in Frankreich den Schwerpunkt bildete. Bei der Unterwerfung und dem Tode des Cardinals de Noailles angelangt, hielt eine gewiſſe Scheu vor den Schwierigkeiten der folgenden Epoche uns von deren

---

[1] Lettre 34.   [2] Lettre 44.   [3] Bd. I—VII.

weiteren Fortsetzung ab. Von verschiedenen Seiten indessen und wieder=
holt mit Zudringlichkeit aufgefordert, die unterbrochene Arbeit wieder
aufzunehmen, haben wir uns entschlossen, den Wünschen unserer Freunde
zu entsprechen.

Die angedeuteten Schwierigkeiten bestehen darin, daß die Geschichte
der nunmehr folgenden kirchlichen Zerwürfnisse einen von den vorher=
gehenden ganz verschiedenen Charakter besitzt. Während früher das
mannigfaltige Gewirr der Ereignisse, Thaten und Kämpfe um allgemeine
Gesichtspunkte sich sammelte, bald um das Buch des Jansenius, dann
um die gallikanischen „Freiheiten" und Artikel, oder um die Bulle
Unigenitus und den Appellantenspuk, öffnet sich nun eine Periode, in
der das Auge nichts als Zerbröckelung, giftige Zersetzung und einen
unübersehbaren ermüdenden Kleinkrieg gewahrt. Solche Epochen regen
die Einbildungskraft nur wenig an, lassen nur schwache Spuren im
Gedächtniß zurück und erscheinen daher den meisten Lesern, welche bunte
Scenerie und raschen Effect sehen wollen, interesselos. Aber in der=
gleichen matten Zeiten liegt gar oft der Keim und der Schlüssel zum
Verständniß großer nachfolgender Ereignisse.

Wir haben es jetzt mit der Verquickung des Jansenismus und Galli=
kanismus zu thun, d. h. mit zwei Factionen, die sich zwar nicht gänzlich
decken, oft aber so in einander fließen, daß ihr Sondercharakter kaum
noch sich erkennen läßt. Es ist nicht mehr der zahmere, gemäßigtere
Gallikanismus, sondern ein bösartiger, mit jansenistischer Beize gesättigter,
ein wilder Ismael, der seine Hand gegen alles Katholische erhebt, dessen
Lebensnerv der Haß ist, nicht mehr bloße Eitelkeit und eifersüchtiges Macht=
gelüste, wie unter Ludwig XIV. Die Leiden und Bedrückungen, denen
sich die Kirche Frankreichs in Folge dessen ausgesetzt sah, der precäre
Zustand, der jeden Schritt und Tritt ihr hemmte, sind längst nicht hin=
reichend bekannt, denn kein deutsches, wenigstens neueres und leicht zu=
gängliches Werk[1], schildert das Weh, unter welchem im zweiten Viertel
des letzten Jahrhunderts, bis dahin, wo der allgemeine Sturm über die
Jesuiten sich entlud, die katholische Kirche jenes Landes seufzte.

1. Der Klerus von Paris nach dem Tode des Cardinals
de Noailles. — Kaum acht Tage nach dem Hingange des alten

---

[1] Mit Ausnahme der „Constitution Unigenitus, von Andr. Schill, Freiburg
1876", worin etwa 50 Seiten diesem Gegenstand gewidmet werden. Die Nachlese
ist indessen noch reich genug, um die nochmalige und eingehendere Behandlung des
Gegenstandes nicht überflüssig zu machen.

Erzbischofs de Noailles ernannte der König am 12. Mai 1729 den bisherigen Erzbischof von Aix Karl Gaspard Wilhelm de Bentimille du Luc, einen Greis von 74 Jahren, auf den Stuhl von Paris, der Papst bestätigte diese Ernennung am 6. Juli und am 6. September erfolgte die Inthronisation. Wegen seines Alters und mehr noch wegen seines schwachen Charakters war Bentimille nicht gerade der rechte Mann für eine so lange und heftig durchwühlte Erzdiöcese wie Paris; dennoch that er im Anfange einige Schritte, die von Energie zeugten und alles Lob verdienen. Gleich am Tage seines Antritts ermahnte er das Domcapitel, die Freude, welche dem König durch die Geburt eines Kronprinzen geworden, vollständig zu machen durch Mitwirkung zum kirchlichen Frieden und durch die Annahme der Constitution Unigenitus. Am 7. September ging das Capitel auf dieses Ansinnen ein und nur 4 von den 35 Domherren beharrten in der bisherigen Appellation.

Nicht so leicht fügten sich die widerspänstigen Pfarrer der Stadt. Hatten dieselben schon dem Vorgänger alle möglichen Schwierigkeiten und Proteste entgegengesetzt, sobald sie dessen Unterwerfung ahnten, so waren sie entschlossen, dasselbe Spiel nun auch mit dem Nachfolger zu treiben. Als sie daher merkten, es gelte wirklich, die Bulle auch in Paris zur Ausführung zu bringen, erschienen am 23. September fünf Deputirte mit einer von 25 Pfarrern unterzeichneten Bittschrift vor dem Erzbischof. Diese Herren erdreisteten sich, ihm zu bemerken: gegen die Bulle sei Appellation an die Gesammtkirche eingelegt worden, daher dürfe er nichts gegen sie (die Pfarrer) unternehmen; ihre Gemeinden seien in der größten Aufregung, weil sie befürchten, in Folge bevorstehender Maßregeln der besten Priester und Beichtväter beraubt zu werden; sie besorgten, der Erzbischof werde die bisherigen guten sittlichen Zustände von Paris verderben, indem er laxe Beichtväter nach dem Geiste der Bulle zulasse. Dann ergingen sie sich in Invectiven gegen das jüngst erschienene Officium des hl. Gregor VII. (von dem unten die Rede sein wird) und bestürmten Bentimille, sich als Freund des Königs und des Vaterlandes zu zeigen, seinen Eifer mit demjenigen des Parlaments gegen das Ärgerniß, das dieses Officium errege, zu vereinigen und die Declaration des Klerus von 1682 ungeschwächt zu erhalten.

Die Antwort des Erzbischofs bestand in einer Pastoralinstruction vom 29. September, in welcher er den Geist der Zwietracht beklagt, der in seiner Diöcese herrsche, indem viele Gläubige sich der Bulle widersetzten, selbst nachdem sein Vorgänger dieselbe am 11. October 1728 für die ganze Diöcese angenommen habe, unter dem Vorwand, die Wahrheit werde in der Constitution verdammt oder verdunkelt, die Moral zerstört oder geschwächt. Er schildert dann in warmen Worten das Unheil, welches aus dieser Widersetzlichkeit entstanden, und löst die nichtigen Einwände; wenn es genüge, zu sagen: „Mein Gewissen erlaubt mir nicht, mich zu fügen", so sei ein solches Gewissen falsch und jeder Fanatiker könne sich dann mit gleichem Schilde decken. Deßwegen wiederholt er die früheren Bestimmungen für die Annahme der Bulle und erneuert die Strafandrohungen des Cardinals de Noailles gegen die Widerspänstigen. Einzelne Pfarrer verkündeten dieses Mandement in ihren Kirchen, obgleich kein Befehl dazu ergangen war. Als der Pfarrer vom heiligen Kreuz dasselbe that, während sein Vicar das Hochamt celebrirte, gerieth dieser darüber so in Wuth, daß er die Meßgewänder von sich warf, nach Hause eilte und bald darauf nach Utrecht floh. Eine anonyme Brandschrift vom 26. October mit dem Titel: „Beschwerde der Gläubigen von Paris an ihren Erzbischof wegen seiner Ordonnanz", behauptete mit dürren Worten, es sei falsch, daß man sich immer mit ruhigem Gewissen den Entscheidungen des Papstes und der Bischöfe unterwerfen dürfe, die Wahrheit müsse man auch gegen den Papst und alle Bischöfe vertheidigen, wenn diese sie bekämpfen. Das Parlament jedoch ließ diese Schrift am 23. Februar 1730 durch den Henker verbrennen, mehr aus Politik als aus Gerechtigkeit, weil es am selben Tag einen schmählichen, später zu erwähnenden Schimpf dem Papste anthun wollte und durch das Urtheil über jenes Pamphlet den Schein der Leidenschaftslosigkeit zu erwerben meinte.

Gegen den Erzbischof selbst brach der erste Sturm los, als derselbe am 29. October 1729 eine Aufforderung an die Prediger und Beichtväter ergehen ließ, sich innerhalb vier Monaten zu stellen, um ihre Facultäten zu erneuern. Eine solche Verordnung war weder neu noch unberechtigt, auch wurden in kurzer Frist 1080 Beichtväter bestätigt und nur dreißig Priestern wurde die Jurisdiction entzogen. Aber 30 rebellische Pfaffen können einen höllischen Lärm aufführen. Einige der lärmendsten verbannte die Regierung, darunter sechs aus der Pfarrei des hl. Benedict, von denen nach Barbier[1] das Gerücht ging, sie pflegten Pönitenten beiderlei Geschlechtes, deren Bußstimmung nicht

---

[1] Journal, II. 84.

genügend scheine, auf das Zimmer zu nehmen und durchzupeitschen, bis
die Reue vollkommen werde. Diese Strenge der Regierung machte die
25 Pfarrer weder zahmer noch weiser. Sie übergaben vielmehr dem
Erzbischof am 29. December 1729 eine zweite höhnische Schrift gegen
den Hirtenbrief und wegen der entzogenen Facultäten: „Die Heerde
wird blinden, gewissenlosen Führern überliefert; Paris, die herrliche
Stadt, das Wunder der Welt, ist versunken in Betrübniß und Finster=
niß, das Volk in größter Bestürzung." Dann folgen Drohungen, alle
gebildeten Stände und die reichen Leute seien Culturkämpfer, d. h. Jan=
senisten; wenn nun die frommen jansenistischen Geistlichen verbannt oder
bedrückt würden, so falle jenen ihr Unterhalt zur Last und das könne
bloß dadurch geschehen, daß den Armen von Paris die Almosen entzogen
würden [1]. — Schmerzlich betroffen von diesem Sectirergeist, richtete der
Erzbischof einen ebenso ernsten als würdevollen Brief am 8. Februar 1730
an den König, schilderte ihm die Lage und bat ihn um seine Unter=
stützung, wenn er genöthigt werde, gerichtlich gegen die Rebellen einzu=
schreiten. Die Antwort vom 15. Februar lautete sehr günstig und ver=
hieß vollen Schutz.

Viel tröstlicher war der Erfolg in der Sorbonne. Diese Cor=
poration hatte zwar am 1. November 1728 dem Cardinal de Noailles
ihre Glückwünsche zu seiner Unterwerfung dargebracht, aber noch immer
war ihre eigene Appellation vom 5. März 1717 nicht getilgt. Der König
erließ daher am 22. October 1729 eine Verordnung an die Facultät,
daß alle Jene, die seit der Declaration vom 4. August 1720 (welche die
Bulle wiederholt als Staatsgesetz erklärt hatte) appellirt, dem abgesetzten
Bischof Soanne von Senez sich angeschlossen oder ihre Unterschrift
unter das Formular zurückgezogen hätten, ihre Ämter und ihre Rechte
als Doctoren verlieren, auch aus der Versammlung der Universität aus=
geschlossen sein sollten. Der Syndikus Romigny theilte diese Verordnung
in der Sitzung vom 4. November mit, vertagte aber mit Zustimmung
der Facultät die eigentliche Verhandlung auf den 9. November, aus
Schonung für die Betroffenen, damit diese alsdann abwesend sein könnten.
In dieser folgenden Sitzung wurde mit 116 Stimmen eine Commission
von 12 Doctoren, unter denen Tournely als der erste erscheint, mit dem
Auftrage ernannt, zu untersuchen, nicht ob die Constitution angenommen
werden solle, was schon durch den Beschluß vom 5. und 10. März 1714

---

[1] Lettre de l'Archevêque au Roy, 8. Fev. 1730.

geschehen sei, sondern wie die Widerspänstigen zur Unterwerfung unter dieses Kirchen= und Staatsgesetz gebracht werden könnten. In der Sitzung vom 1. December wollte Magnobet, mit übrigens voller Anerkennung der Bulle, eine schriftliche Einwendung gegen die Behauptung erheben, daß die Bulle schon am 5. und 10. März 1714 von der Facultät an= genommen worden sei; aber die Versammlung schritt über diesen Protest mit 94 gegen 13 Stimmen zur Tagesordnung und bestätigte das obige Erkenntniß.

Bis zum 15. December hatte die Commission ihre Arbeit vollendet. An diesem Tage ließ Tournely seinen herrlichen Bericht, der weitläufig die Geschichte der Constitution in der Sorbonne behandelt, durch den Syndikus Romigny verlesen, da Augenleiden und Krankheit ihn hin= derten, es selbst zu thun. Besonders waren darin die Intriguen enthüllt, durch welche der Syndik Ravachet die Sorbonne verleitet hatte, ihre frühere Annahme der Bulle zu verläugnen und Appellation gegen sie einzulegen. Auf diesen Bericht hin erklärte die Facultät mit 95 gegen 6 Stimmen: 1. Die Beschlüsse vom 5. und 10. März 1714 für die Anerkennung der Bulle seien ächt und dieselben seien am 4. Januar 1716 unrechtmäßig getilgt worden; 2. die Bulle Unigenitus werde als eine dogmatische Entscheidung der Gesammtkirche angenommen; 3. die Appel= lation der Facultät vom 5. März 1717 sei nichtig; 4. diejenigen Magistri, welche nicht in zwei (beziehungsweise vier) Monaten sich unter= werfen wollten, würden von der Facultät ausgestrichen; 5. Niemand werde künftig zu irgend einem Grade zugelassen, der die Bulle nicht annehme. Elf Tage nach diesem glänzenden Ergebniß, an welchem Tournely so großen Antheil hatte, starb derselbe am 26. December. Der Sorbonnist Catherinet wollte zwar in der Sitzung vom 2. Januar 1730 gegen die bisherigen Beschlüsse protestiren, weil 84 Doctores, Pfarrer u. s. s. dagegen an das Parlament appellirt hätten, vor welchem also die Angelegenheit schwebe, wie dieses dem Syndikus mitgetheilt worden sei; er wurde jedoch abgewiesen und zufolge der obigen Beschlüsse der Strafe des Ausschlusses verfallen erklärt.

Romigny legte endlich in der Sitzung vom 16. Januar 1730 drei ihm schon früher übergebene Proteste vor, indem er zugleich sehr triftige und von der Versammlung gebilligte Gründe vorbrachte, weßhalb er die= selben nicht schon früher, sondern erst jetzt eröffne. Der erste war ein am 8. November 1729 durch einen Gerichtsdiener ihm zugestelltes Instrument, unterschrieben von den 48 Magistri, welche durch die könig=

liche Declaration vom 22. October betroffen waren, denen sich aber
noch acht andere angeschlossen hatten. Der zweite vom 1. December
war die eben erwähnte Eingabe der 84 Männer an das Parlament,
welche jedoch von diesem nicht angenommen worden war, obgleich der
jansenistische (Laien=) Abbé und Parlamentsrath Pucelle, ein gewaltiger
Schwätzer, sich ihrer angenommen hatte. Beide Proteste wurden von der
Sorbonne nicht zugelassen und zwar hauptsächlich aus dem Grunde,
weil die Protestirenden durch den königlichen Erlaß von der Sorbonne
ausgeschlossen seien und folglich in derselben nicht mehr Beschwerde
führen könnten, und weil auch die Appellation, als vom Parlamente ab=
gewiesen, nicht bestehe. Den dritten Protest hatten Lagneau und be
la Croix eingereicht, die schon am 1. December Schwierigkeiten wegen
der erwähnten Berufung an das Parlament erhoben, damals aber fallen
gelassen hatten. Auch dieser Protest wurde als unberechtigt verworfen,
und gegen be la Croix das Strafurtheil wie gegen Catherinet gesprochen,
während Lagneau schon früher ausscheiden mußte, weil er den Protest
an das Parlament unterschrieben hatte.

Die letzte Sitzung in dieser Angelegenheit faud am 1. März 1730
statt; es wurde den Mitgliedern eine Frist bis zum 1. April (den ent=
fernteren eine solche bis zum 1. Mai) gestattet, um ihren Anschluß
an den Act vom 15. December zu melden. Bis zum 1. März hatten
sich den früheren 95 noch 68 unterwerfende Doctores angeschlossen;
die Zahl der protestirenden kann nicht genau bestimmt werden, denn
obgleich in den Acten selbst von 100 geredet wird, so kommen von diesen
doch viele nicht stimmberechtigte und eine große Anzahl solcher in Abzug,
die ihren ursprünglichen Protest widerriefen. Das waren die Vorgänge
in der Sorbonne, die übrigen Facultäten der Universität verharrten
noch bis 1739 im Schisma.

2. Das Staatsgesetz vom 24. März 1730. — Die feind=
selige Haltung der Parlamente gegen die Constitution und gegen die
Bischöfe überhaupt war notorisch und darin faud der störrische Sinn
vieler Geistlichen Nahrung und Rückhalt. Darum rief Bentimille den
Schutz des Königs an und erhielt, wie wir gesehen, denselben zugesagt.
Der König löste sein Versprechen durch die wichtige Declaration [1] vom
24. März 1730. Darin beklagt er sich über die Nichtbefolgung der

---

[1] Mémoires du clergé. T. XIV. p. 1637. La Clef du Cabinet des princes
de l'Europe. T. LH. p. 356.

Declaration vom 4. Auguſt 1720, denn nicht nur ſeien die Appellationen
erneuert worden, man habe den Biſchöfen ſogar das Recht beſtritten,
die Gläubigen über die Bulle Unigenitus zu belehren, oder die Geiſt=
lichen vor der Ordination über ihre Geſinnung zu befragen; dieſer
feindſelige Geiſt erſtrecke ſich nicht bloß auf die Bulle, ſondern auf
alle Erlaſſe der Päpſte, welche die fünf Sätze des Janſenius oder das
„religiöſe Stillſchweigen" verdammten; man fahre fort, den „Clementi=
niſchen Frieden" zu mißbrauchen. Nach dieſer Einleitung trifft die
Declaration folgende Beſtimmungen. Zunächſt werden die ältern Ediete
neuerdings eingeſchärft, namentlich dasjenige vom 29. April 1665,
welches die Unterzeichnung des Formulars Alexander' VII. für die Er=
langung von Beneficien verordnete, das vom 31. Auguſt 1705, welches
die Bulle Vineam Domini als Reichsgeſetz erklärte; ebenſo wird die
Beobachtung der Bullen Innocenz' X., Alexander' VII., Clemens' XI.
empfohlen: Niemand dürfe Weihen oder ein geiſtliches Amt erhalten,
ohne das Formular zu unterſchreiben, und gegen Biſchöfe, welche die
Unterſchrift nicht fordern würden, ſolle kraft des Edictes vom April
1665 Temporalienſperre angewandt werden; 2. wird beſtimmt, die
Unterſchrift müſſe klar, einfach, ohne Erklärung oder Vorbehalt gegeben
werden; 3. werden das Patent vom 14. Februar 1714 und das Edict
vom 4. Auguſt 1720 wieder beſtätigt, gemäß welchen die Bulle
Unigenitus ein Kirchen= und Reichsgeſetz ſei, dem Alle jene Ehrfurcht
und Unterwerfung ſchuldeten, wie ſie einem Urtheil der Geſammtkirche
in Glaubensſachen gebühre; 4. bleibe der Artikel 5 der Verordnung
vom 4. Auguſt 1720, welcher die Namen „Neuerer, Janſeniſten, Häre=
tiker u. ſ. ſ." verbiete, in Kraft, wehre aber den Biſchöfen nicht das
Recht, die Gläubigen über die Pflicht zu belehren, ſich der Conſtitution
zu unterwerfen; 5. ein neues Formular dürfe zwar nicht eingeführt wer=
den, aber die Biſchöfe könnten doch den Gegnern der Bullen Weihen und
Ämter verweigern; 6. Appellationen comme d'abus wegen ſolcher Wei=
gerungen ſuspendirten die gefällte Sentenz nicht, bewirkten aber die
Übertragung des Falles an einen höheren Richter (n'auront aucun
effet ſuspensif, mais dévolutif seulement), der aber bloß dann ein=
treten dürfe, wenn die Verweigerung noch aus andern als den obigen
Gründen erfolgt ſei; 7. endlich werden Schriften und Drucke gegen die
Bulle Unigenitus ſtrenge geahndet; Corporationen, religiöſe Genoſſen=
ſchaften und Privatleute, in deren Häuſer ſolche Schriften verlegt würden,
unterlägen ſchwerer Strafe.

Dieses Gesetz, ein Werk des Cardinals Fleury, der seit dem 11. Juni 1728 Ministerpräsident war, ist eines der wichtigsten, welches in der Angelegenheit der Bulle Unigenitus erschien. Seine Tendenz ist nicht eine unbefugte Einmischung und Regiererei in kirchlichen Dingen aus eigener Initiative, sondern der König leiht der Kirche seinen weltlichen Arm zur Durchführung ihrer Erlasse im Reiche. Die Declaration hatte ihre Spitze mehr noch gegen die Allgeschäftigkeit der Parlamente als gegen die rebellischen Priester gerichtet; deßhalb war sie höchst zeitgemäß, und wegen der Stellung, welche die Parlamente gegen die Bischöfe und die kirchliche Jurisdiction eingenommen hatten, sogar gebieterisch gefordert; unzeitgemäß aber war die Nicht=Beobachtung derselben und die Nicht=Ausdehnung auf die gallikanischen Übergriffe. Die Parlamente zeigten nämlich ganz unverholen das Bestreben, die Bischöfe, welche die Appellanten (d. i. die Altkatholiken jener Zeit) nicht zu geistlichen Functionen und Ämtern zulassen wollten, als „Schismatiker“, als Ruhestörer zu behandeln[1]; da war es doch sicher die Pflicht des Königs, den Parlamenten den Standpunkt klar zu machen und ihnen zu sagen, in welche Dinge sie sich nicht einmischen dürften.

Es war vorauszusehen, daß das Parlament der Einregistrirung, die zur vollen Gesetzesgiltigkeit der Declaration erforderlich war, Schwierigkeiten in den Weg legen werde, besonders wenn die verknöcherten jansenistischen Fanatiker ihren giftigen Redestrom frei entfesseln könnten. Um diesen Übeln vorzubeugen, veranstaltete der König am 3. April ein lit de justice, d. h. eine feierliche Sitzung, zu welcher er selbst mit den königlichen Prinzen, den Kronbeamten, dem Staatsrath und dem ganzen Hofstaat erschien; denn bei solchen Sitzungen

---

[1] Es würde zu weit führen, zum Beweise dafür in die Proceßacten einzugehen. Einige Beispiele mögen die Sachlage wenigstens etwas beleuchten. Le Sure, Doctor der Sorbonne, hatte sich als Candidat einer Pfarrei, für welche er die Ernennung erhalten, dem Generalvicar von Rheims vorgestellt, sich aber geweigert, über seine Gesinnung rücksichtlich der Bulle Antwort zu geben, und wurde abgewiesen. Ein Parlamentsspruch setzt ihn aber am 15. October 1726 in den factischen Besitz der Pfarre. Ebenso urtheilte das Parlament von Rouen am 12. April 1728 in einem gleichen Falle zu Gunsten des Priesters Touchart gegen den Generalvicar Robinet. Der Bischof von Chartres hatte einen Priester als Pfarrer mit der Erwähnung bestätigt, er habe das Formular Alexander' VII. unterschrieben und die Bulle Unigenitus angenommen. Das Parlament von Paris fand diesen Zusatz bedenklich, dem Schisma günstig und strich ihn durch Sentenz vom 21. Februar 1729. In zahllosen Fällen sah das Parlament immer in den Bischöfen die Urheber des Schisma's, wenn sie die Appellanten nicht als würdige Priester behandelten.

durften nur die Stimmen abgegeben, nicht aber lange Reden gehalten wer=
den. Der Kanzler d'Aguesseau, der ehemals selbst einem Ludwig XIV.
Widerstand geleistet, als dieser die Bulle im Parlament eintragen lassen
wollte [1], eröffnete die Versammlung mit der Erklärung, der König sei
gekommen nicht wegen eines hochpolitischen Geschäftes, sondern um die
Unruhen, welche seit langer Zeit die gallikanische Kirche betrüben, zu
beseitigen und durch seine Gegenwart der Einzeichnung der Bulle, welche
von der ganzen Kirche angenommen sei, höheres Ansehen zu verleihen.
Im gleichen Sinne sprachen Portail, der Präsident des Parlaments, und
der Generalprocurator Gilbert (übrigens ein strammer Gallikaner), und
Beide verlangten die Protocollirung der Declaration.

Als der Kanzler daran gehen wollte, die Stimmen aufzunehmen,
konnte sich der vorlaute achtzigjährige Parlamentsrath Losseville nicht
enthalten, einen Speach gegen die Bulle zu beginnen; es wurde ihm er=
wiedert, der König befehle ihm, zu schweigen, und er habe sich ehrfurchts=
voller in Gegenwart des Königs zu benehmen. Abbé Pucelle, ein un=
bändiger Jansenist, drückte dem Kanzler sein Erstaunen aus, daß er
seit 15 Jahren so sehr seinen Sinn geändert habe [2]; d'Aguesseau hätte
ihm antworten können, er gehöre zu jener Gattung von Kanzlern, welche
mit der Zeit nicht nur etwas lernten, sondern auch Gutes lernten.
Ein Anderer, der Abbé Guillebaut, rief laut genug, um im ganzen
Saale verstanden zu werden: der 91. Satz der Bulle entreiße den Scep=
ter der Hand des Königs, und die Declaration, welche jenen Satz
bestätige, bewirke dasselbe, darum stimme er dagegen. Dieser 91. Satz
leistete damals den „Reichstreuen" dieselbe Dienste, wie heute die päpst=
liche Unfehlbarkeit; deßwegen erklärte Godeheu eben so laut wie sein
Vorgänger, er fürchte, sein Gewissen durch Verrath an dem König zu
beschweren, wenn er solchen Dingen zustimme. Nach jansenistischen
Berichten waren zwei Drittheile der Stimmen gegen die Declaration;
indessen verdient diese Behauptung wegen des Sprüchwortes: „er lügt

---

[1] Picot (Mémoires pour servir à l'hist. ecclés. T. IV. p. 226) bestreitet die
Ächtheit dieser Angabe; sie wird aber von den Zeitgenossen Duclos und Barbier
bezeugt.

[2] Obwohl damals schon ein Greis von 75 Jahren (er starb erst 1745 mit
90 Jahren), hatte Pucelle doch die ganze Leichtfertigkeit früherer Jugend bewahrt,
wie einige Epigramme aus jener Zeit beweisen. Überhaupt scheint das Jansenisten=
mettier die Gesundheit nicht durch Strenge und Buße aufgerieben zu haben, denn es
ist auffallend, welch' eine große Zahl ihrer Chefs ein hohes Alter erreichten.

wie ein Janſeniſt", keinen beſondern Glauben.   Mag dem aber ſein, wie
ihm will, bei einem lit de justice beſaß das Parlament nur berathende,
nicht entſcheidende Stimme; darum erklärte der Kanzler zum Schluſſe
der Sitzung: „Der König verordnet, die Declaration einzuregiſtriren."
Der König, der Hof und der Staatsrath entfernten ſich hierauf und
mit ihnen der Präſident Portail, b. h. die Sitzung war geſchloſſen.

Pucelle eilte den Abziehenden nach, den Präſidenten zurückzuhalten;
jedoch konnte er nicht, wie er verſtimmt den Zurückbleibenden meldete,
bis zu ihm vordringen. Dieſe, meiſtens Vollblut-Janſeniſten, hatten nun
Muße, ihren Zorn auszulärmen: man müſſe die Sitzung fortſetzen, hieß
es, man müſſe proteſtiren; ein Beſchluß, dem die Mehrheit der Stimmen
entgegen ſei, habe keine Geltung. Allein ohne den Präſidenten konnte nicht
getagt werden und daher wurde das Spectakelſtück auf den folgenden Tag
verſchoben. Am 4. April erſchienen etwa 130 Parlamentsräthe in der
Graud' Chambre, um eine allgemeine Sitzung zu halten, obgleich eine
ſolche weder angeſagt noch berufen war. Es fehlte alſo der Präſident;
zweimal wird nach ihm geſchickt, endlich kommt er mit einem Brief des
Kanzlers, in dem es hieß, im Namen des Königs ſei die Verſammlung
verboten. Mit Portail entfernten ſich hierauf auch die Präſidenten der
einzelnen Kammern; der parlamentariſche Staatsſtreich war mißglückt.
Die Herren verſuchten darauf die gewöhnliche Sitzung der ſogenannten
Mercurialen am 19. April zu benutzen, um die volle Schale ihres
Unwillens gegen den feierlichen Act vom 3. April auszugießen. Der
Präſident jedoch erinnerte, Proteſtationen dagegen ſeien nicht erlaubt,
die Sache ſei abgethan, übrigens ſeien auch durch ein Verbot des Kanz=
lers und des Königs Verhandlungen und Verſammlungen in dieſer
Angelegenheit unterſagt. Nun brach Pucelle. los: das Parlament kenne
dieſe Briefe und Befehle nicht, es habe nichts mit denſelben zu thun;
der Präſident müſſe beim Parlamente ſein, wolle er das nicht, ſo habe
dieſes das Recht, ſich einen neuen zu wählen; Portail habe ſeinen Eid
gegen den König vergeſſen, welcher verlange, daß man auch Feſtigkeit
gegen ihn ſelbſt beweiſe, wenn es ſich um deſſen Intereſſe handle, in=
dem er ja ſeine eigenen Rechte nicht kenne, die Miniſter aber ihn und
den Staat verriethen; dieſes Intereſſe fordere jetzt trotz des Verbotes
Berathung über den Gegenſtand. Portail erklärte, er wage nicht, gegen
den ihm gewordenen Befehl zu haubeln, und entfernte ſich mit den
übrigen Präſidenten.

Nun ging der Tumult erſt recht los, indem Pucelle Herr der

Lage wurde. Einige Kammern, darunter die vorzüglichste, die Grand'
Chambre, entfernten sich, der Rumpf (es waren besonders die Kammern
der Enquêtes und Requêtes) titulirte sich Parlament und riß für mehrere
Tage die Geschäfte an sich. Nach dem Vorgeben der Herren lag ihnen
hauptsächlich die Verdammung der schrecklichen 91. Proposition schwer
auf dem Herzen: „Daß die Furcht vor einer ungerechten Excommunication uns nie an der Erfüllung einer Pflicht hindern darf", ein Satz,
dessen Verwerfung durch die Bulle Unigenitus jetzt sogar die königliche
Declaration guthieß. Also der römische Hof, so folgerten die Hoch-
weisen, darf nach rechts und links, wie es ihn gelüftet, tagtäglich excom-
municiren (die heutigen Culturhelden würden sagen, Glaubenssätze
schmieden oder Flüche schleudern), und die arme Welt muß blindlings
buchstäblichen Gehorsam leisten, selbst wenn es dem Papste einfällt, unsern
König zu bannen und den Unterthaneneid zu lösen. Daß dieses die
wirkliche Absicht des Papstes sei, gehe aus der jüngst publicirten Legende
Gregor' VII. hervor; ja die ganze Bulle Unigenitus sei bloß um dieser
einen Proposition willen erlassen worden. Das Vaterland sei in Gefahr,
videant Consules, „die Consuln sind aber wir, die Kammern des
Enquêtes et des Requêtes".

Diese beiden Kammern faßten daher am 21. April den Beschluß:
1. gegen ihren ersten Präsidenten zu protestiren, der sich geweigert habe,
sie in die Discussion über und gegen das Verbot des Königs vom
19. April eintreten zu lassen; dadurch seien sie gehindert worden, ihren
bittern Schmerz über die Beeinträchtigung der Disciplin ihres Hauses vor
dem Throne auszugießen; deßwegen könnten sie auch nicht ihrer Pflicht
genügen, ihren Eifer für die Religion, für die Sicherheit der geheiligten
Person des Königs, für seine Kronrechte und für die kostbaren gallikanischen Freiheiten durch Vorstellungen an den Tag zu legen; —
2. Portail oder einen andern Präsidenten der Grand' Chambre aufzu-
fordern, das Gesammtparlament zu berufen und demselben zu präsidiren
behufs einer Berathung über den Brief des Königs vom 19. April;
im Falle der Weigerung solle ein Alterspräsident aufgestellt werden. —
Welche Freiheit bei diesen Berathungen herrschte, zeigte ein Vorfall mit
dem Abbé Du Mans, der Mitglied der Kammer und zugleich der Sorbonne war. Dieser hatte nämlich mittlerweile in der Sorbonne die
Bulle unterzeichnet; als er nun den Kammern beiwohnen wollte, wurde
er unter gewaltigem Zornausbruch als falscher Bruder aus der Synagoge geworfen.

Mehrere Tage noch wogten die Verhandlungen zwischen den ver=
schiedenen Parlamentssectionen hin und her, bis endlich ein Mandat des
Königs am 29. April die Präsidenten aller Abtheilungen, nebst einigen
anderen Mitgliedern, unter denen auch Pucelle war, auf den 1. Mai nach
Fontainebleau ad audiendum verbum regis berief. Hier angekommen,
mußten sie zunächst vom König selbst vernehmen, wie unzufrieden er
mit ihrem Benehmen sei; den Hauptverweis aber hatte der Kanzler zu
ertheilen, der damit schloß: wenn der König einen mit seinem Siegel
versehenen Kabinetsbefehl an das Parlament entsende, so habe dieses sich
zu fügen; für dieses Mal wolle er Nachsicht üben, im Wiederholungs=
falle aber werde Strenge folgen; sie möchten jetzt nach Hause gehen, in
der nächsten Sitzung ihren Collegen diesen Bescheid mittheilen, sich aber
hüten, über die Declaration irgendwie zu verhandeln. Der erste Prä=
sident entschuldigte das Parlament, das nicht ungehorsam habe sein
wollen, sondern nur aus Übereifer gefehlt habe, sich jetzt aber unter=
werfen werde.

Mit diesem Auftritte hörte nun freilich der offene und erklärte
Widerstand des Parlaments gegen die Declaration und gegen den
königlichen Befehl auf; practisch jedoch dauerten nach wie vor die Ver=
urtheilungen der Bischöfe und die Freisprechungen der Appellanten fort
und die kirchliche Jurisdiction wurde mit Füßen getreten, als ob keine
Declaration existire. Der einzige bemerkbare Unterschied war dieser,
daß nun die Drangsalirung der Kirche durch die Gerichtshöfe häufiger,
intensiver und fanatischer wurde, als sie zuvor gewesen. Kaum zwei
Wochen nach dem Verweis in Fontainebleau begannen dieselben Herren,
unter dem Obercommandanten Pucelle, wegen der Bulle Unigenitus
eine neue Fehde mit den Jesuiten und der Sorbonne. Bevor wir
dieses erzählen, müssen wir noch die große Gefahr erörtern, welche dem
Vaterlande drohte durch das römische Brevier in der schon erwähnten

3. Legende des hl. Gregor VII. Wir werden leider sehen, daß
in dieser Angelegenheit weder der Hof, noch Cardinal Fleury, noch der
Erzbischof von Paris, noch endlich selbst die eifrigsten und lobenswürdig=
sten Bischöfe Frankreichs den Jansenisten und Parlamenten gegenüber
die richtige Bahn fanden, weil die französische Erbsünde, das gallikanische
Vorurtheil und ein falscher Legitimismus, die Augen Aller umschatteten [1].

---

[1] Folgende Quellen haben uns bei dieser Darstellung gedient: Guéranger, Institutions liturgiques, T. II. chap. 21. p. 450—522 (abgedruckt in Migne, Patrol.

Benedict XIII. hatte durch Decret vom 25. September 1728 das Fest des hl. Gregor VII. für die ganze Kirche obligatorisch gemacht und zugleich im Brevier eigene Lectionen einzuschalten befohlen. Sobald das kleine Blatt Papier in Frankreich anlangte und von dem Buchdrucker Coignard für die Breviere vervielfältigt werden sollte, wurde Beschlag darauf gelegt und der Druck strenge verboten. Hierauf erschien der Staatsprocurator Gilbert de Voisin vor dem Parlament und donnerte in einer heftigen Rede gegen die Anmaßungen Roms, welches gewagt, den Mönch Hildebrand zu verherrlichen, da dieser doch den Kaiser Heinrich IV. excommunicirt, der Krone beraubt und die Unterthanen des geleisteten Eides gegen ihn entbunden habe; gerade diese Handlungen nun würden im Brevier als heroische Tugenden angepriesen. Sollten die Franzosen es dulden, daß in ihren heiligen Tempeln beim feierlichen Gottesdienst durch diese Lesungen die geheiligten monarchischen Grundsätze erschüttert würden? Das Parlament von Paris erließ daher am 20. Juli 1729 einen Arrêt zur Unterdrückung des Officiums und verbot dessen Gebrauch unter Strafe der Temporaliensperre. Nachdem das Parlament von Paris den Strauß für's Vaterland so herzhaft begonnen, folgten im August und September die anderen Parlamente von Rennes, Metz, Toulouse und Bordeaux muthig nach.

Noch rühriger zeigten sich einige jansenistischen Bischöfe. Auxerre besaß in seinem Bischof Caylus (1705, † 1754) einen exaltirten Appellanten, der die Ehre beanspruchte, zuerst die Sturmglocke gegen die gefährliche Legende geläutet zu haben. Am 24. Juli 1729 schrieb er in dem darauf bezüglichen Hirtenbrief: „Hätten die Nachfolger Gregors selbst seine Grundsätze verworfen, so brauchten wir nicht in die Geschichte hinabzutauchen, um entehrende Thatsachen der Päpste hervorzuziehen, welche die Kirche immer mißbilligen wird; nun aber nöthigt uns die Treue gegen den König, zu reden. Die Kirche hat die Heiligkeit Gregors nie anerkannt; in zeitlichen Dingen sind die Könige nicht von Päpsten oder Bischöfen abhängig, sondern von Gott allein. Unsere Pflicht ist es daher, zum Beweise der Sorge, die wir für die Sicherheit der geheiligten königlichen Person und für die Ruhe des Staates tragen, welche äußerst gefährdet würden, wenn die Grundsätze Gregor' VII.

---

lat. T. CXLVIII. p. 233—280); Mémoires du clergé, T. XIV. p. 1666. 1756. La Clef du Cabinet, T. LIII. p. 425; T. LIV. p. 115. Languet, 8me lettre pastorale, n. 94—99.

Ansehen erhielten, zu verbieten, daß dieses Brevier in Kirchen oder Klö=
stern, ob exemt oder nicht, gemeinschaftlich oder einzeln gebetet werde." —
Der so schreibselige wie stürmische Bischof Colbert von Montpellier
(1697, † 1738) konnte natürlich auch nicht schweigen; er verdammte
in einem Hirtenbriefe vom 31. Juli 1729 das Officium als rebellisch,
gottlos, schismatisch und der Bekehrung ungläubiger Fürsten hinderlich. —
Ein anderes Jansenistenhaupt, Coislin, Bischof von Metz († 1732),
fühlt sich vom himmlischen Vater berufen, herbeizueilen, um den drohen=
den Brand zu löschen, der durch die ultramontanen Prätensionen ent=
stehen könnte; er ist überzeugt, daß auch seine Heerde sich betrübt über
den Versuch, einen Papst als Heiligen einzuschmuggeln, dessen ganzes
Regiment vom Glauben und von der Vernunft verurtheilt würde. Dieses
Officium ·komme indessen nicht vom Papste her, der viel zu weise sei
und seine Pflicht zu gut kenne, um so etwas in die Welt zu senden,
oder derartige Prätensionen zu erheben; er verbietet daher unter Strafe
jeden Gebrauch desselben (Hirtenbrief 16. August 1729). — Bossuet,
Bischof von Troyes (1718—1742), der fanatische Neffe des großen
Oheims, den man in allen Extravaganzen der Jansenisten verwickelt
findet, erließ am 30. September 1729 ein Mandement, welches an
Maßlosigkeit den Vorgängern nichts nachgab; er untersagte das Offi=
cium, „um dem König einen neuen Beweis der Anhänglichkeit an seine
geheiligte Person zu geben, und um die Heerde Christi vor den Täu=
schungen einer falschen Frömmigkeit zu bewahren". — Der Bischof von
Chartres, Honorat de Quiquerand de Beaujeu (1705, † 1736),
trat am 11. November eben so fanatisch gegen dieses Officium auf und
verordnete unter Strafandrohung die Einlieferung desselben an das
Ordinariat.

Eine solche unerhörte Frechheit einiger Bischöfe durfte der Papst
nicht stillschweigend hinnehmen. Am 17. September 1729 wurde ein
ungewöhnlich scharfes Breve gegen den Erlaß des Bischofs von Auxerre
angeschlagen; dasselbe cassirte den Hirtenbrief, verbot dessen Lesung unter
Excommunication, deren Lösung der Papst sich selbst vorbehielt, und
befahl die Einlieferung desselben an die Ordinarien oder Inquisitoren.
Das gleiche Urtheil traf am 8. October und 6. December die Instruc=
tionen der Bischöfe Coislin und Colbert. Erst nachdem Benedict XIII.
gegen die Bischöfe aufgetreten, hielt er es für gerathen, auch gegen die
Parlamente einen Schritt zu thun. Ein ebenfalls öffentlich in Rom
am 19. December angeschlagenes Breve verurtheilte die Ausschreitung

der weltlichen Gewalt und erklärte, der Papst widerrufe, cassire auf immer aus eigener apostolischer Machtvollkommenheit diese Beschlüsse und Verfügungen der Laien-Gerichtshöfe, selbst wenn sie die höchsten seien, er hebe sie auf und erkläre dieselben für durchaus ungiltig, wirkungs- und inhaltslos. Man kann sich denken, welcher Zorn diese stolzen Herren entflammte, als sie ihre Majestät so gering geachtet sahen. Den- noch konnte das Parlament nicht sofort nach Herzenslust gegen dieses neue „ultramontane Attentat" vorgehen, denn Cardinal Fleury hatte demselben im December 1729 untersagt, Fragen über die gallikanischen Freiheiten ohne Erlaubniß des Hofes zu behandeln.

In dieser Verlegenheit erbot sich Caylus von Auxerre als galli- kanischer Winkelried, dem Parlamente eine Gasse zu brechen, indem er am 8. Februar 1730 gegen die päpstliche Censur seines Hirten- briefes an das Parlament appellirte. Diesem Gesuch war ein vom 4. Februar ausgestelltes Gutachten von 94 Advocaten beigefügt; der unvermeidliche Pucelle übernahm wiederum dessen Vertretung. Durch dasselbe sollte in bekannter Weise haarscharf bewiesen werden, der Bi- schof habe das Recht, gegen das Breve zu appelliren, denn das Offi- cium Gregor' VII. sei höchst staatsgefährlich; und zwar habe der Bischof dieses Recht um so mehr, weil Clemens XI. bereits durch die Verur- theilung der 91. Proposition Quesnels sich das Recht zur Absetzung der Fürsten zugesprochen habe. Caylus und die Partei, die hinter ihm stand, wollten in ihrer Fieberhitze noch weiter gehen, darum schrieb er am 11. Februar auch an den König, um ihn gegen die Anmaßungen Roms aufzustacheln; das war des Guten zu viel. Cardinal Fleury warnte den ersten Präsidenten des Parlaments in einer Zuschrift vom 18. Februar, „es sei höchst unklug, jetzt Öl in's Feuer zu gießen; das Parlament möge sich daher weder der Klage, noch des Hirtenbriefs des Bischofs annehmen; derselbe habe wissen sollen, daß in so heikler und wichtiger Sache vor der Veröffentlichung seines Actenstückes die Mei- nung Sr. Majestät zu befragen gewesen; auch sei es höchst unanständig, mit einer Trabantenschaar von Advocaten aufzutreten; das sei Kabale, nicht heiliger Eifer".

Das Parlament indessen konnte die eigene Schlappe, die es durch das Breve vom 19. December erhalten, nicht verschmerzen. Deßwegen erschien der Generaladvocat Gilbert de Voisin vor seinen Schranken mit der Klage: „Nachdem der erhabene Gerichtshof im Juli sein Urtheil über das Officium gefällt, hätte man glauben sollen, die römische Curie

werde in kluge Schweigsamkeit sich hüllen. Aber bittere Täuschung!
Ein Breve hat es gewagt, die Grundsätze Gregor' VII. in die Praxis
zu übertragen und aus päpstlicher Macht die Edicte, Arrêts und Or=
donnanzen höchster weltlicher Gerichtshöfe zu cassiren; das heißt die welt=
liche Macht unter das Priesterthum erniedrigen." Das Ergebniß war
ein Beschluß am 23. Februar 1730 zur Unterdrückung des Breve [1];
Barbier [2] bedauert, daß es nicht verbrannt wurde. Eine lärmende De=
monstration lag indessen nicht in der Absicht des Hofes; obwohl er
gallikanischen Ideen nicht abhold war, wollte er doch gerade damals
nicht mithelfen, den Jansenisten einen erwünschten Tummelplatz einzu=
richten; daher kam folgenden Tages ein gemessenes Verbot des Cardinals
Fleury, den Beschluß zu publiciren.

Wir haben in diesem Streite bisher bloß das Benehmen der jan=
senistischen Parteien dargestellt; die Frage ist jedoch eine charakteristisch
gallikanische, denn ihr Kern betrifft das Verhältniß von Kirche und Staat
und sie wurde von den Jansenisten nicht aus Interesse für die Krone,
sondern als willkommener Anlaß zur Agitation gegen den Papst und die
Bulle Unigenitus ausgebeutet. Für die Frage selbst ist es aber viel
wichtiger, die Stellung des Hofes und jenes weitaus zahlreicheren Theiles
des Episcopates kennen zu lernen, der sich aufrichtig der Bulle unter=
worfen hatte und daher ohne jansenistische Hintergedanken in die Sache
verwickelt wurde. Der einzige Bischof dieser Klasse, der das Officium
in seiner Diöcese durch ein Mandement vom 21. August 1729 unter=
drückte, war Drosmenil von Verdun. „Mögen die Fehler Hein=
rich' IV.," sagt er, „welche immer gewesen sein, so hatte der Papst doch
nicht das Recht, ihm die Krone zu nehmen, oder die heiligen Bande
zwischen ihm und den Unterthanen zu lösen. Läßt sich auch annehmen,
Gregor VII. habe für diese Ausschreitung Buße gethan, so liegt doch
nicht darin der Grund seiner Heiligkeit, und deßwegen ist die Erwähnung
dieser That in der Legende nicht am Platze. Weil indeß einige schwache
Geister dadurch verführt werden könnten, die Bischöfe aber nie genug
für die Sicherheit der Könige wachen können, so verbieten wir dieses
Officium." Der Erzbischof von Paris hatte kaum von seinem neuen

[1] Wahrscheinlich um den Hof für diesen Beschluß zu gewinnen, verurtheilte das
Parlament am selben Tage die oben erwähnte „Beschwerde der (jansenistischen) Gläu=
bigen an den Erzbischof von Paris".

[2] Journ. II. 91.

Stuhle Besitz genommen, als die wichtig thuenden Pariser Pfarrer am
14. September ihn aufforderten, „aus Treue gegen den König, aus
Liebe zum Vaterlande sich den Schritten des Parlamentes gegen das
Officium anzuschließen und die Principien von 1682 in der Erzdiöcese
unversehrt zu erhalten". Der Erzbischof soll diesen Pfarrern geantwortet
haben, er verwerfe zwar, was in Rom geschehen sei, nachdem aber das
Parlament gesprochen, seien weitere Schritte nicht nöthig. Ebenso soll
er am 6. Februar 1730 den Papst ersucht haben, ein Auge zuzudrücken
über die jetzigen Bewegungen gegen die Legende. Diese Angaben stam=
men zwar aus jansenistischen Quellen, sind aber wegen ihrer Überein=
stimmung mit der gallikanischen Richtung des Erzbischofs nicht un=
wahrscheinlich.

Hauptanlaß, die Bischöfe zur Stellungnahme (und zwar zu einer
schiefen) in dieser Frage zu vermögen, wurde ein Brief des in der
Häresie ergrauten, aber immer noch ruhelosen Bischofs Colbert von
Montpellier. Erzürnt über die Verdammung seines Hirtenbriefes in
Rom, schrieb er am 31. December 1729 dem König, um ihn gegen den
Papst aufzuhetzen und ihm die Erneuerung der gallikanischen Artikel
von 1682 als nothwendiges Schutzmittel seiner Person zu empfehlen.
Es herrscht in diesem Briefe eine so heftige und leidenschaftliche Sprache,
daß man glauben sollte, Calvin und nicht ein Bischof habe die Feder
geführt: „Der römische Hof hegt geheime verderbliche Absichten, con=
spirirt gegen den König und den Staat, um das Königreich zu unter=
jochen, den Papst zum absoluten Herrn der Kirche, zum obersten Ver=
walter der Kronen zu erheben. Clemens XI. bediente sich der Religion
in heuchlerischer Politik zur Unterjochung der Staaten; durch die Ver=
dammung der 91. Proposition Quesnels wollte er den Fürsten die
Mittel entziehen, welche sie in der Treue ihrer Völker besitzen, indem er
dieje mit der Excommunication schreckt, wenn sie den Fürsten, die der
Papst absetzt, den Gehorsam nicht versagen. Benedict XIII. vollendet
das Werk, indem er durch dieses Officium unsere Freiheiten zu ver=
nichten, Ew. Majestät die Souveränetät und Unabhängigkeit zu ent=
reißen strebt." Endlich verdächtigt Colbert jene Bischöfe, welche das
Officium nicht verboten hätten, als fehle es ihnen an Treue und Er=
gebenheit gegen den König.

Dieser letzte Punkt kam dem Cardinal Fleury gelegen. Seit dem
25. Mai 1730 war die Versammlung des Klerus in Paris eröffnet,
und Fleury gab derselben in einer Anrede am 22. Juni zu verstehen,

ihre Ehre fordere, daß sie die Anschuldigung, es fehle ihnen an patrio=
tischem Eifer und sie seien den uralten gallikanischen Principien über
die Macht des Königs abhold, durch eine That widerlegten. Ventimille
erwiederte hierauf, die Versammlung werde „unsere", d. i. die galli=
kanischen, Grundsätze über die weltliche Macht der Könige so erklären,
daß jener Partei, welche wegen ihres Eifers für diese Grundsätze sich
brüstet, der Mund geschlossen werde. Erst am 8. August jedoch legte
Fleury den Brief Colberts der Versammlung vor, um ihr den Anlaß zu
einer Rechtfertigung gegen dessen Anschuldigungen und zugleich zu einer
Äußerung über das Officium des hl. Gregor VII. zu bieten. Mehr als
ein Bischof mag darüber wohl gefürchtet haben, man könne bei dieser
Gelegenheit gar leicht wieder in den Sumpf gerathen, wie 1682, als die
gallikanischen Artikel verfaßt wurden; wenigstens wollte der „ultramon=
tane" Bischof von Nismes, be la Parisière, gewiß kein Freund Colberts,
an den Verhandlungen gegen ihn keinen Theil nehmen. Zufolge des
Berichtes, welchen der Erzbischof Maniban von Bordeaux am 9. Sep=
tember der Versammlung erstattete, wurde eine Adresse gegen den Brief
Colberts am 11. September an den König gerichtet. Dieses in vieler
Beziehung vortreffliche Document, welches 14 Bischöfe (der von Nismes
fehlte wieder) und 19 Deputirte des niederen Klerus unterschrieben,
enthält eine energische Vertheidigung der Bulle Unigenitus und verlangt
ein Provinzialconcil von Narbonne, um den Bischof von Montpellier
zu richten. Über das Officium des hl. Gregor VII. heißt es aber
darin: „Dieser Prälat (Colbert) stellt uns als Feiglinge, als Verräther
dar, mahnt uns an den Eid, den wir Ew. Majestät geschworen, als
wären wir aus Furcht oder Hoffnung im Begriff, meineidig zu werden,
als seien bloß jene Bischöfe treue Unterthanen, welche gegen die Kirche
revoltiren und seit 16 Jahren gegen die Constitution sich empören. Diese
Sectirer haben sich jetzt, um die Aufmerksamkeit von sich abzulenken und
den Streitpunkt zu verschieben, der Legende Gregor' VII. bemächtigt,
einer Legende, die von keinem Bischof des Reiches angenommen, deren
Gebrauch in keiner Diöcese gestattet ist, noch in Zukunft wird erlaubt
werden." War es stark, in einem solchen Documente dem hl. Gregor VII.
einfachhin den Titel eines Heiligen zu verweigern, so war es noch viel
stärker, das Fest und das Officium desselben so leichter Hand aus dem
ganzen Reiche zu verbannen; wirklich blieben aber beide in Folge dieses
Actenstückes bis nach der französischen Revolution stillschweigend un=
terdrückt.

Auffallenderweise wurde gerade der Bischof von Nismes, der sich so ferne gehalten, für die Schlußrede an den König gewählt. Diese Anrede vom 17. September ist berühmt geworden wegen einer Stelle, in welcher es heißt: „Wir können nie dazu beistimmen, daß man uns unsere Jurisdiction entreiße, wir sind dafür Gott, der Kirche, dem Volke und Ew. Majestät verantwortlich, deren Regierung (règne) auf der katholischen Religion (Catholicité) gegründet ist und sich stets auf dieselben Grundsätze stützen soll." Es ist unglaublich, welchen Lärm diese wenigen Worte verursachten. Colbert, der immerwährende Zänker von Montpellier, machte sich in einem Pastoralbriefe vom 30. November zum Ankläger des Bischofs La Parisière; auch das Parlament hielt es für seinen Beruf, das Compliment an den König zu corrigiren und zu verlangen, daß es nicht in die Acten eingetragen werde; es erhielt aber ungefähr die Antwort: sutor ne ultra crepidam, denn die Complimente, welche der König empfange, seien eine Sache, welche ihn selber angingen. Diese giftigen Wetterspäher brachten nämlich die Anrede mit dem Officium des hl. Gregor in Verbindung und folgerten, der Bischof habe sagen wollen: „ein König von Frankreich, der nicht katholisch sei, dürfe nicht regieren; das sei aber gegen die gallikanischen Principien, denen zufolge der König seinen Scepter nur von Gott und unabhängig von seinem Glaubensbekenntniß besitze". Obgleich diese Folgerung in feindlicher und gehässiger Absicht gezogen war, würden wir sie doch für richtig halten und freudig mit Guéranger in den Worten des Bischofs einen Widerhall des alten französischen Reichsgrundsatzes erkennen, wenn nicht La Parisière selbst seinen Worten eine andere Deutung gegeben hätte. Als nämlich der Lärm gar groß wurde, veranlaßte Fleury den Bischof im December, ihm eine Erklärung und eine Rechtfertigung in Form eines Briefes zu schreiben. Der Bischof erklärte also: er habe gesagt, „die Regierung (nicht das Reich, der Thron oder die Krone), die Regierungsart, nicht das Recht des Königs, seien auf der katholischen Religion gegründet, wie man auch sagen könnte, sie beruhen auf der Gerechtigkeit. Folgt daraus, daß die Unterthanen ihm nicht mehr vollen Gehorsam schuldig sind, wenn er nicht mehr katholisch oder gerecht sein sollte? Diesen Schluß kann man nie aus meiner Rede ziehen, und das Gegentheil davon ist die tiefste Überzeugung meines Herzens; wäre der König auch häretisch oder lasterhaft, so wäre ihm doch jeder Unterthan und jeder Bischof nicht weniger Gehorsam und unverbrüchliche Treue schuldig. Man hat schließen wollen, daß mir zufolge Heinrich IV. (von

Frankreich) nicht wahrer König war, so lange er im Irrthum lebte, und daß er erst nach seiner Rückkehr in den Schooß der Kirche als solcher anerkannt werden mußte. Da aber nach dem Gesagten der König unabhängig von seiner Katholicität wahrhaft König ist, so hat Heinrich IV., der durch die Gebnrt das volle Recht auf die Krone be= saß, dasselbe wirklich im Augenblicke des Todes Heinrich' III. erlangt." [1] Ob diese Grundsätze in der That den Sinn des alten, echten französi= schen Staatsrechtes enthalten, ist freilich eine andere Frage, auf die wir unten noch zurückkommen werden wegen ihres innigen Zusammenhanges mit dem Ursprung und Inhalt der gallikanischen Ideen.

Zur Zeit jedoch, von der wir haudeln, waren diese Ansichten des Bischofs von Nismes so allgemein und so sehr in die Denkweise der Franzosen, auch der Bischöfe, übergegangen, daß man schwerlich auch nur eine Ausnahme finden wird. Die Bischöfe befanden sich daher mit dem Cult und dem Officium des hl. Gregor VII. in einer äußerst ver= legenen, gezwungenen und schiefen Stellung. Einerseits widerstrebte ihr Gewissen, den Act des Papstes zu tadeln und die Heiligkeit Gregors zu läugnen, andererseits sträubte sich ihr Verstand, zu begreifen, wie ein Mann, den sie nach ihrer Auffassung für einen Rebellen hielten, einen Heiligencult verdiene. In diesem Zwiespalt befangen ist es na= türlich, daß sie den Jansenisten gegenüber nur getheilten Herzens, mit halber Überzeugung und mit schwachen Waffen kämpfen konnten. Um sich einigermaßen in dieser Lage zurecht zu finden, griffen sie oft zu sehr gezwungenen und unnatürlichen Ausflüchten.

Schon oben haben wir den Bischof von Verdun vernommen; merk= würdiger noch ist Languet, Bischof von Soissons, einer der ehren= werthesten Bischöfe des damaligen Frankreich, ausgezeichnet durch Wis= senschaft, Tugend, Frömmigkeit und Eifer für die Sache Gottes und der Kirche. Am 25. December 1730 wurde er durch den König auf den erzbischöflichen Stuhl von Sens versetzt, und am 25. März 1731 schrieb er zum Abschied einen langen Hirtenbrief an den Klerus und das Volk von Soissons, in welchem er die Schriften Colberts, besonders dessen Brief an den König vom 31. December 1729 gegen das Officium des hl. Gre= gor bekämpft. Wir theilen einige Stellen aus demselben mit: „Die Geschichte tadelt mit Recht die Übergriffe und Grundsätze Papst Gre= gor' VII. gegen die weltlichen Regenten, über welche er eine directe und

---

[1] La Clef du Cabinet, LIV. 115.

absolute Herrſchaft beanſprucht zu haben ſcheint. Die Heiligen hatten
eben auch ihre Fehler und Vorurtheile, wie die Sonne ihre Flecken, der
Himmel ſeine Wolken hat, und Gott läßt bisweilen die Unklugheiten
der Gerechten zu. Man darf aber nicht über den Schwächen großer
Männer ihre heroiſchen Tugenden vergeſſen; durch dieſe werden die Leſer
erbaut, durch die Fehler belehrt. In dieſer Art muß man von den
Fehlern großer Männer reden, ſonſt bietet man dem Volke nicht Be=
lehrung, ſondern Ärgerniß. Während wir ſo die Ausſchreitungen Gre=
gors nicht rechtfertigen, ſondern mit der Geſchichte tadeln, erkennen wir
zugleich ſeine Tugenden und Verdienſte an . . . Wenn alſo dieſer Papſt
ſich von einer falſchen Meinung leiten ließ, die damals allgemein und
200 Jahre älter war, als er ſelbſt, wenn er einer apokryphen Schrift
(den pſeudo=iſidoriſchen Decretalen), deren Falſchheit er nicht kannte, in
gutem Glauben traute, und im Übereifer ſich durch einen allgemeinen
Irrthum zu weit fortreißen ließ gegen einen gottloſen König, kann man
dann nicht noch die gute Abſicht loben, die Frömmigkeit desjenigen, deſſen
Gott ſich bediente zur Reform der Kirche? Sprechen wir alſo von
dieſem großen Papſt, wie der hl. Auguſtin vom hl. Cyprian, ſein Irr=
thum war ein naevus in candidissimo pectore, den er, wie dieſer,
durch lange Leiden geſühnt hat."[1]

Die Buße alſo, die Gregor VII. wegen ſeiner Vergewaltigung an
Heinrich IV. gewirkt haben ſoll, muß als Nothbrücke dienen, um über
die Schwierigkeit hinüber bis zur Heiligkeit zu gelangen, und doch weiß
die Geſchichte nichts von Buße und nichts von Reue über dieſen ver=
meintlichen Fehltritt. Mit der fraglichen Legende des Breviers aber,
die möglichſt erklärt, abgeſchwächt und mundgerecht dargeſtellt werden
ſoll, ſteht die Entſchuldigung durch die Buße erſt recht in Widerſpruch,
denn im Officium wird die Abſetzung Heinrichs nicht etwa bloß erzählt,
ſondern als ein Beweis der Starkmuth Gregors, als ein Motiv ſeiner
Heiligkeit hervorgehoben. Wie ſoll man ſich die Thatſache dieſer durch=
gängig ſchiefen, falſchen und gallikaniſchen Auffaſſung der Legende des
hl. Gregor VII. von Seite des franzöſiſchen Epiſcopats erklären?

4. Geneſis des franzöſiſchen Legitimismus. — Man
kann es den Franzoſen nicht verübeln, wenn ſie die deutſche, zumal
mittelalterliche Geſchichte nicht verſtehen, wenn ihnen das römiſche
Kaiſerthum und das Kaiſerrecht eine terra incognita iſt, wenn ſie in

---

[1] Languet, l. c. n. 99. p. 234. 236.

Folge dessen den Rechtspunkt in dem Streite zwischen Gregor VII. und
Heinrich IV. nicht erfassen; fehlt es ja nicht an deutschen Gelehrten, die
über dergleichen Dinge weder klarere noch sachlichere Kenntnisse besitzen.
Daß aber die Franzosen den Geist ihrer eigenen Geschichte so wenig begriffen und ihr eigenes Staatsrecht so sehr mißkannten, ist für sie folgenschwer geworden und hat mehr zur großen Revolution beigetragen,
als man gewöhnlich annimmt. Dieser charakteristische Zug, wir möchten
sagen diese Manie, ihr Königthum als vollständig unabhängig, losgelöst
von aller menschlichen, namentlich aber von geistlicher und kirchlicher
Controle, und unmittelbar nur Gott verantwortlich darzustellen, ist bei
den Franzosen in den beiden vorletzten Jahrhunderten so eigenartig hervorgetreten, daß diese Erscheinung, besonders insoweit sie die Bischöfe
betrifft, eine Erklärung verdient. Die Thatsache selbst ist aus dem vorher Gesagten schon hinlänglich dargethan, nicht ebenso der Ursprung und
die Ursache dieser Geistesrichtung. Wer sich die Sache leicht macht, erledigt die Frage mit einigen Adjectiven und spricht von höfischem Sinn,
weltlichem Streben, feiger Schmeichelei, ersterbender Demuth an den
Stufen des Thrones. Wir glauben indessen, der Grund liege tiefer und
wurzle nicht sowohl in moralischer Schwäche, als in einem durch den
Gang der Landesgeschichte erzeugten Nationalirrthum. Man müßte bis
in die Zeiten der Liga zurück gehen, um über die Entstehung dieses
Geistes sich Rechenschaft zu geben; wir können uns das nicht gestatten,
wollen aber versuchen, in einigen Strichen den Ursprung und den Zusammenhang der Ideen anzudeuten.

Frankreich war, wie alle andern europäischen Staaten, auf die katholische Religion gegründet, in Folge dessen wurde auch die Katholicität
im Monarchen als nothwendige Eigenschaft verlangt oder vielmehr vorausgesetzt. Dieser Grundsatz läßt sich zwar durch keinen geschriebenen
Constitutionsparagraphen nachweisen, aber das ganze öffentliche Leben,
alle Einrichtungen des Staates, namentlich die symbolischen Handlungen,
der Krönungsact, der Krönungseid, waren lebendige Zeugnisse dieser
Anforderung. Man kann darum nur mit gewaltsamer Verdrehung der
Geschichte läugnen, daß der katholische Charakter des Königs ein Funda-
mentalgesetz des Staates war. Beim Aussterben der Valois stand man
praktisch vor der Frage: Gibt die Abstammung allein das volle Anrecht
auf den Thron (die Legitimität), oder sind dazu noch andere Bedingungen erforderlich, besonders die katholische Religion? Das allgemeine
Bewußtsein, der Instinct des Volkes, gestützt auf das Herkommen, auf

die Natürlichkeit der Sache, auf das Symbol und die öffentliche Über=
zeugung, entschied sich für die letzte Lösung, und dieser Instinct hat die
Liga gegründet. Es ist nicht zum geringsten Theil das Verdienst der=
selben, Frankreich katholisch erhalten und Heinrich IV. genöthigt zu
haben, katholisch zu werden. In den Waffen aber unterlag die Liga
schließlich, erfuhr daher beim Umschwung der öffentlichen Meinung das
Schicksal des schweizerischen Sonderbundes und kam wie dieser in Ver=
ruf; denn der Spruch Vae victis ist nicht bloß in der Römerzeit
Kriegsrecht gewesen. Niemand wollte also ligistisch gewesen sein und es
galt als Schande, der Liga angehört zu haben, indem sie selbst etwas
Schlechtes, eine Rebellion gegen die heiligsten Rechte des besten Königs
gewesen sei. Es ist uns aus der ganzen Bourbonenzeit kein einziger
Schriftsteller bekannt, gleichviel ob Katholik oder Calvinist, Priester oder
Laie, Christ oder Philosoph, welcher der Liga gerecht geworden wäre;
alle haben sie mißhandelt, obwohl aus verschiedenen Gründen. Man
wollte in ihren Motiven nur politischen Ehrgeiz und persönliche Intrigue
entdecken; einzelne Excesse, wie deren überall vorkommen, wenn einmal
die Kanonen das Wort haben, wurden in den Vordergrund geschoben,
als die Hauptsache, als das eigentliche Wesen der Liga geschildert und
dazu benützt, ihre ganze Existenz als eine Ausgeburt des reinsten Fana=
tismus zu verschreien. Diejenigen, welche der Liga wahren aber blinden
Eifer für die Religion zur Schuld legen, der sie verleitet habe, die
Fundamentalgesetze des Staates zu stürzen, gehören noch zu den Ge=
mäßigteren [1].

War nun die Liga eine Rebellion, so mußten die Principien, auf
denen ihr Dasein beruhte, ebenfalls rebellisch sein. Diese Folgerung zu
ziehen, sie in das Leben umzusetzen und im Staatsrecht einzubürgern,
stellten die Parlamente, die Advokaten, die Legisten überhaupt, unter
denen viel calvinistischer Sauerteig versteckt war, sich zur Aufgabe, indem
sie ihre kirchenfeindlichen Absichten unter legitimistischer Maske verhüllten.
Drei Päpste — Sixtus V., Gregor XIV. und Clemens VIII. — hatten
während der Liga diese zwar nicht approbirt oder sich ihr förmlich
angeschlossen, wohl aber Heinrich IV. als Wieder=Abgefallenen vom
Glauben excommunicirt, des Thrones verlustig und unfähig erklärt,
oder hatten wenigstens gegen ihn gewirkt. Diese Handlungsweise stand

---

[1] Z. B. der Er=Jesuit Bonnaud, Discours au roi sur le projet d'accorder
l'état civil aux Protestans, 1787.

ganz im Einklang mit dem in Frankreich giltigen Staatsgrundsatz, daß nur ein katholischer Fürst rechtlich über die katholische Nation herrschen könne [1]. Der anti-ligistischen Reaction lag Alles daran, diesen Grundsatz zu stürzen, besonders aber die päpstliche Excommunication und Declaration als unbefugten und rechtswidrigen Übergriff auf fremdes Gebiet zu brandmarken. Dafür sollte die Lehre von der vollständig unabhängigen Königsgewalt, von der unmittelbar göttlichen Verleihung der Krone als National-Dogma verarbeitet werden.

Kurz vor dem Verschwinden der Liga publicirte Pithou (1594) seine berühmten gallikanischen Freiheiten, deren vierter Artikel die (gallikanische) Unabhängigkeit des Königs vom Papste anpreist. Auf den letzten Generalstaaten von 1614 war der dritte Stand fast durchweg durch Legisten vertreten. Diese hielten es an der Zeit, alten und neuen Haß gegen die beiden andern Stände, besonders gegen den Klerus, zu befriedigen; das Mittel hiezu schien ihnen die Beseitigung des bisher geltenden Staatsgrundsatzes zu sein. Dieser Stand faßte daher am 15. December 1614 die Resolution: „Der König soll ersucht werden, durch die Generalstaaten als unabänderliches Grundgesetz festzustellen, daß es, da er als Souverän des Staates die Krone von Gott allein besitze, keine irdische Macht, geistliche oder weltliche, gebe, die über sein Königreich ein Recht besitze und die geheiligte Person des Königs aus irgend einem Grund absetzen, oder die Unterthanen von ihrer Treue und dem schuldigen Gehorsam entbinden könne, ... daß eine gegentheilige Ansicht gottlos sei, verabscheuungswürdig, unwahr und gegen die Grundlage des französischen Staates verstoße, der nur von Gott unmittelbar abhange." Der Klerus widersetzte sich einmüthig dieser Motion; Cardinal Du Perron hielt bei dieser Gelegenheit seine berühmte meisterhafte Rede gegen den Artikel, und Richelieu, damals noch einfacher Bischof von Lnçon, bewog den zweiten Stand, sich ebenfalls dem Klerus anzuschließen.

Der Antrag des dritten Standes weckte die Eifersucht des Parlaments. Dieses hatte schon früher in gleichem Sinne gearbeitet und darum am 26. November 1610 das Buch Bellarmins „über die Macht des Papstes im Zeitlichen" verdammt, weil es „eine falsche, schändliche Lehre enthalte, welche den Aufruhr begünstige"; Du Perron jedoch und der päpstliche Nuntius erwirkten, daß der Staatsrath dieses Urtheil

---

[1] Siehe darüber Hergenröther, Kathol. Kirche und christl. Staat, S. 435, 676.

kassirte. Jetzt aber faßte das Parlament neuen Muth und erließ am
2. Januar 1615 auf die Motion des Generaladvokaten Servin folgen=
den Beschluß: „Es sei uralte, mit dem Königthum selbst entstandene
Lehre in Frankreich, daß der König in weltlichen Dingen nur Gott über
sich habe, daß keine Macht das Recht oder die Gewalt besitze, die Un=
terthanen vom Eid der Treue und des Gehorsams zu entbinden; deß=
wegen sollen alle älteren Erlasse (19. Juli 1595 gegen den Augustiner
Florentin Jakob, 26. November 1610 gegen Bellarmin, 26. Juni 1614
gegen Suarez u. s. f.) in Kraft bleiben und Niemand habe das Recht,
diese Grundsätze als zweifelhaft zu betrachten." [1] Gegen diesen Beschluß
erhob der Klerus durch die Cardinäle Sourdis und Du Perron ener=
gische Beschwerden beim König; der königliche Bescheid erfolgte am
6. Januar und lautete, Stände und Parlament sollen sich mit der Frage
nicht weiter beschäftigen, der König behalte sich den Artikel des dritten
Standes vor, nicht um ihn zu unterdrücken, sondern um selbst darüber
zu entscheiden.

Bis dahin trat der Klerus ohne Schwanken für den alten Reichs=
grundsatz ein, auch sehen wir, daß die Quelle der gallikanischen Ideen
nicht am Throne, sondern im Advokatenthum entspringt; im Stillen
aber wirkte der Richerismus auch in klerikalen Kreisen. Beide erhielten
freiere Hand, als Richelieu den Jesuiten grollte, weil er meinte, einige
deutsche Jesuiten liebten ihn nicht und hätten sogar gegen ihn geschrieben
wegen seiner Unterstützung der Protestanten im dreißigjährigen Krieg;
zur Buße dafür sollte das Parlament gegen die französischen Jesuiten
losgelassen werden. Erwünscht kam ihm daher ein unkluges Buch des
italienischen Jesuiten Santarelli, mit dem Titel: „Von der Macht
des Papstes, die Häresie, das Schisma und die Apostasie zu bestrafen."
Dasselbe wurde am 13. März 1626 vom Parlament mit Herzenslust
verbrannt. Das war aber nicht genug; 16 Jesuiten, darunter der Pro=
vinzial P. Cotton und die Obern von Paris, mußten vor dem Gerichts=
hof erscheinen; hier sollten sie folgende Glaubensformel unterschreiben:
1. der König hat sein Reich nur von Gott und seinem Schwert; 2. er
hat keinen Obern außer Gott; 3. der Papst kann über ihn und sein
Reich kein Interdict verhängen, noch die Unterthanen aus irgend einem

---

[1] Relation de tout ce qui s'est passé aux états-généraux de 1614 (Danjou,
Archives curieuses de l'hist. de France. Ser. II. T. I. p. 153). Picot, Hist.
des états-généraux. III. 363.

Grund vom Unterthaneneid entbinden; 4. er hat in keiner Sache directe oder indirecte, mittelbare oder unmittelbare, coërcitive oder directive Gewalt über den König. Die Unterschrift wurde verweigert und der Schutz des Königs angerufen. Auch die Sorbonne, in welcher damals die Richeristen das Übergewicht hatten, beschäftigte sich mit dem Buche Santarelli's und censurirte — jedoch unter dem Widerstand der ehrenwerthesten Theologen — am 4. April die Lehre desselben als neu, falsch, irrig, die höchste Auctorität der Könige, die von Gott allein abhänge, beeinträchtigend und hinderlich für die Bekehrung ungläubiger Fürsten. Der König und Richelieu begnügten sich endlich, den Jesuiten eine gemäßigte und annehmbare Formel statt derjenigen des Parlaments vorzulegen; die Universität aber erhielt am 2. Mai die Weisung, ihre Censur nicht einzuregistriren. Am 2. Januar 1627 wurde in der Sorbonne darüber verhandelt, die Censur ganz zu beseitigen, aber sogleich erklärte das Parlament jeden solchen Versuch als Majestäts-Verbrechen, und der Rector der Universität warf sich dem König zu Füßen, klagend, daß man die Censur einer so verdammlichen Lehre unterdrücken wolle, welche die unglückliche Liga erzeugt habe; der König indessen befahl der Sorbonne neuerdings am 13. Jannar, ihre Censur nicht zu veröffentlichen, Niemanden mitzutheilen, nicht darüber zu verhandeln.

Mit Übergehung vieler interessanten Zwischenstationen gelangen wir, fast 100 Jahre nach dem Anfang der Liga, 77 Jahre nach dem vertagten Artikel der Generalstaaten, an die berüchtigte Versammlung des Klerus von 1682. Der erste gallikanische Artikel trägt eine auffallende Verwandtschaft mit dem von den Advokaten im Jahr 1614 vorgeschlagenen: „Gott hat dem hl. Petrus und seinen Nachfolgern nur Gewalt über geistliche Dinge, nicht über zeitliche und weltliche verliehen; Könige und Fürsten sind also in zeitlichen Dingen keiner kirchlichen Gewalt nach Gottes Anordnung unterworfen, können also weder direct noch indirect durch die Schlüsselgewalt der Kirche abgesetzt, noch können ihre Unterthanen von dem Eid der Treue oder vom Gehorsam entbunden werden." Von da ab hat sich die Lehre von der vollständigen, absoluten, nur von Gott allein abhängigen Auctorität „unserer Könige" und von ihrem unmittelbar göttlichen Rechte als französisches Nationaldogma festgesetzt; dasselbe ist übergegangen in die Anschauungsweise des Klerus und der Bischöfe [1], nicht überall gleichmäßig, sondern schärfer

---

[1] Autorité souveraine, entière et absolue, indépendante de tout autre que

hier, schwächer dort. Der Unterschied, der zwischen dem Klerus und den Legisten über diesen Punkt bestand, kann durchschnittlich dahin be= zeichnet werden, daß erstere mehr die monarchische Treue des Princips betonten, es damit aufrichtiger und redlicher meinten, während die an= dern mehr das revolutionäre Gift aufsogen, welches in demselben lag, und es hauptsächlich gegen die Kirche wendeten. Das ist die Doetrin, welche den alten französischen Legitimismus charakterisirt, ihn von jedem andern unterscheidet und ihm eine Gestalt verleiht, die von einem reli= giösen Cult nicht weit absteht. Wir sind seinen Spuren schon oft begegnet, und werden in Zukunft deren noch mehr finden, bis er endlich, nicht ohne innere Logik, in den Droits de l'homme et du citoyen von 1789 ausmündet.

R. Bauer S. J.

Kirche und Staat in Nordamerika.

Die kirchenpolitischen Zustände Nordamerika's haben für Europa hauptsächlich dadurch große Bedeutsamkeit erlangt, daß man sie hier nicht als das mühsam gewonnene und mit vielen Menschlichkeiten behaftete Endergebniß langwieriger Kämpfe, Mißverhältnisse und Nothstände be= trachtete, sondern als den rasch errungenen Triumph einer modernen Idee, die glorreich und segensvoll, gleich einer zweiten Minerva aus Jupiters Haupt, in's Dasein trat, um die Neue Welt auf immer von allen staatskirchlichen Kopfbeschwerden zu erlösen. Bald „Religionsfrei= heit", bald „Gewissensfreiheit", bald „Toleranz", bald „Trennung von Kirche und Staat" genannt, ward die junge Göttin von den Demo= kraten angebetet und mit Rosen bekränzt, von den Staatskanonisten geläftert und mit Steinen geworfen, von den liberalen Katholiken mit froher Hoffnung begrüßt; die Kirche aber ächtete das neue Idol und dessen Verehrung [1].

---

de Dieu, résidente en lui seul, dont il fait à tous les membres de son État telle part, pour tel temps, et à tel degré qu'il le juge à propos, pour le main-tien de ses lois, qui n'émanent que de lui, et dont il n'est comptable à aucune puissance de la terre. Worte des Bischofs von Nismes. Clef du cabinet, LIV. 116.

[1] Syllab. Prop. 55. Prop. 15—18. Prop. 77—80.

Inwiefern die Kirche den Grundſatz der Religionsfreiheit verwarf und verwerfen mußte, inwiefern derſelbe dagegen Wahres und Berech=tigtes in ſich ſchließt, iſt im vorigen Jahrgang dieſer Blätter ausführlich erörtert worden [1]. Da aber Amerika liberalerſeits als die große hiſto=riſche Rechenprobe für die Trefflichkeit jenes Grundſatzes gilt, ſo iſt es nicht ohne Intereſſe, im Anſchluſſe an jene theoretiſchen Erörterungen das moderne Princip auch in ſeiner vielgeprieſenen thatſächlichen Ver=körperung etwas näher zu unterſuchen. Denn der Liberalismus hat, je nachdem er gerade zeitweilig Freiheit oder Staatsomnipotenz auf ſein Banner ſchrieb, in doppelter Weiſe an Amerika und an der Wahrheit geſündigt, indem er die dortigen Zuſtände bald roſenroth auf Goldgrund malte, um für den religionsloſen Demokratismus Propaganda zu machen, bald grau in grau, um den europäiſchen Staatsgott mit ultramontanen Gefahren zu ängſtigen [2]. Ohne dieſe liberalen Färberkünſte in's Ein=zelne zu verfolgen, möchten wir dem Leſer in einer kurzen Überſicht das nöthige Material bieten, ſich über den wirklichen Charakter der ameri=kaniſchen Religionsfreiheit, ihre geſchichtliche Entwicklung, ihre rechtliche und factiſche Durchführung, ihre Wirkungen auf den Staat und die be=theiligten Religionsgenoſſenſchaften richtig zu orientiren. Wir beginnen, wie es die Sache mit ſich bringt, mit der hiſtoriſchen Entwicklung.

I. Das alte Colonialrecht und deſſen geſchichtliche Entwicklung.

Ziemlich deutlich geſchieden treten in der Staatenbildung Nord=amerika's drei Hauptperioden hervor, von denen die erſte vom Anfang des 17. Jahrhunderts bis zur Reſtauration der Stuarts reicht, die zweite bis zur Unabhängigkeitserklärung, die dritte bis auf unſere Tage. Während der erſten erhielt der Norden des Landes in einer Anzahl re=ligiös wie politiſch ganz verſchiedenartig organiſirter Gemeinweſen die

---

[1] Stimmen aus Maria=Laach, 1876, XI. S. 184, 249, 402, 532.
[2] Sehr roſenroth ſchreibt z. B. Ed. Laboulaye, Paris in Amerika, wofür er von Hellwald gebührend zurechtgeſetzt wird. Vgl. John H. Becker, Die hundertjährige Republik. 1876. S. I—III. Vgl. Laboulaye, L'église et l'état en Amérique. Revue des deux Mondes. CVII. p. 720—742. Civiltà catt. Ser. IX. Vol. I. p. 44 sqq. Sehr grau malt Dr. E. Friedberg, Grenzen zwiſchen Kirche und Staat, S. 777, 778. Zur Beruhigung deutſcher Gemüther hat J. P. Thompſon (Kirche und Staat in den Vereinigten Staaten, Berlin 1873) Amerika möglichſt roſenfarben, die katholiſche Kirche dagegen grau und ſchwarz angeſtrichen.

bestimmenden Keime und Triebkräfte seines Staatslebens, das gleich von
Anfang an eine freiheitliche Richtung nahm. Die zweite charakterisirt
sich durch die Gründung der südlichen Colonien, durch eine langsame
Reaction zu Gunsten des Stammlandes und der englischen Hochkirche,
durch ein ihr entgegenströmendes Wachsthum republikanischen Geistes
und ausschließlich protestantischer Religionsfreiheit. In der dritten Pe=
riode zerbrach Amerika die Fesseln des Staatskirchenthums und trennte
die Kirche vom Staate.

Die erste staatliche wie kirchliche Organisation Nordamerika's fällt
in den Anfang des 17. Jahrhunderts, und dankt ihren Ursprung zu=
nächst dem Unternehmungsgeist englischer Handelscorporationen, welche
unter dem Schutze und der Oberaufsicht der englischen Krone eine
massenhafte Auswanderung dahin, sowie eine umfangreiche und syste=
matische Colonisation daselbst ermöglichten. Den Reigen derselben er=
öffnete im Jahre 1606 die „Gesellschaft der Unternehmer und Pflanzer"
(Adventurers and Planters) in London, welche, einige der be=
deutendsten Männer Englands an der Spitze, den zweimal gescheiterten
Versuch Sir Walter Raleighs wieder aufnahm, das Land vom 34.⁰ bis
45.⁰ n. Br., Elisabeth zu Ehren Virginien genannt, zu colonisiren.
Aus Edelleuten, Gutsbesitzern und Handelsleuten zusammengesetzt, re=
präsentirte die Gesellschaft selbst die herrschenden Schichten der englischen
Bevölkerung, verpflanzte dieselben auf den Boden der Colonie, und ver=
lieh dieser das aristokratisch=commercielle Gepräge des Mutterlandes.
Durch königlichen Freibrief vom Jahre 1607 ward die Leitung der Co=
lonie zwar einem in derselben wohnenden Colonialrath übergeben, dieser
selbst aber einem in London residirenden, vom König selbst ernannten
Obercolonialrath von 13 Mitgliedern unterstellt, und die Gesetzgebung
dem König vorbehalten, der sich im Vollgefühl seiner theologisch=juristi=
schen Unfehlbarkeit auch · richtig daran gab, einen Rechtscodex für die
Colonie auszuarbeiten. Um die Gleichheit mit dem Mutterlande zu
vollenden, wurde auch die Hochkirche als wesentlicher Theil der
Staatsmaschinerie nach Virginien verpflanzt; indeß gewährte Jakob der
Colonialdiöcese, als einem „Missionsland", keinen eigenen Bischof, son=
dern wies sie dem Bischof von London zu, mit der Last, ihre Geistlichen
ordinirt aus England zu beziehen. So ward Virginien das Abbild
Englands, ein commercielles Anhängsel seines cäsareopapalen Staats=
kirchenthums. Erhielt es auch 14 Jahre später, nach zweimaliger Be=
stätigung seiner Charte und nach eigener kräftiger Initiative, die Be=

willigung einer eigenen Provincial-Legislatur, so änderte dieß so gut
wie nichts an seinem kirchlichen Charakter. Von einem überseeischen
König und Bischof abhängig, von keiner andern Gewalt, als derjenigen
bürgerlicher Beamten, überwacht, von ihren Gemeinden mit Tabak be-
soldet, durch die Verhältnisse selbst der Gefahr der Liederlichkeit preisgegeben und ihr endlich erliegend, hatten die armen Staatspastore Virginiens das traurige Loos, durch sonntägliches Vorbeten die Colonie im
Glauben an die cäsareopapistische Autorität des theologischen Königs
zu erhalten und durch „loyale" Sermone in der gebührenden Anhänglichkeit an Königthum, Aristokratie und Episcopat zu befestigen.
Gegen die Lebenskraft der katholischen Kirche wie gegen die zerstörenden
Tendenzen der Dissenters schirmte sich der staatstheologische Kirchenapparat durch den unduldsamen Geist der theilweise noch von Elisabeth
herrührenden, von Jakob verschärften Strafgesetzgebung, deren haßerfüllter
Geist dem Beamtenthum in Fleisch und Blut übergegangen war und
von dem hochkirchlichen Episcopat noch unaufhörlich genährt wurde.
Gestattete man den Dissenters zeitweilig eigenen Gottesdienst, so wurden
sie deßhalb von der allgemeinen Besteuerung zu Gunsten der Staatskirche nicht ausgenommen, und die theologisch-politische Zeitrichtung,
welche sich der Religion bei jeder Gelegenheit als Agitationsmittel bediente, führte rasch zur drückendsten Ausschließlichkeit. Katholiken und
Dissenters wurden von der Colonie ausgeschlossen, die Theilnahme am
Staatsgottesdienst und an den Ceremonien der Hochkirche unter den
strengsten Bußen vorgeschrieben, den Juden der Eintritt in die Colonie
unter Androhung der Sklaverei verwehrt[1]. 1643 verfügte die Colonial-
gesetzgebung, daß kein Priester predigen oder lehren dürfe, öffentlich oder
privatim, ausgenommen in Übereinstimmung mit der Kirche von Eng-
laub. Die Puritaner wurden verbannt, die Quäker traf später dasselbe Schicksal[2].

Dieser protestantischen Staatsinquisition ging von 1633 ab eine sehr
strenge Sittenpolizei zur Seite. Die Kirchenvorstände (trustees) wurden
eidlich verpflichtet, die Sitten der Colonisten zu überwachen, Lästerer, Trun-
kenbolde, Verleumder, ausschweifende Menschen, Alle, welche sich dem Gottesdienst entzogen, Alle, welche sich während desselben unehrerbietig betrugen,
Alle, welche ihre Kinder und Dienstboten nicht pünktlich in der Christenlehre

---

[1] P. Duval, Der Katholicismus in Amerika in „Kathol. Studien" von Dr. Huttler, II. Bd. 3. Heft, S. 15.
[2] J. P. Thompson, Kirche und Staat in Amerika, S. 25.

unterrichteten, polizeilich zu benunciren. Auf einem Fluch stand ein Schilling Strafe, auf einem Rausch fünf Schilling[1]. Nach Hawks[2] konnte eine Lästerung der anglikanischen Religion ebenso gut wie eine Gotteslästerung mit dem Tode bestraft werden. Auf Vernachlässigung des sonntäglichen Gottesdienstes stand eine hohe Geldstrafe, im Wiederholungsfalle 100 Peitschenhiebe, auf Verspottung eines Geistlichen 26 Peitschenhiebe. Wer in den Häfen der Colonie landete, hatte sich einer inquisitorischen Prüfung zu unterwerfen, und wer sie nicht durch Anerkennung der königlichen Suprematie bestand, wurde täglich mit einer Tracht Prügel regalirt, so lange er sich in der Colonie aufhielt. Das war die protestantische Toleranz, von der man in gewissen Kreisen so viel Aufhebens macht, um dann wider das katholische Inquisitionstribunal unbewiesene Anklagen zu schleudern!

Inzwischen war der Calvinismus, freilich klein und unscheinbar, jedoch den Keim zu einer politisch-religiösen Macht ersten Ranges in sich tragend, — als Puritanismus — nach Nordamerika gedrungen. Da diese Secte mehr als irgend eine andere auf die heutige Gestaltung der amerikanischen Gesellschaft eingewirkt hat, so müssen wir hier an einige wichtige Punkte ihrer Entwicklung erinnern: wie sie nämlich, in engster Berührung mit der schweizerischen Reformationsbewegung, ihrem Ursprung und ihrer dogmatischen Grundlage nach, ein viel schärferes, revolutionäres Gepräge an sich trug, als die Hochkirche und der Lutheranismus, wie sie in Schottland die rechtmäßige Königin vom Throne stürzte, Frankreich den verhängnißvollsten politischen Krisen entgegenführte, in England mit der Suprematie Elisabeths und Jakobs in unlöslichen Zwiespalt gerieth, zeitweilig unter knirschendem Widerstreben den Machtgeboten der Hochkirche sich fügte, dann in immer kräftigeren und nachdrücklicheren Stößen derselben Trotz bot, durch unbeugsamen Starrsinn und drückende Verfolgung wuchs und zunahm, unter Brown und Cartwright das Programm kirchlicher Umwälzung offen in das Schlachtgeschrei für politische Umwälzung verwandelte und endlich 1649 als Revolution, auf dem Schaffot von Whitehall, über den Cäsareopapismus der hochkirchlichen Stuarts triumphirte. Ein so rascher, gründlicher Sieg wurde allerdings im Anfang des Jahrhunderts weder von den inquisitorischen Primaten von Canterbury, noch von den Puritanern vorausgeahnt, die um ihres Starrsinns willen neben Martyrern der katholischen Kirche in den Kerkern Londons

---

[1] Vgl. Jannet, Les États-Unis Contemp. p. 19.
[2] History of the Episcopal Church in Virginia.

schmachteten. „Ich will sie übereinstimmen machen," hatte der cultur=
kämpferische Theologenkönig auf der Conferenz von Hamptoncourt (1604)
gesagt, „oder ich will sie aus dem Lande jagen oder im schlimmsten
Falle aufknüpfen, damit ist's gut!" Der hochnothpeinlichen Zwangs=
und Strafgesetzgebung gegen die „Nonconformisten" (d. h. die mit der
Hochkirche nicht Übereinstimmenden) fügte der König=Papst nicht nur die
schärfsten Ergänzungsparagraphen, sondern eine ganz neue Strafe — die
Excommunication — hinzu, und ein das ganze Land durchstreifendes
Schergenheer sorgte unter Leitung des Primas Bancroft für die Voll=
streckung. Man brach in die Häuser ein, löste Conventikel auf, riß
arme Leute aus ihrem Bett in die Kerker, weil sie nicht auf anglicanisch
hatten communiciren wollen, verbreitete den „wahren Glauben" mit un=
erschwinglichen Geldbußen, Confiscationen, legalen Räubereien, Einker=
kerungen — und drohte in letzter Instanz mit Verbannung oder Tod.
Ein kleines Häuflein Puritaner wanderte 1607 nach Holland aus, wo
sie sich indeß weder zu Amsterdam noch zu Leyden in die bestehenden
Verhältnisse zu fügen wußten, keine der continentalen Kirchen für alt=
testamentlich genug befanden und endlich mit Heimweh nach England
zurückblickten. Da hier für sie keine Hoffnung war, wandten sie den
Blick nach den englischen Colonien Amerika's, knüpften mit der virgini=
schen „Gesellschaft von Plymouth" Unterhandlungen an und erhielten
nach langen Mühsalen die nöthigen Mittel und die königliche Concession,
dahin auszuwandern. Am 5. August 1620 schifften sie sich auf ihrem
berühmt gewordenen Schiff „Maiblume" zu Southampton ein. Am
11. November, Angesichts des Caps Cod, vereinigten sich die einund=
vierzig Männer dieser Auswanderungsgesellschaft, unter welchen unter=
wegs Mißhelligkeiten ausgebrochen waren, noch in der Kajüte der „Mai=
blume" „zum Ruhme Gottes und zur Beförderung des christlichen
Glaubens, sowie zur Ehre unseres Königs und Landes .... feierlichst
in Gegenwart Gottes und Einer in des Andern, zu einem bürgerlichen
Staatskörper, zu unserer besseren Ordnung und Erhaltung uud zur
Förderung der oben erwähnten Zwecke" [1].
Sie wählten sodann John Carver, der ihr Hauptagent in London
gewesen, zu ihrem ersten Gouverneur, untersuchten unter seiner Leitung
noch einen Monat lang die Küste, um einen möglichst günstigen Platz
für ihre Ansiedelung zu finden, und faßten am 11. December 1620 zu

---

[1] Prince, Chronological History of New England. 1826. p. 171.

Plymouth festen Fuß. Hiemit beginnt die Geschichte der sogenannten Neu-England-Staaten. Der Tag ist als Forefathers-day, Pilgertag oder Vorväter-Tag, zum amerikanischen Nationalfest geworden. 1628 bildete sich in London zu Gunsten der puritanischen Auswanderung eine neue Handelsgesellschaft, die von Massachusetts; unter Endecott, einem ihrer Mitglieder, ward 1629 Salem gegründet, und im folgenden Frühjahr segelten 1500 Auswanderer auf einer Flotte von 14 Schiffen in das neue gelobte Land [1].

Das Staat wie Kirche bildende Hauptprincip der Puritaner war die allen göttlichen Attributen und aller Menschenwürde hohnsprechende Lehre Calvins von der Prädestination, und die autokratische Willkür, mit welcher sie das Gott allein zustehende Recht der Auserwählung thatsächlich auf eine Schaar sich selbst auserwählender und im Grunde nur durch revolutionäre Gelüste zusammengewürfelter Fanatiker übertrugen.

An die Stelle von Papst und König trat in Folge dessen die Stiefel- oder Pantoffel-Mehrheit der Gemeinde. Brown hatte ihr 1580 ihre leitenden Grundsätze gegeben. Eine gleichartige Privateingebung, gemeinsame Verfolgung hielt sie in England, gemeinsame Verbannung hielt sie in Holland zusammen. Versahen auch ihr Pastor John Robinson und einer ihrer Ältesten, Brewster, ein unter Elisabeth ausrangirter Diplomat, später Drucker und Sprachlehrer, so ziemlich ausschließlich die Stelle des heiligen Geistes, so betrachteten sich doch dieser Moyses, wie jener Aaron, als bloße Mandatare der vom Geiste angewehten Menge. Die Menge wählte den Pastor (Minister), die Katecheten (Teacher Elders) und die Kirchenverwaltungsräthe (Ruling Elders); die Menge entschied in einer öffentlichen Prüfung über die Aufnahme neuer Mitglieder in die Gemeinde; die Menge gab dem neuen „Heiligen" die äußere Gewähr seiner Auserwählung aus den „Heiden"; die Menge gab dem „Diener am Wort" keine Ordination, kein unabhängiges Vorrecht, keine Auszeichnung, nicht einmal die ausschließliche Befugniß, zu predigen, welche, ganz abgesehen von der auch dem weiblichen Geschlechte verliehenen „Prophetengabe", theilweise an die Teacher Elders vergeben war, sondern bloß die Befugniß, die Gemeindemitglieder zu ermahnen und das Abendmahl auszuspenden; im Presbyterium, d. h. in der Versammlung der Ältesten, hatte er nicht mehr Gewicht, als ihm seine persönlichen Gaben und Eigenschaften verliehen. Als bei der ersten Auswanderung der schon alternde Robinson zurückblieb und die Gemeinde von Plymouth deßhalb neun Jahre keinen Pastor hatte, war das Abendmahl das Einzige, was die Laien sich nicht selber zu spenden wagten; für Predigt, Taufe, Heirath und die ganze übrige Religion sorgten der geriebene Brewster und andere Laien, bis man nach neun-

---

[1] Prince, p. 262 sqq.

jährigem „Seelenhunger" an Ralph Smith, einem „guten aber einfältigen Manne", wieder einen Abendmahlsspender erhielt.

Aus dieser demokratischen Kirchenverfassung [1] — dem Vorbilde der später Amerika beherrschenden Secten der Presbyterianer, Baptisten und Methodisten — erwuchs mit psychologischer und logischer Nothwendigkeit unter den freieren Verhältnissen der Colonien eine demokratisch gefärbte Staatsverfassung. Jakob I. hatte, als er die ersten „Pilger" nach Plymouth ziehen ließ, gemeint, sie würden in dem Lande, wo schon so viele Unternehmer zu Grunde gegangen waren, und wo sie höchstens, den Aposteln gleich, „fischen" könnten, nicht viel Unheil anzurichten im Stande sein. Er täuschte sich. Sie gediehen sichtlich in dem rauhen Lande, das andern Seefahrern als eine Wüste vorkam. Sie wählten ihre Gouverneure, gaben sich ihre Verordnungen, richteten sich nach eigenem Gutdünken ein. Als ihnen Jakob 1623 den Capitän Robert Gorges als Generalgouverneur nachschickte, um sie auf die königliche Daumschraube zu setzen, hielt es dieser in der ungemüthlichen Wildniß nicht aus, und der ihm beigegebene hochkirchliche Geistliche William Morell, wohlbestallter „Superintendant aller Kirchen Neu-Englands", besang wohl in einigen hundert lateinischen Versen die Nova Anglia, wagte es aber nicht, sein königliches Mandat aus der Tasche zu ziehen, sondern ging nach einem Jahre „als erster amerikanischer Dichter" wieder nach Hause. Nur seit wenigen Jahren hatte Jakob die Augen geschlossen, als die Colonie von Plymouth bereits auf Verwendung des gemäßigten Puritaners Cotton einen Freibrief (Charter) erhielt, welcher ihr vollständige Unabhängigkeit zusicherte (1630). Schon das Jahr zuvor hatte die Gesellschaft von Massachusetts mit der Bestätigung des Königs zugleich eine Charte erlangt, welche ihr erlaubte, sich ihren Gouverneur, Vicegouverneur und 18 Assistenten selbst zu wählen und sich selbst Gesetze zu geben, nur mit dem Vorbehalt, daß solche mit der englischen Gesetzgebung nicht im Widerspruch stehen sollten. Hierdurch war indirect die Religionsfreiheit ausgeschlossen, die königliche Suprematie mit allen ihren Folgerungen dagegen als maßgebendes, wenn auch negatives Regulativ der Gesetzgebung grundgelegt. Aber noch im selben Jahre (1629) wurde diese Clausel von den „Heiligen des Herrn"

---

[1] Sie wurde erst 1648 in dem sogen. Grundriß von Cambridge (Plateform of Cambridge) nach langjährigen Versuchen und Experimenten in ein abgeschlossenes System gebracht. Siehe Talvj, Geschichte der Colonisation von Neu-England. 1847. S. 208. Vgl. Astié, Histoire des États-Unis. Paris, Grossart, 1865.

sanft bei Seite geschoben, ein „Gottesbund" (Covenant) in Salem er=
richtet und die Regierung der Colonie vollständig von England nach
Neu=England übertragen. Trennten sie auch Staat und Kirche scheinbar
durch ein Statut, des Inhalts, daß die Kirchenältesten keine Staats=
beamten sein durften, so verfügten sie doch gleichzeitig, daß nur Kirchen=
mitglieder vollberechtigte Staatsbürger (freemen) werden könnten, und
machten dadurch die calvinistische „Rechtfertigung" zur Grundlage des
bürgerlichen Wesens. Man ging hiebei zunächst via facti voran, und
erst 1636 nach schon mehrjähriger Praxis fand der Grundsatz, daß nur
ein „Gerechtfertigter" vollberechtigter Staatsbürger (freeman) werden
könne, in dem ersten Gesetzbuch Neu=Englands, den „Allgemeinen Grund=
gesetzen der Colonie von Plymouth", ihren feierlichen Ausdruck. Wer
nicht im Angstkasten (Scruple-Shop) gesessen und der Gemeinde den
Zeitpunkt seiner geistigen Wiedergeburt in peinlichem Interrogatorium [1]
erwiesen hatte, war unfähig zu jedem höheren Amte in der Colonie,
unfähig zu jedem Verwaltungsposten, unfähig zur Mitgliedschaft an
einem Geschworenengericht. Wurde die bürgerliche und peinliche Rechts=
pflege auch theilweise nach englischen Reminiscenzen geregelt, so mischte
der fanatische Bibelgeist der Ältesten dieselbe bald mit levitischen Zu=
sätzen, und die vereinte Macht der Minister, Ältesten, Gouverneure und
Assistenten verarbeitete das bunte Gemisch zu einem zelotischen, judaisiren=
den Polizeiregiment, das alle Freiheit und Würde des Individuums wie
der Familie mit Füßen trat. Es war dieß im Grunde nur ein folge=
richtiges Ergebniß aus der bereits vollzogenen Übertragung der Prä=
destinationslehre in's Staatsleben. Fiel der Staat seinem Zweck wie
seinem Wesen nach mit der „Gemeinde der Heiligen" zusammen, war
ein Covenant das oberste Staatsgrundgesetz, so mußte der in der Secte
aufgegangene Staat naturgemäß in erster Linie darauf bedacht sein,
seinen separatistischen, unduldsamen Geist, seine äußere Sittenstrenge,
den rauhhaarigen Charakter seiner „Selbstgerechtigkeit" zu erhalten. Je
geringer die Trümmer waren, die er aus dem Glaubensinhalt und der
äußeren Organisation des geschichtlichen Christenthums gerettet, desto
mehr verwies ihn der Trieb der Selbsterhaltung auf das Polizeigebiet.

---

[1] Damit war eine förmliche öffentliche Generalbeicht verbunden, welche
die Frauen indeß an Werktagen ablegen durften, um den Scandal doch nicht ganz
auf die Spitze zu treiben. Merkwürdige Ironie des Schicksals! Eine einfache, ge=
heime, freiwillige Beicht hatte man für zu hart befunden — und nun auferlegte man
sich dafür eine öffentliche Generalbeicht mit polizeilichem Staatszwang.

Er hatte Opfer und Ceremonien, Hierarchie und Sacramente, Weihen und Rangstufen verworfen, — nun mußte er Klotz und Pranger, Kerker und Fußeisen, Ruthenstreiche und Henkersschwert, ein unheimliches Spähersystem und eine blutige Strafgesetzgebung an deren Stelle setzen, um die dem Individualismus zugestandene Spannkraft gewaltsam zu dämpfen.

So erhielt denn schon die Colonie von Plymouth einen Rechtscodex, der sich zum Ziele setzte, die Anerkennung der puritanischen Doctrin, ihren Gottesdienst, ihre rigoristische Sitte, ihre ausschließliche Herrschaft in Familie und Staat durch unnachsichtliche, wahrhaft drakonische Strafen zu erzwingen. Zur Vollstreckung derselben hatte das Gewohnheits-recht die Polizeigarde der Select men in's Leben gerufen, deren wach-samem Auge die öffentliche Autorität nicht nur den äußeren Handel und Wandel auf Markt und Straßen, sondern auch den häuslichen Herd mit allen Geheimnissen des Familienlebens preisgab. Wo ihr Späher-auge nicht hindrang, half, von falscher Gewissenhaftigkeit und Fana-tismus angestachelt, die angeberische Zunge nach und befähigte das Auge des Gesetzes zu einer Art von wenigstens successiver Allgegenwart.

Kein junger Mann durfte einzeln wohnen oder sich ohne polizeiliche Be-willigung einer Familie anschließen. Fluchen ward mit dreistündigem Sitzen im Klotz, Lügen mit zweistündigem oder mit 10 Schilling Geldbuße, ja noch mit höheren Geldbußen, und im Falle von Zahlungsunfähigkeit mit körper-licher Züchtigung geahndet. Versäumniß des Kirchenbesuchs zog für jeden einzelnen Fall eine Buße von 5—10 Schilling nach sich. Kartenspielen ward mit 50 Schilling gebüßt. Kinder und Dienstboten, die mit Karten, Würfeln u. dgl. spielten, wurden das erste Mal der elterlichen Züchtigung überlassen, im Wiederholungsfalle öffentlich ausgepeitscht. Wer läugnete, daß die Schrift die Richtschnur des Lebens sei, ward nach Ermessen der Obrigkeit öffentlich gezüchtigt. Wer einem Mädchen einen Heirathsantrag machte, ohne vorher die Erlaubniß ihres Vaters oder Brodherrn eingeholt zu haben, wurde nach Gut-befinden der Richter mit körperlicher Züchtigung oder Geldstrafe bis zu 5 Pfund gestraft. Am strengsten wurde der Bruch des „Sabbaths" geahndet — an diesem Tage bei irgend einer Arbeit, einem weltlichen Geschäft, oder auf Reisen getroffen zu werden, kostete dem unseligen Gesetzesverächter 20—30 Schilling oder mehrere Stunden im Klotz, wohl auch öffentliche Züchtigung mit Ruthen. Und in dieser Hinsicht entschuldigte keine Nothwendigkeit [1].

---

[1] Am besten malt sich dieß Polizeiregiment in einzelnen Fällen:
R. S. dafür, daß er gelogen, er sähe einen Walfisch u. dgl., 20 Schilling Buße. — T. C., weil er ein Paar Stiefel und Sporen, die ihm bloß 10 Schill. gekostet, zu 15 verkauft, 30 Schill. Buße. — F. S. für zu vieles Trinken, 10 Schill. —

4 *

Eine viel weitere Ausdehnung und intensivere Strenge gewann das puritanische Strafrecht in den „Gesetzen und Freiheiten (!!) von Massachusetts“, welche 1648 von der Regierung bestätigt und zum ersten Mal gedruckt wurden.

In diesen war nicht nur auf die Capitalverbrechen der englischen Gesetzgebung, Mord, Todtschlag, Hexerei, Brandstiftung ꝛc. der Tod gesetzt, sondern auch auf Götzendienst, Gotteslästerung, Menschenraub, Ehebruch, Meineid, wenn ein Menschenleben davon abhing, Mißhandlung der Eltern, wenn das Kind über 16 Jahre alt, halsstarrige Widerspenstigkeit eines Sohnes, wenn eines der Eltern Kläger war; ja in den Gesetzesentwürfen war auch der Entweihung des Sabbaths, der Ketzerei, der Lästerung der höchsten Obrigkeit und noch zwei bis drei anderen Vergehungen der Tod zugedacht, und wäre auch wohl ohne die Einsprache des Gouverneurs Winthorp darüber verhängt worden. Im Wiederholungsfalle wurde mit dem Tode bestraft: 1. die Läugnung, daß irgend eine der im Gesetzbuch aufgezählten heiligen Schriften das unfehlbare geschriebene Wort Gottes sei; 2. die Rückkehr eines Jesuiten oder eines katholischen Priesters (später auch eines Quäkers). Einbruch und Straßenraub wurde das erste Mal durch ein Brandmal auf der einen Wange, das zweite Mal mit einem Brandmal auf der andern Wange und öffentlicher Auspeitschung, das dritte Mal mit dem Tode bestraft. War das Verbrechen am Sonntag begangen, so wurde noch Ohrabschneiden u. dgl. der gewöhnlichen Strafe hinzugefügt. Ganz besonders beliebt waren überhaupt Strafen, welche öffentliche Beschimpfung oder unwiderrufliche Entehrung in sich schlossen, wie im Klotze sitzen, am Pranger stehen, eiserne Halsbänder, Brandmale, Schandzeichen, welche die Verurtheilten Jahre lang oder gar auf Lebenszeit mit sich

---

R. W. und M. D. für eine Heirath ohne ihrer Eltern Erlaubniß, 10 Pfund und Gefängniß nach Gutbefinden des Gerichts; E. M. für Unterstützung dabei, 20 Schill. — H. R., weil sie ihren Ehemann geschimpft, zur öffentlichen Auspeitschung verurtheilt, auf ihre und Anderer inständige Bitte begnadigt, mit Warnung für das nächste Mal. — N. B. vor Gericht citirt, weil er verächtlich vom Psalmensingen gesprochen, überführt, und da er sich reuig bezeigt, bloß scharf vor Wiederholung gewarnt. — N. B. und J. B. 20 Schill. für Unruhestiften in der Kirche von Durborough; außerdem sollen Beide bei der nächsten Versammlung an einem öffentlichen Orte an einen Pfosten gebunden werden, mit Papieren auf dem Kopfe, worauf ihr Vergehen beschrieben. — Mistreß J. B. für Verleumden verurtheilt, nach des Gerichtes Gutdünken im Klotze zu sitzen, ebenfalls mit einem Papier über dem Haupte, auf dem mit großen Buchstaben ihr Verbrechen zu lesen war. — J. W. bekam vor Gericht einen scharfen Verweis, weil er am Tage des Herrn ein Billet in einem gewöhnlichen Geschäft geschrieben hatte. — W. H. ward zur Geldbuße von 10 Schill. verurtheilt, weil er sich am Sabbath Holz geholt, bei dem vielleicht der Seinen ärmliches Mittagsbrod bereitet werden sollte. Siehe Talvi, 172 ff. Vgl. Athenäum, 8. Mai 1869. Globus, XV. S. 305. Karl Andree, Nordamerika in geographischen und geschichtlichen Umrissen. Braunschweig 1851. S. 394 ff.

herumtragen mußten. Und da in zahlreichen Fällen die Strafbestimmung
dem Gutdünken der Richter überlassen blieb, so war grausamer Willkür ein
sehr weiter Spielraum geöffnet. Gegen Ausschweifungen lediger Personen,
sogar gegen gewerbsmäßige Unsittlichkeit, war man gnädig, und es hing
von der Willkür des Richters ab, den Verführer und sein Opfer statt aller
Strafe einfach mit einander zu verehelichen. Ein Liebesbrief konnte deßhalb
viel höhere Geldbuße nach sich ziehen, als vollständige Verführung. Auf
eheliche Bewerbung ohne Vorwissen der Eltern stand 5 Pfund Strafe, im
Wiederholungsfalle 10 Pfd., das dritte Mal strenge Haft nach Willkür der
Richter. Das Tragen langer Haare, kostbarer Kleider, weiter Ärmel, Trunken-
heit, langes Zechen, Tabakrauchen waren lauter religiös-polizeiliche Vergehen.
Wer den Sabbath Sonntag nannte, oder die „heidnischen" Feiertage Ostern,
Weihnachten ꝛc. feierte, wurde so gut gestraft, wie derjenige, der am Sabbath
nicht zum Conventikel kam. Lügen, Schwören und Fluchen wurden mit 5 bis
40 Schill. gebüßt; wer solche Vergehen wahrnahm und nicht anzeigte, verfiel
in dieselbe Buße. Eheleute, die einander schlugen, verfielen einer Geldbuße
von 10 Pfd. oder schwerer körperlicher Züchtigung.

Auf Versäumniß des Kirchenbesuchs stand 5 Schill. Buße, eine Summe,
welche sich Handwerker nur in zwei bis drei Tagen, Feldarbeiter nur in viel
längerer Frist verdienen konnten. Jede Handlung, die nicht unmittelbar mit
Andachtsübungen in Verbindung stand, wurde zur Profanation des Sabbaths
gestempelt und zog einzeln eine Strafe von 10 Schill. (also fast den vollen
Wochenlohn eines Handwerkers) nach sich. Den Armen war es verwehrt, sich
am Sabbath das nöthigste Holz zu sammeln, den Müttern, ihre Kinder zu küssen.

Indianer und Katholiken fielen nach puritanischen Begriffen unter die
Zahl der Götzendiener und Gottesläster, und über diese beiden Verbrechen
war, wie gesagt, eigentlich die Todesstrafe verhängt. Die Geistlichen wollten
auch den Ketzer und Sabbathschänder durch Hinrichtung aus der menschlichen
Gesellschaft ausgetilgt wissen. Die Rechtspraxis indeß begnügte sich damit,
den Ketzer nach vergeblichen Bekehrungsversuchen des Landes zu verweisen,
und den Sabbathschänder mit Geldbußen auszuplündern. Die Liste der Ketzereien war übrigens sehr groß, und zu den der Verbannung vorausgeschickten
Mitteln liebevoller Bekehrung gehörten nicht etwa bloß geistliche Unterweisungen,
sondern Kerker, Geldbußen, Klotz und Ruthenstreiche. Die Begriffsbestimmung
der Abgötterei gegenüber den Katholiken wurde für die Richter offen gelassen;
als aber später katholische Indianer unter die Herrschaft der Colonie geriethen,
wurde das Cultusgesetz näher dahin bestimmt, daß jeder Messe hörende Indianer um 20 Schill., der Messe lesende Priester um 5 Pfd. St. gebüßt werden solle [1].

Derselbe intolerante Geist kam nach einigem Schwanken auch in
den Colonien Connecticut, New-Haven, New-Hampshire und Maine zur

---

[1] Über den Einfluß auf diese Gesetzgebung vgl. Talvj, S. 328, 322 ff.

Herrschaft, welche sich im Verlaufe der Zeit mit demjenigen von Ply=
mouth und Massachusetts zu den heutigen Neu=England=Staaten Mas=
sachusetts, Maine, New=Hampshire und Connecticut ge=
stalteten. Alle diese Colonien, wie auch Vermont, standen unter dem
Einfluß des ursprünglichen Massachusetts, und wenn auch in einigen
Versuche gemacht wurden, freiere religiöse Verhältnisse anzubahnen, so
scheiterten dieselben doch an der ehernen Macht des zelotischen Puri=
tanismus. In dem 1638 gegründeten New=Haven wurde gleich von
vornherein die Bestimmung eingeführt, daß nur „Mitglieder der Kirche"
Vollbürger werden könnten, und daß die Bibel dem weltlichen eben so
gut wie dem geistlichen Regiment zur Richtschnur dienen müsse.

Dieses Geißeln= und Scorpionenregiment von Massachusetts, das
mit der „freien Forschung" in ähnlichem Widerspruch stand, wie seine
thatsächliche Oligarchie mit der demokratischen Grundrichtung des Puri=
tanismus, führte aber durch das Übermaß seiner Härte auch die Grün=
dung eines neuen, in religiöser Hinsicht durchaus eigenartigen Staates —
des kleinen Rhode=Island — herbei und in demselben jenes freie
Allerweltskirchenthum, welches zwei Jahrhunderte später den gan=
zen Continent beherrschen sollte. Roger Williams, gebürtig aus Wales,
im Schooße der Hochkirche und unter Leitung des berüchtigten Ober=
richters und Katholikenverfolgers Coke erzogen, dann zum Puritanismus
übergetreten und nur gezwungener Weise Conformist, war 1631 nach
Neu=England gekommen und als Independenten=Pastor in Salem an=
gestellt worden, verwickelte sich hier indeß schon 1634 wegen allzu freier
selbständiger Forschung, sowie wegen unvorsichtiger Einmischung in Politik
in andauernde Fehde mit den Autoritäten von Massachusetts. Der Zwist
gedieh so weit, daß der unruhige Grübler, der seine theologischen Ansichten
noch immer nicht abgeschlossen hatte und alle seine theologischen Scrupel
auf die Kanzel brachte, von Polizeiwegen nach England zurücktransportirt
werden sollte. Roger Williams kam aber dem Schlage zuvor, floh mitten
im Winter 1636 zu den Naraganfetter=Indianern, deren Sprache er
gelernt und deren Freundschaft er früher durch milde Behandlung ge=
wonnen hatte, und gründete mit ihrer Hilfe das Dorf (Town Fellow-
ship) Providence. In zwei Jahren stieg die Zahl der Ansiedler von
12 auf 100, sie constituirten sich völlig demokratisch und faßten gleich
von Anfang an den Beschluß, daß in der neuen Colonie keiner je um
des Gewissens willen zu leiden haben sollte. Ein anderes Opfer puri=
tanischer Verfolgungssucht, die antinomistische Schwärmerin Anna Hut=

chinson, vermehrte bald den jungen Staat durch den zahlreichen Anhang ihrer angesehenen Familie, und 1641 gab sich derselbe, bereits auf 200 Familien angewachsen, eine bestimmtere Verfassung auf der schon gewonnenen demokratischen Grundlage. Die Gesammtheit der ordnungsmäßig versammelten Bürger legte sich das Recht selbständiger Gesetzgebung bei und wählte die Executive, nämlich einen Gouverneur, einen Vicegouverneur mit zwei Assistenten aus ihrer Mitte. Das Staatssiegel, ein „Bündel Pfeile" mit dem Motto: „Amor vincit omnia", sollte den milden Charakter der Regierung gegenüber der puritanischen Tyrannei in Massachusetts charakterisiren. 1643 erlangte Williams persönlich in London eine Charte, welche der Colonie ihre Regierungsform völlig freistellte, nur mit dem Vorbehalt, daß ihre Gesetze denjenigen von England nicht widersprechen sollten; 1647 baute die erste Generalversammlung die bestehende Verfassung weiter aus, die kirchlichen Angelegenheiten aber blieben wie zuvor von den bürgerlichen getrennt.

Wie Roger Williams selbst die Trennung der beiden Gewalten nicht als unübertrefflichen Grundsatz oder als ideales Verhältniß, sondern lediglich als praktischen Nothbehelf für ein religiös gemischtes Gemeinwesen betrachtete, davon scheint eine öffentliche Erklärung Zeugniß zu geben, welche er um diese Zeit (1647), durch Angriffe und Reibereien genöthigt, an die Einwohner von Providence richtete.

„Es geht so manches Schiff zur See," schreibt er, „mit vielen hundert Seelen in einem Fahrzeug, deren Wohl und Wehe gemeinsam ist. Es ist dieses ein wahres Bild eines Staates oder Gemeinwesens, oder irgend einer menschlichen Gesellschaft. Es hat sich wohl manchmal getroffen, daß Papisten und Protestanten, Juden und Türken sich in einem und demselben Fahrzeug eingeschifft haben. Dieß vorausgesetzt, versichere ich, daß alle Gewissensfreiheit, die ich vertheidige, sich um diese beiden Angeln dreht: daß keiner dieser Papisten, Protestanten, Juden oder Türken gezwungen werden soll, sich bei der Schiffsandacht einzufinden oder an ihrer eigenen gewaltsam gehindert werden, wenn sie dergleichen halten wollen. Ich füge hinzu, daß ich niemals geläugnet, daß unerachtet dieser Freiheit der Befehlshaber des Schiffes über des Schiffes Lauf zu gebieten hat, ja, und ebenso zu befehlen hat, daß Gerechtigkeit, Friede und Anstand gehalten und geübt werde, sowohl unter den Seeleuten, als unter den Passagieren. Wenn eines aus dem Schiffsvolk sich weigert, seinen Dienst zu verrichten, oder ein Passagier, seine Fracht zu bezahlen; wenn einer verweigert, zu den gemeinschaftlichen Ausgaben oder zur gemeinsamen Vertheidigung entweder durch seine Person oder durch seine Börse beizutragen; wenn einer sich widerspenstig zeigt, oder aufsteht gegen die Befehlshaber oder Offiziere; wenn einer predigt oder schreibt, es solle keine Befehlshaber, keine Oberen geben, weil Alle gleich in Christo sind, und darum keine Herren, keine Beamten, keine Gesetze und Verordnungen, noch Züchtigungen und

Strafen will — so habe ich niemals geläugnet, daß der oder die Befehls=
haber solche Übertreter nach Verdienst richten, hindern, zwingen und strafen
dürfen."[1]

Indessen mußte Roger Williams doch in reichem Maße die Übel=
stände erfahren, welche das gänzliche Ignoriren des „Schiffs=Gottes=
dienstes" auf dem „Staatsschiff" in bürgerlicher wie religiöser Beziehung
mit sich bringt. In dem wilden Getriebe egoistischer Leidenschaften und
Parteibestrebungen, welche die Colonie entzweiten, mehrte die sogenannte
Religionsfreiheit eher die Verwirrung, als daß sie ihr irgendwie ge=
steuert hätte. Keine religiöse Autorität stand den Ansprüchen der Ge=
rechtigkeit und wahren Freiheit zur Seite, kein lebenskräftiger, religiöser
Einfluß mäßigte den Sturm oder neigte die Gemüther zu Frieden und
Versöhnung. Roger Williams mußte ein zweites Mal nach England
reisen, um bei der Säbel=Autorität des „Protectors" einen Rettungsanker
für sein wild umhergeworfenes und halbleckes Staatsschiff zu suchen. In
religiöser Hinsicht aber führte die sogen. Religionsfreiheit zu noch trüberen
Ergebnissen. Selbst von der Hochkirche aus durch alle Schattirungen
des Puritanismus, nach hundert autodidaktischen Religionsexperimenten,
Streitigkeiten, Scrupeln und Enttäuschungen endlich bei den Ideen des
Sionskönigs Knipperdolling angelangt, sah Williams schon in den
Jahren 1650—1670 den kleinen von ihm gegründeten Staat in ein
wahres Babylon von Secten auseinander fahren[2]. Die Baptisten hatten
kaum 10 Jahre auf dem wahren Weg zum Himmel gewandelt, als sich
ein Theil von ihnen zu einer neuen Secte abzweigte, weil er über die
Handauflegung bei der Communion anderer Meinung war (1653). Im
Jahre 1665 fanden die Baptisten des siebenten Tages (Seventh day
Baptists), daß man den siebenten, nicht den ersten Wochentag als
Sabbath feiern sollte, und gründeten eine neue Kirche. Inzwischen kamen
die Quäker (1655—57), rissen ganze Baptistengemeinden an sich und
streuten den Samen zu neuen Häresien und Schismen aus. Der ehr=
würdige Name der Religion, auf jeden Wahn hysterischer Weiber und auf
jeden Einfall phantastischer Schwärmer übertragen, verlor jene tiefgreifende
Macht, welche Mensch und Mensch, weil Mensch und Gott, zu innerer
segensvoller Lebensgemeinschaft verbindet.

---

[1] Hist. of Providence. Mass. Hist. Coll. XIX. Talvj, S. 390.
[2] Gillette, History of the Baptists bei D. Rupp. History of the Religious
Denominatives in the U. St. Philadelphia 1844, p. 50 sqq.

Ähnlich wirkte die von Holland herüber gebrachte Secten-Freiheit in dem 1614 gegründeten, handelsregen Neu-Amsterdam, dem heutigen New-York. Den Grundstock der Bevölkerung bildeten holländische Reformirte; doch folgten diesen bald Religionsgenossen aus andern europäischen Ländern und Bekenner der verschiedensten andern Secten, welche der große Handelsplatz an sich zog. Die Mischung erzeugte neue Religionsschattirungen; das Überwiegen materieller Interessen förderte eine gewisse Duldsamkeit, und der hieraus entstandene Wirrwarr ward in England bald sprichwörtlich.

Ein weit merkwürdigeres Gegenbild zu dem puritanischen Massachusetts ist die katholische Colonie Maryland, welche 1632 von Cäcilius Calvert, dem zweiten Lord Baltimore, und dessen Bruder Leonhard gegründet wurde. Der Plan zu dieser Gründung rührte von dem Vater der beiden Brüder, Georg Calvert, her, der, 1582 aus einer edeln Familie in Yorkshire geboren, sich bereits 1619 zur Stelle eines Staatssecretärs am Hofe Jakob' I. erschwungen hatte, 1624 aber durch die Standhaftigkeit der verfolgten Katholiken zur katholischen Kirche bekehrt ward und alle seine Ämter, deren er den bestehenden Staatsgesetzen gemäß nicht länger fähig war, in die Hände des Königs niederlegte. Jakob indeß, welcher den Mann außerordentlich schätzen gelernt, nahm die Demission nur theilweise an, behielt ihn im Privy Council und ernannte ihn zum erblichen Lord Baltimore. Den protestantischen Zeloten indessen ein „Pfahl im Fleische", hatte der neue Lord einen harten Stand, und die Bedrückung, welche auf ihm lastete, wie seine genaue Kenntniß der amerikanischen Colonialverhältnisse reisten in ihm den Plan, sich jenseits des Oceans eine freie, katholische Heimath zu gründen. Die Ausführung scheiterte zweimal — erst an dem ungünstigen Klima des zuerst gewählten Platzes und an den Streitigkeiten mit französischen Ansiedlern, dann an der Unduldsamkeit der virginischen Pflanzer, welche die Aufnahme in ihre Colonie von einem antikatholischen Huldigungseib abhängig machten [1]. Inzwischen hatte der unternehmende Lord an

---

[1] Letzteres geschah gegen den Willen des Königs. Bei Anlaß einer Grenzstreitigkeit zwischen Maryland und Virginien fand der pennsylvanische Rechtsgelehrte Jerry S. Black noch jüngst ein Handschreiben des Königs an Lord Baltimore, worin diesem die vollste Freiheit und Vergünstigung, sich in Virginien anzusiedeln, gewährt wird. Diesem Schreiben liegt ein Decret an die virginischen Behörden bei, worin diese aufgefordert werden, den Lord, obwohl er Katholik sei, wohlwollend zu behandeln. Black fand auch die Antwort der Virginier auf dieses Decret. Sie beklagen sich, daß der

der Chesapeake=Bai die Gegend erforscht, wo heute die nach ihm benannte
Stadt Baltimore steht, und erlangte, nach England zurückgekehrt, auf
Verwendung der Königin Henriette Maria die Bewilligung, dort eine
selbständige Colonie zu gründen und die Urkunde selbst auszufertigen,
welche ihm das Land vom Potomac bis zum 40.⁰ als erbliches Besitz=
thum zuwies. Er starb, bevor der König diese Urkunde ratificirte; am
20. Juni 1632 aber wurde dieselbe seinem älteren Sohne und Erben
Cäcilius zugestellt und im December des folgenden Jahres zog der
jüngere Sohn Leonhard mit zwei Schiffen und 200 meist katholischen
Auswanderer=Familien nach Maryland hinüber. Zwei Jesuiten, White
und Altham, begleiteten die Expedition, heiligten am 25. März 1634
die Gründung des neuen Staates durch Darbringung des heiligen Meß=
opfers und setzten die Colonie mit den Indianern in die freundschaft=
lichste Verbindung. Über die Wirkung des katholischen Elements, welches
damals noch die Colonie beherrschte, sagt Bancroft: „Maryland machte
in einem halben Jahre größere Fortschritte, als Virginien in mehreren
Jahren. Seine Geschichte ist eine Geschichte der Toleranz, der Güte, der
Dankbarkeit, des Friedens.“ [1] Obwohl die Gründungsurkunde dem
Stifter des Landes und dessen Erben ausgedehnte Rechte einräumte,
so ist es doch, wie Jannet bemerkt, durchaus irrthümlich, sich den Zustand
des puritanischen Neu=Englands als freier und unabhängiger vorzustellen,
als den des katholischen Maryland. Denn dieses hatte, unter den Lords
Baltimore, eine von allen freemen der Colonie direct gewählte parla=
mentarische Landesvertretung und genoß schon deßhalb mehr Freiheit, als
die Neu=England=Staaten, weil der Katholicismus eben so viel wahre
Liebe und Duldung übte, als der Puritanismus politischen Religions=
haß und Polizeityrannei.

In Folge unrichtiger Auffassung der katholischen Lehre sind die
beiden Lords Baltimore sowohl als „Fahnenträger der Religionsfreiheit“
glänzend verhimmelt, als auch hinwieder in ihren wirklichen Verdiensten
um Amerika angegriffen worden. Dieses Letztere liegt unstreitig darin,
daß sie, ohne dem Irrthum theoretisch irgend welche Zugeständnisse zu
machen, im liebevollen Geiste ihrer Kirche gegen Andersgläubige jene

---

König ihnen früher „Religionsfreiheit“ zugesagt und sie jetzt verhindere, die Katho=
liken zu verfolgen. Schöner Begriff von Religion, Freiheit und Religionsfreiheit!
Vgl. Wochenblatt der „Amerika“, 10. Januar 1877.
[1] Bancroft, History of the U. St. I. c. 3.

praktische Duldsamkeit übten, welche von der protestantischen Inquisition
in England und Neu=England mit Klotz und Galgen bekämpft ward.
Sie wollten nicht, im Sinne liberaler Weltverbesserer, die Menschheit
mit ungeahnten neuen Grundsätzen beglücken, sondern handelten nach
den Forderungen gegebener Umstände, nach den uralten Grundsätzen
wahrer Klugheit und echt=katholischer Liebe. In schreiendem Widerspruch
mit ihrem ganzen Staatskirchenrecht, ihrer Gesetzgebung und Politik,
waren der Cäsar=Papst Jakob und sein Erbe Karl I. aus persönlichem
Wohlwollen und Vertrauen ihr Wohlthäter geworden. Ganz nach Ab=
sicht seines Vaters handelnd, hatte ihnen Karl I. ein ansehnliches Land
geschenkt, ihnen einen großen Theil seiner Rechte übertragen und für
die Sicherung seines Geschenks mit wahrhaft väterlicher Gunst gesorgt.
„Wenn es sich fügen sollte," sagt er in seinem Freibrief, „daß sich über
den wahren Sinn irgend eines Wortes, einer Bedingung, eines Aus=
spruchs, welche in besagter Urkunde enthalten sind, Zweifel erheben sollten,
so wollen und befehlen wir allen unseren Gerichtshöfen im ganzen Reich,
daß die Erklärung in allen Punkten zu Gunsten und zum Vortheil des
besagten Lords und seiner Erben ausfallen soll; vorausgesetzt jedoch, daß
diese Erklärung in Nichts der hochheiligen, göttlichen und wahren Re=
ligion Christi, noch dem Gehorsam schadet, welchen uns und unseren
Nachfolgern und Erben geschuldet wird." Konnte der protestantische
König, indem er diesen Vorbehalt stellte, unmöglich erwarten, daß eine
Familie, die für ihren katholischen Glauben alle zeitlichen Interessen zu
opfern bereit war, sich im fernen Amerika der Förderung der Hochkirche
widmen würde, so konnte es dagegen den königstreuen und ehrenfesten
Söhnen Georg Calverts nicht beifallen, die Großmuth ihres Landesherrn
zu täuschen und, in Amerika angelangt, eine feindliche Stellung gegen
ihn und seine Religion zu nehmen. Die Puritaner freilich waren nicht
so ehrlich und setzten ohne Weiteres ihre ausschließliche Polizeikirche an
die Stelle des ihnen vertragsmäßig vorgeschriebenen Kirchenthums.
Nicht so die beiden wackeren Katholiken. Während ihre Priester und
Glaubensgenossen, von dem nachbarlichen Boden Virginiens, wie von
den Städten von Massachusetts, durch eine mehr scharfrichterliche als
richterliche Gesetzgebung ausgeschlossen waren, während ihre Brüder in
England vielfach noch als Märtyrer im Kerker schmachteten, stellten sie
ihre Colonie auf eine Grundlage, welche ebenso sehr ihrer bürgerlichen
Loyalität wie der christlichen Liebe entsprach, — nicht auf eine seichte
Confessionslosigkeit, sondern auf die gegenseitige politische Anerkennung

der christlichen Confessionen. Im Jahre 1637 verpflichtete Leonhard
Calvert sich als Statthalter und seine Räthe eiblich dazu, „Niemanden
aus der Provinz, der den Glauben an Christus (das gemeinsame
Band einer confessionell gemischten Bevölkerung) bekenne, weder direct
noch indirect zu hindern, zu belästigen oder zu beunruhigen".

Als Leonhard 1647 nach einer 14jährigen, ebenso umsichtigen als
kräftigen Amtsverwaltung starb, ernannte sein Bruder Cäcilius einen
Protestanten, William Stone, zum Statthalter und gab demselben unter
sechs Räthen zwei protestantische zur Seite. Da sich auch unter den
von den Colonisten erwählten Deputirten zwei Protestanten befanden,
so hatte das protestantische Element, bei allerdings überwiegender katholischer Majorität, doch immerhin eine ansehnliche Vertretung. Der so
gemischte Colonialrath erließ 1649 eine Religionsacte, welche durchaus
nicht jegliche Religionsübung freigab (Läugnung der heiligen Dreifaltigkeit wurde mit Tod und Confiscation verpönt), sondern nur die praktische, schon längst eingeführte Freiheit der christlichen Bekenntnisse
zum Gesetz erhob. „In Anbetracht," so heißt es in dieser Acte, „daß
die dem Gewissen in Sachen der Religion angethane Gewalt schon oft
von gefährlichen Folgen war für die Länder, die sie anwandten, und
um diesem Lande eine möglichst ruhige Regierung zu sichern, und um
die gegenseitige Liebe und Eintracht unter den Bewohnern
besser zu bewahren, soll Niemand in dieser Provinz, vorausgesetzt, daß er Jesum Christum bekennt, in seinem Glauben oder
in Ausübung seiner Religion gestört, beschwert, oder beunruhigt noch
gezwungen werden dürfen, gegen seine Einwilligung irgend eine Religion
zu bekennen oder zu üben, wenn er nur die Verpflichtung einhält, dem
Lord-Major treu zu sein und nicht gegen die Staatsgesetze zu conspi-
riren." [1] Wie man in Massachusetts dafür gestraft wurde, daß man
sich an der Verfolgung der „Heiden und Ketzer" nicht betheiligte, so
stand in Maryland 10 Schilling Buße, bei Zahlungsunfähigkeit öffentliche Züchtigung und Gefängniß darauf, irgend Jemanden „Häretiker,
Schismatiker, Götzendiener, Puritaner, Independent, Presbyterianer,
Papist, Jesuit, Lutheraner, Calvinist, Wiedertäufer, oder unter sonst
einer religiösen Bezeichnung" zu schelten. Der Beschimpfte erhielt die
Hälfte der Geldbuße zur Sühne.

---

[1] Vgl. Kathol. Studien von Huttler, Bd. II. Heft 3. S. 60. Historisch-Polit.
Blätter. LXX. S. 435.

Durch diese confessionelle Duldung auf christlicher Basis (Religions=
freiheit im modern=liberalen Sinne war es nicht) wurde Maryland
rasch ein Zufluchtsort für Opfer religiöser Verfolgung des verschieden=
sten Namens aus Europa und Amerika. Iren, Schotten, Engländer,
Deutsche, Franzosen, Spanier zogen dahin. Die allüberall verfolgten
Quäler ließen sich schaarenweise daselbst nieder und nannten es das
Land des Heiligthums. Eine vollständige Colonie von Puritanern,
welche das hochkirchliche Virginien zum Lande hinausgeworfen, hatte in
Maryland schon 1642 ein Asyl des Friedens und der Freiheit gefunden.

So standen die Dinge in Amerika, als Cromwell seinem Neben=
mann die Tinte in's Gesicht spritzte, mit welcher er das Todesurtheil
Karls I. unterschrieben, und als am 29. Januar 1649 das Haupt dieses
Monarchen auf dem Schaffot fiel. Der Puritanismus triumphirte für
den Augenblick. Der Protector dachte sogar daran, den „Vätern von
Massachusetts" das von seinen entmenschten Horden niedergetretene Ir=
land und die eroberte Insel Jamaika zu übergeben. Als indeß das
Lange Parlament mit den Freiheiten der Colonien noch weniger rück=
sichtsvoll umging, als das gestürzte Königthum, geriethen die Puritaner
von Nordamerika zu dem Protector in dieselbe abwehrende Stellung, in
der sie zuvor zu den Stuarts gestanden, und der Sieg der Revolution
diente nur dazu, sie in ihrem Demokratismus, wie in ihrem unabhängigen
und ausschließlichen Kirchenwesen zu bestärken. Dasselbe feierte seine höch=
sten blutigen Triumphe, als im Jahre 1654 die Quäler in Nordamerika
erschienen, zwar nicht als die zahme und stille Secte, als welche sie
später auftraten, aber vermöge des protestantischen Princips völlig zu dem
berechtigt, was sie thaten: ihre freie Schriftauffassung laut auf Straßen
und Plätzen zu verkündigen, in die Gotteshäuser einzubrechen und zur
Buße und Bekehrung zu mahnen, geistliche und weltliche Obrigkeit der
Kritik und dem „Zorne" des Geistes zu unterwerfen, Gericht und Un=
tergang in symbolischen Zeichen zu weissagen und gegen die bestehenden
Kirchenzustände eben so wild und fanatisch sich zu gebärden, als es einst
der Puritanismus gegen die Hochkirche und diese gegen die katholische
Kirche gethan. Alles, was sie thaten, stand nach ihrer Ansicht so gut
in der Schrift, wie das Strafregiment der Puritaner, und sie konnten
an dieselbe unmittelbare Eingebung appelliren, wie diese. Ja, da sie sich
aller Gewaltthätigkeit enthielten und nur durch Predigt und Martyrium
die vermeintliche Wahrheit verbreiten wollten, kottute der Puritanismus
nur durch die schreiendste Inconsequenz gegen sie in die Schranken

treten. Aber gerade diese Wehrlosigkeit und der todverachtende Fanatis=
mus der „Freunde" erfüllte die Ältesten mit Schrecken und Verzweiflung.
Ruthenstreiche und Klotz, Beschimpfung aller Art und die schrecklichste
Verstümmelung vermochten die unwillkommenen Gäste nicht von dem
Boden der Colonie zu verscheuchen. Mit unerschwinglichen Geldstrafen
verfolgt, gebrandmarkt und gefoltert, blutig gegeißelt und dann verbannt,
kehrten sie immer wieder. Der Kampf der beiden Secten ward deßhalb
ein Kampf auf Leben und Tod. 1658 wurde auf die Wiederkunft eines
verbannten Quäkers die Todesstrafe gesetzt [1]. Rasch nacheinander wur=
den vier derselben hingerichtet. Sie litten den Tod, wie der Puritaner
Cotton Mathes erzählt, „trotzigen, finstern, wuth= und racherfüllten
Geistes", und fluchten ihren Richtern. Die Furcht indeß, durch solche
Hinrichtungen den Trotz der Quäler eher zu stärken, als zu brechen,
bewog die Männer von Massachusetts, noch im selben Jahre den zum
Tode verurtheilten Wenlock Christison und 27 Andere nach langem Ker=
kerleiden zu entlassen und zu der früheren Praxis einer weniger auf=
fallenden, aber ebenso energischen Verfolgung zurückzukehren, die dann
auch ihre Dienste that und die Quäker nach anderen Colonien trieb —
namentlich nach Rhode=Island. Ein wenig gnädiger kamen die Baptisten
davon, welche ungeachtet eines 1644 wider sie erlassenen Verbannungs=

---

[1] Seltsam genug beginnt das Decret mit den Worten: „Obwohl keine
menschliche Macht Herrin über Glauben und Gewissen der Menschen
ist, weil jedoch diejenigen, welche verdammliche Ketzerei hereinbringen, die die Umwäl=
zung des christlichen Glaubens und das Verderben der menschlichen Seele zur Folge
haben, von solchen anerkannten Gottlosigkeiten zurückgehalten werden müssen . . ."
Noch mehr aber dürfte unsere Leser die Art und Weise interessiren, wie J. P. Thompson
das Regiment der Puritaner gegen Ubhen (New=Englands Theokratie, Kap. 2) in
Schutz zu nehmen sucht: „Es ist für ein Volk nicht weise, die innere Geschichte eines
andern einer zu strengen (?) Kritik zu unterwerfen; wer im Glashause wohnt, soll
nicht mit Steinen werfen; doch können die Erfahrungen einer Nation einer andern
bei dem, was sie zu thun hat, sehr nützlich sein. Was die Colonie in Massachusetts=
Bai that, um sich vor Emissären der Kirche von England zu schützen und sich selbst
zu säubern von Papisten, Wiedertäufern und Quäkern, wurde damals mit denselben
Gründen von staatlicher Nothwendigkeit, Aufrechterhaltung von Frieden, Ordnung und
Einigkeit vertheidigt, welche heute die liberale Presse Deutschlands vorbringt bei Ge=
legenheit der Austreibung der Jesuiten. Und wenn der Rechtsgrund giltig ist für
ein Reich von 37 Millionen mit einer Armee von 1,200,000 Mann, so mag man
wohl etwas zu Gute halten den Befürchtungen einer Handvoll Colonisten, welche nur
zu gut die Gefahren kannten, welche ihnen drohten von Papst und Prälaten außer=
halb und von Sectengeist und Fanatismus in ihrer Mitte." Kirche und Staat 2c.
S. 51.

decretes in Bosiou eine Gemeinde gestiftet hatten. Ihre Anführer wurden festgenommen, und da sie sich hartnäckig erwiesen, verbannt.

Auch die Restauration der Stuarts änderte an der Herrschaft des Puritanismus in Massachusetts nichts. Als die Colonie 1676 wegen des Ankaufes von Maine mit dem König in Mißhelligkeiten gerieth, traten die höchsten geistlichen und weltlichen Autoritäten des Staates zusammen, um in 11 Artikeln die Ursachen des auf ihnen lastenden „göttlichen Zornes" vor die Öffentlichkeit zu bringen und durch Buße hinwegzuschaffen. Unter diesen Ursachen figuriren das Tragen langer Haare und künstlicher Frisuren als Zeichen ungebührlichen Stolzes (Art. 2), reiche oder üppige Kleidung (Art. 3), Quäkerversammlungen (Art. 4), die Gottlosigkeit, aus dem Gottesdienst zu gehen, bevor der Segen gesprochen ist (Art. 5), Müßiggang (Art. 9), Übervortheilung in Handel und Wandel (Art. 10). Die Polizei wird, noch ganz wie im Anfang des Jahrhunderts, damit betraut, diese Mißstände abzuschaffen und so Staat und Kirche mit dem Himmel in's Reine zu bringen. Dagegen beginnt für das übrige Nordamerika mit der Wiedereinführung des Königthums eine zweite bedeutsame Periode, welche aber in kirchen-politischer Hinsicht viel trübere Aspecte bietet, als die erste Hälfte des 17. Jahrhunderts.

New-York, 1664 in den Besitz des Herzogs von York gelangt, seit 1688 königliche Provinz, behielt zwar die Religionsfreiheit für alle protestantischen Secten im weitesten Umfange bei, schloß aber die Katholiken nicht nur vom Mitgenuß derselben aus, sondern verschärfte die Maßregeln gegen sie mit jener der Gesetzgebung Elisabeths und Jakobs eigenen Strenge. Nach einem Gesetz von 1700 sollte jeder katholische Priester „als Mordbrenner, Unruhestifter und Störer des öffentlichen Wohles, als ein Feind der wahren christlichen Religion behandelt und mit lebenslänglicher Gefängnißstrafe belegt werden. Sollte er entkommen, aber aufgegriffen werden, so ist die Todesstrafe über ihn zu verhängen". Auf Beherbergung eines katholischen Priesters stand eine Buße von 200 Pfund Sterling, im Falle von Zahlungsunfähigkeit drei Tage Pranger. Im Jahre 1664 wurde das bisher theilweise von Schweden und Holländern angebaute New-Jersey durch die Lords Berkeley und Carteret in eine englische Colonie verwandelt, aber schon 1683 New-York einverleibt, und nach kurzer zeitweiliger Rückgabe an die ersten Unternehmer 1702 zur königlichen Provinz gemacht. Auch hier wurde Religionsfreiheit gewährt, nur nicht für die Katholiken.

Die einzigen neuen Staaten, in welchen diesen gleiches Recht ge=
währt wurde, waren das 1682 von dem berühmten Quäker Penn begrün=
dete **Pennsylvanien** und das von 1682 bis 1775 damit vereinigte
Delaware. Wie Penn vermöge der ausgedehnten Rechte, die er als
Gläubiger des Königs erhalten hatte, im Stande war, seiner Colonie
eine sehr freie Verfassung zu geben, so trugen er und seine Anhänger
kein Bedenken, eine nur durch die Forderung des Monotheismus be=
schränkte Gewissensfreiheit als einen der Fundamentalartikel ihrer Co=
lonie aufzustellen. Sie schlossen nicht nur jede Staatskirche von vorn=
herein aus, sondern erklärten auch, im Widerspruch zu der getroffenen
monotheistischen Beschränkung, die Gewissensfreiheit als ein a l l e n Men=
schen angeborenes, also unveräußerliches Recht. „Damit Jeder die Ge=
wissensfreiheit, ein angeborenes Recht, das allen Menschen zukommt und
das dem Charakter friedlicher und die Ruhe liebender Menschen so ge=
mäß ist, genießen könne, so setzt man nicht allein fest, daß keiner soll
gezwungen werden, irgend einer öffentlichen Religionsübung beizuwohnen,
sondern man überläßt es auch vollständig dem freien Willen eines Jeden,
wie er seinen Cultus üben will, so daß Niemand eine Störung oder
Hinderniß auf irgend eine Weise zu fürchten hat, wenn man nur den
Glauben an einen einzigen, ewigen und allmächtigen Gott, den Schöpfer,
Erhalter und Regierer der Welt bekennt und alle die Pflichten der bür=
gerlichen Gesellschaft erfüllt, welche man seinen Mitbürgern gegenüber
zu erfüllen verbunden ist." So lautet ihr Statut.

Doch die den Katholiken hiermit gewährte Freiheit dauerte nicht
lange. Penn selbst wurde am Ende seines Lebens wegen seiner wahr=
haft edeln Duldsamkeit als „verkappter Jesuit" verfolgt, und nach seinem
Tode (1718) wurde durch eine neue Charte der Katholicismus „zur
Sicherheit der Episcopalkirche" feierlich aus der Colonie verbannt.

Eine solche hochkirchliche Ausschließlichkeit gegen die katholische Kirche
wurde von Anfang an über das 1663—65 gegründete **Carolina** ver=
hängt und um so schärfer gehandhabt, als 1728 der Besitz von der
ursprünglichen hocharistokratischen Unternehmer=Gesellschaft an die Krone
überging und die Provinz in zwei, Nord= und Süd=Carolina, getheilt
wurde. Selbst den protestantischen Non=Conformisten suchte die Hoch=
kirche jetzt einen Treueeid (Oath of allegiance) nach englischem Stil
aufzuerlegen, was aber an der Überzahl der vereinten Dissenters schei=
terte. Auch in **Georgien**, das der menschenfreundliche Eduard Ogle=
thorpe 1732 ausdrücklich zu dem Zweck gründete, für arme Auswan=

berer, Schuldgefangene, verfolgte Nonconformisten, kurz für Unglückliche
aller Art ein Asyl zu werden, wurde verfolgten Katholiken der Ein=
tritt verweigert und es blieb ihnen auch verschlossen, als die Colonie
1751 königliche Provinz ward. Der härteste Schlag aber, welcher die
katholische Kirche in Nordamerika traf, und das größte Hinderniß, wel=
ches sich der Entwickelung gerechter und vernünftiger kirchenpolitischer
Verhältnisse daselbst in den Weg stellte, war unzweifelhaft die gewaltsame
Protestantisirung Marylands durch den Undank und die Niedertracht
derjenigen, welche dort die liebevollste Duldung und die gerechteste Be=
handlung settns des katholischen Landeseigenthümers und der katholischen
Einwohnerschaft gefunden.

Kaum hatte nämlich der edle Lord Cäcilius Baltimore die Augen
geschlossen (1675), da wandten sich schon die anglikanischen Geistlichen,
welche unter seiner liberalen Verwaltung Aufnahme in Maryland er=
halten hatten, in einer Klageschrift an den Primas von Canterbury,
um für diese „Wohnstätte der Ungerechtigkeit und das Spital der Pest=
kranken" die Einführung der Staatskirche zu erwirken. Sie erlangten
auch in der That, daß die Katholiken Marylands zu Gunsten des ang=
likanischen Cultus besteuert wurden. Nicht zufrieden damit, erhoben sich
die Protestanten 1689 unter Führung eines hochkirchlichen Predigers,
des sittenlosen John Coode, zum bewaffneten Aufstand wider die recht=
mäßige Autorität, nahmen den Statthalter und die Abgeordneten ge=
fangen und machten sich zu Herren des Landes. Ihren Hilferufen ent=
sprechend, genehmigte König Wilhelm das Geschehene, entriß dem Lord
Karl Baltimore seine feierlich verbrieften Rechte und entsandte eigen=
mächtig einen neuen Statthalter in die Colonie. Unter diesem ward so=
fort (1692) der gewährleistete Rechtsbestand der katholischen Religions=
übung aufgehoben und die Hochkirche zwangsweise eingeführt. Ein
Gesetz, „um der Ausbreitung des Papismus zu steuern", vollendete
1704 das schimpfliche Zerstörungswerk der vertragsbrüchigen Prote=
stanten, und machte die Katholiken vollends zu Heloten. Messe, Pre=
digt, Sacramente, Gottesdienst wurden ihnen auf's Strengste ver=
boten, Schule und Schulthätigkeit entrissen, das Bürgerrecht geraubt
und sie in den Städten gleich rechtlosen Parias in eine Art Ghetto
(Judenviertel) verwiesen. Für diese Rechtswohlthaten durften sie dop=
pelte Steuern zahlen, und wie in England und Schottland konnte ein
Sohn seinen katholischen Vater bei Leibesleben beerben, wenn er um
elenden Goldes willen von dessen Glauben abfiel. So wenig wie in

Großbritannien gelang es dieser Culturgesetzgebung indeß, die Katholiken auszurotten. Die Katholiken waren eher bereit, eine neue Heimath zu suchen, als den alten Glauben preiszugeben; die Apostasien waren selten. Eine Anzahl von ihnen wanderte nach Pennsylvanien aus, den übrigen wollte Daniel Caroll (Vater des spätern Bischofs) in Louisiana ein neues Vaterland verschaffen und trat in dieser Absicht in Unterhandlung mit Choiseul und dem französischen Hofe. Da letztere scheiterte, blieben die Katholiken Marylands auf ihr heldenmüthiges Gottvertrauen und ihre Glaubensfestigkeit angewiesen, das sie auch eher, als sie wohl hoffen mochten, der Freiheit entgegenführte. Bischof Caroll schätzte ihre Zahl 1785 auf 16,000, die Katholiken in Pennsylvanien auf 7000, die in Jersey und New-York auf 2000 — eine verschwindende Zahl unter den drei bis vier Millionen Einwohnern, welche die Union damals zählte.

Was die protestantischen Kirchengemeinschaften betrifft, so wurde das Zwangsregiment der Puritaner in Massachusetts schon gegen das Ende des 17. Jahrhunderts durch politische Wirren gebrochen. Boston erhielt um diese Zeit eine Baptistengemeinde und eine hochkirchliche Kapelle (the King's Chapel). Die neue Charte von 1692 hob jene Bestimmung der alten auf, nach welcher alle Freimänner Kirchenmitglieder sein oder sich von einem puritanischen Prediger ein Moralitätszeugniß ausstellen lassen mußten. Jeder Mann, der 40 Pfd. St. persönliches Vermögen nachweisen konnte, ward ohne Weiteres stimmfähig. Ferner sicherte die neue Charte allen Christen — die „Papisten" ausgenommen — ausdrücklich Religionsfreiheit zu. Damit stürzte die alte tyrannische Staatskirche der Neu-England-Staaten zusammen, wenn auch die Sonntags-, Luxus- und Mäßigkeitsgesetze mit hinüberwanderten in's 18. Jahrhundert und der Geist der alten Puritaner in einem ansehnlichen Theil der Bevölkerung noch länger erhalten blieb. Fühlte sich die Hochkirche hier, wie in New-Jersey, Georgien, Pennsylvanien und Delaware, nicht stark genug, um als privilegirte Staatskirche offensiv mit den Secten und mit dem auftauchenden Unglauben anzubinden, so entschädigte sie sich dafür einigermaßen in dem unterjochten Maryland und in ihrem eigenen Stammland Virginien. In letzterem wurde 1705 verfügt, daß, „wer in der christlichen Religion erzogen, das Dasein Gottes oder die Dreifaltigkeit läugnete, wer behauptete, daß es mehr als einen Gott gebe, daß die christliche Religion nicht wahr und die heilige Schrift nicht Gottes Wort sei: bei dem ersten Fehltritt mit Unfähigkeit zu allen

öffentlichen Ämtern bestraft werden solle, im Wiederholungsfall mit der
Unfähigkeit zu jeglicher gerichtlichen Klage, zu jeglicher Dotation und
Erbschaft und dazu mit drei Jahren Gefängniß ohne Caution." Wer
ohne bischöfliche Autorisation predigte, wurde polizeilich verfolgt und
mit Gefängniß bestraft. Noch zwei Jahre vor der Unabhängigkeits=
erklärung wurden sechs Baptisten zusammen festgesetzt, weil sie ohne
Erlaubniß der Episcopalgewalt ihren eigenen Weg zum Himmel ver=
kündet hatten.

Ähnliche Zustände in New=York anzubahnen, versuchten die Eng=
täuder schon seit Besitzergreifung der Colonie im Jahre 1664. Sie
proclamirten, „daß Niemand, wofern er sich nur zum Christenthum be=
kenne, belästigt, bestraft oder eingekerkert werden solle wegen Verschieden=
heit in der Beurtheilung religiöser Fragen", erklärten aber zugleich die
englische Episcopalkirche zur Staatskirche. 1689 wurde die Colonie
unter den Bischof von London gestellt, alle Einwohner zu Gunsten der
Hochkirche besteuert und kein Pfarrer angestellt, der nicht vorher von
dem Bischof von London approbirt worden. Ein Gesuch der vereinigten
Dissenters, von jener Besteuerung befreit zu werden, wurde 1706 verworfen
und die Hochkirche abermals als allein gesetzliche Staatskirche erklärt.
Mit wie zähen „hierarchischen Gelüsten" (hier läßt sich schon von solchen
sprechen) die englische Episcopalgewalt an die Erhaltung und Erweiterung
ihrer Macht auf amerikanischem Boden dachte, zeigt ein Mahnbrief des
Londoner Bischofs an den König vom Jahre 1759, worin Letzterer gewarnt
wird, den Dissidenten Amerika's ja nichts mehr als „Dulbung" zu ge=
währen. Ohne Rücksicht auf den Schrei der Entrüstung, welche diese
Mahnung in New=York hervorrief, versuchte der herrschbegierige Prälat
sogar, seine Hirtengewalt auch über das nachbarliche Connecticut auszu=
dehnen. Das war aber der gefährlichste Stoß, den er seiner eigenen Sache
hätte versetzen können. Seine Bemühungen erregten nämlich die Besorgniß,
England gehe mit dem Plane um, ganz Nordamerika unter die Fittige
seiner Staatskirche zu nehmen, und, wie einer der Führer der großen
Staatsumwälzung, John Adams, bemerkt, regte diese Besorgniß so mächtig,
wie irgend ein anderer Grund, nicht nur tiefer blickende Geister, sondern
auch das gemeine Volk auf, und drängte es dazu, „ernstlich über
die constitutionelle Autorität des Parlamentes über die
Colonien nachzubenken"[1].

---

[1] John Adams, Works. X. p. 185.

Der Geist Calvins war es zumeist, der den Boden der eng=
lischen Hochkirche in Amerika untergraben hatte. Aus den Trümmern
seiner Gemeinden war das Sectenthum in üppiger Fülle emporgewuchert
und kämpfte um Luft und Freiheit. Diesen gewaltigen Expansivkräften
des Individualismus gesellte sich aber auch die noch energischere Ge=
walt der europäischen „Aufklärung" und der modernen Philosophie,
welche durch Locke, Sidney, Barclay u. A. auch nach Amerika ge=
drungen war. Sie gab dem im Kampfe mit der wilden Natur, in
den Mühen der Colonisation mächtig erstarkten Freiheitsgeist die zün=
dende Parole: „Freiheit und Gewissensfreiheit!" Aus dem Schooße
des in sich zerfallenden Protestantismus, aus den Stuben glaubens=
loser Philosophen und aus den Clubs geheimer Verbindungen hervor=
gegangen, hatte dieser Ruf jedoch nicht die schöne erhabene Bedeutung,
welche einst dem Streben Lord Baltimore's zu Grunde lag. Es war
bloß der Ruf republikanischer Protestanten, die sich von aristokra=
tischen Protestanten — und gewiß mit vollem Recht — nicht wollten
staatskirchlich einschnüren lassen, die aber, ihr eigenes Losungswort
verläugnend, die Freiheit und Gewissensfreiheit ihrer katholischen Mit=
bürger mit Füßen traten. Noch um die Zeit der Unabhängigkeits=
erklärung war das als Vaterland der Religionsfreiheit so hochgefeierte
Nordamerika nur ein Complex von durch und durch protestantischen
Colonialstaaten, von welchen bloß das einzige kleine Rhode=Island die
„Papisten" duldete, alle übrigen der katholischen Kirche das Recht der
Existenz vollständig absprachen. Die ganze bis dahin gewonnene „Frei=
heit" reducirte sich darauf, daß jene zwei Gemeinwesen, die völlig gerechte
confessionelle Verhältnisse besessen hatten, Maryland und Pennsylvanien,
zertrümmert worden waren, daß der Protestantismus, in viele Secten
zersplittert und von den Wogen europäischer Aufklärung wie amerika=
nischer Unabhängigkeit untergraben, den Glauben an seine bezüglichen
Symbole mehr und mehr verloren hatte und darum, einige wenige hoch=
kirchlich gefärbte Colonien abgerechnet, seinen eigenen Zersetzungsproducten
freien Spielraum gab. Aber gegenüber der katholischen Kirche hatte er
noch den Geist Jakob' I. und Cromwells bewahrt. Nicht nur den
„Vätern von Massachusetts" erschien 1773 die den Katholiken gewährte
Religionsfreiheit in Canada als eine „Gefährdung der bürgerlichen
Rechte und Freiheiten Amerika's", sondern auch der „Allgemeine Congreß"
von 1774 perhorrescirte diese Maßregel mit einem glühend=zelotischen
Hinweis darauf, daß die katholische Kirche England „mit Blut über=

schwemmt und alle Theile der Welt mit Gottlosigkeit, Fanatismus,
Verfolgung, Mord und Rebellion erfüllt" habe [1].

Eine durchaus auffallende Fügung der göttlichen Vorsehung war
es, daß um diese Zeit politisch freisinnige, religiös duldsame Männer,
wie Washington, Franklin, Jefferson, das Steuerruder Amerika's in die
Hand nahmen, daß die werdende Republik sich nothgedrungen an die
Hilfe ihrer katholischen Bürger, wie an den Beistand katholischer Bun=
desgenossen angewiesen sah, daß katholisches Blut für ihre Freiheit floß,
daß Benjamin Franklin selbst mithalf, den Vereinigten Staaten ihren
ersten katholischen Bischof zu geben. Im Sturm und Drang einer Re=
volution, welche von dem starrsinnigen Hochmuth selbstsüchtiger englischer
Politiker heraufbeschworen war, zerschellte die auf königliche Suprematie
gebaute Staatskirche, verhallte der fruchtlose Wehruf der Puritaner über
„papistische" Gefahren, ward mit den Fesseln des Colonialverbandes
auch das Sklavenjoch zersprengt, unter welches die Staatstheologen und
Kirchenväter Englands das katholische Maryland auf ewig geschmiedet
zu haben glaubten.

(Fortsetzung folgt.)

A. Baumgartner S. J.

Glaube und Descendenztheorie.

Man hat nicht mit Unrecht bemerkt, es sei in der Geschichte der
Naturwissenschaften kaum ein Beispiel aufzufinden, daß eine Hypothese so
sehr die Leidenschaften aufgeregt habe, wie die darwinistischen Aufstellungen
über die Entstehung der Arten. Der Grund dieser Erregung liegt nicht
so fast auf dem wissenschaftlichen Gebiete, etwa weil die Theorie wegen
ihrer Neuheit oder Kühnheit einen vollständigen Umschwung in den An=
schauungen der beobachtenden Naturforschung zu erheischen scheint — er
liegt vorzugsweise auf dem religiösen Gebiete. Viele haben der Descendenz=
theorie freudigst zugejauchzt und sich zu Anwälten derselben aufgeworfen,

---

[1] Vgl. diese Zeitschrift 1876, XI. S. 23 und: Lives of the Deceased Bishops by R. Clarke. New-York 1872, p. 45.

weil sie in ihr ein Mittel zu erkennen glaubten, mit den religiösen
Grundanschauungen des Christenthums über die Schöpfung und Abstam=
mung des Menschen aufzuräumen. Soll man sich darüber wundern?
Gewiß nicht; man müßte denn einen Grundzug unserer Zeit gar nicht
kennen: die bewußte Lust am Unglauben. Ist es ja doch eine alltäglich
sich bewährende Erfahrung in den verschiedensten Zweigen des Wissens,
daß jede Aufstellung auf begeisterte Anhänger und heißblütige Vertheidiger
rechnen kann, sobald sie nur die Etikette trägt: „wieder ein Loch in die
Tradition“, oder sobald sie mit der Hoffnung winkt, dem religiösen Glauben
eins zu versetzen. In solcher Atmosphäre mußte die Descendenztheorie
zünden. Strauß sah in ihr die ersehnte Thüre geöffnet, „durch die
eine glücklichere Nachwelt das Wunder auf Nimmerwiedersehen hinaus=
werfen wird“. Und, fügt er bei, „Jeder, der weiß, was am Wunder
hängt, wird Darwin dafür als einen der größten Wohlthäter des mensch=
lichen Geschlechtes preisen“. Huxley spricht es unverholen aus, daß
in seinen Augen eines der größten Verdienste der Entwicklungstheorie
eben in dem (wie er glaubt) vollständigen und unversöhnlichen Wider=
streit mit den kirchlich=religiösen Anschauungen bestehe. Auf etwas Ähn=
liches deutet Darwin hin, wenn er schreibt: „Mein erster Zweck war,
zu zeigen, daß die Arten nicht getrennt erschaffen worden sind“, und
wenn er sich über etwaige Irrthümer in seinen Ausführungen mit dem
Gedanken tröstet: „Ich habe wenigstens, wie ich hoffe, gute Dienste
geleistet, um das Dogma von getrennten Schöpfungen über den Haufen
werfen zu helfen.“ [1]

Glaubte man also auf der einen Seite, den religiösen Glauben
durch die Entwicklungstheorie tief schädigen und in der Wurzel zerstören
zu können, und suchte man sie in fieberhafter Hast für diese Richtung mit
dem größtmöglichsten Aufwand auszubeuten, so war nichts natürlicher, als
daß in gläubigen Kreisen ein entschiedenes Mißtrauen und eine grund=
sätzliche Abwehr der Entwicklungstheorie Platz griff. Aber man konnte
und wollte sich auch nicht der Wahrnehmung verschließen, daß in ihr
Wahrheitsmomente enthalten seien, oder daß manche ihrer Aufstellungen
jedenfalls der Beachtung werth seien. Daraus entstand von selbst die
Frage: Wie steht der Grundgedanke der Entwicklungstheorie zum Glau=
ben? Was berührt den Glauben, was nicht? Oder was ist über die
Entstehung der Arten und ihre Abstammung, sodann über den Ursprung

---

[1] Vgl. St. George Mivart, Lessons from Nature, London 1876, p. 426.

des Menschen die klar ausgesprochene, also bindende Lehre der heiligen
Schrift, der heiligen Väter, der Kirche? In wieweit ist hier das Feld
der Discussion noch frei, und wo sind die unverrückbaren Grenzsteine?

Es ist zwar über das Verhältniß von Glaube und Entwicklungs=
theorie in neuer und neuester Zeit manches recht Gute und Beachtenswerthe
geschrieben worden; allein trotzdem scheint es uns nicht überflüssig, auch
in diesen Blättern einen kleinen Beitrag zur Klarstellung dieser Frage
zu liefern. Es dürfte kaum nothwendig sein, zu bemerken, daß wir dem
ausgesprochenen Zwecke gemäß nur die Grundsätze der Entwicklungs=
theorie hervorheben, insofern sie nach dem Maßstabe der theologischen
Anschauungen zulässig erscheinen oder nicht. Die Untersuchung beschäftigt
uns nicht, ob die Entwicklungstheorie oder welche Form derselben ob=
jective Begründung habe oder nicht. Nur das steht fest: was dem
Glauben widerstreitet, das kann nie und unter keiner Annahme objectiv
begründet oder wahr sein; aber verkehrt wäre es, ohne Weiteres so zu
schließen: weil diese oder jene Hypothese entweder den Glauben nicht
berührt, oder mit der kirchlich angenommenen oder geduldeten Lehre nicht
in Widerspruch tritt, deßwegen ist sie auch thatsächlich in sich wahr.
Um Letzteres zu constatiren, ist mehr erfordert, als der rein negative
Erweis, daß eine Anschauung mit den Glaubenssätzen nicht in Conflict
kommt.

Wir werden unsern Gegenstand mit der erwünschten Klarheit vor=
legen, wenn wir uns auf folgende drei Fragen Antwort geben:

1. Kann man vom Gesichtspunkte des Glaubens und der Glaubens=
quellen aus der Ansicht huldigen, daß die vorhandenen Pflanzen= und
Thierarten von einigen wenigen ursprünglichen Stammformen durch all=
mähliche Entwicklung hergeleitet sind?

2. Was ist vom selben Standpunkte aus über die erste Entstehung
der Pflanzen und Thiere zu urtheilen?

3. Was über den Ursprung des Menschen?

Es wird sich bei Beantwortung dieser Fragen herausstellen, daß
der katholische Forscher der Entwicklungstheorie, unbeschadet seiner Gläu=
bigkeit, weitgehende Zugeständnisse machen kann und daß auch nicht der
mindeste Scheingrund vorhanden ist, als könne durch die eventuelle
Erbringung des Beweises für die ganze oder theilweise Wahrheit einiger
Grundlehren der Entwicklungstheorie der Glaube eine Schädigung er=
leiden. Der gläubige Christ seinerseits hat also dieser Theorie gegen=
über in Wahrheit trotz seiner Gläubigkeit jene Stimmung, die Professor

Tyndall einzig und allein dem aller „dogmatischen Vorurtheile" baren Forscher als möglich zuschreibt: „Er hat nur ein Verlangen, die Wahrheit zu erkennen; er hat nur eine Furcht, eine Lüge zu glauben." Wer kann schließlich als der unparteiische, gleichmüthige Richter sich der Hypothese gegenüberstellen? Doch gewiß nicht jene Legion von Darwinianern, welche die Entwicklungstheorie darum so enthusiastisch bejubeln, weil sie in ihr eine schneidige Waffe gegen den Glauben gefunden zu haben meinen?

I.

Unsere erste Frage berührt die Zulässigkeit der Annahme, daß die jetzt vorfindlichen Pflanzen= und Thierformen von einigen wenigen einfachen Stammformen sich herleiten. Diese Anschauung bildet bekanntlich den Hauptsatz der Entwicklungstheorie. In der Durchführung dieses Hauptsatzes gehen die namhaftesten Vertreter der Theorie oft ihre eigenen, getrennten Wege. Wie sich aus einer einfachen Stammform die bunte Mannigfaltigkeit von Wesen herausbildete, welche innere und äußere Factoren dabei miteinzugreifen hatten, oder welche Summe von wirkenden Ursachen, ob nur äußere Impulse, oder auch innerlich angelegte Entwicklungsprincipien dabei thätig waren, gerade darüber ist augenblicklich großer Streit entbrannt. Selbst Darwin gesteht jetzt zu, daß mit den Schlagwörtern „natürliche Auswahl, Kampf um's Dasein, geschlechtliche Zuchtwahl" nicht auszukommen ist, oder daß durch sie wenigstens eine Reihe von Bedenken nicht gehoben ist; Andere sind eifrig bemüht, der Theorie anderweitig die benöthigten Stützen zu verschaffen — so in England der oben citirte gelehrte Professor am Kensington Colleg, St. George Mivart. Den Grundgedanken der Entwickelungstheorie halten sie alle fest, und diesen betrifft auch unsere erste Frage. Wir beantworten sie mit einem ganz unbedenklichen Ja: Von Seiten des Glaubens ist es nicht verwehrt, die Abstammung der gegenwärtigen Pflanzen= und Thierarten von einigen wenigen Grundformen anzunehmen, und in dieser Aufstellung der Entwicklungstheorie liegt nichts vor, dem durch die Glaubensquelle direct widersprochen würde. Den Beweis hierfür mag folgende Erörterung aufzeigen.

Freilich mag es auf den ersten Anblick scheinen, daß der Bericht der heiligen Schrift über die Pflanzen= und Thierschöpfung dem Grundgedanken der Entwickelungstheorie jeden Halt entziehe, ja ihn geradezu

ausschließe. Wir lesen ja Gen. 1, 11: „Und Gott sprach: es lasse die
Erde Gras sprossen, das aufgrünet und das Samen trägt; und Frucht=
bäume, welche Frucht bringen nach ihrer Art ... und also ward es."
Und 1, 21: „Und Gott schuf die großen See=Ungeheuer und jegliches
Wesen, das lebt und sich regt, das die Wasser hervorgebracht hatten, je
nach seiner Art; und alles Geflügel nach seiner Art..... und Gott
schuf die Thiere der Erde nach ihren Arten und Vieh und alles Gewürme
der Erde in seiner Gattung." Der Wortlaut scheint klar und unzwei=
deutig; die anfängliche Hervorbringung der Pflanzen und Thiere n a c h
i h r e n A r t e n also scheint deutlich in der göttlichen Urkunde nieder=
gelegt. Und sehen wir uns nach den Auffassungen des Schrifttextes um,
wie sich uns dieselben in den Erklärungen der heiligen Väter und den
Commentaren älterer Theologen darbieten, so finden wir auch als die
gewöhnliche Lehre eben die Erschaffung der Pflanzen und Thiere n a c h
i h r e n A r t e n entweder ausdrücklich vorgetragen oder doch stillschweigend
vorausgesetzt. Der hl. Basilius z. B. macht die Kraft des göttlichen
Schöpferwortes durch eine rhetorische Schilderung anschaulich, wie sich
die Erde gehorsam dem göttlichen Befehle plötzlich mit den verschiedensten
Pflanzenarten bekleidete; ähnlich der hl. Gregor von Nyssa, Eusthatius,
Ambrosius u. f. f., und Suarez hat ganz Recht, wenn er die Ansicht
von der wirklichen Hervorbringung der einzelnen Arten als die gewöhn=
liche Meinung der heiligen Väter bezeichnet.

Aber wird dadurch nicht die obige Beantwortung unserer Frage
umgestoßen, oder wenigstens zweifelhaft? Wir geben zunächst zu be=
denken, daß es zu verwundern wäre, wenn die heiligen Väter und
älteren Theologen nicht so gesprochen hätten. Was hätte in ihnen auch
nur einen Zweifel an der wirklichen Erschaffung der einzelnen Arten
wachrufen sollen? Der Staud der Naturforschung ihrer Zeit am aller=
wenigsten und die Worte der Genesis auch nicht. Aber etwas Anderes
ist ihre von den philosophischen und naturwissenschaftlichen Ansichten
ihrer Zeit dictirte Auffassung der Schriftworte, und etwas Anderes
der in jenen Worten niedergelegte Glaubenssatz; jene mag sich ver=
schieden gestalten, dieser ist und bleibt der gleiche. Daß wir ein Recht
zu dieser Unterscheidung haben, mag uns zunächst ein naheliegendes
Beispiel zeigen. Bevor das kopernikanische System in unzweifelhafte
Aufnahme gekommen war, verstanden wohl die Meisten die Worte,
die Josue sprach: „Sonne, stehe still", oder die Worte, mit denen der
Prediger die Flüchtigkeit der aufeinanderfolgenden Generationen zeichnet

„Ein Geschlecht geht dahin und ein anderes kommt, und die Erde
bleibt ewig stehen", in dem buchstäblichen Sinne von dem Laufe der
Sonne und dem Stillstande der Erde. Wie hätten sie auch bei den
früheren astronomischen Grundsätzen eine andere als diese buchstäbliche
Deutung sich zurechtlegen sollen? Haben nun etwa nach Kopernikus
jene Sätze der heiligen Schrift etwas von ihrer Wahrheit eingebüßt,
weil ihre Auffassung durch die Astronomie modificirt wurde? Mit
nichten. Die gewöhnliche Ausdrucksweise der Menschen spricht heute
noch, wie ehemals Josue, von einem Lauf der Sonne; und der Gedanke
des Predigers ist ebenso tief und wahr, wenn gleich die Erde nicht absolut steht, sondern nur als der beständige und bleibende Schauplatz
der wechselnden Geschlechter erscheint — eine Erklärung der Worte des
Predigers, die dem Gedanken nach bereits der hl. Hieronymus gibt [1],
und der auch Gregor von Nyssa beipflichtet, indem er das „Stehen der
Erde" in ihrem unverringerten und unvergrößerten Fortbestande verwirklicht findet [2].

Etwas ganz Ähnliches liegt auch in dem Falle vor, der uns eben
beschäftigt. Die oben berührten Worte der Genesis wollen im Zusammenhange mit dem ganzen Bericht über die Schöpfung zunächst besagen,
daß die Erde mit Allem, was auf ihr und in ihr ist und lebt, also auch
die uns umgebende Pflanzen- und Thierwelt, nicht von selbst, nicht von
ungefähr entstanden, sondern daß sie ihr Dasein dem Willen Gottes
verdanke. In welcher Weise aber speciell die Pflanzen- und Thierwelt
in's Dasein gesetzt wurde, ob alle Arten auf einmal, ob nur einige zuerst, aus denen sich die übrigen entwickelten, oder ob nur ein fruchtbarer
Keim dem Erdenschooße anvertraut war, der im Bunde mit den natürlichen Ursachen zum ersten Pflanzenleben sich ausgestaltete, und ein
anderer, der in den Gewässern das animalische Leben allmählich hervor-
lockte — darüber überlassen uns die Worte der Genesis der eigenen
Nachforschung und den Ergebnissen der exakten Wissenschaft, falls es
ihr gelingen kann, hier ein endgiltiges und fest bewiesenes Urtheil abzu-
geben. Mit anderen Worten: der Glaubenssatz der Genesis bleibt
bestehen und unangetastet, man mag über das Wie der Abstammung

---

[1] Quid hac vanius vanitate, quam terram manere, quae hominum causa
facta est et hominem ipsum terrae dominum tam repente in pulverem dissolvi.
Ad Eccl. 1, 4.

[2] Migne, Patrol. gr. t. 44. col. 91.

der verschiedenen Species auch nach dem Grundgedanken der Entwicke=
lungstheorie urtheilen. Ja in dem Verfahren der heiligen Väter und
älteren kirchlichen Lehrer haben wir selbst klare Andeutungen, daß wir
über das Wie der Abstammung nicht an dem buchstäblichen Wortlaute
festzuhalten brauchen. Das soll nun in Folgendem kurz dargelegt werden.
Man mißverstehe uns nicht. Es fällt uns nicht ein, zu behaupten, daß
einige der alten Lehrer Evolutionisten gewesen seien, oder die Descendenz=
theorie vorgetragen hätten: aber wir glauben, dem Professor Mivart
vollständig beistimmen zu können, wenn er behauptet, die katholische
Vorzeit habe bereits in Betreff der Schöpfung Grundsätze aufgestellt,
mit denen sich die Grundlagen der Entwicklungstheorie unschwer in Ein=
klang bringen lassen; wir meinen selbstverständlich nur jene Grundlagen,
die in unserer ersten Frage angedeutet sind. Worin wir der Ansicht
des Professors Mivart entschieden nicht beitreten, wird sich im Laufe der
Abhandlung genügend herausstellen.

Das erste Kapitel der Genesis berichtet die Erschaffung von Himmel
und Erde und schildert die allmähliche Ausgestaltung der Erde, die
Bekleidung mit Pflanzen, die Bevölkerung der Gewässer und des Fest=
landes als aufeinanderfolgende Thätigkeiten Gottes. Trotzdem haben
einige Lehrer der Kirche und Theologen die Meinung aufgestellt, daß
Alles zugleich erschaffen worden sei. So Clemens von Alexandrien,
Origenes, Gregor von Nyssa und Augustin, dessen Ansehen auch die
späteren Theologen so beeinflußte, daß sie diese Meinung stets mit
Achtung erwähnten, auch wenn sie gegen dieselbe stritten. Uns interes=
sirt hier besonders die Art und Weise, wie der größte Kirchenlehrer
aller Zeiten, der hl. Augustin, über die Schöpfung dachte. Nach ihm
hat Gott Alles zu gleicher Zeit und auf einmal in's Dasein gerufen,
aber nicht so, daß die einzelnen Dinge oder Wesen bereits in ihrer
Individualität oder in ihrer gesonderten Existenz in's Dasein getreten
wären, sondern indem er den Grundstoff aller Dinge schuf und in ihn
jene Kräfte und Keime gleich verborgenen Samen hineinsenkte, aus denen
sich dann im Zeitenlaufe in der grundgelegten Ordnung die Einzeldinge
herausbilden sollten. Der heilige Lehrer kommt besonders in seinem
Werke „de Genesi ad litteram" wiederholt auf diese seine Auffassung
zurück und äußert sich speciell über das Werk des dritten Tages, die
Hervorbringung der Pflanzen, ungefähr in folgender Weise: Wenn gesagt
wird, „die Erde bringe hervor . . und die Erde brachte hervor", so ist
damit ausgedrückt, daß die Erde die Kraft und das Vermögen empfan=

gen habe, zu seiner Zeit die einzelnen Gattungen aus sich herauszubilden;
die Pflanzen wurden der Anlage nach, der Ursache nach geschaffen,
es wurden den Stoffen jene keimartigen Kräfte mitgetheilt, aus denen
sich unter den festgesetzten Bedingungen, gleichwie aus einem Samen-
korne oder aus einer Wurzel, die wirklichen Arten und Wesen entfalten
sollten [1]. Daß der Kirchenfürst von Hippo hiebei ein wahres inneres
Entwickelungsprincip versteht, macht er besonders deutlich durch den
Vergleich, daß, gleichwie im Samenkorn all das zugleich unsichtbar
enthalten und eingeschlossen sei, was später in der Zeit zum Baume sich
auswachse, in ähnlicher Weise die Erde und das Wasser dem Vermögen
und der Anlage nach die Pflanzen und Thiere in sich berge [2]. Diese
Ansätze, diese verborgenen, durch die Schöpfung in die Stoffe hinein-
gelegten Vermögen nennt er rationes causales, seminales, primordiales [3].

Diese Anschauungen des hl. Augustin haben, wie bemerkt, bei
Mehreren beifällige Aufnahme gefunden. Der hl. Thomas äußert sich
günstig über dieselben und betont, daß sie besonders geeignet seien, die
Einwürfe gegen die hl. Schrift zu zerstreuen [4], und diejenigen, die seinem
Satze von der gleichzeitigen Schöpfung aller Dinge zustimmen, billigen
auch im Allgemeinen diese Darstellungsweise. Der hl. Bonaventura
nennt sie eine sehr vernünftige und scharfsinnige [5]; Albertus Magnus
verweigert ihr seine Anerkennung nicht und selbstverständlich vertheidigen
sie viele der sogenannten augustinianischen Theologen mit lebhaftem Eifer [6].
Bei dieser Sachlage ist nun von selbst einleuchtend, warum auch der heutige
Forscher sich, falls er es für nöthig erachtet, für die Entwickelungstheorie
entscheiden kann.

Interessant aber für die Aufhellung unserer Frage ist besonders
der Umstand, daß selbst diejenigen, welche an einer mehr buchstäb-

---

[1] Daher spricht der heilige Lehrer so oft: potentialiter, causaliter creata sunt.
Sic enim terra ad Dei verbum ea produxit, accipiens omnes numeros eorum,
quos per tempus exsereret secundum genus suum. Causaliter tunc dictum est
produxisse terram herbam et lignum, id est producendi accepisse virtutem, in
ea quippe jam tamquam in radicibus, ut ita dixerim, temporum facta erant,
quae per tempora futura erant etc. Cf. De Gen. ad litt. 5, 4. 5; 6, 4. 5. 6.
Migne, Patrol. lat. t. 34. col. 325. 326. 341 etc.

[2] L. c. 5, 21. col. 338.

[3] L. c. 6, 14. 15. col. 349.

[4] In 2. libr. sent. dist. 12. qu. 1. art. 2

[5] Expositio multum rationabilis et valde subtilis.

[6] Man vergleiche z. B. Vindiciae Augustinianae von Cardinal Noris, cap. 4.
§ 9. Migne, Patrol. lat. t. 47. col. 721.

lichen Auffassung des biblischen Berichtes getreu festhalten, dennoch
Grundsätze aussprechen, oder die Möglichkeit und Thatsächlichkeit von
einzelnen Fällen zugeben, die man nur consequent weiter zu verfolgen
braucht, um dem Grundgedanken der Entwickelungstheorie auf die Spur
zu kommen. So zieht es der hl. Thomas vor, bei dem buchstäblichen
Verständnisse des ersten Kapitels der Genesis zu beharren, aber trotzdem
findet er keine Schwierigkeit, die Entstehung neuer Arten als
möglich zuzugestehen. Hiermit aber haben wir einschlußweise das Zugeständniß, daß es nicht nöthig ist anzunehmen, alle jetzt vorfindlichen
Arten seien von Anfang an in dieser ihrer Artverschiedenheit entstanden.
Ist aber die Entstehung neuer Arten im Laufe der Zeiten nicht zu
beanstanden, so scheint die weitere Folgerung auf die Abstammung der
vorhandenen von einigen Grundformen ebensowenig einer Schwierigkeit
von Seiten der biblischen Erzählung ausgesetzt zu sein. Die Worte des
hl. Thomas lauten: Neue Arten, wenn es solche gibt, waren in gewissen
thätigen Kräften bereits vorher vorhanden [1]. Hier haben wir zwei
beachtenswerthe Momente: die Möglichkeit der Entstehung neuer Arten
und die Verbindung derselben. In der Bestimmung der letzteren gibt
uns der hl. Thomas den augustinischen Grundgedanken. Die neuen
Arten, die in's Dasein eintreten, sind dem Keime, der Anlage und
Triebkraft nach in den schon vorhandenen Wesen grundgelegt. Das
läuft aber offenbar auf ein inneres Entwickelungsprincip hinaus. Zu
demselben Schlusse gelangen wir, wenn wir die bei den Alten so oft
wiederkehrende Annahme von der generatio aequivoca auf ihren ideellen
Gehalt prüfen. Der hl. Thomas spricht an der angeführten Stelle auch
noch von den Thierarten, die aus der Verwesung anderer Körper durch
die Kraft der Sterne und Elemente erzeugt werden, und er findet es
ganz unbedenklich, daß hiedurch unter besonderen Umständen auch neue
Arten entstehen könnten. Der gleichen Ansicht huldigte vor ihm der
Magister sententiarum, Petrus der Lombarde, indem er ganz richtig
bemerkt, dergleichen Dinge seien eben dann von Anfang potentialiter
et materialiter mit den anderen Kräften und Trieben gegeben [2].
Wenn wir aber Petrus den Lombarden in seinem Sentenzenbuche
nennen, so nennen wir bekanntlich das allgemeine theologische Schul-

---

[1] Species autem novae, si quae existunt, praeextiterunt in quibusdam
activis virtutibus. Summa I. qu. 73 art. 1 ad 3.
[2] 2 lib. sent. dist. 15, 4.

handbuch mehrerer Jahrhunderte. Ja wir können sagen, es war die herrschende Ansicht des Alterthums, daß diejenigen Arten, welche aus der Verwesung anderer Körper sich entwickelten, nur anlagsweise in ihren entfernteren Ursachen und Bedingungen, durchaus nicht in ihrer wirklichen Einzelexistenz bei der Einrichtung der Erde in's Dasein gesetzt wurden. Der hl. Basilius findet es trotz seiner buchstäblichen Auf= fassung des biblischen Berichtes über die Entstehung der Arten ganz in der Ordnung, in einem Athemzuge zu versichern, daß die Erde auch jetzt noch unzählige Arten von Insecten, Mäuse und Frösche hervor= bringe, daß im Schlamme sich Aale erzeugen u. dgl. [1] Der heilige Augustin will gleichfalls jene Wesen nur der Grundkraft nach mit den andern Dingen gegeben wissen [2], und wir brauchen nur den Grund= gedanken seiner Erklärung [3] von der speciellen Anwendung zu unter= scheiden und abzulösen, um die Bildung neuer Arten aus den vorher= gehenden Geschlechtern durch besondere Modificirung in Folge besonderer Umstände zu erhalten. Der augustinische Gedanke wird uns um so klarer werden, wenn wir zusehen, wie er selbst das in seiner Erklärung vorkommende dunkle Wort „liciata" an einer anderen Stelle umschreibt. Es ist ihm eben der Ausdruck für den ganzen, im Samenkörperchen bereits präformirten und nach allen Theilen einschlußweise enthaltenen Körper in dieser verborgenen, unsichtbaren, potentiellen Existenzweise [4].

Diese Annahme war zu verbreitet, als daß es nöthig wäre, noch mehr Gewährsmänner anzuführen. Ihre Bedeutung für unsere Frage liegt aber darin, daß hiermit principiell die Entstehung neuer Wesens= arten aus schon vorhandenen Kräften zugestanden wird, in einer solchen Entstehung also nichts erblickt wird, was mit der kirchlichen Lehre über die Schöpfung sich nicht vertrüge. Die Beispiele der Alten mögen, nach dem heutigen Maßstabe der Naturforschung gemessen, ungeschickt und total unrichtig sein — darüber herrscht ja kein Zweifel — aber für uns liegt das Interesse nicht in der speciellen An=

---

[1] Hom. 9 in hexaëm. Migne, Patrol. gr. t. 28. col. 190.

[2] De Gen. ad lit. 3, 14.

[3] Inerat jam omnibus animatis corporibus vis quaedam naturalis et quasi praeseminata et quodammodo liciata primordia futurorum animalium, quae de corruptionibus talium corporum pro suo quaeque genere ac differentia erant exoritura.

[4] Liciatum, quod nondum est, imo quod latet sed accessu temporis erit, vel potius apparebit. De civ. Dei, 24, 14.

wendung, sondern in dem allgemeinen Princip; dieses müssen wir
vor Augen haben und gleichsam aus dem Beispiele herausschälen. Auf
diese Weise aber gewinnen wir leicht folgende Sätze, die uns für die
Auffassung des Schöpfungsberichtes als Leitsterne dienen können. Erstens:
nicht alle Arten der jetzt existirenden Wesen sind vom Anfange an als
solche in Wirklichkeit entstanden; zweitens: manches ist nur der entfernteren Anlage nach in einem anderen mitgegeben; drittens: die Bildung neuer Species ist auf Grund der Thätigkeit natürlicher Ursachen
möglich. Diese Grundsätze waren den Alten nicht fremd. Ein paar
Stellen aus Suarez mögen das noch zum Überflusse erhärten; nur
muß man, wie billig, den Grundsatz unterscheiden von dem Beispiele,
an dem er veranschaulicht wird. Er stellt sich die Frage, ob jene
Thiere, die aus Kreuzung verschiedener Arten entständen, z. B. das
Maulthier, der Leopard, der Luchs, vom Anfang an actu, oder nur in
potentia erschaffen seien. Er entscheidet sich für Letzteres. Und warum?
Weil sie eben hinreichend mit den andern und in den andern gegeben
seien. Und um diesen Grund annehmbar zu machen, fügt er hinzu: es
sei angemessener, daß alles dasjenige, was durch die geschöpflichen Ursachen hervorgebracht werden konnte, auch in der That durch diese und
nicht durch unmittelbares Eingreifen Gottes verwirklicht würde; und
das gereiche mehr zur Vollkommenheit des Alls [1]. Hier haben wir
ein Princip, wie es die Entwickelungstheorie kaum allgemeiner und
umfassender wünschen könnte. Wenn also wirklich die Pflanzenarten
aus wenigen Grundformen sich entwickeln können, wenn eine oder die
andere thierische Stammform hinreicht, um die Mannigfaltigkeit der
Thierwesen in fortschreitender Entwickelungsreihe aus sich zu gebären,
so steht nach Suarez der Annahme, es sei wirklich so erfolgt, und die
Arten als solche seien nicht ursprünglich, rein nichts im Wege — im
Gegentheil, Suarez, der doch an der buchstäblichen Auffassung des
Schöpfungsberichtes nicht gerüttelt wissen will, findet in der Voraus-
setzung der Möglichkeit einer solchen Entwickelung gerade sie in bestem
Einklang mit der der sichtbaren Welt zukommenden Vollkommenheit.
Auch in den metaphysischen Untersuchungen trägt Suarez Grundsätze

---

[1] Nam Deus ea tantum immediate produxit, quae non nisi per ipsius actio-
nem in rerum natura introduci poterant quoad species suas; nam cetera quae
per causas secundas produci poterant, convenientius fuit per illas fieri et hoc
ipsum magis ad perfectionem universi pertinet. Suar. De opere 6 dierum,
lib. 2. cap. 10. n. 12.

vor, welche die Zulässigkeit der Entwickelungstheorie bekunden. Und
doch war er sicher davon überzeugt, daß seine philosophischen Lehrsätze
mit der Offenbarung nicht in feindselige Berührung kämen, sondern
diese eher stützten und vertheidigten. Er nimmt unter Anderem als zu=
lässig an, daß unter dem Einflusse des Himmels und der Elemente
vieles Neue erzeugt werde; daß sogar eine Erzeugung stattfinden könne
ohne ausreichende nächste Ursache, wobei dann die oberste und allgemeine
Ursache ergänzend eingreife; ferner können nach ihm bestimmte Modifi=
cationen der bildenden Kräfte auf die Ausgestaltung und Veränderung
der hervorzubringenden Wesenheit mit Erfolg einwirken; gleichwie die
zufälligen Eigenschaften der Samenkeime erfolgreich und unmittelbar
wirksam auf die Ausprägung und Organisirung des Körpers ein=
fließen u. dgl. m. [1]

Aber wie kommt es denn, daß die Genesis gerade die Erschaffung der
Arten als Arten auf ein unmittelbares Schöpferwort Gottes zurückführt?
So möchte man wohl noch immer gegen die Annehmbarkeit der Entwicke=
lungstheorie einwenden. Halten wir bei benen Umschau, deren Ansichten
uns bisher beschäftigten, so finden wir auch bereits die befriedigende
Antwort. Sie betonen zu wiederholten Malen, daß Moses, zu einem
rohen und ungebildeten Volke sprechend, ihnen das vorführen mußte,
was offen vor Auge und Sinn lag. Er wollte recht eindringlich und
in unmißverständlicher Weise darlegen, daß alles Bestehende schließlich
dem Willen Gottes sein Dasein verdankte. Wie sollte er das leichtfaß=
licher und handgreiflicher bewerkstelligen, als indem er schrieb, wie er
eben geschrieben, d. h. die Arten der Dinge aufzählend nnd sie auf
Gottes Schöpferwort zurückführend? Klar spricht sich hierüber besonders
der hl. Augustin aus, dessen Erklärungsweise ihn ja vorzüglich auf die
Lösung obigen Einwandes hindrängen mußte. Er sieht den Grund in
unserer Auffassungsweise. Die Dinge treten uns in Zeit und Raum,
in ausgeprägter Individualität entgegen — uns mußte also auch die
Schöpfung selbst nach Analogie dieser Erkenntniß, b. h. als eine succes=
sive und die einzelnen Dinge direct in sich betreffende dargestellt wer=
ben. Wäre unser Verstand, meint der heilige Lehrer, an Scharfsinn bem
der Engel gleich, so hätten wir in der Erkenntniß der rationes se=
minales und deren Erschaffung auch schon das ganze Universum be=

---

[1] Vgl. Disputationes metaphysicae, t. I. disp. 15. sect. 10. n. 69; disp. 18.
sect. 2. n. 21. 28—38; sect. 8. n. 24.

griffen, und der Schöpfungshergang hätte uns gerade so erzählt werden
können und müssen, wie er — nach der Meinung des heiligen Bischofes
— in Wirklichkeit stattgefunden [1].

II.

Das Dargelegte möchte nun zur Beantwortung unserer ersten Frage
ausreichen; in der Behandlung der zweiten Frage: „Was ist über die erste
Entstehung der Stamm= und Grundformen zu urtheilen", können wir
uns kürzer..fassen. Hier springen die mit dem Glauben zusammenhän=
genden Punkte einerseits sehr leicht in die Augen, und andererseits kann
die empirische Forschung, so lange sie wirklich Forschung bleibt, hier mit
dem Glauben gar nicht in Widerstreit kommen. Der Grund ist ebenso
einfach, als einleuchtend. Die erste Entstehung der Dinge kann eben
die Forschung nicht belauschen, weil jede Forschung die bereits entstande=
nen Stoffe voraussetzt. Wenn daher manche Materialisten sagen: weil
ich keinen Stofftheil entstehen oder vergehen sehe, ist die Materie ewig —
so ist dieser Schluß eben kein Ergebniß der Forschung, sondern ein aus
den Thatsachen falsch abgeleiteter Satz. Wenden wir dieß auf unsern
Gegenstand an, so begegnet uns die von Allen zugestandene Thatsache,
daß Leben nur von Leben, Zelle nur in und von einer Zelle sich bildet,
daß die unorganische Materie nie zu einem vegetativen oder sensitiven
Leben sich emporhebt. Mag also auch alles Pflanzen= und Thierleben
aus einer Keimzelle herstammen, so ist die Frage nach dem Entstehen
dieser Keimzelle vom Standpunkt der Forschung aus noch nicht gelöst.
Die Forschung kann nicht behaupten, daß sie sich ohne Weiteres aus
dem leblosen Stoff gebildet, weil thatsächlich zwischen diesem und der
ersten Lebensregung eine unausfüllbare Kluft gähnt, unausfüllbar so=
wohl für die Forschung, als für das philosophische Denken. Jene be=
wegt sich allen Erscheinungen und Beobachtungen gegenüber immer inner=
halb des undurchdringlichen Kreises, daß Leben nur von Leben entstehe;
sie kann den Anfang des Lebens nicht jenseits irgend eines Lebens ver=
legen, und so ist die Frage nach der Entstehung des ersten Lebens eben
eine aller Forschung völlig aus dem Bereich entrückte. Bekanntlich hat
man in neuerer Zeit, um diesen fatalen Ring zu durchbrechen, zu einem

---

[1] Vgl. De Gen. ad lit. 5. cap. 4. Gregor. Nyss. Patrol. gr. t. 44. col. 75.
S. Thom. Summa I. qu. 68. art. 3; qu. 67. art. 4. Chrysost. Hom. 2 in Gen.
Petavius, De opific. prooem. V. etc.

Auskunftsmittel gegriffen, das aber erst recht die Verlegenheit und das
Unvermögen der empirischen Forschung an den Tag legt. Haben doch
sogar neuere Gelehrte folgende geistvolle Deduction geboten: „Es ist nicht
nöthig, eine erste Erschaffung von Organismen anzunehmen. Es ist
eben gar nichts jemals entstanden oder erschaffen worden; die Erde
ist von anderen Welttheilen her bevölkert worden." Man
hat somit den Weltraum und die Sterne mit Kosmozoen ausgestattet,
die, durch irgend einen Zufall auf die Erde versprengt, hier geleimt und
so den Grund und Anfang alles organischen Lebens gebildet hätten.
„Damit erledigt sich die Frage, auf welche Weise die ersten Organis=
men in die Welt gekommen." In die Welt? Doch nicht! Wie sie
auf die Erde gekommen; allenfalls. Allein damit ist die Frage nur
um eine Stufe weiter hinausgeschoben, um sogleich in der nämlichen
Entschiedenheit wiederzukehren. Wie sind nun die Kosmozoen entstan=
den? Ein neuer Ausweg wird versucht. Man antwortet uns: „Das
Anorganische ist das zeitlich Spätere." Das Anorganische ist ein Pro=
buct, ein Absterben des Organischen, des Lebens; und somit das Leben=
bige, die Lebensbewegung, das Erste. O der Weisheit! Und woher
kommt dieses Erste? „Die anfangslose Bewegung im Weltall ist
Leben."[1] Das hat die Forschung wohl gesehen!

Vernunft und Glaube weisen gleichmäßig über alles Gewordene
hinaus auf den einen festen Punkt, von dem aus Alles seinen Anfang
nahm, weil in ihm die zureichende Ursache für Alles enthalten ist, er
aber den Urgrund seines Daseins in sich selbst, in seiner absolut noth=
wendigen und daher absolut vollkommenen und ewigen Wesenheit trägt
— auf Gott, den Unendlichen und Ewigen. „Im Anfang schuf Gott
Himmel und Erde." Die Geschichte Himmels und der Erde hat ange=
fangen, und dieser Anfang besteht darin, daß der allmächtige Gott
die Grundstoffe erschuf. Der erste Act ist die Schöpfung im vollen
Sinne, die volle und ganze Hervorbringung der Grundstoffe aus Nichts
durch den allmächtigen Schöpferwillen. So die Vernunft, die eine zu=
reichende Ursache für das Gewordene suchen muß; so der Glaube:
„Ich glaube an Gott, den Allmächtigen, Schöpfer Himmels und der
Erde." Hieran kann keine Entwicklungstheorie rütteln. Höchstens ver=
sucht man es, den befangenen oder gar kurzsichtigen Verstand zu hinter=

---

[1] Vgl. Dr. Preyer, Die Hypothesen über den Ursprung des Lebens in der Deut=
schen Rundschau, 1875. Bd. III. S. 63 ff.

gehen oder wenigstens vertröstungsweise in etwa zum Schweigen zu brin=
gen, indem man den Fragepunkt in die möglichst weiten, dunkeln Fernen
hinausschiebt, bis man im Nebelgebiete von Millionen verflossener Jahre
plötzlich statt der Bewegung der Atome die anfangslose Bewegung
sich vorlügt.

Ebenso wenig können Vernunft und Glaube mit jener Entwicke=
lungstheorie pactiren, die nur Zufälliges, Planloses in den Ent=
faltungen des irgendwie Gegebenen zu sehen vermeint. Die Dinge haben
sich so entwickelt, weil Gott diesen Weltplan und keinen andern ver=
wirklichen wollte, und zu diesem Ziele hat er von Anfang an bestimmte
Kräfte mit bestimmter Tendenz und Richtung in die Natur der Stoffe
eingesenkt. Wenn manche Evolutionisten die Ausbildung neuer Arten,
oder den ersten Anstoß der Einlenkung in neue Entwicklungsbahnen
nur auf Zufälligkeiten zurückführen, und eine Unsumme von ande=
ren Zufälligkeiten für die naturgemäße Entfaltung eines neuen „Bil=
dungsansatzes" annehmen, so sind diese Behauptungen wiederum nichts
weniger als Ergebnisse der exakten Forschung. Die ernste Forschung
findet überall Plan, Ziel, Ordnung — sie führt naturnothwendig auf
die Spur eines intelligenten Wesens, das die ganze Entwicklungsreihe
schon im ersten Grundtriebe und Ansätze wollte, sie aber durch das har=
monische Zusammenwirken und die gegenseitige Thätigkeit der geschaffenen
Dinge verwirklichen wollte. Vernunft und Glaube erheischen einen des
ganzen Schöpfungsplanes sich bewußten und ihn anstrebenden Schöpfer.

Seitdem man sich auf Seite der Descendenztheoretiker von dem ersten
Freudentaumel etwas erholt hat, beginnt ein großer Theil einzusehen,
daß die bloß zufälligen äußeren Einflüsse und Bedingungen, die natür=
liche Zuchtwahl, das Anpassungsvermögen, die Vererbung, die Vervoll=
kommnung durch Gebrauch, die Verkümmerung durch Nichtgebrauch u. s. f.
zur befriedigenden Erklärung nicht ausreichen. Man greift deßwegen
zur Annahme eines inneren Entwicklungsprincipes, einer
inneren Anlage und Kraft, die unter bestimmten Verhältnissen ge=
weckt wird und den Impuls und ersten Ansatz zu einer neuen Entwicke=
lungsreihe gibt. Es liegt auf der Hand, daß eine so vorgetragene Ent=
wickelungstheorie den Anforderungen philosophischen Denkens eher entspricht
und mit dem Glauben auf friedlichem Fuße verbleibt[1].

---

[1] In jüngster Zeit hat Pfaff in der 2. Auflage seiner Schöpfungsgeschichte sich
in folgender Weise ausgesprochen: „Wir sehen, daß wir die Entstehung neuer Arten

Wie kommen wir aber vom bloßen Stoff zur ersten Keimzelle? Wie vom bloß vegetativen Leben zum sensitiven und animalischen? Die Forschung läßt uns hier im Stich. Die besonnenen und gewiegtesten Naturforscher verwerfen die generatio aequivoca als eine unbeweisbare Hypothese, die Alles gegen und Nichts für sich habe. Und wollte man sich auch an sie anklammern, was wäre damit gewonnen? Wir bekämen auf die Frage nach dem unbekannten X die Antwort durch ein unbekanntes Y. Oder man würde uns sagen, das Leben ist entstanden, weil eben die dazu nothwendigen Kräfte und Triebe, die allerdings vom Stoffe verschieden sind, in den Stoffen lagen. Aber wie ist der Stoff mit diesen ihm fremden und über ihm stehenden und ihn beherrschenden Kräften ausgerüstet worden? Wir stehen wieder genau auf demselben Flecke. Da antwortet uns der Glaube in ebenso einfacher als majestätischer Weise: Und Gott sprach: „Es bringe die Erde Gras hervor, das aufgrünt und Samen trägt — es bringe das Wasser Kriechendes hervor mit lebendiger Seele — die Erde bringe hervor lebendige Wesen." Sehen wir zu, wie die katholische Vorzeit über die erste Entstehung dachte. Sermo Dei voluntas est, sagt bündig der hl. Ambrosius; und ebenso treffend Gregor von Nyssa: opus est sermo. Die Wirkung, das Hervorgebrachte, ist der zeitliche und reelle Befehl Gottes. Oder, wie wir oben den hl. Augustin erklären hörten: er hat der Erde die Kraft mitgetheilt, Pflanzen hervorzubringen. Jenes Geheiß Gottes wurde nämlich, so schreibt der hl. Basilius, gleichsam ein Gesetz der Natur, das der Erde eingesenkt wurde, in ihr haften blieb und ihr die Fähigkeit des Keimens mittheilte [1].

Eine Schöpfung im vollen Wortsinne nehmen die Theologen nur an für die Hervorbringung der Grundstoffe und der menschlichen Seele. Denn nur in diesen beiden Fällen findet ein eigentliches Schaffen, ein Hervorbringen aus Nichts statt. Denn dem Grundstoffe geht kein anderer Stoff voraus, aus dem jener gebildet oder hergeleitet wer-

---

vorzugsweise auf innere Ursachen zurückzuführen haben, (und zwar) auf ein uns noch verborgenes Entwicklungsgesetz des organischen Reiches, das, ein großes Ganze bildend, sich ähnlich, wie das einzelne Individuum, in verschiedenen Arten verschieden, im Allgemeinen aber stets von einfacheren und niedrigeren Formen zu vollkommeneren und höheren, kraft einer dazu in ihm liegenden Potenz, fortentwickelt. Der Grund hiefür ist uns ebenso unbekannt, als der Grund der Entwicklung des Huhnes aus dem Ei; wir können die eine wie die andere Erscheinung in ihren einzelnen Stadien verfolgen und beobachten; eine Erklärung dafür zu geben, steht bis jetzt außer unserer Macht" (S. 701).

[1] Hom. 5 in hex.; hom. 8. Migne, Patrol. gr. t. 29. col. 95. 163.

ben könnte, und die menschliche Seele ist als geistiges Wesen in keiner
Weise in den Kräften und Anlagen der Materie enthalten. Die ander=
weitigen Bildungen der Dinge, auch die Pflanzenbildung und gewöhnlich
auch die Thierbildung bezeichnen sie als ein educere e potentialitate
materiae. Die Materie gibt den bildsamen Stoff ab, in dem und aus
dem eine andere Wesensform Gestalt und Dasein gewinnt. Mit an=
deren Worten: Gott bewirkte, daß aus den schon vorhandenen Stoffen
der Pflanzenorganismus und das sensitive, thierische Lebensprincip sich
bildete. Dieses Einsenken einer neuen Kraft, die den Stoff ergreifen
und in dem Organismus zu einer höheren Daseinsform erheben, oder
die wie beim thierischen Leben sich aus dem Stoffe einen für die Be=
thätigung ihrer innersten Natur passenden Körper mit den Organen
für Gefühl und Wahrnehmung bilden soll, suchten sich die Theologen
in der Weise vorstellig zu machen, daß sie Gott als die oberste
wirkende Ursache, den Stoff aber als das Substrat zur Aufnahme
dieser Wirkung betrachteten [1]. Ganz so urtheilen sie auch über die
Entstehung der Thierwelt. Sie postuliren also für das erste Entstehen
der Pflanzen und der Thiere einen besonderen Einfluß Gottes, wie er
durch die bloße Hervorbringung der Grundstoffe noch nicht gegeben
war. Doch erhellt aus dem bei der ersten Frage Erörterten zur Ge=
nüge, daß man auch unbedenklich annehmen dürfe, es seien mit der
Hervorbringung der Grundstoffe gleichzeitig samen= und keimartig in
die Naturkräfte hinein jene Vermögen und Triebe gelegt worden, die
unter gewissen, vom Schöpfer gewollten und geordneten Bedingungen
sich zu diesem Pflanzenreichthum und dieser Thierwelt entfalten und
ausbreiten sollten. Ein kleiner unscheinbarer Anfang kann sich ja zu
gewaltiger Ausdehnung auswachsen. Die gemeine Erfahrung weiß, wie
aus dem kleinsten Samenkorn von innen heraus durch Verarbeitung
der umliegenden Stoffe ein riesiger Baum sich aufbaut. Hält sich nun
die wissenschaftliche Forschung für berechtigt, anzunehmen, daß in ana=
loger Weise aus einem Grundkeim das ganze Pflanzenreich sich aufge=
baut, und eine Grundkraft im Verein mit tausend und tausend Be=
dingungen sich in die verschiedensten Pflanzenformen gespalten und
ausgewachsen habe, so mag der gläubige Christ ganz ruhig zusehen und

---

[1] Sententia magis recepta, nennt es Suarez, quod solus Deus tamquam
principale, proximum ac totale principium efficiens ex terra tamquam ex causa
materiali plantas produxerit. De opificio sex d. 1. 2. op. 7, 7.

die Wissenschaft gewähren lassen. Erbringt sie den Beweis für diese Behauptungen: — der Schöpfer und Erhalter der Welt, der seinen Weltplan von Ewigkeit her gefaßt und in der Zeit ihn ausführt, bleibt ebenso mit seinem allmächtigen Willen an der Spitze der Welt und beherrscht sie, als wenn er in einem Augenblicke die Erde mit allen Wesenarten in's Dasein gerufen hätte. Wir haben nichts einzuwenden, wenn Darwin früher schrieb: „Es ist wahrlich eine großartige Ansicht, daß der Schöpfer den Keim alles Lebens, das uns umgibt, nur wenigen oder auch nur einer einzigen Form eingehaucht hat, und daß, während unser Planet, den strengen Gesetzen der Schwerkraft folgend, sich im Kreise schwingt, aus so einfachem Anfange sich eine endlose Reihe immer schönerer und vollkommenerer Wesen entwickelt hat und noch fortentwickelt." Nur bestehen wir darauf, daß mit dem Worte Schöpfer kein falsches Spiel getrieben und nicht die ganze Entwickelung schließlich doch äußeren Zufälligkeiten zugetheilt werde. Erkennt man dieses an — und welche Thatsachen könnten den allweisen Schöpfer, der, seines Weltplanes sich bewußt, von vornherein Alles auf dessen Verwirklichung abzweckt, je überflüssig machen! — so kann auch die Entwickelungstheorie, in wie weit ihre Begründung sich herausstellen wird, einen Beitrag liefern zur volleren Erkenntniß der göttlichen Weisheit. Denn, mögen wir mit dem hl. Thomas sagen, es ist der Weisheit Gottes entsprechend, daß in der Hervorbringung der Dinge Ordnung eingehalten werde, indem sie von dem unvollkommenen Zustande zu einem vollkommenen gefördert werden [1].

(Schluß folgt.)

J. Knabenbauer S. J.

Religion und Aberglaube der alten Chaldäer.

Am Euphrat war die Heimath des auserwählten Volkes, am Euphrat befanden sich jene Mittelpunkte, welche mehrfach die Bahnen seiner Geschichte und leider auch seiner Verirrungen bestimmten. Die Geschichte,

---

[1] Ex Dei est sapientia, ut ordo servaretur in rerum conditione, dum ex imperfecto ad perfectum adduceretur. Summa I. qu. 65. art. 1.

die Sitten, die Cultur der Euphratländer stehen darum auch in innig=
ster Beziehung zu den Geschicken und Anschauungen jenes Volkes. Sie
bilden einen Hintergrund, auf welchem das Bild alttestamentlicher Zeit
sich schärfer abhebt.

Eine Verirrung, vor welcher die heilige Schrift wiederholt und
eindringlich warnt, ist jegliche Art von Aberglauben und Zauberei. Als
Aberglaube ist sie die erste Brücke zum Götzendienst, als Zauberei dessen
entwürdigendste Consequenz, und so hat sie trotz aller göttlichen Ver=
warnungen die Geschicke jenes immer wieder zwischen Gottes= und Götzen=
dienst schwankenden, ebenso unseligen als bevorzugten Volkes nur allzu
sehr beeinflußt. Groß war hier aber auch die Macht der Verführung,
indem alle Völker rings umher dieser Verirrung sich ergeben hatten,
dieselbe überdieß nicht einfach eine Erfindung des verdorbenen Menschen=
herzens, sondern die Verzerrung einer schon durch die Uroffenbarung
geheiligten, durch das mosaische Gesetz erneuten Einrichtung war; standen
doch den heidnischen Amuletten das jüdische Urim und Thummim, der
heidnischen Traumdeuterei und Wahrsagerei die prophetische Traum=
deutung und Weissagung, der teuflischen Beschwörung und Zauberei ge=
wisse, durch göttliche Anordnung sacramentale Ceremonien und Worte
gegenüber.   Unter den Heiden aber sind es vor allen zwei Völker, welche
heilige und profane Quellen uns als die Meister jener finstern Künste
darstellen, die Chaldäer und die Aegypter. Wir wollen im Folgenden
das Anrecht prüfen, welches das erstere derselben auf diesen traurigen
Ruhm besitzt.

Bereits in dieser Zeitschrift [1] haben wir des turanischen Volkes
erwähnt, welches frühzeitig mit den Chamito=Semiten sich in den Besitz
des Euphrat=Tigris=Landes theilte.   Akkadi, d. i., wie eine assyrische Ur=
kunde uns ausdrücklich erklärt, „Hochländer“, nannten sie sich nach einer
früheren Heimath, und den Namen Akkad, „Hochland“, übertrugen sie
auch auf die neue, zu tiefst im Tieflande gelegene Heimath. Ur, d. i.
„die Stadt“, nannten sie den Hauptsitz ihrer Macht; Uruk (Uru=uk),
„die bleibende Stadt“, das biblische Erech, scheint ihre heilige Gräber=
stadt gewesen zu sein, in welcher jetzt noch der erstaunte Forscher ganze
Hügel über einander gereihter Thonsärge antrifft. Noch andere Städte
wurden von ihnen gegründet, oder erhielten wenigstens von ihnen neben
ihren semitischen andere turanische Namen. So war Ka=bingira die

---

[1] 1874, VII. S. 78.

wörtliche Übersetzung von Bab=ilu, „Gottesstadt“ (Babel). Die Benen=
nungen Tigris und Euphrat stammen wahrscheinlich aus der nämlichen
Sprache. Diese selbst gehört jener ausgedehnten Sprachenfamilie an,
zu welcher u. a. auch die Idiome der finnischen, türkischen und mongo=
lischen Völkerschaften, namentlich aber die uns aus den Keilschrifttexten,
freilich noch sehr unvollkommen, bekannten Idiome der alten Alamiter
und der vor=arischen Bevölkerung Mediens zählen. Um die Erforschung
dieser Sprache, ihres Vocabulars sowohl wie ihrer Grammatik, hat sich
Fr. Lenormant die größten Verdienste erworben [1], und sind dieselben auch
von competenten Autoritäten, wie J. Oppert in Frankreich, H. Rawlinson
und A. H. Sayce in England, E. Schrader und Fr. Delitzsch in
Deutschland, anerkannt worden. Die Sprache ist reich an einsilbigen
Wortstämmen, und belehrend ist die vielfach noch vollkommen durchsichtige
Verbindung solcher einsilbiger Stämme zu zusammengesetzten Wörtern,
welche die einfachsten Verhältnisse des öffentlichen Lebens auszudrücken
bestimmt sind und so in das älteste Entwicklungsstadium von Sprache
und staatlichem Leben zurückleuchten. So heißt der König un-gal, wört=
lich „großer Mann“; der Palast ê-gal, „großes Haus“; das Heer bir-
zun, „Soldatenmenge“; der Heerführer id-an, manus excelsa; das
Lager ki-mas, „Ort der Kämpfer“. — Durch ihre Einfachheit empfiehlt
sich die Syntax. Die verschiedenen Satztheile nehmen ihre fixe Stelle
im Satzbau ein, welche häufig allein und mit Weglassung jeglicher Suf=
fixe und Präfixe das Verhältniß des Wortes im Satze klarstellt. So
nimmt das Subjectsnomen stets die erste, das Verbum stets die letzte
Stelle im Satze ein; das Eigenschaftswort folgt stets auf das Haupt=
wort, das Dativobject stets zunächst auf das Subject u. s. w. Manch
ein Quintaner würde wohl unbedenklich einer solchen Syntax vor der
lateinischen den Vorzug geben: indessen wenn er erfährt, daß das Ver=
bum hier zehn Conjugationen — jede mit einer zweifachen Conjugations=
form, je nachdem die Partikeln dem Verbalstamme vor= oder nachgesetzt
werden — ferner 16 Modi und fünf nomina verbalia zählt, wird er
wohl wieder leichteren Herzens nach seinem Schulz greifen.

Das turanische Volk der Akkadier scheint frühzeitig in der semiti=
schen Bevölkerung des Landes aufgegangen zu sein, doch lebte es fort
in seiner Schrift und in den Urkunden seiner Sprache. Diese letzteren

---

[1] In seinen Études Accadiennes (Paris 1873—74, noch unvollendet) und in
seiner Langue primitive de la Chaldée (Paris 1875).

sind es, denen wir zunächst unsere Aufmerksamkeit zuwenden wollen.
Unter den im britischen Museum aufgehäuften Fragmenten fanden sich
zahlreiche Bruchstücke einer akkadischen Sammlung von Beschwörungs=
formeln und religiösen Hymnen. Dieselbe zerfiel in verschiedene Theile,
deren einer den Titel „die bösen Geister" trug und Beschwörungs= und
Verwünschungsformeln wider die Dämonen enthielt. Der anderen Theile
dürften zwei gewesen sein, deren einer heilkräftige Beschwörungen, der
andere religiöse Hymnen begriff. Am Ende der letzteren ist bisweilen
das Wort **kakama** erhalten, welches die beigefügte assyrische Übersetzung
mit **amanu**, „Amen", wiedergibt. Neben jenem größeren Werke finden
sich aber auch noch andere Texte verwandten Inhalts, so z. B. eine
große Tafel mit 28 gegen böse Geister, Behexung, Krankheit und Miß=
geschick jeder Art gerichteten Beschwörungsformeln; sodann zahlreiche,
auf Talismane eingegrabene Sprüche. Durch all' dieß Material sehen
wir uns in den Stand gesetzt, uns von der Religion, Magie u. s. w.
der alten Chaldäer eine ziemlich bestimmte Vorstellung zu machen. Wir
schicken hier eine kurze Übersicht ihrer religiösen und kosmischen An=
schauungen voraus, welche die Grundlage ihrer gesammten „heiligen"
Wissenschaft bildeten.

„Die Chaldäer," sagt Diodor von Sicilien (II. 31), „haben eine
ganz eigenthümliche Vorstellung von der Gestalt der Erde; sie glauben,
daß sie die Form einer umgestürzten Barke hat und unten hohl ist."
Diese Angabe stimmt mit der den akkadischen Texten zu Grunde liegen=
den Auffassung; nur haben wir dabei an eine jener kreisrunden Barken
zu denken, wie sie heute noch am untern Euphrat und Tigris in Ge=
brauch sind und bereits auf den Monumenten assyrischer Könige ab=
gebildet erscheinen. Der converen Oberfläche entspricht die Erde **ki**, der
concaven Fläche der Abgrund **ge**. Rings um erstere ist der Ocean
abzu gelagert, und über sie ist „wie eine Decke" ausgespannt der Fir=
sternhimmel **anna**, welcher sich um den Erd' und Himmel verbindenden
Berg des Aufganges, **kharsak kurra**, als um seine Achse, dreht. Dieser
Berg wird im Nordosten des Landes Akkad gedacht; dieses selbst ist der
Mittelpunkt der Erde, das Land der Mitte; sein Zenith ist der Welt=
zenith, wie sein Nadir, der Mittelpunkt der Unterwelt, der Stützpunkt
des ganzen Weltgebäudes, der Weltnadir ist; beide Punkte durchläuft
die Sonne auf ihrer tagnächtlichen Bahn. Die Bewegungen der Wan=
delsterne gehen unterhalb des Firsternhimmels vor sich; ihr Name **lubat**
(nach Lenormant eigentlich ein dem Bären, nach F. Delitzsch dem Bocke

verwandtes Thier) zeigt, daß sich die Chaldäer diese Sterne in der Ge=
stalt von Thieren vorstellten.   Zwischen Erd' und Himmel vollziehen sich
gleichfalls alle atmosphärischen Phänomene, unter denen wir nur den
Blitz erwähnen wollen, der, von den Planeten ausgehend, die Wolken
spaltet und so dem Wolkenwasser einen Abfluß eröffnet.

Das Religionssystem der alten turanischen Chaldäer ist mit den
eben entwickelten Ansichten über die Anlage des Weltgebäudes auf's
Innigste verwachsen; es zeigt sich uns, durchaus verschieden von dem
späteren babylonisch=assyrischen Religionssysteme [1], als Verehrung der
Elementargeister in der Natur.   Die ganze Natur stellte man sich
als von unzähligen persönlichen Wesen bevölkert vor.   Ihrem Walten
schrieb man alle Naturphänomene zu, die Bewegungen der Gestirne, den
Wechsel der Jahreszeiten, Leben und Fruchtbarkeit, Krankheit und Tod.
Jedem Elemente, jedem Himmelskörper, jedem Dinge in der Natur dachte
man sich, so scheint es, einen solchen Schutzgeist beigegeben.

Einem wesenhaft über alle übrigen erhabenen, göttlichen Wesen be=
gegnen wir in den älteren akkadischen Texten nicht mehr; zu oberst stehen
eben jene Geister, welche nicht einzelnen Wesen oder Erscheinungen, son=
dern ganzen Gebieten der Natur vorstehen.   Den ersten Rang nimmt
hier Anna (Anu [2]), „der Geist des Himmels", ein, ursprünglich jeden=
falls der Allerhöchste selbst, da Name und Ideogramm zugleich der sprach=
liche und schriftliche Ausdruck für den Begriff der Gottheit geblieben
sind; aber in den Anrufungen steht ihm bereits Hea, „der Geist der
Erde", der Beherrscher des Festlandes, der Gewässer und des niederen
Luftraumes, ebenbürtig zur Seite, nur daß Anna stets an erster Stelle
genannt wird.   Hea selbst bedeutet „Wohnung", denn sein Reich ist die
Wohnung der lebenden Wesen.   Seinen Aufenthalt hat er vorzugsweise
im Ocean aufgeschlagen, weßwegen er wohl Benennungen, wie „der große
Fisch der Tiefe", „der erhabene Fisch", empfängt und fischgestaltig ab=
gebildet wird.   Als der Gott, welcher alle Vorgänge der dem Menschen
zugänglichen Weltsphäre regelt, ist er zugleich der Gott des Wissens;
wie die Fäden der Weltordnung in seiner Hand ruhen, so weiß er auch
alle Störungen derselben zu entwirren; zu ihm nehmen selbst die an=

---

[1] Vgl. diese Zeitschrift 1874, VI. S. 123 f., 127.
[2] Wir fügen in Klammer die späteren assyrischen Namen bei, wenngleich die
Idee einzelner Götter im Laufe der Jahrhunderte namhafte Wandlungen durchmachen
mußte.

deren Götter ihre Zuflucht, wenn es die Anschläge der bösen Geister zu vereiteln gilt, und sein Forum ist das oberste, an welches sich der Beschwörer zu gleichem Zwecke wendet. Ihm ist eine weibliche Hälfte beigegeben, Damkina, ein Name, welchen Lenormant mit uxor ex terra wiedergibt. Akkadische Hymnen feiern den Gott Hea, wie er, angethan mit strahlender Wehr, mit seiner Gemahlin Damkina, seinem Sohne Silik-mulu-khi, seinem Steuermann und noch einem göttlichen Gefährten · in seiner heiligen Barke auf dem die Erde umsäumenden Ocean dahinfährt.

Neben Anna und Hea erscheint als Dritter im Bunde Mul-ge (Bel), „der Herr der Unterwelt", mit seiner Gemahlin Nin-ge (Belit), „der Herrin der Unterwelt". Sein Reich heißt „das Land ohne Veränderung", „das Grab", „der Tempel", „der Tempel der Todten". Eine ergreifende Schilderung desselben haben wir bereits in Istars Höllenfahrt [1] mitgetheilt. Man dachte sich dasselbe als in sieben concentrische Sphären getheilt, zu welchen sieben Thore führten, deren Hut dem Gotte Negab, dem Pförtner der Unterwelt, anvertraut war. Im Westen, im Berge des Nieberganges, ist der Eingang, der von der Erde in die Unterwelt hinabführt. „Der große Berg Mul-ge's — sein Haupt reicht bis an den Himmel hinan, der erhabene Behälter der Gewässer" (der Ocean) „bespült seinen Fuß; wie ein Büffel ist er gelagert inmitten der Lande, wie der Sonne Strahl funkelt sein Gipfel, wie des Himmels Stern, der den Morgen verkündet, in der Fülle seines Glanzes." Den Eingang dachte man sich nach Art späterer Paläste, von mächtigen — dießmal freilich lebendigen — Flügelstieren mit Menschenantlitz bewacht. „O du gewaltiger Stier," so lautet eine Anrufung an den Koloß zur Rechten, „übergewaltiger Stier, der du Wache hältst am hohen Portal, der du den Zutritt in's Innere öffnest, weit aufthust die Pforten (?), der du stützest den Gott Serakh, den Schnitter der Felder — zu dir erhebe ich meine Hände, dir habe ich Opfer dargebracht." Serakh ist der Gott der Saaten, und der Ausdruck, ihn stütze der Flügelstier, soll wohl nur sagen, daß über den Schultern des Flügelstieres oder über dem von ihm bewachten Portale die saatentragende Erde ruht. „Du bist der vom göttlichen Geiste gezeugte Stier," lautet die Anrufung an den Koloß zur Linken, „du trägst die Zonen des Grabes, wo die Todten wohnen, auf immerdar hat der Gott des heilbringenden Baumes dich

---

[1] 1876, X. S. 409 ff.

aufgestellt . . ." Dann wendet sich die Rede an den Berg selbst: „O
Überschatter, du! der du deinen Schatten wirfst über die Lande; gewal=
tiger Berg, Vater des Gottes Mul=ge, der du die Lande überschattest;
die Schicksale lenkender Hirte, der du deinen Schatten wirfst über die
Lande . . ." — endlich an den Gott der Unterwelt: „Wahrhafter Hirte,
erhabener Hirte, Mul=ge, wahrhaftiger Hirte — Herr der Gesammtheit
der Lande, wahrhaftiger Hirte — Herr der Gesammtheit der Geister,
wahrhaftiger Hirte" — und so geht es fort in großentheils noch un=
enträthselten Titulaturen des Gottes.

So hätten wir denn, wie auch später im Pantheon von Assur und
Babel, eine oberste Trias: Anna, Hea, Mul=ge. Wenden wir uns jetzt,
mit Übergehung der Gestirn= und Planetengötter und einiger anderer,
noch ziemlich unbestimmter Gestalten, zu einer Gottheit, die, wenngleich
nur zweiten Ranges, doch von ganz hervorragender Bedeutung ist, zu
Hea's Erstgeborenem, Silik=mulu=khi [1] (Merodach). „Ich bin es,
der vor Hea einhergeht," spricht er, „der ihm Hymnen singen macht;
ich bin der Krieger, der Erstgeborene Hea's, sein Bote." — „Wer ver=
mag sich deinem Hagel zu entziehen?" heißt es an einer andern Stelle.
„Dein Will' ist ein erhabenes Gesetz, wirksam im Himmel wie auf
Erden. Gegen das Meer habe ich mich hingewendet und das Meer hat
sich geglättet. Gegen die Pflanze habe ich mich hingewendet und die
Pflanze ist verwelkt. Gegen den Gürtel des Euphrat habe ich mich hin=
gewendet und Silik=mulu=khi's Wille hat sein Bett durchwühlt. Herr,
erhaben bist du, wer ist dir gleich?" — Der Sinn des Namens ist
„der Heilswalter der Menschen", und dieser Name drückt den Beruf des
Gottes aus: Silik=mulu=khi ist der Mittler zwischen dem Erdengotte
Hea und den Menschen, ja selbst den Göttern zweiten Ranges. Nicht
unmittelbar, sondern meistens durch Silik=mulu=khi wenden sich die letz=
teren an den großen Gott; die Menschen, welche von bösen Geistern
oder Krankheiten geplagt sind, legen ihm ihr Unglück dar und rufen
ihn um Hilfe an, und er begibt sich alsdann zu Hea, trägt ihm ihre
Anliegen vor, empfängt und vollzieht seine Anweisungen. Wir werden
noch öfter Gelegenheit haben, ihn seines Mittleramtes walten zu sehen.

---

[1] Ob dieser Name, sowie die Namen Mul=ge und Nin=ge wirkliche Eigennamen
oder nur Beinamen der betreffenden Gottheiten sind, wollen wir nicht entscheiden.
Für Mul=ge und Nin=ge („Herr" und „Herrin der Unterwelt") ist Letzteres um so
wahrscheinlicher, als auch Hea den entsprechenden Beinamen Mul=ki, „Herr der
Erde", führt.

Oben bereits wurde bemerkt, daß sich die alten Chaldäer die ganze
Natur von zahllosen Elementargeistern bevölkert vorstellten. Auch· die
Gegensätze, welche überall in der Natur zu Tage treten, reichten in
dieses Geisterreich hinüber, oder hatten richtiger in dessen Zwiespalt ihren
letzten Grund. Im Gestirnhimmel, im Lufttraume, auf Erden wogt
rastloser Kampf, feindseliger Dualismus zieht sich durch die ganze
Schöpfung hindurch. Freilich berechtigt uns zur Stunde noch nichts,
Mul=ge, den König der Unterwelt, ähnlich dem persischen Ahriman, als
das Haupt der bösen Geister aufzufassen, wenn auch diese an einer Stelle
„Nin=ge's Verwüster" genannt werden. Auch können wir noch nicht
den positiven Beweis erbringen, daß alle seinem Reiche angehörigen
Geister böse waren; jedenfalls aber waren sie es der überwiegenden
Mehrzahl nach. Zunächst wurden alle Geister, gute und böse, in den
beiden großen Kategorien der Igigi und der Anunna zusammen=
gefaßt. Letztere führen fast immer die Bezeichnung Anunna=ge, Anunna
der Unterwelt, und dürften somit dem Reiche Mul=ge's zugetheilt werden;
die Igigi dagegen sind himmlische Geister. Die guten wie die bösen
Geister zerfallen in verschiedene Ordnungen. In der Hierarchie der
guten Geister nehmen eine hervorragende, wenn nicht die erste Stelle
ein die Mas, d. i. Kämpfer, und die Lamma, beide auch Alap,
d. i. „Stierkolosse", genannt — alles Namen, welche in sehr bezeichnen=
der Weise auch den an den Thoren der Paläste aufgepflanzten Cherub=
gestalten eigenthümlich sind. Übrigens ist auch von bösen Mas und
bösen Lamma die Rede; deßgleichen gab es gute und böse Utuk; sollten
sich etwa entsprechende Chöre guter und böser Geister gegenübergestanden
haben? Sodann sind Schutzgeister zu erwähnen, deren einer jedem
Menschen beigegeben ist; dieser Eine wird dann häufig wieder als ein
Geisterpaar aufgefaßt. Diese ruft dann der Betende als „seinen Gott
und seine Göttin" an, und der Fromme heißt „der Mensch, der Sohn
seines Gottes". Allmächtig sind nun diese Schutzgeister freilich nicht;
öfters verfallen sie sammt ihren Clienten der Besessenheit oder Behexung;
namentlich ergreift der gefürchtete Dämon der Pest zugleich mit dem
Menschen dessen Schutzgeister. Hier muß dann die Dazwischenkunft
mächtigerer Geister und schließlich der Götter selbst helfen. Von weiteren
Ordnungen guter Geister wissen wir vorderhand nichts, desto mehr aber
von ihren Widerparten. Am häufigsten werden hier die Klassen der
Alal, der Gigim, der Telal, der Maskim, die Pest Namtar
und das Fieber Idpa genannt. Die Geister der Winde gehören theils

unter die guten, theils unter die bösen Geister. Von anderen Larven
seien nur noch Gelal und Kiel=gelal erwähnt, assyrisch Lil und
Lilith, welch letztere auch Js. 34, 14 genannt ist. Nächst der Unterwelt
verweilen diese Unholde zumeist an wüsten Orten (vgl. Tob. 8, 3), in
Sumpfgegenden, auf Bergeshöhen und vornehmlich in der Wüste selbst.
Von hier aus lauern sie den Sterblichen auf und hierhin suchte man
sie durch Beschwörungen zu bannen. Ihr Treiben mögen folgende, sol=
chen Beschwörungen entnommene Stellen kennzeichnen: „Sie, die Aus=
geburten der Hölle, stiften Unruhe in der Höhe, stiften Verwirrung in
der Tiefe . . . In Haus um Haus bringen sie ein, durch die Thüren
schlüpfen sie gleich Schlangen hindurch. Sie schlagen mit Unfruchtbar=
keit die Gattin, reißen das Kind von den Knieen des Mannes hinweg,
jagen die Freie zum Hause hinaus, wo sie geboren. Sie sind die
Stimme, die da schreit und den Menschen verfolgt.“ — „Über Land
um Land fallen sie her. Sie machen, daß sich der Sklave über Gebühr
erhebt; sie jagen die Frete zum Hause hinaus, wo sie geboren; sie trei=
ben den Sohn zum Vaterhause hinaus. Sie zwingen den Vogel, sich
im Fluge von bannen zu heben; sie bewirken, daß das Vögelein dem
Neste entfällt; sie treiben das Rind, treiben das Schaf zur Flucht —
sie, die bösen, Schlingen legenden Geister.“ Jegliches Mißgeschick ward
auf Rechnung dieser bösen Geister geschrieben: Besessenheit, Gespenster=
wesen, Alpdrücken, Krankheit, welch' letztere in vielen Fällen als Be=
sessenheit, stets aber als Werk der bösen Geister angesehen wurde.

Mit diesen bösen Geistern im Bunde steht der Schwarzkünstler,
von welchem nicht wenig in den Texten die Rede ist. Seiner unheim=
lichen Thätigkeit wird vielfach nur in verhüllten Ausdrücken gedacht.
Alle Formen, welche die Zauberei in der Folgezeit im Morgen= und
Abendlande annimmt, finden sich hier bereits erwähnt: der böse Blick,
zauberkräftige Ceremonien und Sprüche, Loose, Kräuter, Tränke. Der
Zauberer fertigt ein Bild desjenigen, welchen er verderben will, und heftet
an dasselbe durch allerlei magische Hantierung jenes Übel, welches es auf
denselben übertragen soll. Durch seine Künste macht er sich die bösen
Geister dienstbar und entfesselt sie wider seine Opfer; er bannt die guten
Geister, vor allen den Schutzgeist des Menschen selbst, und zwingt sie,
ihren Schützling zu quälen. Des Zauberers furchtbarster Gegner ist
nächst Hea der Sonnengott, welcher die Finsterniß zerstreut, in welche
jener sein Treiben zu hüllen liebt; beßgleichen der Feuergott, welchen
ein Hymnus also anredet: „Feuer, einsammelnder Beherrscher, der du

hoch dich erhebest im Land; des Oceans gefeierter Sprößling, der du
hoch dich erhebest im Lande; Feuer, erleuchtend mit deiner erhabenen
Flamme, Licht verbreitend in der Wohnung der Finsterniß; hochberühm=
ter Prophet, Bestimmer des Schicksals; Kupfer und Zinn, du bist's, der
sie mischet; Gold und Silber, du bist's, der sie läutert. Der Ausfluß
der Göttin Nin=ka=si" (wörtlich: der Herrin mit gehörntem Antlitz —
eine noch unbekannte Gottheit) „bist du. Der die nächtlichen Bösewichte
erzittern macht, bist du."

Die schlimmsten aller Unholde sind die **Maskim**. Sie bildeten,
scheint es, die höchste Klasse der bösen Geister, und ihre Thätigkeit er=
streckte sich, gleich derjenigen der obersten Götter, nicht bloß über einzelne
Geschöpfe, sondern über die ganze Natur. „Sieben sind sie, sieben sind
sie. In des Abgrundes Tiefe, sieben sind sie. In des Himmels Höhe,
sieben sind sie. In des Abgrundes Tiefe, im Schooße der Erde, wur=
ben sie groß. Nicht männlich sind sie, nicht weiblich sind sie . . . ein
Weib haben sie nicht, einen Sohn zeugen sie nicht, Ehrfurcht und Wohl=
thun kennen sie nicht. Bitten hören sie nicht . . . Des Gottes Hea
Widersacher sind sie, Feinde (?) der Götter sind sie . . . Böse sind sie,
böse sind sie. Sieben sind sie, sieben sind sie; sieben, sieben sind sie.
Geist des Himmels, sei dessen eingedenk; Geist der Erde, sei dessen ein=
gedenk." — Ein anderer Text bezeichnet sie als „die Sieben, die da aus=
gehen aus dem Berge des Niederganges und wieder eingehen durch den
Berg des Aufganges", also eine der Sonnenbahn schnurstracks zuwider=
laufende Bahn verfolgen. Aus der Tiefe, wo sie hausen, haben sie ein
schreckliches Erdbeben verursacht. Umsonst ist ihnen der mächtige Feuer=
gott entgegengetreten; er muß seine Zuflucht zu Silil=mulu=khi nehmen,
der sich denn zu seinem allklugen Vater begibt, das Kraftmittel wider
die Unholde zu erfragen. „Der Feuergott hat sich Silik=mulu=khi genaht
und ihm seine Bitte vorgetragen. In der Ruhe der Nacht hat dieser
seine Bitte vernommen, zu seinem Vater Hea in die Wohnung ist er
eingetreten und hat ihn gerufen: ‚Vater, zu mir geeilt ist der Feuergott
und hat mir seine Bitte vorgetragen. Du, der du Bescheid weißt über
das Treiben der Sieben, laß uns die Orte wissen, wo sie wohnen;
öffne dein Ohr, Sohn Eridu's' [1]. Hea hat seinem Sohne Silik=mulu=khi
geantwortet: ‚Mein Sohn, die Sieben wohnen in der Erde; sie, die
Sieben, kommen aus der Erde; sie, die Sieben, gehen hervor aus der

---

[1] Die Stadt Eridu ist die Hauptstätte des Cultes Hea's.

Erde; sie, die Sieben, kehren zurück zur Erde; sie erschüttern die Wan=
dungen des Abgrundes der Gewässer. Komme, mein Sohn Silik=mulu=khi.'"
Im Folgenden scheint dann Hea seinem Sohne ein zweifaches Mittel zu
offenbaren, den hochheiligen, allgewaltigen Gottesnamen und die Frucht
eines gewissen Banmes, vielleicht des Lebensbaumes. Durch Anwendung
dieser Mittel gelingt es den Göttern, der Maskim lebig zu werden.

Ein anderer Text macht uns, trotz seines höchst fragmentarischen
Zustandes, mit Anschauungen über das Entstehen von Orkanen und
Mondfinsternissen bekannt, welche gar sehr an die Anschauungen anderer
Völkerschaften erinnern, die es freilich nicht zu gleichem Rufe der Weis=
heit wie die Chaldäer gebracht haben. Einstmals beschworen die sieben
Maskim rasenden Wettersturm, von unaufhörlichem Donner und Blitz
begleitet, über die Erde herauf. „Wider den Himmel, den Wohnsitz
Anu's, ihres Beherrschers, machten sie einen bösen Anschlag, und Keiner
fand sich, der ihnen widerstanden hätte. Als Bel die Kunde vernahm,
da ging er insgeheim mit seinem Herzen zu Rathe; dann wandte er sich
an Hea, den großen Weisen unter den Göttern, und sie bestellten den
Mond, die Sonne und Istar, Wache zu halten am Zngange des Him=
mels. Anu, dem Beherrscher des Himmels, thaten sie es kund, und
er wies diese drei Götter, seine Kinder, an, Nacht und Tag unab=
lässig Wache zu halten. Da stürmten jene sieben bösen Geister zum
Fuße des Himmels heran und traten hart vor den Mond mit feurigen
Waffen. Fest hielten Stand der Eine an des Andern Seite, die Sonne
und der Krieger Im" (Bin, Gott des Firmamentes); „Istar aber zog
sich mit König Anu in die erhabene Wohnung zurück, zu oberst im
Himmel verbargen sie sich . . . Bel, da er vom Himmel herab den edlen
Mond verfinstert sah, rief laut seinem Boten Paku zu: ,Paku, mein
Bote, melde meine Worte in den Ocean; sage meinem Sohne, daß der
Mond am Himmel schrecklich verfinstert ist; thue das Hea im Ocean
kund.' Paku vernahm die Worte seines Gebieters, schnell kam er zu
Hea in den Ocean; Hea, dem großen Weisen, dem Gotte Nukimmut [1],
wiederholte Paku die Worte seines Gebieters. Da Hea im Ocean diese
Worte vernahm, biß er sich auf die Lippen und Thränen netzten sein
Gesicht. Dann sandte er nach Silik=mulu=khi, seinem Sohne, um Hilfe.
,Gehe zu meinem Sohne Silik=mulu=khi; sage meinem Sohne, daß der
Mond am Himmel schrecklich verfinstert ist. Die Sieben sind es, die

---

[1] Ein Titel, dessen Bedeutung noch nicht bekannt ist.

bösen Geister, die daherrasen wie ein Orkan, und gleich Feuerbränden auf die Erde niederfallen. Vor den Mond sind sie mit feurigen Waffen hingetreten; doch die edle Sonne und der Krieger Im, die halten ihnen Stand.'" Hier bricht das Fragment ab. Zweifelsohne war der Verlauf der gleiche, wie sonst in ähnlichen Erzählungen: Silik=mulu=khi kommt herbei, erfrägt von seinem Vater ein unfehlbares Mittel und bannt mittelst desselben die bösen Sieben.

Noch erwähnen wir einer bruchstücklich erhaltenen Legende über die Großthaten des Pestgottes. Die Erdbewohner haben Anna, den Gott des Himmels, beleidigt und dieser sendet den Pestgott Dibbarra (akkadisch: Namtar) zu ihrer Bestrafung aus. Zu Genossen seines Zerstörungswerkes hat derselbe den Gott Ißak, der vor ihm einherzieht, und sieben Götter, welche ihm nachfolgen. Das Ganze mag als eine poetische Schilderung der Verheerung gelten, welche eine über Land um Land hinfegende, Alles vor sich niederwerfende Seuche anrichtet. Beachtenswerth ist hier der Grundgedanke göttlicher Strafgerechtigkeit. Das Hauptinteresse liegt aber in der Erwähnung einer ganzen Reihe von Städten und Völkern, welche der Gott heimsucht und die somit zur Zeit der Abfassung des Textes bereits zu einiger Wichtigkeit sich emporgeschwungen hatten. Wir hören von Karrak, von Babel, das sich am meisten versündigt hat und die göttliche Züchtigung am schwersten empfinden muß, von einer Stadt des Gottes Samas (also wohl Larsa oder Sippara), von Erech, Duran, Kutha. Darnach jagt der Gott Dibbarra mehrfache Kriege voraus: „Die Seeküste mit der Seeküste, Subarta mit Subarta, Assyrer mit Assyrer, Alamit mit Alamit, Cossäer mit Cossäer, Sutu mit Sutu, Goim mit Goim, Lulubu mit Lulubu, Land mit Land, Haus mit Haus, Mann mit Mann, Bruder mit Bruder, im Lande hart an einander, und sie mögen einander vernichten, und darnach wachse das Volk von Akkad und insgesammt mögen sie jene vernichten und wider sie streiten." Und nun entsendet Dibbarra seinen Diener Ißak mit den „sieben kriegerischen Göttern ohne Gleichen" nach Syrien, um auch dieses Land zu verheeren. Die Legende schließt mit der Aufforderung, diesen Gesang zu festgesetzten Zeiten feierlich aufzuführen und sich so vor den Heimsuchungen des Gottes sicherzustellen. Den Schlußworten des obigen Citates zufolge müßte die Inschrift zu Akkad und, falls eben jene Worte nicht ein bloßer Wunsch, sondern ein Hinweis auf geschichtliche Thatsachen sind, zu einer Zeit, wo Akkad unter den Reichen am untern Euphrat so ziemlich obenan stand, verfaßt worden sein. Das führt uns aber mindestens bis gegen 2000 v. Chr. zurück.

Dieses sind in gedrängtem Überblick die finstern und die lichten Mächte, von denen sich der Chaldäer die Schöpfung erfüllt dachte. Hineingeworfen in diesen Kampf ist der Mensch: wie soll er bestehen? Freilich steht ihm zunächst sein Schutzgeist oder seine Schutzgeister hilfreich zur Seite, aber diese selbst siud in sehr vielen Fällen den feindlichen Einflüssen nicht gewachsen: dann muß sich der Mensch unter den Göttern höherer Ordnung seine Beschützer suchen. Im Bunde mit ihnen mag er alsdann sich der verschiedenen Plagen des Lebens erwehren, indem er die bösen Geister, deren Urheber, beschwört. So mußte nothwendig ein religiöses System, welches alle Heimsuchungen dem unmittelbaren Eingreifen böser Geister zuschrieb, in der Beschwörung das naturgemäße Heilmittel jeglicher Heimsuchung finden. Hiermit war aber dem Aberglauben ein weites Thor geöffnet und selbst der Zauberei, jener weißen Magie nämlich, welche mit Hilfe gut gewähnter Geister das physisch Böse zu bannen sucht.

Die bei verschiedenen Anlässen in Anwendung kommenden Beschwörungsformeln, deren wir eine namhafte Zahl besitzen, sind mehrfach nach einer bestimmten Schablone ausgearbeitet. An erster Stelle kommt die öfters etwas weitschweifige Beschreibung des zu bannenden Übels; dann folgt eine Anrufung, welcher, wie es scheint, eine geheimnißvolle Kraft beigemessen wurde. Der Hauptbestandtheil derselben, welcher nie fehlen darf, ist die an die beiden obersten Gottheiten gerichtete Anrufung: „Geist des Himmels, sei dessen eingedenk; Geist der Erde, sei dessen eingedenk." Diese spinnt sich mitunter zu einer ganzen Litanei von Anrufungen der verschiedenen Götter aus. Nicht selten auch bewegt sich die Beschwörung in dramatischer Gewandung, indem nach der Beschreibung der Krankheit geschildert wird, wie irgend ein menschenfreundlicher Gott, in der Regel Silik-mulu-khi, sich an Hea wendet, um das Heilmittel zu erfragen; es folgt die Nennung des Heilmittels nebst Gebrauchsanweisung, und den Schluß machen die gewohnten Anrufungen. Da man auch in den Krankheiten Dämonen oder doch Wirkungen von Dämonen sah, so bildete auch hier die Beschwörung das Haupttheilmittel.

Schon Herodot (I. 197) erzählt uns, daß es zu Babylon keine Ärzte gab, und in der That war, nach den akkadischen Texten zu schließen, die Heilkunde bei ihnen fast nur ein Zweig der Magie und

somit ihrer heiligen Wissenschaft. Man suchte durch Beschwörungsformeln, Beschwörungsriten, Zaubertränke den Dämon der Krankheit
zu bannen. Daß in diese Tränke manches durch seine Natur heilkräftige Kräutlein hineingebraut wurde, daß von den bei der Beschwörung in Anwendung kommenden Riten, als: Waschungen, Ein-
wickelungen u. dgl., manche ihrer Natur nach wohlthuend auf den
Kranken einwirkten, wer wollte das bezweifeln? Aber nicht von dieser
Seite faßten die Weisen Chaldäa's die Sache auf: die Heilwirkung
ward nicht ausschließlich auf Rechnung des Mittels, sondern des Mittels
in seiner Verbindung mit dem Beschwörungsworte geschrieben; Wort
und Sache wirkten hier in sakramentaler Weise zusammen. Ja die
wirksamsten aller Mittel selbst waren wiederum Worte: der hochhei-
lige Gottesname und die geheime Zahl. Auf Letztere fanden
sich bis jetzt nur vereinzelte Anspielungen; klarer ist die Bedeutung des
Ersteren. Bereits in „Istar's Höllenfahrt" lernten wir den „großen
Gottesnamen" als ein allvermögendes Mittel wider die Mächte der
Unterwelt kennen; die Maskim, die gewaltthätigsten unter den bösen
Geistern, müssen ihm weichen. Nicht der Sonnengott, nicht Bel, nicht
Istar leunen ihn; auch der Priester, der Zauberer weiß ihn nicht, nie
sprechen sie ihn in ihren Beschwörungen aus, nie rühmen sie sich der
Offenbarung desselben: Hea hält ihn sorglich in seinem Busen verschlossen; durch die Beschwörung wird Silik-mulu-khi vermocht, ihn von
seinem Vater zu erfragen; er gebraucht ihn, ohne ihn mitzutheilen. Nächst
diesen Mitteln kamen für einzelne Fälle allerlei abergläubische Ceremonien
in Anwendung. Erwähnt werden Tuchstreifen von verschiedener Farbe,
in verschiedener Zahl, die um verschiedene Körpertheile geschlungen, mit
verschiedenen Knoten versehen, wohl auch mit geheimnißvollen Sprüchen
beschrieben werden; sodann religiöse Waschungen und Besprengung mit
geweihtem Wasser. Endlich vermochte nicht nur das Wort der Beschwörung, allein oder in Verbindung mit einer äußeren Handlung, die
Geister zu bannen; es vermochte ebenfalls gewissen Gegenständen eine
bleibende Wirksamkeit wider dieselben mitzutheilen; so entstanden die
Talismane, welche nicht bloß in den Texten häufig erwähnt, sondern
auch unter den Antiquitätenfunden äußerst zahlreich vertreten sind. —
Führen wir einzelne Belege des Gesagten an und zwar zunächst einige
Stellen der bereits erwähnten, 28 Strophen umfassenden großen Be-
schwörungsformel.

„Der böse Gott," so beginnt die Tafel, „der böse Geist, — der

7*

Wüstengeist, — der Bergesgeist, — der Meeresgeist, der Sumpfgeist, — der böse Mas, der ungeheure Uruk, — der in sich selbst böse Wind, — der böse Geist, der den Körper ergreift, der den Körper schüttelt: — Geist des Himmels, sei dessen eingedenk; Geist der Erde, sei dessen eingedenk.

2. „Der böse Geist, der den Menschen ergreift, der böse Geist, der den Menschen ergreift, — der Gigim, der da zufügt ein Leides, eine Wirkung bösen Geistes: — Geist des Himmels, sei dessen eingedenk; Geist der Erde, sei dessen eingedenk.

6. „Der Zauberer, der ein Bild fertigt, — das böse Antlitz, das böse Auge, — der böse Mund, die böse Zunge, — die böse Lippe, das böse Wort: — Geist des Himmels, sei dessen eingedenk; Geist der Erde, sei dessen eingedenk.

8. „Das schmerzliche Fieber, das heftige Fieber, — das Fieber, das vom Menschen nicht lassen will, — das Fieber, das ihn nicht verläßt, — das Fieber, das nicht fort will, das schleichende Fieber: — Geist des Himmels, sei dessen eingedenk; Geist der Erde, sei dessen eingedenk."

Die folgende 9. Strophe stimmt wörtlich mit der vorigen, nur tritt die Pest an Stelle des Fiebers. Andere Strophen handeln von verschiedenen anderen Krankheiten, von Zufällen, die der Mutter, der Amme zustoßen können, von Gift, Frost, Hunger u. dgl. m. Die 18. Strophe enthält die Angabe einer abergläubischen Handlung, welche zur Abwehr aller der genannten Uebel angewendet werden soll:

18. „Zwei Streifen aus weißem Stoffe, so er," d. i. der von irgend einem dieser Uebel Befallene, „zur Erinnerung — als Talisman mit der rechten Hand schreibt; — zwei Streifen aus schwarzem Stoffe, so er zur Erinnerung — mit der linken Hand schreibt: — dann werden der böse Utuk, der böse Alal, der böse Gigim, — der böse Telal, der böse Gott, der böse Maskim, — das Phantom, das Gespenst, der Vampir, — Lil, Lilit und Ardat, — die böse Hexerei, der Zaubertrank, das schleichende Gift, — Alles, was schmerzt, was einwirkt, was böse ist, — ihr Kopf auf seinem Kopf, — ihre Hand auf seiner Hand, — ihr Fuß auf seinem Fuß, — nimmermehr von ihm Besitz ergreifen, — sie werden nimmermehr zurückkehren. — Geist des Himmels, sei dessen eingedenk; Geist der Erde, sei dessen eingedenk.

26. „Ninkigal, die Gattin des Gottes Ninazu, — sie wende sein Antlitz nach dem Orte ihres Aufenthaltes! — Mögen die bösen Geister ausfahren! — mögen sie unter einander handgemein werden! — Möge

der gute Geist, der gute Lamma — in seinen Körper einziehen! — Geist des Himmels, sei dessen eingedenk; Geist der Erde, sei dessen eingedenk.

28. „Möge für den Mann, welcher Opfer darbringt, — Vergebung und Freude wie geschmolzenes Erz fließen! — Möge die Sonne die Tage dieses Menschen beleben! — Silik-mulu-khi, des Oceans Erst-geborener, — verleihe ihm dauernde Ruhe und Wohlfahrt! — Geist des Himmels, sei dessen eingedenk; Geist der Erde, sei dessen eingedenk."

Wir sehen es Strophe 18 und 26 klar ausgesprochen, daß man alle in den vorangegangenen Strophen erwähnten Übel einer Besessenheit seitens böser Geister zuschrieb. Namentlich waren es die Krankheiten, deren man eine jede einem besonderen Dämon zur Last legte, mochten sie sich nun am gesammten Körper oder bloß an einzelnen Körpertheilen offenbaren. „Der abscheuliche Idpa" (das Fieber), heißt es an einer Stelle, „wirkt ein auf den Kopf des Menschen, — der schädliche Nam-tar (die Pest) auf das Leben des Menschen, — der schädliche Utuk auf die Stirne des Menschen, — der schädliche Alal auf die Brust des Menschen, — der schädliche Gigim auf die Eingeweide des Menschen, — der schädliche Telal auf die Haud des Menschen." So werden denn auch in unserem Texte die Dämonen aus Kopf und Hand und Fuß gebannt; sie sollen ausfahren und unter sich handgemein werden — eine auch sonst häufig der Beschwörung zuerkannte Wirkung — und, wiederum ein recht origineller Zug, an die Stelle der Besessenheit seitens der bösen Geister soll eine entgegengesetzte Besessenheit seitens guter Geister treten: „Möge der gute Geist, der gute Lamma, in seinen Körper ein-ziehen."

Mitunter, sagten wir, erweitert sich die Anrufung nach Art einer Litanei. Auch hiervon ein Beispiel: „Pest und Fieber, welche das Land entvölkern, — die Krankheit..., welche das Land verwüstet, — schäd-lich für den Körper, verderblich für die Eingeweide, — der böse Utuk, der böse Alal, der böse Gigim, — der böse Mensch, der böse Blick, der böse Mund, die böse Zunge, — mögen sie ausfahren aus dem Körper des Menschen, des Sohnes seines Gottes! mögen sie ausfahren aus seinen Eingeweiden! — Niemals mögen sie Besitz ergreifen von meinem Körper, — niemals mögen sie vor mir her Übles anrichten, niemals hinter mir einherziehen. — In mein Haus mögen sie niemals eindringen, — meine Schwelle niemals überschreiten, — in das Haus meiner Woh-nung mögen sie niemals eindringen! — Geist des Himmels, sei dessen

eingedenk; Geist der Erde, sei dessen eingedenk. — Geist Mul=ge's, des
Herrn der Lande, sei dessen eingedenk. — Geist Nin=ge's, der Herrin
der Lande, sei dessen eingedenk. — Geist Nin=dar's (Adar), des mäch=
tigen Kämpen Mul=ge's, sei dessen eingedenk. — Geist Paku's (Nebo),
der erhabenen Weisheit Mul=ge's, sei dessen eingedenk. — Geist Enzuna's
(Sin), des Erstgeborenen Mul=ge's, sei dessen eingedenk. — Geist Tis=
khu's (Istar), der Herrin der Heerschaaren, sei dessen eingedenk. — Geist
Im's (Bin), des Königes, dessen Ungestüm Segen spendet, sei dessen
eingedenk. — Geist Ub's (Samas), des Königs der Gerechtigkeit, sei
dessen eingedenk. — Geister Anunna=ge, große Götter, seid dessen ein=
gedenk."

Ein Beispiel, wie die Beschwörung eine dramatische Wendung nimmt,
liefert uns eine arg beschädigte Tafel, welche von der „Krankheit der
Stirne" handelt, die „aus der Hölle, dem Wohnorte des Beherrschers
der Unterwelt, hervorgebrochen ist". Zuerst beschreibt sie die verschiedenen
Symptome derselben. Umsonst hat sich der Kranke mehrfachen aber=
gläubischen Ceremonien unterzogen: jetzt legen sich die Götter in's
Mittel. „Silik=mulu=khi ist ihm zu Hilfe gekommen, eingegangen ist er
in die Wohnung zu seinem Vater Hea und hat ihn angerufen: ,Mein
Vater, die Krankheit des Kopfes ist aus der Hölle hervorgebrochen.'
Also sprach er zu ihm in Hinsicht auf das Übel: ,Bereite das Heil=
mittel; dieser Mensch kennt das Heilmittel nicht; er ist auf das Heil=
mittel angewiesen.' Hea hat seinem Sohne Silik=mulu=khi geantwortet:
,Mein Sohn, das Heilmittel ist dir unbekannt: so will ich dich das
Heilmittel lehren. Was ich weiß, weißt auch du. Gehe, mein Sohn
Silik=mulu=khi: .... nimm einen Eimer, schöpfe Wasser an der Ober=
fläche des Stromes, auf dieses Wasser lege deine erhabenen Lippen, durch
deinen erhabenen Hauch mache es von Reinheit erglänzen. ... Hilf
dem Menschen, dem Sohne seines Gottes, ... umwickele sein Haupt. ...
Die Krankheit des Kopfes hebe sich von dannen; die Krankheit des
Kopfes zerstreue sich wie nächtlicher Thau.' — Möge Hea's Recept ihn
heilen! Möge Damkina ihn heilen! Möge Silik=mulu=khi, der Erst=
geborene des Ocean, ein hilfreiches Bild anfertigen." Wohl nicht mit
Unrecht vermuthet Lenormant [1], daß während des Aussprechens der
Worte, welche das von Hea anempfohlene Heilverfahren enthielten, dieses
selbst am Patienten vorgenommen wurde.

---

[1] La Magie, p. 22.

Ganz in der nämlichen Weise wie gegen Krankheiten wird auch gegen andere Plagen vorgegangen, wie folgende wider die Verwünschung gerichtete Beschwörung zeigt. „Beschwörung. — Die Verwünschung wirkt wie ein böser Telal auf den Menschen, die Stimme des Bannes wirkt auf ihn, die schädliche Stimme wirkt auf ihn, die böse Verwünschung ist die Ursache seines Siechthums (?). Diesen Menschen, die böse Verwünschung erwürgt ihn wie ein Lamm, in seinem Körper erdrückt ihn sein Gott, bringt seine Göttin Beklemmung über ihn" — mit anderen Worten: seine Schutzgeister selbst sind durch eine überlegene geistige Macht gezwungen, ihm zu schaden — „die Stimme bedeckt ihn wie mit einem Schleier und lastet schwer auf ihm. Silik-mulu-khi hat ihm seine Gunst zugewandt, zu seinem Vater Hea in die Wohnung ist er eingetreten und hat ihm kund gethan: ‚O mein Vater! die böse Verwünschung wirkt auf diesen Menschen wie ein böser Telal.‘ Abermals sprach er zu ihm: ‚Bestimme (?) die Zahl; die Zahl weiß er nicht; er ist auf die Zahl angewiesen.‘ Hea hat seinem Sohne Silik-mulu-khi erwiedert: ‚Mein Sohn, nicht kennst du die Zahl: so laß mich die Zahl dir angeben. Silik-mulu-khi, nicht kennst du die Zahl: was ich weiß, weißt auch du. Gehe, mein Sohn Silik-mulu-khi, ... reiche ihm die Hand, erkläre ihm die Beschwörung (?), offenbare ihm die Beschwörung (?), das Übel, das seinen Körper zerrüttet — sei es nun eine Verwünschung seines Vaters, oder eine Verwünschung seiner Mutter, oder eine Verwünschung seines älteren Bruders, oder eine Verwünschung eines Unbekannten.‘ Das ist die Beschwörung, gesprochen von den Lippen Hea’s. .... Geist des Himmels, sei dessen eingedenk; Geist der Erde, sei dessen eingedenk."

(Fortsetzung folgt.)

Fr. v. Hummelauer S. J.

Recensionen.

Beilagen zu den Werken über die Theologie und Philosophie der Vorzeit. Von Jos. Kleutgen, Priester der Gesellschaft Jesu. Drittes Heft. I. Vom intellectus agens und den angeborenen Ideen. II. Zur Lehre vom Glauben. gr. 8°. 208 S. Münster, Theissing, 1875. Preis: M. 2.40.

Diese Schrift behandelt zwei rein wissenschaftliche Streitfragen, welche von katholischen Gelehrten in verschiedenem Sinne beantwortet werden; für philosophische und theologische Fachgelehrte bedarf dieselbe bei der anerkannten Tüchtigkeit und Berühmtheit des Verfassers keine weitere Empfehlung; indessen dürfte es doch manchem Leser erwünscht sein, wenn wir ihren Inhalt hier kurz skizziren. Wir beschränken uns dabei jedoch auf die zweite, vom Verfasser behandelte Frage, welche den bei weitem größeren Theil der Schrift (S. 49—208) in Anspruch nimmt. Nur bemerken wir, um die erste nicht ganz mit Stillschweigen zu übergehen, daß P. Kleutgen hier seine Ansicht über den Proceß der Abstraction und die Art und Weise, wie aus dem Sinneserkennen das Verstandeserkennen entsteht, rechtfertigt. Er bringt Licht in eine Frage, welche sämmtliche modernen Erkenntnißtheoretiker mehr oder minder obenhin berühren, und diese Abhandlung ist daher für den engeren Kreis der Interessenten von großer Bedeutung.

Und nun zur zweiten Frage!

Lange vor dem Vaticanischen Concil hatte der verdienstvolle Verfasser der „Theologie der Vorzeit" in dem richtigen Verständnisse der Bedürfnisse unserer Zeit der katholischen Lehre vom Glauben eine ausführliche Abhandlung gewidmet. Nichts gereicht dieser Abhandlung mehr zur Empfehlung, als die vollständige Übereinstimmung mit den nachherigen Beschlüssen des Concils, und man kann wohl sagen, daß der nunmehr in 2. Auflage erschienene 4. Band der Theologie der Vorzeit zu der dogmatischen Bestimmung des Vaticanum über den katholischen Glauben den besten wissenschaftlichen Commentar abgibt. Mußte diese Bestätigung seiner Darlegungen dem P. Kleutgen zu großer Befriedigung gereichen, so kann man es ihm auch nicht verargen, wenn er die Resultate seiner wissenschaftlichen Arbeiten nicht bloß ihrem Wesen nach, sondern auch bis in die zwischen den katholischen Theologen noch controversen Punkte hinein gegen jeden Angriff zu vertheidigen sucht.

Schon früher hatte Dr. v. Schäzler in seinen „Neuen Untersuchungen über das Dogma von der Gnade und das Wesen des christlichen Glaubens" in den Ausführungen P. Kleutgens Manches beanstanden zu müssen geglaubt;

besonders aber hat Professor Dr. Scheeben in seiner jetzt erscheinenden Dog=
matik gegen dessen Doctrin vielfach eine polemische Stellung genommen.
Gegen diese beiden Theologen hat denn auch P. Kleutgen in der vorliegenden
Schrift zu seiner eigenen Vertheidigung das Wort ergriffen. Nichtsdestoweniger
ist, wie er selber sagt, der Zweck dieser Schrift kein ausschließlich oder auch
nur vorzugsweise polemischer, vielmehr hofft er, daß sie durch Erörterung
mancher Lehrpunkte, die in der „Theologie der Vorzeit" kaum oder gar nicht
berührt wurden, diese zu vervollständigen geeignet sein werde (S. 50).

Das erste Kapitel bespricht den Begriff des Glaubens. Gegen=
über den abweichenden Aufstellungen wird gezeigt, daß der Begriff des Glau=
bens im Allgemeinen, weil dieser seinem Wesen nach ein Erkenntnißact, ein
Urtheil ist, durch das wir für wahr halten, was Andere sagen, keine Ele=
mente enthalten dürfe, die von der Beeinflussung desselben durch
den Willen hergenommen sind. Haben ja doch andere Erkenntnißarten das
mit dem Glauben gemein, daß sie durch den Einfluß des Willens bestimmt
werden können. So oft nämlich der Beweggrund des Fürwahrhaltens auf
die Vernunft zwar einwirkt, aber ohne durch seine Evidenz zum Fürwahr=
halten zu nöthigen, hängt es von der Macht des freien Willens ab, ein
entschiedenes Urtheil, das Fürwahrhalten, hervorzurufen. Wenn aber der
Glaube im Allgemeinen nicht nothwendig ein freier Erkenntnißact ist, so
muß um so mehr geläugnet werden, daß es zum Begriffe des Glaubens ge=
höre, ein sittlich guter Act zu sein. Wenn der Glaube durch den freien
Willensentschluß zu Stande kommt, so bedarf es freilich für den Willen eines
Beweggrundes, weßhalb er den Verstand zum Fürwahrhalten bestimmt, indem
der Geist sich nur insofern zum Fürwahrhalten frei bestimmen kann, als
ihm dieß unter irgend einer Rücksicht gut erscheint. Allein es braucht dieß
nicht gerade ein sittlich guter Beweggrund zu sein, der Mensch vermag sich
auch durch schlechte Beweggründe zum Fürwahrhalten auf das Zeugniß eines
Andern hin bestimmen zu lassen, in welchem Falle von sittlicher Güte des
Glaubens nicht die Rede sein kann. Was speciell den göttlichen Glauben
betrifft, so unterliegt es freilich keinem Zweifel, daß der Glaube, den das
Evangelium von uns fordert, nicht bloß ein freier, sondern auch ein sitt=
lich guter Act ist; aber nichtsdestoweniger behandeln die Theologen die
Streitfrage, ob selbst der übernatürliche Glaubensact aus einem sündhaften
Beweggrunde des Willens hervorgehen könne. Mag man nun auch die
Frage selbst verneinen, so beweist doch die Aufstellung derselben, wie die
Theologen vom Wesen des Glaubens dachten, da ja diese Frage, wenn der
Glaube wesentlich ein sittlich guter Act wäre, von selbst hinfällig würde.

Wenn man nun ferner die sittliche Güte des Glaubens daraus erklären
wollte, daß der Wille, von Achtung gegen die Person des Redenden getrieben,
die Übereinstimmung mit dem Urtheile des Redenden, die Theilnahme an und
die Gemeinschaft in seiner Erkenntniß, also eine geistige Vereinigung und
einen Wechselverkehr mit ihm als ein Gut erstrebt, so würde man Bestim=
mungen in den Begriff des Glaubens aufnehmen, die demselben keineswegs
wesentlich sind. „Allerdings ist thatsächlich der göttliche Glaube Anschluß an

Gott, die unerschaffene Wahrheit, ist ein Verkehr mit ihm, hebt uns empor zur Theilnahme an seinem Lichte, zu einer Gemeinschaft in seiner Erkenntniß; aber daraus folgt keineswegs, daß der Wille, der zum Glauben bewegt, damit dieser wahrer Glaube sei, von jenen Vorzügen desselben angetrieben werden muß; es genügt, daß ihm die Erkenntniß der Billigkeit und Pflicht, Gott, der ewigen Wahrheit, unser Urtheil zu unterwerfen, vorleuchte" (S. 52—69).

Das zweite Kapitel führt den Titel „die Glaubensauctorität". Von der Auctorität als objectivem Beweggrund des Glaubens kann in doppelter Beziehung die Rede sein: erstens, insofern sie dem Verstande gegenüber dasjenige ist, wodurch die von einem Andern bezeugte Sache als wahr erscheint, und zweitens gegenüber dem Willen, insofern die Auctorität selbst und die Unterwerfung unter dieselbe ein Gut ist, das den Willen antreibt, den Verstand zum Glauben zu bestimmen. Die Auctorität als objectiver Beweggrund, weßhalb der Verstand der Aussage des Redenden beipflichtet, besteht in der Einsicht und Wahrhaftigkeit des Redenden, weil ja gerade diese beiden Eigenschaften es sind, weßhalb im Glauben die Rede eines Andern für wahr gehalten wird. Allein im Glauben als freiem Erkenntnißact ist dieselbe Auctorität auch für den Willen Beweggrund, den Verstand zum Glauben zu bestimmen. Weil es nämlich dem Geiste als an sich gut erscheint, daß die Vernunft durch Unterwerfung unter besagte Auctorität in den Besitz der Wahrheit gelange, so bietet diese Rücksicht dem Willen ein hinreichendes Motiv, den Glaubensact hervorzurufen. Ja wenn auch andere Beweggründe zugleich auf den Willen einwirken können, so ist doch dieses Motiv das vorzüglichste, so zwar, daß ohne dasselbe ein vernünftiger Glaubensact gar nicht gedacht werden kann. Diesen Grundsätzen gemäß wird jene Ansicht, welche das Wesen des Glaubens durch eine Aufforderung des Redenden zum Glauben, durch einen höheren Befehl und dergleichen bedingt sein läßt, einer genauen Kritik unterworfen. Speciell bezüglich des göttlichen Glaubens ist es um so weniger gerechtfertigt, eine von den göttlichen Attributen der Weisheit und Wahrhaftigkeit getrennt wirkende Auctorität, eine Aufforderung von Seite Gottes als Beweggrund für den Willensentschluß, zu glauben, aufzustellen, als gerade jene Vollkommenheiten in Gott, der die absolute Weisheit und unendliche Heiligkeit ist, zugleich mit jener sittlichen Kraft und Würde umgeben sind, der jede erschaffene Vernunft im Glauben demüthige Unterwerfung schuldet. Mit Recht bemerkt daher auch der hl. Thomas III. dist. 23. qu. 2. a. 2. solut. 3 vom göttlichen Glauben: „ratio voluntatem inclinans est ipsa veritas prima sive Deus, cui creditur".

Somit gelangt P. Kleutgen zum Resultate: „Gott ist der volle und letzte Grund unseres Glaubens, weil er die Wahrheit selber, und nicht etwa, weil er unser Schöpfer und Gebieter ist, wenngleich daher für den Willen ein neuer Beweggrund hinzukommt" (S. 69—77).

Im dritten Kapitel kommt der Verfasser zu der oft angeregten Frage von dem Vernunftschluß im Glaubensacte. Das ist es eben, was neuere Auctoren als Grundfehler in der früher von P. Kleutgen vertretenen (der sogenannten Lugonischen) Theorie der Glaubensanalyse beson-

bers hervorheben, daß nach ihr der Glaube sich als ein logischer Schluß
darstelle, eine Auffassung, die sie als eine zu abstracte und mechanische,
als eine logisch=mechanische bezeichnen, wobei der transcendentale
Charakter des Glaubens nicht gewahrt werde.

Dem gegenüber erwiedert nun P. Kleutgen zunächst, daß ihn dieser Vor=
wurf gar nicht treffe, indem er sich mit den bestimmtesten Worten dagegen
verwahrt habe, den Glauben aus einem logischen Schlusse erklären zu wollen;
und fügt hinzu, daß er diese Frage auch jetzt auf sich beruhen lasse, weil sie
ihm von geringer Bedeutung scheine. Hier meint P. Kleutgen wohl speciell
die Frage, ob der Glaubensact als ein formeller Discurs gedacht werden
könne; denn daß in demselben ein virtueller Discurs enthalten ist, wird
er nicht in Frage stellen. Wir hätten indessen gewünscht, daß dieser Punkt
des Nähern erörtert worden wäre, weil derselbe gerade den Gegnern vor=
züglich ein Stein des Anstoßes ist.

Der göttliche Glaube ist das Fürwahrhalten einer Wahrheit wegen des
Ansehens des sie offenbarenden Gottes. Daraus folgt, daß die Glaubenszu=
stimmung ein dreifaches Fürwahrhalten in sich begreift. Zuerst muß ich
das Ansehen Gottes als ein untrügliches erkennen; ferner muß ich die
Thatsache der Offenbarung behaupten; endlich halte ich das geoffen=
barte Geheimniß für wahr. Es sind dieß Erkenntnisse von drei verschie=
denen Wahrheiten, so zwar, daß die beiden ersten Wahrheiten, das erkannte
Ansehen und Zeugniß Gottes, die objectiven Principien sind, um deretwillen
der Verstand der geoffenbarten Wahrheit zustimmt, und auf denen die An=
nahme der geoffenbarten Wahrheit beruht. Ist aber das der Fall, so muß
nothwendig der Glaube ein vom Fürwahrhalten des erkannten Ansehens und
Zeugnisses (des formalen Gegenstandes) zum Fürwahrhalten der bezeugten
Wahrheit (des materialen Gegenstandes) fortschreitendes Erkennen sein. Das
kann ebensowenig geläugnet werden, als es in Abrede gestellt werden kann,
daß das Glaubensurtheil ein vermitteltes ist. Wenn ich nun durch unter=
schiedene Acte zuerst das untrügliche Ansehen Gottes und die Thatsache der
Offenbarung behaupte, dann wegen dieser beiden Wahrheiten das geoffenbarte
Geheimniß, so habe ich einen formellen Discurs. Ist es aber nur ein ein
Act, durch den die gläubige Vernunft das geoffenbarte Geheimniß für wahr
hält wegen der Auctorität und wegen des Zeugnisses Gottes, so ist dieser
Act gleichwohl ein virtueller Discurs, weil in diesem Act die erkannte
Auctorität und das erkannte Zeugniß zwei Wahrheiten sind, auf denen der
Glaubensact, ähnlich wie der Schlußsatz, auf den Prämissen beruht. Wäh=
rend nun manche Theologen (außer Cardinal de Lugo auch Ripalba, Arriaga,
Becanus, Viva, Platel, Ant. Mayr, Mastrius und Andere) behaupten, daß
es mit der Natur des Glaubens nicht streite, als formeller Discurs zu
Staude zu kommen, können selbst jene Theologen, welche dieß läugnen, nicht
umhin, in dem Glaubensact einen virtuellen Discurs anzuerkennen [1].

---

[1] So sagt Suarez, De Fide disp. 3. sect. 12. n. 10: „Actus fidei licet vi-
deatur simplex, in illo includitur virtualis discursus."

Freilich, wenn die Frage nach dem Vernunftschluß im Glaubensact so dargelegt wird, als ob der noch nicht Gläubige vom Urtheile der Glaub=würdigkeit und den Gründen, auf welchen dasselbe beruht, zur Anerken=nung der göttlichen Offenbarung und ihres Inhaltes geführt werde, und eben diese Schlußfolgerung sei der Glaubensact, so heißt das den Streitpunkt ganz und gar verkehren; denn es handelt sich nicht darum, wie aus dem Glaub=würdigkeitsurtheil der Glaubensact sich als Folgerung ergibt. Das Glaub=würdigkeitsurtheil sagt mir, daß ich die Pflicht habe, zu glauben. Aus dem Urtheile aber, daß ich die Pflicht habe, z. B. an die Dreieinigkeit zu glauben, ergibt sich nicht als formelle Schlußfolgerung das Glaubensurtheil: Es gibt in Gott drei Personen, weil der allwahrhaftige Gott uns diese Wahrheit verbürgt. Wäre das der Fall, so würde das Glaubwürdigkeitsurtheil in der eigentlichen Glaubenszustimmung innerlich einbegriffen sein, ebenso wie die Prämissen wesent=lich zur Schlußfolgerung gehören, und es müßte dem Glaubwürdigkeitsurtheil dieselbe Festigkeit zugeschrieben werden, wie sie die Glaubenszustimmung besitzt. Das Glaubwürdigkeitsurtheil geht aber dem Glauben vorher und es bietet dem Willen den Beweggrund, auf welchen hin dieser dem Verstande den Glaubens=act gleichsam anbefiehlt. Auf den Willensentschluß, zu glauben, folgt dann der eigentliche Glaubensact, der als ein vermitteltes Urtheil in sich wenigstens einem fortschreitenden Erkennen gleichkommt, indem der Geist von dem, wenn auch nicht der Zeit nach, so doch dem Begriffe nach, früher erkannten formalen Gegenstande zum Fürwahrhalten des materialen Gegenstandes übergeht [1].

Allerdings ist somit der Glaubensact ein durchaus logisches, den Vor=schriften der Logik entsprechendes Erkennen. Und wie sollte auch der Glaube unlogisch sein? Das ist aber nicht so zu verstehen, als ob der Glaube eine mechanische Übung der Vorschriften der Logik wäre, wie etwa der Logiker sie vornimmt. Das Denken des gewöhnlichen Menschen, der seinen gesunden Menschenverstand richtig gebraucht, ist durchaus den Vorschriften der Logik entsprechend, wenn er auch nicht auf diese Vorschriften achtet. Ebenso verhält es sich mit dem Glauben. Wenn man ferner die „transcendente" Natur des Glaubens gewahrt wissen will, so kann das nur den Sinn haben, daß der christliche Glaube ein übernatürliches Erkennen ist, eine Eigenschaft, welche nach der Doctrin P. Kleutgens dem Glauben keineswegs abgesprochen wird.

Im vierten Kapitel wird der Beweggrund des Willens, zu glauben, näher erörtert. Indem jene ehrfurchtsvolle Stimmung des Willens, welche zum Glauben hinneigt (der sogenannte pius affectus credulitatis), nach ihrem wesentlichen Formal=Objecte bestimmt und ihre Unterscheidung von den übrigen Tugenden, sowie ihr Verhältniß zu ihnen erklärt und begründet wird, kommen manche Fragen zur Sprache, welche für die Tugendlehre im Allgemeinen von der größten Wichtigkeit sind. Es würde uns jedoch zu weit führen, wenn wir uns hier auf deren Darlegung einlassen wollten.

---

[1] Man vergleiche in Betreff dieser Frage Cardinal Franzelin, De Traditione et Scriptura, edit. 2, Appendix de habitudine rationis humanae ad divinam fidem, p. 632 sq.

Das fünfte Kapitel behandelt den Beweggrund des Glaubens, insofern dieser Erkenntnißact ist. Zunächst widerlegt P. Kleutgen die Meinung, nach welcher die Wahrhaftigkeit Gottes nur das „secundäre Moment" im Beweggrunde des Glaubens sein soll, so zwar, daß sie eben deßhalb „auch nicht mehr eigentliches Formal=Object des Fürwahrhaltens und unmittelbarer Grund der Gewißheit" sei. Ferner wird der Streitpunkt er= örtert, ob und inwiefern außer dem untrüglichen Ansehen Gottes auch die Offenbarung zum Beweggrunde des Glaubens gehöre. In lichtvoller Auseinandersetzung wird die schon in der „Theologie der Vorzeit" vorgelegte Ansicht von Neuem bestätigt, daß sowohl das Ansehen Gottes als die Offen= barung als ein Ganzes zusammenwirkend den vollständigen Glaubensgrund ausmachen. „Formaler Gegenstand und Beweggrund des Glaubens ist, was die geoffenbarte Wahrheit für uns unfehlbar gewiß macht und deßhalb uns zum festesten Fürwahrhalten vermag. Das nun thut weder die Offenbarung, noch das Ansehen Gottes für sich betrachtet, sondern die Offenbarung, inso= fern sie vom Ansehen Gottes ihre Form (ihr eigenthümliches Sein) empfängt, und das Ansehen Gottes, insofern es durch die Offenbarung mit der Lehre, die wir glauben, in Verbindung tritt. Nicht also das Eine oder das Andere, sondern nur beide, als ein Ganzes zusammenwirkend, bilden den vollständigen Glaubensgrund" (S. 123). Unter Offenbarung aber versteht P. Kleutgen nicht bloß den Willensentschluß in Gott, sich uns mitzutheilen, die soge= nannte innere Offenbarung, sondern auch die äußere Offenbarung, das äußere an uns gerichtete Wort, weil eben die Offenbarung erst dadurch, daß sie zugleich äußere ist, formell als Rede und Zeugniß Gottes für uns be= griffen werden kann, wenngleich, wie bei jeder Rede, das äußere Wort zugleich Wirkung und Erscheinung des innern Wortes ist (S. 110—136).

Nunmehr tritt P. Kleutgen, durch die Angriffe seiner wissenschaftlichen Gegner veranlaßt, von Neuem an die berühmte Frage heran, wie der Beweg= grund des Glaubens im Glaubensacte selbst erkannt und für wahr gehalten werde. Er erklärt diese Untersuchung, von Manchen das „Kreuz und die Folter der Gottesgelehrten" genannt, für eine der allerschwierigsten, denen man auf dem Gebiete der Theologie begegnet. In der ersten Auflage seines Wer= kes hatte er sich für die Lugonische Theorie entschieden, nach welcher das Für= wahrhalten des Ansehens Gottes und der Thatsache der Offenbarung, das nothwendig im Glaubensacte enthalten ist, auf Einsicht beruht und nicht wiederum Glaube im eigentlichen Sinne des Wortes ist, sondern nur deßhalb Glaube genannt werden kann, weil es ein Fürwahrhalten der objectiven Glau= bensprincipien ist und aus der Gnade des Glaubens entspringt. Nunmehr entschuldigt er sich bei seinen Lesern, wenn er, nachdem er zum Behufe der neuen Auflage des vierten Bandes der „Theologie der Vorzeit" vier volle Monate auf diese Untersuchung allein verwendet, die Frage dennoch unent= schieden lasse. Niemand wird dem Theologen seine Achtung versagen, der mit solch' einer Ausdauer und solch' einem aufrichtigen Streben nach Wahr= heit bei seinen wissenschaftlichen Arbeiten zu Werke geht.

Indem P. Kleutgen darauf verzichtet, seine nunmehrige Stellung zu diefer Frage näher darzulegen, glaubt er bennoch, einige Lehrpunkte befprechen zu follen, welche inzwischen beanftandet worden find. Natürlich kommt hier befonders jene Anficht zur Sprache, welche man gewöhnlich die Suarefifche nennt und die der Theologie als die herkömmliche Gegnerin der Lugonifchen gilt [1]. Darnach wäre das Fürwahrhalten der untrüglichen Offenbarung, welche als Stütze des Fürwahrhaltens der geoffenbarten Lehre in jedem Glaubensact enthalten ift, in keiner Weife Einficht, fondern auch wieder lediglich Glaube, d. h. feinerfeits hinwiederum geftützt auf göttliches Zeug= niß. P. Kleutgen bemerkt hiezu: „Der Gläubige kann des göttlichen Zeug= niffes wegen nicht annehmen, daß Gott wahrhaftig ift und fich geoffenbart hat, ohne das Dafein und die Untrüglichkeit diefes Zeugniffes fchon erkannt zu haben; aus diefem Kreife kommt man nicht hinaus, bis man eine Er= kenntniß des göttlichen Zeugniffes annimmt, die nicht auf diefes geftützt, alfo in diefem Sinne nicht Glaube ift" (S. 140). Er führt alsbann des Weiteren aus, daß diefe Dunkelheit durch Erklärungsverfuche neuerer Theologen nicht aufgehellt worden ift.

Das achte Kapitel vertheidigt die Lehranficht des Cardinals de Lugo gegen die Befchuldigung, daß fie mit der Freiheit und Gewißheit des Glaubens zu ftreiten fcheine. Was zunächft die Freiheit des Glaubens be= trifft, fo würde diefe nur dann beeinträchtigt, wenn die Wahrheit des Glau= bensgeheimniffes unter dem Lichte des göttlichen Zeugniffes mit einer folchen Klarheit einleuchtete, die der menfchlichen Vernunft die Beiftimmung ab= nöthigte. Das ift aber nach der ausbrücklichen Lehre des Cardinals de Lugo keineswegs der Fall. Allerdings wird mit Recht zugegeben, daß die Allwahrhaftigkeit Gottes Jenen, die nur einige religiöfe Kenntniß haben, fo einleuchtend ift, daß es ihnen unmöglich ift, an ihrer Untrüglichkeit zu zweifeln. Anders verhält es fich aber mit der Thatfache der Offenbarung. Hat der Menfch über diefelbe auch volle Gewißheit, fo ift fie ihm doch nicht evident, d. h. fie tritt ihm nicht mit jener Klarheit gegenüber, welche die Beiftimmung der Vernunft erzwingt, und es bleibt fomit die Freiheit beftehen, fie für wahr zu halten oder nicht. Nun aber verhalten fich die beiden Wahrheiten: Gott ift wahrhaftig, und: Gott hat das Geheimniß geoffenbart, zu dem Glaubens= act, wodurch wir dieß Geheimniß für wahr halten, ähnlich wie die Prämiffen fich zu einem Schlußfatze verhalten. Wie alfo die Wahrheit des Schlußfatzes nur dann evident ift, wenn beide Prämiffen mit Evidenz erkannt werden, fo ift die Wahrheit des Glaubensgeheimniffes nicht mit einer das Fürwahr= halten abnöthigenden Evidenz begleitet, weil die Thatfache der Offenbarung nicht mit Evidenz erkannt wird. Diefer Sachverhalt ift fo klar, daß nur Mißverftändniß denfelben läugnen kann. Daffelbe gilt von der Gewißheit und Feftigkeit des Glaubens, wie Kleutgen in bündiger und faßlicher Aus= einanderfetzung zeigt (S. 159—168).

---

[1] Mit Recht jedoch bezweifelt Cardinal Franzelin a. a. O. S. 641 ff., daß die Theorie, welche man nach dem Namen des Suarez zu bezeichnen pflegt, von diefem großen Meifter der Theologie gelehrt worden fei.

Weiterhin von der Göttlichkeit des Glaubens handelnd, erklärt
P. Kleutgen diese Eigenschaft dahin, daß der Glaube sowohl wegen seines
Beweggrundes, als auch wegen seines Ursprunges aus der Gnade ein gött=
licher genannt werden kann. Hier ist nun aber der Ort, wo er, auf die zweite
Auflage der „Theologie der Vorzeit“ verweisend, sich näher erklärt, warum er
die Theorie des Cardinals de Lugo über die Glaubensanalyse glaube auf=
geben zu müssen. „Der Glaube muß,“ so sagt er, „um im Sinne des latei=
nischen Beiwortes theologica göttlich zu sein, Gott nicht bloß zum unmit=
telbaren Gegenstande, sondern auch zum letzten Beweggrunde
haben.“ Damit aber Gott letzter Beweggrund des Glaubens sei, muß der
Glaube zuletzt ganz und ausschließlich auf Gott, seinem Ansehen und seinem
Worte beruhen. Daher müssen uns die beiden Sätze: Gott ist wahrhaftig,
und: Gott hat zu uns gesprochen, im Glaubensacte durch sich selbst gewiß
sein, und sie dürfen sich nicht wieder auf andere Sätze stützen, oder doch nicht
auf solche, die andere geschaffene Wahrheiten zum Inhalte haben. Allein wie
unsere Erkenntniß Gottes eine aus den Geschöpfen vermittelte ist, so muß
auch die Erkenntniß Gottes als des Wahrhaftigen auf andere Erkenntnisse
sich stützen. Ebenso ist der Satz: Gott redet zu uns, eine Folgerung aus
anderen Wahrheiten, keine unmittelbare Erkenntniß. Das ist die Schwierig=
keit, welche P. Kleutgen nicht lösen zu können unumwunden gesteht. Indessen
wir müssen Cardinal Franzelin beistimmen, der dieselbe nicht für unlöslich
hält[1]. Es will uns scheinen, als ob P. Kleutgen die objectiven Glaubens=
principien in einer Weise als letzten Beweggrund des Glaubens aufgefaßt
wissen will, die in der Natur des Glaubens als theologischer Tugend nicht
begründet ist. Nur das, was von dem formalen Gegenstande jeder Tugend
gilt, daß derselbe nämlich unmittelbar um seiner selbst wegen erfaßt werden
muß (objectum formale per se et propter se attingitur), das muß auch
auf den göttlichen Glauben Anwendung finden, und nur in dem Sinne müssen
das Ansehen Gottes und die Thatsache der Offenbarung letzter Beweggrund
des Glaubens sein, daß jenes Axiom bezüglich des Glaubens bewahrheitet
wird. Jenes Axiom bleibt aber in seiner Allgemeinheit bestehen, wenn auch
das Fürwahrhalten des Ansehens Gottes und der Offenbarungsthatsache im
Glaubensacte mannigfache andere Erkenntnisse voraussetzt und ohne diese nicht
gedacht werden kann. Suchen wir dieß durch ein Beispiel zu erläutern. Die
wohlwollende Liebe, wodurch wir einem Andern um seinetwillen Gutes wün=
schen, hat zum formalen Gegenstande das Gute, insofern es nicht unser Gut,
sondern das Gut eines Andern ist. Nun kann aber unser Wille keinen
Gegenstand erstreben, der nicht zugleich in Bezug auf ihn ein Gut ist. Daher
ist in jeder Liebe des Wohlwollens die Rücksicht auf ein Gut des Liebenden
selbst, also eine begehrliche Liebe eingeschlossen. Wird darum die Liebe
des Wohlwollens zu einer begehrlichen Liebe? Keineswegs. In der wohl=
wollenden Liebe verhält sich die Rücksicht auf das eigene Gut nur wie die
materielle Grundlage, ohne welche dieselbe freilich nicht gedacht werden kann;

[1] Man vergleiche Franzelin, a. a. O. S. 657, Anmerkung.

allein die Richtung des Willens auf das Gut der geliebten Person ist
es, welche, zu dieser Voraussetzung hinzutretend, dem Acte sein specifisches
Sein verleiht und ihn zu einer wohlwollenden Liebe macht. Mag auch die
wohlwollende Liebe die Richtung des Willens auf das eigene Gute zur Voraus=
setzung haben, so beruht diese Liebe als solche doch zuletzt und ausschließlich
auf der fremden Person. Ähnlich scheint es sich mit dem Glauben zu ver=
halten. Das Fürwahrhalten des Ansehens und der Offenbarung im Glaubens=
acte setzt mannigfache andere Erkenntnisse voraus. Auf diesen Erkenntnissen,
die gleichsam die materielle Grundlage sind, erhebt sich dann der eigentliche
Glaubensact als eine neue Art der Erkenntniß, die als solche einzig und
allein durch die objectiven Glaubensprincipien bestimmt und charak=
terisirt wird, und auf diese zuletzt und ausschließlich sich stützt. Dieser An=
forderung des christlichen Glaubens geschieht aber Genüge, wenn das Für=
wahrhalten des Ansehens Gottes und der Offenbarung, insofern es im
Glaubensacte selbst einbegriffen wird, so beschaffen ist, daß wir die Gründe
für die Wahrhaftigkeit Gottes in Gott, und ebenso die Gründe für die
Göttlichkeit der Offenbarung in dieser selbst finden, was nach der Doctrin
des Cardinals de Lugo wirklich der Fall ist, wie P. Kleutgen nicht in Ab=
rede stellt.

Doch kehren wir nach dieser Abschweifung zu unseren „Beilagen" zurück.
Den nun folgenden Erörterungen des P. Kleutgen müssen wir rückhaltlos
beipflichten. Er zeigt, wie die Göttlichkeit des Glaubens nicht davon abhängt,
daß der Wille, zu glauben, sich auf die gebietende Auctorität Gottes
stütze, sondern davon, daß die Vernunft Gott als die absolute sich offen=
barende Wahrheit zu ihrem letzten Beweggrunde habe. Denn die Gött=
lichkeit muß ja dem Glauben zukommen, insofern er Erkenntnißact ist;
dazu kommt, daß der Wille, zu glauben, als solcher die Eigenschaft einer
göttlichen Tugend gar nicht einmal besitzt.

Es erübrigte noch, zu zeigen, wie auch nach der Doctrin der „Theologie
der Vorzeit" der christliche Glaube ein wahrhaft übernatürlicher ist.
Wenn man gegnerischerseits behauptet hat, der Glaube könne als ein Für=
wahrhalten, das sich schlechthin auf das Ansehen Gottes stütze, in der uns
natürlichen Weise nicht zu Stande kommen, der Glaube sei seiner Substanz
nach ein übernatürlicher u. s. w., so sucht P. Kleutgen diesen Ausdrücken ihre
rechte Bedeutung zu geben und darzuthun, wie seine Doctrin diesen Anfor=
berungen, im rechten Sinne verstanden, vollkommen entspricht. Sodann wird
der Vorwurf zurückgewiesen, als ob Cardinal de Lugo und der Verfasser der
Beilagen das übernatürliche Licht in Form einer Verklärung und Erhöhung
des natürlichen Schlußvermögens wirken ließen und ihm keine selb=
ständige Wirksamkeit außer und über der Denkthätigkeit zuschrieben.

P. Kleutgen zeigt sich in dieser Schrift als geübten Kritiker, der mit
meisterhafter Gewandtheit die Behauptungen seiner Angreifer bis in's Detail
zerlegt und das Wahre und weniger Richtige in denselben zu sondern versteht.
Was die Form der Polemik betrifft, so hätten wir gerne einige Wendungen
vermieden gesehen und den Schluß des 10. Kapitels, weil nicht zur Sache

gehörig, fortgewünscht. Zu der „Theologie der Vorzeit" bilden diese Er=
örterungen eine unentbehrliche Ergänzung.

J. Casse S. J.

Herders Conversations-Lexikon. Kurze aber deutliche Erklärung des
Wissenswerthesten aus dem Gebiete der Religion, Philosophie,
Geschichte, Geographie, Sprache, Literatur, Kunst, Natur= und
Gewerbekunde, des Handels, der Fremdwörter ꝛc. Zweite, gänzlich
umgearbeitete Auflage. Freiburg, Herder, 1875 ff. gr. 8⁰. In
50 Heften von 4—5 Bogen à ½ M. (Bis jetzt erschienen Heft
1—19.)

Ein großer Theil der gebildeten Stände ist heutigen Tages unläugbar
dem Christenthum und der Kirche entfremdet; wie könnte es auch anders
sein, da seit drei Jahrhunderten die Staaten mit wenigen rühmlichen Aus=
nahmen der Kirche Gottes in kleinlicher Rivalität entgegenarbeiten, da sie
vielfach namentlich die höheren und mittleren Schulen derselben entrissen und
ihr die Gründung neuer durch Aufstellung des Schulmonopols verboten?
Wie könnte es anders sein, da in Folge dessen der Büchermarkt zum weitaus
größeren Theile ein Tummelplatz werden mußte für alle möglichen Verirrungen
der Unsittlichkeit, der Häresie und des Unglaubens? Dennoch ist, das wollen
wir nicht verkennen, Vieles gleichfalls geschehen im Dienste der Religion und
der Wahrheit; zahlreiche Namen, die wir anführen könnten, bezeugen es und
der großartige Aufschwung der katholischen Tagespresse bekräftigt dieses Zeugniß.

Zwischen beiden Gattungen schriftstellerischer Thätigkeit, zwischen jenen
monumentalen Werken der Wissenschaft, die ein zusammenhängendes Ganze
bieten, und dem Guerillakrieg der Zeitungen und Zeitschriften, die täglich in
ihrem Sinne die öffentliche Meinung bearbeiten, liegt ein Feld in der Mitte,
welches vom größten Einfluß ist für Verbreitung sei es des Irrthums, sei
es der Wahrheit; es ist das Gebiet der Nachschlagebücher, insbesondere der
sogen. Conversations=Lexika, welche einerseits den Vortheil der Tagespresse
genießen, häufig und immer auf's Neue, wenn auch in kleinen Dosen, das
Gift oder das Gegengift beizubringen, und andererseits den Vortheil der
größeren Werke theilen, nicht nach einmaligem Gebrauche bei Seite gelegt zu
werden, sondern Jahre lang im Familienzimmer zu bleiben, um bei jeder
auftauchenden Frage als Rathgeber zu dienen und manche müßige Stunde,
wenn andere Lectüre nicht gerade zur Hand ist, auszufüllen. Was mag auf
diesem Wege allein das bekannte Brockhaus'sche Conversations=Lexikon in
seinen vielen Auflagen geleistet haben, um die deutsche Nation in unkirchlichem
Geiste zu bearbeiten! — Diese Erwägungen zeigen uns die zeitgemäße Auf=
gabe des vorliegenden trefflichen Werkes, welches jetzt, etwa 20 Jahre nach
seinem ersten Erscheinen, als „zweite, gänzlich umgearbeitete Auflage", und
wir können hinzusetzen: unter fleißiger und umfassender Berücksichtigung der
neueren Thatsachen und wissenschaftlichen Ergebnisse, wiederum der Öffent=
lichkeit übergeben wird.

Die Aufgabe eines katholischen Conversations=Lexikons ist eine doppelte:

es hat nicht nur als gutes und bequemes Nachschlagebuch zu dienen und über
die etwa auftauchenden Schwierigkeiten dem Leser bündige und solide Aus=
kunft zu geben, sondern es muß auch positiv für die Hebung des Katholicis=
mus wirken, sei es durch die Berichtigung historischer oder dogmatischer Irr=
thümer, sei es durch die Verbreitung der wahren Lehre, sei es durch die
Kräftigung des kirchlichen Bewußtseins und der Liebe zur Religion. Würde
dasselbe die erste Aufgabe vernachläßigen, so könnte es bei aller Vortrefflich=
keit in Behandlung religiöser Fragen nicht verhüten, daß kirchenfeindliche
Werke ähnlichen Inhalts auch ferner ihre zerstörende Wirksamkeit übten;
würde es andererseits in den religiösen und sittlichen Fragen nicht freimüthig
einstehen für Wahrheit und Recht, so könnte es selbst gefährlicher werden,
als unkirchliche Werke nichtkatholischer Auctoren, da der katholische Leser sich
ihm mit größerem Vertrauen hingibt. Von dem vorliegenden Werke nun
dürfen wir versichern, daß es diese doppelte Aufgabe im Allgemeinen in
rühmlicher Weise gelöst hat, insoferne dieß überhaupt bei dem beabsichtigten
geringen Umfange des Werkes und der Masse des Stoffes möglich war.

Die Artikel theologischen Inhalts zeichnen sich durchschnittlich aus
durch Correctheit der Lehre und klare, faßliche Darstellung. Der „Ablaß",
über dessen Natur auch bei Katholiken vielfach unklare Vorstellungen herrschen,
wird dogmatisch und historisch in kurzen Zügen recht einfach und gut entwickelt.
Beim „Altarssacrament" wird, ohne daß eine übertrieben apologetische Richtung
hervortritt, außer der wirklichen Gegenwart, auch die Einsetzung dieses heilig=
sten Geheimnisses als eines Opfers kurz, aber überzeugend begründet und wer=
den die abweichenden Lehren der Neuerer im Vorübergehen gleichfalls berührt.
Hier, wie bei den verwandten Artikeln „Beicht", „Buße" u. f. w. u. f. w. wird
ruhig und objectiv in kurzen, schlichten Zügen die katholische Lehre geboten,
gehässige Ausfälle gegen Andersgläubige werden vermieden, so daß wir gern
hoffen möchten, auch bei Protestanten, denen nur daran gelegen sein kann,
katholisches Leben und Denken und katholische Gebräuche aus katholischer Feder
kennen zu lernen, werde das in verschiedener Hinsicht so brauchbare Werk
weite Verbreitung finden.

Ein reiches Feld zur Bekämpfung hergebrachter Irrthümer bietet die
Geschichte. Die „Albigenser" werden in ihrem wahren Lichte gezeigt; vom
„Dreißigjährigen Krieg" wird uns auf weniger als vier Spalten ein so
klares Bild über den Gang der Ereignisse, die wahren Beweggründe und
das endliche Resultat gegeben, wie wir es in manchen ausführlicheren Dar=
stellungen oft vergebens suchen. Beim Papst „Alexander VI." (Borgia)
unterläßt es der Verfasser allerdings nicht, die bekannten nachtheiligen Er=
zählungen über das Privatleben dieses Fürsten zu berichten, fügt aber mit Recht
hinzu: „In jüngster Zeit (1875) ging man daran, und zwar mit unläugbar
historischer Strenge, auch Alexander' VI. Ehre zu retten." Unrichtig ist die
Bemerkung, Papst Clemens V. habe die Bulle Unam sanctam Bonifaz' VIII.
widerrufen; denn die Constitution Meruit, von welcher hier offenbar die Rede
ist, enthält keinerlei Widerruf derselben, sondern verwirft nur die falsche An=
sicht der Franzosen, als habe die Bulle Unam sanctam irgend etwas ein=

geführt, was nicht von jeher Rechtens gewesen ¹. Wenn es von Benedict XIV.
heißt: „den Jesuiten untersagte er die Handelschaft", so ist diese Behauptung,
wie Ravignan bereits nachweist, ungenau; denn die Bulle vom 25. Februar
1741, welche dem Klerus im Allgemeinen verbietet, Handel zu treiben, thut
der Jesuiten keine besondere Erwähnung; und eine andere angebliche Bulle
vom 13. Juli 1756 ist wenigstens nicht aufzutreiben gewesen ². Bei Clemens XIV. hätten als Biographen außer Reumont und Theiner doch wohl
jebenfalls Crétineau-Joly, Ravignan u. A. genannt werden sollen. Gleichfalls dürfte es wohl zu beanstanden sein, wenn es von Alba heißt, daß er
zwar nicht jenes Ungeheuer gewesen, zu welchem ihn einseitige Geschicht-
schreibung gemacht, daß man in ihm andererseits aber den Politiker erkenne,
„der kein Mittel scheute, wenn es zum Ziele führte". Die Persönlichkeiten
eines Beza, Calvin, Cranmer, einer Elisabeth (von England) u. s. w. erscheinen als das, was sie sind; nur hätte ein etwas stärkeres Colorit wahrscheinlich noch richtigere Bilder geliefert. Die strenge Gerechtigkeit verhindert
nicht, auch etwaige wirkliche Verdienste dieser Persönlichkeiten anzuerkennen,
wie z. B. bei der Königin Elisabeth über dem tiefen Schatten ihres Privatlebens und ihres Hasses gegen die Kirche nicht übersehen wird, zu welcher
Blüthe England in materieller Beziehung unter ihrer Regierung gelangte.
Im Allgemeinen ist die Biographie gut bedacht; aus neuerer und neuester
Zeit begegnet man auch weniger bekannten Namen, während bekanntere aus
älterer Zeit vermißt werden. Für die in den einzelnen Artikeln aufgestellten
Beurtheilungen möchten wir keine Garantie übernehmen; nach unserer Ansicht
hat z. B. Bossuet kein Anrecht auf den Titel „wohl der größte Theolog seines
Jahrhunderts" und noch viel weniger Döllinger auf das Lob „vielleicht der
gelehrteste Theolog (!?!) Deutschlands". Auch manche Data sind unrichtig,
z. B. im Artikel „Canisius".

Für die Geographie wird das Werk im gewöhnlichen Leben als
Nachschlagebuch ausreichen, da auch kleinere Orte wenigstens mit einer kurzen
Notiz bedacht sind; bei Städten, Provinzen, Ländern von größerer Bedeutung wird die Behandlung eingehender, und unter „Afrika", „Amerika",
„Asien" stoßen wir auf ausführlichere Artikel, welche in ansprechender Form
das Wichtigste aus der natürlichen und politischen Geographie dem Leser vorführen. Bei „Assyrien" werden wir mit den neuentdeckten Alterthümern bekannt gemacht; „Bayern", „Belgien", „China", „England" bieten uns außer
der geographischen Beschreibung eingehende statistische Nachrichten, und zeichnen
in kurzen Zügen die Geschichte des Landes; wir müssen hier — wie überhaupt
für das ganze Werk — den Vorzug hervorheben, daß vor Allem die Thatsachen und Jahreszahlen in reichlichem Maße gebracht werden, ein Vorzug,
welcher für ein Conversations-Lexikon von großer Bedeutung ist. Sollen wir

¹ Vgl. Hergenröther, Kirche und Staat, S. 324; Phillips, Kirchenrecht, Bd. III.
S. 266.

² Ravignan, De l'existence et de l'institut des Jésuites, p. 225. Vgl. Crétineau-Joly, Histoire de la Compagnie de Jésus. T. V. p. 138 suiv.

für die geographischen Artikel einen Wunsch zum Ausdruck bringen, so wäre
es der, daß hie und da, wie es an manchen Stellen rühmlichst geschehen ist,
auch die religiöse Statistik, namentlich der Stand der katholischen Kirche in
den außereuropäischen Ländern, eingehender berücksichtigt wäre. Eine besonders
eingehende Besprechung erfährt natürlich Deutschland. In einzelnen ausführ=
lichen Artikeln kommen seine Alterthümer, seine Geschichtsquellen, seine Kunst,
seine Literatur und Wissenschaft u. s. w. zur Sprache; von großem Interesse ist
besonders die detaillirte Darstellung der Entwicklung von 1815 bis zur Con=
stituirung des neuen deutschen Reiches (1871); die Darstellung und historische
Kritik des Culturkampfes wird aus guten Gründen späteren Zeiten überlassen.

Die Socialwissenschaft einschließlich der Nationalökonomie findet
ihre Vertretung bereits in den statistischen und sonstigen socialpolitischen An=
gaben, zu welchen die einzelnen Städte und Länder Veranlassung bieten. Wo
die Gelegenheit sich zeigt, werden auch eigene Artikel diesem Fache gewidmet,
und wir heben hier besonders hervor die etwas umfassendere Besprechung des
„Armenwesens“, in welcher uns geschichtlich die Lage der Armen während der
verschiedenen Epochen des Menschengeschlechtes, die segensreiche Wirkung der
Kirche, die Unfruchtbarkeit und das verderbliche Auftreten des modernen
Liberalismus in kurzen Zügen vorgeführt wird. Rügen müssen wir dagegen,
daß die Abschaffung des Eides schlechthin als Fortschritt bezeichnet wird.

In der Jurisprudenz zeigt sich augenscheinlich eine fachmännische
Feder, besonders im römischen, doch auch im deutschen und meistens im kano=
nischen Rechte. Bei der „Ehe“ wäre es, so scheint uns, am Platze gewesen,
deutlich hervorzuheben, daß die bloße Civilehe unter Christen in Wahrheit keine
Ehe ist, sondern nur irrthümlicherweise von verschiedenen modernen Gesetz=
gebungen für eine solche gehalten wird; die Bemerkung, daß nach französischem
Rechte derselben, „wenn auch nicht nothwendig, doch üblichermaßen die
kirchliche Trauung nachfolgt“, könnte beim Leser die gegentheilige Ansicht er=
zeugen, eine Ansicht, welche der Verfasser doch wohl nicht aufstellen wollte.

Weniger glücklich, als die übrigen Wissenschaften, ist die Philosophie
vertreten. Wenn es unter „Auctoritätsglaube“ heißt: „Philosophisch
beruht alles Wissen auf dem Auctoritätsglauben, nämlich auf dem Glauben
an fremde oder an die eigene Auctorität“, so dürfte die umgekehrte Behaup=
tung wohl richtig sein: Philosophisch beruht aller Auctoritätsglaube auf einem
Wissen, oder genauer: Philosophisch setzt aller Auctoritätsglaube ein vorher=
gehendes Wissen voraus. Das unmittelbare Erkennen aber ein „Glauben an
die eigene Auctorität“ zu nennen, ist doch wohl ein arger Mißbrauch des
Wortes. Beim „Dilemma“ haben wir zunächst die Unklarheit der Begriffs=
bestimmung zu rügen; dann hätten wir auch als Beispiel ein solches gewünscht,
das einen philosophisch ungeschulten Leser nicht in die Versuchung geführt
hätte, einen falschen Schluß zu ziehen. Oder hält der Verfasser den Leibniz=
schen Optimismus für berechtigt? Wenn wir Bd. 2 S. 129 lesen: „Die
deutsche Philosophie entwickelte sich, wie es nach der griechischen Philosophie
bei keiner Nation mehr der Fall gewesen, und äußerte auch in ihrer vorherr=
schenden Richtung einen unverkennbaren, aber nicht immer wohlthätigen Ein=

fluß auf die andern Wissenschaften", so mag diese Behauptung hingehen, falls bloß die Quantität des Geschriebenen entscheiden soll — und dieß ist wohl die Meinung des Verfassers; soll aber die Qualität, der Werth der philosophischen Leistungen in Frage kommen, so wird wohl kein Vernünftiger der deutschen Philosophie eines Kant, Fichte, Hegel und Consorten im Ernst den Vorrang einräumen vor der alten oder auch vor der neuen und neuesten Scholastik. Berechtigt mag es sein, wenn F. X. v. Baader jener ungläu- bigen deutschen Philosophie gegenüber in den Vordergrund tritt; aber absolut unbegreiflich ist uns, wie Baader „der Begründer der ersten vorherrschend ka- tholischen Philosophie nach der langen Dürre von fast vier Jahrhunderten" ge- nannt werden kann. „Die lange Dürre von fast vier Jahrhunderten", d. h. die Zeit vom 15—19. Jahrhundert, hat unter den katholischen Philosophen eine ganze Reihe von Männern aufzuweisen, neben denen Baader doch wohl nur als Zwerg erscheint, und was die „vorherrschend katholische Philosophie" Baaders betrifft, so ist es nicht einmal nöthig, auf „das ebenso unglückliche als in- consequente Wort des altersschwach gewordenen Mannes: ‚Der Papismus ist die Schwäche des Katholicismus und der Katholicismus die Stärke des Pa- pismus'" hinzuweisen; der Verfasser des Artikels muß ja selbst gestehen, daß Baader nicht in allen Punkten mit der katholischen Lehre übereinstimmte, da nach ihm „alles Zeitleben wie alle materielle Leiblichkeit an sich schon sünd- haft sein mußte". Aber nicht bloß hierin steht Baader mit der Kirchenlehre in Widerspruch; wir unterschreiben vielmehr das Urtheil Stöckl's: „Wahre Originalität mangelt ihnen (den Hauptgedanken der Baader'schen Theosophie), da sie ganz in der Strömung der Böhme'schen Theosophie liegen. Geistreich und blendend sind vielfach die Ideen, welche Baader entwickelt; aber daß das System in der Sphäre des christlichen Gedankens liege, können wir nicht sagen... Das System des Jakob Böhme (und somit auch Baaders) ist auf dem Boden der Kabbalistik und des altlutherischen Systems erwachsen; wer in demselben die Wahrheit sucht, der möge es thun, aber er sucht sie dann nicht in dem positiven Christenthum, wie dasselbe von der Kirche vertreten wird." [1]

Hoffentlich werden die noch ausstehenden Artikel über Philosophie nicht zu ähnlichen Ausstellungen Anlaß bieten.

Die Literatur, die deutsche sowohl als die ausländische, ist im Ganzen gut berücksichtigt. In dem reichhaltigen Artikel über „Deutsche Lite- ratur und Wissenschaft" hätten, wie uns scheint, die einzelnen Materien (schöne Literatur, Geschichtsschreibung, Mathematik u. s. w.) schärfer durch Nummern gesondert, oder vielleicht noch besser in einzelne Artikel zerlegt wer- den sollen. Man sieht nicht recht, weßhalb die deutsche Philosophie hier zur Sprache kommt, da ihr doch nachher ein besonderer Artikel zu Theil wird. Sollte an dieser Stelle die ganze Geistesentwicklung Deutschlands in großen Zügen zusammengefaßt werden, so mußte die unheilvolle Wirkung der sog. Reformation, der antichristliche Einfluß eines Lessing und Wieland, eines Göthe und Schiller weit mehr hervortreten und eine weit einschneidendere

---

[1] Dr. Stöckl, Lehrbuch der Geschichte der Philosophie, 2. Aufl. S. 881.

Kritik gegen die hergebrachten Vorurtheile geübt werden. Nicht genügende Bedeutung ist dagegen, so scheint uns, der neueren Romantik beigelegt. So bedürfen noch manche Einzelheiten einer correcteren Darstellung und einer Beurtheilung, welche sich von der althergebrachten Ehrfurcht gegen akatholische Quellen zu emancipiren weiß und an deren Auffassungen eine gründliche Kritik von katholischem Standpunkte anlegt. In den noch zu erwartenden Einzelartikeln: Göthe, Schiller, Lessing, Fr. v. Schlegel u. s. w., wird wohl dieses bedeutsame Moment seine gebührende Berücksichtigung finden.

Auch die Naturwissenschaften mit ihren verschiedenen Anwendungen sind reichlich vertreten. Dem praktischen Gesichtspunkt entsprechend wird uns über eine große Menge technischer Ausdrücke und Namen der Chemie, Physik, Astronomie, Naturgeschichte, der Medicin, Gewerbekunde, Kriegswissenschaft und des Seewesens Aufschluß ertheilt. Wo allgemeineres Interesse ein näheres Eingehen erheischt, stoßen wir auf längere Auseinandersetzungen, die sich durch Klarheit auszeichnen und manchem Leser sehr willkommen sein werden. Wenn hie und da z. B. bei der Medicin Einiges gesagt werden mußte, was man Kindern nicht in die Hände geben kann, so ist allerdings zu beachten, daß ein Conversations-Lexikon auch nicht für Kinder geschrieben wird; dennoch glaubten wir das Streben zu bemerken, lieber das Eine oder Andere unerwähnt zu lassen, als irgendwelche Gelegenheit zum Anstoß zu bieten; mit Recht; denn es ist kaum zu vermeiden, daß nicht auch Kindern gelegentlich ein Band des Werkes in die Hände geräth. — Bei Gelegenheit Darwins wird der Leser natürlich mit dessen Descendenztheorie, welche augenblicklich so gewaltig in den Köpfen spukt, bekannt gemacht, und ihr Widerspruch mit den christlichen Wahrheiten gezeigt; recht sachgemäß erscheint es, daß der Verfasser es vorzog, statt einer naturhistorischen Widerlegung dieser Hypothese, für welche der Raum selbstverständlich nicht hingereicht hätte, einfach die Namen der bedeutenden Naturforscher, welche derselben vom rein naturwissenschaftlichen Standpunkte auch heutigen Tags widersprechen, zu nennen.

Wir könnten unsere Wanderung durch die verschiedenen Gebiete noch weiter fortsetzen. Indeß möge das Gesagte genügen, um einerseits an die schwierige Aufgabe eines gediegenen katholischen Conversations-Lexikons zu erinnern und andererseits zu zeigen, wie trefflich im Großen und Ganzen diese Aufgabe durch das vorliegende Werk gelöst ist. Nur noch einige Bemerkungen allgemeineren Inhalts!

Kein geringes Verdienst eines Conversations-Lexikons ist es, wenn es den Leser vor schlechter Literatur in den einzelnen Fächern warnt, auf gute ihn hinweist. Daß unser Werk hierauf Bedacht genommen, zeigen z. B. die zutreffenden Bemerkungen über den seichten Rationalismus der Campe'schen Jugendschriften und die schlechte Tendenz der Auerbach'schen Novellen. Wenn es möglich wäre, im weiteren Verlaufe mehr, als bisher schon geschehen, die für Glauben und Sitten gefährlichen Auctoren als das, was sie sind, zu kennzeichnen, und andererseits auf gute Auctoren die Aufmerksamkeit des Lesers zu lenken, so würde der Nutzen des Werkes, wie uns scheint, und wir möchten sagen seine apostolische Wirksamkeit bedeutend erhöht werden. Kirchenfeindliche Schriftsteller, wie Bunsen, Burmeister, Ranke, sollten, falls sie überhaupt als Quellen erscheinen, wenigstens nicht anders auftreten, als unter Hinweis auf ihre Richtung; denn es ist ein gefährlicher Irrthum, in Fragen, wo die Religion nicht gerade hauptsächlich in Betracht kommt, die Geistesproducte kirchenfeindlicher Auctoren für unschädlich zu halten. Katholische Auctoren dagegen sollten, zum Mindesten wo sie im Übrigen ihren nichtkatholischen Rivalen gleichstehen, schon wegen ihres katholischen Charakters in den Vordergrund treten. Diese Grundsätze sind nicht etwa der Ausfluß einseitiger kleinlicher Parteiinteressen; sie haben vielmehr ihre volle Berechtigung in dem Umstande, daß die Gefährdung von Glauben oder Sittlichkeit leicht alle sonstigen Vortheile, welche man aus kirchenfeindlichen Schriftstellern schöpfen könnte, aufwiegt, und daß der Irrthum in den religiösen, also in den funbamentalsten Wahrheiten des ganzen menschlichen Wissens, fast unausbleiblich auch Irrthümer in den Einzelwissenschaften zur Folge hat. Mit Freuden sehen wir daher, daß im vorliegenden Werke ähnliche Grundsätze vielfach zur Anwendung gelangten; für einen lapsus calami dagegen müssen wir es halten, wenn unter „Apologetik" keine Literatur angeführt wird, wenn wir unter „Ästhetik" neben Hegel noch Vischer, Carrière und andere Ungläubige oder Protestanten als besonders nennenswerth hervorgehoben, dagegen Deutinger, Dippel, Jungmann und andere Katholiken übergangen finden.

Werfen wir einen Blick zurück auf die Licht- und Schattenseiten, welche wir an dem vorliegenden Werke erblickten, so könnte es scheinen, die letztern widersprächen dem günstigen Urtheile, welches wir fällen zu dürfen glaubten. Hier mögen jedoch zwei Punkte nicht unberücksichtigt bleiben: Erstens, jene Erörterungen eines Buches, und namentlich eines Conversations-Lexikons, welche sich keines Irrthums schuldig machen, nimmt man leicht als etwas Selbstverständliches hin, ohne dieselben ausdrücklicher Erwähnung zu würdigen; bei andern Werken mögen allerdings neu aufgestellte interessante Gesichtspunkte die Aufmerksamkeit anregen, in einem Conversations-Lexikon dagegen ist für Derartiges nicht der Ort. So kommt es, daß vorherrschend nur die Mängel sich aufdrängen und die Recension fast zu einer Blumenlese derselben sich gestaltet, während im Buche selbst diese einzelnen Versehen unter der Masse des Richtigen unbeachtet verschwinden. Mit Schweigen durften wir aber derartige Mängel nicht übergehen, da wir eine aufrichtige Kritik im eigenen Lager sowohl für die nothwendige Vorbedingung eines gedeihlichen Fortschritts halten, als sie auch unsern Lesern zu schulden glauben.

Der zweite Punkt, auf welchen wir hinweisen, ist der Umstand, daß wir Katholiken auf den meisten Gebieten der Wissenschaft, namentlich in Deutschland, noch gewaltig im Schlepptau der nichtkatholischen Wissenschaft uns befinden. In der Theologie freilich stehen wir selbständig da; in der Geschichte ist während der letzten Decennien trefflich aufgeräumt; in der Philosophie dagegen, in den Naturwissenschaften, in der Literatur und in andern Fächern wird vielfach noch nachgebetet, was unsere Feinde seit Jahrzehnten uns vorbeten. Der Grund liegt, wie gesagt, vor Allem darin, daß man der Kirche die öffentlichen Lehranstalten entriß und ihr die Errichtung neuer verwehrte.

So stehen nun einmal die Sachen, und ein einzelnes kleineres Conversations-Lexikon kann den Stand der Dinge nicht ändern; es kann keine selbständigen Quellenforschungen aufstellen, sondern muß die vorhandene Wissenschaft ver-werthen, so gut es geht. Im Allgemeinen hat das vorliegende Werk dieß gethan. Und wenn auch vielleicht einige der gerügten Mängel (um so mehr, da es sich um eine zweite Auflage handelt) wohl hätten vermieden werden können, so soll uns das nicht abhalten, das treffliche Werk recht warm zu empfehlen und ihm gerade zu dem Zweck eine möglichst weite Verbreitung zu wünschen, damit es unkatholische Werke ähnlicher Art immer mehr verdränge. Es verdient un-sere Empfehlung wegen seines ungemein reichen Inhalts, seiner objectiven Haltung, seiner gleichmäßigen bündigen und gediegenen Behandlung und beson-ders wegen des katholischen Geistes, der im Großen und Ganzen in ihm weht.

L. v. Hammerstein S. J.

Miscellen.

Inhalt der von Jesuiten herausgegebenen Zeitschriften. (Vgl. XII. S. 233.)

La Civiltà cattolica. Heft 647: L'affluenza de' pellegrini pel Giubileo episcopale del S. P. Pio IX. — I monumenti e la biblioteca della Bolla sul domma dell' Immacolata Concezione. — Dimostrazione dell' esistenza di Dio etc. (Fortsetzung.) — Le Gemelle africane. (Fortsetzung.)

Heft 648: L'Orbe Cattolico al Vaticano. — Della conoscenza sensitiva. XXXV. XXXVI. — Esame critico della storia del Conflitto fra la Religione e la Scienza di G. Drapper. (Fortsetzung.) — Le Gemelle africane. (Fort-setzung.) — Naturhistorische Notizen.

Ausserdem in jeder Nummer Recensionen, Freimaurerisches, kirchliche und politische Nachrichten.

Études religieuses etc. Juin. Conciles et Synodes. III. Les conciles d'Alger et du Puy. Suite. (P. G. Desjardins.) — La donation de Constantin. (P. H. Colombier.) — Rome et Démétrius, d'après des documents nouveaux. (P. Pierling.) — La Genèse avant Moïse. II. (P. J. Brucker.) — Nécrologie. Le R. P. Gazeau S. J. (P. C. Sommervogel.) — Bulletin scientifique: Météoro-logie. (P. T. Pepin.) — Bibliographie. — Chronique.

The Month etc. June. Some thoughts on Schisme. — The Native Tribes of North America and the Catholic Missions. (Rev. A. Thébaud.) — Highways and Byways. VII. The Engadine. (H. Bedford Esq.) — Modern Views on Mythologie. I. (H. W. Lucas.) — The Notary's Daughter. (Fort-setzung. Lady G. Fullerton.) — The Slave trade in Africa.

Recensionen und Bemerkungen über Tagesereignisse.

Die Katholischen Missionen. Unter Mitwirkung einiger Priester der Gesellschaft Jesu herausgegeben von F. J. Hutter. Juli. Bombay und seine Umgegend. (Fort-setzung.) — Ausflüge im Libanon. (Fortsetzung.) — Die katholische Kirche auf Neu-Seeland. VII. — Nachrichten aus China, Siam, Annam, Madura, Ceylon, Mada-gaskar und den Vereinigten Staaten Nordamerika's. — Miscellen. — 10 Illustrationen.

Glaube und Descendenztheorie.

___

III.

Wir kommen zu unferer dritten Frage über den Urfprung des Menfchen. Hier liegt für den großen Schwarm der Descendenztheoretiker das reizendfte und einladendfte Ziel: fie wünfchen nichts fehnlicher, als den Menfchen als das Entwicklungsproduct aus höher organifirten Thieren hinftellen zu können; der fonft fo ahnenftolze Menfch fände dann in der thierifchen Abftammung einen Freibrief für die Gelüfte der finnlichen Natur — und leider überwiegt bei Vielen diefe lockende Ausficht. Im Bunde damit kann es nun nicht fchwer halten, mit klug berechneter Hervorhebung der körperlichen Ähnlichkeit, mit Vertufchung der principiellen Unterfchiede und mit einfeitigfter Betonung der bloß finnlichen Lebensäußerungen den Menfchen als höchft entwickeltes Thier Jenen vorzubemonftriren, die von vornherein den fehnlichften Wunfch hegen, daß es nur fo fein möchte. In der Hauptfrage liegt aber hier das Verhältniß zwifchen dem Glauben und diefer Entwicklungstheorie fo klar und unzweideutig vor, daß kein Augenblick des Schwankens möglich ift. Der Menfch befteht aus Leib und Seele; die menfchliche Seele ift ein geiftiges, unfterbliches Wefen. Gerade fo, wie die Seele des erften Menfchen unmittelbar von Gott gefchaffen wurde, fo wird es auch die Seele jedes einzelnen Menfchen. Das find Sätze, an denen nicht gerüttelt werden darf und über die unter Katholiken namhafte Abweichungen nicht mehr denkbar find. Von einer Entwicklung der menfchlichen Seele kann in Bezug auf ihren Urfprung nie und nimmer die Rede fein. Die Materie kann nie den Geift aus fich erzeugen; das muß das philofophifche Denken anerkennen, und der Glaube läßt es darüber nicht im mindeften unklar.

Aber der Leib des Menfchen? Wir kommen hier auf eine Anficht zu fprechen, die in England fchon manchen Streit erregt und in neuefter

Zeit auch in Deutschland wieder die Aufmerksamkeit auf sich zieht. Es ist die von dem früher genannten Professor Mivart vorgetragene Hypothese, nach welcher die Descendenztheorie ihre Anwendung auf die Bildung des ersten Menschenleibes finden soll. Professor Mivart betont mit aller Entschiedenheit die Geistigkeit und Unsterblichkeit der Seele und ihre unmittelbare Erschaffung von Gott — das versteht sich von selbst, da er ja einer der geachtetsten Katholiken Englands und Professor am katholischen Colleg Kensington ist — allein er meint, über die Entstehung des ersten Menschenleibes in einer von der bisherigen Annahme abweichenden Art denken zu können. Er stellt es als möglich und mit dem Glauben nicht unvereinbar hin, daß der Leib des Menschen in ähnlicher Weise entstanden, wie jeder Thierleib: durch Descendenz, und daß dann diesem so aus dem thierischen Organismus entwickelten Leibe die vernünftige Seele eingehaucht worden sei. Der Leib Adams wäre also der eines menschenähnlichen Affen gewesen, und wir müßten annehmen, daß dieses Thier in der körperlichen Entwicklung mit besonderer Beziehung auf die künftige Aufnahme der vernünftigen Seele geleitet und beschützt worden sei. Nachdem durch eine Reihe von Jahren dieses auserwählte Thier gelebt, sei dem herangewachsenen Körper mit Beseitigung des thierischen Lebensprincips die vernünftige Seele als die einzige Lebensform eingeschaffen worden; und so sei Adam, der erste Mensch, geworden. Demnach wäre der Leib des Menschen, allerdings unter Leitung und Führung der göttlichen Vorsehung, aber auf dem naturgemäßen Wege der Entwicklung, entstanden; er wäre dieses, weil er so entstehen konnte, weil er, anatomisch betrachtet, eben nur eine Weiterbildung und Vervollkommnung des animalischen Organismus darstellt.

Der Mensch ist ein animal rationale. „Es ist sicherlich natürlich und passend, daß, wenn ein Wesen (animal) von der Klasse Mammalia gebildet und mit Vernunft begabt werden sollte, solch ein Wesen auch nach den allgemeinen Gesetzen dieser Klasse gebildet würde, und dieses nicht bloß in der ausgewachsenen Gestalt des Körpers, sondern auch in Betreff der Art und Weise, zu diesem Zustande zu gelangen." ... Professor Mivart nimmt für diese Voraussetzung nur die Möglichkeit, und weil der Mensch ein sinnliches Wesen (animal) ist, eine von vornherein sich ergebende Wahrscheinlichkeit in Anspruch; er glaubt, daß diese Art der Erklärung mit dem kirchlichen Glauben vereinbar sei, gibt aber zu, daß Manche dieser seiner Ansicht aus Gründen des Glaubens nicht beistimmen [1]. Die „Augsburger Allg. Zeitung" theilte jüngst mit, daß A. R. Wallace die große Verbreitung des Darwinismus in England zu nicht geringem Theile dem Professor Mivart zuschreibe, „der — ein ebenso guter Katholik als tüchtiger Anatom — die Descendenz des Menschen, soweit dieselbe das Körperliche betreffe, unbedingt annehme, und nur daran zweifle, daß die gesammte intellectuelle und moralische Natur des Menschen aus derselben Quelle und durch eine analoge Entwicklung entstanden sei" [2].

Unserem Zwecke gemäß untersuchen wir nun die Frage nach dem körperlichen Ursprunge des Menschen auf Grund der Glaubensquellen, insbesondere der Angaben der heiligen Schrift. Es handelt sich um den Ursprung des ersten Menschen; der aber konnte, weil er eben der erste ist, nicht so in die Welt eintreten, wie alle späteren, die erzeugt und geboren werden. Darin stimmen wohl Alle überein. Wie kam er nun in die Welt? Denkbar und möglich sind verschiedene Fälle. Gott konnte, wenn er wollte, ihn dem Leibe nach ebenso aus Nichts erschaffen, wie er die Grundstoffe der Dinge und die menschliche Seele aus Nichts erschaffen hatte; er konnte, da der menschliche Leib eben stofflich sein mußte, zu dessen Bildung den schon vorhandenen Stoff benützen, er konnte auch in der oben beschriebenen Weise einen menschenähnlichen Leib durch einen animalischen Naturproceß sich entwickeln lassen. Es fragt sich nun, welchen von den möglichen Wegen hat Gott thatsächlich eingeschlagen, und habeu wir Mittel, diesen thatsächlichen Weg zu erkennen? In vielen Fällen habeu wir zwei Erkenntnißquellen: die Natur der Dinge, aus deren Erfassung und Verständniß unsere Vernunft Schlüsse zieht, und die übernatürliche, in Schrift und Tradition niedergelegte Offenbarung. Dieselben stehen uns auch hier zu Gebote und wir habeu beide zu Rathe zu ziehen, wenn wir uns mit Sicherheit eine Ansicht in dieser Frage bilden wollen.

Betrachten wir nun unsere Frage nach der ersten Quelle, so mögen wir die körperliche Ähnlichkeit, die sensitive Thätigkeit und Alles, was dem Menschen in analoger Weise wie dem Thiere eigen ist, in Erwägung ziehen, dürfen aber schon unter diesem Gesichtspunkte nicht vergessen, daß

---

[1] Vgl. Genesis of Species, p. 277. Lessons from Nature, 1876, p. 177. Dublin Review, Januar 1872.

[2] Augsb. Allgem. Zeitung 1877, Beil. Nr. 17. Vgl. Theol. Quartalschrift, Tübingen 1877, S. 171.

die vernünftige Seele unberechenbar, weil unvergleichbar, jedes rein sinn=
liche Lebensprincip übertrifft, daß also die vernünftige Seele auch in
dem Körper Werkzeuge zu Thätigkeiten finden muß, für die in dem Be=
reiche der rein sinnlichen Lebensäußerungen gar kein Analogon möglich
ist.   Die Würde der Seele an sich und die Eigenart ihrer Verrich=
tungen, deren passendes Werkzeug der Körper sein soll, könnten demnach,
scheint es, schon der rein natürlichen Forschung den Einwurf nahe legen,
ob wohl die körperliche Abstammung des Menschen vom Thierleib über=
haupt denkbar, oder der Natur der Dinge wahrhaft entsprechend sei.
Nicht minder scheint es berechtigt, zu betrachten, ob nicht Gott, wenn er
den vernünftigen Menschen zum Herrn und Gebieter der sichtbaren Welt
einsetzen wollte, (um recht menschlich zu reden) seine guten Gründe haben
konnte, um ihn auch in Bezug auf seine leibliche Seite in auszeichnen=
der Weise in die Welt einzuführen.   Dieses und noch manches Andere
könnte man der Natur der Dinge zufolge in den Kreis der Erörterung
ziehen und die Frage nach dem leiblichen Ursprung mit mehr oder min=
derer Wahrscheinlichkeit lösen.   Aber wir müssen hier offenbar zunächst
auf die zweite Quelle, auf die Offenbarung, Bezug nehmen und nach=
forschen, ob diese uns Aufschluß gebe über das Verfahren, das Gott
wirklich eingehalten hat.   Absolut gesprochen, konnte Gott den Leib
des Menschen auf verschiedenem Wege in's Dasein setzen; finden wir nun
mit hinlänglicher Klarheit den einen Weg, den er wählte, in den heiligen
Büchern angezeigt und ausgesprochen?   Ist dieses der Fall, so ist die
Frage entschieden.   Es scheint uns nun, daß die heilige Schrift wirklich
klar und deutlich uns über den Ursprung des menschlichen Leibes unter=
richtet, und zwar, mit Ausschluß der oben berührten Hypothese, die Bil=
dung des menschlichen Leibes durch unmittelbares Eingreifen Gottes aus
dem schon vorhandenen leblosen Stoffe, aber nicht aus dem thierischen
Organismus erfolgen läßt.   Die Gründe für diese Behauptung mag
folgende Erörterung vorlegen.

Hätten wir in der heiligen Schrift nichts als die Angabe: „dann
bildete Gott der Herr den Menschen vom Lehm (Staub) der Erde, und
hauchte in dessen Antlitz den Athem des Lebens, und der Mensch ward
zur lebendigen Seele"[1], so würden wir ohne Weiteres zugestehen, daß
die in Frage stehende Annahme der Abstammung und Entwickelung aus
einem thierischen Organismus mit dem Texte der angezogenen Stelle in

---

[1] Gen. 2, 7.

Einklang gebracht werden könnte. Denn auch in dieser Voraussetzung würde man, im Allgemeinen die Sache angesehen, dem Texte noch gerecht. Wir lesen nämlich, die „Erde bringe hervor lebende Wesen" und „Gott bildete aus der Erde alle Thiere des Feldes"[1]; Ausdrücke, die jedenfalls bejagen, daß die zur Bildung der Thierleiber nöthigen Stoffe und Stoffgruppen (z. B. die Albuminate, Kohlenhydrate, anorganische Salze, Wasser) aus den schon vorhandenen Stoffen und Stoffverbindungen genommen wurden. Die Masse des vorhandenen Stoffes, der hier das Bildungsmaterial lieferte, nennt eben die heilige Schrift mit dem populären Worte „Erde", da ja in der That diese Stoffe in und auf der Erde waren und den Erbkörper zusammensetzten. Oder wie hätte der Gedanke einer Bildung aus dem schon existirenden Stoff anders in volksthümlicher Weise gegeben werden sollen? Eine chemische Formel wird doch Niemand in der heiligen Schrift verlangen! Wäre nun auch der menschliche Leib wirklich aus dem Organismus eines Affen herausgebildet worden, er könnte immer noch als „aus Erde gebildet" bezeichnet werden, allerdings nicht in sich und unmittelbar, aber doch in entfernterer Weise, gewissermaßen in seiner Wurzel und ersten Ursache; er würde, obgleich mittelbar, doch im wahren Sinne von „der Erde" abstammen. Unsere Frage spitzt sich demgemäß zur Untersuchung zu, ob die heilige Schrift eine solche mittelbare Bildung aus der Erde ausschließe und eine unmittelbare vortrage, oder ob sie uns genügende Anhaltspunkte und Winke gebe zu der Überzeugung, sie habe die Idee dieser unmittelbaren, und nicht jene der durch thierischen Organismus vermittelten Bildung ausdrücken und uns lehren wollen. Uns scheint dieses der Fall zu sein.

Um den Gedanken der heiligen Schrift möglichst klar und allseitig zu erheben, wollen wir die verschiedenen Aussagen, die hier in Betracht kommen, eingehender prüfen. Zunächst machen wir darauf aufmerksam, daß die Bildung der Pflanzen als aus der Erde geschehen berichtet wird; so besonders deutlich: „und Gott der Herr brachte aus der Erde hervor allerlei Bäume"[2]; das will ohne Zweifel besagen, die schon vorhandenen Stoffe hätten das Substrat, die materia ex qua abgegeben, die Pflanzen seien nicht erschaffen, sondern aus schon vorhandenem Stoffe gebildet worden. Daß hier der Ausdruck: „brachte aus der Erde hervor" die Erde als die unmittelbare causa materialis im angegebenen Sinne bezeichne und bezeichnen wolle, wird Niemand bestreiten. Warum

---

[1] Gen. 1, 24; 2, 19.   [2] Gen. 2, 9.

soll das Gleiche nicht der Fall sein, wenn es heißt: „Gott bildete aus
Erde alle Thiere des Feldes"[1], warum soll hier „Erde" als entfernte,
mittelbare Ursache stehen, oder „Erde" die Pflanzenwelt im specifischen
Unterschiede von den sonstigen Stoffen, der Pflanzenorganismus als
solcher, genannt werden? Wenn aber das, so ist auch kein Grund er=
sichtlich, der uns berechtigte, die gleiche Ausdrucksweise für die Bildung
des Menschenleibes in anderem Sinne zu fassen. Nach den Grundsätzen
der Auslegung darf ohne triftige Ursache mit denselben Ausdrücken nicht
im selben Zusammenhang der Erzählung ein ganz verschiedener Sinn
verbunden werden. Außerdem erscheint die Ausdrucksweise im Urterte
gerade als eine solche, welche die Bildung aus Staub von der Erde
emphatisch hervorheben will; wörtlich nämlich lesen wir da: „und es
bildete Gott den Menschen von Staub aus der Erde". Das Bildungs=
material wird in zweifacher Art gekennzeichnet: es ist Staub (d. h.
wie ältere und neuere Erklärer, z. B. Pererius und Delitzsch, sagen: die
feinsten Stofftheile), und dieser Staub ist genommen von der Erde.
Wie uneigentlich und wenig passend wären nach obiger Hypothese die
Worte gewählt! Staub von der Erde ist doch kein Ausdruck für den
thierischen Organismus; und wäre der Menschenleib aus Fleisch auf=
gebaut worden, so würde man den Ausdruck basar oder einen ähnlichen
mit Recht erwarten.

　　Diesem Beweisverfahren pflegt man gewöhnlich entgegenzuhalten,
daß ja der heilige Text nicht die nächste Ursache nothwendig angeben
müsse, sondern daß es genüge, wenn der Leib des Menschen irgendwie
auf „den Staub der Erde" zurückgeführt werde, und sollte dieses auch
durch Vermittlung des Thierleibes geschehen. Man macht in dieser Hin=
sicht geltend, daß die heilige Schrift manchmal auch die Bildung jener
Menschenleiber als unmittelbar aus der Erde geschehen darstelle, bei
denen nicht im Entferntesten an eine solche Entstehungsweise gedacht sei.
Oder was ist es anders, wenn wir im Buche Job lesen: „Sieh', ich bin,
gleichwie du selber, Gottes; vom Lehm bin auch ich geschaffen worden?"
Hier will offenbar Elihu seine Geburt aus dem Weibe und die Bildung
seines Leibes im Mutterschooße nicht in Abrede stellen; die Redensart
ist also eine farblos allgemeine und soll nur den irdischen Ursprung
des Leibes ohne nähere Bestimmung der Art dieses Ursprunges zum
Bewußtsein bringen.

---

[1] Gen. 2, 19.

Allein dieser Einwurf ist bei näherer Besichtigung nur scheinbar zutreffend. Man wird nämlich gleich zugeben müssen, daß es denn doch ein Unterschied sei, ob in einem dichterischen Buche ein Mensch, dessen Stammbaum bekannt ist, ein Erd= oder Staubgeborner genannt werde, oder ob in einem geschichtlichen Buche, das ex professo über die Entstehung des ersten Menschenleibes berichtet, dieser Menschenleib als ein aus dem Staube von der Erde genommener und geformter beschrieben wird. Ferner wird jener Einwurf auch noch an Kraft verlieren, wenn man sich klar macht, daß gerade dann in passender Redefigur alle Menschen „aus Lehm geformt" genannt werden, wenn der erste Mensch, der Stammvater Aller, diesen Ursprung in Wirklichkeit hatte. Doch wir brauchen solche Ausführungen nicht einmal zu Hilfe zu nehmen; wir haben im 2. und 3. Kapitel der Genesis noch genauere Andeutungen, die uns den wahren Sinn der Erzählung kaum verkennen lassen.

Wie will man die Erzählung von der Bildung Eva's auffassen? „Da sandte Gott der Herr einen tiefen Schlaf auf Adam, und als er entschlummert war, nahm er eine aus dessen Rippen und füllte Fleisch hinein an deren Stelle. Und Gott der Herr baute die Rippe, welche er von Adam genommen hatte, um zu einem Weibe und führte dieses zu Adam."[1] Eine andere Erklärung, als daß Eva eben aus einem Theile des Leibes Adams geformt wurde, ist hier schlechterdings unzulässig, wenn man überhaupt den Worten noch einen Sinn belassen will. Nun beachte man, wie in derselben Erzählung der Name des Weibes, dessen Ursprung soeben berichtet wurde, sich motivirt findet: „Männin wird diese heißen, weil sie vom Manne genommen ist." In welchem Sinne sie vom Manne genommen sei, ist durch die vorhergehende Erzählung allem Zweifel entrückt. Es ist der unmittelbare Ursprung klar und scharf gezeichnet; die Zulässigkeit von Mittelgliedern, die Heranbildung aus entfernteren Ursachen durch successive Entwicklung ist ebenso scharf und bestimmt verneint. Und dieses unmittelbare Verhältniß nennt der heilige Schriftsteller mit den Worten: weil sie vom Manne genommen ist. Nun aber wird ganz in derselben Weise von der Bildung des ersten Menschen gesprochen: „aus der Erde bist du genommen", und als wäre noch nicht nachdrücklich genug gesprochen, folgt der bestätigende Satz: „denn Staub bist du"[2]. Was die Redensart: „vom Manne ist sie ge-

---

[1] Gen. 2, 21. 22.

[2] Donec revertaris in terram de qua sumtus es, quia pulvis es et in pulverem reverteris. Gen. 3, 19.

nommen", heißen will, ist unwidersprechlich klar; wir fragen demnach,
was kann uns berechtigen, genau denselben Ausdruck in Bezug auf den
Mann: „von der Erde genommen", in einem völlig uneigentlichen, ab=
weichenden Sinne auszulegen? Oder soll in dieser frappanten Gleich=
heit der Ausdrücke gar kein Fingerzeig für das Verständniß liegen, so
daß es uns frei stände, an den Redewendungen beliebig herumzudeuteln?
Eine solche Freiheit, scheint es uns, haben wir nach den Regeln der
Auslegung in diesem Falle keineswegs mehr.

Hierzu füge man noch einen anderen Umstand. Die Namen in der
heiligen Schrift sind nicht bedeutungslos; die Namengebung selbst spielt
in der heiligen Geschichte eine bedeutende Rolle, und manche Perle der
Wahrheit ist in den Namen eingeschlossen und durch die Namen uns
überliefert. Gott selbst sprach sein unendliches, unabhängiges Wesen in
dem Namen aus, den er sich beilegte, Jehovah, der Seiende, sum qui
sum, und wenn er diesen Namen an die Spitze einer neuen Epoche, als
Signatur der angebrochenen Zeit der Verwirklichung jenes den Patriar=
chen versprochenen Bundes, setzte, so kennzeichnet er eben durch den Na=
men das Charakteristische der neuen Periode und sein eigenes Verhalten.
Oder früher noch, wenn er Abrams Namen ändert, wenn er einem an=
dern Patriarchen den Namen Israel beilegt, so will er, daß der Name
selbst ein untrügliches, unvergeßbares Symbol der gegebenen Verheißung,
ein treues Siegel der geoffenbarten Wahrheit und ein heiliger Schrein
sei, in dem das kostbare Vermächtniß seiner Güte unverfälscht überliefert
würde. Was wir in Betreff der Namengebung Gott thun sehen, das
ahmen seine Diener, die Patriarchen, getreu nach. Was eben auf den
Höhenpunkten ihrer Geschichte ihr Herz, sei es freudig, sei es leidvoll
bewegt, das wird in den Namen der Söhne niedergelegt; die Namen
sind die Brennpunkte, sie vereinigen in sich die Strahlen der Patriarchen=
geschichte und lassen deren Licht und Bedeutung in die fernsten Zeiten
hineinleuchten. Besteht aber gerade hierin eine Eigenthümlichkeit der
heiligen Geschichte, so dürfen wir schon von vornherein darauf rechnen, daß
uns bedeutungsvolle Namen mit inhaltsreicher Wahrheit auch schon am
Portale derselben entgegentreten werden. Und so ist es auch.

Der eine Name des Weibes enthüllte uns schon seinen Inhalt: die
Geschichte der Entstehung des Weibes. Der andere Name, Eva, um=
schließt die Bedeutung dieses Weibes für das Menschengeschlecht und seine
Aufgabe: Mutter der Lebendigen. Und Adam? Es ist unmöglich, die
Absichtlichkeit des Namens und seine Beziehung zu verkennen, wenn man

im Originaltexte die Worte liest: vajitzer . . eth ha Adam 'aphar
min ha adamah, etwa im Latein: et formavit hominem pulverem
ex humo. Also der erste Mensch wird durch seinen Namen selbst in
Beziehung zur Erde gesetzt: er heißt Adam, weil er aus der Adamah
gebildet ist. Und jetzt fragen wir wiederum: welches Verhältniß wird
durch solche Namengebung (denn Gott gab ihn, Gen. 5, 2) ausgedrückt?
Die Antwort ist sehr leicht zu finden, gerade die Genesis bietet der un-
zweifelhaften, klaren Fälle in Hülle. Und sagt uns nicht schon die Natur
der Namengebung selbst, daß sie, weil sie eben ein Denkmal eines Er-
eignisses ebensosehr, wie ein Kind des Augenblickes, eines mächtig ergreifenden Augenblickes ist, die unmittelbare Zusammengehörigkeit, das
ursächlich und zeitlich Zusammenliegende, kurz das engste gegenseitige Verhältniß in ein Wort kleidet?

Um davon uns zu vergewissern, brauchen wir ja nur aus der Fülle
der Beispiele das eine und andere herauszugreifen. In unserer Erzählung selbst haben wir zwei: Männin, weil sie vom Manne genommen, Eva, weil Mutter der Lebendigen, weil von ihr unmittelbar
lebendige Wesen geboren werden sollten, durch die sie dann allerdings
der Natur der Sache nach mittelbar Mutter aller Lebendigen, Stamm-
mutter, wird. Aber immer steht sie als unmittelbar Leben aus sich
spendend an der Spitze des Geschlechtes. Und als Eva zum ersten
Male Mutter wird, beginnt auch schon der Quell der Namengebung
zu sprudeln. „Sie gebar den Kain, und sagte Kanithi: ich habe
erhalten einen Menschen, mit Gott." Der Grund der Namengebung
ist das unmittelbare, eben vor sich gehende Ereigniß. Und als nach dem
ersten Brudermorde und der ersten Todtenklage Gott für den frevelhaft
Gemordeten einen Ersatz schenkt, da wird diese denkwürdige Thatsache,
sicherlich die wichtigste jener Augenblicke, wiederum in den Namen
firirt: „und sie nannte seinen Namen Seth: denn gesetzt (Scheth —
schath) hat mir Gott einen Nachkommen an Abels Stelle" [1]. Und
wenn Lamech seinen Sohn Noe nennt, so bewegt ihn eben die Hoffnung,
die er an diesen Sprößling knüpft: „Dieser wird uns trösten ob den
Arbeiten und den Mühen." [2] Man sehe die in den Namen: Moab,
Ammon, Isaak, Jakob, Esau, Ruben, Simeon, Levi, Juda, Dan, Neph-
thali, Gad, Aser, Issachar, Zabulon, Joseph, Benjamin, Gersom, Ma-
nasses u. s. f. signalisirten Ereignisse an, und man wird uns beistimmen,

---

[1] Gen. 4, 1. 25.   [2] Gen. 5, 29.

daß die Namen von den unmittelbaren Ereignissen, von den nächsten Ursachen und nächstliegenden Veranlassungen entlehnt und gebildet wurden [1].

Wenn nun in solcher Umgebung und bei dem so deutlich ausgeprägten Charakter der Namengebung Adam uns in seinem Namen als mit der Erde in Verbindung stehend beschrieben, und zugleich mit dürren Worten gesagt wird, daß er, Adam, eben aus der Adamah, der Erde, gebildet sei und daß er Staub sei aus der Adamah, wie können wir da noch zweifeln, ob die heilige Urkunde uns die nächste und unmittelbare Materialursache und das nächstliegende Ereigniß symbolisiren, oder ob sie vielleicht nur einen durch Jahrtausende getrennten Vorgang, die Bildung thierischer Organismen „aus der Erde" bezeichnen wollte? Gewiß, die Worte selbst und die ganze Analogie der Beispiele bezeugen laut und klar das Erstere. Ist es nach den Normen für die Auslegung noch möglich, den richtigen Sinn festzustellen, so erscheint uns die Erzählung der Genesis gerade in diesem streitigen Punkte durch die angedeuteten Erwägungen über allen Zweifel klar und bestimmt. Soviel wird jedenfalls zugegeben werden müssen, daß, wenn der Leib Adams aus Erde gebildet wurde und nicht durch Descendenz aus dem Thierreiche, die heilige Urkunde in Worten und Namen kaum treffender und bündiger hätte sprechen können. Hätte aber umgekehrt die Descendenz Platz gegriffen, so wäre die Sprache der heiligen Bücher, die sie in Worten und Ereignissen sprechen, eine im höchsten Grade ungenaue; ja, je mehr einer es versuchte, aus dem Buche selbst heraus das Buch des Schöpfungsberichtes auszulegen, desto sicherer wäre er, fehl zu gehen. Gewiß sind die bisher angedeuteten Gesichtspunkte von Belang für die Frage, ob die heilige Schrift uns über die Abstammung des Menschenleibes völlige Meinungsfreiheit lasse oder nicht. Doch sie sind nicht die einzigen. Gehen wir weiter!

Ein unverkennbarer Wink für das richtige Verständniß unseres Berichtes scheint uns in jener Fassung zu liegen, in der Adam das von Gott ihm zugeführte Weib begrüßt. Um seine Worte dem vollen Inhalte nach würdigen zu können, müssen wir den ganzen Hergang in dem Licht einiger Wahrheiten betrachten, welche die Theologen unbestritten und ganz allgemein über den Urzustand annehmen. Wir lesen Gen. 2, 18: „Und Gott der Herr sprach: es ist nicht gut, daß der Mensch allein sei, lasset

---

[1] Vgl. Gen. 19, 37; 29, 32; 30, 18 u. s. f.; 35, 18 u. s. f.

uns ihm eine Hilfe machen, die ihm gleiche." Bevor Gott ihm diese
Hilfe beigibt, führt er ihm die Thiere des Feldes vor, daß er sähe, wie
er sie nenne, „denn so wie Adam Jegliches benannte aus den lebendigen
Wesen, das ist sein Name". Was schließt dieser Vorgang ein? Gemeiniglich verstehen die Theologen dieses Vorführen der Thiere vor Adam
als einen von Gott ihm ertheilten Unterricht über das Wesen und die
Bedingungen der geschöpflichen Naturen überhaupt und über den einzig-
artigen Vorzug der menschlichen insbesondere [1]. Ganz mit Recht. Es
erschloß sich dem ersten Menschen die tiefste Kenntniß der ihn umgebenden
Welt; er benannte die Thiere, d. h. er erkannte sie in ihrem Wesen und
Ursprunge, ihrer Aufgabe und Bedeutung, und nach dieser innersten Natur
derselben, die vor seinem klaren Geistesblicke sich aufthat, wurde er in den
Staub gesetzt, Jegliches zu benennen, indem er durch die Namengebung
zugleich ein Zweifaches bekundete: seine Kenntniß von den Dingen und
die ihm über dieselben zustehende Herrschaft. Und wer möchte zweifeln,
daß dem paradiesischen Zustande des ersten Menschen eine umfassende
Kenntniß der Naturwesen eignete und eignen mußte? Aber für sich findet
er in dem Bereiche dieser Wesen nichts Entsprechendes; „für Adam faud
sich keine Gehilfin, die ihm gleich war". Da sendet Gott über ihn einen
ekstatischen Schlaf; Adam sieht und erkennt die Bildung des Weibes,
und begrüßt sie, aus der Ekstase erwacht, mit den Worten: „Das nun
ist Bein von meinen Beinen und Fleisch von meinem Fleische." Er hat
die ihm ähnliche Gehilfin nun gefunden. Wie werden wir diesen Ausruf in diesem Zusammenhange verstehen? Ist es zufällig, daß er die
Verwandtschaft und Abstammung seiner Gefährtin gerade von der leiblichen Seite so nachdrucksvoll betont: das nun ist Bein von meinen
Beinen und Fleisch von meinem Fleische? Und diese Beziehung hebt er
hervor, nachdem er den großartigen Einblick gethan in Natur und Ursprung der Thierwelt. Wußte Adam seinen eigenen Ursprung? Wer
möchte auch nur daran zweifeln? Er mußte den Ursprung seiner Seele
und die Entstehung seines Leibes kennen, — und nun mit diesem Bewußtsein ruft er aus, nachdem er die Thierwelt gemustert, und als er das
Weib gewahrt: das nun ist Fleisch von meinem Fleisch. Und diese

---

[1] Simul accipe, qua causa omnia deducta sint ad Adam, ut in omnibus
videret utroque sexu substantiam constare natura i. e. ex masculo et femina,
ut ipse usu exemploque cognosceret necessarium sibi consortium mulieris ad-
jectum. Ambrosius, De paradiso 11. Cf. Suarez, De opif. L 3. c. 4. n. 17.
Petavius, De opif. l. 2. c. 8.

ganze Verkettung soll uns nichts lehren über den körperlichen Ur=
sprung Adams? Sollen wir es nude crude aussprechen? In der
Hypothese der Descenbenztheorie mußte Adam, wenn er überhaupt etwas
von seiner Erschaffung wußte, beim Anblick der Thiere sagen: ich bin
Bein von ihrem Bein, Fleisch von ihrem Fleisch; aber gerade dieses ver=
neint der biblische Adam in feierlichster Weise: er nennt die Thiere,
aber der Ausruf körperlicher Verwandtschaft und Abstammung quillt
erst frisch und voll hervor, als er das Weib erblickt: das ist nun
von meinem Bein; das heißt doch: jene sind es nicht und ich bin auch
nicht von jenen! Wie, und die heilige Schrift soll uns über den Leib
des Menschen und seine Entstehung so im Dunkeln lassen, daß wir un=
bedenklich der Descenbenztheorie beitreten könnten?

Wir können dieselbe Untersuchung noch von einer andern Seite her
führen. Wenn wir behaupten, daß wir in den ersten Kapiteln der Ge=
nesis jene Überlieferung vor uns haben, die von Adam an unverfälscht
sich bis auf Moses vererbte und vielleicht schon lange vor Moses selbst
schriftlich fixirt war, so haben wir von Seiten der Theologen keinen
Einspruch zu gewärtigen; sie werden alle zugeben, daß uns da ein Stück
von Adams Wissen mitgetheilt ist. Wir müssen bei Lesung dieses Be=
richtes nothwendiger Weise uns sagen: so und nicht anders hat Adam
über seine Entstehung und Erschaffung gedacht. Nicht bloß das We=
sentliche dieser Mittheilung muß auf Adam als erste Quelle zurück=
gehen; nach den in den Völkertraditionen versprengten Resten zu schließen,
wie sie sich mit besonderer Klarheit in uralten keilinschriftlichen Denk=
malen und oft mit denselben Worten ausgesprochen finden, ist der Schluß
nicht mehr übereilt, daß selbst Form und Ausdruck im Wesentlichen
jene Gestalt behalten, in der Adam sein Wissen über die Ent=
stehung der Dinge den Nachkommen übergab [1]. In dieser wohlbegrün=
deten Voraussetzung aber erscheint die Annahme einer uneigentlichen
Ausdrucksweise schon an und für sich gezwungen. Adam konnte nur
auf zweifache Weise zu seinem Wissen über den Hergang der Schöpfung
gelangen. Er mußte entweder eine innere Anschauung des Ver=
laufes von Gott mitgetheilt erhalten, oder Gott mußte ihm irgendwie
den Inhalt in Worten kundgeben, mag man darunter äußere Worte
verstehen, welche die Gedanken in Adam erst hervorriefen, oder gleich

---

[1] Vgl. P. v. Hummelauer in dieser Zeitschrift 1877, XII. S. 21 ff. und
4. Ergänzungsheft, Der biblische Schöpfungsbericht, S. 73 f.

ben inneren Gedankeninhalt selbst begreifen. In jedem Falle ist die uneigentliche Redeweise übel angebracht. Hatte Adam eine innere An= schauung des Vorganges, so müssen wir annehmen, daß er das, was er sah, einfach in Worte umsetzte — er sah also, daß sein Leib „aus Erde geformt" wurde, nicht aber, daß derselbe zuerst jahrelang als Thierleib umherlief. Theilte ihm aber Gott nicht die Anschauung, sondern nur die Wahrheit in Gedankenform gebracht mit, so müssen wir wiederum sagen: die von Gott in Adams Seele geweckte Vorstellung erschöpft sich in den Worten: „Und er bildete seinen Leib aus Erde." Hierin ist also Adams Wissen über seinen Leib und dessen Entstehung fixirt, und wir haben kein Recht, zu behaupten, daß die Vorstellung Adams himmelweit vom Ausdrucke verschieden, oder der Ausdruck für die Idee ungeschickt und im hohen Grade uneigentlich sei. Das wäre er aber, wenn Adams Leib nach der Descendenztheorie entstanden und Adam, diese Art der Ent= stehung wissend oder geistig schauend, seinen Leib als „aus Erde ge= bildet durch Gott" beschrieben hätte. Man erwäge ferner von diesem Gesichtspunkte aus den vollen Parallelismus der Gedanken und Aus= drücke, die wir oben bereits in anderer Weise verwertheten: quoniam de viro sumpta est: de terra sumptus est, oder die Eigenheit der Na= men: Adam, ebenso wegen der Adamah, wie Männin, weil vom Manne herstammend. Sind das Anschauungen Adams, so gewinnen, will es uns bedünken, die Worte an emphatischer Klarheit, und eine un= eigentliche Auffassung ist unthunlich. Müßte ja doch der Descendenz= theoretiker annehmen, Adam habe mit den gleichen Ausdrücken sowohl die nächste Ursache, als auch die sehr entfernte, sowohl den unmittel= baren, als auch den durch zahllose Mittelglieder bedingten Ursprung bezeichnet.

Das gleiche Ergebniß drängt sich uns auf, wenn wir andere Schrift= stellen betrachten. Die Strafsentenz des Richters an den gefallenen Menschen lautet: „Im Schweiße deines Angesichtes wirst du dein Brod essen, bis du wiederkehrest in die Erde, von welcher du genommen bist." Diese an sich deutlichen Worte erhalten aber noch den erklärenden Zusatz: „denn Staub bist du, und zum Staube wirst du zurückkehren." Das will doch besagen: gerade wie du aus dem Staube dem Leibe nach ge= bildet wurdest, so soll auch der Leib in Staub zerfallen — ein Satz, der in unserer Auffassung über die Körperbildung Adams volle Be= rechtigung hat; ob auch in der Descendenztheorie? Man vergleiche damit, was der hl. Spruchdichter äußert: „Der Herr schuf den Menschen aus

Erbe und ließ ihn wiederum zur Erde zurückkehren"[1]; — oder was
der Prediger lehrt: „Zurückkehrt der Staub zur Erde, als das was er
gewesen, und der Geist zu Gott, der ihn gegeben"[2]; der Schooß der
Erde nimmt den todten Leib auf, der Geist kehrt zu Gott zurück, der
ihn unmittelbar erschaffen; in gleichem Verhältniß stammt der Leib aus
der Erde: klingt da nicht überall die Vorstellung einer unmittelbaren
Herleitung ebenso durch, wie der Gedanke der unverweilten Rückkehr,
des unvermittelten Ausganges?

Im Buche der Weisheit heißt Adam „der erdentstammende Erst=
gebildete"[3]; die übrigen Menschen werden bezeichnet als „Nachkommen
des erdentstammenden Erstgebildeten", „im Mutterleib gebildet als Fleisch
in zehnmonatlicher Zeit". Es dürfte schwer sein, hier einen bewußten
Gegensatz nicht zu finden. Der Entstehung aller Menschen wird der
„Erstgebildete" gegenübergestellt und dessen Eigenthümlichkeit (man merke
wohl: in Betreff des Eintrittes in diese Welt!) mit dem Namen
des „Erdentstammenden" ausgedrückt. Belehrend ist auch der Spruch[4]:
„Alle Menschen sind aus Staub und aus der Erde ward Adam ge=
schaffen." Das Spruchbuch Jesu=Sirachs ist ursprünglich hebräisch ab=
gefaßt und bewegt sich ganz in hebräischer Spracheigenthümlichkeit und
den Gesetzen des Parallelismus. Haben wir das vor Augen, so ergibt
sich aus dem Spruche unmittelbar der Gedanke, daß alle Menschen aus
Staub herstammen, weil Adam, ihr Urvater, aus der Erde geschaffen
wurde. Und so erklären auch die Schriftausleger den Gedankengang
des Siraciden. Hiemit ist zugleich die Antwort gegeben auf den so ge=
wöhnlichen Einwand: alle Menschen werden Staub genannt, alle als
aus Lehm gebildet hingestellt[5]; nun ist es aber einleuchtend, daß dieser
Ausdruck hier nicht buchstäblich zu nehmen ist, also kann er auch von
Adam uneigentlich ausgesagt sein. Aber wie? warum kann das von
allen Menschen gesagt sein? Doch wohl ganz passend, wenn der Stamm=
vater diesen Ursprung hatte? Was würde man zu folgender Schluß=
folgerung sagen: weil alle Menschen Kinder Eva's heißen, so hatte Eva
gar keine eigentlichen Kinder? Oder warum können mit Recht alle
Nachkommen Israels Söhne Israels heißen? Doch nur, weil sie von
wirklichen Söhnen Israels abstammen. Und so scheint denn die un=

[1] Eccli. 17, 1. 2.   [2] Ecclef. 12, 7.   [3] Kap. 7, 1.
[4] Eccli. 33, 10; nach anderer Zählung im griechischen Text 36, 10.
[5] Pf. 102, 4. Job 33, 6.

eigentliche Ausdrucksweise in Betreff der übrigen Menschen es uns ge=
rade zu verbürgen, daß sie es in Bezug auf den ersten nicht ist, gleich
wie wir, sobald wir alle Priester Söhne Aarons nennen hören, auch
schon wissen, daß eben die ganze alttestamentliche Priesterklasse aus leib=
lichen Söhnen Aarons entsprossen ist.

Demselben Gedankenkreise gehört die wechselseitige Beziehung zwischen
der Erde und dem Mutterschooße an, die an mehr als einer Stelle in
der heiligen Schrift ausgesprochen wird. So, wenn Job spricht: „Nackt
kam ich aus dem Leibe meiner Mutter, nackt kehr' ich dorthin", oder
der Siracide: „Ein schweres Joch lastet auf den Menschenkindern vom
Tage, an dem sie aus dem Leibe ihrer Mutter hervorgehen, bis zu dem
Tage, an dem sie in die Mutter Aller begraben werden", oder wenn
der Psalmist, die Vorsehung Gottes über das noch nicht geborne Kind
preisend, singt: „Nicht verborgen war mein Gebein vor dir, der ich ge=
formt wurde im Geheimen, bunt zusammengesetzt in Erdentiefen; als
Embryo schauten mich deine Augen." [1] Die Erde als Mutterschooß, und
dieser in dichterischer Redefigur als Erdentiefe! — was kann und muß
die reale Unterlage dieser Beziehungen und Bilder sein? Was anders,
als die in ihrer Unmittelbarkeit erfaßte Idee: „und Gott bildete den
Leib Adams (des Urvaters) aus Erde"? Wir sehen uns demnach von
allen Seiten durch die heilige Schrift und die Gedankenreihen der in=
spirirten Schriftsteller auf die eigentliche Auffassung hingedrängt. Oder
soll in all' diesen Winken der heiligen Schrift rein nichts enthalten sein,
als ein müßiges Wort= und Gedankenspiel?

Bisher haben wir die heilige Schrift aus sich selbst zu erklären
versucht und sind bei dem Ergebnisse angelangt, daß sie uns wirklich
die durch Gott bewirkte unmittelbare Bildung des menschlichen Körpers
„aus Erde" vortrage. Als Katholiken haben wir aber die sicherste
Norm des Schriftverständnisses in den auf Glauben und Sittenlehre
bezüglichen Dingen an dem traditionellen Verständnisse der heiligen
Schrift in der Kirche, an der einstimmigen Erklärung der heiligen Väter.
Es wäre also hier nur die Vorfrage zu erledigen, ob die Art und Weise
der Entstehung des ersten Menschen zu dem Glaubensschatze der Kirche
gehöre, ob sie eine res fidei et morum sei. Daran zu zweifeln, dürfte
schwer sein. Denn schon die Art und Weise, wie die heiligen Väter und
Theologen diesen Gegenstand behandeln, zeigt, daß sie in ihm einen

---

[1] Job 1, 21. Ecclef. 40, 1. Pf. 138, 15.

Theil der von Gott dem Menschen zum Behufe seines übernatürlichen Zieles mitgetheilten Offenbarung erblicken. Um die ausgezeichnete Würde und Stellung des Menschen hervorzuheben, habe Gott ihn nicht, wie die übrigen Geschöpfe, durch bloßen Befehl erschaffen, nicht einmal der Engel habe er sich als Vermittler bedient, er selbst habe unmittelbar gleichsam Hand an's Werk gelegt. Sie erblicken in der so grundverschiedenen Bil= dung des Leibes demnach einen Hinweis auf das übernatürliche Ziel, für das der Mensch erschaffen wurde. „Wenn einfach geschrieben stünde: ‚Gott machte‘, schreibt der hl. Gregor von Nyssa, „so könntest du glauben, der Mensch sei gemacht worden wie die Thiere, die Pflanzen und Kräu= ter. Damit du aber keine Gemeinschaft mit den vernunftlosen Wesen anerkennest, beschreibt dir der Bericht die eigenthümliche Thätigkeit und Sorgfalt Gottes um dich. ‚Gott nahm Staub von der Erde‘. In Be= treff jener sagt er nur, daß er sie machte; hier aber, wie er bildete … Gottes Hand ist es, die dich bildete; hüte dich, das, was Gott formte, durch Sünde zu entweihen.“ So der hl. Gregor; und wie er sprechen alle heiligen Väter, die über die Schöpfung des Menschen etwas hinter= lassen haben [1]. Es dürfte daher wohl P. Perrone nicht zu viel behauptet haben, wenn er die unmittelbare Bildung des Menschen durch Gott dem Leibe und der Seele nach als zum Glauben gehörig bezeichnet (spectat ad fidem).

Es herrscht aber auch in der Auffassung unserer Stelle im wahren Sinne des Wortes Einmüthigkeit unter den heiligen Vätern. Und das ist um so beachtenswerther, als in anderen auf die Schöpfung be= züglichen Punkten diese Einstimmigkeit nicht vorhanden ist. Die „Tage“ der Schöpfung versteht der hl. Augustin in einem sehr uneigentlichen Sinne, und auch darüber, ob Alles auf einmal, oder in zeitlicher Auf= einanderfolge, und wie Alles geschaffen wurde, waren die Meinungen manchmal getheilt [2]. Nicht so bei unserem Gegenstande. Die Bildung Eva's aus Adam suchte wenigstens ein späterer Theologe in allegorischer Weise zu erklären — Cajetanus, der aber deßwegen harte Worte von den übrigen hören mußte — unsere Stelle hat Niemand anzutasten gewagt. Die heiligen Väter beschränken ausdrücklich jede figürliche und uneigent= liche Redeweise hier einfach darauf, daß man sich die „Finger“, die

---

[1] Cf. Gregor. Nyss. Patrol. gr. Migne, t. 44. col. 281. Tertullian, De resurr. carn. c. 5. Iren. Adv. haer. l. 4. praef. Vgl. Suarez, De opif. 3, 1. Petavius, De opif. 2, 1.

[2] Man vergleiche das im vorigen Artikel Gesagte.

„Hände" Gottes nicht nach Menschenweise vorstellen dürfe [1]. Wie weit sie aber sonst von einem uneigentlichen Verständnisse entfernt waren, lehrt besonders das Verfahren des hl. Augustin. Aus der Ähnlichkeit der thierischen Empfindungen und Leidenschaften mit den menschlichen nimmt er Veranlassung, die Frage aufzuwerfen, ob etwa die mensch= liche Seele aus der thierischen herausgebildet werden könnte. Er ver= neint sie natürlich auf das Entschiedenste. Aber — und das ist das Auffallende und beweist, wie man es auch nicht im Entferntesten für möglich hielt, über die Bildung des Körpers anders zu denken, als der Wortlaut der Schrift an die Hand gibt — in Betreff des Körpers berührt er eine solche Möglichkeit gar nicht und stellt nicht einmal die Frage nach ihr, während er oft und oft die Bildung des menschlichen Leibes unmittelbar durch Gottes Willen aus der Erde, dem Lehm oder den Elementen der sichtbaren Welt bespricht [2].

Mögen wir also die Sache betrachten entweder nach dem Wortlaut und den sonstigen directen Andeutungen der heiligen Schrift, oder nach der Auslegung der Väter und Theologen und deren ausdrücklicher Lehre, überall kommen wir zum gleichen Ergebniß, d. h. wir sind nicht im Stande, irgend einen Anhaltspunkt herauszufinden, der uns berechtigt, hier der Descendenztheorie auch nur das geringste Zugeständniß zu machen. Fragen wir uns nun zum Schluß, was sie denn überhaupt vom Standpunkte der Forschung aus über den ersten Ursprung des Menschen werde wissen können? Sie kann höchstens einen prekären Schluß aus einer an sich zweifelhaften Analogie vorschützen und glauben, daß vielleicht die Möglichkeit einer Entwicklung des Menschenleibes aus thierischem Organismus nicht schlechthin bestritten werden dürfe. Weiter kann die Forschung, so lange sie auf dem Gebiete der Thatsachen bleibt und nicht phantasiren will, nicht vordringen. Aber aus der ab= soluten Möglichkeit folgt noch nicht, daß es wirklich so geschehen. Ja, es heißt mehr und größere Wunder von Gott fordern, wenn man vor= aussetzt, daß Gottes Vorsehung Jahre lang in besonderer Weise jenes auserwählte Thier sich entwickeln und in der Richtung auf den mensch= lichen Organismus hin sich vervollkommnen ließ, und daß er dann diesem so erzogenen Organismus das ihm zukommende Lebensprincip

---

[1] Vgl. August. De Gen. ad litt. 6, 12. col. 347.
[2] Vgl. De Gen. ad litt. lib. 6. c. 1. 5. 6. 15; lib. 7. c. 20. 22. De Gen. contra Mon. 2, 7.

entzog und an dessen Stelle die vernünftige Seele ihm eingoß — als
wenn man die unmittelbare (und nach der gewöhnlichen Lehre der Theo=
logen die augenblickliche, instantane) Bildung des Leibes und die im
selben Moment erfolgte Schöpfung der Seele und ihre Vereinigung mit
dem Leibe annimmt. Zudem erheben sich gegen die Möglichkeit jenes
ersten Verfahrens nicht unerhebliche philosophische Schwierigkeiten, z. B.
aus der innersten Natur und Verschiedenheit der beiden Lebensprincipe
und ihrer Anforderungen, und wären diese auch beseitigt, so wäre doch
noch die Frage eine offene, ob es der Würde des Menschen angemessen
ist, in einen so engen verwandtschaftlichen und inneren Zusammenhang
mit den im thierischen Organismus eingepflanzten thierischen Trieben
hineinversetzt zu werden. Halten wir uns dabei gegenwärtig, was die
Offenbarung über die Vollkommenheit des paradiesischen Zustandes, das
donum integritatis et immortalitatis, sagt, so erscheint uns der Ge=
danke unannehmbar, daß die Glieder und Organe, ehe sie in Adam
Glieder und Organe der im reinsten Brautschmucke göttlicher Kindschaft
prangenden Seele waren, von thierischer Brunst und thierischen Gelüsten
belebt und durchbrungen gewesen sein könnten. Sollte der Schöpfer,
welcher der Seele das übernatürliche Himmelskleid der Gnade als Morgen=
gabe mitgab, einen solchen Leib der Seele als Organ und Comprincip
angewiesen haben?

Mag man demnach über die Abstammung der Thiere noch so sehr
der Descendenztheorie huldigen, — zwischen Thier und Mensch bleibt
die unausfüllbare Kluft bestehen, auch in Betreff des Körperlichen. Was
Pfaff von der rein natürlichen und empirischen Forschung aus be=
hauptet: „Die Annahme, daß der Mensch vom Affen abstamme, entbehrt
jeder thatsächlichen Begründung", wiederholen wir mit um so größerer
Zuversicht vom Standpunkte des Glaubens aus und setzen noch hinzu:
Den Leib des Menschen in dieser Weise entstehen zu lassen, entbehrt
nicht bloß irgend eines Anhaltspunktes, sondern tritt in Widerstreit mit
klar in der Offenbarung niedergelegten Aussagen.

J. Knabenbauer S. J.

Kirche und Staat in Nordamerika.

II. Das neuere Bundesrecht und dessen christlicher Charakter.

Der weitaus größere Theil der nordamerikanischen Colonien hat zwei Jahrhunderte lang unter dem drückenden Joch protestantischer Staats= kirchen geseufzt. Nur langsam ward die Macht derselben durch das prote= stantische Sectenwesen — ausschließlich zu Gunsten des Protestantismus und mit strengster Unduldsamkeit gegen die katholische Kirche — in einigen Colonien gestürzt, in den anderen untergraben. Das katholische Mary= land hat zuerst die Gründung eines christlichen Staatswesens auf der Basis liebevoller und gerechter confessioneller Duldung versucht und in's Werk gesetzt, ward aber von der protestantischen Übermacht erdrückt und verschlungen. Das quäkerische Pennsylvanien, welches dem hochsinnigen Beispiel Marylands gefolgt war, erlag demselben Schicksal. Nur der kleinsten der Colonien, Rhode=Island, gelang es, von seiner Gründung an bis zur Neugestaltung Nordamerika's den Charakter eines durchaus con= fessionslosen, fast religionslosen Asyls für Verfolgte jeder Art zu bewahren.

Dieß ist ungefähr das Facit unserer bisherigen geschichtlichen Um= schau, dieß der staatskirchenrechtliche Bildungsgang der nordamerikanischen Colonien, wenn man ihn, der nebligen liberalen Phrasen entledigt, in seiner nüchternen Thatsächlichkeit anschaut. Die dritte Epoche der Entwicklung, von der Unabhängigkeitserklärung bis auf die Jetztzeit, müssen wir nothwendig mit den heutigen Zuständen zugleich betrachten, da das Verhältniß, in welches der neugeschaffene Staatenbund im An= fang dieser Periode zur Kirche trat, seiner wesentlichen Grundlage nach noch fortbesteht und die Norm der seitherigen Kirchenpolitik bildet. Die Hauptpunkte, auf welche wir unsere Aufmerksamkeit zu lenken haben, sind mit der Sache selbst gegeben. Es sind:

1. Der religiöse Charakter der nordamerikanischen Verfassung in deren Ursprung;

2. die nähere Ausprägung desselben im Rechtsleben der Union.

I.

Liegen der nordamerikanischen Verfassung specifisch protestantische Anschauungen zu Grunde, oder überhaupt christliche? Ist sie heidnisch?

10*

religiös? von aller Religion absehend? religionslos, oder gar etwa so
grundsatzlos, wie ein amerikanischer Witzbold es dem travestirten Me=
phisto Göthe's als Antwort an den naiven „Schüler" in den Mund legt:

> „Princip? Was sagtest du, junger Fant?
> Das kennt man nicht in diesem Land.
> Praktisch vor Allem sind die Leute;
> Hier dreht es sich einzig um die Beute!" [1]

Alle diese Qualificationen sind schon dem amerikanischen Volke bei=
gelegt und mehr oder weniger ausdrücklich auf seine Verfassung über=
tragen worden, mit Liebe oder Abneigung, Lob oder Tadel, je nachdem
es der Standpunkt des Betrachters gerade mit sich brachte. Um gerecht
zu sein, müssen wir natürlich alle dergleichen Urtheile bei Seite setzen und
uns auf den Standpunkt jener Männer stellen, welche die Grundpfeiler
des neueren amerikanischen Staatslebens errichteten.

Der erste Fundamentalstein dieses Baues ist die vielgefeierte Un=
abhängigkeitserklärung vom 4. Juli 1776, welche zwar den Vorwurf
der Religions= und Grundsatzlosigkeit von den Gründern der Union
hinwegräumt, aber auch drastisch genug die Schwierigkeit darstellt, welche
es hat, alle Schattirungen des Christenthums, vom festgegliederten, un=
veränderlichen Katholicismus bis herab auf das allerlaxeste und flachste
Humanitätschristenthum der Aufklärungsperiode, auf eine gemeinsame,
religiöse und noch christlich klingende Basis zu bringen. Von den „Ge=
setzen der Natur und des Gottes der Natur" leiten die Unterzeichner
dieser welthistorischen Erklärung die Berechtigung her, ihrem Volke eine
selbstständige Stellung unter den Mächten der Erde zu verschaffen.
Einem gemeinsamen „Schöpfer" aller Menschen schreiben sie jene ihre
unverwirkbaren Rechte auf Leben, Freiheit und Glückseligkeit zu, für
welche sie der englischen Krone gegenüber in die Schranken treten. Indem
sie die dreizehn Colonien Angesichts der ganzen Welt als freie, unab=
hängige Staaten erklären, rufen sie den höchsten Richter der Welt als
Zeugen für die Reinheit ihrer Absicht an, und verpfänden einander, in
festem „Vertrauen auf den Schutz der göttlichen Vorsehung", Gut, Blut
und Ehre [2]. Nimmt man diese Worte, wie sie sich officiell darstellen,
als die Kundgebung eines in seiner überwiegenden Majorität noch
christlich=gläubigen Volkes, so ist es nicht schwer, in der reinen, klaren

---

[1] Aus einem New=Yorker humoristischen Blatt, bei John Becker, Die hundert=
jährige Republik, S. 79.

[2] Declaration of Independence.

und so ehrfurchtsvoll behandelten Gottesidee den Ausdruck frommen, christlichen Glaubens wiederzufinden. Nimmt man aber die Worte für sich ohne Rücksicht auf die Redenden, so ist es nicht weniger klar, daß ein Jude und Muselmann, ein Freimaurer und ein Deist sie ebenso gut unterzeichnen konnte, als ein Puritaner oder Katholik. Die Frömmigkeit erhielt darin einen ebenso freien Spielraum, als in Lessings „Nathan". Woher diese indifferentistische Fassung in dem ersten Manifest einer religiösen, einer christlichen Nation?

Der Mann, welcher die Unabhängigkeitserklärung verfaßte, unstreitig einer der bedeutendsten Männer, welche Amerika je hervorgebracht, war Thomas Jefferson. Man könnte ihn wohl treffend den „Philosophen" des Unabhängigkeitskrieges und der neuen Constitution nennen. Nicht als wenn er ein besonders tiefer Denker oder der Urheber neuer Systeme gewesen wäre; aber mehr als sonst einer der Mithandelnden hatte er mitten im Wirrwarr des Kampfes das Auge auf Gegenstände der Theologie, Philosophie und anderer Wissenschaften gerichtet, schrieb und studirte, formulirte und systematisirte die herumfliegenden Ideen des Tages und brachte sie mit den Ergebnissen französischer und englischer Aufklärung in freundschaftliche Fühlung. Das Glaubensbekenntniß, das er sich aus protestantischen Überbleibseln und philosophischem Rationalismus zusammenbraute, nähert sich weit mehr der Aufklärung Lessings, als derjenigen Voltaire's.

„Die christliche Religion," so schreibt er in seinen Memoiren, „(wenn sie von allen Zuthaten, mit welchen man sie umhüllt hat, befreit, und zu der ursprünglichen Reinheit und Einfachheit ihres wohlwollenden Stifters zurückgebracht wird) ist von allen Religionen die beste für Freiheit, Wissenschaft und die unbeschränkteste Entwicklung des menschlichen Geistes . . . Ich bin Christ in dem alleinigen Sinne, in welchem Christus wünschte, daß man es sei: seinen Lehren aufrichtig zugethan und sie allen anderen vorziehend, ihm jede menschliche Vollkommenheit beilegend, und des Glaubens, daß er selbst keine andere in Anspruch nehme. Es ist ein Verlust, daß Jesus selbst Nichts schrieb und seine Lehren nur zerstückelt und wohl auch mißverstanden auf uns kamen. Er reinigte die jüdische Gotteserkenntniß und lehrte die vollkommenste und erhabenste Moral, die je auf Erden verkündet worden; sie umfaßte alle Menschen und vereinigte sie zu einer Familie durch die Bande des Wohlwollens, der Liebe, der gemeinsamen Bedürfnisse und gegenseitigen Hilfeleistungen. Aber schon seit dem Apostel Paulus sind die einfach erhabenen Lehren Jesu Christi verkünstelt und entstellt worden."

„Schütteln Sie alle jene Befürchtungen und servilen Vorurtheile von sich," so schreibt er an einen jungen Mann, der sich in Religionsforschungen an ihn

um Rath wandte, „durch welche so viele schwache Geister sich knechtisch erdrücken
lassen. Geben Sie Ihrem Geiste einen festen Standpunkt und laden Sie alle
Thatsachen, alle Ansichten vor sein Tribunal ... Lassen Sie sich durch keine
Furcht vor den Consequenzen von dieser Prüfung abhalten. Gelangen Sie
dabei zu dem Glauben, daß es keinen Gott gibt, so werden Sie in der
Freude und dem Zauber, welchen die Tugend selbst besitzt, die nöthige Er=
muthigung finden, sie zu üben. Finden Sie Gründe, anzunehmen, daß es
einen Gott gibt, so wird das Bewußtsein, vor seinem Angesicht und ihm
wohlgefällig zu handeln, Ihnen eine weitere Ermuthigung bieten. Kommen
Sie zum Glauben an ein ewiges Leben, so wird die Hoffnung einer glücklichen
Fortexistenz in einer andern Welt Ihr Verlangen mehren, dasselbe zu ver=
dienen. Scheint Ihnen, daß Jesus Gott gewesen ist; so werden Sie durch
den Glauben an seine Hilfe und an seine Liebe getröstet werden. Kurz, ich
wiederhole es Ihnen, man muß alle Vorurtheile bei Seite setzen und nichts
glauben noch verwerfen, weil gewisse Personen es verworfen oder geglaubt
haben. Ihre eigene Vernunft ist das einzige Orakel, das Ihnen vom Himmel
gegeben ist, und Sie sind nicht verantwortlich für die Richtigkeit, wohl aber
für die Ehrlichkeit seiner Entscheidungen.“ [1]

So dachte und schrieb der Mann, welcher in der Unabhängigkeits=
erklärung so feierlich den höchsten Richter der Welt für die Reinheit
seiner Absichten anruft. So leichtfertig und frivol er sich auch ander=
wärts über Personen und Dinge äußert [2], so wäre es doch unrecht, seine
theoretische und praktische, wenn auch rationalistische Toleranz mit dem
ausgesprochenen Religions= und Christushaß Voltaire's auf eine Stufe
zu stellen. Noch unberechtigter wäre es, seine Privatanschauung dem
von ihm im Namen seiner Nation entworfenen Document zu unter=
schieben. Allein so wenig dieß angeht, so bedeutsame Lichter wirft seine
Privatanschauung auf die Tragweite des Documents und auf den Geist,
welchem die Verfassung der Vereinigten Staaten entsprungen ist.

---

[1] The Writings of Thomas Jefferson, being his Autobiography, Correspon-
dence, Reports, Messages, Adresses etc. New-York 1853—54.

[2] „Wir sollten Alle den Thron Gottes mit Gebeten belagern,“ schrieb er z. B.
von Paris aus, wohin er 1784 als Gesandter kam, „daß er vom Antlitz der Erde
diese gesammte Klasse von Tigern und Löwen in Menschengestalt, diese Mammuthe
ausrotte, die man Könige nennt. Zu Grunde gehe ein Jeder, der nicht von ihnen
sagt: ‚Herr, erlöse uns von dieser Landplage!‘“ „Ich halte es für eine ausgemachte
Sache,“ sagt er anderswo, „daß eine kleine Emeute von Zeit zu Zeit etwas sehr
Gutes und in der politischen Welt ebenso Nothwendiges ist, als die Gewitter in der
physischen Welt ... Der Baum der Freiheit muß bisweilen durch das Blut von
Tyrannen und Patrioten erfrischt werden“ u. a. dgl. Charakteristisch für ihn ist,
daß er an Washington keine solchen Amoenitates Americanas zu richten wagte. In
den Freimaurerclubs aber gehörte das zum guten Ton.

Die Volksmajorität, in deren Namen Jefferson sprach, war noch nicht so weit fortgeschritten, wie er. Sie war noch christlich gläubig. Aber in so viele Secten zersplittert und von so wenigen Dogmen einheitlich zusammengehalten, fühlte sie so gut wie ihr officieller Stimmführer die Nothwendigkeit, im Christenthum mehr die moralische Seite, die Religion des Wohlwollens, der Liebe, der gegenseitigen Hilfeleistung, zu betonen. Wie Jefferson fühlte sie den Drang, dem protestantischen Princip des Individualismus endlich volle Freiheit werden zu lassen. Wie Jefferson war sie durch die politische Stellung selbst zur Opposition gegen die englische Staatskirche hingedrängt und dem Gedanken näher gerückt, um staatlicher Interessen willen des alten religiösen Habers zu vergessen.

Doch weit mächtiger als diese geistigen Processe, welche im Volke nur langsam zum reflexen Bewußtsein gelangen konnten, wirkte das eherne Gebot der Noth. Die Amerikaner, Episcopale und Puritaner, Baptisten und Quäker, Presbyterianer und Evangelische, Katholiken und Ungläubige, wollten frei sein und frei bleiben, und es galt, die erworbene Freiheit mit den Waffen in der Hand zu vertheidigen. Nicht Jefferson der Philosoph, sondern Washington der Krieger und Franklin der Diplomat führten zunächst das Steuerruder der jungen Republik.

Wie Georg Washington in politischen Dingen viel tiefer und gesunder urtheilte als Jefferson, der persönliche Freund Payne's und der begeisterte Adept der Freimaurerei, so nahm er es auch mit der Religion viel ernster, als dieser[1]. Das schönste Denkmal seiner religiösen Gesinnung sowohl als seines staatsmännischen Scharfblicks ist sein berühmter Abschiedsbrief an die Nation[2], in welchem er keinen Anstand nahm, seine für jegliche Freiheit und namentlich für Religionsfreiheit schwärmenden Landsleute an die Nothwendigkeit der Religion und der Religiosität zu gemahnen.

„Für alle Anlagen und Fertigkeiten," so äußert er sich hier, „welche zu politischem Wohlergehen führen, bilden Religion und Sittlichkeit die unentbehrlichen Grundlagen. Vergeblich würde derjenige den Namen eines Patrioten beanspruchen, welcher daran arbeitete, diese mächtigsten Grundpfeiler menschlichen Glückes, diese festesten Stützen menschlicher und bürgerlicher

---

[1] So trug er z. B. kein Bedenken, die Repräsentanten 1796 in öffentlicher Sitzung daran zu erinnern, daß sie „Alle Werkzeuge der göttlichen Vorsehung" seien. Washington's Monuments of Patriotism. Philadelphia 1850, p. 251.

[2] Farewell Address. Sept. 17, 1796.

Pflichten, umzustürzen. Der bloße Politiker muß sie ebenso sehr als der
religiöse Mann achten und ehren. Ein ganzer Band könnte all' ihre Be=
ziehungen zu dem privaten, wie öffentlichen Wohl nicht genugsam zeichnen.
Laßt uns einfach die Frage stellen: Wo ist die Bürgschaft für Eigenthum,
guten Ruf, Leben, wenn das Bewußtsein der religiösen Verpflichtung den
Eiden abhanden kommt, welche in den Gerichtshöfen als Untersuchungsmittel
dienen? Und seien wir vorsichtig in Bezug auf die Anschauung, daß Sitt=
lichkeit ohne Religion aufrecht erhalten werden kann. Mag man der feinen
Bildung einen noch so günstigen Einfluß in Bezug auf besonders günstig
ausgestattete Geister zuschreiben, so verbieten uns dennoch sowohl die Vernunft
als die Erfahrung, zu erwarten, daß wahrhaft nationale Sittlichkeit mit
Ausschluß religiöser Grundsätze gedeihen kann."

Von der Mühewaltung einer Stellung in Anspruch genommen,
welche den Umfang einer ausgedehnten königlichen Jurisdiction mit den
Sorgen eines mühevollen Krieges und einer äußerst schwierigen Staaten=
bildung vereinigte, hatte der biedere Staatsmann keine Muße, die bunten,
sich widerstrebenden Theologien seines Volkes näher zu untersuchen, und
von der Nothwendigkeit religiöser Grundsätze zu derjenigen geoffenbarter
religiöser Grundsätze, von der Vielheit der Religionen zu der einen,
wahren Religion vorzudringen [1]. Von den Umständen gezwungen, An=
hänger der verschiedensten Kirchengemeinschaften zu gemeinsamer politischer
Action zu vereinigen, durfte er keine derselben bevorzugen, mußte gegen
alle dieselbe Geneigtheit zeigen. Die Unmöglichkeit, eine bestimmte reli=
giöse Erziehung zu empfehlen, veranlaßte ihn, wenigstens intellectuelle
Bildung, als Grundlage der öffentlichen Meinung und als theilweisen
Ersatz jener, seinen Landsleuten auf's Wärmste an's Herz zu legen.
Aber er fühlte die Unzulänglichkeit dieses Mittels und unterstützte deß=
halb die Religion und ihre Diener, soweit er ohne directe Einmischung
konnte, durch sein Ansehen und seinen Einfluß, um dem Lande wenig=
stens durch die freie Thätigkeit der Kirche das wichtigste Bollwerk
seiner Wohlfahrt zu sichern. Mehr konnte er nicht thun, da die Gesetz=
gebung und Executive in religiösen Dingen als eine innere Angelegen=
heit der Einzelstaaten betrachtet wurde und seit der Unabhängigkeits=
erklärung dem Ressort ihrer Behörden zufiel. Von hoher Bedeutung

---

[1] „Wäre es ihm vergönnt gewesen," bemerkt die Dublin Review (July 1876,
p. 89), „einen Blick in den Zauberspiegel der unaussprechlichen Verwirrung zu thun,
welche schließlich die religiösen Trennungen in seinem so geliebten Vaterlande anrichten
würden, so ist wohl möglich, daß er die endlosen Religionsvarietäten ebenso wenig
preiswürdig gefunden haben würde, als sich innerlich befehdende Staatstheorien."

indeß war es auch für diese Legislationen, daß der „Vater des Vater=
landes", als welcher Washington mit Recht betrachtet wurde, seine reli=
giöse Sympathie nicht nur den mannigfaltigen Erscheinungsformen des
Protestantismus zuwandte, sondern auch den katholischen Bürgern der
Union, welche bis dahin von der protestantischen Majorität als staats=
feindliche Secte behandelt worden waren. Er bezeugte dem ersten katho=
lischen Bischof öffentlich seine Achtung und erwiederte die Achtungsbeweise
seiner katholischen Mitbürger mit der Unparteilichkeit und der Freund=
lichkeit eines wahren Patrioten, der auch katholische Religiosität als
einen Hort der Sittlichkeit und deßhalb des Staatswohls zu schätzen
mußte — Thatsachen von nicht geringem Belange, da den besten Män=
nern der Union, sowohl damals als später, nicht Jefferson, sondern
Washington als Vorbild vorleuchtete.

Als er einst während eines Aufenthaltes in Boston hörte, daß man
auf den 5. November die gewohnte, von England herübergebrachte No=
Popery = Demonstration feiern wolle, erließ er folgenden Tagesbefehl:
„Da der General en chef in Kenutniß gesetzt worden, daß man be=
absichtigt, nach einem ebenso lächerlichen als kindischen Gebrauch den
Papst in effigie zu verbrennen, so kann er nicht umhin, sein Erstaunen
darüber kundzugeben, daß es in seiner Armee Offiziere und Soldaten
gibt, welche so arm an gesundem Menschenverstand sind (so
void of common sense), daß sie die Ungebührlichkeit eines solchen Ver=
haltens nicht einsehen." Er erinnerte dann an die Bundesgenossenschaft
Frankreichs und Canada's, und fügte bei: „Ihre (d. h. der Alliirten)
Religion zu verspotten, ist so ungeheuerlich, daß es nicht geduldet,
noch entschuldigt werden kann." [1]

Viel unmittelbarer in dieser Richtung hin wirkte das Beispiel und
der Einfluß Benjamin Franklins, der, obwohl in vielfachen intimen
Beziehungen zur französischen Revolutionspropaganda, doch weit mehr
den religiösen Ernst Washingtons theilte, als Jefferson. Eine politische
Mission nach Canada führte ihn im Februar 1776 mit den beiden
Carrolls, dem Repräsentanten und dem spätern Bischof, zusammen. Die
Sendung scheiterte zwar an den religiösen Antipathien, welche die pro=
testantischen Colonien durch grobe Aeußerungen der Unduldsamkeit in
dem katholischen Lande erweckt hatten. Man verschmähte die Bundes=
genossenschaft von Leuten, welche noch vor einigen Jahren die katholische

---

[1] Words of Washington, selected by James Parton. Boston 1872, p. 49.

Kirche officiell als eine Mördergrube und Schule des Verbrechens ge=
lästert hatten. Franklin war indeß weise und tiefblickend genug, den
Canadiern im Herzen Recht zu geben und seine eigenen Mandatäre
ihren protestantischen Zelotismus zu verdammen. Gleichzeitig zerstö...
der persönliche vertraute Umgang mit dem wackeren katholischen Lai...
und dem edlen Missionär alle jene unhaltbaren Vorurtheile, welche di...
Lüge an die Namen Katholik, Priester, Jesuit geheftet hatte. Er war...
ihr persönlicher Freund und, soweit es die Verhältnisse gestatteten, auch
ein Gönner ihrer Sache. Sie verlangten Freiheit — das wollte er
auch. Sie wollten Niemanden ihre Ansichten gewaltsam aufdrängen —
das wollte er auch nicht. Sie hielten auf Religiosität, Tugend, Pa=
triotismus — darauf hielt er auch. Was ihr freundschaftliches Zu=
sammenwirken in politischen Dingen ermöglichte, das schien ihm auch
in weiteren Kreisen ausführbar. Da jede Betonung der verschiedenen
religiösen Überzeugung dasselbe zu bedrohen schien, wandte er sich noth=
wendig dem Grundsatze der Freiheit zu, und suchte hier die kirchenpoli=
tische Basis der Zukunft. „Schweigen wir von der Religion in bürger=
lichen Dingen, seien wir brave, freiheitsliebende Amerikaner; Jeder re=
spectire des Andern religiöse Überzeugung und sei in seiner Art ein red=
licher, pflichttreuer Christ." Diese Maxime des Privatverkehrs gestaltete
sich allgemach zum politischen Princip — und da „Freiheit" der Haupt=
motor der ganzen Politik war, so lag nichts näher, als jene aus prak=
tischem Bedürfniß hervorgegangene Verträglichkeit als „Religionsfreiheit"
aufzufassen und hierdurch einigermaßen unter die Jakobinermütze der
damaligen Aufklärung zu bringen. Das hinderte aber den vormaligen
königlich englischen Generalpostmeister und nunmehrigen amerikanischen
Gesandten Dr. Franklin nicht, mit der Toleranz auch für die katholische
Kirche Ernst zu machen. „Eripuit coelo fulmen sceptrumque tyran-
nis" — und er verschaffte Amerika seinen ersten katholischen Bischof [1].

So malt sich denn in der damaligen Lage die ganze Verlegenheit,
in welche der Protestantismus die Menschheit gebracht hat, indem er die
naturgemäße Basis des christlichen Staatslebens, die Einheit des Glau=
bens, zerstörte. Ohne zu bedenken, daß „Freiheit" keine centripetale,
keine einigende, keine organisirende Kraft ist, griffen Protestanten, Un=
gläubige und Katholiken aus lauter Noth nach dieser „neutralen" Planke,
um auf derselben eine politische Einheit zu erzielen und dabei die Einen

---

[1] Vgl. diese Zeitschrift 1876, XI. S. 25—27. Clarke, Bishops. I. 43 sqq.

ihren Bibelglauben, die Andern die Selbstherrlichkeit der Vernunft, die Dritten die von Gott gesetzte kirchliche Autorität für sich und ihre Kinder a[...] em augenblicklichen Chaos zu retten. Das einzige Glaubensbekennt= in welchem man sich noch traf, bestand aus den Wahrheiten der natürlichen Religion. Der Deist Jefferson kam deßhalb dem allgemeinen Bedürfniß entgegen, wenn er ben religiösen Formeln der Unabhängig= keitserklärung eine deistische Fassung gab und so die schwierige Aufgabe löste, dem Werke einer so bunten Gesammtheit einen gemeinschaftlichen religiösen Rückhalt zu verschaffen.

In den Bundesartikeln von Philadelphia [1] blieb die Religion als Sache der Einzelstaaten völlig aus dem Spiele. Indessen bekunden die Abgeordneten ihre religiöse Gesinnung einigermaßen dadurch, daß sie in der Schlußclausel ihre Machtvollkommenheit auf den „großen Herrscher der Welt" (the great Governor of the World) zurückbeziehen, „wel= chem es gefallen hat, die einzelnen Staatsregierungen zur Zustimmung zu neigen".

Bei den organisatorischen Kämpfen und Arbeiten, aus welchen die am 17. September 1787 ratificirte Bundesverfassung der Vereinigten Staaten hervorging, spalteten sich die Staatsgründer in zwei Haupt= richtungen. Wie Friedrich v. Raumer treffend hervorhebt, war noch um diese Zeit die Macht der geschichtlichen Überlieferung auch auf politischem Gebiete so stark, daß vielen der tüchtigsten Männer der Union, wie Washington, Adams, Hamilton u. A., bei ihren Verfassungsarbeiten die englische Constitution als Ideal vorschwebte. Sherman war der Ansicht, das Volk müsse mit der Regierung so wenig als möglich zu thun haben; Hamilton wollte einen lebenslänglichen Präsidenten mit lebenslänglichem Senat (d. h. König und Oberhaus, nur mit anderem Namen) und er= klärte jeden demokratischen Verfassungsentwurf für unkoschere Kocherei (but pork still with a little change of sauce); Washington selbst aber äußerte gegen Jefferson: „Ich sehe voraus, daß wir früher oder später eine der englischen nahe verwandte Verfassung annehmen müssen, und ich wünsche, die Gemüther des Volkes darauf vorzubereiten." [1] Und

---

[1] Articles of Confederation, July 9, 1778.

[2] Vgl. Madison, Papers. II. p. 753, 888 sqq. Cornelis de Witt, Histoire de Washington et de la fondation de la République des États-Unis. Wohl nicht unrichtigerweise sagte Washington: „Das demokratische Princip beruht auf ver= schiedenen Principien, welche darauf hinauslaufen, Localinteressen zu dienen." Von der zu Stande gekommenen Verfassung aber urtheilte er: „Ich wollte, sie wäre besser;

als Jeffersons demokratisch-centralisirende Richtung über die conservativ-
historische Washingtons den Sieg davontrug, blieb letztere doch, durch
eine Menge der tüchtigsten und biedersten Männer vertreten, eine d̄ie
junge Union schützende Macht, ein Bollwerk ihres edleren Geisteslebens,
ihre Schutzmauer gegen die Gefahr, einer Alles nivellirenden Ochlokratie
zur Beute zu werden.

Für die religiösen Verhältnisse blieb der Sieg Jeffersons ohne
wesentlich nachtheilige Folgen. Man verharrte auf dem einmal gefun-
denen Auskunftsmittel und überließ das Grenzgebiet zwischen Staat
und Kirche der näheren Regulirung durch die Einzelstaaten. Das Einzige, was man in dieser Hinsicht verfügte, war (Art. VI. n. 3): „Die
obgenannten Senatoren und Repräsentanten, die Mitglieder der Einzel-
staatlegislationen und alle Verwaltungs- und Gerichtsbeamten sowohl
der Vereinigten Staaten, als der Einzelstaaten sollen durch einen Eid
oder mündliche Versicherung verpflichtet werden, die Constitution zu
halten; aber nie soll ein religiöser Testeid als Vorbedingung zu irgend
einem Amt oder öffentlichen Posten, welcher den Vereinigten Staaten
untersteht, gefordert werden." Erst in den Amendements, welche am
4. März 1789 der Sanction des Congresses unterbreitet, am 15. December 1791 in die Constitution aufgenommen wurden, erhielt die religiöse Frage eine für die ganze Nation maßgebende und principielle
nähere Bestimmung, indem das erste Amendement der Errichtung einer
Staatskirche den constitutionellen Boden entzog und freie Religionsübung zugleich mit Rede- und Preßfreiheit, Vereins- und Petitionsrecht
als Grundrechte aller amerikanischen Bürger feierlich sanctionirte. „Der
Congreß darf kein Gesetz erlassen, das eine Religion zur Staatsreligion
erhebt, oder deren freie Ausübung verbietet, oder die Freiheit der Rede
und der Presse oder das Versammlungs- und Petitionsrecht des Volkes
beschränkt." [1]

Dieß ist der berühmte Artikel der amerikanischen Verfassung, welcher in der alten Welt so mächtigen Widerhall fand und von religions-
müden Demokraten wie kirchenstreitssatten Diplomaten, liberalisirenden

---

aber ich glaube wirklich, daß sie die beste ist, die sich unter den gegebenen Umständen
herausbringen ließ."

[1] „Congress shall make no law respecting an establishment of religion, or
prohibiting the free exercise thereof; or abridging the freedom of speech, or
of the press; or the right of the people peaceably to assemble, and to petition
the government for a redress of grievances."

Katholiken wie freiheitsdurstigen Indifferentisten, kampfesüberdrüssigen
Kirchenverfolgern und verfolgten Söhnen der Kirche mitunter in so
auffallender Gemeinsamkeit als einziges Rettungsmittel aus uralter Fehde
bewundert und zur Nachahmung empfohlen ward, welchen der Liberalis=
mus speciell so warm befürwortete als den kürzesten und sichersten Weg,
Gewissen und Staat von den Fesseln kirchlicher Autorität zu erlösen
(pour affranchir les consciences et séculariser l'état, wie Laboulaye
noch 1873 dem gesammten Europa predigte) [1].

Im Sinne Jeffersons und seiner freimaurerischen Gesinnungsgenossen
hatte der Artikel allerdings diesen letztern Sinn. Man hoffte in diesem
Kreis, durch Religionsfreiheit, Denkfreiheit, Preßfreiheit, Vereinsfreiheit,
Petitionsfreiheit und wie die Freiheiten sonst noch alle heißen, die Mensch=
heit möglichst vollständig zu nivelliren, das Princip der Autorität durch
das einer chimärischen Freiheit zu ersetzen und durch die „Religions=
freiheit" zur Religionslosigkeit, d. h. zur Emancipation von jeder ge=
offenbarten Religion zu gelangen. Katholiken thaten deßhalb nie son=
derlich gut daran, daß von der Loge ausgegebene Schlagwort, eines
der Symbole ihrer antichristlichen Philosophie, als Devise auf ihr Ban=
ner zu schreiben; denn gegenüber der genügend erkannten Autorität
des sich offenbarenden Gottes — und die anerkennt ja der Katholik —
ist die Religion für das Individuum wie für den Staat keine Sache
der Freiheit mehr, sondern eine Sache der Verpflichtung.

Im Sinne des souveränen Volkes aber, das sich jene Verfassung
gab, hat jener Artikel eine durchaus andere Bedeutung. Wie Washing=
ton, so hielt auch das Volk, an dessen Spitze er stand, seiner immen=
sen Majorität nach an dem Grundsatze fest, daß Religion und Sitt=
lichkeit die festesten Pfeiler des Staatswohles bilden und daß die Religion
hinwieder die unersetzliche Grundlage der Sittlichkeit ausmacht. Und es
hing nicht an irgend welchen Schemen von deistischer Zukunftsreligion,
sondern am geoffenbarten Christenthum, in seinen zwar mannigfaltigen
und theilweise sehr wandelbaren, aber immerhin positiven und autorita=
tiven Formen. Wenn man einer jeden dieser Formen die Berechtigung
abschnitt, je Staatsreligion zu werden, so wollte man damit keineswegs
die Wirksamkeit der Religion auf das Staatsleben unterbinden oder den
Staat völlig säcularisiren, sondern man that es, um all' den vorhan=
denen Bekenntnissen ihre Fortexistenz und dem Staate zugleich den innern

---

[1] Revue des Deux-Mondes 1873. Vol. CVII. p. 721.

Frieden zu sichern. Man hielt den religiösen Volksgeist, das im angel=
sächsischen Stamme so tiefwurzelnde Element der Familientradition, die
Lebenskraft der zum Theil doch schon 200 Jahre alten Religionsgemein=
schaften für kräftig genug, dem Lande das ehrwürdige Palladium der
christlichen Religion zu erhalten, und der Gesetzgebung der Einzelstaaten
war es ja zudem unbenommen, nöthigenfalls dasselbe zu schützen und zu
stützen. Das Freigeben der Religionsübung hatte nicht den Sinn der
Approbation und Gleichstellung aller Religionen, sondern den der
Duldung.

So faßt einer der tüchtigsten Commentatoren der amerikanischen
Verfassung, der Richter J. Story, die Sache auf. „Es ist höchst wahr=
scheinlich,“ schreibt er, „daß zur Zeit, wo die Verfassung angenommen
wurde, die Amerikaner ziemlich allgemein, wenn nicht allgemein die An=
sicht hegten, daß das Christenthum vom Staate allen Schutz erhalten
sollte, der sich mit den individuellen Rechten des Gewissens und mit der
Cultusfreiheit versöhnen ließe. Man hätte, glaube ich, die Idee sehr
ungünstig aufgenommen, alle Religionen auf dieselbe Linie zu stellen
und als politische Maxime festzusetzen, daß der Staat sich gegen alle
Culte völlig gleichgiltig verhalten soll. Ob eine freie Regierung, die
sich allen Cultusangelegenheiten fremd gegenüberstellt, einige Aussicht
auf Bestand hat, das ist ein Problem, das erst die Zukunft lösen
muß. Nach den zahlreichen Experimenten, welchen die Theorie der Re=
gierungskunst schon die Völker unterzogen hat, ist dieses noch zu machen,
und die Vereinigten Staaten Amerika's haben in dieser Hinsicht eine
große Verantwortlichkeit. Das wahre Ziel, welches sich der consti=
tuirende Congreß der Vereinigten Staaten vorsetzte, war durchaus nicht,
den Mohammedanismus, den Judaismus oder den Unglauben auf
Kosten des Christenthums zu begünstigen, sondern er wollte bloß die
Rivalität zerstören, welche die christlichen Secten trennte, und wenn er
den Gesetzgebern verbot, eine Nationalkirche zu errichten, so war es ihm
darum zu thun, zu verhindern, daß irgend ein Klerus ausschließlich des
Staatsschutzes genösse.“ [1] In demselben Sinn, nur in noch schärferer
Weise, sprach sich gelegentlich einer Proceßanklage auf Blasphemie (1811)
der Kanzler Kent aus [2]. Der Presbyterianer Dr. Baird aber, in seinem
Werke über „Die Religion in Amerika“, hegt die Überzeugung, die Ur=

---

[1] Bei Jannet, États-Unis, p. 306. 307.
[2] Johnsons Reports, p. 290.

heber der amerikanischen Bundesverfassung würden, falls sie hätten vor=
aussehen können, wie man ihr Stillschweigen über das Christenthum
ausbeuten würde, „nicht ermangelt haben, ihren Glauben an Gott und
ihre Anschauungen über die Wichtigkeit und Wahrheit des Christenthums
in genauen Ausdrücken zu formuliren"[1]. Daß diese Annahme keine bloße
fromme Conjectur im Sinne des Protestantismus ist, dafür bürgt uns
ein Brief des P. John Carroll, des nachmaligen ersten Bischofs von
Baltimore (vom 28. Februar 1779), worin er einem Freunde in Eng=
land mittheilt, daß die Religion als innere Angelegenheit der Macht=
befugniß der Einzelstaaten anheimfalle, daß aber in fast allen amerika=
nischen Staaten das vollste und weiteste System der Toleranz ange=
nommen sei: „Staatsschutz und Staatsgunst erstrecken sich
gleichermaßen auf alle religiösen Bekenntnisse."[2]

Aus dieser im praktischen Leben der Nation bereits zur Geltung
gekommenen Auffassung ist der vielgepriesene Verfassungsartikel erwachsen.
Er war im Sinne der stimmberechtigten Volksmajorität keine Sanction
frecher Religionslosigkeit, sondern eine langwierigen Nothständen abge=
rungene Erweiterung religiöser Duldung. Daß diese Duldung nicht
auf die christlichen Bekenntnisse beschränkt ward und daß die christliche
Überzeugung des Volkes in der Verfassung nicht zum Ausdruck kam,
lag theilweise in dem Einfluß der Loge und ihrer mächtigen Repräsen=
tanten, theilweise aber auch in dem Umstand, daß der Protestantismus
vor der katholischen Kirche einen fast größeren Abscheu hegte, als vor
Juden und Türken. Nachdem sich die verhaßten „Papisten" einmal als
wackere Bürger bewährt und dafür die Freiheit erhalten hatten, warum
sollte man den viel weniger schlimmen Juden und Türken die Freiheit
und das Glück verwehren, amerikanische Bürger zu werden? Je zahl=
reicher die protestantischen Secten zudem geworden waren, desto mehr
war ihnen das Selbstgefühl ihrer Unfehlbarkeit und ausschließlichen Be=
rechtigung entschwunden, desto mehr fühlten sie das Bedürfniß nach gegen=
seitiger Duldung.

Politisch dulden konnten und durften sie aber einander und auch
die Katholiken, die Juden und Türken, ohne darum ihre christliche Über=
zeugung aufgeben zu müssen. Freudig durften die Katholiken ihrerseits

---

[1] Baird, Religion in America. Vol. I. Book 3. Chapt. 11.
[2] Vgl. den übrigen Text in dieser Zeitschrift 1876, XI. S. 29. R. Clarke,
Bishops. I. p. 50.

diese Duldung entgegennehmen, welche ihnen als Lohn für ihre Bürger=
tugend gewährt ward; freudig durften sie sich auf eine Verfassung be=
rufen, welche, ohne den Irrthum des Liberalismus genau zu formuliren,
wenn auch daran streifend, ihnen diese Duldung gewährleistete; freudig
durften sie für diese Verfassung einstehen, welche eine protestantische
Staatskirche fürder zur Verfassungswidrigkeit machte, und zu der Hoff=
nung berechtigte, welcher P. Carroll nachhing: „Amerika möchte einst
der Welt den Beweis liefern, daß eine allgemeine gleiche Duldung, welche
redlicher Erörterung (fair argument) freien Umlauf gewährt, das beste
Mittel ist, alle christlichen Bekenntnisse zur Einheit des Glaubens
zurückzuführen!" [1].

II.

Die widerstrebenden Elemente, aus deren Fusion der berühmte
Bundesartikel hervorgegangen, machten sich auch im fernern Rechtsleben
des amerikanischen Volkes geltend und bereiteten ihm vielfach jene wider=
strebenden Auslegungen, welche solchen grundsätzlich unklaren Fusionen
gemeiniglich anzukleben pflegen. Betrachten wir zunächst die Kundgebun=
gen jenes religiösen, christlichen Geistes, der ursprünglich die junge Union
beherrschte und der wegen äußerer Schwierigkeiten in der Verfassung
selbst nicht zum deutlichen Ausdruck kam.

Da begegnen wir vor Allem der erfreulichen Thatsache, daß die
Nation in ihrem öffentlichen Leben als Staat unzweifelhaft und aus=
drücklich Gott als ihren Herrn und Schöpfer, als ihren Gebieter und
Wohlthäter, als ihren Richter und Erbarmer anerkennt — keinen deisti=
schen Gott, vor dem man in philosophischer Selbstgerechtigkeit seine eigene
Hoheit beweihräuchern darf, sondern den unendlichen Gott des Christen=
thums, vor dem auch die Völker demüthig im Staube um Verzeihung
ihrer Sünden, um Licht und Gnade flehen müssen. Zu diesem prakti=
schen Glaubensbekenntniß der Nation als Nation gehört
die von Franklin eingeführte Sitte, alle Sitzungen des Congresses durch
die hiefür bestellten Kapläne mit Gebet zu eröffnen. Auf dem Capitol
ist eine eigene Kapelle, wo jeden Sonntag für die Mitglieder des Con=
gresses Gottesdienst gehalten wird und wo abwechselnd Prediger der

---

[1] An Address to the Roman Catholics of the United States, by a Catholic
clergyman, bei Campbell, Life of Archbishop Carroll. Catholic Magazine 1844,
p. 663.

verschiedenen Glaubensgenossenschaften zur Abhaltung eines religiösen
Vortrags berufen werden [1]. Welcher europäische Bischof hat je von einer
gemischten Kammer eine Einladung erhalten, wie sie 1847 dem Erzbischof
Hughes von New=York Seitens des Congresses zu Theil ward: „An
den hochwürdigsten Bischof Hughes. Mein Herr! Die Unterzeichneten,
Mitglieder des Congresses, laden Sie ehrfurchtsvoll auf Sonntag Mor=
gen 11 Uhr, wofern Ihnen nicht eine andere Stunde genehmer ist, ein,
im Saale der Repräsentanten=Kammer zu predigen." Der hohe Redner
paßte sich ebensosehr dem Bedürfniß und Charakter seiner Zuhörer an,
wenn er ihnen in einer herrlichen Parallele zwischen Napoleon I. und
Washington die sittlichen Anforderungen an einen Regenten auseinander=
setzte, als wenn er sie im Anschluß an seinen Text (Matth. 20, 25)
daran mahnte, daß die Erfüllung jener Forderung nur in der Lehre
Jesu Christi zu finden ist.

„Wer wäre so blind," durfte der katholische Prälat den Repräsentanten
eines Staates sagen, den man gern als Muster eines religionslosen Staates
ausgeben möchte, „wer wäre so blind, die Verpflichtungen, die wir den Lehren
des Erlösers gegenüber haben, nicht anerkennen zu wollen? Wir haben vor
uns das erhabene Schauspiel eines Volkes, das sein eigener Unterthan und
sein eigener Herrscher zugleich ist. Ach, wie viel ist daran gelegen, daß unsere
Handlungen im Einklange mit dem Worte des Erlösers seien: „Wer der
Erste unter euch ist, soll Aller Diener sein!" In einem Lande, wie dieses,
wo Jeder mit einem Stück Macht bekleidet ist, muß man sich bei der Aus=
übung seiner Vorrechte vor Allem stets erinnern, daß man von allen
Abstimmungen Rechenschaft abzulegen hat, nicht nur den Wählern, sondern,
was eine weit schwerere Verantwortlichkeit ist, dem gerechten und wachsamen
Gotte, der die Absichten in ihrem tiefsten Grunde erspähet; in einem Lande,
welches von einem großen und in bürgerlicher wie staatlicher Ordnung unter
Allen hervorragenden Manne das unschätzbare Gut überkommen hat, ohne
irgend welche Beeinträchtigung und Befeindung nach seiner Weise die Vor=
schriften göttlicher Autorität anzuhören und zu befolgen! . . . Erinnern wir
uns Alle, daß wir zum Lichte der Wahrheit gehen müssen, daß wir unsere
Fackeln an der Sonne der Gerechtigkeit anzünden müssen, um unserem Lande
zu dienen. Auf einen andern Führer sein Vertrauen setzen, hieße die Irr=
bahn wandeln, uns selbst einem unverzeihlichen Wahn hingeben und die In=
teressen derjenigen schädigen, die uns den Auftrag gegeben, ihnen zu dienen." [2]

Der Gebrauch, die Sitzungen mit Gebet zu eröffnen,
ist nicht nur in die Congresse der Einzelstaaten übergegangen, sondern

---

[1] Jannet, p. 324.
[2] John Hughes, Complete Works. I. p. 560 sqq.

sogar theilweise in diejenigen der Fractionssitzungen, in welchen ebenfalls
ein Geistlicher vorzubeten pflegt. Diesen Impuls zum öffentlichen Gebet
hatte der junge Bundesstaat übrigens schon in den Tagen des Unab=
hängigkeitskrieges erhalten; die Noth hatte beten gelehrt. In den hoch=
gehenden Wogen der Gefahr erhob der Congreß sein Mahnwort:

„Daß das Volk einstimmig und eines Sinnes Gott danke und sich dem
Dienste des himmlischen Wohlthäters hingebe; daß ihre Dankbarkeit mit einem
demüthigen Geständniß ihrer zahlreichen Übertretungen, dieses einzigen Hinder=
nisses für die Gnade von Oben, begleitet sei; daß sie den Herrn inständig
bitten sollten, wegen der Verdienste Jesu Christi ihnen ihre Sünden zu ver=
geben und zu vergessen; daß sie ihn anflehen möchten, seine gnädigen Segnun=
gen über die Regierungen der Vereinigten Staaten zu ergießen, dem General=
congreß der Nation bei seinen Unternehmungen und Beschlüssen beizustehen,
den Befehlshabern der Landheere wie der Flotten und ihren Soldaten jenen
Muth und jene Weisheit einhauchen, welche sie mit Hilfe Gottes die Unab=
hängigkeit und den Frieden der Vereinigten Staaten erringen lassen; daß
Gott den Handel und die Industrie des Landes und die Fnrchen des Land=
mannes segnen und uns die Freude reichlichen Bodenertrages verleihen möge;
daß die Schulen und Erziehungshäuser, so nothwendig, um die Principien
wahrer Freiheit, Frömmigkeit und Tugend zu erhalten und zu verbreiten,
überall gegründet werden mögen; daß er seine Religion in unseren Herzen
bewahre zur Ausdehnung und zum Wachsthum dieses Reiches, welches ist
Gerechtigkeit, Friede und Glück im heiligen Geiste.“ [1]

In diesem Strome des Gebetes und ehrlich gemeinter und wahrhaft
socialer Gottesverehrung, welcher das Leben der Vereinigten Staaten
befruchtete, dürfen wir, den Anschauungen des hl. Augustin gemäß, den
hauptsächlichsten Quell jener Kraft, jenes Wachsthums und Gedeihens
erblicken, dessen sie sich fast ein Jahrhundert lang nach Innen und
Außen erfreuten. Dieser Strom ist nie ganz versiegt; wenn er zuweilen
schwächer wurde, so belebte er sich auf's Neue; wenn seine innere Lebens=
kraft im Volke abnahm, hütete man sich doch wohl, durch Abschaffung
der religiösen Kundgebungen seine Kanäle abzugraben. So oft eine
bedeutende Gefahr, ein folgenschweres Ereigniß an die Nation herantrat,
riefen ihre Lenker das Naturgesetz öffentlichen Gebets, öffentlicher De=
müthigung, Anklage und Buße in's Gedächtniß. Nur die zwei frei=
denkerischen Präsidenten Jefferson und Jackson brachten es nicht über's
Herz, der Majestät Gottes und dem religiösen Sinne des Volkes
diesen Tribut der Anerkennung zu zollen. Aber noch im letzten Se=

---

[1] Kathol. Studien a. a. O. S. 32, 33.

cesstonskriege mahnten die Kriegsführer beider Parteien zum Gebet, und
an dem Tagesbefehl des südstaatlichen Bundesgenerals Robert Lee vom
13. August 1863 haben wir ein wahrhaft rührendes Beispiel, wie sich
das amerikanische Volk auch durch die freieste hundertjährige Thätigkeit
der Freimaurerei noch immer nicht um den Glauben seiner Väter be=
trügen ließ:

„Der Präsident der conföderirten Staaten hat im Namen des Volkes
den 21. August zum Bet=, Fast= und Buß tag bestimmt. Die strenge
Beobachtung desselben wird hiermit den Offizieren und Soldaten dieser Armee
befohlen. Das durchaus Unerläßliche abgerechnet, ist jeder militärische Dienst
an diesem Tage suspendirt und die Brigadecommandanten werden einen dieser
feierlichen Gelegenheit entsprechenden Gottesdienst abhalten lassen.

Soldaten, wir haben gegen den allmächtigen Gott gesündigt, wir haben
seine Erbarmungen vergessen, wir haben Gesinnungen der Rache, des Stolzes
und des Übermuths genährt. Wir haben nicht daran gedacht, daß die Ver=
theidiger einer gerechten Sache rein dastehen müssen vor seinen Augen, daß
unsere Schicksale in seiner Hand ruhen, und daß wir zu sehr auf unsere
Waffen rechneten, um unsere Unabhängigkeit zu erhalten. Gott allein ist unser
Hort und unsere Zuflucht. Demüthigen wir uns also vor ihm; bekennen wir
ihm unsere zahlreichen Sünden und bitten wir ihn, daß er uns einen höheren
Muth, eine reinere Vaterlandsliebe und einen festeren Willen verleihe, daß
er das Herz unserer Feinde ändere, daß er die Leiden und Nöthen des Krieges
einem raschen Ende entgegenführe und daß er uns einen Namen und einen
Platz unter den Nationen vergönne.“

Wenn außerordentliche Bedrängnisse bis herab auf unsere Tage ähn=
liche Kundgebungen hervorriefen, so fand die andauernde Pflicht des Ge=
betes und der religiösen Dankbarkeit außerdem ihren beständigen Ausdruck
in der öffentlichen, von Staatswegen verordneten Feier eines jähr=
lichen Dankfestes (Thanksgiving day), dessen Einsetzung sich aller=
dings von den Puritanern von Massachusetts herschreibt, das aber, von
seinem specifisch puritanischen Ursprung abgelöst, sich dem Charakter eines
gemischten christlichen Staates angepaßt hat [1]. Ziemlich abgeblaßt erscheint
allerdings diese nationale Pflicht in der Ankündigung des Festtages auf
den 27. October 1874 durch den Präsidenten Grant, wenn dieser sagt:
„Es ist also passend, daß wir zu gewissen Zeiten unsere gewöhnlichen
Beschäftigungen und den Tumult unseres unruhigen Lebens ein wenig
verlassen, um uns, zum Zeichen der Dankbarkeit für die Segnungen der

---

[1] Vgl. die schöne Schilderung dieses Festes bei Miss Cummins, Mabel Vaughan,
chapt. 40, mitgetheilt bei Jannet, p. 320.

Vergangenheit, zu vereinigen und uns der Liebe des Nächsten zu widmen"; viel schärfer aber tritt der tiefe Grundgedanke dieser Kundgebungen in einem ähnlichen Ausschreiben des Staates New-York hervor, worin es heißt: „Als Nation haben wir Gründe jeglicher Art, dem höchsten Spender alles Guten uns dankbar zu erweisen und ihn für die Gunst=bezeugungen zu loben, welche seine Vorsehung nicht müde wird, auf uns zu ergießen ... Wir werden hierbei der Welt das imposante Schauspiel eines ganzen Volkes bieten, das sich auf einen bestimmten Tag aller Arbeit enthält, um sich ganz und gar dem Dienste des Allerhöchsten zu widmen. Wir werden uns unaufhörlich erinnern, daß die Gerechtigkeit die Nationen erhöht."

Was man immer von den Übertreibungen puritanischer Sonn=tagsfeier denken mag, die Heiligung des Ruhetages gründet auf dem Naturgesetz; die Sonntagsfeier gehört nicht nur zu den wichtigsten Momenten der socialen Frage, sie ist eine hochwichtige Pflicht des christ=lichen Staats. Auch hierin hat die Union den christlichen Charakter bewahrt, und Dr. Baird hat vollkommen Recht, wenn er die Sonntags=heiligung in der Bundesverfassung selbst sanctionirt findet. Indem diese nämlich für eine so wichtige Angelegenheit, wie der Termin der vom Präsidenten zu leistenden oder zu verweigernden Unterzeichnung von Gesetzesbeschlüssen, den Sonntag von der Zahl der gewöhnlichen Tage ausnimmt [1], ist dieser zum wenigsten als geschäftlicher Ruhetag be=zeichnet, und im Sinne der Gesetzgeber unzweifelhaft als der von Gott selbst bestimmte religiöse Gottestag anerkannt. Diesem leitenden Moment der Verfassung gehen in mehreren Staaten nachdrückliche Sonn=tagsgesetze zur Seite, worin sowohl weltliche Geschäfte als öffentliche Lustbarkeiten beschränkt werden. Einen wohl noch stärkeren Rückhalt faud die Sonntagsheiligung aber in der amerikanischen Familientradi=tion und in dem von ihr beherrschten Volksgeist, der sich dawider em=pörte, das ewige Rennen nach dem goldenen Dollar auch am siebenten Wochentag fortzusetzen oder den Tag des Herrn mit dem wilden Lärm geräuschvoller Bacchanalien zu entheiligen. Erst durch die nach Amerika geflüchteten deutschen Revolutionshelden von 1848, ihre Turnvereine und Bierbruderschaften ward die Opposition gegen diese strenge Sonntags=feier in weiterem Maßstab in's Werk gesetzt. Die öffentliche Meinung setzt ihr aber beharrlichen Widerstand entgegen, und noch bis herab auf

---

[1] Art. I. Sect. 7. n. 2.

unsere Tage stand das sonntagsfeindliche Deutschthum mit seiner flotten Art, den Sonntag zu verjubeln, in förmlichem Belagerungszustand, bei welchem es vielfach Raufereien und Todtschläge absetzte, und in den Städten gelang es ihm höchstens etwa unter dem Titel „Sacred Concerts" (Heilige Concerte), seine musikalischen und theatralischen Unterhaltungen einzuschwärzen [1].

Weit weniger als der Sonntag behielt der Eid, dieser für das sociale Leben so wichtige Act der Gottesverehrung, seinen geheiligten Charakter. Das lag theilweise in der engen Form, welche dem constitutionellen Pflichteide um der Quäker und anderer Secten willen gegeben werden mußte: „Ich schwöre (oder versichere), daß ich getreulich das Amt eines Präsidenten der Vereinigten Staaten führen und nach besten Kräften die Verfassung der Vereinigten Staaten aufrecht erhalten, schützen und vertheidigen will." [2] Übereinstimmend mit dem alten Grundsatze des gemeinen Rechts (Common Law) verlangen die Gesetze mehrerer Staaten, daß der Zeuge, um zur eidlichen Aussage zugelassen zu werden, seinen Glauben an Gott und an ewige Belohnung und Bestrafung im Jenseits förmlich erkläre. Andere Staaten aber haben diese Erklärung abgeschafft und insoweit auf Washingtons tief religiöse und staatsmännische Anschauungen, wie auf den christlichen Eid verzichtet [3].

„In Erwägung, daß die Diener des Evangeliums dem Dienste Gottes und dem Heile der Seelen gewidmet sind und Nichts sie von den hochwichtigen Pflichten ihres Amtes ableuken soll", schließt die alte Verfassung des Staates New-York (in Geltung bis zur Revision 1846) die Geistlichen von allen öffentlichen Functionen, sogar von den Wahlen aus. Von derselben Anschauung durchdrungen und in strengem Gegensatz zur englischen Hochkirche und deren Staatstheologie, dehnte der amerikanische Volksgeist diese Ausschließung der Geistlichkeit von allen politischen Functionen durch Gesetze oder Praxis auch auf die übrigen Staaten und die Union selbst aus [4]. Dafür wurde aber

---

[1] John Becker, Die hundertjährige Republik, S. 289—292.

[2] Art. II. Sect. 1. n. 9. In Art. VI. Sect. 3 wird die Forderung desselben Eides auf die übrigen Beamten der Union und der Einzelstaaten ausgedehnt.

[3] J. P. Thompson, der sich Dr. theol. (!) nennt, bemerkt zu dieser Abschaffung: „Die Furcht vor einer Einkerkerung hienieden wegen Meineids mag mehr thun, als die ferne Strafe im Jenseits." A. a. O. S. 107.

[4] Wie die alten Jesuiten in Maryland, so hatten sich die katholischen Missionäre auch später jeder Einmischung in Politik enthalten; ihnen konnte deßhalb die Ausschließung nur sehr willkommen sein.

ihrer sittlichen Einwirkung auf das öffentliche Leben der freieste Spiel=
raum eröffnet. Mit vollster Freiheit, mit einer Freiheit, die sich keine
europäische Regierung gefallen ließe, dürfen sie die Interessen der Religion
in Privatversammlungen zur Sprache bringen, die Beschlüsse der Con=
gresse und gesetzgebenden Körper auf der Kanzel kritisiren, ihren An=
gehörigen, vor Wahltagen ihre Gewissenspflicht auseinandersetzen. Es fiel
den amerikanischen Gesetzgebern nie ein, durch polizeiliche Maßregelung der
Religion und ihrer Diener den sittigenden Einfluß der letzteren zu hemmen,
oder die mächtigen Wurzeln der Popularität zu untergraben, welche die
congregationalistischen Glaubensgenossenschaften durch ihre demokratische
Verfassung, die katholische Kirche als vorzugsweise Kirche der Armen und
Wohlthäterin aller Leidenden im tiefsten Boden des Volkes geschlagen hatte.

Vermöge desselben Grundsatzes, daß der Geistliche frei von irdischen
Sorgen sein muß, um seinen Mitmenschen die höheren Güter der Wahr=
heit, Gnade und Sittlichkeit vermitteln zu können, gewährt ihnen die
Gesetzgebung völlige Exemtion von der Pflicht des Kriegs=
dienstes, und zwar ohne jenes Mißtrauen und jene ängstlichen Vor=
sichtsmaßregeln, mit welchen der europäische Militarismus nach jedem
möglicherweise dienstpflichtigen Theologen seine polizeilichen Fangarme
ausstreckt. Im selben Geiste religiöser Gesinnung war den Quäkern und
andern Secten schon früher die Verpflichtung zum Kriegsdienst völlig
erlassen worden.

Nicht um den Staat von der Religion zu emancipiren, sondern
um der letztern vollen und ungehinderten Spielraum zu eröffnen, wur=
den der Kirche alle jene Rechte zugestanden, welche man unter dem
Namen kirchlicher Freiheit zusammenfaßt: das Recht der Existenz
und selbständigen Organisation, das Recht vollständig
unbehinderter Thätigkeit und Selbstverwaltung gemäß
ihren religiös=sittlichen Zwecken, das Recht freier Verkündigung
des göttlichen Wortes und des öffentlichen Unterrichts in
Kirche und Schule. Der Staat mischt sich weder in die Gründung
religiöser Gemeinden, noch in die Wahl ihrer Vorsteher, noch in die Ab=
fassung ihrer Statuten. Er überwacht weder Predigt noch Sacramente,
weder den Religionsunterricht der Privatschule, noch die Thätigkeit öffent=
licher religiöser Vereine. Die Kirche genießt aller Freiheiten des in
Art. 1. der Amendements gewährten Vereinsrechts, ohne indessen in den
Augen des Staates auf das Niveau einer bloßen Privatassociation herab=
zusinken. Vermöge leicht zu erfüllenden Bedingungen ist es ihr ermöglicht,

die Rechte einer moralischen Person zu erlangen; in einigen Staaten
genügt es hierfür, ein statutarisches Reglement aufweisen zu können. Als
solche juridische Körperschaft anerkannt, wird die Kirche vom Staat
nicht nur in all' ihren corporativen Rechten beschützt, sondern genießt
sogar volle Exemtion von der Besteuerung ihrer Güter.
Durch dieses Privilegium anerkennt der Staat thatsächlich die Kirche
als eine Gesellschaft, die ihrem Zweck nach über ihm steht und die ihm
vermöge ihres höheren Zweckes intellectuelle und sittliche Güter vermittelt,
welche er sich selbst nicht verschaffen kann. Denn um dieser willen allein
verzichtet er auf den materiellen Gewinn, der ihm aus der Besteuerung
ihrer Güter erwachsen könnte und zu dem er als Vertreter des all=
gemeinen Wohles durchaus berechtigt wäre, wenn die Kirche als gleich=
giltige Körperschaft vor ihm stände. Diese Auffassung der Kirche als
einer Wohlthäterin der Nation, als einer durch ihren Zweck über der
Staatsgewalt stehenden und zu dem bedeutsamsten Privilegium berechtigten
Gesellschaft, hat sich so tief in das amerikanische Rechtsleben eingewurzelt,
daß die Besteuerung des Kirchengutes ganz allgemein als einfachhin ver=
fassungswidrig betrachtet wird. Es ist dieß um so bedeutsamer, als die
Einzelstaaten hierin als durchaus selbständige Gesetzgeber handelten,
und ihrer Gemeinsamkeit kein anderweitiger Motor als der religiöse
Nationalgeist selbst zu Grunde lag.

Es ist wahr, die Amerikaner haben über diese und andere Dinge
nie so viel philosophirt, wie deutsche Rechtsphilosophen und Staats=
maschinisten; aber ihr gesunder, praktischer Sinn hielt sich durchweg
auf dem Pfade des Naturrechts und der christlichen Begriffe, und ver=
lieh den Rechten, welche sie der Kirche gaben, den Charakter wahrer
kirchlicher Freiheit. Als 1873 ein von der Christ Church (einer prote=
stantischen Secte) excommunicirter Mr. Lucas gegen die verfügte Ex=
communication an den Appellhof von Kentucky appellirte, erklärte sich
dieser für incompetent in der Sache: „Der Gerichtshof kann nicht unter=
suchen, ob die Kirche gut oder schlecht gehandelt hat, indem sie Lucas
excommunicirte, denn er besitzt nicht die erforderliche Competenz und
Machtvollkommenheit, um das Unrecht gut zu machen, welches der Klä=
ger erlitten zu haben vorgibt. Indem er Mitglied dieser Kirche wurde,
hat er sich ihrer Autorität freiwillig unterworfen und kein Tribunal
auf Erden kann die kirchliche Jurisdiction controliren."[1]

---

[1] Jannet, p. 318.

Ein gewisser Dr. Chaney, der von dem Bischof von Alton suspendirt worden war und gegen diesen klagte, erhielt vor Gericht dieselbe Ant=wort: „Der Entscheid in Disciplinarfragen gehöre vor die geistlichen Gerichte, und zur Aufgabe des bürgerlichen Magistrats gehöre es bloß, jenen Hilfe zu leisten und die Ausführung ihrer Sentenzen zu sichern."[1] Zahlreiche analoge Beispiele und Entscheidungen bezeugen, daß der amerikanische Staat sich nicht für säcularisirt und religionslos, sondern durchaus für gebunden erachtet, der Religion resp. der Kirche Schutz und Hilfe zu gewähren, daß er aber anderseits anerkennt, die kirchliche Machtsphäre reiche weit über das Gebiet des Staates hinaus und könne von ihm nicht controlirt werden. Eine sehr weitgreifende Folge dieses richtigen Rechtsbewußtseins ist die Stellung, welche er zur Ehe genommen. Er erkennt sowohl den naturrechtlichen Charakter der=selben an, als auch ihre Heiligung durch Religion und Kirche. Er hat sie demgemäß nicht durch obligatorische Civilehe in seine Domäne ge=zogen, sondern bloß dafür gesorgt, daß durch officielle Zeugenschaft der religiöse Charakter derselben vor dem Staate documentirt wird. Die Ehehindernisse, welche die Kirche festsetzt, werden von ihm geachtet, und der Klerus braucht nicht zu fürchten, wegen kirchlich nothwendiger Ver=weigerung der Eheverkündigung oder der Assistenz sich einer appellatio ab abusu auszusetzen.

Eine weitere religiöse Lebensbethätigung liegt in der **Stellung,** welche die amerikanische Gesetzgebung **gegenüber Verbrechen gegen die Religion, gegenüber dem ausdrücklichen Atheismus und unsittlichen Secten,** wie z. B. den Mormonen, faßte. Gotteslästerung wurde wie Sonntagsentheiligung von den Gesetzen der meisten Staaten als Criminalverbrechen geahndet. 1811 erklärte der oberste allgemeine Gerichtshof der Vereinigten Staaten ausdrücklich, daß das frühere Common Law (gemeine Recht) in Bezug auf diesen Punkt noch in Kraft stehe, und der Kanzler Kent gab bei dieser Gelegenheit folgenden Wink über den Sinn der Bundesverfassung: „Es ist wahr, die Constitution schließt jegliche Staatskirche aus; das geht aber nicht so weit, daß es untersagt wäre, jene Verbrechen gegen Religion und Sittlichkeit vor Gericht zu ziehen, welche mit keiner besonderen Religions=genossenschaft oder mit keiner besonderen Regierungsform in Beziehung

---

[1] Civ. Catt. Ser. IX. Vol. I. p. 57, 58. Revue des deux Mondes. CVII. p. 730.

stehen und einzig deßhalb strafbar sind, weil sie die Grundlage der sitt=
lichen Verpflichtungen erschüttern, die Sicherheit untergraben und die
socialen Bande auflösen. Diesen Punkt der Constitution als einen Um=
sturz des vom Gewohnheitsrecht gegen Sittenlosigkeit, Ausschweifung und
auf das Christenthum gezogenen Schranken auffassen, wäre eine unge=
heuerliche Verdrehung ihres wahren Sinnes." [1]

Als gegen Ende des vorigen Jahrzehnts ein gewisser Mr. Stephan
Girard, ein erklärter Atheist, der Stadt Philadelphia große Summen
zur Errichtung eines Waisenhauses vermachte, unter der Bedingung, daß
kein Geistlicher dasselbe betreten und keine Religion darin gelehrt werden
dürfe, wurde das Testament gerichtlich umgestoßen, und der oberste Ge=
richtshof von Pennsylvanien erklärte bei dieser Gelegenheit: „Das Gesetz
von Pennsylvanien anerkennt keinen atheistischen Verein; es gestattet
nur die Bildung wissenschaftlicher, religiöser und wohlthätiger Vereine,
aber es erlaubt nicht, daß man die durch die Bibel geoffenbarte Re=
ligion öffentlich verhöhne und verspotte. Eine Schule, in welcher man
den Atheismus lehrte, würde diesem Zwecke dienen und die Knaben
auf den Weg zur Galeere, die Mädchen auf denjenigen der Prostitution
führen." [2] Liberale Juristen haben freilich nicht ermangelt, dieser Ent=
scheidung auf die gewaltsamste Weise einen „religionsfreiheitlichen" Sinn
anzuquälen; aber es gelang ihnen nicht, gegen den allgemein geachteten
Daniel Webster anzukommen, der die Sache der Religiosität verfocht
und die dem Common Law zu Grunde liegende christliche Anschauung
klar und deutlich genug nachwies.

Noch weit mehr Kopfbrechen, Distinctionsqual und fruchtlose Con=
torsionen verursachte den liberalen Juristen indeß die bekannte Mor=
monenfrage. Vom Standpunkt absoluter Gewissensfreiheit und Reli=

---

[1] Jannet, p. 306.

[2] Thompson, S. 104. Civ. Catt. l. c. „Allgemeines, tolerantes Christenthum,
unabhängig von Secten und Parteien, jenes Christenthum, dem Schwert und Scheiter=
haufen unbekannt sind, das ist das Gesetz des Landes." So sprach sich Webster bei
jener Gelegenheit aus und berief sich dafür namentlich auf einen früheren Entscheid
des höchsten Gerichtshofs von Pennsylvanien. Theob. Woolsey, D. D., der seine An=
sicht in einer Rede auf der Evangelischen Allianzversammlung, Oct. 1873, bekämpfte,
mußte zugeben, daß durch die von Webster angezogenen Acten wenigstens der Theismus
sanctionirt sei, und „daß sich die Ideen und Gebräuche des Christenthums, da solches
noch die Religion der Massen sei, nicht durch eine mathematische Linie von der
Gesetzgebung trennen ließen". New-York Tribune, Oct. 13, 1873. Evangelical
Alliance extra. p. 22.

gionslosigkeit war objectiv gegen John Smith's prophetische Träumereien
und Brigham Young's hundert Weiber nichts einzuwenden. Hat der
Staat wirklich keine Religion, warum soll er nicht eine Verletzung des
Sittengesetzes dulden können, mit welcher der mohammedanische Staat
sich bis auf die Jetztzeit erhalten hat? Da zeigte es sich aber, daß das
amerikanische Volk die christlichen Grundsätze seiner Väter noch nicht ver=
loren hatte. Die öffentliche Meinung erhob sich wie ein Mann, um die
Polygamisten aus ihrer Mitte fortzutreiben, befehdete die „Auserwählten"
auch in ihrem Lager am Salzsee als Feinde und Auswürflinge der
menschlichen Gesellschaft und traf mehr als einmal Anstalten, ihren durch-
innere Zwistigkeit ohnehin unvermeidlichen Untergang mit Waffengewalt
zu beschleunigen [1].

Fassen wir alle diese Kundgebungen religiöser, im Christenthum
wurzelnder Gesinnung zusammen, so dürfen wir wohl mit einem italieni=
schen Beobachter verwundert fragen: „Das soll nun ein absolut religions=
loser Staat sein? Nein, und abermals nein!" Vollkommen richtig
vindicirt derselbe der Nordamerikanischen Union den Namen nicht bloß
eines religiösen, sondern eines christlichen Staates durch folgende Er=
klärung:

„Die Bewohner der Vereinigten Staaten sind in vielfache Secten
oder sog. Kirchen gespalten. Unter so vielen eine insbesondere zur
Staats= oder Nationalkirche zu erklären, wäre in sich absurd gewesen,
da man eine wirkliche Minoritätskirche niemals mit Recht eine Majoritäts=
kirche hätte nennen können; es wäre ungerecht gewesen, da Anhänger
aller Kirchen zur Gründung der Republik beigetragen hatten; es wäre
endlich politisch schädlich gewesen, weil eine solche Bevorzugung zum
ewigen Zankapfel der verschiedenen Bekenntnisse geworden wäre. Da
also eine vollständige Religionseinheit unmöglich war, suchte man wenig=
stens das zu erreichen, was sich bei so großer Verschiedenheit der Be=
kenntnisse erreichen ließ. Das geschah, indem man die verschiedenen
Kirchen als Glieder eines einzigen Leibes auffaßte und ihren gemein=
schaftlichen Namen, den des Christenthums, dem Staate zur Norm und
zum Wahlspruch gab." [2]

---

[1] Vgl. Westward by rail, a journey to San Francisco and back a visit
to the Mormons, by W. F. Rae, 1871. The Prophets or Mormonism unveiled.
London 1855.

[2] Civ. Catt. l. c. „In welchem Sinne," frägt der eben erwähnte Woolsey,
„kann dieses Land ein christliches genannt werden? Gewiß in dem Sinne, daß die

Das stimmt völlig zu Washingtons Ansicht, die Verfassung sei eigentlich nicht so, wie sie sein sollte, aber noch das Passabelste, was sich unter den waltenden Umständen habe erzielen lassen. Ganz gerne hätte gewiß die Nation und ihre besten Patrioten den christlichen Namen und die christliche Idee in der Verfassung zu deutlichem Ausdruck gebracht. Allein das hätte weder das protestantische Bewußtsein ertragen, das in den Katholiken nur Götzendiener sah, noch die freimaurerische Aufklärung, welche dem Verfassungswerk ebenso zu Gevatter stand, wie der Unabhängigkeitserklärung. Und doch mußte man, wie Jefferson in einem vertraulichen Briefe witzelte, um der Politik willen daran denken, nicht bloß Katholicismus und Unglauben, sondern „Juden und Heiden, Christen und Mohammedaner, Hindus und Ungläubige in denselben Mantel zu wickeln“. In diesem „Mantel“, den die Freimaurerei zurechtgeschnitten, liegt der schwache Punkt der amerikanischen Kirchenpolitik. Ungläubige Präsidenten zogen ihn der Nation geradezu über das Gesicht, andere rissen ihn allerdings wieder herunter und ließen die christliche Nationalphysiognomie wieder hervortreten. Aber ganz entfernen ließ sich der Mantel nicht mehr, da er nun einmal in die „Constitution“ hineingewachsen, und die Nation an seinen verwaschenen Faltenwurf gewöhnt war. Durch das Tragen desselben verlor sie natürlich auch allgemach viel von der Kraft ihrer ursprünglichen Religiosität, und es brauchte mitunter heftige Stöße, wie z. B. die Mormonenfrage, um sie zum Bewußtsein ihrer historischen Individualität zurückzuführen. Da der letzteren aber außer den christlichen Fundamentaldogmen auch noch specifisch protestantisches Geblüt in den Adern rollte, so kam es wohl auch vor, daß der Katholicismus, trotz der in ihren Grundzügen christlichen Gesetzgebung, in die fatale Lage gerieth, von dem socialen Organismus als widerstrebendes Element behandelt und von dem intoleranten Toleranzmantel sehr schlecht beschützt zu werden.

(Fortsetzung folgt.)

A. Baumgartner S. J.

---

große Mehrheit des Volkes an Christus und das Evangelium glaubt, daß christliche Einflüsse allgemein sind, daß unsere ganze Civilisation und Geistescultur auf diesem Fundament gebaut sind, und daß seine Institutionen so geordnet sind, daß sie die beste Hoffnung bieten, unseren Glauben und unsere Moralität zu verbreiten und auf unsere Nachkommen zu vererben.“ L. c.

Die Zwangstheilung des Code civil und die Freiheit des Testamentes nach ihrer socialen Bedeutung.

Als England in kaltblütiger Berechnung das katholische Irland vernichten wollte, entriß es den Familienvätern das freie Verfügungs= recht über ihren Nachlaß und bestimmte: „Jedes Eigenthum, dessen Be= sitz einem Papisten zusteht oder zustehen wird, soll gavelkind sein; die Erbschaft wird zu gleichen Theilen unter den Söhnen dieses Papisten getheilt und geht nicht über auf den ältesten dieser Söhne. . . . Wenn aber der älteste Sohn dieses Papisten Protestant ist, erhält er das Eigenthum nach dem gemeinen Rechte des Königreichs.“ [1]

„Dieses Gesetz,“ sagt der englische Staatsmann Burke, „mußte wichtige Folgen haben. Erstens werden durch Aufhebung des Erst= geburtsrechts vielleicht in der ersten, sicher aber in der zweiten Gene= ration, die Familien der Papisten, so angesehen ihre Stellung, so be= deutend ihr Vermögen auch sein mag, unfehlbar vernichtet und der Dürftigkeit überliefert, ohne jedes Mittel, sich durch ihre Betriebsamkeit und Einsicht wieder zu heben, da es ihnen unmöglich gemacht ist, irgend welche Art von Eigenthum zu bewahren. Zweitens unterdrückt dieses Gesetz das Recht, zu testiren, ein Recht, welches den kleinen Grund= besitzern von jeher zustand, und welches den großen Grundbesitzern seit dem Gesetz 27 Heinrich’ VIII. gleichfalls zugesprochen ist.“ [2]

Als der französische Convent mit der Vergangenheit brechen und die Väter verhindern wollte, durch Androhung der Enterbung ihre Söhne von der Betheiligung an der Revolution abzuschrecken [3], votirte er unter den Auspicien der sechs Advocaten Robespierre, Pétion, Danton, Prieur, Tronchet und Mailhe am 7. März 1793 ein Decret, nach welchem „die Fähigkeit, über seine Güter in directer Linie zu verfügen, sei es von Todes wegen, sei es unter Lebenden, sei es durch contractliche Schenkung,

---

[1] Gesetz 6 vom Jahre 2 der Regierung der Königin Anna (1703). Gavelkind ist das angelsächsische Intestaterbrecht, nach welchem die männlichen Erben gleiche Theile erhalten.

[2] Works of the R. H. Edmund Burke. Vol. IV. p. 7. London 1856.

[3] Moniteur vom 9. und 10. März 1793. Vgl. Le Play, La réforme, ch. 20. V. note 12.

abgeschafft ist. In Folge dessen haben alle Descendenten ein gleiches
Recht auf Antheil an den Gütern ihrer Ascendenten."

Als die Schreckensherrschaft ihrem Haß gegen die Familie noch
besonderen Ausdruck zu verleihen und im Interesse der Freiheit, Gleich=
heit und Brüderlichkeit jeglichen Unterschied zu beseitigen suchte, verlieh
sie am 4. Juni 1793 den außerehelichen Kindern des Vaters und der
Mutter gleiches Zwangserbrecht mit den ehelichen, und gab am 2. No=
vember desselben Jahres diesem ihrem Gesetz sogar rückwirkende Kraft.

Als endlich Napoleon I. die Erbschaft der Revolution antrat, ver=
öffentlichte er am 19. April 1803 den erbrechtlichen Theil des Code
civil, welcher jene Gleichstellung der illegitimen Kinder zwar fallen läßt,
das freie Verfügungsrecht des Vaters aber nur insoweit im Art. 913
wiederherstellt, daß derselbe, wenn Ein Kind vorhanden ist, über die
Hälfte, wenn zwei Kinder, über ein Drittel, wenn drei oder mehr, über
ein Viertel seines Nachlasses verfügen kann. Als Ausnahme von diesem
Gesetz errichtete er eine Zahl von Fideicommissen, deren Inhaber zu
Paris wohnen und den allmächtigen Imperator wie ein Glorienschein
umgeben sollten. Die Beweggründe, welche ihn hierbei leiteten, enthüllt
er in einem Briefe vom 5. Juni 1806 seinem Bruder Joseph, dem König
von Neapel, in folgenden Worten: „Mein Bruder, ich will in Paris
hundert Vermögen haben, welche sämmtlich mit dem Thron zur Ent=
stehung gelangten und allein von Bedeutung bleiben, weil es Fidei=
commisse sind und weil alles Übrige durch die Wirkung des Code civil
sich verlieren wird. Führe den Code civil in Neapel ein; Alles, was
Dir nicht anhängt, wird in wenigen Jahren untergehen, und was Du
erhalten willst, wird sich kräftigen. Das ist der große Vortheil des
Code civil. Du mußt den Code civil bei Dir einführen; er festigt
Deine Macht, weil durch ihn Alles, was nicht Fideicommiß ist, fällt,
und keine anderen großen Häuser übrig bleiben als jene, welche Du als
Lehen errichtetest. Das hat mich den Code civil predigen lassen und
hat mich bestimmt, ihn einzuführen." [1]

Der französische Imperator war den vereinten Anstrengungen der
verbündeten Mächte erlegen, und auf dem Wiener Congreß im Jahre
1815 handelte es sich darum, Europa vor abermaligen Ausschreitungen
Frankreichs zu sichern. Der Vertreter Englands schlug vor, die Grenzen
des 17. Jahrhunderts wieder herzustellen; aber als sein Vorschlag nicht

---

[1] Mémoires du roi Joseph, Paris 1853, T. II. p. 275.

durchdrang, tröstete er sich mit den Worten: „Schließlich sind die Fran=
zosen doch hinreichend geschwächt durch ihr Erbrechtssystem!" Noch
keine zwei Generationen waren seitdem unter der Herrschaft dieses Erb=
rechts aufgewachsen, als Frankreich abermals, nicht vor den Waffen der
gesammten europäischen Großmächte, sondern vor den Heeren Preußens
und der deutschen Kleinstaaten im Staube lag; England aber brauchte
auf Schwächung seines alten Feindes nicht weiter zu sinnen.

Ein großer Theil des übrigen Europa und namentlich katholische
Länder hatten dennoch, weniger berechnend als das britische Inselreich,
sich nicht abschrecken lassen, das Danaergeschenk des französischen Erb=
rechts in ihren Mauern zu beherbergen, während England, Nordamerika
und der Norden Europa's sich vorherrschend der Testamentsfreiheit oder
doch des Erstgeburtsrechtes erfreuen. Und Deutschland? Die verschieden=
sten Erbrechtssysteme regeln hier die Nachfolge in das elterliche Vermögen.
Ein neues bürgerliches Gesetzbuch für das ganze Reich ist wohl nur
noch eine Frage der Zeit. Wenn dasselbe die bestehenden provinziellen
und localen Verschiedenheiten des testamentarischen Erbrechts beseitigen
soll, welches System wird es für ganz Deutschland an die Stelle setzen?
Das der Testamentsfreiheit oder irgend ein Zwangssystem? Etwa das
des Code civil, welches Preußen dem katholischen Rheinlande auch nach
dem Sturze Napoleons beließ? Diese Lage der Dinge veranlaßt uns,
den socialen Werth der verschiedenen Systeme zu prüfen und zwar ihren
Werth in Bezug auf die materiellen Interessen, auf das Wachs=
thum der Bevölkerung und auf den Stand der Moralität. —
Wir stützen uns bei dieser Untersuchung vielfach auf die Erfahrungen
Le Play's, dessen socialwissenschaftliche Methode wir früher besprachen [1]
und als dessen größtes Verdienst wir anerkannten, daß er, gestützt auf
seine Erfahrungsmethode, die Schäden der bürgerlichen Gesetzgebung
Frankreichs, besonders in Betreff des Erbrechts, aufdeckte; als dessen
Fehler wir aber zugleich hervorheben mußten, daß er den streng kirch=
lichen Grundsätzen, welche einem Katholiken, schon vor aller Erfahrung
auf dem socialen Felde, einen untrüglichen Compaß bieten, nicht ge=
nügende Rechnung trug. Für den vorliegenden Fall hat diese Meinungs=
verschiedenheit über die Methode die Folge, daß wir mehr als Le Play
in der unkirchlichen Richtung, welche die Lenker Frankreichs seit vielen
Jahrhunderten einschlugen, und zwar nicht bloß in ihrem Staatsabsolu=

---

[1] Vgl. diese Zeitschrift 1877, XII. S. 132 ff.

tismus, welchen auch Le Play verantwortlich macht, sondern vielleicht ebenso sehr in der unzeitigen Schwäche und Toleranz, mit welcher sie der Häresie und dem philosophischen Unglauben begegneten, die Haupt=ursachen des socialen Verfalles in Frankreich erblicken. Daß indeß auch das Erbrecht des Code civil keinen geringen Theil der Verschuldung an diesem Verfalle trägt, wird, so denken wir, der Verlauf der Ent=wicklung und namentlich die moralische Wirkung des französischen Erb=rechts zur Genüge darthun.

I. Das testamentarische Erbrecht und die materiellen Interessen.

1. Werth oder Unwerth einer socialen Einrichtung wird anders beurtheilt werden, je nachdem man ein anderes Ziel der Socialwissen=schaft vorsteckt. Andere Zwecke erfordern eben andere Mittel. Klare und richtige Bestimmung des zu erreichenden Zieles ist das erste Er=forderniß, um über den Werth einer socialen Einrichtung ein richtiges Urtheil zu fällen. Wer irrthümlicherweise die Vermehrung des National=reichthums oder auch der intellectuellen Bildung als letztes Ziel der Socialwissenschaft ansieht, wird leicht dahin kommen, einer maßlosen Entwicklung der Großindustrie oder der Vermehrung der Lehrfächer in den Volksschulen das Wort zu reden.

Das wahre Ziel der menschlichen Gesellschaft ist gegeben mit dem Ziel des einzelnen Menschen, und dieses besteht in Erfüllung der Pflich=ten, welche der Schöpfer dem Menschengeschlechte auferlegte, und — was praktisch damit zusammenfällt — es besteht für den Menschen selbst in Erreichung eines möglichst hohen Glückes, nicht bloß für die wenigen Jahre des Diesseits, sondern für die gesammte Dauer der menschlichen Existenz. Da die Erfüllung dieser Pflichten die Moralität ausmacht, so können wir die Beförderung der Moralität als das letzte Ziel des Socialpolitikers bezeichnen. Als Nebenziel kann und muß, soweit das Hauptziel es gestattet, die Vermehrung der Bevölkerung angestrebt wer=den, damit möglichst viele Individuen jenes Glückes theilhaftig, damit Gott durch möglichst viele Geschöpfe verherrlicht werde.

Was außerhalb dieser zwei Aufgaben liegt, wie die Förderung der Bildung oder des Wohlstandes, ist eben nicht Endziel, sondern nur Mittelziel; man darf und muß es verfolgen, aber nicht seiner selbst wegen, sondern nur insoweit es zum letzten Ziele hinführt. Die National=ökonomie im engeren Sinne, welche sich nur mit dem materiellen Wohl=

stande beschäftigt, muß sich daher stets als einen untergeordneten Theil der gesammten Socialwissenschaft ansehen, als einen Theil, dessen Interessen häufig zurückstehen müssen, wenn höhere Rücksichten in Frage kommen; als einen Theil, welcher nicht Selbstzweck ist, sondern dessen ganzer Zweck darin besteht, den höheren Interessen, den Interessen der moralischen Ordnung zu dienen. Es ist nur eine Anwendung dieser Wahrheit, daß ein geringerer Nationalreichthum einem größeren vorgeht, wenn er in der Art seiner Vertheilung und Verknüpfung mit dem Menschen überwiegende Vortheile aufzuweisen vermag. Ähnlich kann auch eine arme Familie in socialer Hinsicht günstiger als eine reiche gestellt sein, vorausgesetzt, daß ihre Lebensbedingungen dem höheren Interesse der Moral mehr förderlich sind, als es etwa bei der reichen Familie der Fall ist.

2. Diese Grundsätze finden ihre Anwendung auch bei Beurtheilung der verschiedenen erbrechtlichen Systeme. Jenes Erbrecht wird das beste sein, welches das geeignetste Fundament für einen gesunden Bau der menschlichen Gesellschaft bietet; jenes das schlechteste, welches sich den socialen Bedürfnissen des Menschen am wenigsten anpaßt, sollte dasselbe auch der Vermehrung des gesammten Nationalreichthums etwas günstiger sich erweisen.

Und welches ist der gesunde Baustil für das sociale Gebäude der menschlichen Gesellschaft, besonders für das erste Glied derselben, für die Familie? — Die reichen Detailstudien Le Play's haben in dieser Beziehung drei Stilarten zu Tage gefördert, welche sich eng den verschiedenen Erbrechtssystemen anschließen. Es sind die Typen der patriarchalischen Familie, der unbeständigen Familie (famille instable) und der Stammfamilie.

Die patriarchalische Familie setzt einfache Zustände voraus; die ganze Nachkommenschaft, ausgenommen etwa die nach Außen hin sich verheirathenden Töchter, bleibt in Einer Lebensgemeinschaft am angestammten Herde zusammen, und das ungetheilte Besitzthum gewährt unter der Leitung des gemeinsamen Hauptes der Gesammtfamilie den Unterhalt. Erst wenn im späteren Verlaufe der Raum zu eng wird, schwärmen Colonien aus unter der Führung eines erfahrenen Familiengliedes und ausgerüstet mit dem nöthigen Bedarf. Die Nomadenvölker des inneren Asiens und mehr oder weniger auch die russische Landbevölkerung, sogar einige Gegenden Frankreichs zeigen noch jetzt diesen Typus. Sein Vorzug ist eine große Solidität der Verhältnisse, Aufrechthaltung der väterlichen Gewalt, der Zusammengehörigkeit, der angestammten Traditionen, und durch alles dieses Bewahrung der Moralität. Seine Schattenseite besteht darin, daß eine freiere Entfaltung des menschlichen Lebens weniger Spielraum findet.

Den geraden Gegensatz zu dem eben Beschriebenen bildet der Typus der unbeständigen Familie. Dort blieben die Einzelfamilien zu einer Gesammtfamilie vereint, hier trennen sie sich nicht bloß, sondern sie verlieren auch das gemeinsame Band, welches sie in dem väterlichen Herde, von welchem sie ausgingen, noch ferner besitzen könnten; denn dieser Herd wird mit dem Tode der Eltern abgebrochen; der Familienherd und mit ihm die einheitliche materielle Grundlage der Familie, sei dieß ein Grundbesitz oder ein Handwerk, oder was sonst immer, hat keine längere Dauer als die Dauer Einer Generation. Jedes neue Ehepaar gründet einen neuen Herd, aber mit dem Ehepaar verschwindet auch wiederum der Herd; das Familienbesitzthum wird in jeder Generation vernichtet, zertheilt oder in fremde Hände verkauft. Das classische Land dieser socialen Form ist seit dem Ende des vorigen Jahrhunderts Frankreich. Vortheil und Nachtheil derselben sind denen der vorigen gerade entgegengesetzt: sie gestattet eine freiere individuelle Entfaltung, aber sie ist das Grab der Familientraditionen, sie bietet für die Moralität weit weniger Garantien und ist, weil sie den ruhigen Fortbestand des Gewerbes oder der Landwirthschaft unterbricht, finanziell höchst unpraktisch.

Das dritte sociale System ist das der Stammfamilie, ein System, welches die Vollkommenheiten der beiden anderen Typen fast ganz in sich vereinigt. Wie die patriarchalische Familie läßt sie Einen Herd, die materielle Grundlage Einer Familie fortbestehen durch alle Generationen; aber nicht alle Nachkommen werden an demselben zusammengezwängt, sondern es zeigen sich, wie bei der unbeständigen Familie, so viele Herde als Einzelfamilien. Nur der Unterschied herrscht, daß eine dieser Einzelfamilien als der Stamm den alten Herd fortsetzt, nicht aber einen neuen gründet, um den alten zu zertrümmern. Als Grundstock der Nation legt sich in solcher Weise ein Netz von Stammfamilien und Stammgeschäften über das Land für jene Zweige der menschlichen Thätigkeit, welche die hauptsächliche Grundlage der Gesellschaft bilden, nämlich für Ackerbau, Handwerk, Industrie, Handel. Der Zuwachs der Bevölkerung senkt sich in die noch auszufüllenden Maschen dieses Netzes und strebt dahin, durch Gründung neuer Herde die Zahl der Stamm-

familien zu mehren. Und sollte der Landbau nicht genügenden Raum
für neue Familien bieten, so ist im Handwerk, im Handel, in der In=
dustrie, im Staatsdienst und namentlich in den höheren geistigen Berufs=
arten bei fortschreitender Entwicklung noch Platz für manche jener
Söhne, welche nicht Stammhalter des väterlichen Herdes wurden. Sollte
auch hier Alles besetzt sein, so findet die Überproduction der Bevölkerung
in den außereuropäischen Ländern ein vorderhand noch unerschöpfbares
Feld des Anbaues.

Die Vertreter dieses dritten Typus sind Frankreich vor der Revo=
lution und für die Gegenwart noch die baskischen Provinzen, die deut=
schen Cantone der Schweiz, Tirol, das bayerische Oberland, das Salz=
kammergut, fast der ganze Norden Europa's, England, Schottland und
Canada, und selbst in Frankreich, namentlich in den Pyrenäen, noch ein
Stock von vielleicht 50,000 Familien, welcher indeß von Jahr zu Jahr
mehr zusammenschmilzt. Im Einzelnen gibt es vielfache Modificationen,
besonders in der Überleitung des Stammbesitzes von der alten auf die
junge Familie. Für die baskische Bevölkerung des Laveban in der Nähe
von Lourdes gibt uns Le Play in seiner „Organisation de la famille"
die herrliche Monographie einer derartigen Stammfamilie, in welcher
nach dortigem Brauch alte und junge Leute gleichzeitig im nämlichen
Haushalte fortleben. Er zieht diese Spielart jener englischen Sitte vor,
nach welcher die junge Familie erst einzieht, wenn die alte ihr Platz
gemacht hat; hier leidet das Alter allerdings unter einer gewissen Ver=
einsamung, obgleich andererseits für etwaige Differenzen zwischen alten
und jungen Leuten weniger Gefahr sich bietet.

Welche Verschiedenheiten indeß auch im Einzelnen bei der Art der
Überleitung stattfinden, soviel ist auf den ersten Blick klar, daß das
System der Stammfamilien auch für moderne Verhältnisse weitaus das
gedeihlichste ist. Während die unbeständige Familie in jeder Generation
die gewonnene materielle Familiengrundlage opfert, um anderswo neue
Herde zu gründen, läßt das System der Stammfamilien bestehen, was
besteht, sucht aber die Lücken mit neuen Bildungen auszufüllen. Das
System der unbeständigen Familie schlachtet gleichsam die milchgebende
Kuh, um für die nächsten Tage viel Fleisch zu essen; es schlachtet die
Henne mit den goldenen Eiern und theilt sie in mehrere Theile; aber
lange Zeit wird erfordert, bis der einzelne Theil wieder zur eierlegenden
Henne heranwächst. Bei der unbeständigen Familie gibt es nach dem
Tode der Eltern kein sociales Mittelglied zwischen den Einzelnen oder

ben beginnenden Zweigfamilien und der öffentlichen Behörde; jeder Un=
glücksfall sendet sie dem Gemeindehospital oder der Armenverwaltung
zu. Im System der Stammfamilie dagegen behält das ausgehende
Reis einen Stützpunkt in dem Stammsitz, welchem es entsproß; sehr
häufig sogar verlassen unverheirathete Söhne oder Töchter denselben über=
haupt nicht, und behalten in dieser Weise eine Heimath, welche der
Stammhalter ihnen gewähren muß, da mit den Rechten nicht weniger
auch die Pflichten eines Familienhauptes auf ihn übergehen. Die patri=
archalische Familie betont die Einheit stärker, als für moderne Verhält=
nisse ersprießlich ist; die unbeständige Familie pulverisirt Alles und
zerstört jede höhere Einheit; die Stammfamilie dagegen verbindet Einheit
mit der Vielheit und bildet das geeignetste Material zum organischen
Aufbau der menschlichen Gesellschaft.

3. In welcher Beziehung steht nun das Erbrecht zu diesen ver=
schiedenen socialen Typen der Familie? Es ist einfachhin entscheidend
für den Aufbau und die Zerstörung der einen oder der andern Form.
Namentlich für die Zerstörung; denn im Erbrecht hat die gesetzgebende
Gewalt eine Handhabe, in wenigen Generationen jede organische Bil=
dung zu vernichten, Alles zu pulverisiren, Alles der Bureaukratie, der
staatlichen Centralisation zu unterwerfen und Alles endlich dem Socia=
lismus in die Arme zu treiben.

„Das Erbrechtssystem,“ sagt Le Play, „hat mehr als jede andere
bürgerliche Einrichtung den Regierungen das Mittel geboten, die Völker
zu beherrschen. Wenn der Staat nur einige Rücksicht nimmt auf die
persönliche Freiheit, so kann er die Religion nicht beherrschen, noch in
das Gebiet des häuslichen Herdes eindringen. Er ist nicht im Stande,
durch Gesetze gegen den Luxus den täglichen Verbrauch des Reichthums
zu beschränken; denn Versuche dieser Art werden leicht vereitelt durch
das stillschweigende Zusammenwirken der Betheiligten. Es gelingt ihm
dagegen sehr wohl, jene Veränderung zu regeln, welche dem Tode des
Eigenthümers folgt. Dieser Augenblick bietet dem Staate sofort eine
greifbare Gelegenheit, sich in die Privatangelegenheiten einzumischen.
Auf der andern Seite stehen hier die Betheiligten nicht mehr im Einver=
nehmen, der Leitung, welche man ihnen aufdrängt, Widerstand zu leisten.
Im Gegentheil neigen die vom Gesetze aufgestellten Erben gewohnheits=
mäßig dahin, sich mit den öffentlichen Beamten zu verbinden, um den=
jenigen den Besitz zu entreißen, welche der verstorbene Eigenthümer etwa
heimlich bedacht hätte . . .“

12*

So besitzt das Erbrecht in hervorragender Weise „die Macht, das Eigenthum und die Familien der Eigenthümer fruchtbar oder unfruchtbar zu machen. Dieser Einfluß macht sich in Frankreich mehr als anderswo fühlbar. Nirgends hat unter modernen Verhältnissen der Gesetzgeber das Privatleben in solchem Grade dem unterworfen, was er für das Staatsinteresse hielt. Nirgends ist er so rücksichtslos gegen Sitten und Tradition angegangen. Was mich, angelangt am Ende meiner Studien, am meisten in Verwunderung setzt, ist der Umstand, daß die Wichtigkeit dieser Anordnungen von modernen Schriftstellern kaum angedeutet ist. Getrübt im Allgemeinen durch das Vergessen des Moralgesetzes, weicht die öffentliche Meinung in diesem Punkte Vorurtheilen, welche für unser Vaterland die Ursache unberechenbarer Übel sind" [1].

So Le Play. Doch verfolgen wir mehr im Einzelnen die Wir= kungen des französischen Erbrechts.

4. Ein Grundbesitzer möchte seinen altererbten Besitz ungetheilt auf seine Nachkommen vererben, er möchte eine Stammfamilie erhalten. Der Code civil verbietet es ihm; denn Art. 913 läßt, wenn drei oder mehr Kinder vorhanden sind, nur ein Viertel des Nachlasses zu seiner freien Verfügung; das Übrige muß zu gleichen Theilen vertheilt werden. Will der Vater mit Hilfe dieses freien Viertels seinen Erstgebornen zum Stammhalter machen, so wird dieser in den meisten Fällen bei dem geringen Ertrage des Grundbesitzes nicht bestehen können; es brauchen nur fünf Geschwister von ihm ihre Abfindungen zu beanspruchen, und der Bankerott ist in vielen Fällen sicher. Der Werth des Grundbesitzes betrage 400,000 Mark; er sei frei von Schulden, bilde aber auch das ganze Vermögen des Vaters. Der Erstgeborene erhält das freie Viertel = Mk. 100,000, dazu seinen Pflichttheil = Mk. 50,000, zusammen Mk. 150,000; die übrigen Mk. 250,000 muß er den fünf Geschwistern als deren Pflichttheil mindestens zu etwa 4%, also mit Mk. 10,000, verzinsen. Da Grundbesitz, namentlich wenn derselbe mit größeren Herr= schaftlichen Gebäuden oder sonstigen todten Kapitalien versehen ist, häufig nicht mehr als 2½% einbringt [2], so beträgt die jährliche Einnahme gleichfalls Mk. 10,000, und der Besitzer hat die Wahl zwischen Hunger= tod, Bankerott und Verkauf des Stammgutes! Doch gesetzt, es sind außer dem Grundbesitz noch Kapitalien vorhanden, der Stammhalter

---

[1] Le Play, La réforme, ch. 17. n. II. IV.
[2] Roscher, Nationalökonomie, § 154.

soll also die unbewegliche, die übrigen Kinder die bewegliche Habe er=
halten. Vergeblich! Art. 815 und 826 bestimmen, daß jeder Erbe seinen
Antheil an den Immobilien beanspruchen kann. Der Grundbesitz muß
geviertheilt, oder je nach den Umständen gesechstheilt werden. Soll also
mit jeder Generation eine neue Art von landwirthschaftlichem Betrieb,
eine neue Vertheilung der Felder, sollen neue Ökonomiegebäude hergestellt
werden? Der Code hat diesen Fall vorgesehen. Wenn eine Realthei=
lung die reinste Tollheit wäre, muß nach Art. 827 der Richter zur
Versteigerung der Erbschaft schreiten!

Hiermit sind wir angelangt beim System der unbeständigen Fa=
milie und beim Güterschacher; keine Bande der Anhänglichkeit knüpfen
ferner den Menschen an den heimathlichen Boden seiner Kindheit,
aller Grundbesitz wird „prostituirtes Land“ und Handelsartikel, wie
die Actien der Börse; den Vortheil ziehen die Gütermäkler und das
Bureaukratenheer! Solche Aussichten für die Zukunft verleiden dem
Besitzer schon bei Lebzeiten die Freude an seinem Erbe; er pflanzt keine
Bäume mehr, denn seine Kinder werden ja die Früchte nicht pflücken;
lieber fällt er den Hochwald, verkauft auch wohl das ganze Besiß=
thum, um in die Stadt zu ziehen, und die Stellung des Grund=
besitzers mit der eines Couponschneiders oder Börsenspeculanten zu ver=
tauschen; seinen Kindern aber hinterläßt er statt eines Familienherdes
nichts als Kapitalien.

Im Archiv eines alten westfälischen Schlosses befinden sich noch
gegenwärtig Höltingsprotokolle aus dem Mittelalter, in welchen die
Namen der einzelnen Gehöfte mit ihren verschiedenen Rechten am Ge=
meindewalde verzeichnet sind. Die Schreibweise dieser Namen hat sich
im Laufe der Jahrhunderte geändert, aber die Höfe selbst und in
den meisten Fällen auch wohl die Familien der Besitzer sind dieselben
geblieben. Ist dergleichen möglich, wo der Code civil nur einige
Generationen geherrscht hat? Werden unter seiner Herrschaft überhaupt
nur Familienarchive sich erhalten, um dergleichen zu bezeugen? Was
er wirkt, ist schön durch folgende Äußerung eines französischen Edel=
mannes gekennzeichnet: „Ich kann mich,“ erklärte Graf Benoist
d'Azy in der Sitzung der Société d'économie sociale vom 25. Fe=
bruar 1866, „ich kann mich nicht ohne tiefen Schmerz daran erin=
nern, wie ich sah, daß das Bett meines Vaters und die Bibel
meiner Kindheit zum Verkaufe ausgeboten wurden; um sie fremden
Händen zu entreißen, mußte ich sie inmitten eines Haufens gleichgil=

tiger und habgieriger Käufer, die über meine Gemüthsbewegung lachten, ersteigern." [1]

5. Wo Le Play aus seinen langjährigen Beobachtungen die Wirkungen zusammenstellt, welche der Code civil während der zwei bis drei Generationen seines Bestehens in jeuen Gegenden Frankreichs hervorgebracht hat, in welchen früher der Grundbesitz nicht getheilt wurde, hebt er besonders vier verschiedene Gruppen heraus. Die erste umfaßt die gebirgigen Gegenden Südfrankreichs, namentlich die Pyrenäen. Hier ist es durch die Gunst besonderer Umstände und durch treues, gemeinsames Festhalten am alten Erbrecht der Bevölkerung bis jetzt noch einigermaßen gelungen, sich der erbarmungslosen Güterzertrümmerung zu erwehren. Ähnliches hören wir von dem südlichen Flachland am Mittelmeere, wo indeß mancherlei bedenkliche Kunstgriffe zur Unschädlichmachung des revolutionären Gesetzes an der Tagesordnung sind. Eine dritte Gruppe wird uns mit folgenden Farben geschildert:

„Das fruchtbare Plateau, bekannt unter dem Namen pays de Caux, welches vom rechten Ufer der Seine und dem Gestade des Kanals begrenzt wird, bietet das Beispiel einer Umbildung dieser Art, welche sich seit der Schreckensherrschaft vollzogen hat. Dieß Plateau ist bedeckt mit keinen und mittelgroßen Besitzungen, in deren Mitte die „Masure" (die Wohnung) liegt. Dieselbe bildet ein untheilbares Ganze, dessen Bedeutung der der Felder entspricht. Sie besteht aus den Wirthschaftsgebäuden und einem Gemüsegarten, die sich an einen weiten grasigen Obstgarten anschließen; die Einfassung bildet ein Erdwall, hinter welchem sich der Hochwald erhebt. Diese Besitzungen, denen einige größere Besitzthümer untermischt sind, befinden sich materiell noch im nämlichen Zustande, wie im 16. Jahrhundert, aber in socialer Beziehung sind sie das Opfer eines tiefen Verfalles geworden. Damals waren sie das Eigenthum von kleinen Edelleuten und Bauern, welche mit eigenen Händen dieselben bestellten und ungetheilt nach dem Gewohnheitsrechte der Normandie ihren Nachkommen hinterließen. Es waren die fruchtbaren und kräftigen Familien, welche Canada, wo jetzt noch ihre Nachkommen jene Sitten heilig halten, die wir verloren habeu, colonisirten, welche unsern andern Colonien in Amerika und Indien ihre besten Auswanderer zusandten. Der Verfall des 18. Jahrhunderts zog die reichsten Grund-

---

[1] Bulletin de la Société 1866, p. 436; bei Le Play, L'organisation de la famille, p. 244.

eigenthümer an den Hof und in die Städte und vermehrte daher bereits die Zahl der Pächter; seit der Revolution hat die Gleichtheilung, gegen welche die Deputirten der Normandie vergebens protestirten, diese Desorganisation des ländlichen Eigenthums bis auf die kleinsten Besitzungen ausgedehnt. Die Nachkommen der alten Eigenthümer leben nur noch als Pächter auf dem Boden, welcher jetzt eine Rentenquelle ist für die reichen Geschäftsleute, die an der Grenze dieses Landstrichs, in den Städten Ronen, Louviers, Elboeuf, Bolbec, Havre, Fécamp und Dieppe, die Fabriken und den Seehandel betreiben. Der Verkauf des Besitzthums, welcher sich bei der Eröffnung jeder Erbschaft erneuert, verhindert die schädliche Zerstückelung." [1]

Schlimmer noch sieht es aus in der vierten Gruppe, nämlich in Mittel=Frankreich, wo die Bevölkerung, die sich dem Geiste des Gesetzes fügt, aber keine Kapitalisten als Käufer ihrer Besitzungen findet, bei der Eröffnung einer jeden Erbschaft die Fetzen theilen muß. Dieses System bringt täglich weiter vor und desorganisirt die Gesellschaft überall, wo der kleine Grundbesitz in keinem der eben erwähnten Umstände mehr Schutz findet. „Eine derartige Zerstörung der alten wirthschaftlichen Einheiten erzeugt viele Unzuträglichkeiten. Sie bewirkt einen Verlust an Arbeitskräften, indem die Arbeit, welche zuvor nur Eine verlangte, jetzt mehrere Familien in Anspruch nimmt . . . Der Erbe, welchem die Gebäude zufallen, kann dieselben bei der verringerten Wirthschaft kaum gebrauchen, während die übrigen Erben genöthigt sind, auf ihrem An= theil neue Bauten aufzuführen. Das unverzinslich für den Landbau immobilisirte Kapital wird regelmäßig durch Anleihen beschafft, und hierin liegt eine der Ursachen, aus welchen in den Gegenden des kleinen Grundbesitzes mit der Zwangstheilung zugleich die Hypotheken überhand nehmen. Wenn die Erben zur Vermeidung der kostspieligen Bauten sich die Wohnung mit Zubehör in Natur theilen wollen, so gerathen sie auf eine noch gefährlichere Klippe. Die Familien sind dann zu einer Art von Zusammenleben verurtheilt, welche für die Mitglieder eine Quelle beständiger Unordnungen und Zwistigkeiten bildet. Die Theilung der Obstgärten, der Wiesen, der Felder, welche ursprünglich für den Bedarf Einer Familie zugeschnitten waren, führt gleichfalls zu traurigen Ver= wicklungen der Verhältnisse." [2]

---

[1] Le Play, La réforme, ch. 34. n. XI.
[2] Le Play, La réforme, ch. 34. n. XII.

Dieß der Bericht eines sachkundigen Augenzeugen! Wir können hinzusetzen, daß die schädlichen Wirkungen um so stärker hervortreten müssen, je mehr der Gebrauch von Maschinen, welche einen großen Boden-Complex voraussetzen, für die Landwirthschaft zur Nothwendigkeit wird; wir können auch daran erinnern, daß die verhängnißvolle Entwaldung Frankreichs, die Ursache der verheerenden Überschwemmungen, wohl nicht zum geringsten Theil der Sprengung des Großgrundbesitzes durch das französische Erbrecht zu verdanken ist.

6. Die Zwangstheilung ist somit ein sicherer Ruin der Landwirth-schaft. Nur darüber läßt sich streiten, ob Zwangsuntheilbarkeit oder ob vollständige Testamentsfreiheit den Vorzug verdient; ob ein gesetzliches Erstgeburtsrecht, wie vielfach im Norden Europa's, oder ob das freie Verfügungsrecht des Vaters, wie es in England besteht, die zweckmäßigere Form ist. Wir glauben uns aus rein wirthschaftlichen Gründen, von der Rechtsfrage einstweilen absehend, für die englische Testamentsfreiheit entscheiden zu sollen.

Die finanziellen und persönlichen Verhältnisse der Familien sind so unendlich verschieden, daß Eine Schablone für Alle, wie immer dieselbe auch ersonnen wird, in den meisten Fällen nicht das Rechte trifft. Dieß gilt vor Allem von der französischen Zwangstheilung, es gilt aber theil-weise auch vom gesetzlichen Erstgeburtsrecht. Die beste Regelung wird durchweg eben der Vater treffen, wenn er vollständig frei ist. Mehr als irgend einem Staatsbeamten oder Gesetzgeber ist ihm an einer ge-deihlichen Ausrüstung seiner Kinder gelegen; besser als jene kennt er die Bedürfnisse des einzelnen Falles. Er weiß, ob der Grundbesitz sich ver-nünftiger Weise theilen läßt; wo nicht, hinterläßt er ihn Einem seiner Söhne als dem Stammhalter, damit an ihm die ganze Familie einen Stützpunkt, eine Zuflucht finde. Er weiß, wie viel der Grundbesitz an Abfindungen für die Geschwister des Stammhalters zu tragen vermag, und erwägt mit Sorgfalt und Liebe die Interessen beider Parteien. Die Wahl des Erben wird meist auf den Erstgebornen fallen, denn Weiber sind weniger berufen, Träger des Familienvermögens zu sein. Wenn aber unter den Söhnen nur Einer der Erbe sein kann, so ist es natür-lich, daß es derjenige wird, welcher zuerst in die Familie eintrat. Den-noch hat es seinen Vortheil, daß der Vater an die Person des Erst-gebornen nicht streng gebunden ist. Schon das Bewußtsein dieses Rechtes kann den Sohn allzu leicht zum Nichtsthun, zum Stolz, zur Unbot-mäßigkeit und zur Verschwendung verleiten. Es ist gut, wenn es dem

Vater freisteht, unter Berücksichtigung all' jener tausend Umstände des
einzelnen Falles, welche kein Gesetzgeber voraussehen kann, sein Hauswesen zu regeln; es ist gut, wenn er in den Augen der Kinder als jener
Gesetzgeber dasteht, dem sie in Betreff der Erbschaft sich fügen müssen.
Ein mecklenburgischer Gutsbesitzer errichtete vor Jahren ein Testament,
nach welchem der Erstgeborne den Grundbesitz erben sollte, vorausgesetzt,
daß er irgend ein Staats-Examen bestehe; wo nicht, sollte der zweite
Sohn das Stammgut, der älteste aber nur eine Abfindung erhalten.
Dieß Testament war nach den Umständen des Falles durchaus das rechte;
aber sowohl ein gesetzliches Erstgeburtsrecht als die Zwangstheilung des
Code civil hätte den Vater dieses so wirksamen Mittels, die höheren
Interessen seiner Kinder zu fördern, beraubt. Es mag krankhafte Zustände geben, in welchen der Gesetzgeber, sei es zu Gunsten der Theilbarkeit, sei es zu Gunsten der Untheilbarkeit, zwangsweise einzuschreiten
berufen ist. Für das Gewöhnliche aber wird ohne Zweifel das Gedeihlichste sein, dem Vater die freie Regelung seines Grundbesitzes zu
überlassen.

7. Anderer Ansicht ist der Statistiker Kolb, ein Freund revolutionärer Richtungen, welcher in religiöser Beziehung den Unglauben eines
David Strauß zu überbieten trachtet. Indem er in euphemistischer Weise
nur von einer Theilbarkeit, nicht aber von einer Zwangstheilung als
dem System des französischen Rechtes spricht, erklärt er: „Die unbedingte Theilbarkeit des Grundeigenthums hat zur Verbesserung
der Agriculturverhältnisse (Frankreichs) mächtig beigetragen. Gerade diejenigen Gegenden, in denen die Gütertheilbarkeit am meisten durchgeführt
ist, sind die bestangebauten, reichsten und cultivirtesten im ganzen Lande." [1]

Was sollen wir hierauf erwiedern? Le Play, welcher Land und
Leute kennt wie Wenige, bezeugt uns im Großen und Ganzen das Gegentheil. Von der Champagne unter Anderem berichtet er, daß der Code
civil dort besonders stark durchgeführt ist, daß aber auch gerade in Folge
dessen die Agricultur sehr gelitten. Vieles Ackerland, welches, in zu
kleine Fetzen zerrissen, den Anbau nicht mehr verlohne, werde einfach nur
noch als Schafweide benutzt [2]. Allerdings bezeugt er einen Fortschritt
der Ackerwirthschaft für jene Gegend der Normandie, in welcher der
Code civil zwar den Grundbesitz nicht zerstückelte, wohl aber den Hän-

---

[1] Kolb, Handb. der vergleichenden Statistik. 6. Aufl. Leipzig 1871, Bd. I. S. 233.
[2] Le Play, L'organisation de la famille. ch. 1. § 6.

ben reicher Industrieller überlieferte und die alten Eigenthümer in Pächter
verwandelte. Aber gerade für diese Gegend erzählt er uns von einem
tiefen Zerfall der socialen Zustände, so daß wir mit Recht fragen: was
nützt es, wenn einige Malter Korn und einige Stück Vieh mehr in den
statistischen Tabellen figuriren, die Bevölkerung aber moralisch und physisch
zurückgeht?

Wir legen nicht zu viel Gewicht auf die Behauptungen des israe=
litischen Agitators Lassalle. Aber den Behauptungen Kolbs gegenüber
dürfen wir auch sie wohl vorbringen. Von ihm hören wir, „daß nach
der neuen Constatirung in Frankreich 346,000 ländliche Wohnungen
gezählt werden, welche gar kein Fenster, sondern nur eine Thür
haben, und 1,817,328 ländliche Wohnungen, welche nur ein Fenster
und eine Thür haben, also 2,163,328 Wohnungen, deren Einwohner,
die man hiernach auf über 10 Millionen Menschen schätzen muß, im
höchsten menschlichen Elend sich befinden. Nach dem französischen
Statistiker Baron v. Morogues haben 7,500,000 Menschen in Frank=
reich jährlich nur 91 Frcs., d. h. 24 Thlr. 4 Sgr. zu verzehren.“ [1]

So steht denn Behauptung gegen Behauptung. Kolb indeß sucht
die seinige durch folgende Auseinandersetzung zu beweisen: „Aus einem
Berichte des englischen Gesandtschafts=Sekretärs Grey in Paris vom
Jahr 1865 entnehmen wir folgende Gegenüberstellung: Von 37,386,313
Individuen Gesammtbevölkerung Frankreichs leben durch den Ackerbau
nicht weniger als 19,873,493 Personen, von welchen 9,310,412 Eigen=
thümer sind (diese Ziffer ist jedoch etwas zu hoch, indem diejenigen, welche
in mehreren Steuerbezirken Grundstücke besitzen, mehrmals gezählt wur=
den); außerdem gibt es 4,543,673 Pächter, 5,353,299 Arbeiter und
666,109 verschiedenartig beschäftigte Personen. Im eigentlichen England
dagegen zählt man nur 30,766 Eigenthümer, 605,349 Pächter, 1,118,786
Arbeiter und 99,109 anderweitig beim Landbau beschäftigte Personen…
In England ist mithin unter 62 vom Ackerbau lebenden Personen nur
1 Grundbesitzer, in Frankreich ist es mehr als die Hälfte der betreffenden
Bevölkerung. Dieß erklärt zur Genüge den Aufschwung Frankreichs
seit der Revolution.“ [2]

Was den Aufschwung angeht, so ist es allerdings selbstverständlich,
daß ein solcher eintrat wegen der modernen Fortschritte in der Chemie,

---

[1] Lassalle, Arbeiterlesebuch, S. 25, 26.
[2] Kolb, a. a. O.

dem Maschinenwesen und aus ähnlichen Ursachen, welche den civilisirten Nationen gemeinsam sind. Was dagegen der Code civil gewirkt hat, muß abgenommen werden aus der Differenz im Aufschwunge Frankreichs und dem Aufschwunge anderer Länder, welche im Übrigen ähnliche Bedingungen aufweisen. Hier kann es nun keinem Zweifel unterliegen, daß der Aufschwung der französischen Landwirthschaft dem der englischen und selbst dem der deutschen Landwirthschaft nicht an die Seite gestellt werden kann [1]. Und wenn etwa in anderer Beziehung der deutsche Reichthum hinter dem französischen zurückblieb, so wollen wir allerdings nicht in Abrede stellen, daß in Deutschland vielleicht noch schlimmere Mißstände, als das Erbrecht des Code civil, der Entwicklung sich entgegenstellten; wir erinnern nur an das Actiengesetz und das Gründerthum, welches in Folge desselben erblühte. Doch prüfen wir die Zahlen des deutschen Statistikers!

Den Rechenfehler Kolbs, daß er 9,310,412 für mehr als die Hälfte von 19,873,493 ansieht, lassen wir unberücksichtigt. Wir lassen auch die Zahlen, welche er für Frankreich gibt, unangetastet. Aber wir fragen: Ist es ein gesundes Verhältniß, wenn etwa die Hälfte der vom Ackerbau lebenden Bevölkerung Grundeigenthümer ist? Unter gesunden Zuständen, so will uns bedünken, hat der Vater einen Grundbesitz, und von diesem Grundbesitz leben mit ihm seine Frau, seine Kinder und etwaiges Gesinde; das gibt mindestens 5—10 Individuen auf Einen Grundeigenthümer. Le Play rechnet für eine gesunde Stammfamilie sogar durchschnittlich etwa 18 Personen, und bezeugt, daß er einen derartigen Personenstand gewöhnlich unter den besten Verhältnissen angetroffen habe. Für die oben erwähnte Familie Melouga in den Pyrenäen gibt uns Le Play folgenden Personenstand: Der Erbe und seine Frau, 25 und 20 Jahre alt, Vater und Mutter im Alter von 52 und 47 Jahren, ein Großvater im Alter von 80 Jahren, 2 unverheirathete Geschwister des Vaters, 9 Kinder, von denen das älteste dem Erben an Alter nahe steht, endlich 2 Dienstboten; zusammen 18 Personen auf einen Grundbesitz! [2] Die Zahlen Kolbs sind also gewiß keine Empfehlung des

---

[1] Wirth, Nationalökonomie, Bd. I. S. 147.

[2] Le Play, L'organisation de la famille, p. 33. — Obiges war geschrieben, als uns die Association catholique vom 15. Januar 1877 in die Hände fiel, und (S. 65) von der Güterzertrümmerung erzählte, welcher nunmehr auch diese Familie in Folge des französischen Erbrechts zum Opfer fällt. Mehr als ein halbes Jahrhundert hatte sie die von Le Play uns geschilderten heroischen Kämpfe der Selbsterhaltung gegen das Gesetzbuch der Revolution ausgehalten; aber jetzt fällt auch sie!

Code civil, beweisen vielmehr, wenn sie richtig sind, wie entsetzlich das revolutionäre Erbrecht die französische Gesellschaft pulverisirt hat.

Gehen wir über zu England! — Die Zahl der rund 30,000 Grund=besitzer, auf welche sich Kolb stützt, war allerdings im Jahr 1861 vom englischen statistischen Bureau angegeben worden, aber, wie sich später herausstellte, als die Zahl der Eigenthümer, welche aus dem Grundbesitz ihren Haupterwerb zogen. Da jene Zahl bis zum Jahre 1871 so=gar auf 26,000 gefallen sein sollte, so wurde sie für eine Agitation gegen den Großgrundbesitz verwerthet, den man durch Aufhebung der Testamentsfreiheit und Einführung von Zwangsmaßregeln zu sprengen dachte. Dieser Agitation gegenüber erklärte Lord Derby im Jahr 1872, die Zahl der wirklich vorhandenen Grundbesitzer müsse wenigstens zehnmal größer sein, als angegeben worden. Daher ordnete das Par=lament zur Ermittlung der Wahrheit eine Enquête an, welche für England und Wales jüngst folgende Zahlen ergab: 972,836 Grund=eigenthümer, darunter 703,289 von weniger als 1 Acre (1 Acre = $^2/_5$ Hektar), also 269,547 mit Grundbesitz über 1 Acre! Von dieser Zahl müssen noch etwa 7000 abgezogen werden wegen Doppelzählung von Grundeigenthümern, deren Besitz in verschiedenen Grafschaften liegt, sowie 14,417 aus dem Grunde, weil die Besitzer von öffentlichem Eigen=thum mitgezählt waren; andererseits ist London mit seinem Gebiete, ist das Gemeindeland, sind öffentliche Anlagen, wüste Strecken, Wege, Flüsse u. s. w. nicht eingeschlossen, und so bleiben dann immerhin noch minde=stens etwa 250,000 Grundeigenthümer von mehr als 1 Acre [1]. Dabei

---

[1] Augsb. Allg. Zeitung vom 16. Februar 1876, S. 690. Vgl. die Nummern vom 4. und 5. Sept. 1874, vom 1. Sept. 1876, Beilage, und vom 11. Jan. 1877. — Interessant ist die Art, mit welcher dieses Blatt (5. Sept. 1874, S. 3846) dem Britenreiche seine Rathschläge ertheilen möchte: „Will Großbritannien nicht von der hohen Stufe herabsteigen, welche es unter den civilisirten Nationen einnimmt, so müssen die gesetzlichen Grundlagen des Eigenthumsrechts radical reformirt, das Gesetz des unbeschränkten Verfügungsrechts der Grundeigenthümer, aus welchem das factische Majorat entspringt, muß aufgehoben und der Grund und Boden dem freien (?) Eigen=thumswechsel überlassen werden.“ Ehe Albion dem wohlgemeinten Rathe der Augs=burgerin folgt, möchte es vielleicht noch um Aufklärung bitten über die Logik, welche im Interesse des „freien“ Eigenthumswechsels das „unbeschränkte Verfügungsrecht der Grundeigenthümer“ zerstört; über den Liberalismus, welcher in socialistischer Weise den Staat statt des Eigenthümers verfügen läßt; über die Politik, welche das Land auf der hohen Stufe, die es unter den civilisirten Nationen einnimmt, erhalten möchte, aber zu diesem Zwecke den Rath gibt, vollständig mit jenen Traditionen zu brechen, unter deren Beobachtung es diese Stufe erstieg, unter deren Bewahrung „ein

muß allerdings berücksichtigt werden, daß die englische Regierung unter Grundeigenthum nicht bloß das eigentliche Eigenthum (freehold), sondern auch die Pachtungen versteht, welche auf mindestens 99 Jahre geschlossen werden; dieser Unterschied ist jedoch mehr in juristischer als in wirthschaftlicher Hinsicht von Bedeutung.

Angesichts dieser 250,000 Grundbesitzer müssen nun wohl die 30,766 Eigenthümer Kolbs ein wenig multiplicirt, seine 62 Köpfe auf 1 Grundbesitzer folgeweise ein wenig dividirt werden, so daß die wirklichen Zahlen einem gesunden Verhältniß nicht mehr allzu fern bleiben. „Man hat oft gesagt,“ so lesen wir bei Le Play, „der Boden in England sei nur von großen Grundeigenthümern besessen. Die Beobachtungen, welche ich auf langen Fußreisen gemacht, haben mir die Ungenauigkeit dieser Behauptung dargethan. Diese Beobachtungen werden bestätigt durch die Ergebnisse, welche sich bei Aufnahme der Wahllisten gelegentlich der Reformen von 1867 zeigten. Nach dieser Aufnahme gibt es in England 202,000 Eigenthümer, welche Besitzungen von mehr als 2500 Fr. Rente bebauen oder verpachten; es gibt außerdem 200,000 ackerbautreibende Eigenthümer von Besitzungen, deren Rente weniger als 2500 Fr. beträgt.“ [1] Wenn dennoch die Zahl der Pächter in England verhältnißmäßig größer sein sollte, als in Frankreich, so dürfen wir nicht übersehen, daß die englische Pachtung (auch wenn sie rechtlich nicht für 99 Jahre bindet), thatsächlich weit stabiler ist und rationeller bewirthschaftet wird, als das französische Grundeigenthum; denn die englischen Großgrundbesitzer setzen ihren Stolz darein, einen Stand von wohlhabenden Pächtern zu haben, deren Pachtung von Geschlecht zu Geschlecht sich vererbt, während das französische Grundeigenthum in jeder Generation geviertheilt oder versteigert wird, und eine vernünftige Landwirthschaft nicht gedeihen kann auf Streifen Landes, auf welchen der Pflug kaum mehr als viermal seinen Weg zu finden vermag.

Hören wir über die Wirkungen des Code für die Landwirthschaft noch das Urtheil eines französischen Juristen: „Die doppelte Wunde der Familie ist: nach unten die Zerstückelung des Besitzthums, nach oben die

---

stetiger Fortschritt, eine unaufhaltsame Entwicklung, ein stetiges Wachsen in geistiger und politischer Freiheit, Liebe zur Arbeit, Zufriedenheit und Behagen an den sittlichen Einrichtungen seines gesellschaftlichen Lebens, mit einem Wort Wohlstand der geistigen wie der weltlichen Güter“ (Augsb. Allg. Zeitung vom 19. Juli 1874, Beil. S. 3130) sich zeigte!

[1] Le Play, La Constitution de l'Angleterre, Tours 1875, Vol. I. p. 173.

Schwächung der Autorität. Die Zerstückelung des Besitzthums konnte für den Anfang unseres neuen ökonomischen Systems ein Grund des Gedeihens sein für die Cultur; aber bei der Allgemeinheit, welche sie heutigen Tags auf allen Stufen der Gesellschaft angenommen, hat sie das Maß des Guten, welches sie wirken sollte, überschritten und wird zu einer Gefahr, die sich mit jeder Generation steigert. In den bessern Klassen, im Schooße jener Familien, welche unter allen Regierungsformen den Schatz nationaler Traditionen bewahren sollen, wird die Erbschaft bei jedem Todesfall getheilt oder versteigert. Mit der Theilung, die sie zersprengt, oder der Versteigerung, die sie fremden Händen überliefert, um etwas später getheilt zu werden, fallen jene Beziehungen des Guts-herrn zum Pächter fort, und die schönen und starken Baude des Herr-schaftsverhältnisses schwinden. Der Absenteismus" (jene Sitte, daß der Gutsherr nicht auf seiner Besitzung residirt) „wird zur Regel, statt eine Ausnahme zu sein. Der Reiche entfernt sich vom Armen, wie der Eigen-thümer vom Colonen. Alles trennt sie, ihre Sitten wie ihre Interessen, und der Klassen-Gegensatz, dieser Stoff des Neides für die Kleinen, der Gefahr oder der Bedrohung für die Großen, häuft sich in bedenklichem Maße." [1]

Doch es wird Zeit, daß wir die Landwirthschaft verlassen, um uns den übrigen Berufsarten noch kurz zuzuwenden.

8. Welchen Einfluß übt der Code civil auf das Handwerk? — Ein Handwerker hat durch Fleiß und Sparsamkeit sich ein blühendes Geschäft gegründet. Da er ein halb Dutzend Kinder besitzt, und nach seinem Tode getheilt werden muß, da eine Realtheilung, wo nur Ein Haus und Eine Werkstatt besteht, selbstverständlich unausführbar er-scheint, so muß versteigert werden. Und was bleibt von der Werkstatt? von den Geschäftsverbindungen? von den Kunden, welche sich der Vater mühsam gesammelt hatte? Vier Viertel Morgen Land haben immerhin noch ihren Werth, wenn auch häufig weniger als ein Morgen. Aber was sind vier Viertel Handwerk? Es ist klar, daß die Werkstatt mit jeder Generation zu bestehen aufhört. Das Schlachten der Henne mit den goldenen Eiern findet hier erst recht seine Anwendung. Diese Lage der Dinge wirft ihren Schatten schon im Voraus, bei Lebzeiten des Vaters. Denn welcher von den Söhnen will sein Gehilfe, sein Geschäfts-

---

[1] Aus einer Rede des Generalprocurators Pinart aus dem Jahre 1865; bei Le Play, L'organisation du travail, 3me édit. p. 525.

führer werden, wenn das Geschäft größere Ausdehnung gewinnt, oder
wenn das Alter des Vaters einen zuverlässigen Gehilfen erfordert? Nach
dem Tode des Vaters müßte ja der Sohn anderswo einen neuen Bau
beginnen, da der alte zerschlagen werden soll! Lieber beginnt er gleich
selbständig einen kleineren Betrieb; dann bleiben ihm die Früchte seiner
Ersparniß und seines Fleißes, welche er im andern Fall bei der Erb-
theilung verlieren könnte, oder mit weitläufigen Gerichtsverhandlungen
gegen seine Geschwister durchfechten müßte! Das Alter des Vaters war
einsam, denn sämmtliche Kinder hatten das Haus verlassen und in der
Fremde eine andere Heimath gesucht. Mit seinem Tode aber fällt das
Geschäft, und Alles geräth unter den Hammer des Auctionators.

Wie so ganz anders, wo Testamentsfreiheit herrscht! Der Vater
ist Herr, ist unabhängiger Gesetzgeber im häuslichen Kreise. Unter den
Söhnen bestimmt er jenen zum Stammhalter, welcher den gleichen Beruf mit ihm sich erwählt. Den übrigen Kindern sucht er durch Fleiß
und Ersparniß nach Kräften eine Ausstattung zu beschaffen. Der
Stammhalter bleibt bei ihm, arbeitet mit ihm; kommt das Alter heran,
so übernimmt derselbe mehr und mehr die Leitung des Geschäftes; aber
der Vater steht ihm mit seinem Rathe zur Seite. Auf den Wunsch
seiner Eltern bringt der Sohn später eine Schwiegertochter in's Haus,
und das alte Elternpaar, welches sich allmählich von den Sorgen dieses
Lebens zurückzieht, hat seine Freude an den heranwachsenden Enkeln.
So entsteht eine große, blühende Familie, als deren Glieder auch jene
Geschwister des Stammhalters gelten, welche außerhalb des Hauses keine
neue Lebensstellung fanden. Ruft der Tod den alten Vater in's Jenseits ab, so erlischt nicht das Feuer des Herdes; es bleibt auch ferner
der Mittelpunkt der ganzen Familie; das Geschäft geht ohne Unter-
brechung weiter, die alten Geschäftsverbindungen, die alten Traditionen
bleiben, und die Einmischung der öffentlichen Behörden entweiht nicht
das Heiligthum des häuslichen Herdes.

9. Dieselben Gegensätze, welche die französische Zwangstheilung und
die Testamentsfreiheit im Kleinen beim Handwerk zeigen, wiederholen sich
im Großen bei der Industrie und im Handel. Statt ein Gemälde derselben zu entwerfen, wollen wir ein Actenstück reden lassen.

Im Jahre 1865 richteten 130 angesehene Kaufleute und Fabrikherren, von denen manche auf den Weltausstellungen von 1855, 1862
und 1867 eine bedeutende Rolle spielten, folgende Petition an den Senat
von Frankreich:

„Wir endesunterzeichnete Manufacturisten, Fabrikanten und Kauf=
leute wenden uns voll Ehrfurcht an die höhe Vermittlung des Senates,
um von der kaiserlichen Regierung zu erlangen, daß die Testaments=
freiheit an die Stelle der gegenwärtigen Erbrechtsgesetzgebung gesetzt
werden möge . . . Während England unter der Herrschaft der Testa=
mentsfreiheit sieht, wie Unternehmungen, welche Kapital, Kundschaft und
Erfahrung anhäufen, gedeihen und beständige Dauer erlangen . . .
während die Söhne der bedeutendsten Fabrikherren und Kaufleute im
Mutterlande und bis an die äußersten Grenzen der Erde das Werk ihrer
Vorfahren fortführen, was geschieht bei uns? Selten wird das Werk
des Vaters vom Sohne fortgesetzt. In den meisten Fällen ist der Vater
der Begründer seines Vermögens gewesen, hat sich mehr oder weniger
hoch, je nach seinen Kräften, erhoben . . . Aber das Kapital, welches
er angehäuft, die Erfahrung, welche er gesammelt, das Arbeitszeug,
welches er geschaffen, alles das sieht sich geschwächt, zerstreut, preisgegeben
oder verloren, wenn Alter oder Tod seiner persönlichen Thätigkeit ein
Ende setzen. Es ist eine lebendige Kraft, deren Organe zu brechen
der Code civil sich zur Aufgabe gesetzt zu haben scheint . . .

„Wenn wir nach den hauptsächlichsten Ursachen so ganz entgegen=
gesetzter Ergebnisse suchen, so werden wir zu der Bemerkung gedrängt,
daß . . . in England und den Vereinigten Staaten von Amerika die
Kinder von der Wiege an . . . sich an Ehrerbietung und Gehorsam
gewöhnen. England ist mit Fabriken und Handlungshäusern bedeckt,
welche unter der Ägide des Familienhauptes, unter der Beihilfe seiner
Kinder heranwuchsen; das Meer wird von englischen Handelsschiffen
durchfurcht, auf denen die Söhne der Kaufleute befehlen; überall sieht
die Welt englische Comptoirs unter der Leitung derjenigen, welche für
ihre Thätigkeit keinen Platz in dem Handlungshause der Heimath fanden.

„Durch unser Erbrecht ist es nus versagt, zu einem ähnlichen Re=
sultat zu gelangen. Jedes Kind, wie immer später sein Verstand oder
seine Unfähigkeit, seine Energie oder seine Trägheit, seine Tugenden oder
seine Laster sich zeigen mögen, kommt zur Welt mit dem Recht, zur ge=
gebenen Stunde das Vermögen seines Vaters zu genießen, ohne daß es
irgend etwas zu thun brauchte, um es zu erwerben, zu vermehren oder
zu verdienen . . . Der Sohn weiß von fein auf, was er vom Vater
in diesem oder jenem Falle zu erwarten oder zu fordern hat. Wie sollte
nicht das Familienhaupt selbst sich dieses von Anfang an herrschenden
feindlichen Gegensatzes bewußt sein, dieses Gegensatzes, welcher dasselbe

gegenüber der Trägheit, den Leidenschaften und den Verirrungen seiner Söhne lähmt und entwaffnet? Sodann, wir wiederholen es, wie viele industrielle oder Handelsunternehmungen gehen zurück und stürzen zusammen mit der Generation, die sie gegründet! Wie viele Väter müssen auf die Mitarbeit ihrer Kinder verzichten, während diese in schuldvollem Müßiggang den Augenblick abwarten, in welchem sie ohne Arbeit das durch ihre Eltern erworbene Vermögen genießen! Wir könnten nach Hunderten die Beispiele so traurigen Verfalles zählen, welche das Gesetz, auf dessen Gefahren die Bittsteller hier aufmerksam machen, begünstigt.

„Wie soll man unter solchen Verhältnissen daran denken, langathmige Unternehmungen zu schaffen? Was ist denn unsere Handelsflotte, verglichen mit jener Englands und der Vereinigten Staaten? Wie Wenige denken daran, in unsere Colonien zu gehen und ihr Leben dort zuzubringen! Wie wenige Vertreter schickt Frankreich, um unsere Waaren unmittelbar in ferne Länder auszuführen, in denen Millionen von Abnehmern sich um die englischen Producte streiten!" [1]

10. So schädigt der **Code civil** das materielle Gedeihen in den verschiedenen Berufsklassen, indem er die Regelung des Nachlasses aus einer Familienangelegenheit zur Sache des Staates macht und dieselbe in einer Weise vornimmt, durch welche die Familie, dieses erste Glied am natürlichen geselligen Organismus, zertrümmert und an einem dauernden Fortbestehen gehindert wird. Dieser Fehler in der Hauptsache zieht auch für Nebenpunkte verschiedentlich eine übel angebrachte Einmischung der öffentlichen Behörden in Privatangelegenheiten nach sich und vollendet hierdurch das Werk der Zerstörung.

Eingeschnürt durch so viele Gesetzesparagraphen kann der Vater nur schwer ein Testament errichten, welches nicht von irgend einer Seite her anfechtbar wäre. Hat er glücklich ein solches zu Stande gebracht, so braucht dasselbe oft nur wenige Jahre zu liegen, um Stoff zur Anfechtung zu bieten. Denn Art. 2262 bestimmt, daß der Werth des Nachlasses nicht nach dem Augenblick der Errichtung des Testamentes, sondern nach der Zeit des Todes berechnet werden muß, und so kann es kommen, daß der Antheil eines Kindes durch Steigen und Sinken der Preise jetzt nicht mehr die Höhe des Pflichttheils erreicht. Eine treffliche Quelle für Processe! Und wenn in der ersten Generation aus Pietät gegen den verstorbenen Vater kein Glied zur Anfechtung des

---

[1] Le Play, L'organisation du travail, p. 499 sqq.

Testamentes schreitet, so gibt das französische Recht für die meisten Fälle auch noch der zweiten Generation dieses Recht, indem es eine dreißig=jährige Frist für die Anfechtung zuläßt. So begreift sich's, daß im Jahre 1868 in Frankreich 21,317 Erbschaftsprocesse spielten, während die Zahl aller übrigen Processe nur 24,899 betrug [1].

Besonders verderblich wird das Eindringen der Bureaukratie in den häuslichen Herd, wenn Minderjährige unter den Erben sind. Im Jahre 1839 starb in einem Orte Frankreichs im Department Nièvre ein Tag=löhner mit Hinterlassung von vier kleinen Kindern; seine Frau war bereits einige Jahre zuvor gestorben. Als Besitzthum hinterließ er ein schuldenfreies Häuschen mit Garten und etwas Feld zum Gesammtwerthe von 900 Franken. Hätte Testamentsfreiheit oder Erstgeburtsrecht ge=herrscht, so wäre die Familie wohl weniger vereinsamt gewesen; eine Schwester des Mannes hätte etwa den Haushalt fortgesetzt und wäre den Kindern Mutter geworden; oder ein älterer Bruder desselben hätte, vom Vater als Vormund bestellt, die Kinder zu sich genommen, mit den seinigen erzogen und als Testamentsvollstrecker das kleine Hauswesen bestmöglichst vermiethet oder verkauft. Aber was geschah? Da es sich um Minderjährige handelte; da diese Minderjährigen auf Grund des Code civil gewisse Rechte am väterlichen Vermögen besaßen, Rechte, über welche der Vater nicht verfügen konnte; da festgestellt und gesorgt werden mußte, daß diese Rechte in keiner Weise verletzt würden, so muß die staatliche Bureaukratie sich einmischen. Glücklicherweise machte sich Alles sehr einfach; Processe und sonstige Verwicklungen kamen nicht vor, und das Besitzthum wurde von Obrigkeitswegen für 725 Frk. versilbert. Und die Kosten des Verfahrens —? Sie betrugen 694 Frk. 63 Cts.! Blieben also den vier Kindern ganze 30 Frk. 37 Cts., um davon zu leben und erzogen zu werden! [2]

Vielleicht hält man diesen Vorgang für einen vereinzelten Sen=sationsfall. Hierauf mögen folgende Zahlen antworten: Im Jahre 1850 wurde nach einem officiellen Berichte vom Jahre 1852 in Frankreich von 1980 solchen Verkäufen, deren Ertrag die Summe von 500 Frk.

---

[1] Le Play, La réforme, ch. 20. n. VII. note 16.

[2] Le Play, La réforme, Document C. — In Wirklichkeit betrugen die Kosten 21 Frk. 12 Cts. mehr. Le Play hat die Kostenrechnung, die er in ihrer ganzen Aus=dehnung gibt, als sie angefochten wurde, durch Richter revidiren lassen; dabei stellte sich allerdings heraus, daß in aller Strenge diese 21 Frk. noch hätten angesetzt werden können. Vgl. La réforme, T. III. p. 689.

nicht überstieg, die Gesammtsumme von 558,092 Frk. gelöst; die Ge=
sammtkosten betrugen 628,906 Frk., überstiegen also um 12% den Be=
trag des Erlöses! [1] Wäre es da nicht besser, dem freien Verfügungs=
rechte des Vaters etwas mehr Spielraum zu lassen? Auf seine Einsicht
und seine väterliche Liebe zu den Kindern etwas mehr zu vertrauen und
weniger auf die Garantien des bureaukratischen Staates?

Doch wir müssen schließen. Fassen wir die Wirkungen des napo=
leonischen Erbrechts in folgendem Urtheil eines liberalen französischen
Gelehrten zusammen: „Es hat die Theilung des Eigenthums bis zur
Absurdität getrieben; es hat einen bedeutenden Theil des erworbenen
Kapitals durch Versteigerungen und Gerichtskosten aufgezehrt; es hat
vielleicht eine Million von Vermögen in dem Augenblicke vernichtet, in
welchem sie anfingen, sich zu bilden. Der Vater gründet eine Industrie
und stirbt; Alles wird verkauft und getheilt; das Haus überlebt seinen
Herrn nicht. Einer der Söhne hat Muth und Talent; mit seinem klei=
nen Antheil am väterlichen Kapital gründet er ein anderes Haus; es
glückt ihm, er wird beinahe reich und stirbt; neue Theilung, neue Zer=
störung; Alles, um auf neue Kosten wieder anzufangen — eine wahre
Danaibenarbeit. Der Ackerbau leidet darunter, die Industrie leidet, der
Handel leidet und der gesunde Menschenverstand wird schamroth!" [2]

Dieß die Wirkungen des Code civil für den materiellen Wohlstand.
Was er für Zunahme und Moralität der Bevölkerung leistet, davon später.

L. v. Hammerstein S. J.

Die Andacht zum göttlichen Herzen Jesu.

III. Wirkungen der Herz-Jesu-Andacht.

(Fortsetzung.)

3. Wir kommen nun zur Kirche. Wohl von vornherein müssen
wir erwarten, daß das göttliche Herz die Kirche in seinen Segnungen
nicht übergangen habe; ist sie ja doch der mystische Leib Christi; daher

---

[1] Le Play, La réforme, T. III. p. 690.
[2] M. E. About, Le Progrès, Vol. I. 8°. 1864. p. 295; bei Le Play, L'organisation du travail, Document 12. p. 527.

ist denn auch die Andacht für das innere und äußere Leben der Kirche
von der größten und segensreichsten Bedeutung geworden.

Das innere Leben der Kirche besteht wesentlich in der Mittheilung,
Erhaltung und Vermehrung des göttlichen Gnadenlebens durch willige
Annahme des Glaubens, durch Befolgung der Gebote und durch den
Gebrauch der verordneten Gnadenmittel. Nun ist es gerade unsere An=
dacht, welche all' diese Functionen des inneren Lebens der Kirche auf
eine außerordentliche Weise bethätigt, fördert und erleichtert. Bezüglich
des Glaubens haben wir ja gesehen, wie wir in dieser Andacht ein
kostbares Förderungsmittel des Glaubensbewußtseins besitzen; wie in ihr
und durch sie das Hauptgeheimniß unserer Religion, die Wahrheit von
der Gottmenschlichkeit Jesu Christi, den concretesten, schlagendsten und
umfassendsten Ausdruck findet; wie Niemand diese Andacht üben kann,
ohne auf das Lebhafteste von all' diesen Glaubenswahrheiten berührt zu
werden, von der Erlösungsbedürftigkeit unserer Natur, von dem über=
fließenden Erlösungsreichthum in Christus und von der Dankbarkeit und
Gegenliebe, welche wir ihm schulden. Zugleich eröffnet sie dem Geiste
des Betrachters die anziehendste Partie der ganzen Christologie, das
innere Leben und das herrliche Gemüth des Heilandes. Wie sehr all'
die speculativen Fragen, welche der Andacht zu Grunde liegen, von jeher
die christliche Philosophie beschäftigt, zeigt eben genugsam die Geschichte
der Andacht.

Welch' eine Stärkung findet in der Andacht dann auch das M o r a l =
g e s e t z der Kirche! Kann es eine nachdrücklichere und liebenswürdigere
Verkündigung und Bestätigung desselben geben als die, welche wir in
dieser Andacht haben? Sie offenbart uns das Heiligthum und das Ur=
gesetz aller Heiligkeit, das wundervollste Ideal der christlichen Vollkommen=
heit, die Gesinnungen, die Grundsätze, den Geist, die Tugenden, das
ganze sittliche Streben des Herrn. Sie thut einen mächtigen und ent=
scheidenden Griff in das sittliche Leben des Menschen, indem sie sein
Herz will, seine Liebe erfaßt und zu Gott, seinem Ziele, hinordnet. Ist
das nicht eine durchgreifende, ja die einzig durchschlagende Disciplinirung
des Herzens? Und mit welcher Anziehungs= und Überzeugungskraft
stellt die Andacht ihre Anforderungen an das menschliche Herz! Sie
enthüllt ihm die unendliche Liebesfülle eines andern Herzens, des Her=
zens des Gottmenschen, seines Schöpfers, Beseligers und Gottes! Kann
eine herzgewinnendere Gesetzgebung gedacht werden?

Endlich der Gebrauch der G n a d e n m i t t e l! Namentlich sind deren

zwei, welche die Kirche zur Erhaltung und Vermehrung des Gnaden=
lebens anwendet: das Gebet und die heiligen Sacramente. Das Gebet
umfaßt sowohl die Privatandacht, als auch den öffentlichen Cultus; wie
viele öffentliche und private Andachtsübungen bringt nun aber die An=
dacht mit sich! Wir erinnern an die monatlichen Vereinigungen, die geist=
lichen Unterweisungen und die Predigt, die Übung der heiligen Stunde,
die sacramentalen Andachten mit Weihe und Abbitte — lauter Übungen,
welche doch wohl einen besondern Gebetseifer zur naturgemäßen Voraus=
setzung haben und deßhalb auch eine heilsame Rückwirkung auf den pflicht=
mäßigen Gottesdienst haben müssen. Oder wer wird denn so verkehrt
sein, den pflichtmäßigen Gottesdienst zu vernachlässigen, um freiwilligen
Gebetsübungen nachzuhängen? Vorzüglich aber befördert die Andacht den
häufigen Gebrauch der heiligen Sacramente. Der göttliche Heiland selbst
hat der sel. Margaretha den öfteren, ja allmonatlichen Empfang der
heiligen Communion als eine Hauptübung der Andacht bezeichnet, und jeder
eifrige Verehrer des göttlichen Herzens kommt dieser Anforderung auch
nach. Wenn wir dieses Alles überblicken, so gelangen wir zu der Über=
zeugung, daß die Herz=Jesu=Andacht mit ihren Mitteln und Übungen
ein mächtiges Förderungsmittel des inneren Lebens der Kirche ist. Was
besitzt die Kirche an Mitteln für das geistliche Leben, deren die Andacht
sich nicht bemächtigt, die sie nicht braucht und ausbeutet zum Heil der
Seelen? Wie gut und herrlich stände es um die Kirche, würden alle
ihre Kinder eifrig die Herz=Jesu=Andacht üben!

In ganz vorzüglicher Weise entfaltet sich das innere Gnadenleben
der Kirche im Ordensstande, und so darf es uns nicht Wunder nehmen,
daß auch für diesen das Herz unseres Heilandes ganz besondere Ver=
heißungen hat. Nicht bloß das geistliche Wachsthum des einzelnen
Ordensmitgliedes will es fördern, sondern die Communität als solche
soll ihren besondern Segen haben. Er verspricht den Häusern, welche
sich die Verehrung und Verherrlichung seines göttlichen Herzens ange=
legen sein lassen, besondern Segen, besondern Schutz und reichliche Gna=
ben [1]; er will über alle Genossenschaften, die sich ihm weihen und die
das Bild seines Herzens verehren, die liebliche Salbung seiner Liebe
ausgießen; er will die Züchtigungen des Zornes Gottes von ihnen ab=
wehren und will sie wieder zu Gnaden bringen, wenn sie durch die
Sünde derselben verlustig gegangen [2]. Es ist erstaunlich, mit welcher

---

[1] Lettres 91. 95.   [2] Lettres 32. 33.

Zärtlichkeit und Erkenntlichkeit er jene Communitäten umfaßt, die sich ihm weihen und anschließen. So schreibt die Selige an die Mutter Greyffié, welche zuerst ihr Kloster in Semur dem göttlichen Herzen geweiht hatte: „Ich soll Ihnen in seinem Namen sagen, Ihre Communität habe dadurch, daß sie zuerst ihre Huldigung ihm darbrachte, so seine Freundschaft gewonnen, daß sie zum Gegenstande seines Wohlgefallens geworden sei, und in meinem Gebete für sie soll ich sie stets ‚die vielgeliebte Communität seines Herzens‘ nennen. Er hat so viel Wohlgefallen an der Ehre, die er von ihr empfängt, daß sie ihn die Bitterkeiten vergessen läßt, die ihm andererseits zustoßen. Er hat mir auch einen Schatz von Gnaden und des Heiles für sie gezeigt wegen der großen Freude an der Ehre, welche seinem göttlichen Herzen bei Ihnen zu Theil wird.“ [1]

Einen Beweis des besondern Schutzes, den die Andacht den religiösen Genossenschaften sichert, haben wir namentlich an zwei Orden, an dem Orden der Heimsuchung und an der Gesellschaft Jesu.

Auf das Bestimmteste äußert sich die Selige über die Absicht, welche den Heiland leitete, als er die Andacht dem Orden der Heimsuchung als Gnadengeschenk übergab; dieselbe sollte die Genossenschaft vor einer drohenden Gefahr schützen. Ein großer Mißstand für die Klöster in der damaligen Zeit war die Art und Weise, wie die Könige von Frankreich über die Abteien und geistlichen Beneficien verfügten, indem sie dieselben sehr oft an ganz unberufene und unwürdige Bewerber als Commenden vergaben. Daher kam es, daß reiche adelige Familien ihre nachgebornen Kinder den Klöstern förmlich aufdrängten, um dieselben später zu dergleichen Beförderungen vorzuschlagen und reich und glänzend in der Welt zu versorgen. Das hatte aber zur unausbleiblichen Folge, daß die Klöster sich mit Unberufenen bevölkerten und rasch der Verweltlichung verfielen. Auch an den Orden der Heimsuchung trat diese Gefahr heran, und obgleich er sich im Ganzen trefflich behauptete und glänzende Beispiele von Siegen über derartige Versuchungen aufstellte [2], scheint doch auch hier das Übel hin und wieder Eingang gefunden zu haben. Der Heiland klagt in mehreren Erscheinungen bei der Seligen über den Mangel an Demuth, Einfalt und Liebe, der eingetreten,

---

[1] Lettres 44. 48.

[2] So reichten die Mitglieder des Ordens in Paris eine förmliche Bittschrift bei Ludwig XIV. ein, sie mit derartigen Beförderungen zu verschonen. So verzichtete unter Andern am Kloster Moulins die Schwester Henriette Marie von Ventadour auf eine Abtei mit Einkünften von 40,000 Livres. Daniel, ch. 21. p. 294 sqq.

und über den fremden Geist des Stolzes und der Ehrsucht, welcher
den Orden zu verderben drohe [1]. Es war hiemit auch wohl eine zweite,
noch größere Gefahr gemeint, nämlich die der Verführung von Seiten
der Jansenisten, die Alles aufboten, um die Klöster von der Visitation zu
ihren Parteigenossen zu machen, so wie es ihnen mit Port=Royal ge=
glückt war. Gegen diese Gefahren nun ward dem Orden die Andacht
als sicherer Schild gegeben. Wenigstens in fünf bis sechs Briefen
wiederholt die sel. Margaretha die Behauptung, der hl. Franz von
Sales habe diese Andacht für den Orden erbeten, um ihm gegen das
Verderbniß einen sichern Halt zu geben [2], und deßhalb wünsche und wolle
der Heilige, daß sein Orden diese Andacht annehme, pflege und verbreite.

Der Erfolg rechtfertigte die Aussage der Seligen. Während die
Nonnen von Port=Royal sich in die Netze der Jansenisten verstricken ließen,
immer eigensinniger und halsstarriger wurden, zu offener und erklärter
Ketzerei übergingen und schließlich mit Gewalt unter Schmach und Schande
auseinander getrieben werden mußten, ging von Paray durch die Andacht
zum göttlichen Herzen ein Geist der Andacht, der Einfalt und Demuth
aus, der den ganzen Orden der Heimsuchung gegen die Verführungs=
künste waffnete und selbst gegen Vergewaltigung schützte. Zwei janse=
nistische Bischöfe, Heinrich Arnauld, Bischof von Angers, und Johannes
Soanen, Bischof von Senez, überrumpelten völlig die zwei Klöster,
welche in ihren Diöcesen lagen, ließen Jansenistinnen zu Oberinnen
wählen und Alles nach dem Schnitt von Port=Royal reformiren. In
Angers half indessen ein Machtspruch des Königs, der die neue Oberin
absetzte; Bischof Soanen mußte bald auf seinen Bischofsstuhl verzichten
und die Nonnen ergaben sich nach einigem Widerstande den Bemühun=
gen des frommen Abbé de la Motte, späteren Bischofs von Amiens,
und machten ihr Ärgerniß durch öffentlichen Widerruf gut (1729).
Ein Herz=Jesu=Bild, das sie aus den Händen de la Motte's empfingen,
war das Zeichen und das Unterpfand ihrer Unterwerfung [3]. Wo das
göttliche Herz einzieht, verliert die Ketzerei Grund und Boden. Diese
wenigen Beispiele von Abfall ausgenommen, die übrigens gleich durch
entschiedene Rückkehr gesühnt wurden, widerstand der Orden siegreich

---

[1] Vie et oeuvres, I. p. 230. Das Circular des Klosters von St. Denis in
Paris (1676) bestätigt mehrfache Austritte aus dem Orden aus Veranlassung von
derlei Beförderungen. Daniel, ch. 21. p. 295.

[2] Lettres 36. 43. 44. 54. 95.

[3] Daniel, ch. 28. p. 419 sqq.

allen Bemühungen der Jansenisten und blieb seinem Geiste treu. Bischof
Languet schreibt diese Treue einem besondern Segen der Andacht zu [1].

Eine Wohlthat anderer Art verdankt der Andacht die Gesellschaft
Jesu. Im Jahre 1773 gelang den vereinten Bemühungen der Janse=
nisten und der Freigeister die Unterdrückung dieses Ordens; Clemens XIV.
hob ihn durch ein Breve auf. Das war den Feinden der Gesellschaft
Jesu aber noch nicht genug; auch die Herz=Jesu=Andacht sollte zu nichte
gemacht werden. Sie schienen es zu fühlen und sprachen es auch unverholen
aus, diese Andacht sei bloß ein Überbleibsel des Jesuitismus, die Gefahr
liege nahe, daß sich aus demselben die verhaßte Gesellschaft wiedergebäre.
Das sollte in der That auch geschehen. Die Priestercongregation vom
göttlichen Herzen, welche P. von Tournely stiftete, hatte keinen andern
Zweck, als die Wiederherstellung der Gesellschaft anzubahnen und ihr bei
ihrer Wiedererweckung sogleich geschulte Milizen zuzuführen. Wirklich
traten auch fast sämmtliche Mitglieder der Congregation der Gesellschaft
bei ihrer Wiederherstellung bei. Indessen war aber die todtgeglaubte
Gesellschaft Jesu doch nicht ganz gestorben. In Rußland lebte sie in
einem kleinen Bruchtheile fort. Clemens XIV. hatte nämlich, um die
Beschlagnahme der Ordensgüter durch die Staatsgewalt zu hindern,
abweichend von der gewohnten Weise angeordnet, daß das Aufhebungs=
breve nicht allgemein publicirt, sondern in jeder Diöcese von dem zu=
ständigen Bischof den Jesuiten an Ort und Stelle angezeigt und aus=
geführt werden sollte. In Weißrußland nun wurde das Breve von dem
Bischof von Wilna, Ignatius Massalski, den Jesuiten nicht mitgetheilt,
im Gegentheile den Mitgliedern des Ordens befohlen, fortzufahren, als
Religiosen der Gesellschaft zu leben und zu wirken (13. Sept. 1773),
und zwar unter Zustimmung des Papstes Clemens XIV. selbst [2]. Der
Administrator und Bischof von Weißrußland, Stanislaus Siestrzencewicz,
bestätigte diese Anordnung und erlaubte sogar, neue Mitglieder aufzu=
nehmen (30. Juni 1779). Auch dieses geschah mit der geheimgehaltenen
Zustimmung des Papstes Pius VI. [3] Die Gesellschaft bestand also
noch zu Recht in Rußland. Dieser einsam im Norden blühende Zweig
des Ordens nun pflegte auf das Eifrigste die Andacht zum gött=

---

[1] Languet, La vie de la V. M. Marguerite Marie. l. 8. Edit. d'Avignon
1830, p. 369. Daniel, ch. 21. p. 312.

[2] Vgl. P. Boëro, Osservazioni sopra l'istoria del Pontificato di Clemente XIV,
scritta dal P. Theiner. Monza 1854, II. p. 134 sqq., besonders p. 154—161.

[3] Nilles, I. p. 190 sqq. Vgl. P. Boëro, l. c. 162 sq.

lichen Herzen und war von der Überzeugung durchdrungen, daß durch
die Pflege dieser Andacht die Wiederherstellung der ganzen Gesellschaft
bedingt sei. Diese Überzeugung, die, wie es scheint, auf eine Offen=
barung sich stützte, sprachen wiederholt die Rundschreiben ihrer zeitwei=
ligen Generalvicare und die Acten der zweiten Generalcongregation von
Polock aus; tägliche und monatliche Andachten zum göttlichen Herzen
waren vorgeschrieben, um von demselben die Wiederherstellung der ganzen
Gesellschaft zu erhalten [1]. Und diese vielen Gebete waren nicht frucht=
los: am 7. August 1814 stellte Pius VII. die Gesellschaft Jesu durch
die Bulle Deus et Redemptor für den ganzen katholischen Erdkreis
wieder her. So ist also die Gesellschaft Jesu in einem besondern Sinne
das Werk des göttlichen Herzens, sie verdankt ihm ihre zweite Existenz
und liefert so den Beweis, daß Niemand vergeblich auf das göttliche
Herz hofft und sich um seine Verherrlichung bemüht. Überreichlich hat
es die Anstrengungen belohnt, welche sich die Gesellschaft zur Einführung
und Verbreitung der Andacht hat kosten lassen.

Das äußere Leben der Kirche besteht in der Bethätigung ihrer
hierarchischen Gewalt nach außen hin; als Rückwirkung ruft es sehr
häufig Widerspruch und Verfolgung seitens der Welt hervor. Die Kirche,
als die eine Heilsanstalt für die ganze Welt, berufen, alle Menschen in
sich aufzunehmen und dem einen Ziele zuzuführen, muß zur Erreichung
dieser ihrer Bestimmung nothwendig eine innewohnende Ausdehnungs=
und Anziehungskraft haben. Sie bethätigt dieselbe durch die Ausübung
der ihr übertragenen hierarchischen Gewalt; durch Predigt und Taufe
gliedert sie sich fortwährend die Menschen und Völker an. Die Priester
sind aber bloß die materiellen Organe dieser Macht; damit sie die

---

[1] Nilles, l. c. p. 192 sqq. Der verstorbene General der Gesellschaft, P. Rothaan,
welcher das Glück hatte, in Rußland in die Gesellschaft aufgenommen zu werden,
schreibt in seinem Briefe über die Andacht zum göttlichen Herzen, alljährlich vor dem
Herz=Jesu=Feste sei in den Häusern der dortigen Provinz über Tisch ein Rundschreiben
des Generalvicars der Gesellschaft, P. Stanislaus Czerniewicz, verlesen worden, in
welchem Alle zur Übung der Andacht aufgemuntert wurden; in demselben habe es unter
Anderm geheißen: Bisher hätten sie in verschiedenen Nöthen und Anliegen die Zuflucht
genommen zu den Heiligen der Gesellschaft und zwar nicht ohne Erfolg; indessen gebe
es noch Vieles und sehr Wichtiges, in dem sie noch nicht erhört worden seien, des=
halb müsse man sich nun an das göttliche Herz wenden, dann dürfe man hoffen,
einst unseren Heiligen jenen unschuldigen Vorwurf machen zu können, den sich einst
die hl. Scholastika gegen ihren Bruder, den hl. Benedict, erlaubte: Wir haben euch
gebeten und ihr habt uns nicht hören wollen, so haben wir zu Gott gebetet und er
hat uns erhört.

Menschen in ihrer Freiheit erfassen und gefangen nehmen in der Unter=
würfigkeit des Glaubens, müssen diese Organe und ihre Functionen
durch übernatürliche Gnadenkraft getragen sein. Wer im Besitze dieser
siegreichen Gnaden ist, ist Herr und Überwinder der Herzen. Und hier
wiederum ist es gerade, wo sich das göttliche Herz glorreich offenbaren
will. Der Heiland hat ganz besondere Versprechen für die Priester und
Apostel, die sein göttliches Herz verehren. So sagt die Selige: „Mein
göttlicher Erlöser hat mir zu verstehen gegeben, daß diejenigen, die am
Heile der Seelen arbeiten, die Kraft besitzen werden, die härtesten
Herzen zu rühren, sie werden mit wundervollem Erfolge arbeiten, wie
sie selbst von einer innigen Andacht zu seinem göttlichen Herzen beseelt
sind." [1] Bezüglich der Gesellschaft Jesu, die vor Allem ein Priesterorden
ist, bemerkt sie: „Den Vätern der Gesellschaft Jesu ist es vorbehalten,
den Nutzen und die Wirksamkeit der Andacht in's Licht zu setzen, damit
man aus ihr Nutzen ziehe und sie mit der Ehrfurcht und mit der
Dankbarkeit annehme, die eine so ausgezeichnete Wohlthat verdient.
In dem Maße sie dem göttlichen Herzen diese Freude gewähren, wird
das göttliche Herz, diese reiche Quelle der Segnungen und Gnaden, die=
selben so freigebig über die Arbeiter ihres heiligen Dienstes ausgießen,
daß die Erfolge weit über ihre Mühen und über ihre Erwartung sein
werden, sowie deßgleichen die Früchte des Heiles und der Vollkommen=
heit für einen Jeden von ihnen." [2] An einer anderen Stelle fügt sie
hinzu: „Wenn ich nicht irre, will das göttliche Herz so die Salbung
seiner brennenden Liebe mit siegreichen Gnaden auf ihre Worte legen, daß
dieselben gleich zweischneidigen Schwertern die verhärtetsten Herzen der
verstocktesten Sünder durchdringen werden, um denselben die heilige Quelle
der Buße zu entlocken, welche die Seele reinigt und heiligt. Zu diesem
Ende müssen sie aber trachten, all' ihre Erleuchtung in dem unerschöpf=
lichen Quell der Weisheit und Liebe der Heiligen zu suchen." [3]

Diese schönen Verheißungen gelten gewiß mehr oder weniger von
allen apostolischen Arbeitern, wenn sie Verehrer des göttlichen Herzens
sind; der Schatz der Verheißungen und Segnungen steht aller Welt
offen. Von Syrien meldet eine Zeitschrift [4], daß in Zahleh die melchi=
tische Geistlichkeit sich am Herz=Jesu=Feste förmlich um die Ehre streite,
den Dienst am Altar zu begehen. Auf die Frage, warum sie so viel

---

[1] Lettre 132. [2] Lettre 85. [3] Lettre 98.
[4] Bulletin de l'oeuvre des écoles d'Orient. Mai, Juin 1864.

darauf hielten, gerade an diesem Feste bei den heiligen Geheimnissen zu dienen, antworteten sie: „Das ist nicht bloß ein Ehrenpunkt für uns. Seitdem unser Bouna Boulos (P. Riccabonna) uns das Herz Jesu ge=predigt und Zahleh die Stadt des göttlichen Herzens geworden, haben wir ganz außerordentliche Bekehrungen erlebt." Abbé Soubiranne, der selbst diese Antwort als Ohrenzeuge vernahm, bemerkt hiezu: „So be=wahrheitet sich jeden Tag die Verheißung, die unser Herr der hl. Mar=garetha gegeben, daß er den Priestern, welche sein Herz verehren, beson=dere Gnade verleihen werde, die härtesten Herzen zu rühren." Die Früchte dieser Mission gehören im Übrigen niemand anders, als Gregor XVI. Als P. Riccabonna sich zur Abreise nach dem Orient anschickte, zu diesem Ende sich den Segen des Papstes erflehte und Seine Heiligkeit um ein Mittel bat, durch welches er seinen Arbeiten Erfolg sichern könnte, antwortete ihm der Papst: „Bringen Sie die An=dacht zum göttlichen Herzen zu Ehren." [1]

Auch in den anderen Missionen wurde die Andacht zum göttlichen Herzen mit bestem Erfolg von den Missionären benutzt zur Ausbrei=tung des Glaubens. In Nordamerika wurden durch dieselbe die wilden indianischen Stämme für das Christenthum gewonnen [2]. Aus China erfahren wir, wie ehemalige Mitglieder der Gesellschaft Jesu nach der Aufhebung ihres Ordens daselbst durch die Andacht zum göttlichen Herzen Außerordentliches wirkten. Ein Missionär schreibt: „Unsere Mission geht, Gott sei Dank, sehr gut und erfreut sich des Friedens. Die Zahl der Christen vermehrt sich täglich. P. Doliers erhält die Andacht zum göttlichen Herzen im blühendsten und erbaulichsten Zustand. Er hat fast ein ganzes Volk bekehrt, das zwei Tagereisen von Peking entfernt in den Bergen wohnt." [3] Die armen Heiden verstehen besser als Andere die Sprache, die aus dem göttlichen Herzen, aus seiner Wunde, aus seinem Kreuz zu ihnen spricht. Liebe erweckt auch bei dem Barbaren Liebe.

Das Werk der Ausbreitung des Glaubens schreitet aber nicht voran ohne die Gefahren und Bitterkeiten des Kampfes. Der Kirche thut also Tröstung und Aufmunterung noth! Da begegnet uns wieder die Andacht zum göttlichen Herzen als die Hilfe zur rechten Zeit. In der That erfolgte seit Entstehung derselben für die Kirche ein empfind=

[1] Daniel, ch. 29. p. 436 sqq.
[2] Sendbote des göttlichen Herzens vom Jahre 1869, S. 366.
[3] Nilles, I. p. 426. Daselbst finden sich auch andere Wohlthaten des göttlichen Herzens gegen die Mission verzeichnet aus dem Weltboten.

licher Schlag nach dem andern. Den häßlichen und verderblichen Janse=
nismus fand die Andacht schon in voller Thätigkeit gegen die Kirche.
Auf den Jansenismus kam die schreckliche Revolution, und all die ver=
schiedenen Umgestaltungen und Ausgeburten beider: Josephinismus,
Rationalismus, Aufklärung, bis hinab zum pygmäenhaften Altkatholicis=
mus unserer Tage. Neben all' diesen Trübsalen und Stürmen schreitet
aber das Heilmittel, welches der Heiland selbst seiner Kirche bereitet
hat, siegreich einher; es ist die Andacht zu seinem göttlichen Herzen,
es sind die unerschöpflichen Segnungen derselben.

Gegen die jansenistische Pest war sie das richtige Schutz= und Be=
währmittel, sie einte und stärkte die Treugebliebenen im Volke und Kle=
rus, an ihr erkannten sich die echten Kinder der Kirche. Während der
Schrecken der Revolution und der vorbereitenden Stürme begleitete sie
als Zeichen des Trostes die edlen Opfer in die unterirdischen Kerker,
auf das Blutgerüst oder in die Verbannung. O wie viele priesterliche
Herzen hat es nicht getröstet und aufrechtgehalten in dem Übermaß der
Leidensdrangsale!

Die wilden Verheerungen der Revolutionsfluth auf kirchlich=poli=
tischem Gebiet verschwanden vorzüglich durch Schöpfungen, welche das
göttliche Herz in's Leben rief, und die wichtigsten regeneratorischen Werke
der Neuzeit verdanken ihm ihren Ursprung. Wir nennen hier nur die
Congregation der heiligen Herzen Jesu und Mariä, gestiftet durch Abbé
Coudrin, die Gesellschaft der Väter des göttlichen Herzens, die Damen
vom göttlichen Herzen, die Benedictiner=Prediger von dem heiligen Her=
zen Jesu und Mariä. Im gegenwärtigen Augenblicke endlich erkennen
es Papst, Klerus und Volk einstimmig an, daß einzig das göttliche Herz
uns zu retten im Stande ist. Deßhalb erbaten die deutschen Katho=
liken in ihrer Beglückwünschungsadresse an Pius IX. bei Gelegenheit
seines 25jährigen Papstjubiläums als eine besondere Begünstigung die
Erhebung des Herz=Jesu=Festes zu einer höheren Rangordnung der Feier=
lichkeit, und begründeten ihr Gesuch unter Anderem damit, daß sie das
göttliche Herz als die stille Ankerbucht, den Zufluchtsort, den festen und
sicheren Hafen, die Arche des Heiles in allen Zeitstürmen bezeichneten[1];
deßhalb schrieben die deutschen Bischöfe sogleich bei den ersten Sturm=
wolken des Culturkampfes öffentliche Gebete und Andachten zum gött=
lichen Herzen vor; daher auch in anderen Ländern, namentlich in

---

[1] Nilles, I. p. 203 sqq.

Frankreich, der Eifer und die Eile der Oberhirten, ihre Diöcesen unter
den Schutz des göttlichen Herzens zu stellen, weil es der Schild gegen
die Zuchtruthen Gottes, der sichere Hort gegen die Fluthen des Ver=
derbens, der Schutz und die Sicherheit im Kampfe, der Trost in Leiden,
die Zufluchtsstätte in Widerwärtigkeiten, das Labsal und die Stärkung
in Drangsalen ist [1]. Deßhalb endlich beantragten auch die Väter des
vaticanischen Concils die Erhöhung der Feier des Herz=Jesu=Festes, nicht
bloß weil sie in dem göttlichen Herzen eines der vorzüglichsten Trostmittel
der Kirche in diesen Zeiten des Abfalls erblickten, sondern weil ihnen die
Andacht zum göttlichen Herzen geradezu als Haupttheilmittel aller socialen
Übel vorschwebte [2].

Es muß also wohl wahr sein, was so viele gewichtige Stimmen
bezeugen, was die allgemeine Überzeugung bestätigte, was so zahlreiche
Thatsachen beweisen, daß die Andacht zum göttlichen Herzen für die
Kirche von der höchsten Bedeutung ist und daß die herrlichsten Segnungen
der Andacht gerade der Kirche verliehen sind. Der Grund dafür liegt
aber nicht bloß in den angeführten Thatsachen, sondern im Wesen der
Sache selbst, in der innigen Beziehung, in welcher die gesammte Kirche und
das göttliche Herz zu einander stehen. Das Christenthum und die Kirche
sind, ihrem innersten Wesen nach gefaßt, nichts als der fortlebende, fort=
wirkende Christus, die Mittheilung seines Lebens und seines Geistes. Was
somit das Herz für den Gottmenschen ist, das ist es auch geistiger Weise
für die Kirche. In dem Organismus des Gottmenschen ist aber das Herz
der vorzüglichste Träger seines physischen und ethischen Lebens, ebendas=
selbe wird also das Herz Jesu auch für das übernatürliche Leben der Kirche
sein. Die Kirche ist ferner ganz wesentlich das Geheimniß der Liebe, die
Frucht der Liebe, nicht bloß der unerschaffenen göttlichen Liebe, sondern
auch und zunächst der Liebe, die im Herzen des Gottmenschen schlug.
Aus diesem Herzen ist sie hervorgegangen, sie ist das Kind seiner Gebete,
seiner Arbeiten, seiner Leiden, seines Todes und seines Blutes. Es ist
eine ganz geläufige Anschauungs= und Redeweise der heiligen Väter, die
Kirche sei aus der Seitenwunde des Herrn hervorgegangen [3]. Das

---

[1] Collect. Lac. T. IV. Concil. Burdig. c. 608. Conc. Bituric. et synodic.
decr. de erroribus modernis, c. 1146. Concil. Aquens. c. 1008. Concil. Ausciton.
c. 1220. Concil. Senon. et synod. c. 954.

[2] Nilles, I. p. 200 sqq.

[3] S. Aug. Tract. in Jo. 120. S. Thom. lect. 5. in Joan. 19. S. Chrysost.
hom. 20. Laus Maximi. Edit. Maurin. T. III.

innerste Heiligthum der Seitenwunde aber, der Quell, aus dem Blut und Wasser flossen, war das Herz. Es ist somit dieses Herz gleichsam der Mutterschooß, aus dem die Kirche hervorging, aus Liebe und Blut, die zusammen das gesammte verbündete Princip ihres Lebens waren, gleichwie auch die Menschheit nicht in zwei Principien, sondern in einem, das Weib im Manne und aus dem Manne, von Gott geschaffen ward. Das Herz ist der Sitz der Liebe und des Blutes. Der Gottmensch kann seine geöffnete Seite und sein Herz nicht sehen, ohne sich an uns zu erinnern und zu uns zu sagen: Siehe da, Herz von meinem Herzen! Mein Blutsverwandter bist du, mein Volk und die Brüderschaft meines Herzens! Wenn aber das Herz Jesu die Quelle des Daseins seiner Kirche ist, dann bleibt es auch die Quelle ihres Lebens, ihrer Thätigkeit, dasjenige, was ihr Leben stets ersetzt, ergänzt und schützt. Alles kommt ihr von diesem Herzen, Gnade und Sacramente, Kraft, Einheit, Frucht= barkeit und Schutz. Wohin flieht das Kind naturgemäßer in Noth und Gefahr, als zum Herzen, zum Schooße, der es geboren hat? Wer hat mehr Macht und Liebe, das Leben zu schützen, als wer es gegeben? Deßhalb geht denn auch, wie die Bischöfe des vaticanischen Concils in der obengemeldeten Bittschrift so schön und richtig sagen, der Zug der Kirche und der Gläubigen, je mehr sich die Welt in Gottvergessenheit von Christus abkehrt, desto mehr zum Herzen des Heilandes hin, welches das lebendige Centrum der Einheit, die Quelle des Lebens und die Herdstätte des göttlichen Feuers ist, das die Kirche durchwärmt.

Wir können uns hier einer Bemerkung nicht entschlagen. Wenn dem wirklich so ist, wenn das göttliche Herz wirklich der Central= und Brennpunkt des geistigen Lebens der Kirche ist, müssen wir danu nicht sagen, daß Alles, je katholischer es ist oder sein will, um so näher dem Centralherd dieses Lebens stehen muß? So wäre demnach die Nähe und Entfernung von diesem Mittelpunkt so ziemlich der Gradmesser des geistlichen Lebens, der kirchlichen Gesinnung und des katholischen Eifers. Schisma, Ketzerei, Unglaube und Antichristenthum verhalten sich centri= fugal zu diesem Herzen, während alles Übrige in weiterer oder engerer Kreisen sich um dasselbe bewegt, nach Maßgabe des Gewichtes, mit dem es nach diesem Centrum hindrängt, und der Anziehung, die von diesem Centrum ausgeht. Wenn es nun für Alle von so entscheidender Wich= tigkeit ist, sich in der Nähe dieser Quelle katholischen Lebens eine Stelle zu suchen, so gibt es doch einen Stand in der Kirche, für den es von ungleich größerer Bedeutung ist, dem göttlichen Herzen in Verehrung

und Liebe nahe zu stehen. Es ist das der Priesterstand. Niemand
steht dem göttlichen Herzen näher, als der katholische Priester, Niemand
ist an das göttliche Herz so angewiesen, wie er.

Um dieses einigermaßen zu begreifen, brauchen wir nur festzuhalten,
daß der Heiland vorzüglich und vor Allem Priester ist. Er ist Priester
vermöge seiner Natur und seines Wesens; er ist Gottmensch und als
solcher geborener, natürlicher, nothwendiger Vermittler zwischen Gott
und Menschen; durch ihn soll Gebet und Flehen hinauf=, durch ihn
soll Gnade und Wahrheit herabgebracht werden; er ist Priester vermöge
seiner Aufgabe und seines Lebenszieles, denn er sollte Erlöser sein durch
sein blutiges Opfer, eine ganz priesterliche Aufgabe; er ist Priester
durch die Mittel, die er zum Zwecke gebrauchte, Gebet, Predigt, Opfer,
alles priesterliche Verrichtungen; er ist endlich Priester durch seine Er=
folge, die Versöhnung und Heiligung und Beseligung der Welt. Christus
ist also Priester wesentlich und überall; er ist nichts so sehr als Priester;
alle anderen Titel und Gewalten fließen aus seinem Hohenpriesterthum,
er ist König und Prophet, eben weil er Priester ist: „Du bist Priester
in Ewigkeit nach der Ordnung Melchisedechs.“ [1] Wenn dem so ist,
dann ist das Herz des göttlichen Heilandes vorzüglich ein priesterliches
Herz, und wie nahe steht dann diesem Herzen der Priester! Wie viele
und welch' innige Bande verbinden ihn mit dem göttlichen Herzen! Der
katholische Priester steht ihm nahe durch die Ähnlichkeit, ja durch die
Identität des Berufes. Er hat denselben Beruf wie der Heiland, denn
der Heiland führt seinen Beruf durch den katholischen Priester fort,
dessen Vollmachten, dessen Lehre, Sacramente, Opfer, Gebetsdienste die
des Heilandes sind; er soll die Welt heiligen durch dieselben inneren
und äußeren Mittel, durch seine priesterlichen Functionen und durch
seine Tugenden. Der Priester ist somit gleichsam das Organ des gött=
lichen Herzens zur Ehre Gottes und zum Heile der Menschen. Wo
findet ferner der Priester für seine Amtsthätigkeit ein herrlicheres Vor=
bild, eine mächtigere Hilfe, wo einen süßern Trost in allen Schwierig=
keiten seines Berufes, als in dem göttlichen Herzen Jesu? Ruht er da
nicht an der Quelle seines Lebens und seiner Wirksamkeit? Was kann
er Besseres thun, als durch eine innige Andacht, durch Betrachtung und
Aneignung der priesterlichen Tugenden dieses Herzens sich zu wahrhaft
priesterlichem Wandel und Wirken befähigen! Je näher er diesem gött=

---

[1] Pf. 2, 5.

lichen Herzen steht, um so mehr verschwindet der Mensch mit seinen
irdischen Schlacken, mit seiner Ohnmacht und Unfruchtbarkeit, um so
mehr nimmt er Theil an der Heiligkeit, an der Fruchtbarkeit und All=
macht dieses Centralfeuers des Lebens, des Lichtes und der Liebe.

Kann es daher wohl eine Andacht geben, die dem Priester theurer
sein soll, als diese? Der Gegenstand der Andacht gehört dem Priester
vor Allem, es ist das Herz des Gottmenschen mit seinen Tugenden,
seiner Liebe, ja mit seiner besonderen Vorliebe für den Priester — der
Priester darf versichert sein, in Folge seiner innigen Beziehung zu die=
sem Herzen, in demselben auch eine besondere Liebe zu finden, die er mit
Niemand theilt, die ihm allein aufbewahrt ist, eben weil er Mitpriester,
weil er Organ dieses hohenpriesterlichen Herzens ist. Die Wirkungen
der Andacht gehören vorzüglich dem Priester, ihm sind jene Verheißungen
gegeben; man kann es nicht läugnen, die Absicht des göttlichen Heilandes
bei Offenbarung dieser Andacht war, vor Allem dem Priesterthum ein Be=
wahrmittel gegen die Verlockungen der Jansenisten zu bieten, die besonders
darauf ausgingen, Priester und Ordensleute zu verführen. Die Geschichte
der Andacht erweiset dieselbe vorzüglich als eine priesterliche. Das Ge=
heimniß der Andacht, einmal den Lippen, dem jungfräulichen Herzen der
sel. Margaretha entquollen, wurde von priesterlichen Herzen zuerst erfaßt,
von priesterlichen Lippen zuerst verkündet [1], durch das priesterliche Wort
zuerst zur Bekehrung und Besserung der Herzen und zur Eroberung der
Welt verwendet. All' ihre äußeren Erfolge verdankt sie dem Priesterthum,
für sie hat dasselbe gearbeitet und gelitten. Warum sollte es nicht auch
einen besonderen Antheil an ihren Segnungen haben? Wie schön drücken
dieses innige Verhältniß des Priesterthums zu dem göttlichen Herzen, diese
Zusammengehörigkeit beider und die herrlichen Erwartungen, die sich dar=
aus ableiten, die französischen Concilien aus den Jahren 1850 und 1851
aus, indem sie zum göttlichen Herzen sprechen: „In Deinem Namen haben
wir uns versammelt, unter dem Einfluß Deiner Gnade haben wir getagt,
durch unsere Rathschläge das Reich des himmlischen Vaters zu befördern
gesucht. Aber wozu, o gütigstes Herz Jesu! die Gesetze, welche wir fest=
gestellt, wenn das innere Gesetz Delner Liebe die Herzen der Unter=
gebenen nicht unter dieselben beugt? Du bist der Herr der Herzen, Dich
allein wollen wir zum Könige haben, und zum Hirten unserer Heerden.

---

[1] Lettre 106. Die Selige bekennt selbst, daß die Andacht vorzüglich dem Eifer
der Pfarrer ihre Verbreitung verdankt.

Wir legen unsere Hirtenstäbe in Deine Hand, Dein sind die Hirten, Dein die Schafe. Gieße über Deine Diener die Schätze Deiner Barmherzigkeit, damit wir würdig der Kirche der Heiligen vorstehen und ein väterliches Herz gegen unsere Kinder annehmen. Laß uns Eins sein, wir und der ganze Klerus, mildester Jesus! wie Du und der Vater Eins seid. Laß uns getränkt werden mit dem priesterlichen Geiste und dessen Quelle, damit wir liebewillig geopfert und überaufgeopfert werden für die uns anvertrauten Seelen." [1]

Wir können diesen Punkt nicht besser beschließen, als mit den schönen Worten des Concils von Avignon im Jahre 1849: „Es gibt bezüglich unseres Herrn keine Andacht der christlichen Frömmigkeit, die Christus angenehmer, der Kirche nützlicher wäre, als die zu seinem göttlichen Herzen. Dieses verehrungswürdige Herz ist als Theil des Leibes, den das göttliche Wort angenommen, und in Folge dieser hypostatischen Vereinigung wirklich das Herz des göttlichen Wortes und deßhalb Sinnbild und Organ seiner unendlichen Barmherzigkeit und Liebe. Aus diesem Herzen, das am Kreuze durchbohrt wurde, ist die Kirche geboren, flossen alle Sacramente, aus ihm sind wir alle hervorgegangen, die wir durch das Wasser und das geflossene Blut in der Taufe wiedergeboren wurden und aus dem Fleisch und dem Leibe Christi Dasein gewonnen haben. In diesem Herzen ist ein unerschöpflicher Schatz der Barmherzigkeit, ein ewig sprudelnder Quell der Gnade, die Fülle aller Zeiten, die uns zu Theil werden sollen, Licht und Kraft zum Fortschritt, zur Ueberwindung aller Feinde und Gefahren. Wir ermahnen deßhalb die Seelsorger, daß sie die Gläubigen über die Andacht unterrichten und zu ihrer Übung aneifern, indem sie dieselben an die Wohlthaten erinnern, welche denjenigen zu Theil wurden, die es fromm und heilig verehrt und in ihren persönlichen und öffentlichen Drangsalen zu ihm ihre Zuflucht genommen haben." [2]

(Fortsetzung folgt.) 258.

M. Meschler S. J.

---

[1] Collect. Lac. T. IV. Conc. Bituric. c. 1159. Concil. Burdig. c. 609. Concil. Tolos. c. 1082.

[2] Collect. Lac. T. IV. Conc. Avenion. c. 364.

Religion und Aberglaube der alten Chaldäer.

———

(Schluß.)

Wir kommen jetzt zu dem Talisman. Sein Name war Mamit,
akkadisch Sakba. Man legte ihm den höchsten Werth bei: „Ein Juwel
von unschätzbarem Werthe ist das Salba, das Mamit," heißt es an
einer Stelle, und H. F. Talbot erwähnt [1], leider ohne nähere Angabe,
eines aus sechs durchgängig zehnzeiligen Strophen bestehenden Gesanges,
welcher den Preis des Mamit feiert, und dessen Grundidee folgende zu
sein scheint: das kostbarste aller Güter ist das Mamit, im Falle einer
Feuersbrunst sei nicht besorgt um anderweitige Heiligthümer und Kost=
barkeiten. „An jenem Tage laffe das Feuer brennen, aber rette das
Mamit, bringe es in Sicherheit!" — das sind die Worte, mit welchen
jede Strophe refrainartig schließt.

Es gab Talismane der verschiedensten Art, beschriebene und nicht=
beschriebene Tuchstreifen, die man an Kleidern oder Geräthen befestigte;
Amulete aus hartem Stein, welche man als Schutzmittel wider Dä=
monen, Krankheiten und Bezerung am Halse trug, häufig geschmückt mit
der Darstellung eines guten Geistes und einer in der Regel in akka=
discher Sprache abgefaßten kurzen Inschrift; kleine Thonfiguren, Siegel=
ringe. Ein Amulet, das allem Anscheine nach von einer schwangeren
Frau getragen wurde, führt ein Bild mit der Aufschrift: „Ich bin
Bitnur, der Diener Adar's, der Götterkämpe, der Liebling Bels. Be=
schwörung: O Bitnur, weit von mir wehre ab die Schmerzen, stärke
die Frucht, entwickle den Kopf des Menschen." Ein anderes sollte seinen
Träger vor dem Rückfalle in die Pest bewahren: „Beschwörung: Böser
Geist, bösartige Pest! Der Geist der Erde hat dich aus meinem Körper
ausgetrieben, möge ein gnädiger Mas, ein guter Lamma, ein gnädiger
Utuk sammt dem Geiste der Erde in mich eingehen! Beschwörung des
Gottes, der da ist mächtig, mächtig, mächtig. Amen."

Besonders wurden solche Amulete in Form kleiner Götterbilder
im Hause aufgestellt, um bösen Geistern den Zutritt zu wehren. „Stelle
auf das Bild des Gottes Nergal, der seines Gleichen nicht hat," so lautet

———

[1] Transactions, vol. IV. p. 40, 41.

ein Text, „an dem äußeren Zugange des Hauses. Stelle auf das
Bild des Gottes, der sich in Tapferkeit offenbart, der seines Gleichen
nicht hat, . . . das Bild des Gottes Narudi, des Herrn der obersten
Götter, zu Füßen des Bettes. Auf daß kein Übel herankomme, stelle
auf an der Thüre das Bild des Gottes X. und des Gottes Latarak.
Um jegliches Übel zu verscheuchen, stelle ihnen gegenüber auf, als Schreck-
niß zur Verscheuchung des Übels an der Thüre, den Heldenkämpen
(Nergal): stelle ihn auf in der Thüre gen Aufgang. Den Heldenkämpen, der seine Hand zur Abwehr ausstreckt, auf der Thürschwelle
stelle ihn auf zur Rechten und zur Linken. Die Schutzbilder Hea's und
Silik-mulu-khi's, innerhalb der Thüre stelle sie auf zur Rechten und zur
Linken: . . . Silik-mulu-khi, der in dem Bilde wohnt . . . O ihr,
des Oceans Erzeugte, erhabene Kinder Hea's! Esset wohl, trinket reichlich für eure Hut; lasset das Böse nicht eindringen!" — Lehrreich ist
dieser Text besonders darum, weil er uns zeigt, wie man sich die Götter,
als in diesen Bildwerken innewohnend, dachte, und wie auch schon bei
den Akkadiern die grobe Verirrung sich eingenistet hatte, als genössen
die Götter von den ihnen vorgesetzten Opferspeisen [1].

Die Vorstellung, daß der Talisman Haus und Habe vor jedem
Angriff böser Geister oder Menschen sicherstelle, hat auch folgenden Hymnus inspirirt, welcher uns im akkadischen Urtexte und in assyrischer
Übersetzung erhalten ist: „Talisman! Talisman! Unbewegliche Marke,
von den Göttern gesetzte unüberschreitbare Marke, unverrückbare Marke
von Himmel und Erde, einzig unveränderliche Gottheit: nicht Gott, nicht
Mensch hat dich ergründet! Nicht zu beseitigende, der Bosheit gelegte
Schlinge; unvergängliches, der Bosheit widerstreitendes Gesetz! Sei es
ein böser Utuk, ein böser Alal, ein böser Gigim, ein böser Telal, ein
böser Gott, ein böser Maskim, ein Phantom, ein Gespenst, ein Vampyr,
Lil, Lilit oder Ardat, oder die verderbliche Pest, das schmerzliche Fieber
oder eine schmerzliche Krankheit, so es das Haupt erhebt wider das
heilige Wasser Hea's, das" (über den Talisman) „gesprengt worden:

---

[1] Vgl. Dan. 14, 5 ff. — Es finden sich noch andere Beispiele dieses Wahnes.
„Kommt Alle zum Feste und zum Opfer heran," heißt es an einer Stelle. „Möge
euer Weihrauch zum Himmel steigen, möge die Sonne euer Opferfleisch aufzehren!
Möge Hea's Sohn, der Bekrieger von Hexerei und Zauberwerk, langes Leben gewähren!" — Und anderwärts: „Aus erhabenen Schüsseln iß erhabene Speise, aus
erhabenen Bechern trinke erhabenen Trank; Urtheil zu sprechen zu Gunsten des Königs, des Sohnes seines Gottes, neige sich dein Ohr."

möge die Schlinge Hea's es fassen. So es sein Haupt vorstreckt wider
die Scheunen des Gottes Serakh, möge das Gesetz Scrakh's es binden.
So es die Markung des Hauses überschreitet, möge die Göttermarke"
(der Talisman), „die Marke von Himmel und Erde, es nimmer ent=
wischen lassen . . . So es Fallstricke legt wider das Haus, möge sie es
kopfüber in die Grube des Hanses stürzen. So es in der Runde um=
herschleicht, möge sie es an einen wüsten Ort zurücktreiben. So es Fall=
stricke legt an der Thüre des Hauses, möge sie es im Hause einschließen
an einem Orte, von wo es nicht heraus kann. So es sich an die Pfosten
und Balken der Thüre anklammert, mögen die Pfosten und Balken der
Thüre ihm den Weg versperren, statt ihn zu öffnen. So es in Traufe
und Dachrinnen sich eindrängt, so es mit Macht wider Schloß und An=
geln der Thüre drückt, möge sie es wie Wasser vorübergehen machen . . ."

Bis in späte Zeiten erhielt sich dieser Gebrauch, durch Anbringung
kleiner Götzenbilder im Hanse die bösen Geister abzuwehren. P. E.
Botta fand unter der Schwelle der Palastthore zu Khorsabad einige
ziemlich roh gearbeitete Statuetten aus gebranntem Thon, die Götter
Bel, Nergal und Nebo vorstellend. König Neriglissar rühmt sich, am
Thore des Tempels Bit=Saggatu zu Babylon „acht Bildnisse aus festem
Erz, mit Silberblech überzogen, angebracht zu haben, welche Bösewichte
und Feinde mit Todesfurcht überschütten." V. Place endlich ent=
deckte, gleichfalls zu Khorsabad, unter den kolossalen Flügelstieren, die
an den Zugängen Wache halten, einen keinen ausgemauerten Raum,
in welchem sich eine Menge kleiner Amulete im Sand gebettet vorfand;
er entdeckte deren auch unter der Schwelle solcher Portale, welche nicht
mit solchen Stierfiguren geziert waren. Manchen derselben sah man es
an, daß sie ehedem getragen worden waren. V. Place nimmt an, die
Bevölkerung, welche bestimmt gewesen sei, in der neuen Stadt Sargons
ihren Wohnsitz aufzuschlagen, habe diese Amulete in den Grundbau
niedergelegt, um jegliches Unglück von der neuerstehenden Stadt ferne
zu halten. Unsere akkadischen Texte liefern uns den Beweis, daß diese
Sitte, sowie die derselben zu Grunde liegende Anschauung bis in die
älteste Zeit zurückreicht.

Aber nicht nur Bildnisse von Göttern und guten Geistern dienten
als Talisman zur Abwehr der bösen Geister: die Bildnisse dieser letzteren
selbst wurden zu gleichem Zwecke verwandt. Wir erwähnten früher [1]

---

[1] Vgl. diese Zeitschrift 1877, XII. S. 29.

einer Statuette aus Bronze, welche in den häßlichsten Zügen den Dä=
mon des Wüstenwindes darstellte: dieselbe war laut Inschrift dazu be=
stimmt, an Thüre oder Fenster aufgehangen zu werden und so den
Verwüstungen des Dämons Einhalt zu thun. Analoge Fratzen sind gar
nicht selten. Eine Inschrift beschreibt das Wüthen der Pest; wiederum
begibt sich Silik=mulu=khi zu seinem Vater, und wie lautet das Radical=
Recept? „Knete . . .“ (einen Teig) „und forme daraus ein Gleichniß
der Ähnlichkeit Namtar's . . . lege es ihm“ (dem Kranken) „auf das
lebendige Fleisch seines Unterleibes . . . möge der bösartige Namtar,
der ihn ergriffen hat, in das Bild eingehen. Amen.“ F. Lenormant [1]
ist der Meinung, nach Ansicht der alten Chaldäer habe der Anblick des
Nachbildes der eigenen Häßlichkeit die Dämonen in die Flucht gejagt:
dem eben angeführten Texte zufolge dürfte es aber scheinen, als habe
man geglaubt, durch die unter abergläubischen Ceremonien vollzogene
Weihe eines solchen Bildes den Dämon in sein eigenes Bild bannen
und so unschädlich machen zu können.

Die Betrachtung dieser als Talisman dienenden Abbildungen guter
und böser Geister hat den genannten Autor [2] auf den Gedanken gebracht,
auch den an den Wänden assyrischer Paläste so häufigen verwandten
Kolossaldarstellungen einen analogen Charakter beizulegen. Hören wir,
wie er selbst seinen Gedanken entwickelt: „Neben den historischen Scenen
und den streng religiösen Darstellungen begegnet man,“ schreibt er, „an
den Wänden assyrischer Paläste zahlreichen Sculpturen von unbestreitbar
talismanischem Charakter, bestimmt, schädliche Einflüsse zu bannen, in
Gemäßheit des Grundsatzes, daß eine bildliche Darstellung die Stelle
einer Beschwörung vertreten kann und in der gleichen Weise direct auf
die bösen Geister einwirkt. Die Flügelstiere mit Menschengesicht zu
beiden Seiten der Eingänge sind Genien, welche in Wirklichkeit Obhut
üben und für so lange an die Stelle gefesselt sind, als ihr Bildniß un=
verrückt an derselben verharrt. Das bezeugt uns ausdrücklich König
Esarhaddon in einer seiner Inschriften: ‚Möge der schützende Stier, der
schützende Genius, der Beschirmer der Kraft meines Königthums, auf
immerdar meinen Namen in Glanz und Ehren erhalten, bis seine
Füße von ihrer Stelle gerückt werden.‘ . . . Zu Kojundschik gewahrt
man in dem prunkhaften Wohnsitze, welchen sich Assurbanipal inmitten

---

[1] La Magie, p. 47.
[2] L. c. p. 49 sqq.

Ninive's erbaute, wiederholt Reihen ungeheuerlicher Gestalten mit Men=
schenleib, Löwenkopf und Adlerkrallen, welche einander je zwei und zwei
mit Messern und Keulen bekämpfen. Es sind Dämonen, und die ein=
gemeißelte Darstellung ist weiter nichts als die plastische Wiedergabe der
in mehreren Texten wiederkehrenden Beschwörung: ‚Mögen die bösen
Geister ausfahren, mögen sie unter einander handgemein werden!‘ Auf
den Palastwänden den Kampf der Dämonen unter einander darstellen,
war ebenso viel werth, als die unablässige Wiederholung der Beschwö=
rungsformel, welche sie zu solchem Hader verdammte." Die endgiltige
Bestätigung der hier vorgetragenen Auffassung müssen wir noch zu ent=
deckenden Texten überlassen.

　　Halten wir hier einmal inne. Die ältesten religiösen Anschauungen
der Chaldäer sind mit den jüngeren Anschauungen in Babel und Assur
keineswegs identisch. Zunächst vermissen wir in ersteren den obersten
Gott Jlu, den El der Genesis, dessen Stelle in Assyrien Assur vertrat [1].
Freilich mußten Babel und Assur von diesem Gotte kaum mehr als den
Namen, aber selbst dieser scheint den alten Chaldäern unbekannt gewesen
zu sein. Vorhanden ist beiderseits die oberste Trias: Anna, Hea, Mul=ge.
Zwischen letzterem und dem späteren Bel waltet allerdings ein tiefgehender
Unterschied: Bel steht nicht als Beherrscher der finsteren Unterwelt da,
wenngleich — sicherlich eine Erinnerung aus alten Zeiten — Belit,
seine Gemahlin, noch immer als „Herrin der Unterwelt" begrüßt wird.
Der Grund des Unterschiedes ist hier durchaus historischer Natur. Seit
mit Chammuragas sich Babylon zur ersten Stadt des Zweiströmelandes
emporgeschwungen hatte [2], gewann auch der als Schirmherr dieser Stadt
verehrte Merodach an Wichtigkeit und ward allmählich mit Bel, einem
der Drei aus der obersten Trias, identificirt. Bei dieser Verschmelzung
beider Gottheiten zu Einer streiften beide die minder lichtvolle Seite ihrer
Erscheinung ab; Bel=Merodach behielt weder den infernalen Charakter
des älteren Bel, noch die auf bloße Vermittlung beschränkte Rolle des
älteren Merodach (Silik=mulu=khi). Im Kampfe der Götter mit dem
Meeresdrachen allerdings [3] erscheint Bel=Merodach noch in seiner Mittel=
stellung zwischen den Göttern ersten Ranges und den untergeordneten
Mächten; dieser Text ist aber eben auch älteren Ursprungs. Die Götter

----

[1] Vgl. diese Zeitschrift 1874, VI. S. 123.
[2] Vgl. diese Zeitschrift 1874, VII. S. 81.
[3] Vgl. diese Zeitschrift 1877, XII. S. 36 ff.

zweiten Ranges treten in den akkadischen Urkunden lange nicht so sehr hervor, wie in den späteren Inschriften. Die Götter der Sonne, des Mondes und des Firmamentes sind noch nicht zu einer weiteren Trias verschmolzen, und die den späteren Göttern Abar, Nergal, Istar und Nebo entsprechenden Gottheiten haben noch ebenso wenig wie Silik-mulu-khi (Merodach) einen ausgesprochen planetaren Charakter. A. H. Sayce, welcher sich eingehend mit den auf Sternkunde und Sterndeutung bezüglichen Keilschrifttexten beschäftigt hat, setzt den Abschluß der Entfaltung der Gestirnanbetung auf circa 2000 v. Chr. an [1], also kurz vor die Zeit, wo das semitische Element über das turanische bleibend die Oberhand gewann; und F. Lenormant [2] führt Sternkunde und Sterndeutung in Babylonien auf die Semito-Kuschiten zurück. Lag auch bereits in dem Glauben an die Elementargeister der Gestirncult wie im Keime enthalten, so konnte doch dessen consequente Ausbildung nur auf Grundlage der Sternkunde erfolgen. Zur Religion des Euphrat-Tigris-Landes, sowie zu dessen Cultur haben zwei Rassen beigetragen: manche von den Anschauungen, die wir in den akkadischen Texten ausgesprochen finden, waren zweifelsohne auch den Semiten eigen; als specifisches Eigenthum derselben möchten wir die Idee des höchsten Gottes Ilu und den Cult der Astralgötter bezeichnen.

Das Studium der akkadischen Texte eröffnet uns nicht nur einen Einblick in die religiöse Entwicklung des Zweiströmelandes selbst, es verbreitet auch Licht über die ursprüngliche Verwandtschaft anderer Religionen des Alterthums, welche eine solche in ihrer späteren Entfaltung weit weniger erkennen lassen. Wer sollte nicht in Anna, dem Gotte des Himmels, in dem im Ocean wohnenden Hea und in Mul-ge, dem Beherrscher der Unterwelt, die oberste Trias der hellenischen Götterfamilie: Zeus, Poseidon und Hades, erkennen? Noch lehrreicher ist die Vergleichung mit den religiösen Vorstellungen der Arier. Da tritt uns zunächst beiderseits die Lehre vom Dualismus in der Geisterwelt entgegen. Wir sprechen hier nicht von jenem auf die Spitze getriebenen Dualismus, jener Annahme zweier gleich mächtiger, einander in Allem widerstreitender Principien, wie sie dem Manichäismus und verwandten Secten eigenthümlich ist und schon früher aus der Entartung der zoroastrischen Lehre sich herausgebildet hatte: ein solcher Dualismus läßt sich

---

[1] Transactions, vol. III. p. 176.
[2] La Magie, p. 288, 289.

weder bei den indischen Ariern, noch bei den Persern der Achämenidenzeit, noch endlich bei den alten Chaldäern nachweisen, bei denen doch
wenigstens Hea jederzeit mächtiger als selbst die Ärgsten unter den Dämonen erscheint.   Die Chaldäer wie die Perser glauben an eine in verschiedene Ordnungen zergliederte, in zwei feindliche Heerlager gespaltene
Geisterwelt.   Nach Beiden erstreckt sich der Kampf zwischen guten und
bösen Geistern über die ganze Schöpfung, indem ein jegliches Geschöpf
und zuvörderst ein jeder Mensch seinen besonderen Schutzgeist — bei den
Persern Ferver genannt — hat.   Auf ganz gleicher Linie mit dem persischen steht übrigens der chaldäische Dualismus auch nicht, sondern vielmehr eine Stufe tiefer: einmal weil ihm die Vorstellung eines obersten
Hauptes der gefallenen Geister, eines Ahriman — soweit uns wenigstens
die erhaltenen Documente einen Schluß erlauben — abhanden gekommen
ist, noch viel mehr aber darum, weil er fast allen moralischen Gehalt
verloren hat.   Der persische Dualismus ist ein Widerstreit zwischen
moralisch Gutem und moralisch Bösem.   Ahriman ist der Lügengeist und
sein Kampf ist ein Kampf der Lüge wider die Wahrheit.   Wie die Wahrheit Inbegriff alles Guten, so ist hier die Lüge Inbegriff alles Bösen.
Aufstand, Krieg, Räuberei, Unzucht und vor Allem Zauberei und Abfall von der reinen Lehre sind Werke der Lüge.   Die Moral, welche ein
Darius [1] aus der Erzählung seiner Großthaten für seine Nachfolger
zieht, lautet: „O du, wer immer du in Zukunft König sein wirst, be-
fleißige dich, die Lüge niederzuwerfen: wer ein Lügner ist, den vernichte.
So du dieses beachtest, wird ungetheilt bleiben mein Land.“   Der Unterschied des physisch Reinen und Unreinen ist hier nur von untergeordneter Bedeutung.   Nicht so in Akkad.   Kaum, daß mitunter die Vernachlässigung heiliger Riten oder der Umgang mit bösen Geistern als
böse erwähnt wird.   Im Übrigen erscheint stets nur das physisch Böse:
Tod, Krankheit, Orkane u. s. w. als das Werk der bösen, dessen Bannung als die Aufgabe der guten Geister.

   Und wie der Dualismus der akkadischen Texte tief unter demjenigen
des Zendavesta und der Achämenidenzeit steht, so auch die praktischen
Folgerungen, welche aus demselben für das Leben gezogen wurden.
Einzutreten in den Kampf des sittlich Guten wider das sittlich Böse,
das ist des Ariers Beruf, Reinheit ist seine erste Pflicht und eines
der größten Vergehen die Zauberei.   Eine solche Auffassung ist den

---

[1] Inschrift von Behistun, persischer Text, col. IV. 5.

akkadischen Texten fremd. Freilich gibt es auch hier einen Kampf feind=
licher Mächte: aber weil sich derselbe zunächst nur um das physisch Gute
und das physisch Böse dreht, so verliert er jeden idealen Charakter. Frei=
lich durchkreuzen auch hier die Mächte der Unterwelt die Absichten der
Mächte der Oberwelt: aber wo dieses Ringen hinaus will, ob es über=
haupt je ein Ende nehmen soll, wird uns nicht gesagt. Im Grunde
kann man diesen bösen Geistern vernünftiger Weise ebenso wenig gram
sein, als man sich für die guten zu begeistern vermag: fast alle sind sie
wesenhaft böse in ihrer Art — so Pest, Fieber, Südwestwind u. s. w. —,
man kann sich mit ihnen versöhnen, so gut wie mit den Widerwärtig=
keiten der physischen Ordnung, mit denen sie sich identificiren. Wohl
erscheint auch hier der Mensch in den Kampf zwischen Gut und Böse
hineingeworfen, aber eben auch nur dieses: nicht berufen, zum endlichen
Triumphe seiner Götter mitzuwirken, sondern hineingeworfen in den
Widerstreit physischer Einflüsse und darauf angewiesen, sich aus dem=
selben, so gut es gehen will, herauszuarbeiten. Hier sind die kräftigsten
Mittel die besten, vor allen jene Zauberei, welche die guten Götter dem
Menschen wider die bösen Geister beizustehen nöthigt.

　　Weitere Züge der Ähnlichkeit zwischen der chaldäischen und der per=
sischen Lehre finden wir in dem beiderseitigen Glauben an einen der
Gottheit selbst dienenden, siegreichen Geisterfürsten, dort Silik=
mulu=khi, der Bel=Merodach des Götterkampfes [1], hier Mithra, beide
deutlich an den Engelfürsten Michael gemahnend; sodann in der beiden
Völkern gemeinsamen Heilighaltung des Feuers. Geschieht der=
selben auch in den wenigen auf uns gekommenen Bruchstücken des Zend=
avesta keine Erwähnung, so ist uns doch ihr Vorkommen bei den übri=
gen Zweigen der indogermanischen Völkerfamilie und für spätere Zeiten
nachweislich auch bei den Persern, sodann ihre innerste Wesensverwandt=
schaft mit der zoroastrischen Religion selbst, die eine Lichtreligion war,
eine hinreichende Bürgschaft dafür, daß sie auch unter den Persern älterer
Zeit heimisch war. Dieser Heilighaltung des Feuers begegneten wir be=
reits in den akkadischen Texten, und zwar ist sie auch hier schon, wie
in den Veda's Indiens, zur Feueranbetung entartet.

　　Noch schlagender ist die Übereinstimmung der akkadischen Anschau=
ungen mit den Grundzügen der finnischen Mythologie, wie wir sie
aus dem alten finnischen Epos Kalevala kennen lernen; eine Über=

---

[1] Vgl. diese Zeitschrift, 1877, XII. S. 37.

einstimmung, auf welche zuerst F. Lenormant [1] aufmerksam gemacht hat.
Auch diese Mythologie weiß von drei obersten Gottheiten, welche nach
Charakter und Namen den drei höchsten Göttern der Akkadier entsprechen:
Ukko, d. h. „der Altehrwürdige", Gott des Himmels; Wainamoinen,
„der Freund der Wellen", Beherrscher der Gewässer und der Erdober=
fläche; Ilmarinnen, „der ewige Schmied", Herr des Erdinnern und der
in demselben verborgenen Schätze.

Wie Hea ist namentlich Wainamoinen der Urquell alles Lebens und
Wissens, der Widersacher und Besieger aller schädlichen Einflüsse; er hat
den Menschen das Feuer vom Himmel mitgetheilt, er hat sie die Musik
und die heiligen Zaubersprüche gelehrt; er allein kennt die „hochheiligen,
schöpferischen Worte", welche Leben verleihen und Götter bannen und
unter allen Beschwörungen die mächtigsten sind. Nächst diesen drei ober=
sten Gottheiten füllt, auch nach der Vorstellung der heidnischen Finnen,
eine Unzahl Elementargeister die Welt, scheiden sich dieselben in zwei
große feindselige Lager, steht jedem Menschen ein besonderer Schutzgeist
zur Seite. Auch bei ihnen genoß das Feuer besondere Verehrung,
wurde die Sonne zur Abwehr schädlicher Einflüsse angerufen; auch ihnen
galt die Krankheit als eine Art Besessenheit, welche durch Beschwörung
gehoben werden mußte.

Diese wenigen Andeutungen werden, hoffen wir, genügen, um den
Leser davon zu überzeugen, daß das neuerschlossene Religionssystem der
alten Chaldäer sich als ein bedeutsames Bindeglied zwischen die Reli=
gionen der semitischen und der indogermanischen und selbst der finnischen
Völker einschiebt und für die vergleichende Mythologie von entscheidender
Wichtigkeit sein dürfte. Vor einer Abirrung nur, welche ganz im Wesen
des modernen, alles Übernatürliche und namentlich die Uroffenbarung
vornehm ignorirenden Rationalismus liegt, möchten wir warnen. Wir
haben eine gewisse Gemeinsamkeit religiöser Anschauungen zwischen den
Akkadiern und den Ariern constatirt: woher diese Übereinstimmung? Ist
sie das Ergebniß einer Herübernahme akkadischer Anschauungen durch die
Arier, oder umgekehrt arischer Anschauungen durch die Akkadier? So
wird vielfach die Frage gestellt, und hat man etwa erst einen Beweis
zu Wege gebracht, der die eine Annahme ausschließt, so glaubt man sich
unbedingt für die andere entscheiden zu dürfen, — eine Folgerung, so
ungerechtfertigt, wie die Form der Frage selbst. Wahr ist es, daß im

---

[1] La Magie, p. 216 sqq.

Heidenthume die religiösen Anschauungen des einen Volkes nicht ohne Einfluß auf diejenigen benachbarter Völker gewesen sind; aber solche Einflüsse dürfen nicht übertrieben, viel weniger aller Orten unbewiesen vorausgesetzt werden. Je weiter man in das Alterthum zurückgeht, desto mehr vereinfachen und verähnlichen sich die später einander so entfremdeten Religionen der Völker: die letzte und allgemeine Ursache dieser Ähnlichkeit darf aber nicht in einem steten Borgen und Tauschen der sonst so zäh am Überlieferten festhaltenden Nationen, — sie muß in der ursprünglichen Einheit der Lehre und des Glaubens, sie muß in der Uroffenbarung gesucht werden.

Wir haben vorhin angedeutet, daß die Ausbildung der Sternkunde und somit auch der Sterndeutung dem semitischen Elemente in der Bevölkerung des Euphratlandes zugeschrieben werden müsse. Um das 16. Jahrhundert v. Chr. ließ bereits König Sargon von Agane alle älteren Documente, welche diese beiden Zweige heiliger Wissenschaft betrafen, aufsammeln und abschreiben. Alle waren in assyrischer Sprache, jedoch in einer solchen Schriftweise abgefaßt, die darauf angelegt scheint, die Lesung dieser Geheimlehren dem Uneingeweihten zu erschweren. Darum und wegen der Schwierigkeit des Gegenstandes selbst herrscht noch immer viel Dunkelheit in der Übersetzung dieser Texte: wir werden uns deßhalb auf wenige Proben beschränken.

Da kündigt sich z. B. an „eine Sammlung von 25 Tafeln über die Zeichen am Himmel und auf der Erde, in Hinsicht auf ihre gute und ihre böse Vorbedeutung, ein Verzeichniß sämmtlicher Vorzeichen, so viele ihrer am Himmel und auf Erden sind". Es folgt eine Liste sämmtlicher Monate des Jahres, mit Angabe, welche von denselben für den Auszug in den Krieg, den Angriff einer Stadt, die Vertheidigung des eigenen Landes günstig, und welche ungünstig sind. Eine andere Liste führt die Ereignisse auf, welche an bestimmte Constellationen geknüpft sind. Wir theilen einige Zeilen aus derselben mit, ohne eine Identification der namhaft gemachten Sterne zu versuchen. „Kehrt der Hundsstern wieder, dann ist Heeresmacht im Land. Kehrt der Stern des Bären wieder, dann ist Mißgeschick im Land. Kehrt der Stern Biazi wieder, dann fällt reichlicher Regen. Kehrt der Stern des Fisches wieder, dann waltet Gerechtigkeit im Land. Kehrt der Stern Allul wieder, dann ist Frieden im Land. Kehrt der Stern Tartakhi wieder, dann wird Übles im Lande geplant" u. s. w. u. s. w.

Das bedeutendste Werk dieser Gattung ist aber die große, auf Be-

fehl Sargons zusammengestellte Folge von 70 Schrifttafeln, Namar-
Bili oder Enu-Bili, „die Erleuchtung“ oder „das Auge Bels“ genannt.
Es enthält Beobachtungen über die Gestirne, namentlich über Venus
und Mond. Die Astronomen Chaldäa's verzeichneten sorgfältig die Ereignisse, die mit den verschiedenen Erscheinungen am Himmel zusammen-
trafen, und beinahe scheint es, daß sie dem Wahne nachhingen, es wür-
den sich die gleichen Ereignisse auch bei der Wiederkehr der nämlichen
Himmelserscheinungen wiederholen. Zuweilen sind es die Berichte alter
Astronomen, welche unverändert wiedergegeben werden: „Venus . . . verschwand vom 1.—13. Tage um Sonnenuntergang: die Saaten im Lande
stehen gut, . . die Tage des Fürsten sind lang, Gerechtigkeit waltet im
Lande. . . . . Der Mond geht unter und die Sterne treten an seine
Stelle (?): während dieses Jahres gebären die Frauen männliche Kinder.
— Der Mond geht unter und der Stern Sugi tritt an seine Stelle (?):
während dieses Jahres ziehen Heerschaaren (auf Eroberung aus). Bericht des Astronomen Istarsumesses.“ — Mondsfinsternisse werden verzeichnet zugleich mit den Ereignissen, welche ihr Eintreten begleiteten
oder begleiten sollten. „Am 14. Tag des Monats Thammuz, Eintreten
einer Mondsfinsterniß. Sie beginnt im Westen und hört im Süden und
im Norden auf; um die Abendwache beginnt sie und um die Nacht-
wache nimmt sie ihr Ende. Nach Westen, zur Zeit des Eintrittes und
des Austrittes, ist der Schatten sichtbar. Dem König von Gutium fällt
eine Krone zu. Die Streitkräfte von Gutium stehen im Felde. Truppen
ergeben sich. — Am 15. Tage, Eintreten einer Mondsfinsterniß. Regen
vom Himmel, Überschwemmung im Lande, Hungersnoth im Lande. —
Am 16. Tage, Eintreten einer Mondsfinsterniß. Weiber thun Fehlgebur-
ten“ u. s. w. u. s. w. — Ein anderes Bruchstück enthält Wahrsagungen
für den gleichen Monat in folgender Form: „Tritt am 1. Tag eine
Mondsfinsterniß ein, die im Süden beginnt . . ., dann stirbt ein mächtiger König. Tritt am 2. des Monats Thammuz eine Mondsfinsterniß
ein, die im Norden beginnt . . ., dann kämpft ein König wider einen
andern. . Tritt am 3. des Monats Thammuz eine Mondsfinsterniß ein,
die im Osten beginnt, dann folgt Regen und Hochwasser. Tritt am 4.
des Monats Thammuz eine Mondsfinsterniß ein, die im Westen be-
beginnt, dann geräth die Ernte im Westland. Tritt am 5. des Monats
Thammuz eine Sonnenfinsterniß ein und ist der große Stern im Aufgang begriffen, dann ist Hungersnoth im Land“ u. s. w. u. s. w. —
„Sind am 16. Tag,“ lautet ein anderer Text, „Sonne und Mond gleich-

zeitig sichtbar, dann erklärt ein König dem andern den Krieg; nach Monatsfrist kehrt der König in seinen Palast zurück, Feindesfuß betritt sein Land, der Feind rückt übermüthig in das Land ein. — Ist am 14. oder 15. Thammuz der Mond gleichzeitig mit der Sonne nicht sichtbar, dann kehrt der König in seinen Palast zurück. — Sind sie am 16. Tag gleichzeitig sichtbar, dann ist der Tag günstig für Subarti, ungünstig für Akkad und das Westland. Aufgezeichnet von Nebokullani."

Wie ernst man es aber zur Zeit Sargon des Älteren mit solchen Vorhersagungen nahm, bezeugt eine Inschrift gleichzeitigen Ursprungs, welche 13 Unternehmungen dieses Königes und seines Sohnes Naram-Sin aufführt, mit gewissenhafter Angabe der Mondphasen, in welche sie fielen. Die einzelnen astronomischen Data harren noch der Übersetzung; wir geben mit Weglassung derselben eine Probe der erwähnten Urkunde. „Da der Mond u. s. w.: eine Vorbedeutung für Sargon, welcher bei solcher Stellung (des Mondes) wider Alam auszog und die Alamiter aufrieb; er vollendete ihre Niederlage und schnitt ihnen ihre Glieder ab. — Da der Mond u. s. w.: eine Vorbedeutung für Sargon, der wider Syrien auszog und die Syrer aufrieb; die vier Rassen (die Syrer) unterjochte seine Hand. — Da der Mond u. s. w.: eine Vorbedeutung für Sargon, wider den sich bei solcher Stellung (des Mondes) die Ältesten des Volkes empörten und ihn in Agane einschlossen; Sargon zog hinaus, ihre Mannen fochten wider ihn, er vollendete ihre Niederlage; ihr großes Heer rieb er auf, er durchbrach ihr Lager" u. s. w. u. s. w.

Aber nicht allein den Gestirnen, auch den geringfügigsten irdischen Vorkommnissen lauschte man Vorbedeutungen ab. „17 Beobachtungen, die Kenntniß der Vorbedeutungen betreffend", lautet die summarische Inhaltsangabe eines Täfelchens. Vernehmen wir einige dieser Beobachtungen: „Kömmt ein gefleckter Hund in einen Palast, dann verliert dieser Palast seinen Frieden an den Feind. Kömmt ein Hund in einen Palast und legt sich auf ein Bett, dann bleibt dieser Palast uneinnehmbar jederzeit. Kommt ein Hund in einen Palast und läßt sich auf einem Throne nieder, dann brennt dieser Palast nieder. Kömmt ein Hund in einen Tempel, dann erweisen sich die Götter dem Lande gnädig. Kömmt ein weißer Hund in einen Tempel, dann ist dieser Tempel nicht fest gegründet. Kömmt ein brauner Hund in einen Tempel, dann sieht dieser Tempel Überfluß. Heulen Hündinnen im Thore, dann gebären Sklavinnen Töchter" u. s. w. — Ein anderes Document handelt in nicht weniger als 65 Absätzen von Mißgeburten. „Gebiert eine Frau ein Kind, das Löwenohren hat, dann herrscht ein mächtiger König im Lande. Gebiert eine Frau ein Kind, dem das rechte Ohr fehlt, dann lebt der König lange Jahre. Gebiert eine Frau ein Kind, dem beide Ohren fehlen, dann erhebt der Feind eine Festung im Lande und schmälert es. Gebiert eine Frau ein Kind, dessen rechtes Ohr zu klein ist, dann geht des Mannes Haus zu Grunde. Gebiert eine Frau ein Kind, dessen beide Ohren zu klein sind, dann baut sich der Mann ein Haus aus Ziegeln. — Gebiert ein Schaf einen Löwen, dann ist der Heerschaaren keine Zahl und der König hat keinen Nebenbuhler."

Die letztangeführten Texte zeigen uns die „Weisheit" des Heidenthums in einem traurigen, entwürdigenden Zerrbilde. Aufgespeichert lag diese Weisheit in den Bibliotheken Babylons: der Dynastie der Sargoniden blieb es, wie es scheint, vorbehalten, sie auch in Assyrien einzubürgern. Diese Könige sind die Begründer assyrischer Bibliotheken. Gleich im Anfange seiner Regierung ernannte der assyrische König Sargon, vielleicht um seinem älteren Namensbruder nachzueifern, einen gewissen Nabusugubzina zum Oberbibliothekar, dessen Hauptsorge es fortan war, Abschriften von allen mustergiltigen älteren Werken zu beschaffen. Sennacherib fuhr fort, die Bibliothek seines Vaters zu Kalah zu vergrößern und verlegte sie gegen Ende seines Lebens nach Ninive, wo sie fortan verblieb. Esarhaddon bereicherte sie mit Werken, zumeist religiösen Charakters. Ihre größte Erweiterung aber verdankte sie Assurbanipal. Er ließ von allen in den Bibliotheken des untern Euphratlandes vorfindlichen Werken Abschriften nehmen. Keine müßige Laune war es, welche den assyrischen Großherrn zu solcher Freigebigkeit antrieb; vielmehr war es ihm augenscheinlich darum zu thun, die „heilige Wissenschaft", welche bisherau ausschließlich am unteren Euphrat heimisch gewesen war, auch im nördlicheren Stammlande einzubürgern. Das Akkadische muß damals seit Langem eine todte Sprache gewesen sein. Bereits die Städte Babyloniens besaßen mehrfache grammatikalische und lexikalische Hilfsmittel, bestimmt, den Candidaten ihres Priesterthums die Erlernung jener Sprache zu erleichtern, die, weil in ihr der größere Theil der religiösen Hymnen und alle magischen Formeln abgefaßt waren, füglich die liturgische Sprache genannt werden dürfte. Einige religiöse Hymnen waren hier schon in das Assyrische übertragen worden und sollen diese Übersetzungen eine recht alterthümliche Färbung haben. Assurbanipal vermehrte die Zahl der Übersetzungen, die er auf die gleichen Tafeln mit dem Urtexte eintragen ließ. Freilich sind dieselben nicht allzeit mustergiltig: oft find fie fo frei, daß man fie richtiger Paraphrafen nennen würde; andere Male ahmen fie den akkadifchen Satzbau fo fklavifch nach, daß fie nahezu unverftändlich werden; bei einzelnen Ausdrücken vermerkten die Überfetzer am Rande die Unmöglichkeit, in der fie fich befanden, diefelben wiederzugeben.

Wir haben früher [1] darauf hingewiefen, wie gerade Affurbanipals Charakter von demjenigen feiner Vorgänger durch einen Zug frömmelnden Aberglaubens unvortheilhaft abfticht; wir haben gezeigt, eine wie wichtige Rolle in feiner Regierung Göttererfcheinungen, Weiffagungen und Vorbedeutungen fpielten. Vollauf hatten feine Aftronomen mit Berichten im Stile derjenigen zu thun, welche König Sargon der Ältere in feine Sammlung aufgenommen hatte. Affyrien fiel, als eben feine Söhne in die „heilige Wiffenfchaft" Babels eingeweiht, als das Erbe des Fluches Eigenthum der Nation geworden war: der Herr ging mit der „zaubermächtigen Buhlerin" in's Gericht (Nahum 3, 4). Es ift eine Wahrnehmung, welche fich mehrfach in der Gefchichte der großen Monarchien des Alterthums aufdrängt, daß ihr politifcher Niedergang von dem Augenblicke beginnt, wo in ihnen das Heidenthum den Tiefpunkt feiner zerfetzenden Entwicklung erreicht hat.

Fr. v. Hummelauer S. J.

---

[1] Vgl. diefe Zeitfchrift 1874, VII. S. 529 f.

Recensionen.

Considérations sur le mariage au point de vue des lois, par le
Comte de Breda. Lyon, H. Pélagaud, 1877. 12°. XXXI u.
490 S.

In geistreicher Weise zeichnet uns der Verfasser des vorstehend verzeichneten Werkchens, was die Ehe geworden ist und was sie werden muß unter
der rohen Hand derer, welche sie loslösen von Gott, als ihrem obersten Gesetzgeber und Wächter. Von ihrem Ursprunge, d. h. von jenem Augenblicke
an, in welchem Gottes Hand den Ehebund zwischen dem ersten Menschenpaare
knüpfte, läßt er in großen Umrissen an unseren Augen die Geschichte jenes
göttlichen Institutes vorüberziehen.

Wie kein anderes, wurde es zum Gegenstande, um den sich theils die un-
gezügelte Leidenschaft des Menschen, theils — und zwar mit noch verderblicheren
Folgen — die Überhebung der weltlichen Machthaber und Gesetzgeber stritt.
Seitdem Christus aber die Ehe zu ihrer ursprünglichen Würde zurückführte,
ja sie tiefer noch als vorher in das für sie heimische Erdreich der Religion
einsenkte, und sie vollständiger der weltlichen Gewalt entriß, erhob sich auch
noch heftiger der Kampf gegen die gottgegebene Weihe und gegen die von
Gott gesteckte Schranke. Die Resultate dieses Kampfes sind bekannt. Je
mehr profane Hände an der Ehegesetzgebung sich betheiligten, desto tiefer sauk
die Ehe selbst bis unter die Postulate des natürlichen Sittengesetzes hinab;
was ihr noch Heiliges und Ehrbares geblieben ist, das verdankt sie dem un-
ermüdlichen Ringen der Kirche, welche gegen die Leidenschaft und Willkür,
gegen die Gesetzestyrannei und Arroganz mit aller ihr zu Gebote stehenden
Macht die Göttlichkeit und die Freiheit derselben schützte; das verdankt sie
auch dem bewußt oder unbewußt, immerhin aber mächtig sich äußernden Triebe
aller Völker, welche allen Gesetzen zum Trotz immer in der Ehe etwas dem
religiösen Gebiete Angehöriges erblicken und erblicken werden. Nur dann
kann die Ehe in der ihr gebührenden Würde bleiben oder zu derselben zurückgeführt werden, wenn man das todbringende Princip der „Säcularisation der
Gesetze" aufgibt, und wie für die ganze Gesetzgebung, so speciell für die Ehegesetzgebung jene Grundlage wiederherstellt, welche allein deren Grundlage sein
kann: Gott und die göttliche Auctorität.

Das sind in Kürze die Grundgedanken, welche der Verfasser ausführt und an der Hand der Geschichte erhärtet. Wenn dabei auch den heidnisch=religiösen Gebräuchen wohl in zu hohem Grade ein wohlthätiger Einfluß auf das ehe= liche Verhältniß beigelegt wird — von einem kroffen, abergläubischen Götzen= dienste ist ja ein eigentlich wohlthätiger Einfluß nicht mehr zu hoffen — so ist es doch jedenfalls richtig, daß auch die heidnisch=abergläubische Entstellung aufdeckt, wie tief die Überzeugung von der höheren religiösen Weihe der Ehe im Menschen Wurzel gefaßt hatte.

Die vorliegende Schrift richtet sich hauptsächlich gegen die französischen Gesetzbücher, welche die Menschheit zuerst mit der Civilehe beschenkten; daher legt sie ausführlich die Grundsätze und Anschauungen dar, die bei deren Abfassung und Berathung maßgebend waren. Das 12. Kapitel (S. 332 bis 362), in welchem dieses Thema speciell zur Sprache kommt, möchten wir den Glanzpunkt des Werkes nennen. Meisterhaft deckt der Verfasser die Winkel= züge, Irrgänge und Widersprüche der damaligen Gesetzesfabrikanten auf.

Um unsere Leser jedoch mit dem Werthe des Buches vollständiger bekannt zu machen, dürfte eine kurze Inhaltsangabe angezeigt sein. Nach einer kurzen Darlegung des Ursprungs der Ehe und ihres Begriffes wird die Frage be= sprochen, in wieweit die Ehe Contract sei und wie sie sich von andern Con= tracten unterscheide (Chap. 3 und 4). Hierbei mußte schon auf das neue Element der christlichen Ehe, nämlich auf den sacramentalen Charakter der= selben, Rücksicht genommen werden. Wir haben darin eine von Christus vollzogene Erhöhung der religiösen Seite des Ehebundes, welche auch bei den verschiedenen vorchristlichen Völkern stets in irgend welchen Anklängen gewahrt geblieben war. Der historische Nachweis dieses religiösen Charakters bildet mit Recht die Vorbereitung zur Besprechung der christlichen Ehe. Der Reihe nach wird uns daher die Praxis und Rechtsanschauung in Bezug auf die Ehe zunächst bei den Juden, dann bei den Völkern des höchsten Alter= thums, bei den Griechen und Römern, vorgeführt (Chap. 5—7), und endlich deren Geschichte in der christlichen Zeit erzählt. Die Kirche wahrte durch ihre Gesetze und Entscheidungen die Freiheit der Ehe für Solche, welche nach weltlichem Gesetze schutzlos oder vergewaltigt gewesen wären; sie wahrte die Heiligkeit der Ehe gegen die schrankenlose Willkür weltlicher Machthaber und gekrönter Wüstlinge (Chap. 8 und 9). Ganz andere Anschauungen verfolgten die kirchenfeindlichen Mächte. Der Protestantismus (Chap. 10), die cäsaro= papistischen Hofjuristen (Chap. 11), die deistische oder atheistische Gesetzgebung der Revolutionszeit (Chap. 12—14), an deren Geist auch unsere Zeit noch dahinsiecht, — sie alle schändeten einerseits die Heiligkeit und Unverletzlichkeit der Ehe, und strengten sich andererseits vergebens an, statt der gottgezogenen Schranken ohnmächtige menschliche Fesseln für die Ehe zu schaffen. Nachdem alsdann das 15. Kapitel die kirchliche Doctrin wiedergegeben hat, wie sie Pius IX. bei verschiedenen feierlichen Anlässen aussprach, weist der Verfasser zum Schluß (Chap. 16) noch einmal darauf hin, daß die Katholiken mit allen erlaubten Mitteln dahin streben müßten, den Gesetzen wieder die noth= wendige Unterlage der göttlichen Auctorität zu geben, speciell die Civilehe aus

dem Gefetzescoder auszumerzen, unb den ehelichen Bunb felbft im Falle einer
gewährleifteten Cultusfreiheit auch in den Augen des Staates des religiöfen
Charakters nicht entkleiden zu laffen.

Sehr gut wird S. 292 hervorgehoben, baß „der wahre unb der tieffte
Grund des Verfalles der Ehe in dem Sichhineinmifchen des Staates liege,
in dem eminent proteftantifchen Beftreben, die geiftige Gewalt von der weltlichen abforbiren zu laffen, in der Ohnmacht der rein menfchlichen Gefetze,
der Gefellfchaft Rettung zu bringen". „Die Ehe," fährt Graf Breda fort,
„theilt das Loos der menfchlichen Natur; in Abam gefallen, kann fie nur
durch die Gnade wieder aufleben; diefe zurückftoßen, heißt zu Grunde gehen."
Die Befugniß des Staates hinfichtlich der Ehe wird in folgenden Worten
(S. 468) zufammengefaßt: „Der Staat exiftirt für die Familien; er fchafft
fie nicht. Seine Erlaubniß ift weder vonnöthen, um geboren zu werden,
noch um legitim geboren zu werden; alle feine Rechte befchränken fich darauf,
die Ehen anzuerkennen, fie einzuregiftriren unb ihre bürgerlichen Wirkungen
zu regeln: das ift das Fundamentalprincip nicht nur für eine katholifche Gefellfchaft, fondern für jede Gefellfchaft, deren Mitglieder nicht förmlich Sklaven
fein follen." Unb warum wollte auch wohl der Staat denen zu lieb, welche
alle Religion läugnen, ein für allemal der Ehe den religiöfen Charakter
rauben? „Er ift boch nicht gehalten, den Einfällen einiger Läugner der fitt-
lichen Ordnung zu lieb die Segel zu ftreichen, ebenfo wenig als er fich verpflichtet glaubt, die Läugner der focialen Ordnung, Communiften u. dgl. zu
Führern zu nehmen. Aber wenn man den Verbindungen Solcher abfolut
bürgerliche Wirkungen beilegen will — nun gut . . . Man mag ihre gegen-
feitige Erklärung in's Regifter eintragen; aber bie Achtung follte man den
Übrigen wahren, nicht den Namen „Ehe" baburch zu befchmutzen, baß·man
jene ohne Gott gefchloffenen Verbindungen damit benenne" (S. 470, 471).

So vortrefflich auch das vorliegende Werkchen uns erfcheint, wird es
Niemanden wundern, wenn nicht gerade alles hier Gebotene unfere volle
Zuftimmung findet. Auf Einiges möchten wir hier hinweifen. Es werden
dem Lefer „Erwägungen" geboten; diefer Titel läßt allerdings einige weiter
hergeholte Reflexionen über grundlegende Principien u. dgl. ftatthaft er-
fcheinen; indeffen fcheint in diefer Hinficht im Ganzen wohl zu viel zu gefchehen.
Kaum bürfte es gerechtfertigt fein, wenn nur fehr lofe mit der Sache in
Zufammenhang ftehende Abfchweifungen in einer folchen Ausdehnung vorkommen, baß über die Hälfte einiger Abfchnitte auf einleitende Gedanken fällt,
wie es z. B. bei Kap. 8, 10, 15 der Fall ift; die Erklärung diefes kleinen
Übelftandes liegt wohl darin, baß die vorliegenden Erwägungen, wie der
Herr Verfaffer mittheilt, nur ein Fragment eines größeren, in der Arbeit
begriffenen Werkes, „Confidérations fur les lois", find. Von diefer reinen
Formfrage wenden wir uns zu fachlichen Einzelheiten, gehen dabei aber über
kleinere Ungenauigkeiten, wie z. B. die Überfetzung des „confenfus de prae-
fenti" S. 33, fowie auch über die gar fcharfen Worte S. 277 und einige
andere hinweg, welche jeden beutfchen Lefer unangenehm berühren müffen.
Dagegen möchten wir bei dem verweilen, was über den contractlichen Cha-

ratter der Ehe gesagt wird. Gerade um der Ehe ihre religiöse Weihe und die Unauflöslichkeit besser zu wahren, ist der Herr Verfasser abgeneigt, die Ehe einen Contract zu nennen. Diese Schen halten wir für unbegründet. Höchstens soll der Name „Contract" gerechtfertigt sein für das matrimonium in fieri, nicht aber für das matrimonium in facto esse (S. 34); allein Beides ist in gleicher Weise statthaft. Graf Breda geht von der Voraussetzung aus, es könne etwas, insofern es ein contractliches Band sei, durch beiderseitige Zustimmung gelöst werden, der beiderseitige Wille sei das einzige belebende Princip eines Vertrages; höre jener auf, so falle auch dieser in sein Nichts zurück (S. 35, 42, 364, 366). Den Gegnern freilich, welche von Gott nichts wissen wollen, bleibt nur der gegenseitige Wille der Contrahenten als Verpflichtungsgrund, und zwar als ein höchst schwacher, übrig; deßhalb sind auch die Ausführungen der vorliegenden Schrift manchmal eine vernichtende Kritik derselben. Allein in Wirklichkeit ist es durchaus kein wesentliches Moment eines Vertrages, daß beiderseitige Einwilligung das geschlungene Band lösen könne. Richtig ist das, sobald über einen Gegenstand contrahirt wird, der der allseitig freien Verfügung der Contrahenten anheimgegeben ist und bleibt, wiewohl es auch da Gottes heiliger Wille ist, welcher das geknüpfte Band für die Dauer seines Bestehens zur eigentlichen und vollen Verpflichtung bringt. Bei der Ehe nun ist der Gegenstand, um welchen es sich bei Abschließung derselben handelt, nicht der allseitig freien Verfügung der Contrahenten überlassen; es sind vom natürlichen Sittengesetze und vom positiv göttlichen Gesetze Schranken gezogen. Das eheliche Band kann also nur innerhalb dieser Schranken geknüpft werden. Eine dieser Schranken ist, daß es, einmal geschlossen, der Befugniß der Contrahirenden entrückt ist.

Würde der Verfasser die Contractsnatur der Ehe nur in dem Sinne verwerfen, in welchem er den Ausdruck „rein menschlicher Contract" gebraucht, so wäre dagegen nichts zu erinnern; dann fiele aber die ganze Bedeutung des 3. Kapitels. Rein menschlichen Contract nennt er nämlich eine Übereinkunft, bei welcher ganz von Gott und göttlicher Ordnung, als dem letzten Grunde aller Verpflichtung, abgesehen wird. Dieses wird schon in der Einleitung S. XVI angedeutet und noch klarer S. 387 ausgesprochen, wo es heißt: „Sobald ein religiöses Gesetz dazwischentritt oder auch bloß das natürliche Gesetz, falls man Gott als dessen Urheber anerkennt, so fallen die Einwürfe (gegen die Unauflösbarkeit der Ehe), zugleich fällt aber auch der rein menschliche Contract." Einen solchen rein menschlichen Vertrag, welcher absieht vom natürlichen Sittengesetz, dessen Urheber Gott ist, gibt es in Wahrheit gar nicht, auch nicht bei denjenigen Gegenständen, bei denen die Auflösung des Vertrages von den Contrahenten wieder herbeigeführt werden kann. Doch als Bezeichnung des monströsen Erzeugnisses der verbildeten und gottlosen Köpfe, welche ohne Gott Gesetze und Pflichten für den Menschen haben wollen, mag der Ausdruck immerhin gelten.

Dieser Sinn des Verfassers muß auch bei einigen anderen Stellen im Verlaufe des Werkes beachtet werden, um Mißverständnissen vorzubeugen.

So z. B. S. 364: „Eine Ehe, welche auf keine andere Quelle zurückgeführt wird, als auf die gegenseitige Zustimmung, die zu einem Civilcontracte gegeben wird, eine Ehe, welche nur ein Civilcontract ist ohne religiöse Weihe, ohne eine andere Zuthat, als die Gegenwart eines Civilbeamten: eine solche Ehe würde keine andere Unauflöslichkeit besitzen, als diejenige, welche aus dem Willen der Contrahenten entspringt — der aber kann abändern und auflösen, was er zusammengefügt hat." — Für chriftliche Verhältnisse wäre das gar keine, weder eine unauflösbare, noch eine lösbare Ehe; für rein natürliche Verhältnisse ist der Ausspruch nur eine legitime Folgerung aus dem von den Gegnern aufgestellten gottlosen und thörichten Grundsatze, bei der Ordnung der menschlichen Verhältnisse unsern Herrgott ganz bei Seite zu schieben.

Noch eine kurze Bemerkung erlauben wir uns über die Auffassung des bei den Juden üblichen Scheidebriefes. S. 95 u. f. w. wird die eine Meinung des hl. Thomas zustimmend angeführt, nach welcher auch bei Einhaltung aller vorgeschriebenen Bedingungen der Scheidebrief im Alten Testamente das eheliche Band nicht gelöst, und also jedenfalls die geschiedene Frau im Falle einer Wiederverheirathung sich des Ehebruches schuldig gemacht habe. Es ist dieß eine Erklärung, zu der an citirter Stelle der hl. Thomas hinneigt; doch hat dieselbe so große Schwierigkeiten, daß es wohl gut gewesen wäre, wenigstens auch die andere Meinung zu erwähnen, welche der heilige Lehrer an derselben Stelle durchaus nicht verwirft, sondern „wahrscheinlich" nennt. Diese versicht die Erlaubtheit der Scheidung und die Lösung des Bandes für das damalige jüdische Volk, führt aber die Ermächtigung dazu auf göttliche Auctorität zurück. Damit glaubt sie nicht in Widerspruch zu treten mit der Unauflöslichkeit der Ehe, welche nach natürlichem Sittengesetze durchaus festzuhalten ist. Das natürliche Sittengesetz entzieht zunächst für immer die Lösung des einmal geschlossenen Bundes dem Privatwillen der Eheleute selbst, sodann aber auch, weil das eheliche Band der Befugniß der staatlichen Auctorität nicht untersteht, jeder rein menschlichen, sei es auch öffentlichen Gewalt. Die Dazwischenkunft göttlicher Auctorität wird jedoch dadurch nicht abgeschnitten, zumal da die göttliche Vorsehung die etwa eintretenden Übel zu heben oder abzuschwächen versteht. Daß das natürliche Sittengesetz eine Unauflöslichkeit in strengerem Sinne absolut erheische, ist wohl nicht erweisbar [1].

Schließlich glauben wir unser Urtheil über das vorliegende Werkchen am besten dadurch ausdrücken zu können, daß wir sagen, es sei vor vielen anderen geeignet, den Wunsch zu erfüllen, welchen der hochw. Erzbischof-Coadjutor von Bordeaux in Bezug auf dasselbe an den Herrn Verfasser selbst gerichtet hat; daß es nämlich dazu beitragen möge, „viele falsche Ideen zu berichtigen, die Leser aufzuklären über die Lehren und Ansichten, denen man sich im Anfange

---

[1] Diese Auffassung ist auch in Rive, „Die Ehe in dogmatischer, moralischer und socialer Beziehung", vertreten. Wiewohl in einer Recension angefochten, darf sie sich kühn als annehmbar empfehlen.

dieses Jahrhunderts nur zu rasch und zu leicht hingab, und dem heiligen
Institut der Ehe jene, ihrem religiösen Charakter entsprechende Achtung wieder
zu verschaffen, welche man in unserer Zeit nur zu sehr zu schmälern gesucht hat."

Aug. Lehmkuhl S. J.

**Gott, oder die Berechtigung des persönlichen geistigen Princips in der
Schöpfung, gegenüber der materialistischen Anschauung.** Von
Coloman Joseph Grafen Mailáth. 8°. 144 S. Wien 1877.
Preis: *M.* 2.

Es läßt sich nicht läugnen, daß die Frage, ob es einen Gott gibt oder
nicht, im Munde der modernen Forschung für christliche Gemüther etwas
Herbes hat, ähnlich wie es ein gutes Kind verletzen muß, wenn man ihm die
Beantwortung der pietätlosen Frage zumuthet, ob Vater und Mutter, deren
aufrichtigste Liebe und Tugend es tausendmal erfahren hat, wirklich seine
Eltern seien. Die Frage nach Gottes Dasein ist aber nur dann pietätlos,
wenn sie von wirklichem Zweifel eingegeben wird; sie zeugt von Pietät, wenn
es sich darum handelt, diese Wahrheit gegen ungerechtfertigte Angriffe zu ver=
theidigen. Wir schwimmen heute in einem Meer von solchen Angriffen, denn
wir leben in einer Stunde der Finsterniß, in der die Gottlosigkeit als Re=
volution die Fundamente der Gesellschaft erbeben macht und als falsche
Wissenschaft den Geistern Gewalt anthut. In solcher Zeit fühlt sich jedes
edle Herz gedrungen, für die geschmähte Wahrheit lautes Zeugniß abzulegen.
Hiermit hätten wir den eigentlichen Charakter vorliegender Schrift angedeutet;
sie ist nicht das Werk des eingehenden Denkens eines philosophischen oder
theologischen Fachgelehrten; sie ist eher das aphorismenartige Bekenntniß eines
auf der Höhe der heutigen Bildung stehenden edlen Geistes, aber ein an=
regendes, weithin orientirendes Bekenntniß. Mehr als eine Orientirung will
auch die Schrift nicht sein. „Es war die Absicht des Verfassers, einen in
der profanen Wissenschaft wurzelnden, durch diese begründeten Leitfaden der
Abwehr gegen Angriffe des Materialismus herzustellen und zu beweisen, daß
Freiheit, Achtung der Menschenwürde und die Basis aller Staaten — das
Heiligthum der Familie — ihren Hort einzig in der Anerkennung des per=
sönlich geistigen Princips finden, — mit der Abläugnung desselben aber ver=
weht werden, gleichwie der Sturm die Spreu von der Tenne fegt" (S. 4).

Der Verfasser hat seine Gedanken in drei Gruppen getheilt: Natur=
philosophische Betrachtungen, Widerlegung des Darwinismus, culturhistorische
Betrachtungen.

Der ersten Gruppe erster Abschnitt weist unter Anerkennung der wirk=
lichen Fortschritte darauf hin, daß unsere Zeit sich ganz ungebührlich über die
Leistungen der alten Zeit zu überheben pflegt. Viele dieser Leistungen in
Wissenschaft und Technik werden kurz aufgezählt und dann wird vielleicht
etwas zu kurz an die Zerrbilder und Monstruositäten unserer Zeit erinnert,
unter denen der Atheismus eine hervorragende Stelle einnimmt (S. 16).
Daß man ein persönlich geistiges Princip in der Welt annehmen müsse, wird

gezeigt a) aus fozufagen pfychifchem Grunde, denn woher Gefetz, Zweck, Ge=
danke, die in der Natur vorliegen? b) aus dem Urfprung der letzten Volum=
elemente, c) aus der Hinfälligkeit der Welt (S. 28).

Der zweite Abfchnitt, welcher mit einer Kritik der modernen Geologie
anhebt, bietet viele gute Gedanken. Wir können aber nicht verfchweigen, daß
uns in diefem Abfchnitt mehr als in den übrigen Theilen des Buches Un=
klarheit und Ungenauigkeit des Ausdrucks unangenehm berührt hat, eine
Ungenauigkeit, welche auf die ausgefprochenen Gedanken den Schatten der
Unrichtigkeit zu werfen geeignet ift. Oder follte es beifpielsweife dem Ver=
faffer damit Ernft fein, wenn er S. 37 Raum und Zeit für Fictionen er=
klärt? Der Verfaffer kommt zu dem Schluß: „Unfer Erdball hat eine Cultur=
beftimmung im Univerfum; diefen Culturzweck konnte aber die Welt fich
unmöglich felbft geben, fie mußte felben von einem, außerhalb ihres Kreifes
fich bewegenden Wefen erhalten haben" (S. 40). Alsdann wendet er fich zu
der Frage nach dem geiftigen Princip im Menfchen. Was hier gefagt wird,
ift jedenfalls fehr geeignet, das Intereffe der Lefer in hohem Grade für diefe
Frage wachzurufen.

In der zweiten Gruppe finden wir manche gegen den Darwinismus
fprechende Momente in faßlicher Weife angedeutet; die Selectionstheorie als
folche ift weniger auf's Korn genommen.

In der dritten Gruppe endlich wird aus der Betrachtung der ägyptifch=
afiatifchen, der griechifchen, der römifchen, der chriftlichen, der mohammedani=
fchen Cultur der Nachweis geliefert, daß die Cultur ftets mit dem Grade der
Werthfchätzung der Religion Hand in Hand ging.

Der Charakter der Schrift brachte es mit fich, daß Manches in mehr
rhetorifchem als ftreng wiffenfchaftlichem Gewande vorgetragen wurde. Die=
felbe ift nicht für die Gelehrten, fondern für die Gebildeten abgefaßt und einer
gewiffen Klaffe von Gebildeten ganz befonders anzuempfehlen. Denn fie ift
ganz geeignet, den Drang nach höherer Wahrheit dort, wo derfelbe wenigftens
noch als glimmender Funke ein kümmerliches Dafein friftet, wiederum anzu=
fachen, und Jenen, welche für das Leben einen befferen Inhalt fordern, das
Studium wiffenfchaftlicher apologetifcher Werke als wünfchenswerth und lohnend
erfcheinen zu laffen. In unferer Zeit der Eigenarten wird man dem Verfaffer
feine eigenartige Orthographie und Interpunction gerne nachfehen.

T. P.

Flavia. Scenen des chriftlichen Lebens aus dem vierten Jahrhundert.
Von Abbé **Hurel.** Mit Erlaubniß des Verfaffers aus dem Fran=
zöfifchen überfetzt von Matth. Sierp, vormals Profeffor der
Dogmatik am Seminar zu Rouen. 16°. 384 S. Münfter, Theiffing,
1877. Preis: M. 2.50.

Beim Öffnen diefes Buches überrafcht uns auf das Allererfreulichfte
eine ftattliche Reihe der günftigften Urtheile, welche von namhaften Blättern
in Frankreich, England und Deutfchland dem Original der vorliegenden Über=

setzung zu Theil geworden sind. Die Zahl der abgedruckten Recensionen ließe sich übrigens mit leichter Mühe noch vermehren, ohne der Einstimmigkeit des Lobes Eintrag zu thun. Katholische wie akatholische Zeitschriften scheinen für diese Erzählung nur Eine Stimme des Lobes und der Anerkennung zu haben. Die Summe dieses Lobes aber gipfelt darin, daß genannte Blätter den Roman „Flavia“ ebenbürtig hinstellen neben „Fabiola“ und „Kallista“, d. h. ihm den Stempel des Meisterwerkes aufdrücken und dadurch den Leser zu den höchsten Anforderungen berechtigen.

Die Vorrede des Buches selbst kann die gehegte Erwartung nur steigern, indem sie jedem ernsten und christlichen Leser einen zugleich künstlerischen, wissenschaftlichen und seelenstärkenden Genuß verheißt. „Jedenfalls,“ heißt es in jener Vorrede, „ist es nicht unsere Absicht gewesen, eine eitle Neugierde zu befriedigen. Auch waren wir weit entfernt, ein Werk der Kunst und Gelehrsamkeit schreiben zu wollen. Unser ganzes Streben ging nur dahin, die civilisirende Kraft und Wirksamkeit des Evangeliums und der Kirche in jenen Zeiten hervorzuheben. Je größer die Zerrüttung in einer so bewegten Zeit ist, desto mehr tritt die göttliche Kraft jener Religion hervor, welche es verstanden hat, aus so vielfachen, verschiedenartigen, ja entgegenstehenden Baustoffen das wunderbare Gebäude der christlichen Einheit zu bilden. Das Schauspiel eines so eigenthümlichen und so fruchtbaren Jahrhunderts, wie das vierte, trägt unstreitig hohe belehrende Kraft“ (S. 2).

In der That ein herrlicher Vorwurf für einen christlichen Künstler. Aber so schön die Aufgabe auch sein mag, sie ist und bleibt eine höchst schwierige, und ein gewöhnliches Studium der Zeit= und Culturgeschichte würde zu ihrer Lösung keineswegs hinreichen. Von Abbé Hurel jedoch glaubten wir diese hohe wissenschaftliche Vorbereitung ebenso wohl erwarten zu können, als die nicht minder nothwendige künstlerische Befähigung, da er in anderweitigen Arbeiten von beiden die schönsten Proben geliefert hat. Zum Überfluß gab uns der Verfasser selbst noch die Versicherung, daß „die Grundlage dieses Buches, selbst in seinen Einzelheiten, den echten gleichzeitigen Quellen entnommen ist“ (S. 1).

Also auf einer quellenmäßigen, streng geschichtlichen Grundlage soll die folgende Erzählung beruhen, und was sie vom Roman entlehnt, ist bloß die äußere Form der Darstellung. „Aber auch diese Form wurde nicht ihrer selbst wegen gewählt, sie sollte nur der Rahmen sein für eine Menge zerstreuter Thatsachen und verschiedenartiger Gesichtspunkte, welche uns jene bewegte und stark gefärbte Zeit darbietet“ (S. 1).

Wirklich ist der Schleier des Romans ganz durchsichtig und äußerst leicht über die Geschichte geworfen. Denn was erzählt uns „Flavia“ in der Hauptsache, und was berichtet uns über dieselben Ereignisse die Geschichte?

Eusebius, ein junger Dalmatiner, studirt in Rom. Obgleich selbst nicht einmal Christ, hält er doch eine begeisterte Lobrede auf den christlichen Cölibat. In Folge dessen geht bald durch alle vornehmen römischen Cirkel eine einzige Sehnsucht nach persönlicher Bekanntschaft mit dem Jüngling, der eine so glänzende Lanze für die Frauen eingelegt hat. Besonders die Damen schwärmen für ihn, und eine derselben, die christlich-heidnische Wittwe Amilia, erfindet eine List, um den jungen Dalmatiner für ihren Salon zu gewinnen. Sie ernennt nämlich den Studenten zum Hauslehrer ihrer erwachsenen Tochter Flavia, einer stark zum Christenthum neigenden Jungfrau. Mehrere adelige Fräulein der Kaiserstadt besuchen ebenfalls den Unterricht des Eusebius, aber keine von allen weiß wie Flavia den Unterricht des Professors zu verstehen und zu schätzen. Das muß auch der Lehrer bald merken, ebenfalls daß keine seiner Schülerinnen so geistreich und gemüthstief ist, wie Flavia. Der Unterricht gestaltet sich daher auch bald zum offenen Privatverkehr, kurz, die jungen Leute verlieben sich. Es folgen die nothwendigen Hindernisse und Kämpfe. Eusebius wird plötzlich aus Rom abberufen in seine Heimath; dort ist seine Schwester, eine gottgeweihte Jungfrau, ihren Gelübden untreu geworden und hat ganz Aquileja geärgert. Dieses Ärgerniß glaubt der noch heidnische, aber für den Cölibat begeisterte Bruder durch einen opfermuthigen Schritt wieder sühnen zu müssen. Aber der Gedanke an Flavia hält ihn zurück. Er schwankt und zweifelt. Da erhält er plötzlich eine falsche Nachricht; sein bester Freund meldet ihm aus Rom, Flavia habe sich während seiner Abwesenheit verheirathet!

„So blieb dem Eusebius, der von diesem unerwarteten Schlage überwältigt und wie zermalmt war, auch nicht einmal die Hoffnung, daß Flavia, wenn sie auch ihm nicht gehören könnte, doch wenigstens keinem Andern gehören würde." „Mit gebrochenem Herzen, aber fest entschlossen, begab er sich zum Bischof, der ihn mit Freuden aufnahm, da er ihn als eine nicht zu unterschätzende Eroberung betrachtete, welche mit Erfolg dem Fall seiner Schwester entgegengesetzt würde." Einen Monat später wurde Eusebius zum Priester geweiht. Kurz darauf hielt er auf dem Concil von Aquileja schon flammende Reden, und er, der junge Neophyt, forderte als Schiedsrichter „den Papst Damasus und seine Ankläger vor die Schranken" (S. 92), und erwirkte die Freisprechung des Papstes. Der gerettete Damasus konnte natürlich nicht ermangeln, einen jungen Mann, wie Eusebius, für Rom zu „erobern". Der Bischof von Aquileja sträubte sich wohl, aber der Papst machte von seiner Obergewalt Gebrauch.

So kam Eusebius nach sechs Monaten wieder nach Rom, und die Nachricht davon hatte sich bald in den Salons der höchsten Aristokratie wie ein Lauffeuer verbreitet. Amilia und Flavia schauten wohl hundertmal zum Fenster hinaus, ob er denn nicht bald käme, seinen Cursus wieder aufzunehmen, oder doch wenigstens seine Aufwartung zu machen. Aber er kam nicht. „Aus einem leicht erklärlichen Gefühle vermied er es, von den Bewohnern des Flavianischen Palastes zu sprechen oder sich nach ihnen zu erkundigen . . . Als er jedoch eines Tages in der Stadt den Gruß empfangen hatte, den ihm Amilia aus ihrer Sänfte zusandte, sah er endlich ein, daß ihm jedes weitere Zögern schwer, wenn nicht ganz unmöglich sein würde, und fast bebenden Schrittes betrat er die Schwelle des Palastes."

Wiedersehen und gegenseitiges Staunen u. s. w.: Flavia unverheirathet! — Eusebius im Priesterrock! „Es wurde nur ein Blick gewechselt; er war

schnell, doch umfaßte er die ganze Lage. Dieser einzige Blick . . . war so
beredt, daß er Beide wie ein kaltes Schwert durchbrang. Er hatte genügt.
An der Bläſſe ihrer Tochter und den verwirrten Zügen Eusebius' hatte
Amilia die Tiefe und die Ausdehnung des Gefühles erkannt, welches ſich
beider Herzen bemächtigt hatte" (S. 96). Flavia wird richtig krank auf den
Schrecken; im Fieberwahn ſuchten ihre Augen bisweilen den Abweſenden.
„Euſebius kam häufig, um ſich nach Flavia's Befinden zu erkundigen." Dieſe
hatte ſchließlich einen Traum und wurde geheilt; Euſebius konnte nun zu-
gelaſſen werden, ſie zu beglückwünſchen. „Ihre Unterredung blieb etwas
geheimnißvoll und hatte keinen andern Zengen als Amilia, welche ihnen
übrigens volle Zeit ließ, ihre Gedanken auszutauſchen." Euſebius legte
Flavia's Traum dahin aus, daß ſie Nonne werden ſolle. Wirklich läßt ſie
ſich taufen, weiſt mehrere Freier zurück, wird aber immer von Nenem beſtürmt.

Unterdeſſen hat Euſebius ein täglich ſich mehrendes Frauenkloſter gegründet, an deſſen Spitze die vornehmſte Matrone Roms, die junge Wittwe
Metella, ſteht. Metella, Euſebius und ihre „Hauskirche" ſind bald eine
Berühmtheit und das achte Wunder Roms geworden, deren Lorbeeren andere
fromme Seelen nicht ſchlafen laſſen. Mit einem empörenden Eclat ſetzt
daher Melania unter Beihilfe Bonoſus', eines der Studienfreunde des
Euſebius, eine andere Ordensſtiftung in Scene, indem ſie Beide nach Paläſtina auswandern und ein Kloſter auf dem Ölberg gründen. Dieſe Geſchichte
macht viel von ſich reden und bereitet dem Euſebius ſo viel Plackereien, daß
er es vorzieht, Rom zu verlaſſen und nach Gallien zu reiſen. Dort trifft
er mit Kaiſer Julian zuſammen, und hat nichts Eiligeres zu thun, als an
Flavia zu ſchreiben, die Welt gehe unter, er habe den Antichriſt geſehen!
Natürlich macht dieſer Brief, wie alle anderen, die Runde in den religiöſen
Cirkeln der Hauptſtadt und bewirkt eine ſchreckliche Aufregung in allen Ge-
müthern, da die politiſche Conſtellation der Völkerwanderung wirklich einen
Weltuntergang vorzubereiten ſcheint. In der allgemeinen Verwirrung ſtand
nur die „Hauskirche" feſt, „Metella und ihre Genoſſinnen ſchienen Nach-
folgerinnen der alten Sibyllen zu ſein und zeichneten Stunde für Stunde
die letzten Pulsſchläge des im Todeskampfe liegenden Reiches auf" (!).

Alarich ſteht endlich vor den Thoren Roms; eine allgemeine Auswanderung iſt die Folge des Barbareneinfalls. Auch Amilia und Flavia verlaſſen
ihre Heimath, gefolgt von einem ſehnſuchtskranken Freier, Prätextatus.
Es beginnt für die frommen Reiſenden, die ſich mit der Zeit entſchließen,
nach Paläſtina zu wallfahrten, eine wahre Odyſſee, deren Helbin die arme
Flavia iſt, und wobei Prätextatus auf Schritt und Tritt Wunder der Kühnheit und des Opfermuthes verrichtet, um endlich das Herz der Jungfrau zu
gewinnen. Bei einer Gelegenheit wird er ſogar von einem wüthenden Volks-
haufen ergriffen, und obſchon er erklärt, nicht einmal Katechumene zu ſein,
wird er doch unter des Biſchofs Aurelius (lies St. Auguſtinus) Augen zum
Taufbrunnen geſchleppt und ohne Weiteres getauft [1].

---

[1] Mit dieſer jedenfalls zweifelhaften Taufe hat es für das folgende chriſtliche

Nach den verschiedenartigsten Gefahren und Abenteuern kommen die
Pilger endlich nach Ägypten, wo sie die berühmten Einsiedeleien besuchen und
nach dem Aufenthalt des Eusebius forschen wollen. Bereits sind sie mehrere
Tage gewandert, als sie plötzlich zu einer Höhle gelangen, vor welcher, von
Büchern umgeben, ein Mönch eifrig an einem langen Briefe schreibt. Flavia
kann sich natürlich (!) einer unbestimmbaren Aufregung nicht erwehren (?).
„Bald lag sie auf den Knieen und über das Blatt gebeugt . . . stieß sie
plötzlich einen Schrei aus. Der Einsiedler erhob das Haupt. Eusebius
und Flavia hatten sich im selben Augenblick erkannt," Eusebius
schrieb gerade einen Brief an Flavia! (S. 235.) Eusebius hätte um jeden
Preis gerne Flavia mit dem Flammeum (Nonnenschleier) bekleidet gesehen,
aber der unvermeidliche Prätextatus war da, der in seiner schmachtenden
Hingebung nichts von den Andeutungen des frommen Einsiedlers verstehen
wollte und dem auch Flavia gewisse Rücksichten der Dankbarkeit schuldete.

Eusebius` gab jedoch seine Hoffnung nicht auf und beschloß, vorderhand
mit den frommen Pilgerinnen nach Jerusalem zu ziehen. Trotz vieler und
langer Überlegung und wiederholten Anspielungen klärt sich das Verhältniß
zwischen Flavia und Prätextatus noch immer nicht. Von Jerusalem erhalten
die Pilger eine Einladung Melania's und Bonosus', die, wie bemerkt, aus
Eifersucht gegen Eusebius und Metella am Ölberg ein Kloster errichtet und
nun eine herrliche Gelegenheit gefunden hatten, die ehemals so gehaßten Rivalen unter ihre eigene Botmäßigkeit zu bringen. In der That zieht die
Karawane des Eusebius, zu der unterdessen auch Metella gestoßen war, nach
dem Ölberg. Melania und Bonosus triumphiren, aber zu früh. Denn an-
statt sich Melanien zu unterwerfen, wollen die Ankömmlinge eine eigene Genossenschaft bilden. Da jedoch der Bischof von Jerusalem ihnen keinen andern
Beichtvater als Bonosus geben will, während sie doch den Eusebius wünschen,
so wird nach einiger Zeit eine vollständige Trennung zwischen Melania und
Metella nothwendig, in Folge deren Letztere mit ihren Jungfrauen unter Anführung Eusebius' sich nach Bethlehem wenden und dort ein Kloster gründen.

Das können jedoch Bonosus und Melania nicht ungerächt geschehen lassen.
Sie schicken daher vom Ölberg nach Bethlehem ein sonderbares Paar Spionen,
einen Diakon für Eusebius und eine Diakonissin für Metella und ihre Frauen.
Über die Gemeinheit der Intriguen und die ganze Verruchtheit dieser Individuen schweigen wir. Auf einmal erscheint vom Bischof von Jerusalem ein
Interdict über die bethlehemitischen Klöster und kurz darauf ein Anathem,
weil Eusebius nach der Anklage des Bonosus origenistische Ketzereien lehre.
Unterdessen stirbt Ämilia vor Schmerz, Flavia leidet entsetzlich, Prätextatus
hofft noch immer. Da der Bischof von Jerusalem endlich, eines Besseren belehrt, das Interdict wieder aufgehoben hatte, suchte der Emissär des Bonosus
nach einer andern Rache und hetzte die Straßenräuber auf das Eusebische
Doppelkloster. Alles geht in Feuer und Flammen auf, nur mit äußerster

---

und klösterliche Leben des Prätextatus sein Bewenden, was wohl nicht ganz zu den
Begriffen des vierten Jahrhunderts stimmen dürfte.

Noth entkommt Flavia, Prätextatus hat bei der Vertheidigung einen Pfeil in die Brust erhalten und wird nun von Flavia verpflegt. Eusebius sieht schließlich ein, daß die Beiden für einander bestimmt sind und trägt daher kein Bedenken, es ihnen unumwunden zu erklären. Die jungen Leute sind natürlich damit einverstanden, Prätextatus drängt sogar auf eine unerklärliche Weise, man möge die Hochzeit möglichst beschleunigen, und läßt sich auf dem Bett in die Kirche tragen. Eusebius segnet die Gatten — aber kaum ist die Trauceremonie vollendet, da verlangt Prätextatus zum allgemeinen Staunen, man möge jetzt Flavia als Klosterjungfrau einweihen, „denn seine Seligkeit habe bloß darin bestanden, Flavia zu erwerben, nun aber bestehe sie dariu, sie für Gott zu verlieren" (S. 365).

Damit hat der Roman seine Aufgabe gelöst, er hat nur noch die Todes= fälle der Helden zu erwähnen. Auch die böse Melania stirbt als Büßerin und wird von Flavia und Metella begraben.

Das ist der Inhalt und Verlauf des Romans.

Inwiefern diese Erzählung nun geeignet ist, „die civilisirende Kraft des Evangeliums und der Kirche in jenen Zeiten hervorzuheben", ist uns trotz allen guten Willens durchaus unerfindlich. Wir sehen in der ganzen Ge= schichte nur das Bestreben mehr oder minder wichtiger Privatpersonen, ihre Privatangelegenheiten zu ordnen. Höchstens könnte die Erzählung darauf Anspruch machen, eine Klosterstiftung zu berichten. Aber der civilisatorische Beruf dieses Klosters tritt nicht einmal klar zu Tage, ja ist nicht einmal hin= reichend angedeutet. Wir suchen neben der „Hauskirche" vergebens die „Welt= kirche", neben dem Klosterbeichtvater den Völkerhirten. Ein Eingreifen der officiellen Vertreter der Kirche in jene welterschütternden Ereignisse der Völker= wanderung und ihrer Folgen ist nirgends verzeichnet. Ja anscheinend ab= sichtlich wird das Wirken des Papstthums und der Bischöfe im Unklaren ge= lassen. Oder habeu etwa die zahlreichen Synoden jener Zeit zur Hebung des Klerus, zur Reinerhaltung der Lehre und der Sitten nicht ebensoviel beigetragen, als der jugendliche Eifer des Eusebius (im Roman)? Papst Damasus war doch wohl auch der Maun seiner Zeit. Und Aurelius Augu= stinus hat doch wohl auch noch andere Christen erzogen, als die Hipponer des Romans? u. s. w.

Wir sehen hier davon ab, inwiefern das höchst düstere, blutig in Schwarz gemalte Zeitbild jenes Jahrhunderts, in welchem nur die „Hauskirche" des Eusebius noch einige Lichtstrahlen hat, die aber auch gleich wieder von der Hauskirche des Bonosus in Schatten gestellt werden: inwiefern, sagen wir, dieses Zeitbild auf Wahrheit beruhe. Auch das vorhandene Gute ver= schweigen ist eine Ungerechtigkeit, von welcher wir den vorliegeuden Romau nicht freisprechen dürfen. Es würde zu weit führen, dieses im Einzelnen nach= zuweisen, wir begnügen uns, auf die kirchengeschichtlichen Werke, z. B. Her= genröther, Kirchengeschichte, I. S. 435 f., hinzudeuten, wo in turzen Zügen Licht= und Schattenseiten jener Periode einander gegenübergestellt werden.

Wir möchten hier nur auf einen andern Punkt eingehen, der mit einer allgemeineren Frage auf's Innigste verbunden ist. In wie weit darf der

Romanschreiber mit den historischen Personen und Thatsachen
frei schalten und walten?

Das Princip des Verfassers in dieser Hinsicht ist sehr einfach und scheint
einen Zweifel auch kaum für möglich zu halten. „Innerhalb dieses Rahmens
(d. i. der Zeit zwischen dem Concil von Nicäa bis zur Eroberung Roms)
haben wir kein Bedenken getragen, Daten einander näher zu bringen oder
sogar umzustellen, Handlungen zu gruppiren oder zu theilen, Namen, Per=
sonen, Rollen mit einander zu vertauschen. Das war nothwendig, wenn wir
ein getreues Bild einer Gesellschaft geben wollten" u. s. w. (S. 1).

Zuerst müssen wir die Nothwendigkeit einer solchen Verstümmelung der
Geschichte rundweg läugnen, wenn es bloß um ein richtiges Zeitbild zu
thun ist; eine solche Nothwendigkeit wäre höchstens eine Forderung des Ro=
mans. Aber wie steht es mit der rein künstlerischen Berechtigung
jenes Princips? Hat es denn wirklich auch von künstlerischer Seite nichts
Bedenkliches, einem geschichtlich fertigen Charakter Handlungen anderer Cha=
raktere aufzubürden, oder die Handlung der Jugend in das reife Alter zu
verlegen? Unwahrscheinlichkeiten, Ungeheuerlichkeiten oder einfache Unmöglich=
keiten sind die nächste Folge davon. Eine weitere Folge aber ist die, daß
schließlich nicht mehr der Charakter, sondern die Handlung, nicht der
Mensch, sondern das Kostüm die Hauptsache und der Roman zum
archäologischen Puppenmuseum wird. Wir bleiben zum Beweise
dieser Behauptung bei unserer Erzählung.

Oben wurde bereits gesagt, daß der Schleier des Romans höchst durch=
sichtig über die Geschichte gebreitet sei. In der That genügt ein einziger
Blick in den Aufbau der Erzählung, um in den Haupthelden derselben
geschichtlich bekannte Personen zu erkennen. Eusebius ist kein Anderer, als
der hl. Eusebius Hieronymus, der berühmte Kirchenvater. Ämilia und
Flavia enthüllen sich sofort als die hl. Paula Ämilia und ihre Tochter
Eustochium. Metella ist die geschichtlich bekannte hl. Marcella; Melania
findet sich sogar unter diesem Namen im Katalog der Heiligen. Bei Bo=
nosus ist dem Verfasser wohl ein lapsus calami begegnet, und soll es wohl
überall Rufinus heißen [1]. Diese Personen und ihre Geschichte sind nicht
bloß dem Kirchenhistoriker, sondern auch dem weitaus größten Theil der ge=
bildeten Katholiken geläufig, da die Heiligenlegende sie ihnen alljährlich wieder
vorführt. Es war daher um so dringender geboten, in den Hauptangaben

---

[1] Wir wissen durchaus nicht, wodurch Bonosus, der treue und beständige Freund
des hl. Hieronymus, verdient hat, vom Verfasser der „Flavia" mit Rufinus ver=
wechselt zu werden, der ebenfalls ein langjähriger Freund des großen Kirchenvaters
war und nur in den letzten Jahren durch die origenistischen Streitigkeiten sich mit
ihm verfeindete, und dann leider Schritte that, die seiner nicht würdig waren. Aber
selbst Rufinus wäre jener Schandthaten nicht fähig gewesen, die hier ohne Grund
dem völlig unschuldigen Bonosus aufgebürdet werden. Doch ist diese ganze Rollen=
verwechslung nur eine Nebensache gegen die grundfalsche Gesammtauffassung des Ro=
mans. Es genügt uns daher, sie einfach angedeutet zu haben.

über sie nichts zu ändern. Wie aber nimmt sich die Geschichte neben dem Romane aus?

Amilia (lies Paula) hatte vom Christenthum nichts Anderes als eine buntgestickte Tunika. Den ganzen Tag lag sie auf weichen Polstern, und wenn ein Lichtstrahl ihren seidenen Sonnenschirm durchdrang, klagte sie darüber, daß sie nicht in Cimmerien geboren sei. Man sah sie von Sklaven umgeben, welche im Tacte Fächer um sie her bewegten, von Freigelassenen, Franen und Kammerzofen, die beschäftigt waren, Wohlgerüche zu ihren Füßen auszugießen, oder ihrem Gesichte Pulver und Schminken aufzulegen, ihre Haare zu schmücken, ihre Schultern mit Perlen und Edelsteinen zu besäen u. s. w. (S. 12 f.); so der Roman. Die Geschichte dagegen erzählt uns: Paula und ihr Gatte erbauten die ganze Stadt durch ihren christlichen Lebenswandel. Noch nicht 22 Jahre alt verlor sie ihren Gemahl, und wurde durch diesen Verlust zu noch größerer Heiligkeit angespornt. „Im ganzen Chor der Jungfrauen, dergleichen sie gewöhnlich zu umringen pflegten, war allezeit sie die bescheidenste in Blick, Geberde, Stimme und Anzug. Nie hat sie seit dem Tode ihres Mannes bis an den Tag ihres Entschlummerns mit einem Manne gespeist, mochte er noch so heilig sein, mochten auch priesterliche oder bischöfliche Würden ihn zieren ... Die Weichlichkeit der Betten und der Polster verschmähte sie, so lange nur immer die Gewalt der Krankheit es ihr erlaubte" u. s. w. Nach einer solchen Charakteristik brauchte Abbé Hurel gar nicht lange zu snchen; er hätte bloß jenes Elogium lesen müssen, dessen Eingang er selbst erwähnt. Doch gehen wir weiter. Flavia ist im Roman eine Hcibin, die Geschichte kennt sie hingegen als das Kind katholischer Eltern, selbst eine Heilige von Jugend auf.

Aber was soll man zu dem Professorenthum des hl. Hieronymus vor den jungen Römerinnen und von seiner Leidenschaft zu Flavia und allen Folgen derselben sagen? Hieronymus hatte Jugendfehler zu beweinen, aber hätte wirklich ein Verhältniß bestanden, wie es der Roman beschreibt, würde der Mönch von Bethlehem dann wohl gewagt haben, sich der hl. Paula und ihrer Tochter so anzunehmen, wie es die Geschichte berichtet? Das scheint doch dem Charakter der Heiligen und der christlichen Klugheit etwas viel Gewalt angethan. Aber ist es denn keine geschichtliche Thatsache, daß Hieronymus vor römischen Damen und sogar vor Amilia und Eustochium Vorträge gehalten hat? Freilich, aber leider etwas später, als der Roman es geschehen läßt und unter etwas anderen Umständen. Hieronymus hatte damals (381) bereits ein sehr gesetztes Alter, hatte lange Zeit die Wüste bewohnt und war Priester; als solcher hielt er öffentliche Vorträge über die heilige Schrift und die christliche Vollkommenheit, bei denen sich, wie bei unseren Predigten, die vornehmsten Männer und Franen einfanden, und sich in Anbetracht seiner Erfahrenheit in geistlichen Dingen der Leitung des heiligen Lehrers unterzogen. An Sentimentalität aber oder Verliebtheit, wie der Roman die Sache erklärt, ist kein Gedanke. Der ganze Mißgriff des Verfassers liegt eben in der Antidatirung der Thatsachen, woraus sich dann schließlich eine geschichtliche Abnormität ergibt, auf die unmöglich ein gesunder und wahrer Romau auf=

gebaut werden kann. Ober was ift es anders als eine geschichtliche Abnormität, um den gelindeften Ausbruck zu brauchen, wenn dem Verkehre des heiligen Lehrers mit den Bewohnern des Klofters in Bethlehem ein so finnlicher Ur= fprung und ein jedenfalls nicht ganz unintereffirter Verlauf gegeben wird? Wir glauben im Geifte der Geschichte immer den Heiligen vor uns zu sehen, wie er, um gewiffe läftige Gedanken zu verscheuchen, mit Steinen seine Bruft zerfleischt, — und bann will uns freilich das Bild des Eusebius im Romane als nicht getroffen erscheinen. Wir denken, die bloße Anbeutung genügt bei einem Gegenftand, der an fich klar ift.

Wie verhält es fich mit dem anderen Hauptfactor des Romans, der Gegen= ftiftung auf dem Ölberg? Der Roman nennt Melania eine ftolze und faft scheue Iberierin, welche das Grab ihres Gatten und die Wiege ihres Kindes gleichsam mit Füßen trat, um, wie fie sagte, dorthin zu eilen, wohin Gott fie rief, wohin fie aber einzig ging, „weil fie fich ein eigenes Cönaculum gründen wollte, da fie nicht an der Spitze des römischen ftehen konnte". „Sie war ehrsüchtig und ftolz, ja gewaltsam, und zeigte in Allem, was fie that und wünschte, eine unbändige Leidenschaft." — Anders berichtet die Geschichte. Nach dem Tode ihres Gatten und ihrer zwei Söhne machte Melania, eine fromme, reiche Wittwe, mit Rufinus eine Pilgerfahrt in's heilige Land, grün= bete zu Jerusalem ein Klofter für 50 Jungfrauen, gab den armen Pilgern gaftfreie Herberge und überschüttete die ganze Umgegend mit Wohlthaten. Mit welchem Rechte der Romanschriftfteller auf Rechnung einer solchen Person jenen niedrigen Neid, jenes unwürdige Intriguenspiel setzen darf, auf welchen die letzte Hälfte des Romans bafirt, ift unerklärlich. Daß Melania einen Augenblick in die origeniftische Verirrung hineingezogen wurde, kann doch wohl nicht so schwer in die Wagschale fallen, da ihr eigener Bischof Johannes von Jerusalem und der gelehrte Rufinus ihr darin ein gefährliches Beispiel gaben. Denn es ift wieder eine der zahlreichen Verwechslungen der Geschichte im Roman, Hieronymus sei wegen seiner origeniftischen Irrthümer interbicirt worden. In Wirklichkeit verhielt fich die Sache so, daß Bischof Johannes und Rufinus fich wegen ihrer wenigftens materiell ketzerischen Gesinnungen vom orthoboren Hieronymus öftere Bitten und Ermahnungen zuzogen, bis schließlich Hieronymus, das Unnütze seiner Bemühungen gewahrend, auf Anrathen des Bischofs Epiphanius aus der Kirchengemeinschaft des Johannes schied.

Aber wozu uns lange mit Einzelheiten aufhalten, da die Grundlage der Erzählung als geschichtlich unhaltbar in fich zusammenftürzt! Es ift dieß jedoch nur eine Folge des zu Anfang besprochenen Princips von der freien Vertheilung geschichtlicher Thatsachen auf geschichtliche Personen, dem Wechseln der Rollen u. f. w. Ebenso schlimm wirkte übrigens daffelbe Princip auch auf den künftlerischen Werth des Romans ein. Ämilia ift nicht nur nicht der geschichtlich überlieferte Charakter der hl. Paula Ämilia, sondern es ift über= haupt gar kein Charakter mehr. An eine innere Entwicklung deffelben ift kein Gedanke, man fteht bei ihr beftändig vor einem psychologischen Räthsel, und es ift unmöglich, auch nur einen einzigen ihrer Gedanken im Voraus zu errathen, ja meiftens muß man mit Recht daran zweifeln, ob fie überhaupt denke. Flavia tritt freilich etwas schärfer gezeichnet hervor, aber im Klaren ist man auch bei ihr nicht ganz. Die Rolle des Prätextatus und sein ganzes Wesen ist so wachsweich und bleich, daß es unter der Hand des Untersuchers völlig zerschmilzt. Am energischsten tritt noch die Bosheit in ihren verschiedenen Repräsentanten auf. Diesen Fehler an wahrer Charakterzeichnung wagte denn auch eines der hervorragendsten französischen Organe nicht ganz zu verschweigen (vgl. Revue des questions historiques 1876, II. p. 658).

In einigen Details verräth freilich der Verfasser eine große Erudition, aber auch danu mindert oft eine gewisse Einseitigkeit den wahren Genuß. Um nur Eins zu erwähnen, ist z. B. die Schilderung der damaligen Studentenwelt recht lebhaft und farbenfrisch, aber es hätte doch, so scheint uns, gesagt werden müssen, was Staat und Kirche zur Heilung des Übels gethan haben.

So sehr wir also dem Abbé Hurel für seine anderen Werke dankbar sind, so sehr müssen wir gegen diesen Versuch eines geschichtlichen Romanes, der nach des Autors eigenen Worten weder „ein Werk der Kunst, noch der Gelehrsamkeit" ist, im Namen der Kunst und der Geschichte Verwahrung einlegen. Inwiefern auch das Buch zur gründlichen Erbauung dienen könne, wissen wir nicht. Wenigstens ersuchen wir jede christliche Mutter, welche trotz der gerügten Fehler das Buch in die Hände ihrer Kinder legen wollte, dasselbe vorerst selbst aufmerksam durchzulesen. Freilich versichert der Autor, „hie und da Lagen, Charaktere, Leidenschaften und Handlungen mit minder grellen Farben geschildert zu haben, wenn sie, wie es häufig der Fall war, Spuren einer Derbheit und Rohheit trugen, welche unserem Zeitalter fremd sind". Aber trotz dieser Versicherung und trotz des guten Willens möchten wir doch bezweifeln, ob alle gebotenen Lagen und Schilderungen selbst in ihrer abgeschwächten Form für die weitaus größere Anzahl junger Leute ohne Gefahr seien.

Wie wir gleich zu Anfang bemerkten, sind viele Stimmen — worunter auch die Revue des Deux-Mondes[1] — zu Gunsten des Buches laut geworden. Worauf sie ihr Urtheil gründen, entzieht sich unserem Wissen. Wir glaubten daher die vorstehende minder günstige Kritik auf Thatsachen, nicht auf subjective Gefühle aufbauen und trotz des Namens und Charakters des Abbé Hurel mit unserer Meinung nicht hinter dem Berge halten zu sollen. Denn nur dadurch erlangen wir die nöthige Freiheit, unseren Gegnern gerecht zu werden, wenn wir wahr sind auch gegen unsere Freunde.

B. R.

Wilhelm Smets in Leben und Schriften. Eine Literaturstudie von Jos. Müllermeister. 8°. 319 S. Aachen, Barth, 1877. Preis: *M.* 4.

Smets' Leben ist reich genug an Wechselfällen, um Stoff zu einer nicht nur interessanten, sondern sogar theilweise romanhaft-pikanten Lebensbeschreibung zu geben. Die Anfänge desselben führen uns hinter die Coulissen

---

[1] Eine sonderbare Empfehlung eines christlichen Erbauungsbuches!

Kotzebue'scher Theaterherrlichkeit; der Vater — ein durchgebrannter Criminal=
richter, der mit einer Schauspielerbande in Rußland herumzieht; die Mut=
ter — ein fünfzehnjähriges Mädchen, das von ihrem Manne im Lesen und
Schreiben unterrichtet wird, um später die größte weibliche Theaterberühmtheit
Deutschlands zu werden. Die unglückliche Ehe wird schon nach ein paar
Jahren aufgelöst; der Vater wird wieder Jurist und stirbt, ehe der Sohn
noch seine Studien vollendet, an Geisteszerrüttung.

Der Sohn, geboren am 15. September 1796 zu Reval in Esthland,
während der Kinder= und Knabenjahre aller mütterlichen Pflege beraubt, wird
mit 15 Jahren schon vom Vater in die weite Welt hinaus geschickt. Er wird
in Bonn „deutscher Bursche", dann Hauslehrer bei einem Adeligen am Rhein,
dann Freiwilliger unter Gneisenau. Er macht die Schlacht von Waterloo mit,
zieht mit den drei Kaisern in Paris ein und verläßt die Armee als preußischer
Landwehrlieutenant. Ein zweites Mal wird er Hauslehrer, dießmal in Öster=
reich. Im Hofburgtheater zu Wien findet er in der Schauspielerin Sophie
Schröder seine Mutter wieder. Er will auch Schauspieler werden, aber er
hat keinen Erfolg; um sein Leben zu fristen, geht er zur Journalistik über.
Der ehrwürdige Clemens Hoffbauer nimmt sich seiner an, vermag es aber
nicht, ihm zu einer befriedigenden Existenz zu verhelfen. Mit Wien unzu=
frieden, bettelt sich Smets nach Coblenz durch. Dort nimmt er sich als Lehrer
und Literat der Juden an und wird von ihnen auf drei Jahre mit Geld ver=
sorgt. Obwohl er am Gymnasium eine befriedigende Anstellung erlangt,
reifen doch allerlei ernste und trübe Lebenserfahrungen in ihm den Gedanken,
Priester zu werden. Im Herbst 1819 zieht er nach Münster, hört den da=
mals hochgefeierten Hermes, wird sein Bewunderer und Freund. Im Se=
minar zu Cöln, das er 1820 bezog, erhält er im folgenden Jahr von der
Universität Jena den philosophischen Doctorhut und am 8. Mai 1822 durch
den Münster'schen Bischof Kaspar Max die heilige Priesterweihe. Das ist
fürwahr ein ordentlich buntes Stück Menschenleben und reicht in viele der
merkwürdigsten Kreise der damaligen Zeitgeschichte hinein! Durch den Ein=
tritt in den Priesterstand war Smets nun allerdings weiteren Standes=
metamorphosen einigermaßen entzogen. Die Gnade Gottes und der hohe sitt=
liche Ernst, mit welchem er seinen Beruf umfing, gaben fürderhin seinem
Leben eine gewisse Einheit.

Aber Kränklichkeit und andere Umstände änderten nicht nur auch fürder
wiederholt seine äußere Lebensstellung, sondern führten auch mancherlei Situa=
tionen und Verwickelungen herbei, welche gegen ein einfaches Seelsorgerleben
lebhaft contrastiren. So ward er schon als Religionslehrer und Domkaplan
in Cöln ein Günstling des Erzbischofs Grafen Spiegel, der Alles aufbot,
um ihn gleich in's Domkapitel zu bringen. Diese Promotion mißlang, als
Smets eben von einem Besuch bei seiner Mutter in Wien zurückkam. Des
Cölner Lebens müde, siedelte er 1828 als Landpfarrer nach Hersel (bei Bonn)
über; 1832 ward er Oberpfarrer und Schulinspector in Münstereifel. Doch
die längst erschütterte Gesundheit entsprach nicht lange den schweren Arbeiten
dieses Amtes. Mit spärlicher Pension zog sich Smets 1837 in den Ruhestand

zurück und beschäftigte sich mehrere Jahre vorwiegend mit Pöe und Literatur. 1841 machte er eine Kunstreise durch Italien, von der zurückgekehrt er
theils in Cöln, theils auf der Insel Nonnenwerth ein arbeitsam Schrift-
stellerleben führte, bis er 1844 in dem ihm lieben und heimathlich Aachen
ein Kanonikat erhielt. Die Aachener Bürgerschaft sandte ihn 1848 ihren
Vertreter in die „Frankfurter Paulskirche“. Doch nur kurze Zeit vermöchte
er sich bei den Arbeiten des deutschen Parlaments zu betheiligen. Er erkrankte
und starb im October 1848 in Aachen.

Die literarischen Producte, mit denen er sich an Rousseau's „Rheinischer
Flora“ betheiligte, die Zeitschriften, die er in Cöln und Aachen herausgab,
die religiösen Werke, die er übersetzte und bearbeitete, die historischen und
religiösen Werte, die er selbst verfaßte, und die Gedichte, durch welche er
auch in der akatholischen Welt bekannt ward, bekunden ein tief religiöses
Gemüth, aber auch zugleich eine mehr literarisch=historische, als philosophisch=
dogmatische Bildung. Sonderbar genug, verkaufte er 1841 seine theologischen
Bücher, um eine Kunstreise nach Rom bestreiten zu können, und sagte mit
Bezug hierauf dem Justizrath Zuccalmaglio: „Diese Bücher sind mir ein un-
leidlicher Ballast in der heutigen Abendröthe unserer katholischen Theologie.“
Durch seine Verwandten, die Schauspielerfamilie Schröder, schon genugsam
in akatholische und sehr weltliche Kreise hineingezogen, in welchen er als
„Mensch“ viel, als „Dichter“ etwas und als „Priester“ nichts galt, vermehrte
er aus Kunst= und Literaturliebhaberei diese Berührungspunkte mit akatholischen und liberalen Kreisen mehr, als es einem Priester im Ganzen zuträglich
sein kann. Fast drollig reihen sich in der Zahl seiner nähern Bekanntschaften
an den Cardinal Mezzofanti und den Historifer Cantù die Namen Paganini,
Alexander Dumas, Kinkel, Simrock, Zuccalmaglio. Ein Anflug von Sentimentalität, der sich in manchen Zügen seines Lebens wiederspiegelte und auch
einen Theil seiner Dichtungen mit überflüssiger Melancholie durchhaucht hat,
findet gewiß theilweise Entschuldigung in seiner fast beständigen Kränklichkeit
und in den trüben Erinnerungen seiner Jugend, über welche er in seiner
Neigung zum Subjectiven mehr als zuträglich reflectirte. Wer seine Arbeiten
als Seelsorger und Kanzelredner und dazu seine zahlreichen schriftstellerischen
Leistungen gehörig würdigt, wird sogar der Kraft Anerkennung zollen müssen,
mit welcher Smets sich manchmal über seine Empfindsamkeit wie über seine
körperlichen Leiden emporrang. Als Dichter läßt er sich freilich nicht mit den
Führern der katholischen Romantik vergleichen, weder was die eigenen Kunst-
leistungen, noch was seinen literarischen Einfluß betrifft; doch glaubte ihm auch
die akatholische Kritik wegen seines „tiefen, innigen Gefühles, Adels der Gesinnung, lebendiger, schöpferischer Phantasie, Herrschaft über Form und Sprache,
Anmuth und Wohlklangs“, vielleicht auch wegen seiner Abstammung von Sophie Schröder, einen Platz unter den deutschen Dichtern einräumen zu müssen.
Dieses Lob, das er als „Mensch und Dichter“ bei Protestanten und Liberalen
fand, näherte ihn der Gefahr, ein zahmer Juste-milieu-Mann zu werden, der
seine Dogmen so halb und halb einer „höhern (?) idealen Einheit“ von Liebe
und Toleranz zum Opfer bringt. Doch ließ sich Smets durch jenen Lobesköder

nicht princiell von der Kirche und ihrem Geiste ablenken. Aber gerade ein leuchtendes Vorbild für einen katholischen Priester ist er auch nicht, schon deßhalb nicht, weil er, gleich vielen seiner Zeitgenossen, allzusehr dem Traume nachging, die unausfüllbare Kluft zwischen Katholicismus und Protestantismus mit persönlicher Liebenswürdigkeit, mit Kunst und Literatur überbrücken zu wollen.

Aus dem Gesagten ist genugsam ersichtlich, daß es erstens keine leichte Aufgabe ist, ein gutes und nützliches Leben Smets' zu schreiben, und daß es zweitens sehr gewagt ist, dasselbe als bloße Literaturstudie zu behandeln. Als Dichter ist er lange nicht bedeutend genug, um eine specielle Erklärung seiner Dichtungen aus seinem Leben zu rechtfertigen. Und sollte das auch der Fall sein, so ist „Dichter" und „Priester" so innig verwachsen, daß die priesterlich=theologische Persönlichkeit nicht vernachlässigt werden kann, ohne auch letztere in ein schiefes Licht zu stellen. Sobald aber einmal der ganze Mann geschildert werden soll, so stehen wir nicht bloß vor einem romantisch=pikanten Jugendleben und vor dem Leben eines Literaten, der zufällig Priester ist, sondern vor einer Kette der merkwürdigsten psychologischen Erscheinungen und vor den Beziehungen eines hervorragenden Priesters zu kirchlichen Ereignissen und Fragen, welche eine gründliche Kenntniß und Beurtheilung der ganzen Zeitgeschichte erheischen. So fleißig nun auch der Verfasser der vorliegenden Biographie nicht nur alles nöthige Material, sondern auch eine Menge höchst überflüssiger Kleinigkeiten zusammengetragen hat, um Smets als „Lyriker" zu Ehren zu bringen, so mager und dürftig hat er das innere Geistesleben und die priesterliche Stellung desselben behandelt und ihn durch Herbeiziehung akatholischer Bemerkungen und Urtheile in ein nicht eben sehr günstiges Licht gestellt. Eine tiefere psychologische und theologische Würdigung vermissen wir gänzlich. Dazu ist der zusammengetragene Stoff auch vom literarischen Standpunkt aus durchaus nicht genügend verarbeitet. Dinge, die ganz kurz abgemacht werden sollten, wie z. B. das Kapitel „die schöne Todte" (S. 61 ꝛc.), sind mit einem rhapsodischen Bombast ausgeführt, der an sog. „rasende Prosa" grenzt. Was haben all' die von S. 108—112 angeführten Dichter und Dichterinnen mit Smets zu thun? Schon die überflüssige Lessing=Verehrung, mit welcher das Buch anfängt, wird Jeden, der Lessing kennt und vom katholischen Standpunkt beurtheilt, unangenehm berühren. Nun zieht sich aber dieser angesponnene Faden später als Schröder=Verehrung und als Verehrung akatholischer Literaturgeschichte und Poesie so durch das ganze Buch hindurch, daß man an einer selbständigen Beurtheilung seitens des Verfassers zu zweifeln gezwungen wird. Und nun gar noch eine schofle Briefkarte Kinkels und einen liberalen Brief Simrocks (S. 200. 201), um zu beweisen: Smets sei wegen seiner idealen Natur „ein kräftiger Anziehungspunkt für alle gebildeten und edeln Menschen" gewesen! Das ist doch des Guten (!?) etwas zu viel.

Das Buch wird solchen, die sich ex professo mit deutscher Literaturgeschichte befassen, in Bezug auf Smets nützliches Material bieten; für weitere Kreise können wir es, zu unserem Bedauern, nicht empfehlen.   A. B.

Miscellen.

Ascetische Literatur. Bekannt ist Windthorsts geflügeltes Scherzwort von den Müttern, als den unabsetzbaren Schulinspectoren. Es ist schon oft daran erinnert worden, daß dieses Wort einen sehr tiefen Sinn birgt, namentlich in unserer Zeit. Wenn gegenwärtig in der Welt Alles sich zu verschwören scheint, um die Kinder von Gott loszureißen, und wenn Jene, die berufen sind, die ganze Menschheit zu Gott hinzuführen, in ihrer Thätigkeit auf alle mögliche Weise gehindert und gehemmt werden, so ist es wohl nöthig, daß mehr als zu jeder andern Zeit gerade die Eltern über die ihnen von Gott anvertrauten Kinder wachen, um den schädlichen Einfluß einer confessionslosen oder religionsfeindlichen Schule auf dieselben zu paralysiren und ihnen das zu bieten, was die Kirche und eine unter der Aufsicht der Kirche wirkende Schule jetzt nicht mehr bieten können. Diese Überzeugung ist bereits, Gott sei Dank, tief in unser katholisches Volk gedrungen. Beweis dafür sind die vielfach sich mehrenden christlichen Müttervereine und die an dieselben sich anschließenden Publicationen. Wir haben in dieser Beziehung gelegentlich einmal auf den ganz besonders nach dieser Richtung hin thätigen „Verlag des katholischen Erziehungsvereins" in Donauwörth hingewiesen (XI. S. 578) und möchten hier auch die dort erscheinende, speciell für Müttervereine bestimmte Zeitschrift „Ambrosius" in empfehlende Erinnerung bringen. Die Werkchen des Donauwörther Erziehungsvereins, weil durchaus populär gehalten und dem entsprechend auch äußerlich ausgestattet, werden aber vielleicht nicht in allen Kreisen gefallen; dagegen können wir heute auf zwei andere neuere Veröffentlichungen aufmerksam machen, welche die allgemeinste Beachtung verdienen.

Unter dem Titel: **Die Stimmen einer Mutter**[1] bietet uns das eine die Rathschläge einer christlichen Mutter für ihren erwachsenen Sohn, oder vielmehr die tiefen und wichtigen Lehren des Christenthums für das practische Leben, wie dieselben von einem echt christlichen und für das wahre Glück ihres Kindes besorgten Mutterherzen aufgefaßt werden. Die Einleitung zeichnet in trefflicher Weise die Mutter in der ihr von Gott angewiesenen Stellung; in 16 Abschnitten werden dann Rathschläge ertheilt in Bezug auf die Tugend,

---

[1] Mit einer Vorrede von P. Blot. Mainz, Kirchheim. 16°. 107 S. Preis: M. —90.

die Arbeit un⸗ ᵈᵃˢ Gebet, das zeitliche Glück und Unglück u. ſ. w. — Rath⸗
ſchläge, ebenˢ trefflich dem Inhalt nach, als anſprechend in der Form, ganz
geeignet, iⁿ den Herzen der heranwachſenden Jugend die beſten Entſchlüſſe
anzuregeⁿ In der Darſtellungsweiſe ähnelt das Werkchen der „Nachfolge
Chriſti‟ Sollten wir einen Tadel ausſprechen, ſo wäre es der, daß nament⸗
lich ⸗u der Einleitung die Phraſe etwas mehr vorherrſcht, als dem deutſchen
ᵍⸯſchmacke zuſagt; ſonſt lieſt ſich die Überſetzung ſo leicht, als wäre ſie
deutſches Original.

Das zweite Werkchen will uns in einer Lebensſkizze aus der neueſten
Zeit das Vorbild einer chriſtlichen Frau geben, wie der Titel ſelbſt es ſagt:
Clara Criquelion, das Vorbild einer chriſtlichen Frau[1]. Außergewöhn⸗
liche Ereigniſſe und auffallende Thatſachen werden uns zwar hier nicht er⸗
zählt, vielmehr nur der Lebenslauf einer Frau, die, ohne aus ihrem Familien⸗
kreiſe herauszutreten, Gelegenheit genug fand, die höchſten Tugenden der Liebe,
der Selbſtverläugnung und Aufopferung zu üben, die mitten in einer ver⸗
dorbenen und großentheils ungläubigen Welt ſich nie des offenen Bekennt⸗
niſſes ihrer Religion ſchämte, nie ſchwach ſich bewies gegen die Grundſätze
der Welt, die ihre Tugend und ihren Glauben unverſehrt zu bewahren und
ihrer Umgebung, wenn nicht immer Liebe, ſo doch wenigſtens Ehrfurcht gegen
die Religion einzuflößen verſtand. Aber ſo einfach auch dieſes Leben iſt, ſind
wir dennoch überzeugt, daß Niemand es ohne Erbauung leſen und daß es
gar mancher Mutter zum Nutzen und zum Troſt gereichen wird.

Wenden wir uns nun von dieſer ſpeciellen Seite der ascetiſchen Lite⸗
ratur zu den für weitere Kreiſe beſtimmten Erſcheinungen, ſo könnte es
auffallend ſcheinen, daß uns gegenwärtig anſtatt neuer Originalwerke meiſtens
neue Auflagen oder neue Überſetzungen älterer Schriften geboten werden.
Indeſſen iſt dieſes wohl durchaus berechtigt; denn gerade in der Asceſe haben
die früheren Jahrhunderte uns ſo reiche Schätze hinterlaſſen, daß wir noch
lange daran zehren können, und daß die neueren Werke über ähnliche Gegen⸗
ſtände noch immer hinter den alten zurückſtehen. Wie viele von den neuen
Novenen u. dgl. über das göttliche Herz können ſich z. B. wohl meſſen mit
P. Croiſet's Andacht zum göttlichen Herzen unſeres Herrn Jeſu
Chriſti?[2] Daß die deutſche Überſetzung im vorigen Jahre in der 15. Auflage
erſcheinen konnte, beweiſt wohl genug, wie beliebt dieſes Buch noch immer iſt.
Leider iſt die Ausſtattung dieſer Ausgabe in Druck und Papier eine ſolche,
daß die Verlagshandlung wohl gut thäte, eine feinere daneben zu veranſtalten.
Auch die neue Ausgabe von **Ludwig von Granada's Lenkerin der Sünder**[3]
wird gewiß ebenſo viele Freunde finden, als die früheren Ausgaben; und

---

[1] Eine Lebensſkizze aus der neueſten Zeit. 12⁰. 109 S. Paderborn, Junfermann.
Preis: *M.* —.75.

[2] Aus dem Franzöſiſchen überſetzt von Joſ. Stark. 15. Aufl. 1876. 16⁰. 753 S.
Würzburg, Bucher. Preis: *M.* 2.40.

[3] 2 Bde. kl. 8⁰. 376 u. 358 S. Aachen, Cremer'ſche Buchhandlung, 1876. Preis:
M. 4.50.

ganz sicher gibt es auch nicht viele ascetische Schriften, die eine gleiche Verbreitung verdienen.

Eine ganze Reihe von neuen Ausgaben und Übersetzungen älterer Werke
bietet uns die im Herder'schen Verlage erscheinende **Ascetische Bibliothek,**
von welcher 20 Bändchen theils bereits ausgegeben, theils in nahe Aussicht
gestellt sind. Sie einzeln hier zu nennen, würde uns zu weit führen; wir
können uns aber nicht versagen, ganz besonders auf das 2., 3. und 5. Bändchen der 1. Serie (Cardinal Bona's Wegweiser zum Himmel,
übersetzt von W. Schneider, Preis: M. 1.—; P. Nieremberg's Beweggründe zur Liebe Jesu, übersetzt von Dr. E. Bierbaum, Preis: M. 1.—,
und Blosius' Geistlicher Perlenkranz, übersetzt von J. Weißbrodt,
Preis: M. —75) aufmerksam zu machen. Sehr passend würde dieser Bibliothek eingefügt werden können eine Übersetzung der im vorigen Jahre erschie-
neuen **Pratique de la perfection** mise à la portée des fidèles
d'après **S. Alphonse de Liguori,** par le P. Saint-Omer de la
Congr. du T. S. Rédempteur [1]. Das Werk ist ganz aus den Schriften
des hl. Alphons geschöpft und bedarf daher keiner weiteren Empfehlung. Daß
es bedeutend kürzer ist, als die so bekannte und beliebte „Anleitung zur
Vollkommenheit" von P. Rodriguez, wird vielleicht manchem Leser als Vorzug
erscheinen.

Endlich machen wir noch aufmerksam auf P. **Fr. Hattlers** S. J.
Pilgerreise nach Maria-Zell. Lehrreiche Ausdeutung des Ave
Maria mit Bildern [2]. Die Wahl des Titels ist das Einzige, was wir
an dem Buche zu tadeln oder vielmehr zu bedauern haben, da er geeignet ist,
das Werkchen den Augen entfernterer Kreise zu entziehen. Das Buch selbst
aber ist, wie uns ein Freund mit Recht sagte, ein wahrer Edelstein in der
ganzen Marienliteratur unseres Jahrhunderts, ebenso ausgezeichnet durch
seinen dogmatischen Gehalt, durch seine reiche Fülle gründlicher Gedanken,
durch die herrlichste Gemüthstiefe, als auch durch seine klare und herzliche
Sprache. Wir brauchen bloß das Inhaltsverzeichniß hierherzusetzen, um unseren Lesern zu zeigen, daß wir die „Pilgerreise nach Maria-Zell" auch Denjenigen aus vollem Herzen empfehlen dürfen, welche niemals zu diesem berühmtesten österreichischen Wallfahrtsorte pilgern werden: Ave (Muttergruß)
Maria (Muttername), voll der Gnaden (Mutterherz); der Herr ist mit Dir
(Mutterwürde); Du bist gebenedeit unter den Weibern (Mutterpreis), und
gebenedeit ist die Frucht Deines Leibes (Muttergabe), Jesus (Mutterglück).
Heilige Maria (Muttermacht), Mutter Gottes (Mutterweh), bitte für uns
Sünder (Muttersegen), jetzt und in der Stunde unseres Todes (Muttertreue).
Amen (Mutterwort zum Abschied). Die „Pilgerreise nach Maria-Zell" bildet
bloß einen Theil des von P. Hattler projectirten „Wanderbuches für
die Reise in die Ewigkeit"; hoffentlich werden die anderen Theile nicht
zu lange auf sich warten lassen. Wenn sie in gleicher Weise wie dieser erste

---

[1] Tournai, Casterman, 1876. 2 Bde. 12°. 476 u. 482 S. Preis: 3 Franken.
[2] Düsseldorf, Schulgen, 1877. 8°. 256 S. Preis: M. 2.50.

Theil ausgeführt sind, werden wir an demselben ein wahrhaft mustergiltiges Volksbuch besitzen.

Der unermüdliche P. Hattler hat aber die ascetische Literatur noch um ein anderes Werk bereichert, das ebenfalls auf eine allseitig beifällige Aufnahme rechnen darf, da es in der That — um einen leider vielfach mißbrauchten Ausdruck anzuwenden — eine wirkliche Lücke ausfüllt. Unter dem Titel **Katholischer Kindergarten**[1] gibt er uns nämlich eine Legende für Kinder, die nicht weniger durch die passende Auswahl der erzählten Heiligenleben, als durch ihre einfache kindliche Sprache und durch ihre hübsche Illustration sich jedenfalls rasch in der katholischen Kinderwelt einbürgern wird.

R. C.

---

[1] Katholischer Kindergarten oder Legende für Kinder. Mit einem Titelbild in Farbendruck und vielen Holzschnitten. Von Fr. Ser. Hattler S. J. Mit Genehmigung des hochw. Kapitelvikariats Freiburg. 8°. 624 S. Freiburg, Herder'sche Verlagshandlung, 1877. Preis: *M.* 5.40.

Pastoralmedicin von Dr. August Stöhr.

Prospectus.

Kaum irgend ein literarisches Bedürfniß hat sich innerhalb der letzten Jahre den maßgebenden Kreisen so lebhaft und dringend fühlbar gemacht, wie das nach einer zeitgemäßen Bearbeitung der besonders für den ausübenden Seelsorger so wichtigen Pastoralmedicin. Auch der Nichtarzt, der nur aus kulturhistorischem Interesse und als fernstehender Beobachter die Erfolge der von Jahr zu Jahr sich steigernden vielseitigen Thätigkeit auf dem Gebiete der Heilkunde in's Auge gefaßt hat, mußte sich bei der Lesung unserer älteren Lehr= und Handbücher der Pastoralmedicin gestehen, daß aus ihnen kein zuverlässiger Rath mehr zu holen ist. Und doch sind der Berührungspunkte zwischen Theologie und Medicin so viele, daß der Kleriker sich tagtäglich in der Lage sieht, denselben gegenüber Stellung nehmen zu müssen. In einem solchen Falle sollte dann ein Buch die Orientirung erleichtern, das die Beziehungen, die zwischen Theologie und Heilkunde bestehen, wissenschaftlich erläutert und den Anforderungen der Praxis entsprechend in detaillirter Ausführung analysirt.

Die Unterzeichnete hofft nun dem Publikum in Kürze eine Schrift unterbreiten zu können, die eine hier thatsächlich in der Literatur bestehende Lücke ausfüllen soll. Herr Dr. August Stöhr, Docent der medicinischen Facultät der Universität Würzburg, hat vor einem zahlreichen, aus jüngeren und älteren Klerikern sowie Theologie=Studirenden bestehenden Zuhörerkreis eine Reihe von Vorträgen über Pastoralmedicin gehalten, die allseitig mit großem Beifalle aufgenommen wurden. Seitdem ist der Vortragende wiederholt und bringend aufgefordert worden, diese Vorlesungen zu sammeln und in Druck zu geben. Herr Dr. Stöhr ist diesem Wunsche durch die Bearbeitung des hier angekündigten Werkes nachgekommen. Wenn wir noch erwähnen, daß Herr Dr. Stöhr als Arzt an einem der größten Spitäler Deutschlands viele Jahre hindurch im innigsten Verkehr mit dem Anstalts=Klerus, dann als Hausarzt des bischöflichen Knabenseminars, des Klerikalseminars, sowie mehrerer Klöster wie selten Jemand Gelegenheit hatte, sich reiches casuistisches Wissen auf dem Gebiete der Pastoralmedicin anzueignen, so geschieht das, um darauf hinzuweisen, daß die Ausführungen des Verfassers den literarischen Ausdruck persönlicher Erfahrungen darstellen und ganz aus thatsächlichem Boden herausgewachsen sind. Dafür, daß der eigentlich medicinische Theil des Buches die Höhe der wissenschaftlichen Heilkunde der Gegenwart einnimmt, bürgt wohl die Stellung des Autors als Lehrer an einer unserer bedeutendsten medicinischen Fakultäten.

Das Buch erscheint zugleich in der zweiten Serie der aus unserem Verlag hervorgehenden „Theologischen Bibliothek" und wird im Umfange von circa 34 Bogen in 8°. noch im Laufe dieses Jahres dem buchhändlerischen Verkehre übergeben werden können.

Wir lassen, um eine Uebersicht des Gebotenen zu ermöglichen, anbei ein Inhaltsverzeichniß der „Pastoralmedicin" folgen.

I. Einleitung.
Begriff der Pastoralmedicin. — Beziehungen der Theologie zur Heilkunde. — Geschichtliches. — Eintheilungsplan.

II. Allgemeine Hygieine des Klerikers.
Hygieinische Grundanschauungen. — Nahrung. — Genußmittel. — Wohnung. — Körperliche Thätigkeit. — Geistesarbeit. — Makrobiotik.

III. Specielle Hygieine des Klerikers.
Kirche und Gottesdienst. — Predigt. — Schule. — Beichtstuhl. — Krankenbesuch. Begräbniß. — Das Krankenhaus. — Das Seminar. — Das Gefängniß. — Das Kloster. — Die Mission.

IV. Pathologie des Klerikers.
Berufskrankheiten. — Krankheiten der Athmungsorgane. — Krankheiten des Kreislaufs. — Krankheiten der Verdauungsorgane. — Krankheiten des Nervensystems. — Die Hypochondrie.

V. Der Seelsorger und der Kranke.

VI. Der Seelsorger und der Arzt.

VII. Der Seelsorger dem medicinischen Aberglauben gegenüber.

VIII. Psychopathologie.
Geistige Störungen. Besessensein. — Krankheit und Sünde. — Entwicklungsgeschichte des Lasters. — Die „moral insanity" der neueren Psychiatrie. — Pathologie des Geschlechtslebens. — Pathologie der Ernährung (Völlerei, Trunksucht). — Pastoralmedicinische Kuren.

IX. Askese und Heilkunde.
Das Fastengebot. — Geschichtliches und Polemisches. — Gebet und Betrachtung. Ekstase. Stigmatisirung.

X. Pastoralmedicinische Casuistik.

Freiburg in Baden, 1877.

Herder'sche Verlagshandlung.

Die jansenistischen Schwarmgeister.

Fast alle Häresien pflegen, wenn einmal der Bruch zwischen ihnen und der Kirche vollständig geworden ist, einzelne Schößlinge voll unheimlichen Wesens zu treiben. Aus den Donatisten gingen die wilden Circumcellionen hervor; die Husiten sind die Väter der schrecklichen Taboriten; Thomas Münzer und die tollen Wiedertäufer haben die Quelle ihres Ursprungs im Lutherthum; wenige Jahre vor den Zeiten, von denen wir haudeln, sah Frankreich mit Entsetzen eine Abart der Hugenotten in den Camisarden entstehen; und aus dem breiten Strom des Protestantismus ergießen sich zahllos bis auf den heutigen Tag die Wildbäche ähnlicher Schwarmgeister. Solche Secten haben das Eigenartige, daß sie gleichsam gepanzert sind gegen alle Regeln der Logik und des vernünftigen Denkens. Ein Phantom dieut ihnen als Wegweiser in's gelobte Land, ein beständiger Traum erfüllt und beherrscht ihren Geist, das Gefühl vertritt bei ihnen die Stelle der Vernunft; Prophezeiungen, Visionen, eingebildete himmlische Erleuchtungen und Wunderzeichen werden ihnen Gesetz und Richtschnur des Handelns, und als potenzirte Pharisäer dauken sie Gott, daß sie des gemeinen Verstandes los geworden und darum nicht sind wie andere, minder begnabigte Menschen. Es hält jedoch unendlich schwer, auszuscheiden, welchen Antheil freier Wille, Bosheit und Betrug, Wahnsinn und Narrheit, Krankheit und fieberhafter Überreiz, Gaukelei und diabolische Kräfte allemal an ihren Werken besitzen.

Auch die Jansenisten konnten sich dieses allgemeinen Fluches, der auf dem Abfall von der Kirche zu liegen scheint, nicht erwehren, so sehr auch die Klügeren den Unfug beklagten. Seit längerer Zeit war es unläugbar, daß die Sache der Appellanten Rückschritte mache, daß ihre Partei im Niedergange sei. Die meisten Bischöfe, welche anfänglich zur Rebellenfahne geschworen, waren um 1730 entweder gestorben oder hatten der Kirche ſich unterworfen[1]; auch im Volke hatte der Schwindel den Reiz der Neuheit verloren. Das alles erfüllte die übrig bleibende Schaar mit tiefer Betrübniß, die mitunter biß zur raſenden Wuth ſich ſteigerte. Die Klagelieder ſind wegen ihreß jämmerlichen Tones oft er-götzlich: „Die kleine Zahl der Altkatholiken hat in anderen katholiſchen Ländern gar keine Unterſtützung gefunden; das Verderben und die Ver-führung (durch die Bulle) iſt ſo allgemein, daß nur noch in der nahen Wiederkunft des Elias Rettung zu hoffen iſt; die Bulle gewinnt jeden Tag neue Kraft und ein Anſehen, das auch den Bewährteſten bethört; nirgendwo will ſich Hilfe oder eine menſchliche Stütze zeigen für die Gegner derſelben."[2] — Die Wirkung dieſer Trauer zeigte ſich zuerſt in den Träumereien der

1. Figuriſten[3]. — Als Begründer jener phantaſtiſchen Geiſtes-richtung, welche die baldige Wiederkunft Chriſti und in ihr die Er-neuerung aller Dinge erwartete und verkündete, gilt J. B. Etemare (geb. 1682, † 1770), ein Prieſter und Appellant aus der Normandie, der im Dienſte der Schismatiker von Utrecht ſtarb. Am Tage ſeiner erſten Meſſe 1709 erſchloß ihm Gott während der Wandlung den Sinn der heiligen Schrift, und nun mußte er, daß dieſelbe im Vorbild die Geſchichte der Janſeniſten enthalte, und zwar hinab biß in das geringſte Detail. Im Buche der Machabäer ſind die Geſchicke von Port-Royal aufgezeichnet, Mattathias ſtellt Saint-Cyran vor, der „große Arnauld" hat ſein Vorbild in Judas Machabäus; die Eſelin Balaams bedeutet

---

[1] Im Jahre 1730 waren nur noch folgende Appellanten oder wenigſtens un-zweifelhafte Janſeniſtenfreunde unter den Biſchöfen Frankreichs übrig: Colbert von Montpellier († 1738), Caylus von Auxerre († 1754), Verthamont von Pamiers († 1735), Quiqueran von Chartres († 1736), Boſſuet von Troyes († 1743) und Coiſlin von Metz († 1732). Abbadie d'Arbocave von Dax retractirte 26. März und Tourouvre von Rodez 25. Sept. 1729. — Wir möchten indeſſen mit dem Ge-ſagten das Verſchwinden janſeniſtiſchen Geiſtes in gewiſſen Klaſſen keineswegs zu ſehr betonen, beſonders bei den Juriſten, unter denen er ſogar einen ſehr bittern Charakter annahm, und bei einer Anzahl des niederen Klerus; dieſer Geiſt lebte fort, übte immer ſtarken und ſchlimmen Einfluß; er trägt die Hauptſchuld an dem trau-rigſten Werke der Revolution (der Civilconſtitution des Klerus und der conſtitutio-nellen Kirche) und überbaute noch wegſiechend um mehrere Decennien die Revolution.

[2] Languet, Inſtr. paſt. (ſur les) prétendus miracles du Diacre de S. Médard. Paris 1734. Partie I, num. 7. p. 12.

[3] Die Hauptſache dieſes Gegenſtandes entnehmen wir dem Ami de la Religion 1820, T. XXV. p. 145, 177, aus einem Artikel über die Theorien des Er-Jeſuiten Lacunga Ben-Ezra von der Wiederkunft Chriſti.

die Mutter Angelika nebst ihren Klosterschwestern, sowie den niedern Klerus, weil diese alle durch die schlechte Behandlung der Bischöfe genöthigt wurden, gegen die Bulle Unigenitus ihren Mund aufzuthun. Selbst profane Ereignisse waren eigentlich nichts anderes, als Vorbedeutungen für die Schicksale der Jansenisten; die Beförderung einiger Offiziere durch Ludwig XIV. nach der Schlacht von Höchstädt (20. September 1703) bezeichnete die Erhöhung der Martyrer, welche die Constitution Unigenitus veranlaßte. Besonders aber wurde die baldige Ankunft des Elias, der die ganze Kirche wieder erneuern sollte, in Aussicht gestellt. Der bekannte Wunderthäter, der Diakon Paris, entdeckte, während er noch lebte, daß die große vom hl. Paulus verkündete Apostasie in der Annahme der Bulle erfolgt sei. Der Grundgedanke dieser Visionäre war dieser: da die Kirche so entsetzlich darnieder liegt und gänzlich verdorben ist, so muß Gott derselben bald durch außerordentliche Hilfe beistehen, damit sie nicht ganz zu Grunde gehe; diese Hilfe ist ihr aber in der Ankunft des Elias vorausgesagt. Es galt darum als ausgemacht, Elias müsse bald kommen, er werde wieder Alles herstellen und die Erneuerung der Kirche werde durch die bemnächstige Bekehrung der Juden erfolgen. Etemare schrieb zur Verbreitung dieser Ideen mehrere Werke [1]. Einer seiner Gesinnungsgenossen, der Kanonikus Le Gros von Rheims, der als Flüchtling in Holland lebte und starb (1751), lehrte öffentlich in dem Jansenisten-Seminar von Amersfort, es werde bald ein Jude Papst werden, das stehe felsenfest, denn Gott habe durch den Propheten zu Heli gesprochen: „Ich werde mir einen treuen Hohenpriester erwecken."

In Holland drohte dieser After-Mysticismus der jungen schismatischen Kirche von Utrecht sogar ernstlich den Untergang. Ein exaltirter Appellant, Thierry de Viaixnes, ein Benedictiner aus der Congregation von Saint-Vannes, der schon seit 1721 aus Frankreich verbannt in Holland (Rhinwick) lebte, berichtet darüber am 25. April 1728 voll Schmerz und Kummer seinem Freund Petitpied in Bayeux, der noch im selben Jahre sein Heil ebenfalls in Holland versuchte. „Die jungen Theologen," klagt Viaixnes, „vernachlässigen ihr Studium und beschäftigen sich nur damit, Figuren, Vorbedeutungen und Zeichen aus

---

[1] Parallele zwischen den Zeiten Christi und den unsrigen. — Erklärung einiger Prophezeiungen über die Bekehrung der Juden 1724. — Tradition der Kirche über die künstige Bekehrung der Juden.

der heiligen Schrift herauszuklauben; das geht so weit, daß, wenn ich ihnen für die (janseniftische) Wahrheit und die Religion günftige Nach= richt bringe, ich zur Antwort erhalte: um so schlimmer, denn um so länger werden der allgemeine Abfall, die Ankunft des Elias und die Bekehrung der Juden verzögert, worauf unsere ganze Hoffnung ruht." Noch trauriger war es für Viairnes und für alle Jansenisten, welche noch etwas gesunden Verstand bewahrt hatten, daß auch Barchmann, der zweite schismatische Erzbischof von Utrecht (1725, †1733), unter die Figuristen gegangen war. Barchmann hatte sich durch einige französische Flüchtlinge und Doctoren der Sorbonne (Poncet, Maupas, Le Gros u. A.) überzeugen lassen, es sei eine große Sünde, Zins für Darleihung von Geld zu verlangen, weil dieses Wucher sei, und wollte deßhalb diese in Holland allgemein bestehende Sitte abschaffen. Die damaligen In= teressen der holländischen Schismatiker forderten nun, daß neben dem erzbischöflichen Stuhle auch Suffraganfitze errichtet würden; Barchmann aber wollte vor Allem seinen Plan mit dem Wucher durchsetzen und weigerte sich deßhalb, den für Harlem erwählten Doncker zu weihen, wenn dieser nicht verspreche, für die Verwirklichung des Planes auf der Synode ihn zu unterstützen. Es half nichts, dem Erzbischof vorzustellen, wie er mit diesem Project die Generalstaaten von Holland sich verfeinde, den Klerus abstoße und den Bestand der ganzen Jansenisten=Colonie ge= fährde. „Wenn die Heerde zusammenschrumpft," antwortete der figuri= stische Oberhirt, „so wird sie dem pusillus grex Christi um so ähnlicher sein; wenn die Verführung recht groß wird, dann ist die Ankunft des Elias sehr nahe, dieser aber wird in kurzer Zeit Alles erneuern (re= stituet omnia)." [1]

In Frankreich wurde die Erklärung der Offenbarung des hl. Jo= hannes ein beliebtes Geschäft für alle Melancholiker. Ein „geheimniß= voller Kalender" für 1732, exactement supputé sur l'Apocalypse, entdeckte, daß die Bulle Unigenitus das apokalyptische Thier sei, welches Macht habe, 3½ Jahr lang das Land mit Krieg zu verheeren; diese Macht beginne mit der königlichen Declaration vom 24. März 1730 und endige also im September 1733. Eine andere Schrift war etwas unsicherer für Jahr, Monat und Tag, fixirte aber die Erneuerung der Kirche zwischen 1700 und 1750; eine dritte vom Jahre 1739 wußte,

---

[1] Mémoires (VII) sur les projets des Jansénistes (Actenstücke, auf Befehl der Regierung veröffentlicht), Paris. Aug. 1728 bis Juli 1729. I. S. 9 f.

daß die Juden ſich 1748 bekehren müßten. Der Verfaſſer des „Avéne-
ment d'Élie 1734" ging ebenfalls auf die Suche des apokalyptiſchen
Thiers aus und war ſo glücklich, die Perſon zu entdecken, in welcher
daſſelbe zum Vorſchein gekommen ſei. Er mußte nämlich, daſſelbe
habe einen Namen, deſſen Zahl ſich in dem Namen eines Menſchen
finde; dieſe Zahl müſſe aber in der lateiniſchen Sprache gerechnet werden,
weil dieſes die Sprache der Vulgata und der Kirche ſei. In dem Namen
werden alſo die Buchſtaben und Zahlen DCLXVI oder, was daſſelbe
iſt, DCLVVVI vorkommen; das kann offenbar kein anderer ſein als
LVDoVICVs. Wenn dieſes Thier das Geſetz des falſchen Propheten
unter Strafe der Excommunication eingeführt und einen allgemeinen
Abfall bewirkt haben werde, wenn das kleine Häuflein der übrig gebliebenen Treuen ausrufe: „Alles iſt verloren", oder mit Chriſtus am
Kreuz: „es iſt vollbracht", dann werde die Rettung Gottes kommen
und Elias erſcheinen [1].

An ſchwachen Köpfen und gläubigen Thoren fehlt es nie, wenn die
Propheten flügge werden. Auffrai, ein wohlhabender Bürger von Paris,
unternahm im Jahre 1732 unter dem Namen „fahrender Jude" in
Schlafmütze und Pantoffeln mehrere Reiſen in der Umgegend von Paris,
um Elias aufzuſuchen; die Hunde jedoch, die noch nie eine ſolche Geſtalt
geſehen, fielen eines Tages über ihn her, richteten ihn übel zu und
Auffrai kehrte ohne Elias nach Paris zurück. — Solche Eliasſucher gab
es noch mehrere. Die Janſeniſten von Paris waren ſeiner baldigen
Ankunft ſo gewiß, daß ſie an die Juden von Metz eine Geſandtſchaft,
an deren Spitze ein Subdiakon Le Clerc ſich befand, abſchickten, um ſie
zu beſtimmen, Elias gut aufzunehmen, wenn er erſcheine. Der Empfang
war aber auch hier ſchlecht, obgleich ſogar der zweite Präſident des
Parlaments die Geſandtſchaft empfohlen hatte; der Bericht lautete, die
Juden ſeien noch nicht reif, Elias werde noch drei Jahre zögern, unterdeſſen werde Krieg, Hunger und Peſt ſein, um die Juden zur Bekehrung
vorzubereiten [2]. — Ein gewiſſer Coffe, in der Secte als Bruder Auguſtin
bekannt, wollte 1734 den Elias geſehen und geſprochen, von ihm ſogar
den Ehrentitel „das Lamm ohne Makel" erhalten haben und zu ſeinem
Vorläufer erkoren worden ſein. Dieſes Schaf fand auch Gläubige und

---

[1] Diction. des livres janſéniſtes. Anvers 1755, I. p. 154.
[2] Journal des Convulsions (als Anhang gedruckt zu Languet, Instr. past.
sur les miracles du Diacre), 24 Juin 1733, p. XXII und 16 Mars 1734,
p. LXIII.

so entstand die Secte des „Bruders Augustin", welche geheime Ver=
sammlungen abhielt, in denen Augustin, auf einem Tische liegend, das
Lamm darstellte, um sich herum Hymnen singen, Gebete verrichten und
sogar sich selbst anbeten ließ [1], und Barbier versichert, so toll dieser
Bericht laute, so sei er doch wahr. Die Polizei hatte zwar Kenntniß
von dem Unfug; aus Furcht vor den vielen „honnetten Leuten", die sich
daran betheiligten, wagte sie aber nicht kräftig einzuschreiten, und das
Parlament wollte den lieben Jansenisten nicht wehe thun. Endlich erging
doch am 21. Januar 1735 ein Befehl, Prophet Augustin zu verhaften;
aber er mußte in die Zukunft zu schauen, darum entfloh er mit 60,000
Livres, die er seinen Devoten abgeschwindelt, und entging dadurch zu=
gleich der Strafe für andere Schändlichkeiten. — Endlich erschien der
leibhaftige Elias selbst in der Person des Pierre Vaillant. Als
17jähriger Trappistennoviz wollte er den Orden reformiren; darum fort=
geschickt, wurde er später Vicar, dann Landpfarrer in Troyes, bis er
einem 13jährigen Mädchen sein Geheimniß und seine Eigenschaft entdeckte.
Eine ganze Schwadron Convulsionärinnen bestätigte den großen Beruf,
und ein Haupt=Convulsionär, der am 28. November 1733 den Unter=
gang von Paris prophezeit, erhielt himmlische Erleuchtung darüber.
Elias wollte sich zuerst seiner Landsleute, der Juden, erbarmen und ging
darum nach Metz, aber dieses hartnäckige Geschlecht jagte ihn mit Fuß=
tritten davon; besser ging es ihm unter den Christen, denn von den Gren=
zen des Reiches sammelten sich Schüler um ihn, und man sah Pfarrer
ihre Pfarreien verlassen, um dem neuen Elias als Apostel zu dienen.
Schon 1728 hatte Vaillant als Martyrer des Jansenismus in der Bastille
gesessen, 1734 brachte ihn der Prophetenmantel wieder hinein, aber er
prophezeite den Schülern wunderbare Befreiung und darauf folgenden
Martyrertod; er blieb 22 Jahre im Kerker, wechselte bloß die Bastille mit
Vincennes und starb daselbst, aber noch lange Zeit hatten hochgestellte
Personen, gelehrte Priester und Mönche gehofft, aus der Bastille werde
die Kraft des Elias hervorgehen und die Anhänger des Papstes schlagen [2].

Der Figurismus fand jedoch unter den Appellanten selbst ent=

---

[1] Il se couchait sur une table dans la posture attribuée à l'agneau sans
tache, et il se faisait adorer comme tel. Barbier, Journal 1734, Déc. T. II.
p. 525. Journal des Convuls. XLIII.; man muß hier die Details der Geschichte
dieses Augustin lesen, um die Verächtlichkeit der Jansenistensecte kennen zu lernen.

[2] Languet l. c. p. 262—267. 319. Barbier, II. p. 527. Migne, Dict. des
hérésies, II. p. 458. (Encyclop. théol. Série I. Tom. XII.)

fchiedene Gegner. Der thätigfte war Abbé De bonnaire († 1750),
ein ehemaliger Oratorianer, der einen Kreis gleichgefinnter Freunde zur
Bekämpfung diefer Thorheiten um fich fammelte. Bifchof Colbert von
Montpellier und der abgefeßte Bifchof Soanne von Senez mißbilligten
zwar die Schändlichkeiten der leßtgenannten Secten, fchwammen aber fonft
ganz in den chiliaftifchen Ideen und in den Elias=Träumen der Figuriften.
Debonnaire greift in einem Briefe an Colbert vom 22. September 1735
das Hauptprincip der Figuriften von dem gänzlichen Abfall der Kirche
kräftig an, weil es im Widerfpruch ftehe mit den Verheißungen Chrifti.
Beide Bifchöfe befchuldigt er, fie geftatteten, daß unter ihrem Namen eine
Maffe Schriften und Hirtenbriefe erfchienen, an denen fie keinen Antheil
hätten; fo habe Soanne in einem Hirtenbriefe vom 1. Auguft 1726
ein Werk verdammt, von deffen Exiftenz er im October 1729 noch nichts
mußte. Soanne nimmt in der Antwort vom 20. Juni 1736 die Grundfäße
der Figuriften von der Ankunft des Elias, von dem Verfall der Kirche,
von der Bekehrung der Juden vollftändig in Schuß; Verfaffer diefes Brie=
fes war aber wiederum nicht Soanne felbft, fondern P. de Gennis, ein aus
dem Oratorium verjagter Appellant, der 1748 ohne Sacramente ftarb.

Der Janfenismus war alfo jeßt gefpalten in Figuriften und Anti=
Figuriften; es würde zu weit führen, die gegenfeitigen Fehden, welche
das ganze Jahrhundert hindurch und noch darüber hinaus dauerten, zu
fchildern. Erwähnung verdient aber der Amerikaner Pinel, der in
Südfrankreich in Lyon, Macon, Saumur fich herumtrieb. In feiner
Jugend war er Oratorianer, verließ 1746 diefen Stand, weil er fich
nicht der Conftitution unterwerfen wollte. Er zog hierauf mit einer
„Schwefter Brigitta", die er aus dem Spital von Paris entführte und
von der er behauptete, fie fei das Weib der Apokalypfe, im Lande umher,
um die Ankunft des Elias zu predigen, und wurde Stifter einer eigenen,
allen Schändlichkeiten ergebenen Art von Convulfionären und Figuriften.
Seine Prophezeiungen publicirte er in einem Buche: „Horofcop der
Zeiten oder Muthmaßungen über die Zukunft." Als er um 1777 elend
und ohne Sacramente ftarb, verehrten ihn feine Anhänger noch lange
und glaubten, er werde bald wieder auferftehen, weil eine Prophezeiung
fagte, es werde 1802 eine große Verfolgung während $3\frac{1}{2}$ Jahren aus=
brechen, in welcher Elias, Pinel und Brigitta fterben würden[1].

---

[1] Picot, Mém. pour l'hist. ecclés. (du) XVIIIᵉ siècle, T. IV. p. 371. Ami
de la religion 1820, T. XXV. p. 178.

Ein in der gelehrten Welt nicht unbekannter Laie Laurent Steph. Rondet († 1785) [1], der ſich auf ſeine Kenntniß des Hebräiſchen nicht wenig zu gute that, gerieth ebenfalls unter die Propheten und verkündete im Jahre 1775 das Ende der Welt auf 1860, welchem aber die Be- kehrung der Juden um faſt vier Jahre vorhergehen werde. Mit dieſer Entdeckung war aber Malot, ein Prieſter und Appellant aus Langres, nicht zufrieden; er begann darum ſeit 1776 einen Kampf gegen Rondet und beſtimmte ſeinerſeits die Bekehrung der Juden auf 1849, welche durch die leibliche Erſcheinung Chriſti auf Erden erfolgen werde, aber es vergehe von da an noch eine ſehr lange Zeit bis zum Antichriſt und bis zur letzten Ankunft Chriſti am jüngſten Tag. Ein ſonſt ge- ſcheidter Mann, aber erſtarrt im janſeniſtiſchen Wunderglauben, war der Dominicaner P. Bernard Lambert († 1813), der auf den jan- ſeniſtiſch gefärbten Erzbiſchof Montazet von Lyon großen Einfluß übte. Lambert rettete das Prophetenthum über die Revolution hinüber in unſer Jahrhundert hinein. Seine Weiſſagungen von 1793 und 1806 melden: das Reich Gottes werde von uns genommen werden, Elias komme, die Juden bekehren ſich, Jeruſalem wird das Centrum der Re- ligion, denn dort werde Chriſtus ſeinen Thron aufſchlagen, der Papſt aber werde der Antichriſt ſein. Einer ſeiner Schüler verkündete 1818, „der wahre Joſeph werde auf eine ſichtbare Art ſeinen Brüdern ſich zu erkennen geben; Chriſtus ſelbſt werde perſönlich kommen, um die Juden zu unterrichten". — Joh. Peter Agier († 1823), Präſident des königs- lichen Gerichtshofes, ebenfalls Prophet, ſah 1819 im Phariſäismus und Ultramontanismus die größten Geißeln unſerer Zeit; gegen dieſelben könne nichts helfen, als die Bekehrung der Juden (alſo nicht einmal der Culturkampf), dieſe aber würden bald in Paläſtina verſammelt werden und von da aus die Mohammedaner belehren; aus ihrer Nation werde der Papſt genommen werden und der werde infallibel ſein; Chriſtus werde ſichtbar auf die Erde ſteigen, unter ihnen ein tauſendjähriges Reich be-

---

[1] Rondet hat die achte (Auctoren-) Tabelle zur Bibliothèque hist. de la France par J. Lelong, ed. par Fevret de Fontenelle, verfaßt, das herrliche Inhaltsver- zeichniß zur Kirchengeſchichte von Fleury und Fabre, nebſt mehreren anderen Werken. — Rondet glaubte feſt, aus Andacht zu den Reliquien des Erzbiſchofs Soanne 1741 geheilt worden zu ſein; auch beſuchte er devot und vertrauensvoll die Gräber des Saint-Cyran und des Paris. Das hinderte nicht, daß dieſer janſeniſtiſche Laie in zehn Bisthümern (Toulouſe, Poitiers, Soiſſons, Rheims ꝛc.) dazu gebraucht wurde, um neue Diöceſan-Breviere und Meßbücher, die dem modernen Zeitgeiſt entſprächen, zu verfertigen. Guéranger, Inst. liturg. II. p. 563.

gründen und baun die Heiden (d. i. die Katholiken) mit allen apo=
kalyptiſchen Plagen und mit dem Zorne Gottes züchtigen.

Wie man ſieht, fußt der janſeniſtiſche Figurismus auf einem Ideen=
gang, der gänzlich mit der Kirche gebrochen hat; wenn er dennoch
katholiſch zu ſein vorgab, ſo wird das bloß dadurch erklärlich, daß lang
gewohnte und geübte Heuchelei endlich in Überzeugung ausartet. Es iſt
uns aber im Vorſtehenden ſchwer geworden, von den Figuriſten zu reden,
ohne zugleich die Convulſionen und die anderen wunderbarlichen, weit
berühmteren Kunſtſtücke der Janſeniſten zu berühren, denn in der That
ſind die Convulſionen eine Frucht des Figurismus, beide laufen neben
einander her, ſtützen und helfen ſich gegenſeitig.

2. Die janſeniſtiſchen Wunder und Künſte. Die Wun=
derperiode der Janſeniſten hat verſchiedene Phaſen und einen veränder=
lichen Charakter. Wir reden zunächſt von denjenigen Wundern, die
wenigſtens eine anſtändige Form haben und eine Ähnlichkeit mit denen
zeigen, welche die Kirche in den Heiligen approbirt. Ein wahres
Wunder ſcheint für die Janſeniſten der erſte Anlaß geweſen zu ſein, ſich
auf das Wundermachen zu verlegen. In der Pfarre St. Margareth
zu Paris lebte Anna Charlier, die Frau des Schreiners Lafoſſe, ſeit
faſt 20 Jahren krank. In lebhaftem Glauben an die Kraft des heiligen
Sacraments ſchleppte ſich dieſe am 31. Mai 1725 zu der Frohnleichnams=
proceſſion hin und warf ſich vor dem Heiland nieder, der bei ihrem
Hanſe vorbeigetragen wurde; ihr Glaube wurde belohnt, ſie erlangte
plötzlich die Geſundheit und konnte den Reſt des Weges in Leichtigkeit zu
Fuß mitmachen. Der Vorfall erregte ungeheures Aufſehen; Jedermann,
ſelbſt der König und die Königin wollten die Geheilte ſehen und ſprechen.
Der Cardinal de Noailles ernannte eine Commiſſion, um die Ächtheit des
Wunders zu prüfen, und erließ am 10. Auguſt einen Hirtenbrief, in wel=
chem er die Wahrheit desſelben beſtätigte. Unter den verhörten Zeugen
befand ſich auch Voltaire, der es nicht laſſen konnte, zu witzeln, daß er
nun abwechſelnd Gott und dem Teufel diene und jetzt ein wenig in den
Geruch der Heiligkeit gekommen ſei. Hätte er nur nie ſchlechtere Witze ge=
macht! — Die Heilung iſt alſo echt, ſie iſt ein Wunder, — ſolglich iſt
die Janſeniſterei eine heilige Sache! Das Verdienſt dieſer ſeiltänzeriſchen
Logik hat Biſchof Colbert von Montpellier. In einem Hirtenbriefe [1]

---

[1] Lettre past. de M. de Montpellier au sujet du miracle de l'hémorrhoïsse,
arrivé à Paris.

vom 20. October 1725 verkündete er, da der Abbé Goy, Pfarrer von
St. Margareth, der das heilige Sacrament getragen habe, die Pfarr-
geiftlichkeit und auch der Beichtvater der Geheilten Appellanten seien,
so habe Gott zu Ehren derselben und zur Beftätigung ihrer heiligen
Sache das Wunder wirken wollen. Das Verdienft des Beichtvaters
beftand aber darin, daß er der Frau ernftlich abgerathen, Gott zu versuchen und ihn mit der Bitte um wunderbare Heilung zu beläftigen,
und Goy hatte gerufen, als er die Kranke sich herbeidrängen sah:
„Schafft das Weib weg!" Das Parlament fand die Logik Colberts
nicht sehr zutreffend und unterdrückte den Hirtenbrief am 15. April 1726
als ein Parteipamphlet [1].

Nach dieser mißlungenen Speculation wurde in den Janseniften die
Sehnsucht rege, eigene Familienwunder zu befitzen. Ein solches soll
znerft in der Kirche von Amfterdam, wo Barchmann, der Pseudo-
Erzbischof von Utrecht, am 6. Januar 1727 die Firmung spendete, an
einer 45jährigen Person Leenders Strouthandel sich ereignet haben, die
seit 12 Jahren lahm, gichtbrüchig, wassersüchtig war und noch einige
andere Krankheiten hatte; sie küßte das Kleid des Barchmann und wurde
plötzlich heil. Von da ab wurde es aber ftill in Holland und die
Wunderkraft versiegte, nur in Poelsbroeck in der Diöcese Utrecht wollte
noch am 12. December 1733 eine 44jährige Jungfer durch ihre Andacht
zu dem französischen Diakon Paris von der Gicht geheilt worden sein.

Der Geift ging nun über nach Frankreich. Zu Avenay, im Erz-
bisthum Rheims, ftarb am 9. Mai 1727 der Domherr Gérard Rousse
als Appellant und Reappellant; das war natürlich ein Heiliger. In der
That hörte man, am 8. Juli sei an seinem Grabe ein Wunder geschehen:
Anna Augier, seit 22 Jahren lahm, sei gesund geworden. Die Generalvicare von Rheims waren aber schwachen Glaubens und verboten am
29. Auguft alle Wallfahrten an dieses Grab; ebenso war das Gesuch
von 32 Pfarrern am 25. September um kanonische Unterfuchung ohne
Erfolg. Noch eine zweite Ente flog in's Land: die Notarsfrau Fran-
cißka Stappart sei am 16. Mai 1728 in Avenay wunderbar geheilt
worden; dann verftummte auch hier das Gerücht von Wunderdingen,
denn eine neue Sonne war in der Hauptftadt aufgegangen, und in
Frankreich gedeihen in Provinzialftädtchen janseniftische Wunder so wenig
als Revolutionen.

---

[1] Languet, Septième lettre past. Soissons, 4. Avril 1726, p. 10. n. 7.

Der eigentliche Thaumaturg mußte ein Pariser sein. Franz Paris (geb. 1690), ein Diakon an der Pfarrkirche St. Medard, war nach jansenistischem Bericht eine in Kasteiung zusammengeschrumpfte Jammergestalt, ein Wunder der Frömmigkeit. Paris verwendete sein beträchtliches Vermögen, das ihm jährlich 10,000 Livres eintrug, zur Unterstützung armer Jansenisten, besonders der Priester, „um sie vor der Versuchung zu bewahren, oft Messe zu lesen"; er selbst aber nährte sich mit Handarbeit, namentlich mit Strümpfeflicken, genoß nur grobe Speisen, schlief auf hartem Lager, trug einen rauhen Buß= gürtel um den Leib und verbrachte seine Tage in Einsamkeit, trauernd über das Verderbniß der Kirche. In der Demuth hatte er es so weit gebracht, daß er lange Zeit keine Messe hörte, außer an Sonntagen, und mehrere Jahre seine Ostercommunion nicht hielt, weil er unwürdig sei. Gegen die Jesuiten erweckte er öftere Acte des vollkommenen Hasses; gegen die Bulle Unigenitus appellirte er 1717 unter den Ersten, und als dieser Appell schadhaft geworden war, nochmals 1720. Appellant zu sein hielt er für eine große Ehre und schätzte sich glücklich, der keiner Heerde anzugehören, welche die Wahrheit, den Glauben und die reine Lehre vertheidigte. Durch seine Buße wollte er den Zorn Gottes be= sänftigen, der wegen der Bulle Unigenitus auf der Welt laste; darum seufzte er über den schrecklichen Zustand der Kirche, über die Apostasie der großen Menge. In der heiligen Schrift aber entdeckte er, daß dieser Abfall vom hl. Paulus geweissagt, von Jeremias in den Klageliedern geschildert, im Alten Testament vorgebildet sei [1]; d. h. Paris war ein ächter Figurist. Trotz aller Fasten und Bußgürtel ist bei Paris der Gedanke an einen hl. Antonius, Pachomius oder an andere heilige Ein= siedler und Büßer unstatthaft, weil er im Ungehorsam gegen die Kirche lebte, und es außer der Kirche keine wahre Heiligkeit gibt; sein Eben= bild hat er vielmehr in den Fakiren der Moslemen, in den indischen Sanyassi. Sobald er jedoch am 1. Mai 1727 als starrer Appellant verstarb, hieß es in der Secte, ein Heiliger sei gestorben; an dessen Grabe werde Gott über die Anstrengungen aller Feinde spotten, durch diesen Heiligen werde das Gottesgericht gegen sie beginnen: „Beten wir darum Gott an in dem kleinen Friedhofe von Saint Medard." [2]

---

[1] Mandement de l'Archevêque de Cambrai (St. Albin), portant condamna-tion de trois Vies de M. de Paris, 23 Juin 1732, p. 147, 162, 154, 72, 73, 80, 81. Jobez, La France sous Louis XV. Tom. II. p. 472.

[2] A. a. O. p. 70, 71.

Die neugierigen Pariser sahen jetzt Wunder über Wunder. Schon am 3. Mai soll eine 62jährige Frau durch Berührung des Sarges von einer 25 Jahre alten Lähmung plötzlich befreit worden sein. Der Lärm wurde so groß, daß der Cardinal be Noailles den Propst Thomassin von Sanct Nicolaus am Louvre, der auch stellvertretender Official war, am 15. Juni 1728 beauftragte, die Wunder zu untersuchen; das Geschäft begann am 22. Juni und in kurzer Zeit waren fünf Heilungen als sichere Wnuder erprobt, wovon das letzte noch zeitig während der Untersuchung selbst eintraf. Wegen späterer Verwickelungen stehen einige Einzelheiten dieser sog. Wunder hier nicht außer ihrem Platze. — J o h a n n N i v e t, taubstumm von Jugend an, wurde an das Grab des Paris geführt, und 11 Zeugen, darunter der Herzog von Chatillon selbst, in dessen Haus er wohnte, bestätigten, er könne jetzt hören und sprechen; in der That, Nivet konnte, was er freilich auch früher mußte, ban (soviel als bien) sagen, also kounte er sprechen, und Thomassin registrirte ihn als Wunder ein. Das Unglück aber wollte, daß Nivet nach Paris kam, wo Jedermann sah, wie es mit ihm stehe. Acht von den damals noch lebenden 11 Zeugen wurden am 27. Februar 1732 von dem Polizeipräfecten Hérault vernommen und sagten aus, Nivet sei immer taubstumm gewesen, aber Furcht vor dem gewaltigen Schloßkaplan habe ihr früheres Zeugniß bestimmt. Am 25. Mai 1733 wurde Nivet auch vom Erzbischof verhört und bestand ein schlechtes Examen. — P i e r r e L e r o hatte seit 1725 Geschwüre am Bein, macht darum im September 1727 mit vieler Mühe eine Wallfahrt an das Grab, hält hierauf zwei Novenen und wird ganz gesund, was sein Arzt Janson, einige Freunde und zwei Knaben bezeugen. Während der Novenen hatte er aber aus Andacht keine Arznei gebraucht, somit auch nicht jene acuten Mittel, durch welche sein Arzt im Geschäftsinteresse die Wunde immer offen gehalten hatte. Janson wurde später, 29. Januar 1732, als Betrüger bestraft. — Die schändliche E l i s a b e t h L a l o e fühlte heftige Schmerzen, sie braucht dagegen Erde vom Grabe des Paris, die Schmerzen hören plötzlich auf am 18. Jannar 1728. Wunder! es wird aufgezeichnet. Aber am 21. April 1733 eröffnet die Hebamme und die Frau d'Aubigni einer Freundin der Laloe, dieselbe habe ihren Fehltritt verheimlichen wollen; der Knabe, der an jenem Tage geboren worden, befinde sich jetzt im Findelhause. — Die Näherin M a r i a O r g e t will seit 30 (banu aber wieder seit 20) Jahren an einem unheilbaren Übel gelitten haben. Am 29. März 1728 schwankt sie mühsam, unter vielen Ruhestationen, von

drei Lehrmädchen begleitet, an das Grab; plötzliche Erleichterung (nach
späterer Angabe plötzliche Heilung) und freudige Heimkehr, aber sie hält
das Wunder mehrere Tage geheim und Niemand merkt etwas davon,
auch die Begleiterinnen nicht. Zwölf Zeugen treten auf, keiner weiß,
worin die Krankheit bestanden habe, und von den Mädchen wird nur
das älteste befragt; aber das Wunder ist echt, es wird eingeschrieben. —
Maria Magdalena Massaron erkrankt an unheilbarer Fußlähmung
durch Schlagfluß am 16. Januar 1727. Gang an das Grab am
24. Juni und wunderbare Heilung am 27. Juni 1728. Es bezeugen
24 Zeugen das Wunder, aber es stellt sich heraus, daß sie schon in der
Fastenzeit kurz nach dem Schlaganfall wieder in die Messe gehen konnte,
und unter den Zeugen sind einige so boshaft oder so naiv, zu ver=
stehen zu geben, Massaron sei schon länger geheilt gewesen, habe aber
noch länger die Kranke gespielt, um dem Diakon die Ehre zu geben
und selber interessant zu sein. Thomassin war aber gnädig und proto=
kollirte das Wunder [1].

Die Acten dieser Untersuchung blieben vorläufig unberücksichtigt;
auch der „Heilige“ rastete jetzt zwei Jahre von seiner Anstrengung und
that keine Wunder mehr, denn die Bekehrung Noailles', sein baldiger
Tod, der neue Erzbischof und der kühne Anlauf, den die Regierung
gegen die Appellanten zu machen schien, brachten die Wunderfabrikation
in's Stocken.

Eine neue Periode begann am 3. November 1730 mit einem be=
rühmten Wunder. Anna Lefranc litt schwer an allen Gliedern
seit 1709; sie konnte nicht essen, nicht schlafen, nicht auf ihren Füßen
sich halten; seit 1718 hatte sie auch das rechte Auge verloren und
konnte mit dem andern nur noch mühsam vermittelst Brillen etwas
sehen. Die Ärmste läßt sich also an besagtem Tag an das Wunder=
grab führen; hier fleht sie, Gott möge an ihr ein Zeichen wirken,
ihr durch die Fürbitte seines Dieners die Gesundheit geben, damit es
kund würde, wie die Sache der Appellanten die Wahrheit sei. Kaum
hat sie das Gebet gesprochen, so kann sie alle Glieder frei bewegen, sie
sieht mit beiden Augen und eilt rüstig, ohne fremde Hilfe, zum Wagen
hin; zu Hause angelangt hüpft sie freudig, unter dem Staunen aller
Nachbarn, fünf Stockwerke hoch in ihre Wohnung. Ein Bericht erscheint
über das große Ereigniß und 120 nicht beeidete Zeugen stehen mit

---

[1] Languet, Instr. past. (sur les) miracles du Diacre, n. 26—44. p. 40—69.

Namensunterſchrift ein für die Wahrheit der Erzählung. Wegen des großen Aufſehens, das dieſe Sache erregte, veranſtaltete der Erzbiſchof eine Unterſuchung, welche ein ganzes Gewebe von Lug und Trug ent= hüllte. Vierzig Zeugen wurden eiblich vernommen; Mutter und Bruder hatten die Geheilte niemals Brillen tragen ſehen; zum Wagen war ſie vom Grabe weg nicht ſelbſt gegangen, ſondern geführt worden; die Schweſter hatte geſehen, wie ſie durch den Kutſcher und durch die Haus= leute aus dem Wagen in die Wohnung getragen wurde; die Nachbarn wußten, wie ſie noch mehrere Monate nach dem ſog. Wunder nicht allein zu gehen im Stande war; von den 120 Zeugen waren viele überliſtet, betrogen worden, hatten den Bericht nicht geleſen, oder etwas Anderes unterſchrieben, als wozu ihr Name nachher mißbraucht wurde. Ventimille erließ daher am 15. Juli 1731 ein Mandement gegen den veröffentlichten und ſeit dem 3. März beim Notar Loiſon hinterlegten Bericht, weil derſelbe die Thatſachen entſtelle und die vielen Zeugniſſe erſchlichen oder gefälſcht ſeien; zugleich verbot er, neue Wunder zu publi= ciren und dem Herrn Paris religiöſen Cult zu erweiſen. Gegen dieſen Hirtenbrief reichte Anna Lefranc am 29. Juli 1731 einen Appell an das Parlament ein, den der Advocat Aubry ihr verfaßt, mehrere andere Ad= vocaten unterſtützt hatten; das Parlament war ſo gefällig, dieſen Appell am 3. September anzunehmen. Abbé Lefranc, der Bruder Anna's, fühlte ſich im Gewiſſen gedrängt, das getäuſchte Publikum in einer eigenen Schrift über das vorgebliche Wunder zu belehren. So ſehr es ihm als Bruder zum Troſt gereichen würde, eine durch Wunder begnadigte Schweſter zu haben, ſo müſſe er doch in Wahrheit auf dieſe Ehre ver= zichten. „Erinnerſt du dich nicht," fragt er ſeine Schweſter, „wie du noch drei Monate vor dem Wunder die ſehr klein gedruckte janſeniſtiſche Kirchenzeitung, die du regelmäßig erhielteſt, uns nach dem Mittageſſen ohne Brillen vorgeleſen haſt? und nun willſt du durch Wunder von den Brillen befreit worden ſein!" [1]

Mit Anna Lefranc ſoll es alſo nichts ſein? Das wurmt die be= kannten dreiundzwanzig Pariſer Pfarrer, und das Verbot des Erzbiſchofs,

---

[1] Mandement de l'Archevêque de Paris au sujet d'un écrit: Dissertation sur les miracles; relation de celui qui s'est fait le 3 Nov. 1730. Die beigefügten Atteſte der Ärzte ſind belehrend und entſcheidend. Mandement de l'Archevêque de Cambrai (contre les) Vies de M. Paris, 23 Juin 1732, p. 181. Languet, Instr. past. sur les miracles du Diacre, 25 Déc. 1734, n. 17. p. 30. Barbier, II. p. 190.

künftig ohne seine Genehmigung Wunder zu publiciren, verletzt ihr from=
mes Gewissen. Sie bringen also am 13. August 1731 dem Erzbischof
ein Gesuch, er möge die Wunderwerke weiter untersuchen; schon unter
Noailles habe Thomassin vier echte und so juridisch bewährte gefunden,
daß nichts daran fehle, als die bischöfliche Unterschrift; P. Fouquet habe
am 11. August die Acten derselben beim Notar Savigny hinterlegt und
davon übergäben sie dem Erzbischof eine Abschrift; da diese Wunder
sicher ständen, so würden auch die andern echt sein. — Vier Wunder sind
also fest; aber Thomassin hat fünf constatirt, das ist weltbekannt; wo
ist das fünfte geblieben? Der fatale taubstumme Nivet; daß doch
gerade der nach Paris kommen mußte! Man kann ihn nicht brauchen,
er sieht nicht in den Acten bei Savigny, und in allen jansenistisch ge=
färbten Büchern fehlt der Name Nivet. Die Herren Pfarrer haben
dafür als Lückenbüßer einen gewissen Menebrieux eingeflickt, der aber
„noch einer genauern Prüfung bedürfe", weßhalb der Erzbischof von
dessen Publication vorerst Abstand nehmen möge.

Am 4. October traten diese Pfarrer (dieses Mal jedoch nur 22)
wieder mit einer zweiten Bittschrift und mit 13 neuen Wundern vor den
Erzbischof, von denen sie sich selbst überzeugt hätten, für welche sie erbötig
seien, handgreifliche Beweise zu liefern und eine große Menge Zeugen zu
stellen. Wir geben einige Proben dieser großen Wunder. — Ein junger
Kleriker, Le Doux, der Sohn eines Erzjansenisten von Laon, wird am
17. Juni 1731 in der Anstalt von St. Hilaire zu Paris unwohl, man
läßt ihm viermal zu Ader, der Beichtvater kommt, die Sterbesacramente
werden gespendet, der Kranke verliert die Besinnung, man erwartet den
Tod, aber eine fromme Hand schiebt ein Stücklein Holz von der Bettstelle
des Paris unter das Kopfkissen, und am 21. Juni ist Le Doux plötzlich
heil und gesund. Er wird in Paris herumgeführt, der ganzen Jansenisten=
schaft gezeigt und muß einen vom 28. Juni datirten Bericht des Wunders
aufsetzen, den der Domherr Berger von Tours dreimal corrigirt, bis er
den rechten Bombast und die nöthige Glaubwürdigkeit hat; der Arzt Le
Moine stellt am 23. Juni auch sein Zeugniß aus und noch einige Chirur=
gen fügen das ihrige hinzu. Le Doux ist in wenigen Wochen in ganz
Frankreich berühmt. Dieser große Lärm und die Eingabe der Pfarrer
rüttelten aber das Gewissen des jungen Mannes auf, deßwegen überwand
er endlich die Furcht vor seinem Vater und eröffnete seinem Bischof La
Fare in einem Briefe am 4. März 1732 die Farce, die man mit ihm
gespielt hatte. Die ganze Krankheit bestand in einem Fieber und in

etwas stärkerer Migräne, als er gewöhnlich hatte; aber die Herren des Hauses wollten nun einmal einen Todtkranken plötzlich wunderbar heilen lassen, darum die Komödie mit dem Beichtvater, den Sterbesacramenten, den Aderlässen, bei welchen ihm aber fast gar kein Blut entzogen wurde; daher der vorgeblich bewußtlose Zustand, während er ganz gut wußte, was um ihn her geschah und was mit ihm getrieben wurde. Als daher die Krankheit durch Erbrechen verschwand, konnte er frisch und gesund im Triumph gezeigt werden. Das Zeugniß des Arztes hatte nicht er selbst aufgesetzt, sondern er hatte unterschrieben, was man ihm vorlegte. Das gleiche Geständniß machte Le Doux unter einem Eide am 30. März in einem Briefe an den Erzbischof von Paris und ersuchte den Bischof La Fare in einem anderu vom 2. April, den Betrug zu veröffentlichen, was dieser am 10. April durch einen Hirtenbrief that [1], weßhalb er von jetzt an der gründlichst gehaßte und verlästerte Bischof in Frankreich wurde.

Großes Aufsehen machte das Wunder an Alfons Palacios, einem 14jährigen spanischen Edelmann, der im Colleg Navarra zu Paris studirte. Derselbe hatte das rechte Auge verloren und litt zuweilen am andern an einer Entzündung; er wird gedrängt, zwei Novenen zum Heiligen zu machen, und am Ende der zweiten ist die Entzündung (aber nicht schneller, als es schon früher geschehen war) verschwunden. Vor seiner bald darauf folgenden Abreise nach Spanien führte man ihn zu einem Notar, angeblich um sich prüfen zu lassen, ob er sehe, und um zu bescheinigen, er sei nicht blind; dort hieß man ihn einen langen, angeblich von ihm selbst ursprünglich spanisch verfaßten Bericht unterschreiben, welchen er aber nicht las, und welchen Abbé Linguet, der Principal des Collegs, aufgesetzt hatte. In dem Document war die Wundermäre erzählt, wie durch eine Novene und durch ein Stück Leinwand von dem Hemde des Paris ein erblindendes Auge gerettet worden sei. Der Vater des Knaben enthüllte jedoch in einem Brief vom 2. Januar 1732 aus Madrid den ganzen Schwindel; die Leinwand habe keine andere Bedeutung in der Geschichte gehabt, als die vom Arzte vorgeschriebenen Medicamente auf dem Auge damit festzuhalten. — Eine Person Namens Duchesne, die eine Menge Übel und Krankheiten hatte, begann am 16. Juli 1731 eine Novene und

---

[1] Recueil de différentes pièces concernant la prétendue guérison miraculeuse du sieur Le Doux. Mandement de l'Archevêque de Cambrai l. c. p. 192.

wurde während derſelben geſund; die Nachbarn aber meinten, in dieſem Falle ſei das Wunder ſo leicht wie ſicher vorauszuſehen geweſen, weil Ducheſne ſchon vorher geſund war. — Anna Coulon, ein armes Mädchen, das von Jugend an halb taub war und nur einige Worte ſtottern kounte, wurde von den Janſeniſten als ſo taub ausgegeben, daß ſie nicht einmal einen Kanonenſchuß hören könne. Eines Tages wird ſie an das Grab des Paris geführt und hört danu eine Glocke, ruft auch einen Menſchen bei ſeinem Namen Barbier; alſo hat der Heilige wieder eine Taubſtumme geheilt! Indeſſen hatte Anna ſchon vordem in einer katholiſchen Anſtalt jahrelang den Katechismus gehört und verſtanden und hatte auch vernehmbar ſich mittheilen können.

Auch Rachewunder gehörten in das Geſchäft des Janſeniſten-Heiligen. Ein ſolches, an der Wittwe Delorme (Gabriele Gautier) wenige Tage vor der erſten Eingabe der Pfarrer gewirkt, wurde ſehr berühmt. Dieſelbe wird unwohl in einer Nacht und legt ſich folgenden Tages am 4. Auguſt 1731 auf die kalte Marmorplatte des Grabes; nach acht Minuten wird ſie auf der rechten Seite, mit der ſie auf dem Steine lag, vom Schlag getroffen und in ein Spital gebracht. Am 7. Auguſt ruft ihr Beichtvater Chaulin, ein tüchtiger Janſeniſt, zwei Notare, Maultrot und Bouron, an das Krankenlager, welches ſchon 26 andere Janſeniſten umſtehen. Hier eröffnet Chaulin, er ſei von der Kranken beauftragt, zu erklären und einen Act darüber aufnehmen zu laſſen, daß ſie ganz geſund aus Spott das Grab beſucht habe und durch ein offenbares Wunder dafür beſtraft worden ſei; am Ende des Documents wird beigefügt, Frau Delorme habe zu allen von Chaulin erzählten Dingen „ja" geſagt. Nachdem dieſe von den Janſeniſten lange überwachte Frau in andere Geſellſchaft kam, gab ſie am 28. April 1732 einem Generalvicar von Paris die Erklärung ab, ſie ſei ſchon vorher krauk geweſen; eine Dame habe ſie beſchwätzt, dieſen Umſtand zu verheimlichen; aus Spott ſei ſie aber nicht zum Grabe gegangen, ſondern in vollem Vertrauen auf die Hilfe des Diakons. So iſt ein wahrſcheinlich durch plötzliche Erkältung verurſachter Schlagfluß zum janſeniſtiſchen Wunder geworden. — Ein ähnliches Wunder erfuhr viel ſpäter am 20. März 1737 ein Glaſer, der in der Kirche von St. Medard arbeitete, dabei einige Witze gegen Paris ſich erlaubte und Steine auf deſſen Grab geworfen haben ſoll; nahe ſtehende Janſeniſten, höchlichſt geärgert, prophezeiten ihm, der Heilige werde ihn ſtrafen. Die Prophezeiung erfüllte ſich wirklich in der folgenden Nacht, denn ein ü

18 ſ rchterlicher

Steinhagel flog gegen sein Haus und zerschlug alle Fenster des Frevlers; die Jansenisten standen zwar in großer Menge um dieses Haus und erbauten sich an dem Schauspiel, aber die Steine wurden von „unsichtbarer Hand" geschleudert, deßwegen konnte die herbeieilende Polizei keinen Thäter mit Fleisch und Gebein ertappen. Das war sehr wunderbar, besonders wenn man erwägt, daß es damals zwar viele Steine, aber noch keine Gasbeleuchtung gab.

Die ächte, reiche Wunderperiode endigte zwar schon 1731, indessen gab es noch einzelne Nachzügler. Zwei derselben verdienen Erwähnung wegen des Antheils, den jansenistische Bischöfe daran haben. — Colbert von Montpellier war natürlich ein rüstiger Kämpe für die Ehre des Diakons. Am 1. Februar 1733 erließ er einen Hirtenbrief zur Anpreisung der „Wunder, die Gott zu Gunsten der Appellanten wirke". Darin schildert er die acceptirenden Bischöfe als Feiglinge und Heuchler, die zum Scheine die falschen Lehren der Bulle vertheidigen, und weissagt eine große Umwälzung der ganzen Kirche. Diese Schrift wurde am 25. April 1733 vom Staatsrath unterdrückt, am 3. October vom Papste verdammt, der den Colbert selbst sanae doctrinae et unitati ecclesiasticae infensissimum nennt. Dieser Bischof hatte nun selbst Wunder gesehen und schrieb darüber dem König am 26. Juli 1733, wie er Zeuge sei, daß ein junger Mensch zu Pezenas in der Diöcese Agde, dessen rechter Augapfel mit einer Schusterahle durchstochen war, durch Paris die Sehkraft wieder erhalten habe, wie Vater, Mutter, die ganze Verwandtschaft und tausend Zeugen dafür eintreten. Indessen mußte der Ortsbischof und der Pfarrer nichts davon, es zeigte sich, daß einige ärztliche Zeugnisse durch falsche Angaben erschlichen waren, daß die Kunst eines andern Arztes den Kranken in 15 Monaten wieder leiblich hergestellt hatte, daß keine Untersuchung veranstaltet wurde, daß man vielmehr, um eine solche zu verhindern, den jungen Mann vor der Publication des Wunders nach Italien hatte abreisen lassen, daß derselbe schon viel früher sein Auge wieder hatte gebrauchen können, daß die Verletzung lange nicht so bedeutend gewesen, daß endlich Colbert dieselbe nicht gesehen und nur dafür Zeugniß ablegen konnte, daß der Jüngling mit dem angeblich verlorenen Auge sehe. — Um den Bischof wegen der vorerwähnten Verurtheilung seines Hirtenbriefes durch den Papst zu trösten, wirkte Paris folgenden Tages, 4. October 1733, zu Veruna in dessen Diöcese ein neues Wunder durch etwas Erde seines Grabes, die durch ganz Frankreich verschickt wurde. Colbert erließ aus diesem Anlaß

am 21. April 1734 ein Paftoralschreiben, deffen bloßer Titel, welchem
der Inhalt entspricht, ein wahres Aergerniß ist: „Hirtenbrief an den
Klerus und das Volk seiner Diöcese, um ihnen das Mirakel anzuzeigen,
welches der Herr Franz von Paris in seiner Diöcese gewirkt hat, und
um sie zu warnen gegen ein Breve des heiligen Vaters, des Papstes,
vom 3. October 1733 und gegen zwei Schriften des Erzbischofs von
Embrun." Das Document strotzt von den empörendsten Ausdrücken
gegen den Papst und gegen die Kirche; diese sei ganz verkommen, denn
sie dulde die schändlichsten Irrthümer, das Licht des Glaubens werde
deßwegen nach alten Prophezeiungen in Europa erlöschen, um in Indien
und China und den Juden zu leuchten. Der Staatsrath unterbrückte
im September das Schmachlibell, und am 11. October verdammte
Clemens XII. durch ein eigenes Breve diese und jede andere Schrift
des Bischofs von Montpellier [1].

Außer Colbert trat nur noch Caylus, Bischof von Auxerre, in
dieser feierlichen Weise durch ein Paftoralschreiben vom 26. December
1733 auf; er habe ein Wunder untersucht und approbire es als Bischof,
daß nämlich Paris am 6. Januar die Magd Edmée Desvignes in
Seignelai wunderbarlich geheilt habe. Dann ging er selbst nach
Seignelai und hielt am 7. März 1734 ein pompöses Te Deum in der
Pfarrkirche zur Danksagung. Der Staatsrath unterbrückte am 28. März
das bischöfliche Manifest, weil es den Geist der Rebellion gegen päpstliche Entscheidungen nähre, und behaupte, es sei jetzt eine Zeit der Verfolgung der Wahrheit, die nur noch bei denen sich finde, welche einen
Erlaß der Kirche bekämpften; darum verletze dieses Manifest die königliche
Verfügung vom 5. September 1731, welche die Bulle Unigenitus im
ganzen Reiche zu beobachten verordne. Anders das Parlament; dasselbe
nahm den Generalprocurator auf Ansuchen des Bischofs als Appellant
gegen das Breve Clemens' XII. vom 19. Juni 1734 an, welches den
bischöflichen Wunderbrief verurtheilt hatte, und befahl am 1. März 1735,
dieses Breve müsse der Polizei abgeliefert werden, Niemand dürfe es besitzen. Drei Pfarrer der Diöcese Auxerre ergriffen im April und Mai
1734 Recurs an den Erzbischof Languet von Sens gegen die von
Caylus befohlene Publication des Wunders in den Pfarrkirchen; aber
der Staatssecretär Maurepas suspendirte durch Brief vom 14. August

---

[1] Barbier, II. p. 500. Clef du Cabinet, Oct. 1734, p. 270. Bullar. Rom.
XIV. 5.

an Languet den Proceß, bis der König Klarheit in der Sache habe. Obwohl Languet deßwegen keinen Schritt gegen Caylus that, erließ dieser doch am 8. August 1735 einen neuen Hirtenbrief zur Vertheidigung seines Wunders (dessen Helbin nach der angeblichen Heilung unter die Convulsionärinnen gegangen war), schmähte über die „leichtfertigen und ungerechten Censuren des römischen Hofes", über dessen Ignoranz und Anmaßung; besonders aber ließ er seinen Groll aus gegen die Über= griffe des Erzbischofs, der gegen alles Recht, zum Nachtheil der guten Ordnung und des Friedens, die Appellation der drei Pfarrer ange= nommen habe. Languet antwortete in dem schönen Hirtenbriefe vom 25. März 1736, in welchem er den Erlaß des Erzbischofs von Paris gegen die Ächtheit der von ihm untersuchten Wunder publicirte; daran knüpfte er eine kräftige Vertheidigung des Papstes, der Kirche und seiner eigenen Rechte gegen den traurigen Übermuth des Bischofs von Auxerre [1].

Die tollen Erklärungen der beiden Bischöfe von Montpellier und Auxerre mögen für den Erzbischof von Paris der Anlaß geworden sein, daß auch er über die Wunder sich erklärte. Es waren schon über vier Jahre vergangen, seit die Pfarrer ihm zuerst 4, dann 13 Wunder zur Approbation vorgelegt hatten; jetzt endlich verwarf er durch die Ordonnanz vom 8. November 1735 den von Thomassin geleiteten Infor= mationsproceß als form= und werthlos, die Wunder selbst als unglaub= würdig, verbot, diese oder andere, dem Paris zugeschriebene, zu veröffent= lichen, erneuerte sein Mandement vom 15. Juli 1731, und erklärte zu= gleich, die Convulsionen seien kein Werk, welches aus Gott entspringe.

(Fortsetzung folgt.)

R. Bauer S. J.

Die Andacht zum göttlichen Herzen Jesu.

III. Wirkungen der Herz-Jesu-Andacht.

(Schluß.)

4. Die Wirkungen der Andacht erstrecken sich indessen weit über die einzelnen Gesellschaften hinaus auf die ganze Menschheit. Der Hei=

---

[1] Clef du Cabinet, Mai 1734, p. 359; Avr. 1735, p. 265. Languet, Instr. past. sur les miracles du Diacre, p. 118. Mandement du 25 Mars 1735, p. 16—49.

laub ist das Gemeingut aller Menschen; er ist für Alle gekommen, er
ist der Herr, der Schöpfer, der Erlöser, das Licht Aller, die in diese
Welt treten; er ist das Haupt der Menschheit, und somit gehört
sein Herz auch aller Welt an. Seine Wohlthaten hören da nicht auf,
wo die Sphäre des übernatürlichen Lebens ausläuft; auch die Welt
und die Menschheit, die darüber hinausliegt, erfreuen sich der Seg=
nungen des göttlichen Herzens. Wir fassen hier die Menschheit nur
vom natürlichen Standpunkte auf und wollen sehen, wie auch ihr die
Andacht zum göttlichen Herzen zu Gute kommt. Unserer Ansicht nach
in doppelter Beziehung: sie deckt ihre Übel auf und hat Macht, sie
zu heilen.

Die Welt leidet; sie ist krank, und ernstlich krank. Ihre Ärzte
sagen es alle und bemühen sich um die Diagnose. Aber wer wird die=
selbe zuverlässiger stellen können, als eben die ewige Weisheit, welche
den Organismus des Menschen und der menschlichen Gesellschaft zu=
sammengefügt hat und deren Freude es von jeher ist, den Gang der
Menschheit zu verfolgen und zu beobachten und ihre Verirrungen zu
heilen? Wenn nun die göttliche, menschgewordene Weisheit selbst das
Herz der Menschheit als Sitz der Krankheit bezeichnet und auf ihr
eigenes Herz als das Heilmittel verweiset, können wir dann zweifeln,
daß die Menschheit vorzüglich am Herzen krankt? Dürfen wir nicht aus
dem Heilmittel auf das Übel und von dem Übel auf die Mittel schließen?
Halten wir vor Allem nur fest, was wir in Bezug auf die Grundsätze
für das Wesen und die Bedeutung der großen kirchlichen Andachten
festgestellt haben: sie sind nichts als große Heilmittel, welche die göttliche
Vorsehung der Kirche und der Welt für ihre zeitweiligen Gebrechen
und Schäden bietet. Die große Andacht unserer Zeit nun ist die zum
göttlichen Herzen; ist damit nicht auch die Verirrung und das Mittel
angedeutet? Damit wir ferner gar nicht daran zweifeln können, sagt
es uns der göttliche Heiland selbst. Die hl. Gertrud fragte einst den
hl. Johannes, der sie einer Erscheinung würdigte, warum er, da er doch
beim Abendmahle am Herzen Jesu geruht, nichts zur Belehrung über das
göttliche Herz geschrieben habe; und der Liebesjünger antwortete ihr mit
diesen denkwürdigen Worten: „Ich war beauftragt, der heranwachsenden
Kirche die Worte des unerschaffenen Wortes Gottes zu verkünden; was
die Huld der Anmuthungen dieses Herzens betrifft, so hat Gott es sich
selbst vorbehalten, sie in den letzten Zeiten, im höchsten Verfall der Welt
bekannt zu machen, um die Gluth der Liebe, die alsdann erkaltet sein

wird, wieder anzufachen." [1] In der That brauchen wir nur die krank=
haften Erscheinungen unserer Zeit zu beobachten, und wir werden sehen,
daß das Übel von Verirrungen des Herzens kommt. Es fehlt uns nicht
an Bildung des Geistes, sondern des Herzens.

Wie kann denn aber das Herz kranken? Das Leben des Herzens
ist die Liebe, die Gesundheit dieses Lebens die Ordnung der Liebe. Die
Liebe nun geht ihrer Natur nach aus sich auf Andere über, sie will
Gutes thun, sie will beglücken durch Mittheilung des Ihrigen und
ihrer selbst, und je reiner und selbstloser sie dieses will und thut,
um so heller ist ihr Glanz, um so mehr ist sie wahre, vollkommene
Liebe. Im Gegentheil verliert sie an Werth, Reinheit und Schönheit,
je mehr Selbstisches sich ihr beimischt, je weniger sie sich vergißt und
aus sich herausgeht; sie wird geradezu ein Zerrbild, sobald sie das
Streben, aus sich zu gehen, aufgibt und einzig auf sich zurückkehrt.
Das geschieht nun durch die Selbstsucht, den Egoismus. Dieser Egois=
mus ist daher der gerade Gegensatz, der Tod der Liebe; denn er ist
die ungeordnete Selbstliebe, die Selbstliebe bis zum Haß alles Andern.
Der Egoist liebt nur sich, alles Andere nur für sich; nur er will
leben, glücklich sein, herrschen; alles Andere gilt ihm nichts, ist nur
da, als Sockel seiner Größe und seines Glückes zu dienen; er ist das
Centrum von Allem, Alles geht auf in ihm. In der Selbstsucht also
umfaßt der Mensch nur sich selbst und nur seine Interessen. Diese In=
teressen nehmen seiner doppelten, geistigen und leiblichen, Natur nach
namentlich zwei Richtungen, eine geistige und eine materielle, und äußern
sich in der dreifachen Sucht nach äußerem Besitz, Sinnenlust und Ehre,
in ungezügelter Freiheit des Willens und des Verstandes. Dieses sind
die Erstgebornen der Selbstsucht, ja die Selbstsucht selber je nach ihren
verschiedenen Richtungen. Um dieser dreifachen Sucht zu fröhnen, wirft
der Mensch sich in seine Zeit, greift nach allen Seiten aus und be=
mächtigt sich aller Verhältnisse des Lebens, beutet sie als sein Erbe aus
auf dem Gebiete der Materie und des Geistes, des Staates, der Kirche
und der Religion. So wächst die Selbstsucht zu einem vielgestalteten
Ungeheuer aus, das mit seinen hundert Köpfen und Armen das ganze
Privat= und Völkerleben beherrscht und verzehrt. So vielarmig die
Erscheinungen sich gestalten, es sind nur Spielarten derselben Rasse.

Blicken wir nun einmal auf die Eigenarten der Gesinnung, der

---

[1] Dalgairns, Das heilige Herz Jesu, S. 66. Bougaud, ch. 7. p. 176.

Sitte und des Lebens unserer Zeit, sehen wir dann nicht, wie gerade der Egoismus es ist, an dem unsere Zustände in schrecklicher Weise kranken? Auf dem Gebiete der Wissenschaften, der Philosophie und Ethik herrschen die Systeme des Naturalismus, des Materialismus, des Pantheismus; die Theorien der autonomen Sittlichkeit, der Culturreligion mit dem Humanitätscult sind in voller Blüthe. Traurige Verirrungen des menschlichen Geistes! Wenn der Mensch seines Fleisches und seiner Gewissensbisse nicht mehr Herr werden kann, dann erfindet er Systeme, um, aller Bande der Wahrheit und Sittlichkeit bar, sich und seine Gelüste zu kanonisiren, ja zu vergöttern. Kann es ein schrecklicheres Unterfangen des Egoismus geben? In den Werken der schönen Künste und der Literatur begegnet uns dieselbe Schaustellung und Verherrlichung des Fleisches, der infamsten Leidenschaften und Schwächen der gefallenen Menschheit durch den Pinsel, durch Mimik, durch Gesang und Poesie. Und woher diese Entwürdigung der schönen Kunst, dieser Tochter des Himmels? Schmutziger Eigennutz ist die Inspiration des größten Theiles unserer Kunstwerke. In dem Leben der Industrie, des Handels, der Verwaltung und des Beamtenthums erschreckt uns förmlich die fieberhafte Gier, sich zu bereichern, die Concurrenzmacherei, die Speculationswuth, das unsinnige Abenteuern nach eingebildeten Erwerbs= und Gewinnquellen, die schändliche Ausnutzung der Kräfte, der Gesundheit, des Gewissens des armen Arbeiters, das gewissenlose Gründerthum, dieses entehrende Brandmal unserer Zeit. Das Familienleben wird entweiht durch die Undotmäßigkeit der Kinder und Dienstboten, durch den Luxus und die Sinnlichkeit der Eltern, jedes Glied trägt sein Heim und seine Freude nach außen und theilt es mit Fremden, während der eigene Herd vereinsamt bleibt. Im social=politischen Leben haben wir diese Unruhe, dieses Anstürmen gegen jede Schranke des Rechtes und der Gewalt, dieses ewige Revolutionsgelüste, auftretend hier als Communismus, dort als Socialismus, am häufigsten aber unter der Larve des jetzt so hochbeliebten Liberalismus, des eigensten Schnittes unserer Culturgrößen; dieses Systems der Halbheit, der Inconsequenz, der Unehrlichkeit, der Charakterlosigkeit, des Knechtssinnes, des schmutzigsten und frechsten Gelüstens nach fremdem Gut und Recht. Was gewahren wir im Völker= und Staatenverkehr? Treulosigkeit in Heilighaltung der Verträge, eine Politik des augenblicklichen Nutzens und der materiellen Übermacht, Nationalitätenschwindel, Rassenhaß und Rassenkriege! Und über Allem endlich thront und herrscht der Cäsarismus, dieser Staatsgott, der kein anderes Recht neben sich und unter sich duldet, der alle Rechte durch unnatürliche Concentration verrenkt, zermalmt, gegen alle Angriffe mit der Gewalt des Stärkeren sich behauptet und der ganzen menschlichen Gesellschaft den Belagerungszustand erklärt und das Faustrecht als normalen Lebensstand aufzwingt.

Das sind die Hauptübel und die Verirrungen unserer Zeit! Und sind sie nicht sämmtlich Bestrebungen, Spielarten, Früchte, Wirkungen der Haupt- und Todsünden des Egoismus, das „Eritis sicut dii“, ausgeführt in den umfassendsten Dimensionen auf allen Gebieten des Lebens? Sind die Tendenzen unserer Zeit nicht alle egoistisch und allzumal verderblich?

Oder sind damit nicht auch die Quellen der Unordnungen aufgedeckt, deren Rückschlag wir so empfindlich fühlen, und die Ursachen aller privaten und öffentlichen Übel, unter denen wir seufzen? Wir wollen gar nicht sprechen von den Strafen und Züchtigungen, mit denen Gottes Gerechtigkeit so positiv und augenscheinlich antwortet; wir fragen nur, woher der traurige Niedergang aller wahren Kunst und Philosophie? Woher dieser schmutzige Strom der Unsittlichkeit, der sich durch alle Straßen des öffentlichen Lebens wälzt, in alle Wohnungen und Familien bricht und als riesige Sündfluth über den höchsten Spitzen der menschlichen Gesellschaft steht? Woher diese erschreckenden Ausbrüche von Verbrechen und Unthaten, deren Verzweigungen und Verwurzelungen oft bis in die höchsten Kreise der Vertreter der Gerechtigkeit hinaufreichen? Diese siets wachsende Verbrecherzahl, diese Corruption der Gerichts- und Verwaltungspflege, wer hat sie geschaffen? Woher diese Entfremdung von Gott, dieser offenbare und unverholene Haß gegen Gott und Alles, was seinen Namen ehrt und trägt und ihn repräsentirt vor den Menschen? Woher dieser unselige Culturkampf, der wie ein schwerer, erdrückender Alp auf Aller Gewissen lastet und mit seinen Ausnahmsgesetzen und Zwangsmaßregeln, mit seiner Spähsucht und Angabewuth einen Druck, eine Mißstimmung, eine Unerträglichkeit der Zustände schafft, die Gott allein geklagt werden mag? Woher das Stocken alles Handels, aller Industrie, die Rathlosigkeit aller Besitzenden, die allgemeine Unsicherheit? Wie betrübend und beschämend! Wo ist das Jahrhundert, das größere Anstrengungen aufgeboten, den Frieden zu hüten, und das mehr Macht und Gewalt besaß, die Ruhe und den friedlichen Bestand aller Dinge zu sichern, als unser neunzehntes? Ist ja doch bereits Alles Soldat, um den Frieden zu erhalten; Bewohner, Finanzen und Boden verschlingt diese Friedenswacht, ein Gürtel uneinnehmbarer

Festungen und eherne Mauern von Kanonen, Panzerfregatten und Bajonnette beschützen ihn, und doch! wo ist wieder das Jahrhundert, das sich mehr fürchtet und nie zur Ruhe kommt, aus Furcht vor Krieg und Revolution? Oder sind wir ein halbes Jahr, auch nur einen Monat sicher vor einer Schilderhebung der Commune oder einem allgemeinen Weltkrieg? Traurige Lage, so Jahrzehnte zwischen den Bajonnetten, unter den Füßen von einem halben Dutzend Weltmächten zu liegen, die bis an die Zähne gerüstet drauf und dran sind, blutig an einander zu gerathen! Wie kann denn da Ruhe, Glück und Wohl= fahrt gedeihen? Welch' lehrreichen und traurigen Commentar liefern die civilisirtesten Staaten Europas zumal zu dieser Wahrheit! Sie haben sich an die Spitze der Nationen geschwungen und verlieren den sichern Boden unter den Füßen; sie halten sich für ebenso reich als gesegnet an Siegen und speculiren auf dieses Trugbild hin; sie brüsten sich mit der größten Militärmacht, und fühlen sich tödtlich getroffen in ihrem Handel und in ihrer Industrie, ja in ihrer Ehre durch die schreien= den Scandale in der Bank= und Geldwirthschaft. Was nützt ihnen da aller Glanz der Civilisation? Der speiset die Bankerottirten und die hungernden Arbeiter nicht.

Aber so mußte es kommen. Es sind dieses nur die Früchte des Egoismus. Dieser Egoismus in sich ist nichts als Verderben, Theilung, Isolirung, Auflösung und die Unordnung selbst, er kann nichts zu Tage fördern als Verbrechen, Unglück und Ruinen. Das Herz ist die Quelle des Lebens, die Liebe ist das mächtigste Bedürfniß des Menschen, seine gewaltigste Macht; liebt er recht und ordnungsgemäß, so ist er selbst glücklich und verbreitet überallhin Segen und Freude; verkehrt er aber die Ordnung seiner Liebe, liebt er nur sich, dann ist er eine Quelle des Unglücks für sich und die Mitwelt. „Von dem Herzen," sagt die ewige Weisheit, „gehen aus die schlechten Gedanken, Todtschlag, Unlauter= keit, Diebstahl, Meineid, Gotteslästerung." [1] Dann gibt es keine Kraft, welche so verheerend um sich greift, dann ist der Mensch wie ein Welt= körper, der sich losgerissen von seiner Bahn — wer möchte ihm begegnen? Und wie erst, wenn diese Selbsucht Alles ergreift, wenn sie sich von den Individuen auf die Gesellschaften, von den Unterthanen auf die Re= gierungen, Staatslenker und Großmächte fortpflanzt? Ist es dann nicht, als wenn man sich in einer Sphäre voll irrender Kometen, in einem

---

[1] Matth. 15, 19.

Lande voll gährender Völker befände? So ist unsere Zeit. Sie ist durchaus dem Egoismus verfallen; sie hat verlernt, was geordnete Liebe ist. Daher das Übermaß von Unglück und Erniedrigung mitten unter den stolzen Denkmalen unserer Kraft. Wie trifft auf unsere Zeit die Stelle des Propheten: „Voll ist die Erde von Silber und Gold und ihrer Schätze ist kein Ende; übersäet ist sie von Rossen und unzählbar sind ihre Kriegswagen; voll ist die Erde von Götzenbildern . . . und der Mensch hat sich gebeugt, und erniedrigt steht der Mensch da." [1] Ja, erniedrigt steht der Mensch da, ein Barbar mitten in der Größe seiner Civilisation, denn er hat kein edles Herz mehr, er versteht nicht mehr, großmüthig und selbstvergessen zu lieben. So hat Gott den Men= schen nicht geschaffen, er ist abgefallen von seinem Ideal, er hat das Ebenbild Gottes in sich verunstaltet.

Da ist also einleuchtend, was uns Noth thut; wir müssen wieder edel und geordnet lieben lernen, wir bedürfen einer Kur, einer Reform, einer Schule des Herzens! Diese Schule ward uns eröffnet durch die Offenbarung der Andacht zum göttlichen Herzen. Diese Andacht ist eine wahre Schule des Herzens, sie verfügt über alle Erfordernisse und Mittel, um unsere Herzen ihrem Elend und ihrer Verwilderung zu ent= reißen. Wie zeitgemäß ist es doch, daß der Heiland jetzt, wo einerseits die Verblassung der Charaktere, die Lähmung der Herzen, die Profanation der Liebe so gräßliche und ekelhafte Formen annimmt, und andererseits der Größencultus in schwindelhafter Manie getrieben wird, daß der Heiland, sagen wir, gerade jetzt der Welt sein Herz offenbart, daß die Kirche gerade jetzt dieses herrliche Charakterbild zur Anerkennung und Nachahmung auf den Altar stellt? Das heißt fürwahr den ganzen Menschen, die ganze Zeit reformiren, das ist eine That von hoher socialer Bedeutung, das ist selbst für den außerkirchlichen Theil der Menschheit von der höchsten culturhistorischen Bedeutung.

Dieses göttliche Herz ist und bleibt, auch nur von natürlicher Seite betrachtet, das höchste und reinste Ideal der Sittlichkeit, die Krone aller Schöpfungen Gottes. Selbst ungläubige Philosophen beugen sich vor dem tadellosen, majestätischen Charakterbild Jesu, und alle würden sie seine Jünger, wenn er, wie sie blasphemisch sagen, nicht die unglück= liche Prätension stellte, Gott sein zu wollen. Wir können und sollen von ihm lernen. Die Andacht hat vorab keinen andern Beruf, als

---

[1] Isai. 2, 9.

uns zu edlen, glücklichen Menschen zu machen, und das durch die Re=
form unseres Herzens und unserer Liebe. Wie viel Kraft liegt für die=
sen schönen Beruf nicht in der Andacht, wenn wir es nur über uns
brächten, uns mit ihr zu befassen, wenn wir es nur verständen, mit dem
herrlichen Ideale, das sie uns vorhält, uns zu beschäftigen, wenn wir
uns nur die Mühe gäben, das Evangelium zu lesen, wie wir Romane
und Unterhaltungsblätter verschlingen, und mit etwas Nachdenken darauf
zu achten, welch' eine herrliche Fülle von Charakter= und Liebesschönheit
in den Worten und Thaten des Heilandes sich uns offenbart. Wie
wohlthätig müßte auf unsere angeborene Selbstsucht dieser unnachahmlich
schöne und majestätische Zug wirken, der den goldenen Grund des ganzen
Charakters Jesu bildet und den der Apostel mit dem treffenden Aus=
druck zeichnet: Christus non sibi placuit [1], Christus hat sich nicht
selbst gefallen, er hat nicht sich und sein Genügen gesucht, er war in
seiner Liebe zu uns die Uneigennützigkeit selbst. Welch' edle Menschen
müßten wir bald werden, wenn wir uns öfter in der Umgebung dieses
Ideals aufhielten, seinen milden, bessernden Einfluß auf uns wirken
ließen! Um wieviel besser und glücklicher stände es dann mit der mensch=
lichen Gesellschaft! Wahrhaftig, wir hätten dann keine, oder unverhältniß=
mäßig weniger unbotmäßige Kinder und Dienstboten, keine selbstsüchtigen
Eltern, keine tyrannischen Herrschaften, keine in Gottes= und Menschen=
haß verbissene Arbeiterschaft; wir hätten keine herzlosen Gründer, keine
liberalen Abgeordneten und Minister, keine politischen Heuchler, keine
abgefallenen Priester, keinen von all' diesen Verwüstern des Glaubens
und der Wohlfahrt der menschlichen Gesellschaft. Der Cultus dieses
gottmenschlichen Herzens würde mehr Civilisation, Sitte, Glück, Wohl=
stand begründen, als alle culturfördernden Schulen und Gesellschaften,
als aller Cultus der Nationalhelden. Diese können die Summe der
Entsittlichung, der Verbrechen, des Unglücks doch nicht mindern; das
kann der Heiland allein. Er allein hat Gnade und Wahrheit [2].

Ja er thut noch mehr für die arme Welt. Er, der schon einmal
den Strafbann einer sündigen Welt gebrochen, will auch uns befreien
von den zeitlichen Übeln und Drangsalen, die unsere Zeit sich geschaffen;
und zwar alles dieses durch die Andacht zu seinem göttlichen Herzen.
Öfter wiederholt die sel. Margaretha in ihren Briefen dieses Versprechen
des göttlichen Heilandes. „Wie mächtig ist doch das göttliche Herz,"

---

[1] Röm. 15, 3. [2] Joh. 1, 17.

sagt sie, „die göttliche Gerechtigkeit zu besänftigen, welche erzürnt ist über die Unzahl unserer Sünden, und alle Drangsale über uns verhängt, an denen wir leiden. Man muß beten, damit es nicht noch schlimmer komme. Die gemeinschaftlichen Gebete vermögen viel beim göttlichen Herzen, es hält die Strafen der Gerechtigkeit auf und pflanzt sich zwischen sie und die Sünder, um Barmherzigkeit zu erlangen." [1] „Der Heiland hat mir zu erkennen gegeben, daß er sein Herz jetzt geoffenbart, damit es Mittler sei zwischen Gott und den Menschen; dieser Mittler ist allmächtig, um Frieden zu schließen und die Züchtigungen, welche unsere Sünden verdienen, abzuwenden." [2] „Des Herrn Absicht bei dem Verlangen, sein Herz besonders verehrt zu sehen, ist meiner Ansicht nach die, in den Seelen die Wirkungen seiner Erlösung zu erneuern, indem er sein Herz gleichsam zu einem Mittler aufstellt zwischen Gott und den Menschen, deren Sünden sich so häufen, daß es der ganzen Ausdehnung seiner Macht bedarf, um ihnen Barmherzigkeit und die Gnaden des Heiles und der Heiligung zu erlangen." [3] „Es brauchte eines so mächtigen Beschützers, um die Erbitterung der göttlichen Gerechtigkeit über so viele Verbrechen zu beschwichtigen, ... deßhalb mußte ich ohne Unterlaß mit ihm (dem Heilande) um Barmherzigkeit flehen, damit das Maß der Sünden nicht überlaufe und Gott den Sündern verzeihe in Ansehung der Liebe, die er zu diesem liebenswürdigen Herzen trägt, welches nicht aufhört, sich in Liebe zu uns zu verzehren, denn er will sein neues Reich unter uns nur deßhalb gründen, um uns große Beweise seiner Barmherzigkeit zu geben ... es ist dieses eben die letzte Arznei, die der himmlische Vater uns schickt zum Heilmittel unserer Übel." [4] So die Selige.

Ausreichenden Beweis liefert die Geschichte der Andacht. Welch beredten Ausdruck diese Überzeugung bei Klerus und Volk in so vielen gewichtigen Stimmen der Neuzeit gefunden, haben wir bereits gehört. Wir wollen hier nur noch die schönen Worte des Concils von Bourges anführen: „Um sicherer auf unsere Provinz die Barmherzigkeit des Himmels herabzuziehen, haben wir dieselbe dem göttlichen Herzen geweiht und es inständig angefleht, daß es aus seinem unermeßlichen Schatze den Strom aller Gaben, die Liebe, über uns ausgieße, auf daß diese dürre Erde fruchtbar werde und den Segen des Friedens sprieße. Retten wir uns in das göttliche Herz, es ist die sicherste Zuflucht gegen die Fluthen der Ungerechtigkeit, die den Bestand aller Dinge be-

---

[1] Lettre 110.   [2] Lettre 33.   [3] Lettre 43.   [4] Lettre 95.

drohen, ſchöpfen wir Waſſer des Heiles aus dieſem Lebensborne, um
unſere Makeln abzuwaſchen, unſere Gebrechen zu heilen, um alle Keime
des Lebens, der Tugend und des Glückes zu hegen und zu mehren."[1]
O, was könnte ſich die Welt nicht verſprechen, wenn ſie dieſer Aufforderung folgte! So aber irrt ſie fern von Gott unſtät, liebeleer und
liebebettelnd umher, baut Theorien von Wohlfahrt, Glück und Größe,
läuft ihren falſchen Heilanden und Propheten nach, die ſie um ihr Glück
betrügen, und nachdem ſie den Kreislauf aller Täuſchungen durchlaufen,
legt ſie ſelbſt Feuer an ihre Schöpfungen und verzweifelt unter dem
Einbruch des Unglücks, das ſie ſelbſt heraufbeſchworen. Und doch iſt
das Heil ſo nahe! In deiner Mitte ſteht er, der Heilige Iſraels, der
gute Hirt, mit einem Herzen voll Macht und Liebe und ruft Allen zu:
„So kommet doch zu mir, die ihr mühſelig und beladen ſeid, ich will euch
erquicken." Aber das iſt eben der Geiſt der Welt und der Zeit, einmal
unbändiger Stolz und trotzige Auflehnung gegen Gott, und dann wieder
Verzagtheit und Verzweiflung. Im Gegentheil iſt der Geiſt unſerer
Andacht ſo recht ein inniges und herzliches Vertrauen, Vertrauen in
jeder Lage und in jeder Noth des Lebens. „Der Herr, Gott iſt mein
Helfer, und deßhalb zittere ich nicht; wie hartes Felsgeſtein ſetze ich
mein Antlitz entgegen und ich weiß, daß ich nicht zu Schanden werde ...
Wer in der Finſterniß wandelt und der, welchem kein Licht leuchtet, der
hoffe auf den Namen des Herrn, der ſtütze ſich auf ſeinen Gott."[2] So
lange das Herz unſeres Gottes unter uns iſt und über uns wacht,
können wir wohl heimgeſucht werden, aber nicht zu Grunde gehen. „Siehe
da das Zeichen des Bundes zwiſchen mir und euch," ſprach Gott zu
Noe beim Abziehen der letzten Gewitterwolken der alten Sündfluth,
„meinen Bogen ſetze ich in die Wolken ... und wenn ich den Himmel
mit Wolken umziehe, dann erſcheint mein Bogen in den Wolken und
erinnern will ich mich des Bundes mit euch ... und es wird keine
Fluth mehr ſein, um alles Fleiſch zu verderben ... Mein Bogen ſoll
am Himmel ſein, ich werde ihn ſehen und gedenken meines Bundes in
Ewigkeit."[3] Ein ähnliches Zeichen, aber viel ſchöner, troſtvoller und
mächtiger, ſteht am Horizonte unſerer Zeit; es iſt das göttliche Herz,
das Zeichen der Barmherzigkeit und Langmuth Gottes. Wenn ſchon der
freundliche Regenbogen die arme Welt tröſtet und das Herz Gottes mild

---

[1] Collect. Lac. T. IV. p. 1146.
[2] Iſai. 50, 7 ff.   [3] Gen. 9, 12 ff.

bewegt, um wieviel mehr das göttliche Herz? Deßhalb wollen wir nicht
zagen, sondern vertrauensvoll in jeder Noth unser Auge zu diesem Zeichen
erheben. „Betrachte den Regenbogen und preise den, welcher ihn gebildet;
sehr prachtvoll ist er in seinem Glanze. Er umzieht den Himmel mit
seiner Herrlichkeit; des Höchsten Hände haben ihn ausgespannt."[1]

Wir wären nun mit unserer Untersuchung zu Ende. Freilich waren
es nur schwache und blasse Züge, in denen wir das Lichtbild dieser An=
dacht entwarfen und sie als ein wahrhaft göttliches Werk zu schildern
suchten, ein Werk voll der Wahrheit und Schönheit in seinem Gegen=
stande, voll der Merkmale göttlicher Macht und Weisheit in seiner
Geschichte, überreich an Segnungen in seinen Wirkungen. Was
erübrigt uns noch, als die Andacht, die so ganz auf unsere Zeit be=
rechnet ist, zu umfassen, sie zu unserem und unserer Nebenmenschen
Heil zu verwerthen? Wie viele Beweggründe, dieses zu thun, haben
wir aus dem Gesagten als Menschen, Christen, als Angehörige
unserer Nation!

Diese Andacht entspricht dem ersten Bedürfnisse unserer mensch=
lichen Natur. Wir haben ein Herz, wir wollen und müssen etwas
lieben. Das ist Naturnothwendigkeit für uns; nur darum handelt es
sich, daß wir auf eine geordnete Weise lieben; nur im naturgemäßen
Gegenstande unserer Liebe kommt unser Herz zur Ruhe. So lange
dieser Ruhepunkt nicht gefunden ist, sind wir unstät, weil fern von un=
serer Glückseligkeit. Es ist also für uns eine Lebensfrage, diesen Mittel=
punkt zu finden. Aber wo dieses? Wir sagen entschieden: endgiltig nicht
in der Creatur! Vergebens gehen wir bei den Geschöpfen umher und
fragen: Seid ihr es, die mich beglücken werden? Ihre Unzulänglichkeit,
ihr Unbestand, ihr Nichts sagen uns genugsam, daß sie es nicht sind,
die uns beglücken können. Wie gut wäre es für uns, wenn uns Je=
mand den Ort unserer Ruhe wiese! Nun, dieser Ort ist gefunden. Es
ist das göttliche Herz Jesu. Da haben wir Alles, wornach unser Herz
verlangt. Unser Herz will etwas Menschliches und Göttliches zugleich,
etwas, das es zugleich sympathisch anzieht und endgiltig befriedigt!
Das besitzen wir nun beides im Herzen unseres Heilandes. Es ist ein
göttliches, aber es ist auch ein menschliches Herz, das dich mit einer

---

[1] Eccli. 43, 12. 13.

menschlichen Liebe liebt, das empfindet, ja leidet wie du. Seine Liebe, sie kennt den Schmerz wie du; deinetwegen hat sie den Kelch der menschlichen Leiden bis zur Neige geleert. Wenn du leidest, siehe, dieses Herz versteht deinen Schmerz; wenn dich Niemand liebt, ja wenn du dich aller Liebe unwürdig gemacht, es gibt doch noch ein Herz, das dich liebt — es ist das gute, treue Herz deines Heilandes. Aber ein bloß menschliches Herz genügt uns nicht. Wir wollen endlos und immer lieben; daher kann uns nichts genügen als das, was unendlich, was göttlich ist, Gott allein. Siehe da wiederum dieses göttliche Herz! Das können und müssen wir anbeten; wenn wir es lieben, lieben wie unsern Gott; wir ruhen am höchsten Gut, an unserem letzten Ziele, in dem bodenlosen unendlichen Meere der göttlichen Schönheit und Seligkeit, wo kein Ende und keine Wandelbarkeit ist. Nun sind wir zufrieden, wir sind gesättigt; wir haben für ewig unsern Ruhepunkt gefunden. Wenn das wahr ist, dann dürfen wir aber auch nicht länger an der Creatur hangen. Was ist auch alle geschöpfliche Liebe schließlich mehr als eine Hand voll Staub und Moder? Einer nur ist es, der steht, wo Alles dahinsinkt, der bleibt, wo Alles vergeht, der lebt, wo Alles dahinstirbt: die ewig alte und ewig neue Schönheit, die Wahrheit und das Leben, unser Herr und Herzensheiland Jesus Christus! Da siedeln wir uns an, — im heiligsten Herzen Jesu!

Das Christenthum führt uns erst recht zum Herzen des Heilandes hin. Wir sind Kinder der katholischen Kirche, Glieder des mystischen Leibes unseres Erlösers; das Herz Jesu aber ist, wie wir gesehen, die innerste Pulsader des Lebens der Kirche, es ist der lebendige Quell, aus dem in nie versiegenden Strömen Wahrheit und Gnade fließen, die uns beleben und stärken zum ewigen Leben; durch dieses Herz ist uns die Kirche alles das, was sie ist, und somit stehen wir als Christen und Kinder·der katholischen Kirche in der unmittelbarsten, lebendigen Nähe des göttlichen Herzens. Wir leben von ihm und fristen unser Leben durch seine Wohlthaten; als Kinder werden wir beim Empfange der ersten heiligen Communion an sein Herz gelegt, um an diesem Herzen zu ruhen unser Leben lang und die ganze Ewigkeit. Es ist unser Alles! Diese Andacht ist nichts anderes, als das praktische Eingehen auf das thatsächliche Verhältniß, in dem wir zu Christus stehen, sie ist der kürzeste, lebendigste Ausdruck unseres Glaubens und unserer Liebe. Andererseits zieht uns auch nichts so zu unserer Kirche hin, als die Wahrnehmung, daß ihr lebendiger Mittelpunkt, daß ihr erhabenstes

Heiligthum eben das lebendige, liebeathmende Herz des Heilandes ist. Gibt es eine liebenswürdigere Offenbarung ihres innersten Geistes, als die Empfänglichkeit, welche sie in dieser Andacht für das Erhabenste, Zarteste, Liebenswürdigste in Gottes großer Schöpfung an den Tag legt? So lange unsere Kirche so begeistert einsteht für das göttliche Herz, kann uns nichts an ihr irre machen; sie ist die wahre Braut Christi, unsere gute Mutter, wir können nichts Besseres thun, als auf ihren Herzenswunsch eingehen und es ihr nachthun in der Andacht zum göttlichen Herzen.

Das war auch gewiß der Grund, weßhalb der Heiland nach seinem Hinscheiden am Kreuze noch seine Seite und sein Herz wollte durchbohren lassen. Allerdings beabsichtigte er, durch den grausamen Lanzenstich uns den vollen und unwiderleglichen Beweis seines wahrhaftigen Todes zu geben; er wollte, daß, wie die übrigen Glieder seines Leibes einzeln gelitten, auch sein Herz noch geschlagen, verletzt und zerrissen werden solle — es waren da noch einige Tropfen Blutes und auch sie sollten für uns vergossen werden — das waren gewiß alles Gründe dieses Geheimnisses; allein wer kann es verkennen, daß die Eröffnung der Seite noch eine andere, mystische Bedeutung habe? Es war dem Heilande nicht genug, Alles aus Liebe zu uns vollbracht zu haben, er wollte uns jetzt durch seine geöffnete Seite hinweisen auf die geheime Werkstätte seines Lebens, auf die Quelle, aus welcher seine Lehren, seine Thaten, seine Wunder geflossen, auf seine Liebe, die Alles geplant und vollbracht hatte, auf sein göttliches Herz; er wollte uns hinweisen auf die überreiche Schatzkammer der Gnaden, zu welcher er sein Herz gemacht, weil es so ausnehmenden Antheil genommen an dem erlösenden Leiden und Wirken. So legte er bereits den Grund zu der Andacht zu seinem göttlichen Herzen, damit wir in ihr den Schlüssel zu all den Errungenschaften seiner unendlichen Liebe hätten. Da hat diese Andacht denn auch ihren Anfang genommen. Oder sollte wohl die kleine Gruppe, die unter dem Kreuze stand und der Eröffnung der Seite beiwohnte, das Geheimniß verkannt haben, das sich vor ihren Augen vollzog? Wir können uns das nur schwer denken. Warum betont der hl. Johannes mit so hoher Wichtigkeit diese Eröffnung der heiligen Seite?[1] Sollte in dem Segen dieses Geheimnisses nicht auch der unserer Andacht eingeschlossen liegen? Die schmerzhafte Mutter, Magdalena, der hl. Johannes standen

---

[1] Joh. 19, 35.

unter dem Kreuze, sie wurden von seinem letzten Bluttthau befeuchtet, sie
konnten durch die breite Wunde hindurch das göttliche Herz gleichsam
schauen und berühren, sie waren die ersten Verehrer und Anbeter des
göttlichen Herzens, die ersten Namen in den Stammrollen der Kinder
des Herzens Jesu. Vom Kreuze zog sie aus, die Procession der Ver=
ehrer, der Apostel des göttlichen Herzens, und nahm das Geheimniß der
Andacht mit der Fülle ihres Segens mit und verkündete es aller Welt.
Da, am Kreuze, mit der Eröffnung der Seite, ist also der Strom
der Andacht entsprungen; durch Jahrhunderte wand er sich in einem
tiefen, unsichtbaren Bette, nur in bevorzugten Heiligen sprudelten die
Wasser offen auf, bis endlich in unsern Zeiten der Herr in seiner Güte
die Wasser sammelte und in einem Brunnen zum Heile der ganzen
Kirche springen ließ. An uns ist es nun, diese Wohlthat des Herrn
zu benützen.

Wir haben aber auch als deutsche Katholiken besondere Gründe,
der Andacht zum göttlichen Herzen zugethan zu sein. Wir wollen die=
selbe natürlich nicht für uns Deutsche ausschließlich in Beschlag nehmen;
sie ist Eigenthum aller Christen und aller Menschen. Allein wie für
jeden Einzelnen, so kann es auch für ganze Völker Beziehungen geben,
die sie der Andacht zum göttlichen Herzen gleichsam näher bringen. Man
erlaube uns, wenigstens einige dieser Beziehungen hier anzudeuten.

Vor Allem ist es die Eigenart unsers Charakters, die uns zu dieser
Andacht hinleitet. Wir Deutsche rühmen uns vor Allem der Gemüths=
tiefe und der Mannestreue. In der That ist das der Grundcharakter
des deutschen Volkes. Wo gibt es nun eine Andacht, die dieser unserer
Eigenart besser entspräche, als die Andacht zum göttlichen Herzen, welche
nicht bloß die Andacht zur Liebe Jesu, sondern, insofern nämlich nicht
bloß ausschließlich die Liebe und das Herz, sondern alle Strebefähigkeiten
der Seele und ihre Acte zum Gegenstand der Andacht gehören, im
wahren Sinne die Andacht zum heiligsten Gemüthe des Herrn genannt
werden kann? Besäßen wir in dieser Andacht, klar und richtig auf=
gefaßt, nicht auch vielleicht ein Correctiv gegen die Ausschreitungen des
Gemüthslebens, gegen das Träumerische, das Schwärmerische und Nebel=
hafte des Gefühles, das durch den Protestantismus und Pietismus bei
uns so Oberhand gewonnen hat? [1] Kann auch wohl unserer Mannes=
treue ein edlerer und pflichtmäßigerer Gegenstand geboten werden, als

[1] Jungmann, Fünf Sätze, S. 104.

die Liebe und Hingabe an das Herz desjenigen, der gerade unsere Nation
so geliebt, der sie einst so sehr vor allen andern christlichen Nationen
erhoben, der die herrlichste Krone der Christenheit auf ihre Stirne ge=
legt, sie zur Hüterin und Schirmherrin seiner Kirche, zur ersten christ=
lichen Nation gemacht — der gute und große Völkerherzog, wie unsere
alten, christlichen Dichter ihn nennen?

Einen andern Grund liefert uns die Geschichte der Andacht. Ent=
sprechend der eigenthümlichen Naturanlage, haben wir Deutsche beson=
ders eifrig die Mystik erfaßt und gepflegt. In den Mystikern des
Mittelalters nun ist die Andacht zum göttlichen Herzen zum ersten Male
öffentlich und volksthümlich aufgetreten. Man kann diese Mystiker mit
Recht die Propheten der Andacht zum göttlichen Herzen nennen. Welch'
edle und verehrungswürdige Namen unseres Volkes nun finden wir
nicht vertreten unter diesen Vorboten der Andacht: einen Suso, einen
Tauler, einen Ludolph von Sachsen, eine hl. Mechthild, eine hl. Brigitta,
eine hl. Gertrud. Dürfen wir nicht sagen, daß das Morgenroth der
Andacht über Deutschland stand? [1]

Aber welch traurigen, entsetzlichen Rückschlag traf alsobald diesen
allgemeinen Aufschwung der Erkenntniß und des Heilandes Liebe zu ihm
in der unseligen Reformation! Seit Jahrhunderten existirt Christus in
einem großen Theile Deutschlands nur noch im Glauben, und leider ist
auch dieser bereits großentheils aufgegeben; steht doch der deutsche Pro=
testantismus nicht mehr solidarisch ein für die Fundamentalwahrheit des
Christenthums, für den Glauben an Christi Gottheit, Menschwerdung und
Erlösung; dieser Glaube ist zum Theil förmlich preisgegeben und abgethan.
Welch' betrübender und erschreckender Gedanke: ein großer
Theil unseres deutschen Volkes ist völlig von Christus
losgerissen, hat das christliche Bewußtsein verloren, ist
nicht mehr christlich! Es ist wahr, andere Länder und Völker sind
auch von der Kirche abgefallen, aber in der Entchristlichung ist Deutsch=
land insofern um eine bedauernswerthe Wegelänge voraus, als es die
traurige Ehre hat, Anstifter und Führer im Kampfe gegen die Kirche
Christi zu sein. Und täuschen wir uns nicht! Die Vorkämpfer nennen
sich zwar nur Liberale, sie sind aber nur die verlorenen Haufen des
Antichrists, der heranzieht, um Christus im deutschen Volke ganz
auszutilgen. Der Culturkampf ist ja, nach Virchow, „der Kampf

---

der Wissenschaft gegen das Dogma". Warum steht denn auf den Pro=
scriptionslisten katholischer Gebräuche und Anbachten namentlich und
zuerst die Anbacht zum göttlichen Herzen des Heilandes? Es ist die
förmliche Apostasie des beutschen Volkes von Christus, welche man plant
und in's Werk setzt. Und welch' erschreckende Fortschritte hat dieses
Satanswerk nicht schon gemacht? [1]

Was ist benn nun Gebot und Anforderung an uns in biesen
traurigen Zeiten des Abfalls vom Glauben und mitten in den verbreche=
rischen Angriffen der Gottlosigkeit auf die Ehre Christi? Vor Allem
thut ein öffentliches und unverfängliches Bekenntniß des
Glaubens an Christus, den Gottmenschen, noth. Die An=
bacht zum göttlichen Herzen ist der kürzeste, schlagendste, populärste Aus=
bruck, das festeste Vorwerk des christlichen Glaubens an Christus; werfen
wir uns in diese Veste, bekennen wir uns zur Anbacht zum gött=
lichen Herzen!

Zweitens ist ein Opfer der Sühne und der Genugthuung
nöthig, Christi und unseres armen Vaterlandes wegen. Ober glauben wir,
daß der Abfall eines so bevorzugten Volkes von Christus zur Fahne des
Antichrists ohne Gericht und göttliche Ahnbung sich vollziehen werbe?
Das ist noch nie erhört worden. Freilich, der herrschende Liberalismus
will nichts wissen, wenn man von Sühne spricht, er hält sich für den
Mann nach dem Herzen Gottes und weiset auf die zeitlichen Erfolge
als unzweibeutiges Gottesgericht für seine Gottwohlgefälligkeit hin! Wir
glauben sehr wenig an diese Gottgefälligkeit und meinen, wir thun
besser, uns vorzusehen auf Strafe und Sturm. Da ist benn das gött=
liche Herz, das, obgleich der Beleidigte, doch gütig und langmüthig ist,
und zugänglich den Bitten berer, die es mit Vertrauen angehen. Deß=
halb treten wir hin zum Throne der Barmherzigkeit, damit wir Hilfe
finden zur rechten Zeit. O möge es doch ein Mittler und Versöhner
für unser Vaterland sein! Möge es doch dieses letzte und entsetzlichste
Unglück der völligen Entchristlichung und des gänzlichen Abfalles vom
christlichen Glauben von uns abwenden! Möge es ferne halten von
uns die Züchtigungen, die wir schon verdient für unsere Sünden! Möge
es alle Herzen, die unter dem Druck seufzen, aufrichten, trösten und
mit Glaubensmuth stärken! Möge es uns die Gnade verleihen, zu

lernen aus dem Schlimmen, das wir dulden, mit Muth und Zuversicht noch Schlimmeres zu tragen zur Ehre seines Namens.

Doch unser letztes Wort soll kein Seufzer der Resignation sein. Zu etwas ganz Anderem berechtigt und verpflichtet uns gleichsam unsere An= dacht. Es ist die zuversichtliche Hoffnung auf die Wiederherstel= lung Deutschlands durch den katholischen Glauben. Freuen wir uns über die Trostlosigkeit, über den Schrecken und die Gefahr unserer Lage! „Im Sturm säet Gott", heißt das Sprüchwort. Gott schlägt uns die Stützen und Krücken zusammen, auf welche wir uns zum Öfteren stützten und auf welchen wir unwürdig daherhinkten; wir sollen uns jetzt auf Gott allein stützen und ihn allein zum Hort und Helfer haben. Gott macht von uns die falschen Freunde abwendig und entlarvt sie als unsere erbittertsten und gefährlichsten Feinde, und das ist als ein großes Glück zu begrüßen. Die Macht der alten Vorurtheile ist gebrochen, und das ist ein großer Schritt zur Auferstehung der Kirche Deutschlands. Sie wird auferstehen, die Kirche Deutschlands, und sie wird katholisch sein. Auf ihrem Herzen wird das Zeichen des göttlichen Herzens strahlen, das ist das Zeichen, das gesetzt ist zum Untergange und zur Auferstehung Vieler. Es ist in diesem Zeichen welterneuende Macht. Sehen wir nur hin auf unser unglückliches Nachbarland im Westen. Wie schreck= lich hatte die Revolution da nicht gewüthet! Fast bis auf die letzte Spur war die katholische Kirche mit allen Einrichtungen ausgetilgt. Das arme Volk erhebt sich und hebt sich langsam immer mehr. Und was es gewonnen und gut gemacht, das hat es der Andacht zum gött= lichen Herzen zu verdanken. Wer weiß, ob der Herr nicht auch unsere Drangsale zugelassen, um sein göttliches Herz zu verherrlichen, und daß wir gerade ihm die große Erbarmung verdanken sollten, die für jedes deutsche Herz der Anfang und das Ende aller Bitten sein muß, die Auferstehung, die Wiedergeburt, die Einigung Deutschlands durch den katholischen Glauben.

Dieser Hoffnung dürfen wir unser Herz nicht verschließen. Oder kann der Herr, der gütig ist und unwandelbar in seiner Treue, der alten Liebe seines Herzens zu Deutschland vergessen? Steht nicht noch vor seinen Augen die Herrlichkeit der alten Kirche Deutschlands? Hat der Herr aufgehört, der Retter und Erhörer der Unterdrückten und der Büßenden zu sein? Nein, so lange der Herr liebt, die er lieben will, so lange in deutscher Erde die Gebeine so vieler verklärter Verehrer seines göttlichen Herzens ruhen, so lange es in Deutschland Herzen gibt, die ihr Vertrauen auf das göttliche Herz setzen, und so lange sich die Zahl dieser Verehrer mehrt von Tag zu Tag, so lange dürfen wir auch dieser Hoffnung Raum in unseren Herzen geben mit dem Vertrauen, in unserer Erwartung nicht getäuscht zu werden.

Das sind keine leeren und eitlen Gedankenbilder. Es wäre dieses nicht das erste Mal, daß das göttliche Herz Deutschland rettet. Wir wissen, wie traurig und gefährdet die Lage unseres Vaterlandes beim Beginne der zweiten Hälfte des 16. Jahrhunderts war. Der Norden war für den Glauben bereits verloren und immer tiefer in das Herz Deutschlands drang der verhängnißvolle Riß der Glaubensspaltung. Österreich, Bayern, Schwaben standen auf dem Punkte, der Neuerung zuzufallen. Wer hielt den entsetzlichen Riß gewaltsam auf? Es war am 7. September 1549, da kniete in der vaticanischen Basilika in Rom eine kleine Gruppe von Ordenspriestern um den Altar der Apostelfürsten. Während des heiligen Opfers, das einer von ihnen vollzog, trat ein junger, kräftiger Mann von majestätischem Wuchse und männlich schönen Gesichtszügen, in den einfachen schwarzen Priestertalar und Mantel gekleidet, an den Altar und gelobte feierlich Keuschheit, Armuth und besondern Gehorsam dem Papste behufs der Missionen. Es war offenbar die Feier einer religiösen Gelübbeablegung; die Ceremonie verlief so schlicht, einfach und unauffällig, daß wohl keiner der frühen Beter in der Basilika am Abende sich an den Act erinnerte, welcher sich vor seinen Augen vollzogen hatte. Und doch war er von der größten Bedentung und Tragweite, namentlich für unser Vaterland. Das war gleichsam die Stunde seiner Rettung. Der junge Priester, der dort sein Gelöbniß auf den Altar legte, war der achtundzwanzigjährige Petrus Canisius, der künftige Apostel Deutschlands, und dort war es, wo dieser Beruf ihm zu Theil ward. Er selbst schildert uns in seinem geistlichen Tagebuche [1] die Vorgänge in seinem Innern während des Weiheactes. Er schreibt: „Als ich vor dem Altar der Apostel Petrus und Paulus kniete, hast Du, o Gott! mir neue Gnade erzeigt . . . Du hast mir Dein heiligstes Herz, in das ich, wie ich glaube, hineinschauen durfte, geöffnet und mir befohlen, aus diesem Born zu trinken, indem Du mich einludest, die Wasser des Heiles aus Deinen Quellen, o Erlöser! zu schöpfen. Mein sehnlichstes Verlangen war, daß Ströme des Glaubens, der Hoffnung, der Liebe daraus in mich geleitet wür-

---

[1] Rieß, Der sel. Petrus Canisius. Freiburg, Herder, 1865. S. 78, 79.

ben. . . . Dann, nachdem ich gewagt, Dein heiligstes Herz zu berühren
und meinen Durst aus ihm zu löschen, versprachest Du mir zur Be-
deckung meiner Seelenblöße ein Kleid aus drei Stücken, nämlich aus
Friede, Liebe und Beharrlichkeit. Mit diesem Kleide des Heiles angethan, war ich voller Vertrauen, daß mir nichts mangeln und Alles zu
Deiner Ehre ausfallen werde." Der Selige spielt mit diesen letzten
Worten auf seinen Beruf an, über den er in den Tagen der Vorbereitung auf seine Gelübdeablegung durch göttliche Offenbarungen und
Verheißungen volle Erkenntniß gewonnen hatte. Er sollte der Apostel
Deutschlands werden, sich ganz für das Heil des armen Landes verwenden und opfern, den Namen Jesu wieder vor Völker und Könige
tragen, dafür erhielt er wiederholt die Bestätigung und den Segen der
zwei Apostelfürsten. Die Gnadenkraft zu diesem Berufe aber floß ihm
zu aus dem heiligsten Herzen Jesu.

Wir können an der Wirklichkeit dieser Vision um so weniger
zweifeln, als der Erfolg sie auf das Glänzendste bestätigt. Im Bewußtsein höherer Sendung und Weihe betrat Canisius Deutschland,
durchflog unermüdlich das ganze Land von einem Ende zum andern, war
in allen größeren Staaten Deutschlands, von Prag bis Freiburg in der
Schweiz, von Cöln bis Wien, thätig als Prediger, Lehrer, Missionär
und Schriftsteller, wirkte auf allen Reichstagen und stiftete einen Bund
aller katholischen Geister und Machthaber zur Erhaltung und Auf-
richtung des katholischen Glaubens. Was seit der Mitte des 16. Jahrhunderts in Deutschland der Kirche erhalten blieb, wurde zunächst durch
Canisius gerettet.

Die Rettung Deutschlands in damaliger Zeit ist also eine Erbarmung des göttlichen Herzens. Dieses göttliche Herz war gleichsam
der flammende Dornbusch, aus dem die Sendung an den Retter Deutschlands erging, und in seiner Kirche hat er dem Verderben Einhalt geboten und die Wiederherstellung vollbracht. Sollen wir denn nun also
verzweifeln und nicht vielmehr Muth schöpfen aus dem Abgrunde der
unendlichen Erbarmungen dieses Herzens, das Deutschland so sehr liebt
und gewiß nimmer vergessen kann? O möchten doch aus seinen Flammen
auch heute die Worte der Sendung an einen Moses ergehen: „Ich habe
den Hilferuf meines Volkes gehört und habe ihre Drangsal gesehen, und
ich bin herabgestiegen, mein Volk zu befreien. . . . Geh', wenn sie dich
fragen, wer dich sendet, dann sage: der Herr, der Gott eurer Väter
sendet mich . . . das ist mein Name von Anbeginn und meine Be-

nennung von Geschlecht zu Geschlecht . . . Und das soll dir das Zeichen sein, daß ich dich sende, hier auf diesem Berge werdet ihr mich anbeten und mir Opfer bringen."[1]

In diesen schönen Worten ist die ganze Geschichte des göttlichen Herzens, sein erbarmungsvolles Walten gegen uns, in diesen Worten ist unsere ganze Lage, unser ganzes Hoffen und unsere Zukunft gezeichnet. Mögen sie wahr werden und in Erfüllung gehen! Das walte Gott und das göttliche Herz auf die Fürsprache des reinsten Herzens Mariä und unserer lieben deutschen Heiligen!

M. Meschler S. J.

Fernan Caballero.

> A tomillo y romero
> Me hueles, niña, —
> „Como vengo del Campo
> No es maravilla."
>
> Rosmarin und Thymianhauch
> Trägst du, Kind, im Kleide.
> „Wundert's dich? Ich komm' ja auch
> Grade von der Haide."
> Spanischer Volksreim.

Im Jahre 1849 erschien im Feuilleton des „Clamor Publico" ein Roman unter dem Titel „la Gaviota" (die Möve). Für den Freund spanischer Literatur hatte diese Dichtung gleich auf den ersten Blick etwas sehr Erfreuliches; und das bestand darin, daß unter diesem Titel, an Stelle des leider allzugewöhnlichen und dazumal fast unvermeidlichen „traducción", ein ehrlicher spanischer Name stand. War dieser Name auch völlig unbekannt sogar in den bestunterrichteten literarischen Kreisen, so mußte er sich doch bald durch sein Werk einen guten Klang zu erwerben, und als erst einige Nummern des Clamor Publico so herrlich und echt spanisch erzählt hatten von dem trotzigen Meereskinde Marisalada, dem sanften deutschen Doctor Stein, der sorgsamen Tia Maria u. s. w.,

---

[1] Exod. c. 3.

da war die spanische Neugierde auf's Höchste gestiegen, und die besten
Kenner echter Kunst fragten sich, wer der neue herrliche Dichter sei,
der gleich als Erstlingsarbeit ein Meisterwerk geschrieben. Wer ist
Fernan Caballero?

Aber diese gerechte Neugierde sollte nicht befriedigt werden; dafür
entschädigte der Unbekannte sein empfängliches Lesepublikum durch fernere
Erzählungen, von denen die eine schöner und origineller war als die
andere, und welche die mittlerweile so berühmt gewordenen Titel: Elia,
Clemencia, Lagrimas, Simon Verde u. s. w. trugen. Die Neugierde
wuchs mit dem Ruhm des Schriftstellers, aber die Frage nach dem wahren
Namen des Dichters blieb ohne Antwort.

Im Jahre 1857 wurde eine Sammlung der verschiedenen Erzäh=
lungen Caballero's veranstaltet, und zwar auf Kosten der Königin Isa=
bella. Was jedoch diese neue Ausgabe besonders merkwürdig erscheinen
ließ, war ein Decret der Inquisition vom 3. Februar 1856. Also
mitten im neunzehnten Jahrhundert hatte sich ein so talentvoller, hoch=
gebildeter Dichter, wie Fernan Caballero, beikommen lassen, sein Werk
der Prüfung des gehaßtesten Tribunals mittelalterlichen Obscurantismus
zu unterwerfen! Was wird das aufgeklärte Ausland sagen? wird es
nicht mit Verachtung ein Werk von sich weisen, das den Stempel gei=
stiger Imbecillität so unläugbar an der Stirne trägt? Armes Spanien!
Schon hatte es gehofft, den fortgeschrittenen Literaturen Deutschlands,
Frankreichs, Englands und Italiens endlich einmal etwas Ebenbürtiges
an die Seite zu stellen, und da begeht der unbekannte Rückschrittler von
Verfasser den bedenklichen Schritt, seine schönen Romane der Inquisition
vorzulegen! Wer kann dieser unvorsichtige Caballero nur sein?

Indessen trotz Inquisition und trotz manchem Anderen fanden die
Romane Caballero's im Auslande eine freudige, begeisterte Aufnahme.
Die Franzosen, welche seit langen Jahrzehnten gewohnt waren, Spanien
mit Romanen zu versehen, wie sie es früher mit Königen und Kriegen
versehen hatten, die Franzosen waren die Ersten, welche sich die Erzäh=
lungen Caballero's theils in Auszügen, theils in Übersetzungen zu eigen
machten. Die Kritik begrüßte die Dichtungen mit dem höchsten Enthusias=
mus, und selbst die liberale Revue des Deux-Mondes spendete ihnen
das unbeschränkteste Lob [1]. Damit war ihr Glück in Frankreich gemacht.
Deutschland suchte bald seine versäumte Priorität durch mehrfache Über=

---

[1] Revue des Deux-Mondes, 15 Nov. 1858.

tragung der Gesammtwerke und durch zahlreiche Besprechungen wieder
gut zu machen, und heute dürfen wir Fernan Caballero's Erzählungen
wohl kühn zu den deutschen Volksbüchern rechnen. Zu der guten Auf=
nahme, welcher sich die spanischen Romane in Deutschland so rasch er=
freuen konnten, trug wohl auch der Umstand viel bei, daß unterdessen
wenigstens in etwa der Schleier war gelüftet worden, welcher lange
Jahre hindurch den wahren Namen des Verfassers bedeckt hatte [1], und
daß das Wenige, welches man nun mit einiger Sicherheit über ihn
erfuhr, gerade für unser Vaterland vom höchsten Interesse war. Aus
dem geheimnißvollen Fernan Caballero sprach Niemand auders als die
Tochter eines deutschen Kaufmanns und Gelehrten, die mit ihrem bür=
gerlichen Namen Sennora Cäcilia de Arrom, geborene Böhl
von Faber, hieß.

---

[1] In ihren Werken suchte die Dichterin mit der größten Sorgfalt Alles zu ver=
meiden, was nur irgend einen Anhaltspunkt zur Entdeckung ihres wahren Namens
hätte bieten können. So heißt es in „Servil und Liberal": „Wir Männer machen
uns lustig über das schöne Geschlecht; aber, unter uns gestanden, müssen wir vom
häßlichen Geschlecht dem schönen zuweilen recht lächerlich erscheinen, besonders
wenn wir uns damit abgeben, Gesetzbücher zu verfassen, was unsere schwache Seite
ist." Nach der Entdeckung, daß der Auctor jenes Satzes eine Dame ist, tritt die
Ironie noch feiner und schärfer hervor. Ein anderes Mal sagte Caballero geradezu,
daß eine Frau, die Bücher schreibe, einem Kinder gebärenden Manne ähnlich sehe. —
Unterdessen scheint man doch wenigstens die Frau in dem anonymen Verfasser entdeckt
zu haben, und sie deßhalb Sennora Caballero genannt zu haben. Hierauf spielt dann
die Dichterin in „Lagrimas" (Kap. 23) an. „Du und wir, die wir nicht aufgeklärt
find, es uns zur Ehre anrechnen, zu fasten, und das Vaterunser beten, ohne uns
darum zu kümmern, daß man uns Heuchler nennt, sind der Meinung, daß man
jene Worte darum nicht erfunden hat, weil man sie nicht gebrauchte; denn wenn
man hier zu Lande mit Lope und Calderon sagte: Sennora und Caballero, so
sagte man damit Alles, was man sagen kann. Man drückte damit die
Feinheit, den Adel, die Eleganz und Vornehmheit möglichst stark aus, weil diese Be=
griffe so eng mit jenen Ausdrücken verbunden sind, daß es ein Pleonasmus gewesen
wäre, hätte man noch die Worte fein und elegant, edel und vornehm hinzufügen
wollen. Heutzutage ist das anders. Jeder nennt sich selbst einen Caballero, wenn
er sich auch nicht immer als solchen erweist, und als Caballero muß man sich er=
weisen, nicht bloß sich so nennen. Es ist auch wahr, daß man heutzutage, um sich
für einen Caballero zu halten, nur angesehen und einflußreich zu sein und einen
Frack zu tragen braucht. Was die Sennora betrifft, so ist das jetzt der Gattungs=
name des weiblichen Geschlechts." Fernan Caballero erwies sich seinerseits treu als
das, was ihr Pseudonym bedeutete, und wenn man ihr neben dem edlen Namen
„Ritter" auch noch den Namen „Dame" gab, so drückte man dadurch am besten den
eigentlichsten Charakter ihrer Werke aus. So war denn der Schriftstellername keine
Frucht spielender Phantasie, sondern ein sprechendes Programm.

Wer hätte in seiner Kindheit nicht den unvergeßlichen Robinson
gelesen, und wer erinnerte sich aus diesem Buche nicht des ernsten, ver=
ständigen und wißbegierigen Johannes? Unter den Zügen dieses Jo=
hannes aber hatte Campe einen seiner liebsten Schüler, den Kaufmanns=
sohn Johann Nikolaus Böhl, gezeichnet und ihm so ein langdauern=
des Denkmal gestiftet. Mit vierzehn Jahren zog Johann Nikolaus nach
Andower in England und von da im Sommer 1785 nach Cadiz, um
sich auf die Übernahme des dortigen Handlungshauses seines Vaters vor=
zubereiten. Anfangs wollte dem jungen norddeutschen Protestanten das
spanische Treiben nicht zusagen, allmählich jedoch saud er mehr Gefallen
an Land und Leuten. Er suchte sich nach Kräften nicht bloß im Han=
delswesen, sondern auch in der Wissenschaft und Kunst auszubilden. Als
im Jahre 1791 sein Bruder Gottlieb gleichfalls in Cadiz eintraf, war
J. Nikolaus höchst erfreut, nicht bloß weil er nun in dem Bruder
einen Freund und Landsmann um sich hatte, sondern auch weil dieser
ihm manche Arbeit abnahm und so eine ernstere Hingabe an die lieb=
gewonnenen Studien ermöglichte. Das Geschäft blühte freudig auf,
und Böhl entwarf die kühnsten Reisepläne zu seiner allseitigen Aus=
bildung. Inzwischen aber fand er an der geistreichen Spanierin Fras=
quita de Larea, der Tochter einer Irländerin, eine geeignete Lebens=
gefährtin, und verehlichte sich mit ihr im Frühjahr 1796. Die beiden
Gatten reisten bald nach der Hochzeit in die Schweiz und verbrachten
den Winter in Morges am Genfersee. Hier wurde 1797 die erste
Tochter geboren, die, nach ihrer Mutter Cäcilia genannt, die später so
berühmte Dichterin werden sollte. Das Kind wurde katholisch getauft
und die strengkirchliche Großmutter wachte mit der größten Sorgfalt
über seine erste Entwicklung. Der frommen Irländerin war es schon
unangenehm gewesen, ihre Tochter Cäcilia Frasquita eine gemischte Ehe
mit einem Protestanten eingehen zu sehen, und auch in Morges weinte
sie oft bittere Thränen über die leichtfertigen Außerungen derselben in
Glaubenssachen. Dadurch wurde sie dem protestantischen Schwiegersohn
in etwa unbequem, aber ihre sonstige Milde und Güte versöhnten wie=
der Alles. Nach einem längeren Aufenthalt in der Schweiz siedelte
Böhl mit seiner Familie nach Braunschweig über, um dort in der Nähe
seiner Pflegeltern (Campe) zu leben. Doch nur zu bald stellte es sich
heraus, daß Schwiegermutter und Gattin sich weder in Braunschweig
noch auch später in Hamburg heimisch fühlten, und Böhl war verständig
genug, zu begreifen, daß das in dem fremden, kalten protestantischen

Lande, wo Sprache, Sitten und Gebräuche den spanischen Damen so
ferne lagen, nicht wohl anders sein konnte. Er kehrte daher nach dem
Süden zurück und wohnte längere Zeit in Chiclana bei Cadiz, wo das
Geschäft in Folge der Handelssperre fast gänzlich darniederlag. Er konnte
sich daher seinen liebgewonnenen Beschäftigungen wieder mit mehr Muße
widmen, trieb Mathematik, Sprachen und Ästhetik, bis er durch ein
großes Familienunglück aus diesem behaglichen Leben aufgeschreckt wurde.
Im Jahre 1800 brach in Cadiz das gelbe Fieber aus, und Böhls
Bruder erlag mit seiner ganzen Familie der unerhört heftig wüthenden
Seuche. Dadurch wurde J. Nikolaus genöthigt, sich dem Handlungs=
geschäfte wieder mit aller Anstrengung hinzugeben und seine wissen=
schaftlichen Studien sehr zu beschränken. Nichtsdestoweniger fallen in
diese Zeit die gründlichsten Vorarbeiten zu seinen späteren Werken über
die altspanische Literatur. In seinen literarischen Forschungen ging ihm,
wie er selbst sagt, eine neue Welt auf; er fand den „hohen, edlen, ge=
wandten, zierlichen, artigen, lachenden Geist" der alten Spanier, er ärgerte
sich über die armselige, verflachte Gegenwart der spanischen Literatur,
welche von Kotzebue und seinem imitatorum pecus beherrscht war. Diese
Erbärmlichkeit eines an literarischen Schätzen so reichen Landes empörte
ihn so sehr, daß er seinem Zorne in kritischen Briefen Luft machte,
welche ein Freund sich beeilte, in einer Madrider Zeitung drucken zu
lassen, und welche ein gewaltiges Aufsehen erregten. Ein weiteres In=
teresse an diesem Studium der alten Literatur entstand für Böhl „aus
der so vortrefflichen Sprache, die sich zu jeder Gattung von Composition
schickt, und zu einer jeden andere Wörter und Wendungen hat"; ihre
Redensarten, ihre lebhaften Bilder für gewöhnliche Gedanken bewunderte
er noch mehr als ihre Sprüchwörter, weil sie natürlicher anzubringen
sind; „im Komischen sind die Spanier darin unerschöpflich, sowie an
allen Arten von Wort= und Witzspielen. Das Niedrigkomische habe
ich," fügt er hinzu, „noch nie so echt gefunden; was ich über den ästhe=
tischen Werth der Bouffonnerie und der Bürlesken denke, mag ich nicht
sagen; genug, darin gibt es eine so originelle Ausbeute, daß man darum
allein die Sprache studiren könnte. Schade, daß so Wenige Sinn dafür
haben!"

Wer aber Sinn dafür hatte, war die neunjährige Tochter des
literarischen Kaufmanns, und man ist versucht, die eben angeführten Worte
des Vaters auf die späteren Werke Cäcilia's anzuwenden. Man glaubt
eine Erinnerung aus der Kindheit der Schriftstellerin, ein treues Echo

der väterlichen Worte zu hören, wenn man in der Novelle „Ein
Sommer in Bornos" liest:

„Wenn ich mich auf dem Lande unter einem unserer Olivenbäume befinde, welche ihre Wurzeln so tief in den Boden hinab erstrecken, und durch
die Oleander, welche in dieser Atmosphäre so glänzende Blüthen tragen, den
Fluß dahingleiten sehe, der im Lauf der Jahrhunderte sich immer mehr in
den Gefilden ausdehnt, in welchen die muselmännische Usurpation auf dem
Felde unterlag, das noch die Benennung la Cava trägt, dann scheint es mir,
als ob das Röhricht, das seine Gestade besetzt hält, spanische Romanzen flüstert
und das Wasser in unserem hellen, reinen und wohllautenden Idiome alte
Chroniken seines Ruhmes und seines Wechsels murmelt. Und wie erfreut es
mich nicht, wenn ich vom Munde dieser Landleute jene Thaten, bald in
Strophen gesungen, bald in Legenden erzählt, berichten höre, einen Cursus
überlieferter Geschichte, welche, ohne daß ihr die wesentliche Wahrheit fehlte,
dieselbe mit echten und poetischen Erdichtungen verschönt, und wenn ich sie
dann enthusiastisch ausrufen höre: ‚Andere Länder, Herr, mögen gut sein;
wenn wir aber Spanien! Spanien! Spanien! aussprechen, füllt sich unser
Einem der Mund, erweitert sich die Seele, erfreut sich das Herz!‘"[1]

Aber auch die Trauer um die immer mehr hinschwindende Liebe der
jüngeren Generation Spaniens zu den überlieferten Schätzen der Kunst
und Poesie glaubenslebendiger Zeitalter erfüllte die Tochter wie den
Vater mit Trauer. An unzähligen Stellen ihrer Werke kommt sie darauf
zurück, ja dieser Gedanke bildet eigentlich den Leitfaden durch die bunte
Reihe ihrer spanischen Sittenbilder. So sagt sie an der eben angeführten Stelle mit bitterem Ernst:

‚Alsdann wende ich das Antlitz mit Schmerz und Schande von jener
heroischen Vergangenheit zu dieser mit der englischen Krankheit (Spleen) be-
hafteten Gegenwart und vergleiche jene wirkliche und offene Vaterlandsliebe
mit dem jetzigen gemachten und apostatischen Patriotismus, welcher alles
Spanische, das vorhanden ist, verachtet, sein Dasein verläugnet, die Kirchen
verkauft, die Monumente zerstört und alles verspottet, was jene verehrten!"[2]

Indessen konnten die interessanten Studien Böhls ihn nicht ganz
seines Vaterlandes vergessen machen. Mit der Zeit erwachte in seiner
Seele wieder die Sehnsucht nach der Heimath und der Wunsch nach
einem Grundbesitz daselbst in einem solchen Grabe, daß er sich noch

---

[1] Ein Sommer in Bornos, S. 113. Wir geben unsere Citate nach der in
Paderborn erschienenen Übersetzung, obgleich dieselbe an gar zu vielen Stellen weder
auf Schönheit, noch auf vollständige Treue Anspruch erheben kann und daher nur
ein schwaches Bild des spanischen Originals zu geben vermag.

[2] A. a. O. S. 114.

von Cadiz aus das adelige Gut Görslow in Mecklenburg erwarb. Ende 1805 kam er mit den Seinigen in Hamburg an. Aber auch dießmal mochte es seiner Frau nicht besser im kalten Norden behagen, als früher. Sie kehrte daher bald mit ihrer jüngsten Tochter wieder nach Spanien zurück, während ein kleiner Knabe und die nun neun= jährige Cäcilia in Deutschland blieben. Diese hing mit einer fast leiden= schaftlichen Liebe an ihrem Vater, dessen vollkommenes Ebenbild sie zu werden versprach nicht nur in der äußeren Erscheinung, sondern auch in der geistigen Begabung. Nichtsdestoweniger aber lag schon über dem Kinde der glühende Hauch seiner südlichen Heimath, welcher ihrem gemüthvollen und ernsten Charakter ein ganz eigenes Gepräge verlieh. Die religiöse Erziehung der beiden Kinder besorgte eine katholische Belgierin, die übrigen Unterrichtsfächer übernahm der Vater. In diese Zeit fällt die Standeserhöhung Böhls, indem ihn sein Stiefvater, Ge= heimrath von Faber, an Sohnes Statt adoptirte. Auch begannen wäh= rend des Görslower Aufenthaltes die Studien Böhls über den Katholi= cismus, zu denen ihn neben Anderen auch die Conversion Friedrich Leopold Stolbergs drängte und die ihn bekanntlich einige Jahre später in den Schooß der wahren Kirche geführt haben. Nebenbei fand er noch Zeit, eine reichhaltige Bibliothek zu sammeln, meistens aus dem Gebiete der deutschen Literatur des 16. und 17. Jahrhunderts.

Unterdessen nahte für Cäcilia die Zeit der ersten heiligen Communion, welche sie von einem französischen Priester empfing, der ihr auch einen vortrefflichen vorbereitenden Unterricht ertheilt hatte. Der Vater meldet das religiöse Familienfest mit Freuden seiner Pflegmutter und spricht die Hoffnung aus, daß damit für sein Lieblingskind „ein guter Grund auf Lebenslang gelegt sei". Bald nach der Feierlichkeit wurde Cäcilia zu ihrer Tante nach Thurow im Lauenburgischen geschickt, um dort ihre Erziehung zu vollenden. Unterdessen überzogen die Feinde vom Westen das deutsche Vaterland mit Krieg und Verwüstung, Böhl suchte im Jahre 1812 seine Familie wieder auf Görslow zu vereinigen, und als sich die Verhält= nisse in Deutschland und Spanien immer schlimmer gestalteten, mußte er im folgenden Jahre nothgedrungen an eine Übersiedlung nach Cadiz denken. Vorher aber gab er seiner katholischen Familie den großen Trost, seinem feierlichen Glaubensbekenntniß in der katholischen Kirche beiwohnen zu können (August 1813).

In Spanien angelangt, fand Böhl sein Handlungshaus gefallen und fast sein ganzes Vermögen verloren. Mehr noch als der Verlust

seines Geldes schmerzte ihn die Veräußerung seiner kostbaren spanischen
Büchersammlung, die um einen Spottpreis verschleudert worden. Es
galt also vor Allem, sich und den Seinigen eine anständige Existenz zu
sichern, wobei ihm seine spanischen Freunde treu zur Hand gingen. Er
übernahm die Oberaufsicht über ein sehr umfangreiches englisches Wein=
bau= und Weinversendungs=Geschäft und siedelte deßhalb nach dem an der
gegenüberliegenden Küste der Meeresbucht gelegenen Puerto Santa
Maria über. Hier verblieb er mit seiner Familie bis an sein Ende.
„Es ist,“ schrieb er seinem Freunde Dr. Julius, „ein angenehmer und
höchst romantischer Aufenthalt. Mehrere Höfe sind mit Orangenbäumen
und Granatäpfeln besetzt und immer mit Weinreben überzogen und be=
schattet. Durch die hohen und vergitterten, immer offenen Fenster spielen
die Lüfte auf allen Seiten, auch fehlt es nicht an gefiederten Sängern.
Von Kindern und Kindeskindern gewöhnlich umgeben und an der Spitze
einer blühenden Handlung mit Muße zum Lesen und Träumen, habe ich
Niemand zu beneiden.“

Schöner noch als der Vater weiß die geniale Tochter den Reiz der
heimischen Wohnung zu beschreiben. In der Mehrzahl ihrer Erzählungen
kommt sie auf diesen ächt spanischen Hof ihres Elternhauses zurück. So
im „Votivbilde“:

„Auf der Seite, welche derjenigen, worin die Schenke liegt, entgegen=
gesetzt ist, sah man ein sehr reinliches, ganz weißes Haus. Es war noch nicht
lange erst mit einer neuen Kalkbekleidung beschenkt worden. Durch die ge=
öffnete Thür erblickte man den Hofraum, welcher sich zu einem Blumenkorb
gestaltet hatte. Der schöne Anblick, den dieses Haus gewährte, konnte mit
einem aufrichtigen Menschen verglichen werden, welcher unverholen ein Herz
voll Unschuld und Fröhlichkeit öffnet und sehen läßt. Man schaute dort
Rosen in ihren verschiedensten Farben, weiße, rothe, gelbe, wie Schwestern
in verschiedenem Gewande. Die Lilie, diese deutsche Blume, welche so früh
blüht, verneigte sich unempfindlich und traurig in ihrem bescheidenen Kleid.
Die zarten Veilchen deckten sich mit ihren runden Blättern wie mit Sonnen=
schirmen zu. In den Spalten der Wände trieb die Reseda in aller Eile
ihre zarten Zweiglein, während ihr mit seinen großen und unschuldigen Augen
ihr guter Freund der Salamander zuschaute. Ringsherum im Hofe neigten
sich auf ihren Kanzeln von vorspringenden Ziegelsteinen gelehrte Nelken und
hielten den übrigen Blumen eine Predigt über die Kürze des Lebens. Ein
blasser und zarter Jasmin, welcher dieselbe hörte, fiel ohnmächtig in die
Arme einer spanischen Kressenstaude, welche unerschrocken in ihrem goldenen
Gewande ein Gitter überklettert hatte. Die Mitte des Hofes nahmen
ein Pomeranzen= und ein Granatbaum ein, die ihre rothen und weißen
Blüthen mit einer Harmonie und einem Schweigen unter einander mischten,

daß sie die französische gesetzgebende Versammlung hätten tief beschämen müssen.

Eine große Menge von kleinen Vögeln, Schmetterlingen und Bienen machte von Blume zu Blume höfliche Besuche, ohne Besorgniß, es möchte eines dieser liebenswürdigen Blumenkinder ihnen den Empfang versagen, selbst unter dem Vorwande nicht, daß sie erst im Morgenanzug wären. Ein lieblicher Seemorgenwind, rein wie Bergkrystall, entnahm von diesen und jenen seine Düfte. In diesem Hofe blühte, duftete, flog und sang Alles." [1]

In diesem „Blumenkorb" hatte Cäcilia auch Zeit und Muße, die Geographie ihrer künftigen Erzählungen in ihr Herz und Gemüth aufzunehmen und die verschiedensten Schönheiten jener einzigen Gegend von Andalusien mit ihren persönlichen Empfindungen verwachsen zu lassen. Daher auch überall das Anheimelnde, Warme und Herzvolle in ihren Landschaftsbildern, jener gemüthvolle Hauch und durchgeistigte Ton. Es sind keine todten, starren Photographien, sondern lebensvolle Bilder. Caballero hat die dichterische Regel wohl beachtet, und nahm deßhalb, was sie beschreiben wollte, zuerst in ihr Herz gleichwie in eine Camera obscura auf und schilderte dann mit dem Auge des Gemüthes und den Farben der Liebe.

In „Lagrimas" fällt es einmal dem Urtypus eines wilden und doch im Grunde gutherzigen, aber entsetzlich prahlerischen Studenten, dem unsterblichen Marcial, ein, mitten im Geschäfte des Rasirens folgende Rede an seine Freunde zu halten:

„Da wir einmal von Geographie reden, wißt ihr, daß ich eine Geographie in Versen schreibe, um diese Wissenschaft Reina zu lehren, welche sie nicht kennt, nicht versteht, nicht schätzt, nicht bewundert?" [2]

„Wird sie vielleicht halb Prosa, halb Verse, wie Demoustier seiner Emilie die Mythologie lehrte?" fragte Fabian.

„Nein, ich begehe kein Plagiat an Niemand, ich bin originell und zwar dergestalt, daß ich als Schriftsteller dieß Prädicat ausschließlich verdiene, wie die Sünde Adams. Dir, Daurus, mit den französirten Gewässern [3], bleibt es überlassen, Paul de Kock seinen ‚Engel des Schweigens' zu stehlen."

„Was sagst du da, Marcial?" rief Fabian mit lautem Lachen aus.

---

[1] Das Votivbild, S. 216. Wir müssen der Kürze halber den Leser selbst auf die herrliche Beschreibung der Rebenlaube in „Simon Verde" (2. Kap.) verweisen.

[2] Wegen seines Wortreichthums wird Marcial der König des Pleonasmus genannt.

[3] So nennt Marcial den Dritten im Studentenbunde, den jungen Dichter Genaro, der sich besonders gern mit Übersetzungen aus französischen Schriftstellern brüstet, und wegen seines stillen Charakters den Namen Daurus, „sanfter Fluß", erhalten hat.

„Nichts, nichts, Vater Daurus, als daß ich mir kein X für ein U mache lasse."

„Nun, Marcial, gib uns eine Probe deiner poetischen Geographie," sagte Geuaro; „wenn du sie drucken lässest, rechne auf mich als Subscribenten. Fang' mit unserem Vaterland an."

„Nun denn, hört, horcht, merkt und vernehmt! Spanien ist eine Nymphe!"

„Hollah!" rief Geuaro.

„Du wirst sie auf den Hörnern des Stiers ,Sennorita' malen, wie die andere Nymphe Europa auf denen des Stiers ,Jupiter'," fügte Fabian hinzu.

„Schweig', sanfter Daurus, sing' deine Gewässer in den Schlaf und störe mich nicht. Diese braune und zierliche Nymphe hat zum Kopfe Cadiz, zum Herzen Sevilla und zum Magen Madrid."

„Sehr gut, sehr gut," sagte Geuaro, „und wo schlägst du deine Residenz auf?"

„Willst du schweigen oder ich schweige!" erwiederte Marcial ungedulbig. „Catalonien ist ihre (der Nymphe) rechte Hand. Die Sierra Morena ist ein Gürtel, von welchem Granada als ein schöner, mit Edelsteinen bedeckter maurischer Säbel herabhängt. Valencia ist ein Strauß von Blumen und Bändern, mit welchem ihre rechte Seite geschmückt ist. Toledo ist ihre Gürteltasche, auf welcher ihr Wappen in Gold geprägt ist. Die Pyrenäen umgeben ihr Gewand als grüne Guirlande. Heißt das nicht auch den positivsten Wissenschaften ein poetisches Colorit geben? Das ist die Mnemonik, welche die Deutschen an den Tanz gebracht haben (die aber augenscheinlich nur eine Allemande getanzt hat), um dem Gedächtnisse die Begriffe durch Zeichen einzuprägen. Der Name kommt her von Mnemosyne, der Göttin des Gedächtnisses, Mutter der Musen und . . ."

„Komm' zu Athem, Marcial, deine Lungen sind in Gefahr," sagte Genaro; „fahre fort in deinem Cursus der Geographie, und laß die Deutschen bei Seite, die gegenwärtig mit den Musen, den Wissenschaften und der Vernunft auf gespanntem Fuße leben[1], und sag' uns, was Gibraltar von der Nymphe ist."

„Eine geätzte Stelle am Kopfe."

„Und Portugal?" fragte Fabian.

„Portugal, Portugal?" sagte Marcial, „an Portugal habe ich nicht gedacht. Portugal ist ihr Höcker. Genug der Geographie, denn ich muß ausgehen. Donnerwetter, bald zwölf; mit dem Cursus der Geographie ist mir die Zeit hingegangen und ich habe noch mein halbes Gesicht zu rasiren."[2]

Was in jener Scene die Schriftstellerin einen ihrer Helden in halb komischer, halb ironischer Weise thun läßt, das hat sie selbst mit dem größten Glück in ihren verschiedenen Erzählungen zu Staube gebracht;

---

[1] Der Roman spielt um 1848.
[2] Lagrimas, II. Kap. 20.

sie bietet uns wirklich eine poetische Geographie ihrer engeren Heimath. Da ist es denn vor Allem der Hafen von Santa Maria, den wir in der „Möve", in „Servil und Liberal", in „Im Glück und Unglück" u. s. w. durchwandern und bis in alle Einzelnheiten so kennen lernen, daß man sich recht heimisch darin fühlt.

Wer könnte sich im Schlosse „Mnesteo" nicht aus? Wie oft mag Cäcilia selbst in ihrer Jugend die Plattform der hohen Thürme erstiegen haben, auf die sie ihre Leser so freundlich hinaufführt und dabei ihren „keinen Klatsch hält"? Von jenen sonnengoldenen Höhen schaute sie dann mit Stolz und Liebe auf das Reich ihrer Dichtungen nieder. „So glänzend sind Atmosphäre, Himmel und Meer, so fern der Horizont, so schön die Gegenstände, so großartig die unermeßliche Landschaft, welche man von dieser Höhe aus erblickt."

Aber nirgends hat Caballero ihre Farbengluth bei Beschreibung ihrer Heimath so reichlich ausgegossen, als in „Elia", wenn sie Carlos auf der Rückkehr aus seinem englischen Exil in Spanien landen und reden läßt.

„Wie schlug sein Herz vor inniger Freude, als er am Horizont die Umrisse von Spanien sich abzeichnen und die Küsten seines Vaterlandes sich ihm entgegenwogen sah, wie den Busen einer Amme! Der reine Azur des Himmels und der glänzende Azur des Meeres schienen sich wie eine Muschel von Türkis halb zu öffnen, um in ihrem Schooße das weiße Cadiz wie eine Perle zu zeigen. Links erblickte er San Lucar, das wie eine Urne erschien, auf die sich der Betis stützte mit seiner Krone von Binsen, seinem Barte von Silberschaum und seinem Hauche von Pomeranzenblüthen. Er sah Rota, den Hafen von Santa Maria, Puerto Real, die Insel San Fernando wie Höflinge im Gefolge des Frühlings Cadiz umgeben; Medina, das sich auf der Höhe erbaute, wie ein Nest aus Alabaster[1]. Er sah in der Bucht jenen beweglichen Wald von Mastbäumen, diese Bäume, Sklaven, angebrannt von der Sonne der Tropenländer, abgehärtet von dem Schnee der Pole, die den Namen ihres Vaterlandes mit ihren farbigen Zungen fröhlich künden, ihre Segel einziehen wie die Vögel, die ihre Flügel ruhen lassen, auf ihre Anker vertrauend, wie der Handel auf die Redlichkeit. Er heftete einen dankbaren Blick auf den Leuchtthurm von San Sebastian, den Cadiz von sich entfernt und auf Felsen inmitten des Meeres erbaut hat, damit das Geräusch der Stadt ihn nicht zerstreuen könne und das Rufen der Wellen ihn an seine heilige Mission erinnern möge. Er stand da, ein Cyklop aus Granit, eine Schildwache, unerschütterlich

---

[1] An einer andern Stelle heißt es: „Medina, das wie eine Hirtin den Berg hinansteigt, um seine grünen Gefilde und reichen Heerden zu bewachen" (Servil und Liberal).

wie das Vertrauen, wachsam wie die Eifersucht . . . eine christliche Vestalin,
die Flamme nährend, welche so viel Helle verbreitet! Heilige Flamme, mit
der das Erbarmen in die treulose Dunkelheit das Wort ‚Gib Acht!‘ hinaus=
ruft! Guter Rath, den aus der Entfernung durch Finsterniß und Unwetter
der Bruder dem Bruder sendet; Hochsaal des Erbarmens, welchen die Engel
Gott mit dem Finger zeigen, um ihm zu beweisen, daß unter den Menschen
das Evangelium und die Liebe nicht ausgestorben sind [1] . . . Carlos über=
blickte das Ganze, so großartig, so weitumfassend, so ausgedehnt und doch so
zusammengedrängt und deutlich durch die Reinheit der Luft. Und über diesem
Bilde wölbte sich der andalusische Himmel, der den Reiz eines Lächelns hat,
den Zauber eines Liebesblickes, die Poesie des Unendlichen, dessen Magie ein
Magnetismus der Seele ist; dieser so reine Himmel, der sich nur mit weißen
Wölkchen wie mit Schneeflöckchen trübt, die ohne Richtung herumschweifen
gleich dem Blick eines Neugebornen, und in der Nacht sich mit seinen Sternen
schmückt, wie ein gefallsüchtiges Weib mit seinen Brillanten; dieser Himmel,
immer heiter, immer friedlich wie die Tugend, und sich nur dann mit Wolken
deckend, wenn die ausgetrocknete Erde ihm zuruft: ‚Ich habe Durst!‘“ [2]

Mag auch Einzelnes in dieser Beschreibung dem ernsteren Geschmack
des Nordländers weniger gefallen, Eines muß auch der strengste Richter
zugeben: in diesen wie in anderen Schilderungen des Landes spricht
eben so stark das Herz als die Phantasie, und nur ein Dichter, dem, wie
Caballero, der Frühling des Lebens in dem lichtfluthenden, duftenden
Andalusien erblühte, kann mit solcher Wärme und Liebe die Stätten
seiner Heimath schildern. Wie einst „die alten Dichter die Vertrauten
der Liebe Sevilla's und des Flusses waren“, so ist es auch Caballero,
und „der Zauber ihres Landes hat kein Geheimniß vor ihrer Poesie,
noch ihre Poesie vor der Liebe, wie die Seele und das Herz keine Ge=
heimnisse vor einander haben“ [3].

Der stille und glückliche Familienaufenthalt in Puerto Santa Maria
bot Cäcilia noch mehr, als bloße poetische Landschaftsbilder. Hatte sie
als Kind in Deutschland ihren Geist mit ernsten Wissenschaften ge=
pflegt und eine für Mädchen sonst ungewöhnliche Bildung erhalten, so
sollte sie als angehende Jungfrau in dem christlichen Spanien die echte
Lebensauffassung und die moralische Richtung empfangen. So lange

---

[1] Die Begeisterung, mit welcher Caballero an verschiedenen Stellen ihrer Werke
über die Leuchtthürme spricht, scheint mehr als bloße poetische Eingebung zu sein.
Wenn man nun gar den Brief Lagrimas' über die Phare liest, drängt sich der Ge=
danke auf, daß der Leuchtthurm in dem Leben der Dichterin irgend eine Rolle ge=
spielt habe.
[2] Elia, Kap. 13.   [3] Elia, a. a. O.

die Familie nach ihrer Rückkehr in Cadiz wohnte, sammelte Frau Böhl
einen Kreis von Gelehrten und Künstlern um sich. Sie selbst war eine
vielbegabte, geistreiche Frau, deren Name in den literarischen Fehden
Spaniens im Anfange des Jahrhunderts häufig und ehrenvoll genannt
wurde. Besonders waren ihre Abendkreise, die der Spanier Tertulias
nennt, der Sammelplatz der königlichen Partei. Sobald sich in Puerto
Santa Maria die bescheidenen Vermögensverhältnisse wieder gebessert
hatten, begannen die beiden Gatten auch wieder ihr Haus einem aus=
gewählten Kreise von Freunden zu öffnen. Manche Scene aus den
Romanen Cäcilia's mag wohl im Hause ihrer Eltern sich wirklich zu=
getragen, und manche Person aus den Tertulias der Gräfin von Algar
in der „Möve" u. s. w. in dem Salon der Frau Böhl sich bewegt
haben. So lernte Cäcilia aus den Gesprächen der Gäste die verschie=
benen Strömungen kennen, die damals in Literatur, Cultur und Politik
ihr armes Vaterland durchwogten. Ihre Ansichten läuterten sich immer
mehr, indem sie sich durch die Thatsachen erhärteten; ihre Liebe zu
Spanien wuchs in demselben Grade, als sie die verschiedensten Faktoren
sich zu seinem Verderben zusammenrotten und verschwören sah. Es ist
hier der Ort, einige Worte über die spanischen Zustände jener Zeit zu
sagen, ohne deren Verständniß die Dichtungen Caballero's sozusagen in
der Luft schweben. Dieselben sind nicht bloß Werke der Kunst, sie
sind es nicht einmal in erster Linie; sie haben nicht nur einen wahren
historischen Hintergrund, sondern sind durch und durch Kaleidoskope der
spanischen Geschichte jener Tage. Wer sie daher ohne Kenntniß der da=
maligen politischen Verhältnisse liest, mag sich immerhin noch ergötzen
an den literarischen Schönheiten und dem farbenhellen Colorit der
Sitten= und Charakterstudien, wenn er sich nicht, wie der große Hanse,
an der Romangeschichte begnügen läßt — den tiefen Gehalt, die ganze
Tragweite jener Erzählungen, den großen Ernst und den erhabenen
Standpunkt der Dichterin wird er nie erfassen. Der Mangel einer ge=
schichtlichen Orientirung in den höchst verwickelten Zuständen Spaniens
im Anfange dieses Jahrhunderts ist denn auch ein Hauptfehler der
deutschen Volksausgabe der Werke Caballero's. Auch haben, so viel uns
bekannt ist, die verschiedenen Kritiker diese Seite der Erzählungen, die
doch so stark hervortritt, nicht genug in Betracht gezogen.

Nachdem im sechzehnten Jahrhundert die spanischen Stände im
Kampf mit der Krone unterlegen waren, gelüstete es der nun unum=
schränkt gewordenen Staatsgewalt, auch die Kirche zum Schemel ihrer

Füße zu erniedrigen. Zu diesem Werke bot ihr die Philosophie des Unglaubens ihre Hilfe. Mit den Bourbonen fand die französische Philosophie Zutritt zum Thron der katholischen Könige. Ein Menschen= alter lang durchwühlte die Regierung im Bunde mit der freimaurerischen Aufklärung den Boden des Landes und wollte die Spanier zwingen, nach der neuen ausländischen Methode glücklich zu sein. Aber der Spanier zeigte sich trotzköpfig; zäh und fanatisch hing er an seinem Glauben und den Vorurtheilen seiner Väter und wollte nun einmal von der eingeschmuggelten französischen Waare nichts wissen. Leichter zu be= kehren war die „höhere Klasse", deren Existenz, dank den Centrali= sationsbestrebungen Philipp' II., ganz an den Hof gebunden war und sozusagen in dem Hofschranzenthum aufging. Sie verfiel denn auch bald dem Liberalismus und der Aufklärung, und indem sie den Absolutismus der Krone durch ihre niederträchtige Schmeichelei und Lohndienerei immer mehr befestigte, trennten sich ihre Wege auch immer mehr von denen des echten spanischen Volkes. Als mit der Zeit die Philosophie sich stark genug glaubte, warf sie nach den vergeblichen Anstrengungen gegen die Kirche auch dem Königthum den Handschuh in's Gesicht. In Frankreich versank der Thron der Bourbonen in Blut und Trümmern; in Spanien geschah solches freilich nicht so bald, aber doch war auch hier die Frucht der Reise nahe. Gottes Segen hatte sich zurückgezogen von dem kirchenfeindlichen Herrscherhause. Karl IV. war kaum in Zwietracht mit seinem Sohn gerathen, als der revolutionäre Bändiger der Revolution in Frankreich auch das spanische Erbtheil der französischen Philosophie verlangte. Mit Napoleon zog die kämpfende Revolution über die Pyrenäen, doch war ihr Vordringen nicht ohne Aufenthalt. Sie fand in Spanien die moralische Trennung zwischen Volk und Volk, ein katholisches, gehorchendes Volk, die Serviles, das an Gott und seines Königs Majestät glaubte, und ein aufgeklärtes, regie= rendes Volk, die Liberales, das durch seine Aufklärung um jeden andern Glauben als den an seine eigene Herrschaft und Genußsucht ge= kommen war. Das erstere, das katholische Volk, ging, mit dem Klerus und den verfolgten Mönchen an der Spitze, freudigen Muthes für die Freiheit seines Glaubens und Königs in den Tod, eine beredte Lehre für das in Eigensucht und Knechtschaft verfaulte Zeitalter; aber das andere Volk wollte diese Lehre nicht verstehen. Wo der Staat hätte eintreten müssen, den kühnen Widerstand des Volkes zu unterstützen, da fehlte Alles und ging daher Alles erbärmlich. Ein Theil der Aufgeklärten,

die afrancesados, ging sogar so weit, zu den übrigen ausländischen
Ideen auch noch eine neue Idee der Nationalität von dem korsischen
Vergewaltiger spanischer Freiheit sich zu erborgen.

Der Erfolg ist bekanut. Ferdinand VII., der anerkannte König
Spaniens, wanderte nach Valençay und suchte dort den fränkischen
Imperator bei guter Laune zu erhalten; das Heer der Revolution suchte
„Don Jose den Ersten im Tornister nach Spanien einzuschmuggeln“;
das katholische Volk aber blutete sechs lange Jahre für seine Freiheit,
seine Religion und sein Königthum. Unterdessen zogen sich die liberalen
Cortes, die mit den alten spanischen Cortes nur den Namen gemeinsam
hatten, feige hinter die Mauern von Cabiz zurück, um dort in der
Weisheit der revolutionären Philosophie eine Rettung für das gefährdete
Spanien auszusinnen. Gerade die Acten jener Junta von S. Leon
bei Cabiz zeigen am besten, wie weit es mit der aufgeklärten Klasse,
d. h. mit der herrschenden, in Spanien gekommen war.

Die Cortes gründeten vor Allem in Cabiz und von hier aus
in möglichst vielen Städten des Reiches Freimaurerlogen mit der
illuminatistischen Tendenz, welche, indem sie Christen, Juden und Heiden
in eine weltbürgerliche Masse zusammenwirft, ausdrücklich jeden An=
spruch oder Vorzug des Christenthums zurückweist. Sie gaben sich fer=
ner Mühe, die Grundideen der französischen Revolutionsphilosophie zu
verbreiten, die Encyklopädisten, die Freigeister, die ganze Schule
Rousseau's und Voltaire's in Spanien einzuführen. So schrieb Gal=
lardo, Bibliothekar der Cortes, ein „Kritisch=burleskes Wörterbuch“,
worin er alle Dogmen der Kirche lächerlich machte. Rousseau's „Social=
contract“ und „Emil“ wurden als die Evangelien des aufgeklärten Jahr=
hunderts empfohlen, Spottschriften auf die Geistlichkeit („Der entkleidete
Mönch“, „Der Teufel als Prediger“ u. s. w) bildeten den Übergang
zur obscönen Presse, die nun auch Spanien, wie früher Frankreich, zu
überschwemmen begann. Französische Buchhändler gründeten auf die
Richtung der Cortes großartige Geschäfte, ließen die berüchtigtsten Bücher
dieser Art in's Spanische übersetzen und übersandten sie, mit den frechsten
Illustrationen versehen, in ganzen Schiffsladungen nach Spanien und
den Colonien. In diesem Bücherhandel sah man den Triumph der Bil=
dung und den Haupthebel gegen die Fundamente der Kirche. Besonders
glaubten die Cortes sich des auf der Inquisition lastenden Hasses be=
dienen zu können. Alle erdichteten und wahren Grausamkeiten der mehr
politischen als kirchlichen Institution wurden einzig der Kirche zur Last

gelegt, und man rechnete daher auf den Dank der ganzen Nation und die Sympathie des aufgeklärten Jahrhunderts, als man am 22. Jannar 1813 die Inquisition für immer (!?) abschaffte. Nicht ganz einen Monat später (18. Februar) erfolgte ein fernerer Beschluß der Cortes, nach welchem die von König Joseph bereits aufgehobenen oder vom Feinde zerstörten Klöster nicht mehr aufgebaut, überhaupt in ganz Spanien kein neues Kloster mehr errichtet werden durfte, und die bestehenden, welche weniger als zwölf Mönche oder Nonnen zählten, sofort aufgehoben wurden.

Nicht minder zerstörend griffen die Cortes in die bürgerlichen Einrichtungen des spanischen Volkes ein. Die alte ständische und provinzielle Gliederung fand keine Gnade vor ihrem Nivellirungseifer. Freilich konnten sie nicht so rasch vorgehen, als ihre Vorbilder in der französischen Nationalversammlung von 1789, aber nachdem sie einmal (6. August 1811) alle Feudalverhältnisse aufgelöst, folgte nach und nach die Aufhebung der Zünfte, der Innungsprivilegien, der Provinzialbefugnisse und der Communalbesonderheit; es wurde Gütertheilung, Gewerbefreiheit, Gleichförmigkeit, neue Eintheilung der Bezirke u. s. w. decretirt; kurz das bunte, vielgestaltige Leben des alten spanischen Volkes, wie es sich durch geographische, sprachliche und geschichtliche Verschiedenheit im Laufe der Zeit gebildet, in dem sich die Nation frei und bequem, aber doch stark und einig gefühlt hatte, sollte erbarmungslos vernichtet werden. Während das spanische Volk in jener herrlichen Lebensfülle und naturwüchsigen Stammeigenheit allein die Kraft schöpfte, mit der es Napoleons Heeren widerstand, wollten die Cortes nicht eher ruhen, als bis sie dieses Bollwerk des „Fanatismus und der Tyrannei" nach den Regeln des französischen Convents gebrochen hätten. Am 18. März 1812 wurde die berüchtigte Constitution, ein Abklatsch der französischen von 1791, angenommen. Diese Constitution war eben so sehr gegen die Interessen des Königs, der in der Staatsgefangenschaft lebte und zu dessen Gunsten die Cortes doch versammelt waren, als ihre verschiedenen Bestimmungen gegen die charakteristischen Eigenheiten des spanischen Volkes berechnet waren. Nach dieser Constitution sollte das spanische Volk frei und unabhängig, jeder Spanier den Abgaben unterworfen und waffenpflichtig sein. Zum Gebiete Spaniens gehörten auch die Colonien. Den Cortes mit dem Könige vereint stand die gesetzgebende Gewalt, die ausübende dem Könige zu. Dieser hatte keine Verantwortlichkeit, wohl aber ein, jedoch nur aufschiebendes, Veto. Er ernannte einen

Staatsrath von 40 Mitgliedern 2c. Die Cortes-Mitglieder (150 an der Zahl) wurden je einer von 70,000 Staatsbürgern gewählt, ihre Sitzungen waren öffentlich. Einzige Staatsreligion war die katholische (!?), Preßfreiheit wurde eingeführt, die Inquisition abgeschafft, die Jesuiten nicht geduldet, die Klöster theils eingeschränkt, theils aufgehoben u. s. w.

Mit dieser berüchtigten Constitution war für lange Jahre der Brand des Aufruhrs in das spanische Land geschleudert. Drei Strömungen durchzogen fortan die getheilte Nation: das Königthum mit seinen absolutistischen Bestrebungen, d. h. die alte Revolution; die Anhänger der Constitution von 1812, d. h. die neue Revolution; endlich das echte spanische Volk mit dem einzigen Verlangen nach einem rechtmäßigen König, der einerseits frei wäre von den constitutionellen Banden der Cadizer Beschlüsse, und andererseits auch willig, die ehemalige, für Spanien so günstige Verfassung der Stände und Nationalfreiheiten wieder einzuführen. Dieser dreifache Kampf füllt für mehr als 20 Jahre die Blätter der spanischen Geschichte. Es ist daher unmöglich, an dieser Stelle auf alle einzelnen Peripetien desselben einzugehen, kurze Andeutungen genügen übrigens für unseren Zweck.

Napoleon hatte nothgezwungen Ferdinand VII. ohne Bedingung aus der Gefangenschaft entlassen. Die mittlerweile von Cadiz nach Madrid übergesiedelten Cortes wollten jedoch den König nicht eher anerkennen, als bis er die Constitution beschworen. Ferdinand glaubte, im Vertrauen auf die Unpopularität dieses ungläubigen Machwerks, diese Bedingung zurückweisen zu dürfen, zumal sie seinen angestammten autokratischen Gelüsten so zuwider war. Er erließ daher am 4. Mai 1814 von Valencia aus die strenge Proclamation, in welcher er die Auflösung der bisherigen usurpatorischen Cortes aussprach und alle ihre Handlungen für ungiltig erklärte, sowie die Achtung aller Rechte des Volkes und Förderung seines Glückes zusicherte. Das Volk, die Serviles, äußerte laute Freude darüber und empfing seinen König mit Jubel und Gepränge. Aber der König führte nur den ersten Theil seiner Proclamation aus, er verfolgte mit großer Strenge nicht bloß die Liberales (Cortesanhänger), sondern auch die Generale und Guerilleros, die ihr Leben für ihn eingesetzt hatten. Selbst die treuesten Helden wurden ihm verdächtig, wenn sie nur freimüthig waren und dem Könige Mäßigung und Milde anriethen. Ferdinand wollte eben absoluter König sein, er wollte auch die alte, geschichtliche Machttheilung nicht; aber die

alte Autokratie, wie sie sich seit Philipp II. ausgebildet, war nicht mehr
möglich. Daher die vergeblichen und für das Land so verderblichen
Mühen, jener häufige Systemwechsel des Königs, der in fünf Jahren
25 Minister brauchte und sich zuletzt nur mehr von elenden Schleichern
umgeben sah, während alle edlen, freien Männer in's Exil oder in den
Kerker wanderten. Die verfolgten Liberalen gaben ihrerseits nichts auf,
führten ihnen doch die tyrannischen Maßregeln Ferdinands sogar aus
dem Lager der Serviles neue Gesinnungsgenossen zu. Ein Aufstand
folgte dem andern, alle zu dem Zwecke, der Constitution von 1812 Anerkennung zu verschaffen; das arme Land kam nie zur Ruhe. Als endlich auch die Armee anfing, sich für die Constitution zu erklären, sah
Ferdinand sich gezwungen, zum äußersten Liberalismus überzugehen. Drei
Jahre später (1823) entstand jedoch ein Aufstand der Serviles zu
Gunsten der königlichen Freiheit, welchen auf Drängen des Congresses
von Verona auch Frankreich unterstützte. Abermals von der Revolution
befreit, betrog Ferdinand ein zweites Mal seine treuen Völker um die
längst versprochenen Freiheiten. Wiederum begann er, bis zu seinem
Tode, einzig darauf hinzuarbeiten, die bureaukratisch-absolutistische Kron-
Omnipotenz des vergangenen Jahrhunderts, das hergebrachte System der
Unterdrückung des „alten Rechtes" wieder einzuführen. Ihrerseits ließen
die Liberalen in ihren Wühlereien nicht nach, waren aber dabei unter sich
nicht einig. Seit dem Jahre 1820 waren sie in zwei Parteien getheilt,
Moderados und Exaltados (Progressisten oder Decamisados und
Anilleros). Die Moderados strebten, unter Leitung der fremdländischen
Freimaurerei, als politisches Ideal eine bloße Copie des französischen
Constitutionalismus an. Die Exaltados hingegen hatten mehr Consequenz,
sie fühlten heraus, daß der fremdländische Liberalismus, um populär zu
sein, doch wenigstens ein spanisches Gepräge haben müsse, wie sie denn
auch für ihren eigenen Geheimbund den specifisch spanischen Namen
„Comuneros" wählten. Das Volk seinerseits blieb zwischen all' den
schwankenden Parteien unentwegt stehen, sein Losungswort in allen
Kämpfen war: „Es lebe der absolute König! [1] Es lebe die Religion!"
Ferdinand lohnte dem Volk seine Treue schlecht. Nach zwanzigjähriger,
durch Schwäche und Herrschgelüste beispiellos elender Regierung warf

---

[1] Mit diesem Worte „absoluter König" ist jedoch keineswegs der Absolutismus
Ferdinands gemeint, sondern der vom modernen Constitutionalismus freie König
Altspaniens, der aber auch den Provinzen und der Nation ihre Freiheiten gewahrt
wissen wollte.

er sich auf seinem Todesbette noch einmal, und dießmal freiwillig, in
die Arme des Liberalismus, und führte so die modern=liberale Revo=
lution officiell in Spanien ein, nachdem er sein Leben unnütz damit
zugebracht, sie vom altrevolutionären Boden des bureaukratischen Ab=
solutismus zu bekämpfen. Aber dieses Erbtheil schien ihm noch nicht
elend genug für sein treues Land. Zugleich hinterließ er ihm den
Successionskrieg in seiner schrecklichsten Form. Christine, als Vor=
mundschaftsregentin, trat dieses doppelte Erbe an, und wie im Jahre
1823 erhob sich jetzt wieder das altspanische Volk, die Serviles, gegen
die ihm octroyirte modern=liberale Revolution, welche sich in einem Meer
raubmörderischer und mordbrennerischer Schandthaten constituiren wollte [1].
Doch liegt die Zeit des Successionskrieges schon ferner von jener Pe=
riode, in welcher sich die Hauptwerke der Dichterin bewegen, und selbst
wenn auch einzelne, wie der Sommer in Bornos (1850), Lagrimas
(1837), die Möve (1838), in den späteren Jahren spielen, so gründen
sich doch alle mehr auf die Tendenz der eben beschriebenen Epoche, als
auf die Ereignisse ihrer Zeit. Es ist immer und immer wieder der
Gegensatz zwischen Altspanien mit seinem katholischen Königshaus und
Jungspanien, gährend von revolutionärer ausländischer Hefe.

Wie Caballero die politische Geschichte zu verwenden mußte, werden
wir später im Einzelnen sehen; es genüge hier, darauf hingewiesen zu
haben, daß die Familie Böhl in Puerto Santa Maria so recht im Mittel=
punkte der politischen Bewegung wohnte. Von Cadiz, dem Sitze der
Cortes, her konnten die „servilen" Hausfreunde Böhls die neuesten
Tagesnachrichten in die Tertulias bringen und ihre „servile" Entrüstung
über die liberalen Väter des Vaterlandes ausgießen. Denn Caballero
hat Sorge, uns noch ausdrücklich zu sagen, was ihre Erzählungen
übrigens schon mehr als hinreichend verrathen hätten, daß Puerto
Santa Maria der Hauptsitz der Serviles war. Diese „servile" Gesin=
nung bethätigten die Eltern der Dichterin nicht bloß in der häuslichen
Unterhaltung, sondern auch in der Presse. Zahlreiche Flugschriften
des Vaters sowohl als auch der federgewandten Mutter sprachen manch
kühnes Wort zu Gunsten der alten Ordnung der Dinge. Obwohl
mehrere dieser Schriften politischen und religiösen Inhalts waren, be=

---

[1] Vgl. zu dem Vorhergehenden die Aufsätze in den Histor.=polit. Blättern, XIV.
S. 211 ff., XXXIV. S. 753 ff. Ebenso J. Balmes, Vermischte Schriften, Bd. I.
a. v. O.

schäftigten die meisten sich doch mit literarischen Fragen, um dem an=
schwellenden Strom der gottlosen französischen Literatur womöglich da=
durch einen Damm zu setzen, daß sie die jüngere Generation an den
hohen Werth der halbvergessenen Nationalschätze gemahnten. „Jammer=
voll," schreibt Böhl im Jahre 1819 an den jüngeren Campe, „ist der
Gemüthszustand der jetzigen Spanier. Von dem französischen Witze ge=
blendet und von der französischen Vernünftelei bestochen, zwingen sie sich
Alle, unsere Poesie zu verachten, und der unglückliche Hang, gelten zu
wollen, aufgeklärt zu scheinen, sich über das Gewöhnliche und Gemeine
zu erheben, hat sich in den Städten unter allen Klassen verbreitet, und
einen bis an Haß grenzenden Widerwillen gegen alles Nationale erzeugt,
der die Empfindung des unbefangenen Zuschauers auf's Peinlichste quält.
Von dem jetzigen Geschlecht ist in dieser Hinsicht keine Besserung zu er=
warten, da der Spanier nicht weniger hartnäckig auf Irrthümern besteht,
als er im Rechte beharrlich ist. Ich arbeite daher im eigentlichen Sinne
für die Nachwelt, darum aber nicht weniger eifrig." In der That ließ
Böhl sich nicht abschrecken. So veröffentlichte er unter Anderem eine
Reihe von Artikeln zu Gunsten Calderons[1], den er eigentlich wieder zuerst
seinen Landsleuten vorführte. Er brachte es auch wirklich dahin, daß in
Cadiz und im übrigen Spanien wieder Stücke von Calderon, Moreto und
anderen älteren Dichtern aufgeführt wurden. Über seine anderweitigen
Studien, die altspanische Blumenlese betreffend, können wir füglich schwei=
gen, um uns wieder den ferneren Schicksalen der Dichterin zuzuwenden.

Diese war in dem friedlichen Asyl von Puerto Santa Maria
allmählich herangewachsen und zwei Jahre nach der Rückkehr König
Ferdinand' VII. hielt ein spanischer Offizier um ihre Hand an und
erhielt sie. Die jungen Gatten schifften sich bald nach Portorico ein,
wohin wahrscheinlich ein Aufstand den spanischen Offizier rief. Es
dauerte jedoch nicht lange, so erschien Cäcilia wieder im Hause ihres
Vaters; sie hatte drüben bald nach ihrer Ankunft den Gatten verloren,
und war, kaum zwanzigjährig, schon eine Wittwe. Einige Jahre später
ging sie eine neue ehrenvolle Verbindung mit dem Marquis von Arco=
Hermoso ein. Aber auch diese Ehe sollte nicht lange dauern: der
Gatte starb schon 1835. Unterdessen erging an sie der ehrenvolle Auf=

---

[1] Später gesammelt unter dem Titel; Vindicaciones de Calderon y del teatro
antiguo español contra las afrancesados en literatura recogidas y ordenadas.
Cadiz 1820.

trag, die Erziehung der künftigen Prinzessin von Montpensier zu über=
nehmen; so kam sie in nächste Berührung mit der königlichen Familie,
deren Zuneigung sie sich auch in hohem Grade erwarb. Nachher ver=
heirathete sich Cäcilia noch ein drittes Mal mit dem Advocaten Arrom,
den sie aber auch wieder 1863 verlor. Alle drei Verbindungen waren
kinderlos geblieben und der Dichterin ward ein wirkliches Familienglück
versagt. Aber sie hatte in ihrem tiefgläubigen Sinn ein mächtiges
Heilmittel gegen den Schmerz, und selbst auf Erden fand sie in der
Anerkennung, welche in Spanien und anderen Ländern ihrem Talente
und ihrem ernsten, gemeinnützigen Streben gezollt wurde, einen keinen
Ersatz für die häuslichen Unglücksfälle. Geehrt und geliebt von den
Besten ihrer Nation, verlebte sie die schlimmen Tage ihres Vaterlandes,
in dem noch immer die üppige Saat der Zwietracht heranreift, welche
die Dichterin in ihrer Jugend säen sah und deren Ausrottung sie ihr
schönes Talent gewidmet hat.

Da in Spanien das System der Selbstbekenntnisse großer Autoren
oder das geschäftliche Aushorchen und Ausspähen ihres Privatlebens noch
nicht so an der Tagesordnung ist, wie in Frankreich oder anderwärts,
so sind nur wenig Einzelnheiten aus dem Leben Caballero's in die
Öffentlichkeit gedrungen. Es bedarf ihrer übrigens auch kaum, um der
Dichterin unsere vollste Hochachtung zu sichern, denn wir besitzen ihre
Werke, und in ihnen offenbart sich eine Seele voller Adel, ein Herz voll
christlicher Liebe, Hoffnung und begeisterten Glaubens. Ein Zug nur
finde hier seine Stelle, weil er einen tiefen Blick in ihr christliches Ge=
müth gestattet. Caballero hatte die Nachricht von dem plötzlichen Tode
eines ihrer erbittertsten Gegner in einer Zeitung gelesen und schildert,
in einem Briefe an einen Freund, mit folgenden Worten den Eindruck,
den dieser Todesfall auf sie machte: „Erschüttert, das Herz von Schmerz
ergriffen, ließ ich das Zeitungsblatt meinen Händen entfallen, die sich
zu einem Gebete für seine Seele falteten. Ich warf mir seinen Haß
gegen mich vor, als ob ich ihn verdient hätte! Und doch habe ich ihn
nie gesehen, auf seine Angriffe nicht geantwortet und auch meine Freunde
gebeten, es nicht zu thun."

Nur eine wahre Christin ist eines solchen Wortes fähig.

Nachdem im vorigen Herbst die Nachricht von dem Tode Ca=
ballero's die Runde durch Europa gemacht hatte [1], ward sie auch bald

---

[1] Diese falsche Nachricht beruhte, wenn wir nicht irren, auf einer entschuldbaren

wieder als unwahr widerrufen. Leider aber brachten einige Monate
später die Zeitungen eine zweite und dießmal nur allzu wahre Todespost.
Als der Dichterin die Sterbesacramente gebracht wurden, schloß sich unter
anderen hohen Persönlichkeiten auch die Exkönigin Isabella dem Zuge
an und gab so der Sterbenden ein letztes Zeichen ihrer Liebe und Ver=
ehrung. Caballero starb zu Sevilla in der ersten Hälfte des April
1877 in dem bedeutenden Alter von 80 Jahren. Mit ihr verlor
Spanien seine volksthümlichste Schriftstellerin, die den alten Ruhm
spanischer Literatur wieder weit über die Grenzen der Pyrenäen hinaus=
getragen hatte.

Nach diesem flüchtigen Überblick des Lebens und der Zeit Caballero's
können wir nunmehr an das Studium ihrer herrlichen Werke gehen,
indem wir deren vielseitiges Verdienst auf einige Hauptgesichtspunkte
zurückführen.

(Fortsetzung folgt.)

W. Kreiten S. J.

Der Gehorsam gegen die menschlichen Gesetze.

I.

Das neunzehnte Jahrhundert will Alles mit Maschine und Dampf=
kraft betreiben. In materieller Hinsicht ist dadurch gewiß ein großer
Fortschritt erzielt worden; freilich könnte ein Misanthrop auch hier
fragen, ob denn all dieser Dampf, all diese Kessel und Kolben der Mensch=
heit im Ganzen einen wahren Dienst geleistet, oder ob sie nicht etwa
mehr Schaden als Nutzen in ihrem Gefolge gehabt haben; allein der
reelle Nutzen läßt sich nicht wohl in Abrede stellen, und wir schreiben

---

Verwechslung des Pseudonyms unserer Dichterin mit dem wahren Namen eines an=
dern bekannten spanischen Schriftstellers, D. Fermin Caballero. Letzterer hatte
sich nicht so sehr durch dichterische Erzählungen, sondern hauptsächlich durch seine
geographischen Studien berühmt gemacht. Ein ehemaliger Minister, stellte er sich an
die Spitze der spanischen Gesellschaft für geographische Studien, starb aber schon im
ersten Jahre seiner Präsidentschaft und wurde durch den Colonel Don Francisco Coello
ersetzt.

gerne das in seiner Begleitung auftretende Übel dem Mißbrauche eines an sich überaus werthvollen Fortschrittes zu. Indessen der unstäte Menschengeist scheint keine Ruhe zu haben, wenn er nicht auch auf das geistige Gebiet die Dampfmaschinenarbeit überträgt; er will, wie es scheint, mit Dampf arbeiten auch da, wo Eile nur Zerstörung ist. Speciell ist es die Gesetzgebung des neunzehnten Jahrhunderts, welche den Typus dieser Dampf= und Maschinenarbeit an sich trägt; eine solche Maschinenarbeit ist aber nicht weniger thöricht, als wenn man, des langsamen Naturprocesses beim Wachsen und Reisen der Saaten über= drüssig, Korn und Feldfrüchte durch Dampfkraft produciren wollte.

In alter Zeit waren die Gesetze das Ehrwürdigste und deßhalb auch das Unabänderlichste, was ein Gemeinwesen besaß. Bekannt ist die Zähigkeit, mit welcher die alten Griechen und die übrigen Völker, nicht nur die ungesitteten, sondern auch die gesitteten, an den einmal ererbten Normen und Vorschriften festhielten. Beispiele dieser Zähigkeit aufzählen ist überflüssig, lieber wollen wir den Grund vernehmen, welchen der Meister der theologischen Schule, der hl. Thomas von Aquin, gegen die häufige Abänderung der Gesetze vorbringt[1]. Zuerst stellt er die Frage, ob die menschlichen Gesetze irgendwie verändert werden müßten. Diese Frage bejaht er entschieden, sowohl weil die menschliche Vernunft der Vervollkommnung fähig sei und darum mit der Zeit bessere Anordnungen auffinden könne, als auch weil die Menschen und deren Lage der Ver= änderlichkeit unterworfen seien und deßhalb die Gesetze, um sich der jeweiligen Lage anzupassen, nicht unverändert bleiben dürfen. Darauf aber stellt der heilige Lehrer sich die andere Frage, ob die menschlichen Gesetze immer abzuändern seien, sobald etwas Besseres ausfindig gemacht sei. Die Antwort darauf soll mit seinen eigenen Worten gegeben werden: „Ein menschliches Gesetz wird insofern recht abgeändert, als die Abän= derung dem Gemeinwohle frommt. Es ist aber die Abänderung der Gesetze selbst an und für sich betrachtet eine Schädigung des Gemeinwohles, denn sie schwächt die Beobachtung der Gesetze. Diese findet gerade in der Ge= wohnheit ihre Kräftigung, so zwar, daß eine Verordnung, die einer herr= schenden Gewohnheit zuwider ist, selbst wenn sie Erleichterung bringt, als neue Beschwerung angesehen wird. Durch Abänderung der Gesetze wird deßhalb deren nöthigendes Band gelockert, welches gerade durch die Ge= wohnheit gefestigt wird. Es sollte darum nie ein Gesetz abgeändert

---

[1] I. II. Qu. 97. art. 1. 2.

werden, wenn nicht andererseits die Förderung des Gemeinwohls so er=
heblich ist, daß dadurch die eben besprochene Schädigung ausgeglichen
wird. Das ist wirklich der Fall: 1. wenn in dem etwaigen neuen Gesetze
ein sehr großer und ganz offenkundiger Nutzen liegt; 2. wenn
das neue Gesetz eine Nothwendigkeit ist, entweder weil das bis=
herige Gesetz eine offenbare Ungerechtigkeit enthält, oder weil die Be=
obachtung desselben gemeinschädlich geworden ist."

Wie sehr sticht gegen diese so gesunde Lehre das Gebahren so man=
cher Gesetzesfactoren ab, welche in der largen Zeit, die ihrem Einfluß
und ihrer Auctorität zugemessen ist, nichts Eiligeres zu thun haben,
als Gesetze zu machen und umzustoßen. Die Schädigung der Auctorität
des Gesetzes liegt zu Tage. Einem nur auf Probe oder auf baldiges
Wiederverschwinden berechneten Gesetze kann man unmöglich die nämliche
Ehrerbietigkeit entgegenbringen, wie einer reiflich durchdachten und durch
die Dauer bewährten, auf viele Geschlechter berechneten Anordnung.
Würde man ja auch umsonst versuchen, einem unbärtigen Knaben das
ehrwürdige Aussehen eines silberbehaarten Greises zu geben. Größere
Keckheit kann da keinen genügenden Ersatz bieten. Die Väter der heut=
zutage so beliebten Eintagsgesetze lassen auch oft an maßlosen Ansprüchen
Keinen hinter sich, und zwar um so weniger, je hohler der Titel ist,
auf welchen hin schuldige Unterwerfung gefordert werden könnte; allein
ihre Maßlosigkeit vermag nicht, schlechte Gesetze in gute umzuwandeln.
Mag die „Majestät des Gesetzes" noch so oft betont werden, diese
„Majestät" hat auch ihre Grenzen; auch in der schuldigen Unterwerfung
unter die Gesetze gibt es ein „bis hierhin und nicht weiter". Prüfen
wir einmal diese schuldige Unterwerfung, den Gesetzesgehorsam, auf
seinen wahren Gehalt, besonders da man uns Katholiken so gerne das
Verbrechen der Ungesetzlichkeit vorwirft.

Wir Katholiken anerkennen in der Unbotmäßigkeit, in der Ge=
setzesverletzung und Gesetzesverachtung ein wirkliches schweres Vergehen,
weit schlimmerer Art, als unsere Gegner daraus zu machen gewillt sind.
Wir anerkennen ganz und vollständig den Ausspruch der heiligen Schrift,
die im Buche der Weisheit Gott selber die Urheberschaft der Gesetze
zuschreibt, welche von der bestellten Obrigkeit gegeben werden: „Durch
Mich herrschen die Könige und durch Mich künden Recht die Gesetz=
geber." In welcher Weise die menschlichen Verordnungen auf Gott
zurückgeführt werden können und müssen, werden wir weiter unten näher
berühren. Wir halten deßhalb auch fest an dem andern Ausspruch der

heiligen Schrift, in welchem sie nachdrücklichst den Gehorsam einschärft:
„Seid unterwürfig nicht bloß der Strafe wegen, sondern um des Ge=
wissens willen." „Jede Auctorität ist von Gott, und wer sich der
Obergewalt widersetzt, widersetzt sich Gott." Damit wird also der Un=
botmäßigkeit das Brandmal der Auflehnung gegen Gott aufgedrückt,
und sie wird in all jene unseligen Folgen verwickelt, welche den Ver=
ächter der göttlichen Auctorität treffen.

Allein trotz dieses nachdrücklichen Einschärfens der Botmäßigkeit und
Unterwerfung gegen die zuständige Gewalt, trotz der Ermahnung, nicht
aus bloßer Furcht, sondern des Gewissens halber, nicht bloß den guten,
sondern auch den harten Herren die Unterwürfigkeit zu bewahren, ist
doch die heilige Schrift weit entfernt, jede Nichtachtung des Willens
eines Machthabers — und mag er auch noch so rite seinen Willen pro=
mulgirt haben — als verwerfliche Unbotmäßigkeit hinzustellen. Wir
brauchen nur fast auf's Gerathewohl die Blätter des Alten und Neuen
Testamentes aufzuschlagen, so finden wir oft genug gerade solche Nicht=
achtung je nach Umständen als eine löbliche Handlung, als einen Act
des Gott schuldigen Dienstes und Gehorsams verzeichnet.

Der ägyptische König hatte den ohne Zweifel rite promulgirten
Befehl erlassen, die hebräischen Knäblein gleich nach der Geburt zu
tödten; den Ungehorsam gegen dieses Gesetz des Ägypterkönigs berichtet
uns die heilige Schrift als eine von Gott belohnte Handlung des Mit=
leids und der Gottesfurcht. — Dem Moses hat Pharao unter Androhung
der schwersten Strafen verboten, ihm wieder unter die Augen zu kommen;
ungeachtet dieses Verbotes trat er dennoch wieder vor ihn hin, und
widerstand ihm mit Gottesansehen und Gotteskraft. — Der König
Nabuchodonosor hatte rite den Erlaß veröffentlicht, es sollten Alle auf
den Schall der Posaune und der musikalischen Instrumente niederfallen
zur Anbetung der goldenen Statue, die er errichtet hatte: den Unge=
horsam gegen dieses königliche Gebot lohnte Gott an den drei muthigen
Jünglingen durch wunderbare Errettung aus den Flammen des Feuer=
ofens. — Das medische Gesetz, nach welchem man dem Daniel das
tägliche Beten zum wahren Gott, dem besondern Beschützer des israe=
litischen Volkes, verbieten wollte, war ohne Zweifel publicirt und in
die Gesetzessammlungen registrirt worden: Daniel aber beachtete dieses
Verbot nicht, und sein „Ungehorsam" wurde von Gott durch ein anderes
Wunder, durch die Errettung aus dem Rachen der ausgehungerten
Löwen belohnt. — Die Apostel lehrten sich nicht an das Verbot der

jüdischen Behörde, des hohen Rathes, sondern sie verkündigten, unbeschadet
des Verbotes, die Gottheit des vom Tode wiedererstandenen Jesus von
Nazareth, und wiesen die Zumuthung der Obrigkeit einfach mit der
Bemerkung ab: „Urtheilet selbst, ob es billig sei vor dem Angesichte
Gottes, auf euch eher zu hören, als auf Gott." — Der Heiland selbst
zeigte sich nicht so unterschiedslos willfährig gegen die jüdische und heid=
nische Obrigkeit, vor deren Richterstuhl er geschleppt ward; dem Drängen
auf Antwort von Seiten des römischen Landpflegers gab er keine an=
dere Folge, als durch die wenig schmeichelhaften Worte: „Du hättest
keine Macht über mich, wenn sie dir nicht von Oben her wäre gegeben
worden," und er fügt nicht ohne Drohung die scharfen Worte hinzu:
„Der mich dir überliefert hat, hat eine größere Sünde auf sich geladen,
als du." — Petrus zog gar das Schwert gegen die Häscher und Büttel
der jüdischen Obrigkeit, als sie Hand an die heilige Person des Erlösers
legten. Zwar verwies der Heiland dem Jünger seinen unpassenden
Eifer, aber nicht als ob diese Widersetzlichkeit zur Vertheidigung Christi
ein sündhaftes Angreifen der obrigkeitlichen Auctorität gewesen wäre,
sondern weil sie nicht im Einklange stand mit der freiwilligen Dahin=
gabe, mit der er sein Leben zum Opfer bringen wollte. Daß ihm, dem
höchsten Herrn, das Recht zugestanden hätte, auch dem obrigkeitlichen
Befehle zuwider sich vertheidigen zu lassen, sagt der Heiland klar genug;
nicht bloß den Arm seiner Jünger, sondern Legionen von Engeln konnte
er als Werkzeuge seiner Befreiung gebrauchen.

Demnach ist also sicher nicht Alles, was dem Willen der Obrigkeit
entgegen gethan wird, eine wirkliche Auflehnung und ein strafbarer
Ungehorsam. Damit von Gehorsam und folglich auch von Verletzung
des Gehorsams die Rede sein kann, muß ich nicht bloß 1. dem Willen
eines Höhern gegenüberstehen, und zwar 2. dem kundgegebenen Willen
desselben, sondern es muß auch 3. ein wirklich bindender Wille sein.

Von den hier angegebenen Momenten ist das erste und zweite von
selber klar. Nicht dem Willen eines beliebigen Menschen habe ich zu
gehorchen, sondern nur demjenigen, der wirklich über mir steht, und
zwar in den Dingen, die er von mir fordert, über mir steht. Und
dieser Wille muß hinlänglich kundgegeben sein, so zwar, daß für Ge=
setze im eigentlichen Sinne des Wortes eine öffentliche Kundmachung
oder Promulgation durchaus wesentlich ist, und eine private Kenntniß=
nahme vor der öffentlichen Promulgation gar nicht genügt, um eine
Verpflichtung herbeizuführen.

Wichtiger und daher einläßlicher von uns zu behandeln ist das dritte Moment, nämlich, daß es ein **wirklich bindender Wille** sein muß, der mir gegenübertritt.

Über den Begriff einer wirklichen Verbindlichkeit dürfen wir uns nicht zu rasch hinwegsetzen. Was ist diese Pflicht oder Verbindlichkeit? Am nachdrücklichsten werden wir uns im eigenen Gewissen einer solchen bewußt, wenn es sich um Dinge handelt, welche an sich gut oder böse sind und sich uns als an sich verboten oder geboten bekunden. Da tritt uns durch die Stimme des Gewissens ein Verbot entgegen, dem wir nicht entgehen können, ein Verbot, welches von einer Macht ausgeht, der sich keiner widersetzen kann; denn mag der Mensch sich auch noch so sehr sträuben, mag er auch von allen menschlichen und sichtbaren Obern unabhängig sein, oder im geheimsten Verstecke fern von irgend welchen Zeugen seiner That oder seiner Gedanken sich befinden: er hört in seinem Innern eine Stimme, die sich nicht übertönen läßt, die ihm ein absolutes: „Es ist dir nicht erlaubt" zuruft, und die ihn selber damit einem Gesetzgeber gegenüberstellt, den er zwar nicht sieht, dessen Nähe und allsehendes Auge er aber wenigstens dunkel ahnt, und der sich als Rächer alles Bösen kundgibt.

Dieses unabweisbare: „Du darfst nicht" oder: „Du sollst", welches jedem des Vernunftgebrauches fähigen Menschen in so manchen Lagen seines Lebens gebieterisch entgegentritt, ist ein unläugbares Zeugniß, welches Gott beständig von sich selber gibt, und welches sich als ein unläugbarer Gottesbeweis **jedem** Nachdenkenden mit Allgewalt aufbrängt, um die frevelhafte Läugnung eines höchsten Gottes als den unverantwortlichsten Widerspruch mit dem eigenen Ich zu brandmarken. Diese Stimme des Gebotes oder Verbotes bleibt dem Gottesläugner ein unerklärliches Räthsel, bis er sich dem Allerhöchsten anerkennend unterwirft. Der einzige scheinbare Rettungsanker, an den er sich für eine kurze Zeit anklammern könnte, wäre nur der, daß er jenen kategorischen Befehl als einen Ausdruck der allgemeinen menschlichen Natur auffassen wollte, der sich das einzelne Individuum zu beugen habe. Aber auch das heißt, näher zugesehen, eben nichts erklären, oder auf halbem Wege stehen bleiben. Diese vernünftige Natur ist entweder ein zu abstractes Ding, welches keinen Befehl ertheilen kann, oder es ist eben die Stimme der Vernunft in jedes Menschen eigener Brust. Diese verkündet freilich die Pflicht, aber sie **begründet die Pflicht nicht,** oder thut dieß doch nur in einer sehr unvollkommenen und uneigentlichen

Weise. Sie ist eben kein vom Menschen selbst unterschiedenes Wesen, ist nicht sein Oberer. Sie zeigt dem Menschen die Unordnung, welche auf geistigem und ethischem Gebiete die Pflichtverletzung herbeiführt, aber sie richtet seinen Blick zugleich höher empor und zeigt ihm den Urheber und Erhalter aller Ordnung, den einigen und unendlichen Gott; als dessen Herold und als Überbringerin seines Willens erklärt sie dem Menschen den Inhalt des Begriffes von Pflicht und Pflicht= verletzung.

Durch die Stimme der eigenen Vernunft also erfaßt der Mensch die Pflicht als eine Nothwendigkeit, sich dem Willen des Allerhöchsten zu fügen, als eine Nothwendigkeit, welche ihn drängt, trotz der Freiheit, die er hat, diesem Drange zu widerstehen; er erfaßt sie als eine Noth= wendigkeit zu Einem von Beiden: entweder der Forderung des eigenen Gewissens oder vielmehr der Forderung des höchsten Herrn und Gebieters sich freiwillig zu fügen, oder aber dem Zwiespalte und der Feindschaft mit seinem Herrn und Gotte zu verfallen und alle die unseligen Folgen auf sich zu laden, welche eine solche freiwillig gewählte Feindschaft für Zeit und Ewigkeit nach sich ziehen muß. Erst so haben wir den Be= griff einer strengen Verpflichtung.

Blicken wir nun von dem an sich Gebotenen oder Verbotenen hin auf dasjenige, was erst durch einen menschlichen Gesetzgeber zur Pflicht gemacht wird, so haben wir zwar einen andern nächsten Ursprung der Pflicht, die Natur der Verpflichtung aber und ihr letzter Grund bleiben dieselben, wie vorhin. Ein wirklich verpflichtendes Gesetz ist undenkbar ohne irgend eine Gewissenspflicht; die Gewissenspflicht muß aber schließlich in Gott ruhen. Gibt sich ja die Gewissenspflicht gerade als eine solche kund, mit deren Hintansetzung das Bewußtsein des Schuld= beladenseins eintritt, und die den Schuldigen, falls es sich um eine wichtige Sache handelt, der Verwerfung vor Gottes Angesicht werth macht. Eine solche Folge kann aber nur Gott selber mit der Handlung oder Unterlassung eines seiner Geschöpfe verbinden. Er allein kann die Scheidung der Menschen nach Freund oder Feind ihm gegenüber voll= ziehen. Die Bedingung, auf welche hin Gottes Freundschaft erhalten bleibt oder verloren geht, kann Keiner vorzeichnen, wenn nicht Gott selbst schließlich sein „Ja" dazu sagt.

Wo haben wir nun dieses Siegel zu finden, welches Gott unter die Verordnungen eines menschlichen Obern setzen muß, damit diese eine wahre verpflichtende Kraft erlangen? Wir beschränken uns bei unserer Antwort auf die natürliche Ordnung der Dinge. Als Urheber der natürlichen Ordnung und als Schöpfer des ganzen Menschen mit seiner Naturanlage und Bestimmung hat Gott nebst anderen Forderungen des natürlichen Sittengesetzes auch diejenige Forderung unauslöschlich in eines Jeden Brust eingegraben, welche von der socialen Seite der menschlichen Natur bedingt ist. Die erste Forderung aber, ohne welche kein sociales Band bestehen kann, ist die Unterordnung unter eine bestimmte Auctorität. Das Grundgesetz also, welches Gott mit der socialen Natur des Menschen gegeben hat, heißt: „Gehorche den gesetzmäßigen Anord= nungen deines Obern." Derselbe Gott nämlich, der den Menschen social geschaffen hat, hat ihm auch die Verpflichtung auferlegt, die nothwendige Bedingung zur Existenz der Gesellschaft zu erfüllen. Auf dieses Grund= gebot des natürlichen Sittengesetzes also muß sich jedes Einzelgebot, welches von Seiten irgend welcher menschlichen Obrigkeit erlassen wird, stützen. Ohne dieses Gottessiegel, welches sozusagen unter den Willens= ausdruck des menschlichen Obern gedrückt werden muß, bleibt des Letztern noch so feierlich verkündete Anordnung ein leerer Buchstabe, des Lebens und jeder wahren Verpflichtung bar. Oder welche Nothwendigkeit kann denn aus sich selber auch der mächtigste Herrscher seinen Untergebenen auferlegen? Höchstens mit Kerker und Schwert kann er dem Späher= blicke seiner Beamten nachhelfen und nur durch äußere Gewalt, welche nicht über die kurze Spanne dieser Zeit hinausreicht, die Widerspänstigen antreiben. Soll aber die Pflicht eines vernünftigen, geistigen Wesens nichts Anderes sein, als die Wirkung solch äußerer Gewalt? Das wäre wirklich sehr niedrig und roh von der Würde des Menschen gedacht. Der Apostel ermahnt, die schuldige Unterwürfigkeit nicht der Menschen wegen zu bekunden, sondern Gottes wegen, dem Vorgesetzten zu gehorchen, wie Christus, dem Herrn.

Wir dürfen nun aber auch die göttliche Bestätigung, wodurch der Willensausdruck des menschlichen Obern die Weihe eines wahren ver= pflichtenden Gesetzes erhält, andererseits nicht so hinaufschrauben, daß wir jedes menschliche Gesetz in sich zum Ausdrucke des göttlichen Willens machen und dadurch den Unterschied zwischen menschlichem und göttlichem Gesetze verwischen. Dieser Unterschied muß zweifelsohne bestehen; denn auf ihm fußen die Bestimmungen, welche allgemein angegeben werden als Normen für die Collision verschiedenartiger Pflichten.

Würde Gott unmittelbar die Verhältnisse der verschiedenen Gesell= schaften ordnen, so würde er ohne Zweifel oftmals, dem materiellen Ge=

genstande nach, andere Gesetze erlassen, als diejenigen sind, welche that=
sächlich in den verschiedenen Gesellschaften Gesetzeskraft besitzen. Er
sieht in seiner göttlichen Weisheit weiter als der kurzsichtige Mensch;
er kennt die zweckmäßigen Mittel besser, und durchschaut die maßgebenden
Verhältnisse für Gegenwart und Zukunft tiefer; er würde deßhalb das
Ziel der gesellschaftlichen Vereinigung mit einfacheren Mitteln voll=
kommener erreichen, als der besonnenste Staatsmann mit einer unzähligen
Reihe von den detaillirtesten Bestimmungen es erreichen kann. Allein
das hat dem Allerhöchsten nun einmal nicht gefallen. Er wollte den
Menschen in der Entfaltung und dem Gebrauche ihrer natürlichen Kräfte
ein weites Feld der Thätigkeit und Arbeit überlassen; sein unmittelbares
Eingreifen hat er durchweg auf die höhere übernatürliche Ordnung be=
schränkt, und auch hier noch übt er es mit Zurückhaltung. Wenn nun
aber auch nicht der Gegenstand der menschlichen Befehle der göttliche
Wille ist, so ist dieß doch die Unterwürfigkeit unter die rechtmäßigen
Befehle der verschiedenen Obern. Mögen diese Befehle manchmal unvoll=
kommen sein, der nöthigen Klugheit ermangeln: jene Unterwürfigkeit im
Hinblick auf die allgemeine göttliche Vorschrift erniedrigt den Unter=
gebenen nicht, sondern adelt ihn, denn sie ziert ihn mit dem Glanze,
welchen die Harmonie der vernünftigen Creatur mit der allgemeinen
Ordnung und mit dem Willen des höchsten Schöpfers verleiht.

Ohne auf den göttlichen Willen zurückzugehen, findet sich in dem
Gehorsam gegen menschliche Gesetze entweder kein oder nur ein so spär=
liches vernünftiges Gut, daß es daraufhin nicht zu verwundern wäre,
wenn der Versuch zum Abschütteln des Gehorsams viel weiter griffe,
als es thatsächlich geschieht. Beim Befolgen eines göttlichen Gesetzes
liegt die unmittelbare Übereinstimmung und Unterordnung des geschöpf=
lichen Willens unter den Willen des Schöpfers bezüglich seines Gegen=
standes vor; das ist das eminent vernünftige Gut der Creatur; der
Gehorsam gegen göttliche Gesetze trägt daher den Tugendadel in sich
selber. Der Gehorsam gegen ein menschliches Gesetz liegt aber in
der unterwürfigen Übereinstimmung des creatürlichen Willens mit einem
andern creatürlichen Willen. Der Tugendadel dieser Unterwerfung
liegt somit nicht in ihr selber als in ihrem eigentlichen Grunde. So
lange der Mensch dem Menschen als solchem gegenübersteht, erscheinen
Überordnung und Unterordnung nur zu leicht als eine Verrückung der
naturwesentlichen Gleichheit. Sobald man aber zurückgreift bis zu dem
Willen Gottes, der als Schöpfer und Lenker des Menschen in dessen

socialer Naturanlage diese Über- und Unterordnung gewollt hat, dann haben wir die wahre Grundlage, welche den Gehorsam gegen Menschen und menschliche Gesetze zu einer wahren, für den Untergebenen ehrenvollen Tugend erhebt. In dem Gehorsam gegen Seinesgleichen übt der Mensch zugleich den Gehorsam gegen Gott, aber auch im Gegentheil wird begreiflich, wie sowohl in dem Ungehorsam gegen menschliche Gesetze auch ein Ungehorsam, eine Auflehnung gegen Gott und göttliche Anordnung eingeschlossen ist, als auch wie nur dann von einer Auflehnung gegen menschliche Anordnungen die Rede sein kann, wenn dieselbe und insoweit dieselbe auf eine Auflehnung gegen Gott zurückführbar ist. Widrigenfalls fällt die Anschuldigung auf Ungehorsam und Widersetzlichkeit in eitel Nichts zusammen. Damit sind wir bei einem wichtigen Punkt angekommen, dessen klares Verständniß von praktischer Tragweite ist.

Gerade weil in den Vorschriften menschlicher Obern nicht direct der göttliche Wille den Untergebenen entgegentritt, sondern weil nur der allgemeine göttliche Wille, welcher Ordnung und Unterordnung will, der Stützpunkt ist, welcher den speciellen Vorschriften den innern Halt und die Festigkeit geben muß, damit sie wahrhaft bindende Gesetze werden; deßhalb liegt die Möglichkeit offen, daß bestimmte Willensäußerungen des Oberen zwar dessen Willen absolut ausdrücken, jedoch außerhalb jenes Stützpunktes des göttlichen Willens liegen und somit den Charakter eines wahren giltigen Gesetzes verlieren. Wenn auch das menschliche Gesetz nicht gerade der Ausdruck des göttlichen Willens zu sein braucht, um von Gott und seiner Auctorität gestützt zu werden, so muß es doch insoweit mit dem göttlichen Willen in Einklang stehen, daß es nicht einen klaren Widerspruch mit dem schon offenkundigen Willen Gottes enthält. Wäre das der Fall, dann widerstreitet es der Heiligkeit und Unwandelbarkeit Gottes, daß er solche Vorschriften mit seinem heiligen Ansehen stützt. Der Mensch aber ist trüglich und fehlbar, dem Irrthum und den Schwächen und Verkehrtheiten des Herzens unterworfen; darum kann er gar manchmal etwas anordnen oder anzuordnen versuchen, was dem Willen Gottes widerstreitet. Dann haben wir eben ein Scheingesetz, das jeden wahren verbindlichen Inhaltes ermangelt, einer Seifenblase gleich, nach der nur die Hand eines unvernünftigen Kindes wie nach einer festen Kugel greift, um sie noch rascher, als die Hand sie erreichen kann, zerplatzen und spurlos verschwinden zu sehen.

So sind wir aus dem Begriffe der Verbindlichkeit und der Pflicht, die das Gesetz schafft, zu dem Resultate gekommen, daß es ungiltige, jeder verpflichtenden Kraft leere Gesetze geben kann. Dasselbe ergibt sich auch aus der Analyse des Begriffes „Gesetz" an sich betrachtet. Der hl. Thomas von Aquin stellt als Begriffserklärung des Gesetzes auf: „Das Gesetz ist die Anordnung der Vernunft zum Gemeinwohle, von demjenigen, dem die Sorge für die Gesellschaft obliegt, zur öffentlichen Kenntniß gebracht." [1]   Er hatte die Entwickelung der einzelnen Momente vorangeschickt: das Gesetz müsse 1. eine vernunftgemäße Anordnung sein, 2. zum Gemeinwohl, 3. vom zuständigen Oberen erlassen und 4. zur öffentlichen Kenntniß gebracht. Das Gesetz — so entwickelt er seine Gedanken — ist ein Maßstab, nach welchem die Handlungen bemessen werden, eine gewisse Regel, welche Jemanden zum Haudeln bestimmt oder davon abhält. Die Regel aber und der Maßstab alles menschlichen Handelns ist die Vernunft, von der alle menschliche Handlungen ihren Anfang nehmen. Daher gehört zum Gesetze, daß es eine vernunft=gemäße Anordnung sei. Denn wenn auch der Wille des Oberen hinzutreten muß, um ein Gesetz zu schaffen, so wäre doch der Wille des Regenten, wenn er nicht in seinem Befehle von der Vernunft geleitet würde, eher Frevel als Gesetz zu nennen. Doch es ist noch nicht genug, das Gesetz auf die Vernunft zurückgeführt zu haben: in der Ver=nunft selbst, und zwar in der praktischen Vernunft, ist noch der höchste und letzte Gegenstand aufzufinden, auf welchen sie gerichtet und von welchem sie bestimmt wird und werden muß. Dieser ist aber nichts Anderes, als das wahre menschliche Wohl. So wie das wahre Wohl und Endziel dem Individuum als letzter Maßstab und oberste Regel für seine Handlungen gelten muß, so ist auch der gemeinsame Maßstab und die einer Gesellschaft vorgesteckte Regel nur dann eine wahre Regel zum Handeln, d. h. ein Gesetz, wenn sie nach dem wahren Wohle der menschlichen Gesellschaft, dem wirklichen Gemeinwohle, bemessen ist [2].

Wir übergehen die ferneren Ausführungen des heiligen Lehrers und knüpfen wieder an an eine spätere Stelle [3], wo er erklärt, wie jedes Gesetz vom ewigen Gesetze abhängig ist. Das Gesetz — so heißt es dem wesentlichen Sinne nach — besagt als Regel der menschlichen Hand=lungen ein Hinrichten und Hinbewegen zum Ziele. Bei jeder Hin=

---

[1] I. II. Qu. 90. art. 4.

[2] Ibid. art. 2.

[3] L. c. Qu. 93. art. 3.

bewegung aber muß die Wirksamkeit dessen, der an untergeordneter Stelle bewegt, von der Wirksamkeit des ersten Motors herrühren. Daher sehen wir auch, daß bei denen, welchen das Amt, zu regieren, anvertraut ist, die Regierungsnorm vom obersten Herrscher ausgeht und, von ihm abgeleitet, zu den übrigen Beamten bringt, daß bei Anfertigung von Kunstwerken der maßgebende Plan und das künstlerische Gepräge vom obersten Meister ausgeht und sich erst durch ihn den Arbeitern mittheilt, welche den Plan auszuführen haben. Nun aber ist das ewige Gesetz nichts Anderes, als der maßgebende Plan und die Norm der Weltregierung, wie sie in Gott, dem obersten Regierer, existirt. Von diesem ewigen Gesetze also müssen alle jene Normen, d. h. die particulären Gesetze, abgeleitet werden, nach welchen die unter Gott stehenden Auctoritäten regieren. Sie sind aber insofern ein Ausfluß oder eine Ableitung vom ewigen Gesetze, als sie der unwandelbaren Ordnung der Vernunft gemäß sind. Insoweit also ist ein menschliches Gesetz wirklich Gesetz. Inwieweit es aber der Vernunftordnung zuwider ist und mithin vom ewigen Gesetze in keiner Weise abgeleitet werden kann, insoweit ist es ein verkehrtes Gesetz zu nennen; es ist kein wirkliches Gesetz, sondern eher eine Gewaltthätigkeit.

In diesen Worten ist zugleich die hehre Aufgabe der Gesetzgebung, wie sie sein soll, gezeichnet. Sie soll das ewige göttliche Gesetz gleichsam ergänzen und erweitern, theilt also gewissermaßen dieselbe Aufgabe mit ihm; sie soll mit Gott, freilich abhängig von ihm, eingreifen in die Lenkung und Besorgung des gemeinsamen Wohles der menschlichen Gesellschaft. Sowie nämlich Gott nach seinem ewigen, weisen Rath und seinem heiligen Willen die Gesammtheit der vernünftigen Geschöpfe zu ihrem wahren Wohle leitet durch das ewige Gesetz, dessen Abglanz er bei der Schöpfung in die vernünftige Natur selbst hineingelegt hat, sowie er, der Allwaltende, mit diesem seinem unabänderlichen Gesetze das Gute befiehlt, das Böse verbietet, sich aber nur auf das In-sich-Böse und auf das absolut nothwendige Gute beschränkt: so soll das positive Gesetz [1] innerhalb der, den verschiedenen Regierungsgewalten anvertrauten Kreisen, je nach concreten Umständen das Gebiet des erforderlichen oder nöthigen

---

[1] Positives Gesetz nennen wir jedes Gesetz, welches durch die freie Willenserklärung eines Oberen eine Pflicht auflegt zum Unterschied vom natürlichen Gesetz. Wir geben diese Erklärung, weil zuweilen mit dem Ausdruck „positives Gesetz" ein anderer sonderbarer Sinn verbunden wird.

Guten erweitern, das Gebiet des Bösen durch Verbot des minder Zu=
träglichen vergrößern. Was also zu thun oder zu unterlassen an sich
schon gut und tugendhaft wäre, das erhebt das Gesetz zu einem noth=
wendigen Gegenstand der Tugend, das bürgerliche Gesetz auf dem Gebiete
der bürgerlichen, das kirchliche Gesetz auf dem höhern Gebiete der kirch=
lichen und religiösen Tugenden.

Wenn das aber die Aufgabe des Gesetzes und jeden Gesetzes ist,
dann ist es einleuchtend, daß eine Verordnung, durch welche Jemand sich
erdreisten würde, Unerlaubtes und Böses vorzuschreiben, gar kein Gesetz
sein kann. Er würde damit versuchen, Böses in die Reihe des Guten
und Tugendhaften zu setzen. So wenig aber Licht und Finsterniß sich
vertragen, so wenig können Tugend und Laster einmüthig zusammenstehen;
das Böse kann auch im Kleide der Tugend sein Wesen nicht verändern:
eine solche Änderung ist die absoluteste Unmöglichkeit; sie zu versuchen
eine mehr als menschliche Bosheit.

Es hat einen gar argen Lärm erregt, als Pius IX. gewisse Gesetze
für kraftlos und ungiltig erklärte. Die Einen wollten darin eine un=
erträgliche Anmaßung finden und einen Übergriff in fremdes Macht=
gebiet, einen Versuch, bestehende Gesetze weltlicher und bürgerlicher
Jurisdiction zu annulliren. Andere suchten den Vorwurf ungerechten
Übergriffes dadurch um so entschiedener abzuweisen, daß sie eine doppelte
Giltigkeit von Gesetzen unterschieden, die Rechtsgiltigkeit und die sittliche
Giltigkeit. Darnach würde die Rechtsgiltigkeit vorliegen, sobald nach
verfassungsmäßigem Vorgehen in formaler Hinsicht Alles gewahrt sei,
was zur Verbindlichkeit eines Gesetzes erforderlich sei; mit ihr könne
dann bezüglich der Erfüllung der Gesetzesforderungen eine gewisse Rechts=
pflicht erwachsen, welche, falls das Gewissen des Untergebenen die Er=
füllung verböte, sich wenigstens darin äußern müßte, daß derselbe sich im
Gewissen denjenigen Strafen zu unterziehen habe, welche den Übertretern
des Gesetzes auferlegt würden. Diese Rechtsgiltigkeit, über welche der
Staat allein zu urtheilen habe, werde vom Papste nicht angegriffen und
könne nicht angegriffen werden. Die sittliche Giltigkeit hingegen betreffe
unmittelbar die Gewissenspflicht, das vom Gesetze Vorgeschriebene zu
leisten; diese sei eine rein innerliche Sache, darüber stehe sehr wohl,
nach Annahme der Katholiken, dem Papste die Entscheidung zu. Diese
Giltigkeit habe derselbe in der That betreffs der in Frage stehenden
Gesetze verneint, ja er habe es als Gewissenspflicht erklärt, das durch
die Gesetze Geforderte nicht zu leisten.

Ohne auf irgend welche concret vorliegende Fälle die Anwendung zu machen, glauben wir nun doch die Möglichkeit betonen zu müssen, daß auch solchen Gesetzen, welchen an der formalen Seite ihres Zustande= kommens nicht ein Tüpfchen fehlt, dennoch sowohl die sittliche Giltigkeit als auch die Rechtsgiltigkeit abgehen könne, daß sie also im wahren und vollen Sinne des Wortes ungiltige Gesetze seien, somit Scheingesetze, welche nicht erst durch irgend eine geistliche oder weltliche Auctorität ihrer Verbindlichkeit entkleidet zu werden brauchen, sondern von Anfang an ohne jegliche Verbindlichkeit sind.

Um dieses näher zu erklären, ist es dienlich, sich die verschiedene Art und Weise zu vergegenwärtigen, in welcher das Gesetz und der Untergebene einander gegenüberstehen können.

1. Das Gewöhnliche ist, daß der Gesetzgeber irgend eine Leistung absolut verlangt, oder irgend Etwas absolut verbietet. Diesem entspricht an und für sich beim Untergebenen die Verpflichtung zur Leistung des Befohlenen oder zur Unterlassung des Verbotenen, so zwar, daß er sich im Gewissen versündigt, wenn er der Gesetzesvorschrift zuwider das Ver= botene thut oder das Gebotene unterläßt. Zudem ist er durch die Gesetzesübertretung straffällig geworden, und falls wenigstens der zu= ständige Richter die Strafe über ihn ausgesprochen hat, ist er für's Gewöhnliche verpflichtet, die Strafe zu erstehen.

2. Der Gesetzgeber kann aber auch von der absoluten Forderung des Gesetzgegenstandes Umgang nehmen und, um das Gewissen nicht zu sehr zu belasten, sich bezüglich der Gewissenspflicht mit der Alternative begnügen: Entweder muß das durch das Gesetz Vorgeschriebene geleistet, resp. unterlassen werden, oder im Betretungsfalle hat der Übertreter die vom Richter ausgesprochene, vom Gesetz bestimmte Strafe zu leisten. Die Strafe hat in diesem Falle nicht den vollen und ausschließlichen Strafcharakter, weil eine volle, in's Gewissen reichende Verletzung nicht vorausgesetzt wird; sie tritt mehr als ein der Wahl des Untergebenen in gewissem Sinne anheimgestelltes Äquivalent für die in erster Linie aufgestellte Gesetzesforderung auf. Es wird also der Gewissenspflicht dadurch genügt, daß man entweder das Eine oder das Andere leistet. Dergleichen Gesetze sind die sogenannten bloßen Strafgesetze. Daß es deren gibt, kann von einem Vernünftigen nicht bezweifelt werden, ob= gleich es nicht immer leicht ist, zu sagen, ob in einem bestimmten Falle ein solches bloßes Strafgesetz vorliegt, oder ob die vernünftige Absicht des Gesetzgebers dahin geht, von vornherein schon im Gewissen zur

Leistung des im Gesetze geforderten Gegenstandes zu verpflichten. Als
dergleichen Strafgesetze müssen manche Polizeivorschriften aufgefaßt wer=
den, vor Allem solche, bei denen das Strafmaß enorm höher ist, als
der Werth oder die Bedeutung der in erster Linie geforderten Leistung.

Allein — und das verdient unsere volle Beachtung — mag die
angeordnete Strafe den strengen Strafcharakter haben, oder mag sie als
ein für den Untergebenen wählbares Äquivalent der primären Gesetzes=
forderung gelten: in allen Fällen unterstellt die Verpflichtung zur Strafe
die Berechtigung des Obern zu jener primären Gesetzesforderung. Strafe
im strengen Sinn unterstellt eine Verletzung dessen, wozu der Straf=
fällige im Gewissen verpflichtet, mithin der Befehlende berechtigt war;
diese Strafe kann erst als Folge der Schuld gedacht werden. Die
Strafe im weiteren Sinne als ein Äquivalent für eine andere Leistung
hat auch nur dann einen Sinn, wenn für die Forderung dieser anderen
Leistung eine Berechtigung vorliegt. Wie sollte ich wohl ein Äquivalent
für dasjenige fordern können, worauf ich gar kein Recht habe?

3. Wir kommen hiermit auf die dritte Weise, wie der Untergebene
einem Gesetze gegenübersteht kann, nämlich wenn die Forderung des
Obern eine unberechtigte, das Gesetz oder der Befehl ein ungiltiger ist.
Auch in diesem Falle kann freilich die Pflicht erwachsen, etwa das Ge=
botene, falls es nicht unerlaubt ist, zu leisten, oder auch, mag das Be=
fohlene erlaubt oder unerlaubt sein, im Unterlassungsfalle die Strafe
hinzunehmen. Aber wenn alsdann die Pflicht eintritt, das angedrohte
oder auferlegte Strafübel zu ertragen, so ist das nichts mehr und nichts
weniger als die Pflicht, zuweilen ein offenbares Unrecht ohne Abwehr
zu erdulden. Eine solche Pflicht ist eine zufällige Pflicht, welche
durchaus nicht in irgend welcher Giltigkeit des Gesetzes ihren Grund
hat. Es sind alsdann die betreffenden Gesetze weder als an sich bindende
Vorschriften, noch auch als Strafgesetze giltig. Der Übertreter ist daher
auch nicht strafwürdig, noch straffällig. Mag ein Richter ihn zehnmal
verurtheilen, dadurch ist noch nicht die geringste Pflicht erwachsen, die
Strafe zu erstehen. Gott hat weder unter die ursprüngliche Gesetzes=
forderung, noch unter die Strafsentenz sein Siegel zur Bestätigung ge=
drückt; mithin ist noch nach keiner Seite hin eine wahre Pflicht er=
wachsen. Es wäre ja im Grunde Blasphemie, an eine wirkliche Pflicht,
die doch nur, wie oben erörtert ist, in Gottes Willen ruhen kann, zu
denken. Gottes Auge kann Keinen straffällig finden, sein Wille also
auch Keinen strafwürdig erklären, der keine Schuld auf sich geladen

hat; ebensowenig kann er, der Heiligste, eine Verpflichtung zu etwas Ungerechtem oder Unerlaubtem auferlegen.

Anders jedoch gestaltet sich die Sache, wenn derjenige, welcher nach Recht und Gewissen eine unberechtigte Gesetzesforderung abgewiesen, eine ihm zugemuthete unrechte oder unerlaubte Leistung verweigert hat, nach= träglich nicht bloß zur Strafe verurtheilt ist, sondern zur Erstehung der Strafe vergewaltigt wird. Dann kann er verpflichtet sein, sich ver= gewaltigen zu lassen, d. h. der physischen Gewalt zu weichen und zur Vermeidung größeren Übels und öffentlicher Ruhestörung sein persön= liches Recht darangeben zu müssen. Dergleichen Verzichtleistung auf das eigene Recht verlangt Gott auch in anderen Fällen, obgleich er die Handlungsweise dessen, der durch ungerechten Eingriff dazu Veranlassung gibt, auf's Strengste verurtheilt. Wer würde z. B. bei einem unerheb= lichen Diebstahle es statthaft finden, den Dieb selbst durch blutige Gegen= wehr unschädlich zu machen?

Wenn dann aber auch in dergleichen Fällen die Erduldung der Strafe ohne gewaltsame Abwehr und Widersetzlichkeit Pflicht werden mag, so rührt das nicht im Mindesten von der Giltigkeit der etwa verletzten Gesetze oder von der Giltigkeit des gefällten Strafspruches her. Im Grunde liegt auch nicht die Pflicht vor, Strafe zu dulden, sondern die Pflicht, das auferlegte Übel zu dulden; es ist nicht eine Pflicht durch das Gesetz geschaffen, sondern eine Pflicht, welche anläßlich eines ungiltigen Gesetzes an Jemanden herantritt. Wäre z. B. Jemand so kühn, zu be= haupten, in den Zeiten der Christenverfolgung sei wirklich durch das Gesetz der Kaiser die Gewissenspflicht für die Christen geschaffen worden, da sie den Götzen in keiner Weise opfern durften, sich wenigstens dafür zu Kerker und Scheiterhaufen auszuliefern, oder ihre dem Fiskus zu= gesprochenen Güter wirklich jetzt als Staatsgut anzusehen? Nein; es lag nur anläßlich jener in das Gewand des Gesetzes eingehüllten Grau= samkeiten die Pflicht vor, sich eher zur Richtstätte schleppen zu lassen, als den Glauben zu verläugnen; die Ehre Gottes und der ihm schul= dige Dienst forderten es, willig und ohne Wehr sich in den nur durch Abfall zu vermeidenden Tod zu fügen und nicht durch nutzlose und pflichtwidrige Vertheidigung im Blute der Feinde eine zweifelhafte und precäre Erhaltung des eigenen Lebens zu suchen. Da erst hob die Pflicht an. Abgesehen von dieser Pflicht, konnten sie sich dreist ohne alle Gewissensbedenken den ihnen angedrohten und über sie schon aus= gesprochenen Strafen entziehen, das ihnen ungerechter Weise Geraubte wieder an sich nehmen und vor der Gewalt und List ihrer Verfolger, waren diese auch im Gesetzesmantel gekleidet, in Sicherheit bringen.

Hiermit ist, meines Bedünkens, hinlänglich gezeigt, daß es Gesetze oder Verordnungen der Obrigkeit geben kann, bei welchen von keiner Pflicht im wahren Sinne des Wortes, weder von einer directen Gewissenspflicht, noch von einer Rechtspflicht die Rede sein darf, welche gar keine Giltigkeit, weder eine sittliche noch eine rechtliche, beanspruchen dürfen. Wären sie rechtlich giltig, so bestände von Seiten der Untergebenen auch eine Rechtspflicht zur Erfüllung ihrer Rechtsforderungen. Eine jede Pflicht, auch eine Rechtspflicht, ist ein Band, der sittlichen Ordnung angehörig, ein Band dem Gewissen und Gott gegenüber. Sobald also aus irgend welchem Grunde bei einem Gesetze die Annahme eines solchen Bandes dem Gewissen und Gott gegenüber auf inneren Widerspruch stößt, entbehrt auch die Annahme irgend welcher Verpflichtung dem Gesetze als solchem gegenüber jedes inneren Haltes.

Auf der Möglichkeit, solch innerlich ungiltige und kraftlose, weil dem göttlichen Willen widersprechende Gesetze zu erlassen, beruht auch die Unsittlichkeit, einem fehlbaren menschlichen Obern absolut unbedingten Gehorsam zu leisten. Um einen solchen zu rechtfertigen, müßte entweder für den Obern die Garantie der Fehllosigkeit vorliegen, oder den Untergebenen müßte man so sehr herabwürdigen, daß man ihm das Urtheil, zwischen Gut und Böse, zwischen Erlaubtem und Unerlaubtem zu entscheiden, vollständig abspräche. Der pflichtschuldige Gehorsam des Untergebenen und das Recht des Obern haben also in der That ihre Schranken. Diese Schranken, vor denen die Giltigkeit der Gesetze stehen bleiben muß, sollen im Folgenden näher besprochen werden.

(Schluß folgt.)

A. Lehmkuhl S. J.

Gott und die Naturordnung.

---

1. Aristoteles hat irgendwo die herrlichen Worte gesprochen: „Was im Schiff der Steuermann, was der Lenker der Rosse im Wagen, was bei einem Gesange der Vorsänger, was im Staate das Gesetz, was für das Heer der Feldherr, das ist Gott in der Welt." Gegen diese licht-

und trostreiche Wahrheit stürmt unsere moderne Welt an; sie will
Gott — in einer nur unwesentlich veränderten Form, wie es gegen Ende
des vorigen Jahrhunderts vom Pariser Convente geschah — aus dem
ihm gebührenden Centrum hinausbecretiren; ihre Gelehrsamkeit sieht es
im ausgedehntesten Maßstabe als ihre Aufgabe an, Gottes Spuren, die
sie mit dem Namen „Wunder" brandmarken zu können vermeint, in
der Welt und im Geist unkenntlich zu machen. Wir haben uns bereits
einigermaßen die Anstrengungen einer solchen Revolution in ihrer Ohn=
macht vergegenwärtigt, und den Standpunkt wiedergewonnen, von dem
aus der zu dem überweltlichen Urheber der Weltordnung führende
Weg klar und deutlich vor uns liegt. Fassen wir die besprochenen
Punkte noch einmal kurz zusammen.

Zuerst sahen wir, es stehe unumstößlich fest, daß der ganze gewaltige
Kosmos von einer zweckgemäßen Ordnung umspannt und durch=
webt werde[1], und zweitens erkannten wir diese Zweckmäßigkeit als
wahre Zielstrebigkeit[2]. Der christliche Denker, welcher von dieser
unerschütterlich feststehenden Wahrheit zu Gott als dem außerweltlichen
einheitlichen Grunde aller Zweckerstrebung vordringen will, findet sich
von der ungläubigen Wissenschaft mit der Frage festgehalten: warum
muß denn die wundervolle Harmonie als eine den Dingen selbst
zufällige gelten? geht sie denn nicht vielmehr aus der natürlichen
Anlage der Dinge selbst hervor? Wir waren in der günstigen Lage,
unsere fortgeschrittenen Gegner dahin belehren zu können, daß es ge=
rade die echt scholastisch=mittelalterliche Naturphilosophie ist, welche die
vorgeblichen Schwierigkeiten nicht etwa bloß nicht ignorirte, sondern
(in der Lehre von der Materie und Form) als ausgemachte Wahrheit
und Grundpfeiler ihrer Weltanschauung behauptete, indem sie die teleo=
logische Harmonie in der Natur in bedeutendem Maße zunächst aus
der Natur der Dinge selbst herleiteten, dieselbe also mit nichten als eine
den Naturdingen schlechthin zufällige aufgefaßt wissen wollte[3]. Wir
haben dann ferner des Genaueren dargelegt, in wie fern und mit
welchem Rechte diese Behauptung von den Philosophen des katholischen
Mittelalters aufrecht erhalten wurde[4].

---

[1] Vgl. diese Zeitschrift 1876, XI. S. 293.
[2] Ebendaselbst 1877, XII. S. 259.
[3] Ebendaselbst 1877, XII. S. 357.
[4] Ebendaselbst 1877, XII. S. 509.

2. Jetzt gehen wir weiter und sagen, die Teleologie, in angegebener, der Wirklichkeit entsprechender Weise begriffen, müsse nothwendig in jedem Menschen, in welchem nicht böser Wille den Gedanken beherrscht, die Überzeugung vom Dasein Gottes im christlichen Sinne dieses Wortes hervorbringen.

Wir reden von Gott im christlichen Sinne. Darunter verstehen wir aber nicht — man gestatte den Ausdruck — die Fratze, zu der unsere Kulturgrößen den christlichen Gottesbegriff ohne Unterlaß verzerren, um ihn dem Hohn des Pöbels preiszugeben. Eine solche Leistung bietet uns z. B. das Schopenhauer'sche Dictum: „Der ernstlich gemeinte Theismus setzt nothwendig voraus, daß man die Welt eintheile in Him= mel und Erde; auf dieser laufen die Menschen herum; in jenem sitzt der Gott, der sie regiert; nimmt nun die Astronomie den Himmel weg, so hat sie den Gott mit weggenommen; sie hat nämlich die Welt so ausgedehnt, daß für den Gott kein Raum mehr übrig bleibt." [1] Der vielbewunderte Mann fügt dann noch die einfältige und durchaus unwahre Bemerkung hinzu, die katholische Kirche habe in richtiger Erkenntniß eben dieser Sachlage das Kopernikanische System verfolgt! D. F. Strauß, der große Dogmatiker des „neuen Glaubens", hat eben= falls die Stirne, Ähnliches zu schreiben: „Die Einbildungkraft kann sich des Bestrebens nicht entschlagen, sich Gott räumlich vorzustellen; das konnte sie früher ungehindert, als sie noch über einen geeigneten Raum verfügte; jetzt ist es ihr erschwert durch die Einsicht, daß ein solcher Raum nirgends vorhanden ist; wer das Weltsystem nach dem jetzigen Stande der Astronomie in der Vorstellung trägt, kann sich einen thronenden, von Engeln umgebenen Gott nicht mehr vorstellen. Also kein Himmel als Palast mehr, keine Engel, die um seinen Thron ver= sammelt sind, ferner auch Donner und Blitz nicht mehr seine Geschosse; Krieg, Hunger und Pest nicht mehr seine Geißeln, sondern Wirkungen natürlicher Ursachen: seit er so alle Attribute persönlichen Seins und Waltens verloren hat, wie könnten wir uns Gott noch persönlich denken?" [2] Von einem solchen Gott, wie ihn Schopenhauer, Strauß und Consorten als den christlichen ausgeben, reden wir also nicht, sondern von Gott, wie jeder kleine katholische Katechismus ihn uns kennen lehrt.

3. Bei dem Gedanken, daß die zweckmäßige Einrichtung

---

[1] Parerga und Paralipomena, I. S. 55.
[2] Der alte und der neue Glaube, S. 109.

der Welt, gerade so gut wie der Welt Dasein, einen Grund haben
müsse, brauchen wir nicht lange zu verweilen. Die ausnahmslose Denk=
giltigkeit des Causalitätsprincips wird von den Kantianern, sogar von
einem Schopenhauer, der das Gesetz des hinreichenden Grundes bis in
seine tiefsten Wurzeln hinein zernagt hat, unbeanstandet gelassen. „Wir
können uns z. B. denken," sagt Letzterer, „daß das Gesetz der Gravi=
tation einmal aufhörte zu wirken, nicht aber, daß dieses ohne eine Ursache
geschähe." Für alle vernünftigen Menschen liegt nun jeder Denknoth=
wendigkeit eine entsprechende Seinsnothwendigkeit zu Grunde. Wo ist
jener Grund?

Unsere Überzeugung geht dahin, es sei absolut unmöglich, daß die
philosophische Naturforschung bei regelrechtem Denken jemals eine andere
Beantwortung dieser Frage aufspüre, als welche von der in der katho=
lischen Kirche gepflegten Philosophie gegeben worden ist. Wir glauben
solches am besten zu erhärten, wenn wir uns zuerst den Modus selbst
vergegenwärtigen, nach welchem die Philosophie der katholischen Vorzeit
bei der Lösung dieses Problems vorangegangen ist; und wenn wir dann
die Naturforschung in den Hauptmomenten ihrer Entwicklung an unserem
Geiste vorüberziehen lassen. Wir werden uns hierbei auf die Betrachtung
der Weltordnung im Allgemeinen beschränken, indem wir uns vor=
behalten, später einmal auf die Beachtung der organischen Natur im
Besonderen zurückzukommen.

4. Den Ausgangspunkt für unsere Betrachtung bildet die Natur=
ordnung in ihrem großartigen Zusammenhange. Nichts ist für
die Wissenschaft eine so ausgemachte Thatsache, wie dieser Zusammen=
hang. Wir verweisen auf die ganze, von Tag zu Tag mehr anwachsende
Literatur über Astronomie, Physik, Chemie, Physiologie u. s. w. als
auf den Beleg für unsere These. Um uns die Wahrheit zu vergegen=
wärtigen, wird es genügen, aus der nicht zu bewältigenden Masse des
Materials die ersten besten Daten herauszuheben.

Die Beschaffenheit der Sonne steht im vollkommensten Einklange
mit der Eigenthümlichkeit der Erde; nicht nur regelt sie deren Bewegungen,
sondern sie ermöglicht auf derselben auch das organische Leben dadurch,
daß sie durch ihre Strahlung in angemessenem Grade Licht und Wärme
erregt. Sogar die Nahrung, die wir genießen, ist in den Pflanzen durch
Licht und Wärme der Sonne gebildet worden; „Kinder der Sonne sind
wir", wie Tyndall sich ausdrückt.

Diese erstaunliche Zusammenordnung geht bis in die unscheinbarsten

Kleinigkeiten. Wären z. B. als Bestandtheile der atmosphärischen Luft
nicht O_4N_4, sondern O_2N_4 gewählt, so würde uns statt der gesunden
Luft ein Meer von Scheidewasser umgeben. Hätte das Wasser nicht
bei 4^0 R., sondern bei 0^0 seine größte specifische Schwere, so würden
sich alle Gewässer in unschmelzbare Eismassen verwandeln und bald
würde die Erdoberfläche ein einziger Gletscher sein. Wäre der Brechungs=
exponent zwischen Luft und Wasser größer als zwei, so müßten wir
alle die prächtigen Farbenspiele in der Natur entbehren. Hätte das
Licht nicht die exorbitante Geschwindigkeit von 42,000 Meilen in
der Secunde, oder wäre der Äther nicht genau so beschaffen, daß er die
verschiedenen Farbenschwingungen mit derselben Geschwindigkeit fort=
pflanzt (was bekanntlich bei andern Medien nicht der Fall ist), so würde
das Wahrnehmen der Gegenstände zur Unmöglichkeit werden. Wäre
die uns umgebende Luft auch nur um ein Weniges leichter oder
schwerer, so wäre die unausbleibliche Folge, daß wir nicht mehr gehen
könnten. So ist in der Natur Alles auf einander angelegt. Die
Pflanze ist nicht bloß zweckmäßig für sich, sie ist auch zweckmäßig für
die Thiere; sie verbraucht lebendige Kraft der Sonnenstrahlen und er=
zeugt Kohlenhydrate, Eiweißkörper, Fette; das Thier bedarf dieser, und
erzeugt lebendige Kraft der Wärme und Arbeit. Alle Naturgesetze sind
gerade so, wie es zu der Erhaltung der zu einem Naturcomplex gehörigen
Arten und Gattungen erforderlich ist. Bei vielen Pflanzen sorgen
Wind und Insekten und andere den Pflanzen „zufällige" Ursachen in
normaler Weise für die Befruchtung. Dabei ist der Haushalt der Natur
so eingerichtet, daß für alle Schäden gewöhnlich die Heilmittel von der
Natur selbst herbeigeführt werden. Man weise uns nicht hin auf den
unnöthigen Überfluß und die scheinbaren Unzweckmäßigkeiten in der Natur.
Käme das nicht gerade so heraus, als wollte man die planmäßige An=
lage eines Palastes läugnen, weil etwa in einem Fenster eine Scheibe
fehlt oder die Treppen nicht nach unserem Geschmacke eingerichtet und
Thürmchen mit Schnörkeln versehen sind, welche keine praktische Ver=
wendung finden? Die Natur ist nicht bloß der nützlich eingerichtete
Haushalt eines knapp gehaltenen Taglöhners, sie ist ein überaus reicher
Palast, sie ist überdieß ein Kunstwerk, und zwar zum Ärger mancher
mathematischer Köpfe ein recht poesiereiches.

Wir brauchen wohl kaum zu erwähnen, daß die vollkommenere Er=
kenntniß der Naturerscheinungen, deren wir Kinder des neunzehnten
Jahrhunderts uns erfreuen, derartigen Betrachtungen eine viel genauere

Fassung gegeben hat und zu geben fortfährt, als diese früher besaßen. Aber der Grundgedanke wurde auch früher in seiner ganzen Tragweite gewürdigt. Statt vieler Citate[1] erinnern wir nur an eines. Der wundervolle Zusammenhang in der Natur ist kein organischer im eigentlichen Sinne des Wortes; man kann ihn aber in seiner durchgreifenden Bedeutung nicht voller wiedergeben, als indem man ihn mit einem Organismus in Parallele stellt. Dieser Vergleich war der scholastischen Philosophie geläufig. „Das ganze Universum," sagt der hl. Thomas, „besteht aus den Einzeldingen, wie ein Ganzes aus seinen Theilen. Wollen wir bestimmen, wofür das Ganze und die Theile da sind, so werden wir zuerst finden, daß jeder einzelne Theil zunächst auf den ihm eigenthümlichen Act angelegt ist, so das Auge auf das Sehen; dann zweitens, daß die unedleren Theile für die edleren arbeiten; drittens, daß alle Theile zur Vollendung des Ganzen hingeordnet sind. Ebenso ist in den Theilen des Universum ein jedes Ding zunächst der ihm eigenthümlichen Thätigkeit angepaßt, zweitens sind die niedrigeren Dinge auf die vollkommeneren hingeordnet, und die einzelnen Dinge dienen zur Vollendung des ganzen Universum."[2]

5. Ausgehend von der Betrachtung der Weltordnung drang die christliche Wissenschaft nicht in einem Sprunge, sondern schrittweise zur Erkenntniß Gottes des Unendlichen vor. Folgen wir ihr.

Ihr erstes Problem lautete, ob es denn schlechterdings nöthig sei, zu sagen, die Naturwesen würden in ihrem zweckmäßigen Wirken von einer Intelligenz bestimmt. Zur Lösung dieser Frage berief sie sich zunächst auf die Erfahrung aller Menschen. Dieser gemäß seien unter allen Ursachen, die wir kännten, nur die überlegene Vernunft und der nach Absichten wirkende Wille solche, die zweckthätig sein und ordnen könnten[3]. „Es gibt Wirkungen und Vorgänge von so vollendeter Ordnung (wie z. B. Homers oder Virgils Gedichte oder eine Uhr oder irgend ein kunstvolles Concert), daß sie mit zwingender Evidenz auf eine vernunftbegabte Ursache schließen lassen. Nun ist aber die im Weltall herrschende Ordnung noch viel schöner, als die des herrlichsten Gedichtes oder einer Uhr oder einer Musik. Wenn schon das wahrheits-

---

[1] Vgl. z. B. Philosoph. Conimbric. in lib. 2. Phys. cap. 9. qu. 1. art. 1. Th. Raynaud, Theol. naturalis, dist. V. art. VI. u. s. w.

[2] Summa theol. I. qu. 65. art. 2.

[3] Man vergleiche P. Kleutgen, Philosophie der Vorzeit, n. 923.

getreue Bild eines Löwen oder Rosenstrauches unzweifelhaft auf die
Intelligenz eines Künstlers zurückzuführen ist, um wieviel mehr der
lebendige Löwe oder Rosenstrauch! Der menschliche Verstand selbst ist
aber nun ein noch viel wundervolleres Werk, als das lebendige Thier.
Wenn also Virgils Gedichte einen intelligenten Urheber voraussetzen,
um wie viel mehr Virgil selber, dessen Genie jene Gedichte hervorzubringen vermochte![1]

Vorliegende Beweisführung muß allen jenen, welche nicht auf jede
Naturwissenschaft Verzicht leisten wollen, unbedingt genügen. Oder
gibt es für die Feststellung von Naturgesetzen und Ursachen vielleicht
noch sonst ein Verfahren? So oft allseitig beobachtete Erscheinungen
sich durch irgend eine bekannte Naturkraft vollständig erklären lassen,
trägt Niemand Bedenken, diese Kraft für die Ursache jener Phänomene
anzusehen. Der Rekurs auf gänzlich unbekannte Kräfte, welche etwa
auch diese nämlichen Wirkungen hervorbringen könnten, würde vor dem
Forum der Wissenschaft Heiterkeit oder mitleidiges Kopfschütteln erregen.

Und doch blieben die katholischen Denker der Vorzeit bei solchen
Erwägungen keineswegs stehen. Sie zeigten auch direct, wie Verstand
und Einsicht dazu gehörten, die Zwecke der Natur zu bestimmen. Aus
der Unmasse der Mittel, welche im Bereiche der Möglichkeit lägen,
müßten diejenigen bestimmt worden sein, welche zum Ziele hinführten.
„Die wirkende Ursache," sagt der hl. Thomas, „muß durch die Erstrebung
des Zweckes zur Thätigkeit bewegt werden; ohne dieß würde ihre
Thätigkeit keine bestimmte Richtung haben, und darum der Grund
fehlen, warum sie dieses und nicht vielmehr jenes hervorbrächte."[2] Es
liege demgemäß im Begriff des Zwecksetzens, daß die Wirkung der
wirkenden Ursache als gedacht früher gewesen sei, als die wirkende
Ursache selbst, und daß letztere in Folge der erstrebten Wirkung als
Mittel angewandt worden. „Alles, was selbst keine Kenntniß von Zweck
und Ziel hat," sagt derselbe heilige Lehrer, „strebt dem Ziele zu, insofern
es von einem, der diese Kenntniß hat, dazu bestimmt wird, wie etwa
der Pfeil vom Schützen; wenn also die Natur um eines Zweckes
halber wirksam ist, so muß sie dazu von einem intelligenten Wesen
hingeordnet sein."[3]

---

[1] P. Sylvester Maurus, Questiones physico-metaphysicae, qu. 10.
[2] Summa theol. I. II. qu. 1. a. 2.
[3] In lib. 2. physic. lect. 12.

6. Ein weiterer Schritt des scholastischen Denkens bestand darin, daß man jenes intelligente Princip der Weltordnung nothwendig als Eines erwies. Mit demselben Rechte, so sagte man, wie man aus der Welt= ordnung auf eine mit Weisheit begabte Ursache der Welt zurückschließt, muß man aus der Einheit des Zweckes, welcher gleichsam die Seele jener Ordnung ist, folgern, daß ihr Urheber nur Einer sei. Denn die weise Einrichtung der Welt besteht ja eben vornehmlich darin, daß alle Dinge zu Einem wohlgeordneten Ganzen verbunden sind.

Jene Eine Intelligenz sind folglich nicht die Weltdinge selber. Denn der Dinge sind viele; jede Vielheit von Mitteln, welche zu einem einheitlichen Zweck zusammenwirken, dessen sie sich selbst nicht bewußt sind, nöthigt aber unverweigerlich zur Annahme einer ungetheilten, außerhalb jener Vielheit liegenden Einheit. Wie die vielen Stoffe und Bestandtheile eines Kunstwerkes sich nicht aus eigener Macht zu einem complicirten Kunstwerke zusammenfügen können, ebenso wenig vermögen sich die unzähligen Einzelwesen in dieser Welt zu dem höchst complicirten Kosmos zu ordnen; hierzu wird eine Alle umfassende Macht und Intelligenz vorausgesetzt. Daß dieser Verstand, welcher die Ursache der Weltordnung ist, ein von der Welt gänzlich verschiedenes Wesen, also nicht etwa eine „Weltseele" sei, schlossen die Scholastiker namentlich daraus, daß der erste Verstand die Allgenügsamkeit sei, folglich jeder Vervollkommnung unfähig, der Welt in keiner Weise bedürfe[1].

---

[1] Man vergleiche S. Thom. Summa theol. I. qu. 3. a. 8. Kant sagt (zu einer Zeit, in der er sich noch nicht in die öde Wüste seiner Vernunftkritik verirrt hatte): „Dieser über alles Mögliche und Wirkliche erweiterte Begriff der göttlichen Allgenügsamkeit ist ein richtigerer Ausdruck, als der des Unendlichen" (I. S. 275). Er rechnet es sich hoch an, der Erste gewesen zu sein, der die Gottheit als Allgenügsamkeit aufgefaßt (vgl. I. S. 238, 531, IV. S. 386, VIII. S. 232, Rosenkranz'sche Ausgabe). Vernehmen wir dagegen den ersten besten der Scholastiker. P. Sylvester Maurus spricht sich folgendermaßen aus: „Primus intellectus est perfecta sufficientia componendi et ordinandi quodcunque corpus, etiam illud quod supponitur informare; absurdum est enim, quod cum corpus muscae et cujuscumque animalculi componi debeat ab intellectu, corpus primi intellectus non debeat componi ab intellectu; sed quod est perfecta sufficientia componendi aliquid, non indiget illo ad hoc ut melius se habeat, adeoque non potest illo perfici atque intrinsece compleri; ergo primus intellectus non potest intrinsece perfici ac compleri ullo corpore; ergo solum potest componere corpora sibi extrinseca, eo pacto quo artifices creati non componunt sibi corpus, sed solum componunt extrinseca corpora artificiata. Secundo, quod perfecte continet aliquid secundum esse magis purum ac simplex, non potest illud sibi intrinsece addere secundum esse magis compositum ac magis imperfectum; sed primus intellectus, utpote

Die intelligente Welturſache iſt alſo nicht „Weltſeele", wohl aber die in einem außerweltlichen Weſen vorhandene Weltidee. P. Sylveſter Maurus führt dieſen Gedanken in folgender Weiſe aus: „Es iſt nicht bloß unzweifelhaft, daß die Werke Virgils oder irgend eine Uhr das Werk eines Verſtandes ſeien, ſondern es ſteht ebenſo feſt, daß ſie von einem Verſtande herrühren, der nach einem **ſehr vollkommenen idealen Vorbilde des Werkes** verfuhr. Um wie viel mehr ſteht es feſt, daß der Verſtand, dem der menſchliche Körper ſeine Conſtruction verdankt, ſich dabei von einem idealen Vorbilde leiten ließ! Der Menſch hat freilich Verſtand; wenn er aber einem andern Menſchen das Daſein ſchenkt, verfährt er **nicht** nach einem ſolchen Vorbilde; er weiß ja nicht einmal, in welcher Weiſe Leib und Seele zu Stande kommen. Gilt das ſchon von dem Organismus der kleinſten Fliege, um wie viel mehr von dieſer **ganzen Vorkehrung der ſichtbaren Welt!"** [1]

So erblickten denn die katholiſchen Denker die Natur der Welt ſozuſagen in dreifacher Inſtanz: erſtens im göttlichen Verſtande als **Idee;** zweitens in den Weltdingen ſelber als **Weſensformen,** und drittens in jedem die Welt erkennenden Verſtande als **Erkenntnißformen.** Bezüglich der zweiten Inſtanz wurde die in der Welt ſelbſt befindliche Einheit keineswegs überſehen. Sie galt als die Einheit des **Abbildes,** in welchem ſich das weſenseine, in Gott befindliche **Vorbild** gleichſam wiederſpiegelt; ſomit als eine Einheit, welche mit wahrer **Weſensvielheit** der Dinge, die das Abbild umfaßt, wohl verträglich iſt. Sähe man hierin eine Schwierigkeit, ſo müßte man auch etwa die Eine Heeresordnung in der Schlacht als unverträglich mit der Vielheit der Soldaten, welche die Schlachtordnung bilden, ausgeben. Oder iſt nicht auch hier die Heeresordnung das Eine Abbild Eines Vorbildes, welches in dem weſenseinen Geiſte des Feldherrn vorfindlich iſt?

7. Nach dem Geſagten könnte vielleicht der Gedanke geweckt werden,

---

perfecta sufficientia componendi omnia corpora ex idea perfectissima, continet omnia corpora secundum esse simplicissimum talis ideae; ergo non potest sibi intrinsece addere ullum corpus. Ideo S. Dionys. lib. 2. de Div. Nomin. cap. 2. dicit quod neque tactus est Dei, neque alia quaedam ad partes commiscendas communio, et in libro de Causis propositione 6. dicitur quod prima causa regit omnes res absque eo quod commisceatur eis. Quaest. physico-metaphys. quaest. 10 ad quartum.

[1] L. c. q. 10.

als hätte die christliche Philosophie eben dadurch, daß sie die „lebendige Weltidee" nicht in die Welt selbst, sondern in einen von der Welt getrennten Welturheber verlegte, in der Welt eine bloße Maschine, einen ablaufenden Mechanismus, etwa eine Riesen=Taschenuhr erblickt. Aber nichts weniger als das. Man hatte vielmehr von der Natur der Dinge einen so vollen, vielsagenden Begriff, wie er in der neueren Natur= wissenschaft nicht mehr angetroffen wird. „Das Wirken der Naturdinge," sagt der berühmte Interpret der Philosophie der Vorzeit, „entspricht ihrem Wesen. Nun ist aber die Weise, in welcher sie ihre Erzeugnisse hervorbringen, eben jene, in welcher die Kunst ihre Werke mit Absicht und Überzeugung schafft. Auch sie richten, was sie zuerst und was sie nachher bilden, auf das Eine zu erreichende Ziel, die Vollendung des Ganzen, nach diesem jedes Einzelne ordnend und gestaltend. Wie der Baumeister zuerst den Grund legt und dann die Mauern aufführt, um über ihnen das Dach zu wölben, also treibt die Natur die Wurzeln des Baumes in die Erde, erhebt den Stamm und breitet über ihm die Zweige und die Blätter aus. So müssen wir also schließen, daß in dem Wesen der Naturdinge ein Grund liegt, der sie bestimmt, wenn auch ohne Bewußtsein, so wie der überlegende Künstler zu wirken."[1] Wie für die zweckgemäße Entwicklung der organischen Wesen, so suchte man für die Gesetzmäßigkeit aller Wesen den nächsten Grund in den Dingen selber. Die Nothwendigkeit ist in den Naturwesen keine nur von außen an= gethane oder gewaltsame, sondern entspringt aus ihrer Natur und den in dieser wurzelnden Neigungen und Trieben. Seit Albertus Magnus war es wohl üblich, die Natur in ihrer Abhängigkeit von Gott mit einem Pfeile zu vergleichen, welcher vom Schützen die Richtung zum Ziel hin erhält; man verfehlte aber nicht, auf das der Natur Eigen= thümliche aufmerksam zu machen, darauf nämlich, daß den Dingen die Richtung nicht aufgedrückt ist, sondern als selbstthätige Natur auf dem Grunde ihres Seins liegt[2].

---

[1] Philosophie der Vorzeit, n. 756.

[2] Der hl. Thomas sagt hierüber: „Necessitas naturalis inhaerens rebus, qua determinantur ad unum, est impressio quaedam Dei dirigentis in finem: sicut necessitas qua sagitta agitur, ut ad certum signum tendat, est impressio sagit- tantis, et non sagittae. Sed in hoc differt: quia id quod creaturae a Deo reci- piunt, est earum natura; quod autem ab homine rebus naturalibus impri- mitur praeter earum naturam ad violentiam pertinet. Unde sicut necessitas violentiae in motu sagittae demonstrat sagittantis directionem: ita necessitas

Wir möchten nochmals darauf aufmerksam machen, daß man die Ansicht des modernen christlich zugestutzten Atomismus, welcher die gesetzmäßige Bewegung den letzten Bestandtheilen der Materie von außen her angethan werden läßt, nicht verwechseln darf mit der Naturphilosophie des christlichen Mittelalters. Letzterer war eine so oberflächliche Erklärungsweise gänzlich fremd. Wie sehr auch die verschiedenen alten Schulen in beiläufigen Fragen auseinandergingen, Niemand zweifelte daran, daß Alles nach unwandelbaren Gesetzen von der Natur abflösse, weil die Kräfte und Gesetze den Dingen eingepflanzt seien [1].

8. Nun wirft sich die Frage auf: was war denn jener eine, von der Welt gesonderte Urgrund der Weltordnung in den Augen der christlichen Philosophen? Sahen sie in ihm bloß den Weltordner, oder überdieß auch den Weltschöpfer?

Über diesen Punkt hatte Aristoteles, auf welchen man im Mittelalter soviel Gewicht legte, sich nicht mit der wünschenswerthen Klarheit ausgesprochen, aber doch klar genug. Denn im ersten Buche der Metaphysik sagt er, jenes Sein, welches am meisten Sein und am meisten Wahrheit sei, sei auch die Ursache des Seins für alles Andere. Wo er im zwölften Buche desselben Werkes darthun will, daß Gott die reine Wirklichkeit sei, bemerkt er, das Allererste sei nicht ein Wesen der Möglichkeit nach (also nicht die Materie), sondern ein vollendetes Wesen. Wo er ebendaselbst von der Weltordnung spricht, lehrt er, der Herr der Welt sei Einer, welcher die Ursache der ganzen Ordnung und das Ziel aller Dinge sei. Darin irrte er jedenfalls, daß er glaubte, Gott habe die Welt mit Nothwendigkeit hervorgebracht, und darum sei die Welt absolut nothwendig und von Ewigkeit her.

Halte man aber von Aristoteles, was man will, die Lehre der christlichen Wissenschaft ist in diesem Punkte klar; sie lautet dem Sinne nach also: Die Dinge sind der Weltordnung nicht bloß äußerlich eingefügt, sondern letztere umfaßt das innerste Sein eines jeden Dinges ohne irgend ein Residuum. Oder findet sich das Zusammenstimmen aller Dinge etwa bloß in der äußeren Form und dem Bewegungsmodus? Treffen wir nicht auch in den Beziehungen der Ausdehnung, welche allen körperlichen Eigenschaften der Dinge zu Grunde liegt, eine Ordnung,

---

naturalis creaturarum demonstrat divinae providentiae gubernationem.“ Summa theol. I. q. 103. a. 1 ad 3.

[1] Vgl. P. Kleutgen, Philosophie der Vorzeit, n. 759.

von welcher die Mathematik trotz allen Aufwandes an Geisteskraft nur den allergeringsten Theil erforscht hat? Und nicht nur das. Wird nicht das Wirken aller Dinge aus ihrem innersten Wesen heraus bestimmt, so daß wir urtheilen müssen, die Wesenheiten selbst seien in der erstaunlichsten Harmonie zu einander hingeordnet? Ist dem so, dann ergibt sich unmittelbar der Satz: Der Urheber der Ordnung ist zugleich der Urheber der Natur. Deßhalb sagt der hl. Thomas: „Da die Naturdinge selbst vom Zweckbegriff keine Kenntniß besitzen, und sich deßhalb kein Ziel vorstecken können, so muß ihnen das Ziel von dem Andern vorgesteckt werden, welcher der Urheber der Natur ist; dieser aber ist es, der allen Dingen ihr Sein verleiht, und selbst durch sich das Sein besitzt; diesen nennen wir Gott."[1] Der „Weltordner" mußte die einzelnen Kräfte nicht bloß in ihrer Anwendung, sondern auch in ihrer Quantität, und in ihrer innern Qualität, in ihrem tiefsten Sein bestimmen; das kann nur derjenige, welcher der Schöpfer der Dinge war.

Es findet sich noch ein anderer Gedanke, welcher auf einem andern Wege zu demselben Resultate hinführt. Derselbe lautet: Alle Kräfte und Vollkommenheiten, welche in der Ordnung der Natur existiren, finden ihren letzten Erklärungsgrund nur in dem Urheber aller Dinge, der den Grund seines eigenen Seins in sich selber trägt. Ein Wesen aber, welches diese Vollkommenheiten aus sich besitzt, besitzt dieselben nicht in höheren oder niederen Graden, sondern in ihrer Vollkommenheit; es ist die Kraft, die Vernunft, die Vollkommenheit selber[2]. Ein solches Wesen vermag alsdann das, was es vermag, aus sich und absolut unabhängig von jedem Andern, und fordert demgemäß seinem Begriffe nach der Grund alles andern Seins, also der Schöpfer aller Dinge zu sein.

9. Mit diesen Bemerkungen ist schon ein weiterer Gedanke gegeben, welcher Gottes unendliche Vollkommenheit betrifft. Die intelligente Ursache der Welt vermochte es, einen ersten Zustand in der Materie hervorzubringen, aus welchem sich vermöge sehr einfacher Kräfte und Gesetze das Wunder dieses Kosmos entwickelte, und zwar mit Naturnothwendigkeit entwickelte. Darauf stützte man nicht bloß die Behauptung, jene Intelligenz müsse unbegreiflich groß sein, sondern man erwies

---

[1] Summa c. gentil. lib. 1. c. 43. n. 6.
[2] Vgl. S. Thom. S. c. gent. l. 1. c. 28. n. 5; c. 42. n. 16.

auch deren Unendlichkeit. Und hierbei begnügte man sich nicht mit dem Analogie = Gedanken, indem man etwa sagte: „Die Weltintelligenz, die diesen Weltmechanismus mit genialer Ungezwungenheit gleichsam aus dem Ärmel schüttelt, verhält sich zur beschränkten Menschenvernunft, die es unter Aufwendung alles ihres Scharfsinnes bis zur Construction von Uhren und Dampfmaschinen gebracht hat, wie ∞ : 1"; sondern man zeigte auch direct mit wissenschaftlicher Schärfe, daß jene Intelligenz im eigentlichen Sinne des Wortes unendlich sein müsse. Denn jene Intelligenz, so dachte man, welcher das Sein nicht in Folge einer Beziehung, die sie zu einem andern Wesen hat, sondern ihrer selbst wegen zukommt, muß allgenügsam, muß absolut sein. Ein Wesen, welchem nur eine einzige Vollkommenheit in absoluter Weise zukommt, ist eben Gott[1]. Es ist zuzugeben, daß in dieser Weise die Absolutheit und Unendlichkeit Gottes nicht aus der Beachtung der Weltordnung allein erhärtet wurde. Das war aber auch nicht nöthig. Denn was will man mehr dazu verlangen, daß ein Beweis als vollgiltiger Beweis für das Dasein Gottes gelte, als daß derselbe wenigstens eine Eigenschaft darthue, die Gott allein ausschließlich eigen sein kann? Und das thut der Beweis, welcher für die Weltordnung eine Erklärung sucht und deßhalb als teleologischer Beweis von dem kosmologischen (welcher das bloße Dasein der Welt zu erklären trachtet) unterschieden wird.

Hiernach bedarf es nun keiner weiteren Erklärung darüber, wie die Philosophie des Mittelalters sich die Zweckthätigkeit in der Natur vorstellte. Gott, der Schöpfer und Herr der Welt, ist es in erster Linie, der in der Natur für Zwecke thätig ist. Die Naturdinge werden zunächst in ihrem Wirken durch ihre eigene Kraft und innere Qualität bestimmt; Alles, was sie haben, erhalten sie aber von ihrem Schöpfer. Ferner hängen sie in ihrem Wirken gegenseitig in der Weise von einander ab, wie es der Schöpfer und Herr der Natur bestimmt hat. Sodann bleiben alle geschaffenen Dinge, sowohl in ihrem Sein als in ihrem Wirken, in beständiger Abhängigkeit von Gott, der ersten Quelle alles Seins und Wirkens. Diese Titel genügen, um eine jede Naturwirkung der göttlichen Weisheit zuzuschreiben. Denn die Wirkungen werden in eigentlicherem und vorzüglicherem Sinne

---

[1] Man vergleiche P. Kleutgen a. a. O. n. 924. P. Sylv. Maurus l. c. qu. 10 et qu. 12.

dem, von welchem die Zweckstrebigkeit ausgeht, zugeschrieben, als seinen Werkzeugen [1]. •

Hiermit haben wir die Grundlinien jener Anschauung gezeichnet, welcher die katholischen Schulen bis auf den heutigen Tag treu geblieben sind. Sehr schön sagt über den Kosmos, zunächst über das Planeten= system Dr. Fr. Lorinser:

„Der ganze großartige Bau desselben, wie er sich in unermeßlichen Zeiträumen nach der in hohem Grade wahrscheinlichen Hypothese über seine Entstehung bis zu seinem gegenwärtigen Bestande entwickelt hat, zeigt uns zunächst ein überaus großes und erhabenes Schöpfungswunder, das jedoch in seiner Art mit unzähligen andern, in Vergleich mit ihm zwar unendlich kleinen, aber nichtsdestoweniger ebenso wunderbaren Vorgängen in der Natur die größte Ähnlichkeit und Verwandtschaft hat und auf die Einheit der Idee hinweist, die in der ganzen Schöpfung herrscht und zum Ausdruck kommt. Die allmähliche Entwicklung dieser großen Weltkörper mit ihren wunderbar regelmäßigen und mannig= faltigen Bewegungen in einem Raume, dessen Größe sich unsere Phan= tasie nur mit Anstrengung vorzustellen vermag, aus einer einfachen aus unzähligen kleinen Atomen bestehenden und mit wunderbarer Bewegung begabten Dunstmasse, ist sie wohl erstaunlicher, ist sie schwerer oder leichter zu erklären, als die Entwicklung irgend einer beliebigen Pflanze mit ihren Zellen, Gefäßen, primären und secundären Achsen, Blättern, Blüthen und Früchten aus dem einfachen Embryo des Samenkorns, oder die Bildung eines jeden thierischen Organismus mit all seinen Gliedern und Bestandtheilen aus jener einfachen Masse, welche man Ei nennt? Wenn wir auch unfähig sind, das Princip zu begreifen und das erste Gesetz zu ergründen, auf dem all diese Vorgänge beruhen und nach dem sie sich entwickeln, so sehen wir doch klar und deutlich ein, daß überall in der Natur den allereinfachsten Anfängen und Keimen eine Kraft und eine Entwicklungsfähigkeit innewohne, welche unendlich weit über ihre eigene ursprüngliche Natur hinausreicht und die wir un= möglich diesem Stoff und dieser Materie an und für sich zuschreiben können, wenn wir auch wüßten, woher die Existenz dieses Urstoffes und dieser Urmaterie stamme. Ebenso wie das erste Entstehen dieser einfachsten Anfänge für denjenigen, der die göttliche Schöpfung läugnet, stets ein unverstandenes Räthsel bleiben muß, so wird er auch niemals

---

[1] So der hl. Thomas Summa c. gent. lib. 3. cap. 24.

dahin gelangen, jene Kraft, welche die einfachsten Anfänge, jene soge=
nannten Urstoffe besitzen, aus diesen selbst zu erklären, aus ihrer phy=
sischen Beschaffenheit die mit Nothwendigkeit erfolgenden Entwicklungen
herzuleiten.“ [1]

(Fortsetzung folgt.)

T. Pesch S. J.

Kirche und Staat in Nordamerika.

III. Die Gesetzgebung der Einzelstaaten.

Obwohl das Grenzgebiet zwischen Kirche und Staat nach der Un=
abhängigkeitserklärung der Competenz der einzelnen souveränen Staaten
überlassen wurde, übte der christliche Charakter der Bundesverfassung
doch naturgemäß einen bestimmenden Einfluß auf diese aus und schuf
eine Reihe von Einrichtungen und Bestimmungen, die, wenn auch nicht
formell und ausdrücklich dem Bundesrecht angehörig, dasselbe thatsächlich
für den Umfang der gesammten Union näher begrenzen und erklären.
Wir hielten uns deßhalb für völlig berechtigt, alle derartigen Erscheinungen
zur Charakteristik des Gesammtstaates zu ziehen. Denn durch ihren
geschichtlichen Ursprung und ihre Allgemeinheit sind dieselben weit weniger
ein Product der so verschiedenen Einzelrepubliken, als vielmehr ein Aus=
druck desselben allgemein verbindlichen Nationalwillens, der sich die
Bundesverfassung gegeben, und durch den sich die einzelnen conföderirten
Staaten, trotz des ursprünglich so starken föderativen Selbstbewußtseins,
für gebunden erachteten.

---

[1] Das Buch der Natur; Entwurf einer kosmologischen Theobicee, I. S. 189
bis 190. Der geehrte Verfasser hat im ersten Bande über Astronomie und im
zweiten über Geologie alle Resultate bis auf die neuesten Forschungen sorgfältig
zusammengestellt und im Sinne der christlichen Philosophie verwerthet. Es werden
besonders folgende Wahrheiten betont: „1. Die Natur ist von Gott geschaffen, d. h.
sie verdankt ihr Dasein dem allmächtigen Willen desjenigen, der in seiner unendlichen
Weisheit und seiner unbeschränkten Macht allein die Kunst besaß, sie in ihrem großen
Ganzen wie in ihren kleinsten Einzelheiten in's Dasein zu setzen; 2. die Natur ist
in allen ihren Erscheinungen, Producten und Gesetzen ein Reflex der unendlichen
Vollkommenheiten desjenigen, der sie als die erste große Offenbarung seiner Macht,
Weisheit, Schönheit, Güte und Herrlichkeit in's Dasein gerufen“ (S. 31).

Dieser Wille lautete, wie wir gesehen, dahin, um der bürgerlichen Wohlfahrt willen des confessionellen Haders zu vergessen und ein brüderliches, christliches Volk zu sein. Als Vorbild hatte man einen durchaus religiösen, christlichen Bundesstaat, „die Cantone der Schweiz", im Auge. „Ihre Eibgenossenschaft," so sagt Dr. Franklin in einer Proclamation an die Bewohner von Quebec (April 1774), „besteht aus römisch=katholischen und protestantischen Staaten, welche in der größten Eintracht mit einander friedlich leben und dadurch im Stande sind, seit der Erringung ihrer Freiheit jedem Tyrannen, der sie bedrohte, siegreich die Stirne zu bieten."[1] Da Canada indeß sich von diesem Vorbilde nicht angezogen fühlte, auch der neue Bundesstaat aus lauter ganz oder der Mehrheit nach protestantischen Gliedern erwuchs, so mußte das angestrebte Ideal toleranter Confessionalität nothwendig eine Beeinträchtigung zu Gunsten des Protestantismus erfahren. Andererseits streifte die Berührung und Freundschaft mit der europäischen Revolution in vielen hervorragenden Männern das protestantische und damit das christliche Bewußtsein zugleich so vollkommen ab, daß sie die Sache der Freiheit derjenigen der Religion völlig unterordneten und Manche absichtlich, Manche in schuldlosem Irrthum befangen, das liberale Princip der Religionslosigkeit in das Rechtsleben des jungen Staates einschmuggelten. So gerieth die an sich christlich tolerante Richtung des Bundesrechts von Anfang an zwischen die sich gegenseitig bekämpfenden Strömungen des zu staatskirchlicher Unduldsamkeit hinneigenden Protestantismus und des alle religiösen Schranken bedrohenden Unglaubens. Obgleich die Unionspolitik von dem Einfluß dieser beiden Strömungen nicht gänzlich verschont blieb, war doch hauptsächlich die Legislation der Einzelstaaten der Kampfplatz, auf welchem sie zusammenstießen, und wir müssen deßhalb diese, wenigstens in einigen bezeichnenden Hauptmomenten, unseren Lesern vorlegen.

1. Die eigentlichen Kerntruppen der amerikanischen Unabhängigkeitsbewegung bestanden nur zum geringen Theile aus unabhängigen Gutsbesitzern und Pflanzern, welche, von modernen Ideen „erleuchtet", im Fahrwasser der europäischen Revolution schwammen; zu weit größeren Theilen waren es Grundbesitzer, Handelsleute und Farmer, welche dem Puritanismus oder einer der andern congregationalistischen Secten angehörten, durch ihr Kirchenwesen selbst mit demokratischen Ideen und

---

[1] H. Clarke, Lives of the Catholic Bishops. I. 46.

Gelüsten durchsäuert waren und von ihren Vätern mit einer starren, scharfkantigen Religiosität zugleich jene unbeugsame Willenskraft ererbt hatten, die die alten Puritaner von Massachusetts in so hohem Grade auszeichnete. Der Fanatismus, der diesen anklebte, hatte sich im Laufe des letzten Jahrhunderts bedeutend gemildert und ließ den christlichen Charakter ihrer Religiosität weniger verzerrt hervortreten, als das zu Cottons Zeit der Fall war. Erleichterte es diese Milderung den Puri= tanern Neu=Englands und ihren zahlreichen Anhängern in den übrigen Staaten, sich mit den andern demokratischen Glaubensbekenntnissen auf politischem Gebiete zu vereinen, so war ihr Glaubensbewußtsein doch immerhin noch stark genug, um in der anglikanischen Staatskirche einen ebenso zu bekämpfenden Gegner zu erblicken, wie in dem englischen Staat. Die natürliche Folge war, daß die letztere auf allen Punkten, wo sie größere Macht erlangt oder ein Gelüste nach Machterweiterung verrieth, mit der ganzen Wucht der sich freifühlenden Dissidenten und ihres jugendfrischen Patriotismus bekämpft ward.

Das war vor Allem in Virginien der Fall, wo der anglikanische Kirchenapparat am engsten mit der Staatsmaschine verwachsen war und der Klerus einerseits durch polizeiliche Durchführung seiner Gerechtsame, andererseits durch eine den puritanischen Sitten stracks zuwiderlaufende Verweltlichung den Grimm aller Dissidenten erweckte. Je intoleranter sich der Anglikanismus zeigte, desto härter erschien die Last, zu dessen Gunsten besteuert zu werden. Unter dem Eindruck der Steuerrolle faßte man hundert Dinge als schändlich, gottlos, vaterlandsfeindlich und un= erträglich auf, an denen man sich, bei gerechterer Behandlung seitens der Hochkirche, nicht gestoßen haben würde. Die von den Secten ange= regte Bewegung zündete im Volk; an ihre Spitze trat weder ein Puritaner noch ein Baptist, sondern der freigeistische Thomas Jefferson. Die Führerschaft dieses merkwürdigen Mannes, der, ohne auf seine Ideen zu verzichten, sich doch mit kautschukartiger Elasticität den Verhältnissen an= zupassen mußte, gab der Sache des Dissidententhums eine wesentlich andere Richtung, als sie wohl aus sich genommen hätte. Was diese Dissidenten vereinigte, war ja bloß ein negatives Element: „Wir wollen frei sein — und darum fort mit Kirchensteuer und Staatskirche!" Im Übrigen war es ihnen gar nicht gleichgiltig, auf welchem Wege man sich in religiösen Dingen befinde. Christlich mußte man vor Allem bleiben, und dabei hielt sich jede der Secten natürlich für das wahre Christenthum und mußte folgerichtig wünschen, daß die andern außer

der gemeinsamen Verehrung des Gottesworts, der Predigt, des Sonn=
tags, der evangelischen Moral, der christlichen Freiheit und der demo=
kratischen Kirchenverfassung auch in der Lehre mit ihr übereinstimmen
möchten. Ein Volk muß schon stark von Skepticismus zerfressen sein,
um den Sinn für die Einheit und Ausschließlichkeit der Wahrheit zu
verlieren — und das waren jene Secten noch nicht. Indessen wohnte
ihnen denn doch jene Anlage zum Skepticismus und zur Revolution
inne, welche allem Protestantismus eigen ist, und diese hatte durch die
bürgerliche Revolution keine geringe Stärkung erfahren.

Jefferson wußte diese Anlage trefflich zu verwerthen, indem er seinen
revolutionären Anschauungen eine Wendung gab, welche dieselben wenig=
stens äußerlich christianisirte und gerade jene Berührungspunkte her=
vorhob, in welchen die Wünsche der Dissidenten und die seinigen sich
trafen. Der Schleier der Loge war damals noch sehr wenig gelüstet,
und die frommen Puritaner und Baptisten Virginiens erkannten nicht,
daß der schlaue Philosoph ihnen einen unerwünschten Streich spiele. Sie
waren ganz glücklich, einen so federfertigen und gottseligen Mann an
der Spitze zu haben, votirten Alles, was er wollte: Abschaffung der
Staatskirche, Aufhebung der Kirchensteuer, Anerkennung aller Culte,
volle Gewissensfreiheit und Trennung der Kirche vom Staate, ließen
ihn das Decret selbst redigiren und setzten es mit sammt seiner frei=
geistischen Motivirung an die Spitze ihrer Verfassung:

„In Erwägung, daß der Höchste die Seelen frei erschaffen hat;
in Erwägung, daß Alles, was man thut, um sie durch zeitliche Strafe,
Unterdrückung und Entziehung bürgerlicher Rechte zu beeinflussen, nur darauf
zielt, Heuchelei und Niedertracht zu erzeugen, und dieß in offenem Widerspruch
mit den Gesetzen des heiligen Stifters unserer Religion (welcher als Herr
unserer Leiber und unserer Seelen leiblichen und geistigen Zwang hätte an=
wenden können, um uns zu ihm zurückzuführen, es aber nicht gethan hat);
in Erwägung, daß es Sünde und Tyrannei ist, einen Menschen zur
Verbreitung eines Glaubens zu besteuern, welcher nicht der seinige ist;
in Erwägung, daß Einen zur Besoldung dieses oder jenes Dieners seiner
eigenen Gemeinschaft zwingen soviel heißt, als ihm seine kostbare Freiheit
nehmen, seinen Beitrag dem speciellen Seelsorger einzuräumen, dessen Fröm=
migkeit er sich nach eigenem Belieben zum Vorbild nimmt . . .;
in Erwägung, daß unsere bürgerlichen Rechte mit unseren religiösen
Überzeugungen in keiner näheren Beziehung stehen, als unsere Ansichten über
Physik und Geometrie;
in Erwägung, daß einen Bürger des öffentlichen Zutrauens berauben,
ihm nur Ämter einzuräumen, wenn er sich zu dieser oder jener Lehre bekennt,

soviel heißt, als ihn der Vortheile berauben, auf welche er ein gleiches natür=
liches Recht hat, wie seine Mitbürger;

in Erwägung, daß dieses System (der Staatskirche) auf Vernichtung
der Religion selbst abzielt, welche es zu begünstigen vorgibt, indem man ihr
durch das Monopol der Ehre und der Besoldung Anhänger zu gewinnen sucht;

in Erwägung, daß es ein Verbrechen ist, solchen Versuchungen Gehör
zu schenken, und nicht weniger, solche hervorzurufen;

in Erwägung endlich, daß die Wahrheit groß und stark ist, daß sie nur
triumphiren kann, wenn man sie gewähren läßt, daß der Irrthum keinen
furchtbareren Feind hat, als die Wahrheit, und daß diese keinen Kampf zu
fürchten hat, wenn nicht menschliche Dazwischenkunft sie ihrer natürlichen
Waffen beraubt, der freien Discussion nämlich, vor welcher der Irrthum nicht
lange bestehen kann;

in Erwägung all' dieser Gründe beschließt die Generalversammlung (von
Virginien), daß Niemand gezwungen werden soll, irgend einen Cult zu be=
suchen oder zu unterstützen; Niemand soll sich in irgend einem Falle wegen
seiner religiösen Anschauungen in seiner Gemeinde oder in seinem Besitz be=
lästigt sehen. Im Gegentheil sollen Alle frei ihre Überzeugungen in Glau=
benssachen bekennen und sie mit jeder Art von Beweisen vertheidigen, ohne
daß dieß je seine bürgerliche Stellung irgendwie beeinträchtigen, vernichten
oder Angriffen aussetzen könnte." [1]

So beschloß am 16. December 1785 die gesetzgebende Versammlung
von Richmond. Ein Drittel der anglikanischen Geistlichkeit verließ das
Land. Die Übrigen wurden dadurch auf den Staub der andern Secten
gebracht, daß der Staat die Güter ihrer Kirche einzog. Die anglikanische
Staatskirche war hiermit zertrümmert und begraben [2]. Wir haben
ebensowenig als die amerikanischen Katholiken jener Zeit ihren Sturz zu
betrauern, denn Jefferson war loyal genug, die Katholiken nicht von
seiner allgemeinen Gewissensfreiheit auszuschließen. Wir sind ihm dankbar
dafür; aber billig müssen wir uns darüber wundern, wie Katholiken
unserer Tage sich, gleich den Dissidenten zu Richmond, von den christ=
lichen Phrasen des gewandten Freimaurers berücken ließen und den halb
christlichen halb maurerischen Jargon seines Cultusedictes ohne alle Ein=
schränkung und ohne allen Vorbehalt, in seiner ganzen Autoritätslosig=
keit und Freiheitsconfusion bewundern konnten.

Nimmer hätten die christlichen Repräsentanten von Richmond sich

---

[1] G. de Chabrol, Die religiöse Gesetzgebung in den Vereinigten Staaten, bei
Dr. M. Huttler, Katholische Studien, II. Bd. 3. Heft 1870, S. 116. Jefferson,
Notes on Virginia, Works III. 454.
[2] Jos. P. Thompson, Staat und Kirche in den Vereinigten Staaten, S. 27.
Revue des Deux-Mondes, CVII. 726.

diese liberale Motivirung gefallen laffen, wenn ihr Grimm gegen den
Anglifanismus ihnen nicht augenblicklich das lebendige Bewußtfein ihrer
eigenen Dogmatif verfchleiert hätte. Diefe trat, wenn auch etwas fpät,
doch deutlich genug zu Tage, als das Repräfentantenhaus einige Jahre
fpäter nicht etwa Reue über feine liberalen Phrafen empfand, fondern
Reue darüber, alle Jura circa sacra an die Religionsgenoffenfchaften
abgetreten zu haben. Der „Fortfchritt" wollte nun reuig feinen ge=
wohnten Krebsgang machen. Man fchlug zwar nicht gerade die Er=
richtung eines Cultusminifteriums vor (das hätte die liebe Freiheit
wohl nicht ertragen), aber man wollte wenigftens den Brodforb wieder
in die Hände bekommen und fchlug deßhalb ein „Centralbudget" vor,
aus welchem der Klerus aller Secten nach gerechter Proportion befoldet
werden follte. Auch hierbei vermaß man fich nicht, dem einzelnen Geift=
lichen fein Taggeld abzuzirkeln, fondern wollte die Specialvertheilung
den höchften Autoritäten der betreffenden „Kirchen" überlaffen. Aber
auch das war den Presbyterianern noch zu arg. Sie reichten gegen
diefen Vorfchlag eine energifche Petition ein.

„Überzeugt, wie wir find, daß das Reich Chrifti, oder mit anderen
Worten die Intereffen der Kirche nicht unter die Competenz der Civilgefetz=
gebung fallen, würden wir wenig ehrenvoll handeln, wenn wir irgend welchen
Betrag an Staatsgeldern annehmen würden; ebenfo protefttiren wir gegen
jede Art von Steuer, welche man allgemein im Intereffe der Religion er=
heben will. Nach dem Grundfatze, daß der Arbeiter dem verbunden ift, der
ihn bezahlt, würden wir, wenn wir der Regierung das Recht zuerkännten,
die Diener des Evangeliums zu unterhalten, ihr gleichzeitig auch das Recht
zugeftehen, den religiöfen Genoffenfchaften folche Vorfchriften oder folche Vor=
behalte vorzufchreiben, welche fie für rathfam hielte; dem können wir nicht
beipflichten. Wir bitten daher die gefetzgebende Verfammlung inftändig, weder
uns, noch die unferer Obforge unterftellte Congregation irgendwie oder wann
mit irgendwelcher Staatsunterftützung zu begnadigen." [1]

Diefer Ruf verhallte nicht ungehört. Verftärkt durch den Wider=
hall, den er bei den übrigen Diffidenten gefunden, machte er die Ge=
fetzgeber des Landes an ihren eigenen jofephiniftifchen Gelüften irre. Das
beabfichtigte cultusminifterielle „Centralbudget" ertrank im Papierforb;
die Freiheit ward gerettet, nicht die feichte, heidnifche Religionsfreiheit,
welche Jefferfon im Schilde führte, fondern die kirchliche Freiheit, deren
richtige Idee, wenn auch mit einigen Schlacken behaftet, der Puritanismus

---

[1] G. de Chabrol, a. a. O. S. 92.

aus dem wahren Christenthum, d. h. aus der katholischen Kirche, zu sich
herüber gerettet hatte. Denn wenn es auch objectiv unrichtig ist, daß die
Kirche durch Annahme jedweder Staatsunterstützung unter jedweder
Form sich unter das „goldene" Joch des Staates begibt, so fordert es
doch unzweifelhaft die normale Lage der freien, unabhängigen, christ=
lichen Kirche, der Braut Christi, daß sie nicht auf das Almosen oder
die huldreichst bewilligten Zehrpfennige des Staats oder gar auf die
herablassungsvollst ihr überlassenen Zinsen säcularisirter Kirchengüter
angewiesen sei, sondern daß sie die zu ihrer Existenz nöthigen Mittel
selbst besitze, selbst verwalte, Niemanden auf Erden Rechnung darüber
abzulegen habe. Das Reich Christi ist freilich nicht von dieser Welt,
aber es ist in dieser Welt, und wie es seinem Zweck nach nicht unter
die Domäne des Staates fällt, so hat es aus sich und unabhängig
vom Staate ein Anrecht auf die zeitlichen Mittel, deren es zur Erfül=
lung seiner Scudung unter den Völkern bedarf. Durch diese richtige
Anschauung, welche dem Begehren der virginischen Puritaner zu Grunde
lag, erhielt die verfassungsmäßige Trennung von Staat und Kirche einen
wesentlich andern Sinn, als ihr Jefferson unterschoben hatte; sie ward
auf das zurückgeführt, was die Volksmajorität ursprünglich gewollt:
Emancipation der Kirche von den Fesseln des Staats, kirchliche Frei=
heit. So aber faßte seiner Majorität nach das gesammte Volk der
Vereinigten Staaten die Sache auf. Man wollte die Kirche von den
unwürdigen Fesseln befreien, in welche der Staat sie geschlagen, aber
man wollte durchaus nicht die geheiligten Bande lösen, durch welche
die Religion den Staat mit Gott verknüpft und welche sich nur zum
unersetzlichen Schaden der Menschheit lockern oder auflösen lassen.

Wie übrigens das Böse im göttlichen Haushalt wider seinen Willen
schließlich zu etwas Gutem beitragen muß, so hatte auch die jakobinische
Religionsfreiheit Jeffersons noch eine weitere, nicht eben ungünstige Folge.
Maryland folgte noch 1776 dem Beispiel Virginiens und gab seinen
unterdrückten Katholiken die Freiheit. Da diese in den Augen vieler
Protestanten nicht als eine der vielen christlichen Secten, sondern als ein
antichristlicher Greuel galten, so wäre ohne Jeffersons begeisterte Em=
pfehlung vollständiger Religionsfreiheit ihr Joch kaum gebrochen worden.
Als das protestantische Selbstgefühl nachher wieder stärker erwachte, war
jenes Joch eben schon gesprengt, und die Katholiken hatten durch ihre aus=
gezeichneten Wortführer, namentlich die Carrolls, solches Ansehen erlangt,
daß man darauf verzichten mußte, ihnen neue Fesseln zu schmieden.

2. In den übrigen Staaten nahmen die Dinge eine etwas ver=
schiedene Wendung. Die Hochkirche hatte sich eben in keinem andern so tief
in's bürgerliche Wesen eingenistet. Die Dissenters genossen entweder volle
oder ziemlich große Freiheit. In den Neu=England=Staaten war der
Puritanismus noch immer das dominirende Element. Das Losungs=
wort „unumschränkter Gewissensfreiheit" konnte deßhalb nicht so mächtig
blitzartig zünden, wie in Virginien und Maryland. Doch fand es
auch hier Eingang und bewirkte eine langsame Metamorphose. Die Haupt=
phasen derselben drehten sich um drei Punkte: 1. um die Staatsbesol=
dung des Klerus, 2. um die Gleichstellung der Katholiken, 3. um
volle Trennung des Staates von der Religion.

Der erste Punkt fand am schnellsten eine richtige und gerechte Er=
ledigung. Die Puritaner, wie die übrigen congregationalistischen Secten
besaßen zu viel Freiheitsliebe und vor Allem eine viel zu hohe Vor=
stellung von der Kirche als dem Reiche Christi auf Erden, um die
Interessen desselben von dem Gutdünken der so rasch wechselnden und
weltlichen Staatslenker abhängig zu machen. Ihr Gottesdienst war
zudem, wenn man den des Diogenes abrechnet, der wohlfeilste, den
es je gegeben hat. Ihr Klerus brauchte weder Mitren noch Hirten=
stäbe, weder prunkvolle Wohnungen, noch Geld für jene feierlichen
Aufzüge und Festessen, mit welchen der anglikanische Klerus die Mängel
seiner Ordination zu ersetzen suchte. An die größte Einfachheit gewöhnt,
konnten sie die Subvention des Staates ebenso leicht entbehren, als die
Hochkirche durch deren Verlust lahm gelegt ward. So kann es nicht
befremden, daß dieser Theil des Staatskirchenrechts am schnellsten abge=
macht wurde, und daß es in den ersten Jahren des gegenwärtigen Jahr=
hunderts keine Kirche mehr gab, welche von Staatsgeldern unter=
halten wurde.

Der zweite Punkt machte den Gesetzgebern größere Bedenken. Sie
kamen nicht darüber hinaus. Der Protestantismus war noch zu kräftig
protestantisch, um sich mit dem Gedanken vertraut zu machen, die Katho=
liken, diese „Söhne des Antichrists und des Verderbens", als Fleisch
von ihrem Fleische, als Erlöste desselben Heilands, als Kinder desselben
Gottes zu behandeln. Auch die Verdienste wackerer Katholiken um die
junge Republik, das tolerante Beispiel der großen Patrioten Washington
und Franklin halfen ihnen nicht über die gähnende Kluft, welche der
protestantische Glaubenshaß des 16. Jahrhunderts geschaffen hatte.
Katholische Liebe und Duldung hatte zwar längst die Brücke gefunden;

aber der Haß der Secten sah sie nicht oder wollte sie nicht sehen, hoffte
vielmehr noch immer, „das alte siebenköpfige Babylon" mitsammt allem
katholischen Königthum eines schönen Tages in den Schlund des ewigen
Drachen hinabstürzen zu sehen. Von diesem unduldsamen Geiste beseelt,
konnten die gesetzgebenden Versammlungen in den beiden Carolinas, in
Georgien und New=York 1777 sich nicht entschließen, dem Beispiele
Virginiens und Marylands zu folgen und ihren katholischen Mitbürgern,
die doch so gut wie sie an Gott und Christus, an ein ewiges Leben
und ein übernatürliches Reich Gottes auf Erden, an Gnade und Er=
lösung, an die Nothwendigkeit des Gebets und an die Pflichten des
Dekalogs glaubten, bürgerliche Gleichstellung und Gerechtigkeit wider=
fahren zu lassen. Obwohl schon so sehr zersplittert und augenscheinlich
auf dem Wege zu noch größerer Zersplitterung, von dem irreligiösen
Zeitgeist in ihren Grundfesten bedroht, wollten sie noch lieber mit diesem
sich freundlich stellen als mit dem „apokalyptischen Ungeheuer", das
ihnen die bürgerliche Freiheit hatte erringen helfen. Schließlich aller=
dings sah man denn doch ein, daß der Unglaube ein gefährlicher Bundes=
genosse sei, und man mußte im Interesse der Selbsterhaltung daran
denken, die vollständige Emancipation des Staates von der Religion zu
hintertreiben.

In diesem Bedürfniß wurzelt großentheils die religiöse Gesetzgebung
der Vereinigten Staaten von 1776 bis um die Mitte unseres Jahr=
hunderts — ja seine Wellenschläge sind heute noch fühlbar. Hieraus
entsprangen die strengen Sonntagsgesetze, die Dank= und Bittfeste, die
officiellen Gebete und religiösen Proclamationen, die Immunität des Klerus
von Staatsdienst und Kriegsdienst, die Exemption des Kirchenguts von der
allgemeinen Besteuerung, die Incompetenz der weltlichen Gerichte in
kirchlichen Angelegenheiten, der den kirchlichen Corporationen gewährte
Staatsschutz, die Strafen gegen Sonntagsentheiligung und Blasphemie,
die feindliche Stellungnahme des Staates gegenüber den Mormonen und
Chinesen und dem öffentlich proclamirten Atheismus, kurz alle jene
Züge, welche das amerikanische Staatsleben im Großen und Ganzen als
ein christliches charakterisiren. Obgleich diese Züge in ihrem Wesen so
durchaus christlich sind, daß sie der Gesetzgebung eines jeden katholischen
Landes Ehre machen würden, so sind sie doch ihrem Ursprung nach
lauter legislative Kundgebungen eines vorwiegend protestantischen
Volkes. Dieser wesentlich protestantische Ursprung tritt am schärfsten
in der Gesetzgebung der nördlichen Staaten hervor, wo der Staat die

lebhaftesten Anstrengungen machte, christlich zu bleiben, und deßhalb förmlich protestantisch blieb. So stellte sich die Verfassung von Massachusetts, die aus dem Jahre 1780 stammt und noch Anfangs der dreißiger Jahre in voller Geltung war, in den schroffsten protestantischen Gegensatz zu der Jefferson'schen Religionsfreiheit in Virginien:

„In Erwägung," so heißt es hier, „daß das Volkswohl, die allgemeine Ordnung und die Sicherheit der Regierung wesentlich von der Frömmigkeit, der Religion und den guten Sitten bedingt ist; in Erwägung, daß sich diese Güter nur durch die Einrichtung eines Allen offen stehenden Gottesdienstes und durch öffentlichen Unterricht in Frömmigkeit, Religion und Sittlichkeit im Schooße der Nation verbreiten können: legt das Volk dieses Gemeinwesens, um sein eigenes Wohl, wie auch die Ordnung und Beständigkeit seines Regimentes sicher zu stellen, sich feierlich das Recht bei, seine legislative Vertretung mit dem Rechte zu betrauen, die Gemeinden (towns) und Pfarreien zu ermächtigen und einzuladen, zu Gunsten des öffentlichen Gottesdienstes und der mit dem Unterricht in Frömmigkeit, Religion und Sittlichkeit betrauten protestantischen Kirchendiener und Lehrer sich Steuern aufzuerlegen; eine Vollmacht, welche die gesetzgebende Vertretung in allen Fällen ausüben wird, wo die Pfarreien nicht freiwillig zu diesen Kosten beitragen werden." [1]

In New-Hampshire lautete der ähnliche Kirchen- und Schulparagraph:

„In Anbetracht, daß die Sittlichkeit und Frömmigkeit, welche auf den Grundsätzen des Evangeliums ruhen, der Regierung die besten Garantien gewähren, und in Erwägung, daß diese Grundsätze durch den öffentlichen Gottesdienst und durch den religiösen Unterricht verbreitet werden, sind die Gemeinden bevollmächtigt, geeignete Maßregeln für den Unterhalt protestantischer Prediger zu treffen, damit diese Unterricht in Frömmigkeit, Religion und guten Sitten ertheilen." [2]

Die ersten Verfassungen von Delaware (Art. 22) und Pennsylvanien (Kap. 1. Art. 10) forderten von allen öffentlichen Beamten ein Glaubensbekenntniß, worin sie ihren Glauben an einen Gott in drei Personen, an ein ewiges Leben mit ewigen Belohnungen und Strafen, sowie an die göttliche Eingebung der Bücher des Alten und Neuen Testamentes bezeugen mußten. In der Verfassung von Südcarolina (Art. 38) wurde das religiöse Corporationsrecht dahin beschränkt, es dürfe kein angeblich religiöser Verein als Corporation staatlich anerkannt werden, der

---

[1] Jannet, Les États-Unis contemporains. p. 313.
[2] Jannet, l. c. p. 312.

nicht folgende fünf Artikel unterzeichnete: 1. Es gibt einen ewigen Gott und einen künftigen Zustand der Belohnung und Strafe. 2. Man muß Gott öffentliche Verehrung erweisen. 3. Die christliche Religion ist die wahre Religion. 4. Die heiligen Schriften des Alten und Neuen Testaments sind von Gott eingegeben und die Regel des Glaubens und der Sitten. 5. Es ist den Gesetzen gemäß und Pflicht jedes Menschen, der Wahrheit Zeugniß zu geben, wenn er hiezu von denjenigen, welche regieren, aufgefordert wird. Die neue (von Carpetbaggern entworfene) Staatsverfassung von Tennessee enthält die Bestimmung: „Niemand, welcher das Dasein eines Gottes oder ein Leben nach dem Tode längnet, darf in der Civilverwaltung des Staates irgend ein Amt bekleiden." In Pennsylvanien besteht ein Gesetz, wornach derjenige, der bespectirlich von den drei göttlichen Personen oder von der Bibel spricht, mit 500 Dollars Geldbuße und drei Monaten Gefängniß bestraft werden kann. In New-Hampshire darf Niemand, der nicht die „protestantische Religion" bekennt, ein öffentliches Amt bekleiden. In den meisten Staaten werden diejenigen, die nicht an Gott und ein ewiges Leben (mit Strafe und Lohn resp. an Hölle und Himmel) glauben, vor Gericht nicht als Zeugen zugelassen. Auf Grund der Nennung des Namens Gottes in der Constitution von Ohio hat noch unlängst der Superior Court in Cincinnati entschieden: „Da Gott durch die Constitution anerkannt ist, und da es keinen andern Gott gibt, als den christlichen Gott, so ist der Staat Ohio ein christlicher Staat und demgemäß die Bibel in den öffentlichen Schulen zu lesen."[1] Ähnliche Bestimmungen finden sich in den Verfassungen aller Einzelstaaten, sowohl des Nordens als des Südens, mit einziger Ausnahme Virginiens, wo das einmal vollzogene fait accompli der liberalen Religionsfreiheit in Geltung blieb. In keiner der andern Einzelrepubliken sonst emancipirte sich der Staat von Religion und Kirche, in keiner ward die Trennung der beiden Gewalten im Sinne liberaler Religionslosigkeit durchgeführt — der Staat blieb christlich — protestantisch.

Wir möchten diesen Zustand indeß nicht, wie Manche es thun, mit demjenigen einer protestantischen Staatskirche bezeichnen. Eine direct vom Staate geleitete, beaufsichtigte, bezahlte und privilegirte Staatskirche gab es nicht mehr. Von den protestantischen Secten war keine legal bevorzugt: alle konnten sich gleichermaßen um Frömmigkeit,

---

[1] Globus XVII. Jahrg. 1870, S. 191.

Religion und Sittlichkeit verdient machen. Hatten die Puritaner hier, die Baptisten dort und bald auch hinwieder Methodisten u. A. das Übergewicht, so lag das in ihrer numerischen Macht und in ihrer Lebensthätigkeit, nicht in directer Unterstützung des Staates begründet. Überdieß ist in diesen älteren Verfassungen (man vergleiche z. B. die eben angeführte von Massachusetts) der Staat durchaus nicht als Ober=herr oder Inspector der Kirche, auch nicht als eine parallel laufende controlirende Macht gedacht, sondern ähnlich wie der Kaiser im Mittel=alter als der hilfreiche, weltliche Arm der Kirche. In das Innere der Kirche hat sich das Repräsentantenhaus schon gar nicht zu mischen: da regiert die kirchliche Gemeinde. So weit diese in zeitlichen Dingen der Unterstützung bedarf, soll ihr die bürgerliche Gemeinde (town) durch Kostenbewilligung ꝛc. unter die Arme greifen, aber nicht als Herr, son=dern als Diener. Thut die bürgerliche Gemeinde diese ihre Schuldigkeit nicht, dann steht im Hintergrunde das souveräne Voll des Gesammt=staats als zeitlicher Helfer, um die säumige bürgerliche Gemeinde nöthigen=falls zur Pflichterfüllung zu zwingen. Der Staat aber unterstützte die Kirche auf diese Weise, nicht als wenn er wegen sogenannter gemischter Angelegenheiten eine Jurisdiction über sie besessen hätte, sondern weil er sie als eine höhere, sittliche, sociale Macht ansah, auf welcher seine eigenen Fundamente ruhten. Der Protestantismus war mithin wohl Staatsreligion, aber eben dadurch, daß er in viele Secten zerfiel und vom Staate unabhängig war, nicht Staatskirche.

Die Secte, welche unter den bunten Formen des Protestantismus mehr als die andern durch Einfluß und Bedeutung hervorragte und der protestantischen Ascendenz über den Staat den kräftigsten Rückhalt verlieh, war der Puritanismus, der sich vom heimathlichen Neu=England aus über die ganze Union verbreitet hatte. Sein kirchenbildendes Princip — der Congregationalismus — d. h. der Aufbau der Kirche von Unten auf durch freie Gemeindebildung und ebenso freie Association der Ge=meinden zu gleichartigen Religionsverbindungen ohne hierarchische Unter=ordnung und Autorität — war von den meisten andern eingewanderten oder neu entstandenen Secten adoptirt worden. Seine prosaische Nüchtern=heit und Strenge hatte fast bei allen Nachahmung gefunden. Seine Bibelfestigkeit, sein Predigteifer, sein Glaubenseifer und seine zelotische Abneigung gegen den Katholicismus hatte sich den übrigen mehr oder minder mitgetheilt, war aber von ihnen keineswegs übertroffen worden.

Den allgemeinsten und prägnantesten Ausdruck indeß hat das

Übergewicht der Puritaner über die andern Secten und der puritanischen Kirche über den amerikanischen Staat in dem amerikanischen Sonntag gefunden. Die Verfassung von Massachusetts vom Jahre 1780, welche sich, obwohl 1821 etwas revidirt und modificirt, doch ihren Grundlagen nach bis heute erhalten hat, enthält in Bezug auf die Feier dieses Tages folgende Bestimmungen:

1. Niemand darf Sonntags seinen Laden oder seine Werkstätte offen haben. Niemand soll am selbigen Tage sich mit irgend einer Arbeit oder irgend welchem Geschäfte befassen; Niemand soll einem Concerte, einem Balle oder Schauspiele irgend welcher Art beiwohnen, noch sich der Jagd, oder einem Spiele oder einer sonstigen Lustbarkeit hingeben, ohne dafür bestraft zu werden. Die Geldstrafe für jede derartige Übertretung soll nicht weniger als 10 Schilling, nicht mehr als 20 Schilling betragen.

2. Kein Reisender, kein Führer, kein Fuhrmann darf, den Fall der Nothwendigkeit ausgenommen, am Sonntag reisen, unter Gefahr derselben Strafe.

3. Die Schenk= und Gastwirthe gestatten Sonntags keinem in ihrer Gemeinde Ansässigen den Zutritt, um dort die Zeit in Vergnügungen oder Geschäften zuzubringen. Im Übertretungsfalle zahlt der Wirth und sein Gast die Geldstrafe, der Wirth kann aber auch seine Concession verwirken.

4. Wer, ohne krank zu sein oder sonst einen genügenden Grund zu haben, drei Monate lang den öffentlichen Gottesdienst versäumt, wird zu einer Geldbuße von 10 Schilling verurtheilt.

5. Wer sich in der Nähe der Kirche ungebührlich aufführt, zahlt eine Geldbuße von 5 bis 10 Schilling.

6. Mit der Ausführung vorstehender Gesetze werden die Tythingmen der Gemeinden beauftragt. Sie haben das Recht, an den Sonntagen alle Wirths=locale und öffentlichen Plätze zu besichtigen. Der Wirth, welcher ihnen den Eintritt in sein Haus versagt, wird hiefür zu einer Strafe von 40 Schilling verurtheilt. Die Tythingmen sollen die Reisenden anhalten und nach dem Grunde fragen, der sie nöthige, am Sonntage zu reisen. Wer die Antwort verweigert, zahlt eine Geldstrafe, welche sich bis zu 5 Pfd. Sterl. belaufen kann. Wenn der vom Reisenden angegebene Grund dem Tythingman nicht genügend erscheint, so soll er den betreffenden Reisenden vor den Schieds=richter des Bezirkes führen." [1]

Es ist unschwer, in diesen Vorschriften den Einfluß der alten Colonialgesetze von Plymouth wieder zu erkennen. Die Sitten hatten sich gemildert, Klotz und Peitsche waren in Abgang gekommen, Niemand dachte mehr daran, auf Sonntagsentheiligung gar die Todesstrafe zu setzen. Die einstigen Selectmen waren durch die Tythingmen ersetzt;

---

[1] General Laws of Massachusetts, bei Tocqueville, I. p. 410.

man brauchte nicht mehr in den Angstkasten zu sitzen, um Rathsherr
zu werden; die Gesetzesprojecte wurden nicht mehr von Dienern des
Wortes und Ältesten ausgearbeitet, sondern von gewandten Juristen und
unternehmenden Volkstribunen. Aber der alte Geist war nur gemildert,
nicht erloschen. Dieser Geist, welcher das amerikanische Kirchenthum und
durch dieses den amerikanischen Staat beherrschte, war nicht jene volle,
reine, ungemischt göttliche Lehre, welche Christus auf die Welt gebracht,
sondern das nach Außen etwas abgeblaßte, abgeschliffene, nach Innen
aber noch immer herbe, rigoristische, revolutionäre Christenthum der Pu=
ritaner. So sehr wir die Energie bewundern, mit welcher diese Secte
an den von ihr geretteten Trümmern der wahren Christuslehre und des
Naturgesetzes festhielt, ihre sittlichen Forderungen an Staat und Staats=
leben versocht und diesem bis auf unsere Tage herab wenigstens äußer=
lich den christlichen Charakter bewahrte: so dürfen wir doch nie vergessen,
daß dieses Christenthum eben ein trümmerhaftes war und vermöge dieser
Trümmernatur keine vollkommen klaren, richtigen und gedeihlichen Zu=
stände herbeiführen konnte. Es fehlte ihm die Einheit der Lehre, das
Princip der Autorität, der christliche Geist der Liebe. Vermöge seines
Abfalls von diesem Geiste der Liebe tried er einzelne Forderungen des
Christenthums, wie z. B. die der Sonntagsheiligung, in's rigoristische
Extrem; danu unvermögend, diese unvernünftige Strenge durch innere
sittliche Einwirkung aufrecht zu erhalten, rief er den Staat zu Hilfe,
um mit dem Polizeistock erlaubte wie unerlaubte Sonntagsvergnügen
zu unterdrücken. Er wäre eigentlich gerne, wie einstens in Massachusetts,
wieder ausschließliche Staatsreligion geworden, aber das ging nicht mehr,
der Secten waren zu viele. Man suchte also von der alten Stellung
wenigstens soviel zu retten, als zu retten war, und führte so jenen
Zwitterzustand herbei, der unter äußerlich christlichen Staatsformen der
religiösen Zersetzung den freiesten Spielraum gab.

3. In diesem inneren Zusammenhange mit dem Protestantismus
liegt der kranke und schwache Punkt in der Gesetzgebung der nordamerika=
nischen Freistaaten, der geheime Schaden, der alle ihre religiösen Kund=
gebungen theilweise entwerthet. Was halfen schließlich alle diese con=
stitutionellen Anpreisungen von Religion, Frömmigkeit und Sittlichkeit,
alle religiösen Proclamationen und Sitzungsgebete, alle Bet=, Buß= und
Danktage, alle Proteste gegen Chinesen und Mormonen? Was die
erpreßten Glaubensbekenntnisse und der erzwungene puritanische Sonntag?
Das Alles nahm sich auf dem Papier gar schön und lobsam aus, das

Alles wurde in der Praxis mehr oder minder auch durchgeführt und
übte im großen Ganzen einen günstigen Einfluß; das Alles trug dazu
bei, vielfach den Christenglauben im Volke zu erhalten und den Staat
der Segnungen des Christenthums theilhaft zu machen. Aber Alles zu=
sammen war nicht im Staube, den Protestantismus in seinem inneren
Zersetzungsproceß aufzuhalten, oder ihm jene innere Lebenskraft einzu=
hauchen, deren er von seinem Ursprung an entbehrte. Im großen Lande
der Freiheit gab es keine Monarchen, Minister, Universitätsprofessoren
und privilegirte Kirchenräthe mit Doctortiteln und Ordensbändern, welche
seine müden Schwingen mit neuen Flugapparaten gestützt oder seine
theologischen Niederlagen durch Preßverbote bemäntelt hätten. Redefrei=
heit, Preßfreiheit, Versammlungsfreiheit, Vereinsfreiheit entrissen ihm
alle seine alten morschen Krücken. Wie ein von Allem entblößter Ringer
stand er dem fessellosen Individualismus gegenüber. Er bestand den
Kampf nicht.

Die schon vorhandenen Secten gingen in neue Secten auseinander,
abermals neue Glaubensschattirungen wurden durch die Auswanderung von
Europa importirt. Je üppiger die Privat=Unfehlbarkeit durch Religions=
gründungen in's Kraut schoß, desto mehr wurden die Geister reif, auch
gar nichts mehr zu glauben und sich für Zeit und Ewigkeit mit einer ge=
wissen „Respectabilität“ des Lebens zu begnügen. Je bunter die baby=
lonische Religionsverwirrung wurde, desto mehr nahm die Religion in
Bieler Augen den Charakter einer willkürlichen, fast gleichgiltigen Tages=
meinung an. Die unersättliche Hetzjagd nach dem goldenen Dollar, der
auf allen Gebieten in's Fabelhafte getriebene Schwindel, wilde Genuß=
sucht und politische Leidenschaft, eine immer mehr obsiegende Vertiefung
in's Zeitliche, untergruben die strengen, einfachen Sitten, welche noch am
Anfange dieses Jahrhunderts geherrscht hatten, und unterwühlten den
alten religiösen Volksgeist. In die wankenden Trümmer ehemaliger
Religiosität fuhr stürmend die Windsbraut der modernen Ideen, rüttelte
an allen Überresten der Vergangenheit, warf da und dort die Pfeiler
des alten Sectengeistes um und hörte nicht auf, am Sturz der übrigen
zu arbeiten. Zur bloßen Geldspeculation geworden, führte die von
Dampf beflügelte Presse eine trübe Schlammfluth der ungläubigsten und
unsittlichsten Lectüre über das Laub herein und erstickte in Tausenden
Glauben und Sitte. Nicht nur das private, auch das öffentliche Leben
ward vielfach von der Ansteckung des Unglaubens berührt. Die reli=
giösen Kundgebungen verschwanden aus manchen der neuen revidirten

Verfassungen; im Schooße halb ungläubiger Versammlungen saulen sie zu bloßen Paraden officieller Respectabilität herab; wie der Volksgeist selbst emancipirte sich auch das Staatsleben immer mehr von Gott, Religion und Kirche.

Das ist im Wesentlichen die Geschichte des amerikanischen Protestantismus vom Anfange des Jahrhunderts bis auf unsere Tage. Protestantische Vereinstage und Evangelische Allianzen suchten dieselbe mit schönen Statistiken und Phrasen zu übertünchen. Aber laut genug trat bei all' diesen Versuchen die Klage über „reißend zunehmenden Abfall" und „wachsende Gottlosigkeit" hervor [1]. Man mußte sich endlich, wenn auch verschämt und ungern, gestehen, daß der „Unglaube" ein enfant terrible geworden sei, fast ein ebenso gefährlicher Feind, als es die katholische Kirche zu sein schien. Es brauchte indeß lange, ehe man auch nur einigermaßen zu dieser Einsicht gelangte.

(Fortsetzung folgt.)

A. Baumgartner S. J.

---

[1] Auf dem Evangelischen Allianztag im October 1873 sprach Professor Stanley Leathes von einer „Fluth" des Unglaubens, die sich „in allen Richtungen um uns" erhebe, Dr. John Cairns bezeichnete als theilweise Ursache dieses grassirenden Unglaubens die „unbefriedigende" Stellung der Kirche zum Staate; der Bostoner Professor Warren tröstete sich und Andere durch den Hinweis darauf, daß das Pulverfaß des Unglaubens durch die amerikanische Freiheit aus dem Hause des Herrn hinausgeschafft und hierdurch unschädlich geworden sei. Auch ein Trost! New-York Tribune Evangelical Alliance Extra, p. 9, 10.

Recensionen.

Der heilige **Cyprian von Karthago**, Bischof, Kirchenvater und Blutzeuge Christi, in seinem Leben und Wirken dargestellt von **Johannes Peters**, beider Rechte Doctor und Professor der Theologie am bischöflichen Seminar zu Luxemburg. 8°. VIII u. 599 S. Regensburg, G. J. Manz, 1877. Preis: *M.* 8.

Seit den ältesten Zeiten hat der hl. Cyprian im Andenken der Kirche einen hohen Rang behauptet; daß dieses gerade in unseren Tagen von verschiedenen Seiten her wieder aufgefrischt wird, darin läßt sich eine providentielle Wohlthat nicht verkennen. Ist nicht jener hohe sittliche Ernst, womit der heilige Blutzeuge einer in Frivolität und Sinnentaumel verfallenen Welt gegenüber für die unerbittliche Nothwendigkeit einer völligen Umwandlung und Wiedergeburt aus der göttlichen Wahrheit und Heilsordnung in die Schranken tritt, eben die Arznei, deren unsere von Skepticismus und Indifferentismus unterhöhlte, in dem Dienste der Sinnenwelt aufgegangene neuheidnische Cultur vor Allem bedürftig ist? Wie wohlthuend wirkt das Verweilen in der reinen, dem Himmel entströmenden Atmosphäre, in welche die Schriften des heiligen Lehrers einführen! Wie schnell findet sich in ihnen der Katholik des 19. Jahrhunderts zu Hause! Überall begegnet er verwandten Ideen, wohlbekannten Einrichtungen. Gleich granitnen Säulen ragen hier die Grundgeheimnisse der christlichen Religion, wie sie die katholische Kirche heute in Katechesen, Predigten, Exercitien vorträgt, dem Eintretenden entgegen. Aus einer Zeit, die durch wenig mehr als ein Jahrhundert von der Wiege des Christenthums getrennt ist, aus einer Kirche, die sicherlich noch vor dem Martyrium der Apostelfürsten von Rom aus ihr Dasein empfangen hat und in der innigsten Lebensgemeinschaft mit der Mutterkirche verblieben ist, vernehmen wir Zeugnisse über den Glauben an die erschütternden ewigen Wahrheiten, der den Martyrer in seinen Qualen stärkte, über die Nothwendigkeit, Christus auf dem Wege des Krenzes nachzufolgen, über das reuevolle Sündenbekenntniß als unerläßliches Mittel, Verzeihung zu erlangen, über das Opfer des Neuen Bundes, über die Würde und Gewalt des Priesterthums und die Erhabenheit des Geistlichen über das Weltliche, über die Pflicht, ungerechten Zumuthungen der weltlichen Gewalt gegenüber dem Glauben die Treue bis zum Tode zu bewahren, und wie es kein Heil gibt außer der Gemeinschaft mit der Einen untheilbaren, auf Petrus gegründeten, in Rom ihren Mittelpunkt bewahrenden Kirche — Zeugnisse, die mit überwältigender Macht den aposto= lischen Charakter der katholischen Kirche und die unzerstörbare, göttlich ver= bürgte Dauer derselben uns vor die Seele stellen.

Doch ihre besondere Bedeutung erhält die altehrwürdige Gestalt dieses ältesten unter den lateinischen Kirchenvätern durch die Vertheidigung jener Grundsätze über die Verfassung der Kirche, deren Definirung im Rathe der Vorsehung unserm Jahrhundert vorbehalten blieb. Nicht bloß durch seine Lehren, auch durch seine Lebensschicksale gibt der hl. Cyprian Aufschluß, was die Kirche seiner Zeit über den Primat geglaubt hat und was in ihr Rechtens war. Als Zeugen dieser katholischen Wahrheit hat ihn der Verfasser der oben angezeigten Monographie bereits früher mit Sachkenntniß und Glück gegen bekannte Irrlehrer unserer Tage vertheidigt, und man durfte von ihm etwas Tüchtiges erwarten, wenn er sich, wie es nun geschehen ist, zur Ver= öffentlichung einer ausführlichen Biographie entschloß. Sie ist, wie die Vor= rede andeutet, die reife Frucht langjähriger Studien. Wir gestehen auch mit Freuden, daß unsere Erwartung wirklich erfüllt worden ist und daß das In= teresse sich steigerte, je tiefer wir in das Buch eindrangen. Herr Dr. Peters hat mit unverkennbarer Liebe sich seines Gegenstandes bemächtigt, mit un= ermüdlicher Aufmerksamkeit folgt er dem Heiligen auf seinen Lebenswegen, notirt seine Äußerungen, vergleicht die Umstände, berücksichtigt die Auffassun= gen bewährter Schriftsteller, um ein möglichst getreues, bis in's Einzelnste eingehendes Bild des Heiligen zu entwerfen. Seine historischen und juristischen Kenntnisse haben ihn in den Stand gesetzt, viele Thatsachen und Aussprüche mehr, als es bislang geschehen war, aufzuklären, und so können wir nicht umhin, sein Werk zu den erfreulichsten literarischen Erscheinungen der Gegen= wart zu rechnen und der Kirche viel Gutes von ihm zu versprechen.

Wenn wir in einigen Punkten von seinen historischen Urtheilen ab= weichen und unsere früher in diesen Blättern [1] niedergelegten Ansichten fest= halten, sowie auch, wenn wir bei jenen Erörterungen, welche die Contro= versen unserer Zeit berühren, eine directe Bezugnahme auf diese, auch eine schärfere theologische Bestimmtheit im Ausdrucke gewünscht hätten, so wird der Leser doch aus der Darlegung dieser Differenzen und Wünsche erkennen, daß wir in der Hauptsache mit der Auffassung von Dr. Peters vollkommen übereinstimmen.

Der Bischof von Karthago nahm an der Nordküste von Afrika, von den Altären der Philänen bis zum atlantischen Ocean, nach der richtigen Bemer= kung Thomassins [2] eine ähnliche Stellung zu den einzelnen bischöflichen Kirchen ein wie der Bischof von Alexandrien zu den kirchlichen Sprengeln in Ägyp= ten; er blieb der Metropolit der unter ihm stehenden Provinzialverbände. Wann diese sich ausbildeten und der Metropolit Exarch wurde, ist schwer

---

[1] Vgl. diese Zeitschrift 1874, VI. S. 433 ff., 529 ff.; VII. S. 262 ff., 401 ff.

[2] Vetus et nova Ecclesiae disciplina, P. I. L. I. c. 20. n. 3. Ed. Mogunt. 1787. T. I. p. 148.

zu beſtimmen. Die Äußerung im Briefe Cyprians an den Papſt Cornelius:
Latius fusa est provincia nostra; habet etiam Numidiam et Mauretanias
duas sibi cohaerentes [1], ſcheint mit ähnlichen wiederkehrenden Wendungen
die Anſicht des Verfaſſers (S. 13) auszuſchließen, daß zur Zeit Cyprians
bereits jene Wandlung vollzogen war, oder daß es unter ihm Kirchenprovinzen
gab: Africa proconsularis, in welcher der Exarch oder Obermetropolitan
ſeinen Sitz hatte, Numidien und Mauretanien. Denn nimmt man jene
Worte, wie ſie liegen, ſo beſagen ſie eben nur: die kirchliche Provinz Afrika
hat weitere Grenzen als die politiſche, ſie begreift auch die politiſch getrennten
Provinzen Numidien und die beiden Mauretanien unter ſich. Die der Zeit
Cyprians vorangehende Verurtheilung des Häretikers Privatus an einem
Hauptort von Numidien, in der Colonie Lambeſa, welche Dr. Peters mit
Marcellus [2] als Beweis anführt, würde doch nur dann dafür ſprechen, wenn
die fragliche Synode, von einem numidiſchen Biſchofe berufen, nicht von
Karthago aus veranlaßt worden wäre, worüber wir keine Daten beſitzen. Es
ſcheint hiernach, da in den Acten der Cyprian'ſchen Zeit keine Spur von
Provinzialvorſtehern der genannten Gebiete zu entdecken iſt, gerathen, die
Ausbildung von deren Selbſtändigkeit der Zeit zwiſchen dem hl. Cyprian
und der Synode von Arles (314) vorzubehalten.

Nur nebenbei bemerken wir, daß die Annahme, Trajan habe nicht etwa
bloß eine Inſtruction zu einem bereits über geheime Zuſammenkünfte beſtehenden Geſetze, ſondern ſelber ein ſolches Geſetz über Hetärien erlaſſen
(S. 116), uns unerweislich zu ſein ſcheint; ſowie daß Decius, wenn er ſich
durch die Überzeugung von der Unvereinbarkeit des Chriſtenthums mit dem
römiſchen Staate beſtimmen ließ, das Schwert gegen die Chriſten zu ergreifen,
damit im Weſentlichen dem Beiſpiele der Antonine, namentlich Marc Aurels,
gefolgt iſt, alſo von keinem „neuen" Motive ſich hat leiten laſſen (S. 119).
Von mehr Belang iſt die Behauptung, Novatian habe bereits zur Zeit der
deciſchen Verfolgung ſeinen Rigorismus zu erkennen gegeben, und die bekannte Beſchuldigung des hl. Cornelius, daß er ſich während jener Nothlage
den Pflichten ſeines prieſterlichen Amtes gegen Bedürftige entzogen habe, ſei
von den Gefallenen zu verſtehen, denen er (aus Rigorismus) ſeinen Beiſtand
verweigert habe (S. 241). Aber man könnte den heiligen Papſt, der jene
Anklage in einem amtlichen Schreiben an den Biſchof Fabius von Antiochien
vorträgt, von einer Verleumdung nicht freiſprechen, wenn die Auffaſſung von
Dr. Peters die richtige wäre. Man erwäge nur die Worte, Novatian habe
„zur Zeit der Verfolgung aus Furcht und übergroßer Liebe zum Leben" ſein
„Prieſterthum verläugnet" [3], habe ſich förmlich abgeſchloſſen, und als er vom
Diakon zu Gläubigen gerufen wurde, „die ſich in Gefahr befanden und der
Hilfe bedürftig waren", mit Unwillen ſich entfernt unter dem Anfügen, „er

---

[1] Ep. ad Corn. 44, 3. Migne, PP. LL. T. III. c. 710.
[2] Africa christiana, I. p. 80.
[3] Qui persecutionis tempore prae metu ac nimio vitae amore presbyterum
se esse negavit.

wolle mit dem Priefterthum nichts mehr zu schaffen haben"[1], er habe sich einer „höheren Weisheit" ergeben[2]; es ist unmöglich, daß der hl. Cornelius so schreiben konnte, wenn Novatian sein Priefterthum für zu koftbar hielt, um es durch Contact mit Gefallenen zu compromittiren, wie die Ansicht von Dr. Peters vorausfetzt.

Weniger noch können wir uns einverftanden erklären, wenn der Verfaffer in der Darftellung des Ketzertauffftreites, sowohl bezüglich der chronologischen Ordnung, als des Charakters der Streitfrage, den gewöhnlichen Weg verläßt.

Gegen Maranus, der mit triftigen Gründen die Ansicht vertheidigt, daß Papft Stephanus vor seinem Zusammenftoß mit den Afrikanern, Ausgangs 253 (oder vielmehr im Laufe des Jahres 254), den Orientalen (in Cappa= docien und Cilicien) wegen ihrer Praxis, die Convertiten aus der Härefie wiederum zu taufen, mit dem Bruche der kirchlichen Gemeinschaft gedroht habe[3]; oder eigentlich gegen Firmilian, den Primas von Cappadocien felber, der offenbar die Priorität diefes Bruches behauptet[4], nimmt Dr. Peters, ge= ftützt auf den Bericht des Eufebius[5] oder die Ercerpte desfelben aus dem Schreiben des hl. Dionyfius von Alexandrien, an, beim Wiederaufleben des Streites während des Pontificates des hl. Stephan ftehe der hl. Cyprian auch der Zeit nach voran (S. 500 f.). Wir wollen nun kein Gewicht darauf legen, daß, als der im Weften kurz zuvor ausgebrochene Streit seinen Höhe= punkt erreichte (Ende Sommers 256), in Afrika der Bruch mit den Orien= talen bereits bekannt war, ja daß Firmilian im Herbfte desfelben Jahres, als er seinen Brief verfaßte, diefes Bekanntfein als etwas sich von felbft Verftehendes vorausfetzte, was bei der großen Entfernung felbft die Gleich= zeitigkeit des Bruches mit dem Streite im Weften ausschließt; aber die Worte Firmilians sind nun einmal so, wie sie liegen, nur von der Priorität des Bruches mit den Orientalen zu verftehen. Dazu kommt, daß auch die bei Eufebius angezogenen Stellen aus dem Schreiben des hl. Dionyfius an den hl. Stephan, recht verftanden, ganz dasfelbe befagen. Dr. Peters hat, um gegen seine lange Beweisführung nur den Hauptpunkt, auf den Alles anzu= kommen scheint, hervorzuheben, übersehen, daß der hl. Dionyfius dem Papfte geantwortet hat, und zwar geantwortet bald nach der Beilegung der im

---

[1] Neque enim presbyterum se amplius velle esse respondit.
[2] Migne, PP. LL. T. III. c. 752.
[3] Vita S. Cypriani, n. 29, bei Migne, PP. LL. T. IV. c. 152 sqq.
[4] An der Stelle seines Briefes an Cyprian, wo er in kauftischer Jronie die Sanftmuth des Papftes erhebt, der mit aller Welt Händel angefangen habe: „Quid enim humilius aut lenius quam cum tot episcopis per totum mundum dissensisse, pacem cum singulis vario discordiae genere rumpentem, modo cum Orien= talibus, quod nec vos latere confidimus, modo vobiscum, qui in Me= ridie estis, a quibus legatos episcopos patienter satis et leniter suscepit, ut eos nec ad sermonem saltem colloquii communis admitteret?" Migne, T. III. c. 1174 sq.
[5] Hist. Eccl. VII, 5.

Orient erhobenen novatianischen Wirren, die wir in den Anfang des Ponti=
ficates des hl. Stephan setzen müssen. Letzteres erhellt aus dem ersten Frag=
mente seines Schreibens bei Eusebius, Ersteres aus einem späteren Citate.
Wie Dr. Peters richtig annimmt, hat der hl. Dionysius nur einmal an den
Papst Stephan geschrieben. Eusebius sagt aber in dem zweiten Citate klar
und deutlich, daß dieses geschah, nach dem Papst Stephan den Dionysius
über seine Absicht, den Orientalen die Gemeinschaft wegen der Ketzertaufe
zu künden, bekannt gemacht hatte. Eusebius holt diese Angabe nach in einem
Auszuge aus dem zweiten, von Dionysius an Papst Sixtus I., den Nach=
folger des hl. Stephan, geschriebenen Briefe [1]. Damit fällt Alles, was
Dr. Peters in das erste Schreiben des hl. Dionysius hineingelesen hat, als
habe sich derselbe für die Kirche in Afrika beim Papste verwandt und vom
Bruche mit den Orientalen damals noch Nichts gewußt. Gerade das Gegen=
theil ist der Fall, und die Redactionsbemerkung des Eusebius [2]: „Als der
Vorderste seiner Zeitgenossen hat auch Cyprian nicht anders als durch
Taufe . . . die Zulassung der Häretiker für erlaubt angesehen,“ kann nach
dem, was vorausgeht, verglichen mit den im ausgehobenen Citate enthaltenen
Angaben, wirklich nicht von der Zeitfolge verstanden werden, sie wäre sonst
ein Beweis der höchsten Flüchtigkeit des Eusebius. Es bleibt also dabei, daß
dem Bruche mit den Orientalen die Priorität zukommt.

Über den Charakter des Ketzertaufstreites geht Dr. Peters von der unseres
Erachtens irrigen Voraussetzung aus, es sei in ihm eine dogmatische Frage,
und zwar mit lehramtlicher Auctorität von Seiten des Papstes, behandelt
worden (S. 495 ff.). Der gewichtvollen Entschuldigung des hl. Cyprian durch
den hl. Augustin, Stephan habe bloß die Gewohnheit urgirt, im Übrigen aber
ebensowenig die Argumente seines Gegners eingehend widerlegt, als die Lehre
der Kirche tiefer begründet, weßhalb Cyprian, der allezeit die Bereitwilligkeit
bewahrte, besseren Gründen nachzugeben, sich nicht für überwunden gehalten
und gemeint habe, seine Praxis mit gutem Gewissen beibehalten zu können [3],
hält Dr. Peters entgegen: „Wäre diese Entschuldigung richtig, so fiele auf
den Papst kein geringer Tadel.“ „Als Nachfolger des hl. Petrus hat er

---

[1] Die Worte des Textes lauten bei Eusebius: Τούτῳ (sc. τῷ Ξίςῳ) δευτέραν ὁ
Διονύσιος περὶ βαπτίσματος χαράξας ἐπιςολήν, ὁμοῦ τὴν Στεφάνου . . . γνώμην τε καὶ
κρίσιν δηλοῖ, περὶ τοῦ Στεφάνου λέγων ταῦτα ᾿Επεςάλκει μὲν οὖν πρότερον καὶ περὶ
῾Ελένου καὶ περὶ Φιρμιλιανοῦ etc. ὡς οὐδὲ ἐκείνοις κοινωνήσων διὰ τὴν αὐτὴν ταύτην
αἰτίαν . . . καὶ περὶ τούτων αὐτῷ πάντων δεόμενος ἐπέςειλα (Hist. Eccl. VII, 5).
Wir übersetzen: „In dem zweiten Schreiben, das an Sixtus gerichtet ist, . . . gedenkt
er auch des Stephanus . . . mit den Worten: derselbe hatte vordem auch einen Brief
gesandt über Helenos und Firmilianos ꝛc., des Bedeutens, daß er selbst mit Jenen
die Gemeinschaft abbrechen werde aus einer und derselben der eben angegebenen Ur=
sachen . . . und über Alles das habe ich mit Bitten mich brieflich an ihn gewandt.“
[2] Hist. Eccl. VII, 3: Πρῶτος τῶν τότε Κυπριανὸς . . . οὐδ᾽ ἄλλως ἢ διὰ λου-
τροῦ . . . προιέσθαι δεῖν ἡγεῖτο.
[3] De baptismo contra Donatum, II. 8—9, III. 4 sqq.

nebst dem Amt auch die Pflicht übernommen, nicht bloß die Glaubenshinter=
lage unverfälscht zu bewahren, sondern auch seine Brüder im Glauben zu
stärken, d. i. die Vorurtheile wider den Glauben zu zerstreuen" (S. 538).
Dieses soll denn auch wirklich geschehen sein, wie aus den Excerpten des
Stephan'schen Schreibens im Briefe Firmilians erhelle. Bevor wir das letz=
tere prüfen, müssen wir die auf einer falschen Voraussetzung beruhende even=
tuelle Rüge gegen Papst Stephan zurückweisen. Er konnte einen dogmatischen
Irrthum an dem Standpunkte, den Firmilian und Cyprian mit vielen Bi=
schöfen in der Frage einnahmen, erkennen, und gleichwohl sehr gute Gründe
haben, denselben nicht direct zu bekämpfen, sondern mehr nur indirect, indem
er seine Auctorität direct gegen die disciplinäre Seite der Verirrung so
ausgezeichneter und um die Kirche so verdienter Prälaten richtete. Damit
vertrug es sich sehr wohl, daß er nebenbei in Abwägung der Gründe auch
die dogmatische Seite berührte. Eine solche Schonung könnte unsere Hoch=
achtung gegen den hl. Stephan, dessen Größe auch der Verfasser mit gebüh=
rendem Lobe anerkennt, nur erhöhen; sie wird aber geradezu geboten durch
den Charakter und das ganze Verhalten des hl. Cyprian im Streite. Nach
dieser Seite können wir dem harten Urtheile des Verfassers nicht beitreten
und begnügen uns mit der, wie uns scheint, auch sachlich richtigeren Be=
urtheilung des hl. Augustin, die jeden Schein häretischer Widersetzlichkeit vom
hl. Cyprian fernhält. Doch hören wir die immerhin scharfsinnigen Einwendungen von Dr. Peters.

Mit Recht findet er von Firmilian bezeugt, Stephan habe in seinem
Schreiben an die Afrikaner sich auf ein apostolisches Verbot und die Tradition
der römischen Kirche berufen, sowie zum Erweise der Zuverlässigkeit dieser
Tradition daran erinnert, daß er die Kathedra des hl. Petrus inne habe, und
all' dieses unter der Verwahrung, daß er mit seinem Einstehen für die Giltig=
keit der von Häretikern gespendeten Taufe keineswegs der kirchlichen Gemein=
schaft mit den Häretikern das Wort zu reden gedenke (S. 540 ff.). Deßgleichen
findet er bezeugt, Stephan habe für sich die Thatsache geltend gemacht, daß
die Häretiker jener Zeit keine andere als die in der katholischen Kirche übliche
Taufe spendeten; ferner für Stephan habe die in der Kirche von Alters her,
mit wenigen Ausnahmen jüngeren Datums, allgemein übliche Gewohnheit ge=
sprochen, so daß er seine Gegner mit der Frage drängen konnte, was aus den
vielen nach dieser Praxis in die Kirche aufgenommenen Convertiten geworden
sei? Wir sehen nur nicht, wie man von diesen Gründen des Papstes sagen
kann, daß er in ihnen „die Lehre der Kirche tiefer zu begründen suchte"
(S. 545). Denn es sind eben nur Gründe für sein berühmtes Decret
Nihil innovetur, das sich nur auf einen Punkt der Disciplin bezog. Eben=
sowenig ist zu ersehen, wie man den Einwand Firmilians, auch in Rom be=
obachte man nicht alle von Alters her in Jerusalem üblichen Gewohnheiten,
mit den Worten charakterisiren kann: „hier wird für eine Verschiedenheit in
der Lehre wie für eine Abweichung in der Disciplin gleiche Duldung in
Anspruch genommen"; allein daß Firmilian nicht für eine Lehre, sondern für
eine abweichende Disciplin Duldung beanspruchte, zeigt gerade seine Ein=

wenbung, die nur dann beweisend war, wenn er die orientalische Praxis durch das römische Verhalten in disciplinären Punkten rechtfertigen wollte. Dazu kommt, daß er die ihm entgegenstehende römische Taufpraxis als eine bloß menschliche, d. i. nicht apostolische, particulare Übung der römischen Kirche, übrigens ganz wie Cyprian behandelte[1]. Selbst das Eingehen Stephans auf die dogmatische Grundlage der von ihm vertheidigten Praxis, oder der von Dr. Peters mit Recht betonte correcte Hinweis auf die katholische Wahrheit, daß die Giltigkeit der Taufe nicht abhängig sei von der persönlichen Heiligkeit des Spenders oder der Disposition des Empfängers, obwohl letztere die Frucht oder Gnadenwirkung bedingt, noch endlich von der Mitgliedschaft an der katholischen Kirche, immer vorausgesetzt, daß keine Änderung in Materie und Form vom Spender vorgenommen werde (S. 544 ff.), beweist nichts für die Behauptung, der Papst „habe die Kirchenlehre auseinandergesetzt und begründet“ (S. 549); denn etwas ganz Anderes als dieses ist die Bezugnahme auf die Kirchenlehre aus Anlaß der Begründung einer disciplinären Praxis.

Diese Bestreitung des dogmatischen Charakters des Streites wird geradezu gebieterisch gefordert durch die öfters, auch auf der dritten Synode vom 1. September 256, noch wiederholte Betheuerung Cyprians, daß er in dem Gegenstande des Streites seinen Gegnern volle Freiheit einräume und wegen etwaiger Abweichung keineswegs die kirchliche Gemeinschaft kündigen werde. Er glaubte freilich, für seine Praxis sprächen dogmatische Gründe, die von den Gegnern zugestanden werden sollten. Allein nicht auf diese Gründe, sondern nur auf die Praxis bezieht sich seine immer wiederkehrende Behauptung, es handle sich hier um eine Sache, die ganz dem Belieben des einzelnen Bischofs anheimgegeben sei und die das Band der Einheit nicht alterire. Bei der Strenge, womit der hl. Cyprian, wie Dr. Peters bei gegebenen Anlässen (z. B. S. 477 f.) gebührend hervorhebt, die Wahrung der Einheit im Glauben Seitens der Bischöfe zur Pflicht macht, sind wir des weiteren Eingehens auf diesen Punkt enthoben. So erklärt sich auch, wie Cyprian über das gebieterische Auftreten Stephans und dessen Androhung in tiefster Seele, als über einen Gewaltmißbrauch, verletzt, bei der Eröffnung der dritten Synode die bekannten, offenbar auf den Papst zielenden Worte gebrauchen konnte, die nach dem, was unmittelbar vorausgegangen war, von den anwesenden Bischöfen gar nicht anders verstanden werden konnten, sowie daß er versuchen konnte, durch Verbindung mit den Orientalen die Frage zu jenem Stadium zu drängen, auf welchem sie sich noch nicht befand, als der Papst in seiner Weise die althergebrachte Praxis der römischen Kirche den Afrikanern auferlegte.

Wie wir dem Verfasser nicht beitreten können in der Charakteristik des Streites im Allgemeinen, so auch nicht in der Erklärung der berühmten Regel des hl. Stephanus: Nihil innovetur, nisi quod traditum est, ut manns

---

[1] Ep. Firm. n. 6. Migne, T. III. c. 1159. Cf. Ep. Cypr. ad Pomp. n. 3. Migne, l. c. 1130.

illis imponatur in poenitentiam. Es ist allerdings richtig, was der Verfasser mit Dr. Schwan gegen die Ansicht von Dr. Mattes, als habe Stephanus nur die Firmung innoviren wollen, geltend macht; es schließe dieses nämlich einen Widerspruch gegen die Kirchenlehre in sich und die Stelle müsse von einer „manus impositio behufs der Reconciliation" verstanden werden (S. 534). Allein der Verfasser verläßt die richtige Bahn, wenn er unter dieser Reconciliation die sacramentale versteht, nicht die kanonische, und wenn er weiter annimmt, das Decret Stephans habe auf die beim Exorcismus übliche Handauflegung Bezug genommen und sagen wollen, vor der Taufe solle nur diese Handauflegung erneuert werden, jedoch die zur Buße, nicht die bei der Taufe übliche (a. a. O.). Allein warum von dem natürlichen, auch in Afrika durch die Praxis bekannten Sinne jener Worte abgehen? Die Handauflegung war die liturgische Form der kanonischen Reconciliation, welche allerdings die sacramentale Absolution voraussetzte, aber wohl mit Rücksicht auf die Arcandisciplin nicht ausdrücklich erwähnte. Der Convertit ging also durch den Stand der Büßer hindurch und erhielt mit dem Frieden der Kirche die sacramentale Gnade; dem Frieden, den er bei der Aufnahme in eine häretische Gemeinschaft empfing oder in ihr zu besitzen wähnte[1], wurde der wahre, kirchliche Friede substituirt; nach dieser Seite also fand eine Erneuerung statt. Unsere Auffassung erklärt es denn auch, warum, Dank der Vermittlerrolle, die der hl. Dionysius von Alexandrien unter dem Nachfolger des hl. Stephan für die Afrikaner übernahm, ein förmlicher Bruch vermieden und ein uns nicht näher bekannter Ausweg zur gütlichen Beilegung des Streites gefunden wurde. Hätte derselbe einen dogmatischen Charakter gehabt, so hätte bei dem großen Anhange Cyprians der Friede ohne förmlichen Widerruf des Primas von Afrika, wovon das Alterthum gewiß ein Andenken bewahrt hätte, nicht hergestellt werden können.

Bei der Darstellung dieses Streites drängt sich von selber der Wunsch auf, Dr. Peters möchte, wo er die dogmatische Seite berührt, einige theologische Erklärungen beigefügt haben, um die von Firmilian angezogenen Stellen, die Lehre des Papstes über die Taufe betreffend, gegen Mißverständnisse zu sichern. Ein solches legt sich wirklich nahe, wenn die Stelle bei Firmilian[2]: „Und soferne Stephanus, wie Jene, die ihm beipflichten, behauptet, die Nachlassung der Sünden und die Wiedergeburt könne auch bei der Taufe der Häretiker statthaben, bei denen doch nach dem Zugeständnisse Jener der heilige Geist nicht ist, so mögen sie bedenken und einsehen, daß dann auch die

---

[1] Auf ihn spielt Stephan an, wenn er seinem Decrete beifügt: Cum ipsi haeretici proprie alterutrum ad se venientes non baptizent, sed communicent tantum.

[2] Et quoniam Stephanus et qui illi consentiunt contendunt dimissionem peccatorum et secundam nativitatem in haereticorum Baptismo posse procedere, apud quos etiam ipsi confitentur Spiritum sanctum non esse, considerent et intelligant spiritalem nativitatem esse non posse. Ep. Firmil. ad Cypr. Migne, T. III. c. 1161 sq.

geistliche Geburt nicht bei denselben sein kann", von Dr. Peters mit folgen=
den Bemerkungen begleitet wird: „Zu bemerken ist, daß bei dem Wider=
legungsversuch nur von secunda nativitas, nicht von dimissio peccatorum
die Rede ist; das letztere ist wahrscheinlich . . . eine Hinzufügung von Fir=
milian . . . Was Stephanus bei einem objectiv richtigen Vollzug der Taufe
Christi unter allen Umständen eintreten ließ, das ist die secunda nativitas;
die wirkliche Nachlassung der Sünden erfolgt erst, wenn man seinen Wider=
stand gegen die Kirche aufgibt und in dieselbe eintritt. Daß Stephanus mit
der secunda nativitas nicht immer die dimissio peccatorum verbindet, das
springt durch seine gleichzeitige Betheuerung, die Ketzer hätten den heiligen
Geist nicht, von selbst in die Augen; bleibt also einer bei und nach dem
Empfange der häretischen Taufe mit Wissen und Willen in der Häresie, der
hat natürlich den heiligen Geist nicht, mithin auch keine Nachlassung der
Sünden empfangen" (S. 545 f.). Aber Dr. Peters wird uns doch zugeben,
daß Stephanus die dimissio peccatorum von der secunda nativitas nicht
getrennt haben kann, weil diese übernatürlichen Vorgänge reell untrennbar
sind. Firmilian hat also getreu referirt, er wie Stephan behandeln die Aus=
drücke als gleichbedeutend. Sodann konnte Stephanus sehr wohl zugeben,
daß die Häretiker den heiligen Geist nicht besitzen, und gleichwohl behaupten,
daß ihre Taufe die Nachlassung der Sünden mit der Wiedergeburt (in Kin=
dern und materiell Irrenden) wirklich spende. Er wies ja die Voraussetzung
zurück, als ob die im Sacramente bewirkte Rechtfertigung vom Gnadenstande
des Spenders abhängig sei; er lehrte, sie komme, unter der Voraussetzung,
daß es die von Christus eingesetzte Taufe sei, unabhängig vom Spender durch
die Macht des Namens Christi, d. h., wie wir sagen, ex opere operato.
Hierher schon gehören alle folgenden Sätze, die Dr. Peters unter einer an=
dern Rubrik behandelt, die, von Firmilian angezogen, die katholische Lehre
des Papstes in's Licht stellen: „es sei nicht zu untersuchen, wer Jener sei,
der getauft hat, indem der Täufling die Gnade zu erlangen vermöge, wenn
nur die Trinität, der Namen des Vaters, des Sohnes und des heiligen Geistes,
angerufen sei" . . . „weil diese bloße Anrufung genüge zur Nachlassung der
Sünden und zur Heiligung mittelst der Taufe"; „wer wie immer (d. h.
durch wen immer) außerhalb der Kirche getauft werde, könne durch seine
Gesinnung und seinen Glauben die Taufgnade erlangen"; „bei denen, die
von Häretikern getauft werden, finde sich die Gegenwart und Heiligkeit
Christi"; „die Häresie gebiert zwar, aber sie setzt aus, die Ausgesetzten wer=
den dann von der Kirche aufgenommen und diese ernährt als die Ihrigen
Jene, die sie nicht geboren hat" [1]. Der Papst bestreitet also nicht, daß
die Täuflinge der Häretiker, vorausgesetzt, sie haben, wenn sie Erwachsene
sind, die nöthige Disposition, die Gnade wirklich empfangen; er fügt in
seiner trefflichen Vergleichung nur bei: die Häresie kann dieses Leben nicht
schützen, hiezu ist der nachfolgende Eintritt in die Kirche nöthig.
    In ähnlicher Weise hätten wir gewünscht, es wäre der Lehre des hl. Cy=

---

[1] Ep. Firmil. n. 9 sqq. Migne, c. 1162 sqq.

prian von der Buße (S. 213 ff.) eine klare Scheidung der kanonischen und
sacramentalen Aussöhnung beigegeben; und insbesondere wünschten wir eine
solche theologische Beleuchtung bei den zerstreuten Angaben bezüglich der gött=
lichen Einsetzung des Episkopates und dessen Stellung zum Primate.

Zu den beiden letzteren Punkten nur noch wenige Bemerkungen, um die
Geduld des Lesers nicht zu ermüden. Im Ganzen will uns scheinen, der
Verfasser sei hier etwas zu ängstlich der Berührung mit den neuprotestantischen
Mißdeutungen [1] ausgewichen, wohl aus dem an sich lobenswerthen Grunde,
der Darstellung die historische Objectivität zu wahren, oder weil er am Plane
der schon vor den neuesten Wirrsalen fertig gelegten Schrift (Vorwort S. V)
nichts ändern wollte. Allein dogmatische Streitigkeiten schärfen das Auge,
um die ihnen verwandten geschichtlichen Vorläufer deutlicher zu erkennen, und
andererseits erhalten manche Ausdrücke der Neueren eine gewisse Bestimmtheit,
die ihnen bei den Vorgängern mangelte, so daß die vermeintliche historische
Objectivität der Darstellung zu gefährlichen Mißdeutungen führen kann.
Warum sollten wir also bei den ausgehobenen beiden Lehrpunkten nicht auf
die von der Häresie unserer Tage aufgeworfenen Zweifel, ob der hl. Cyprian
dem Bischofe von Rom eine Jurisdiction über den Primas von Afrika ein=
geräumt habe, direct eingehen? Oder läßt sich, wenn Mißverständniß ver=
mieden werden soll, eine Erörterung umgehen über den Unterschied der Ge=
walt der Weihe und der Jurisdiction, der sich auch bei Cyprian zwar nicht
formell, aber doch nach den Elementen [2] vorfindet, oder über das göttliche
Recht der Hierarchie im weiteren und engeren Sinne, sowie endlich über die
menschliche Vermittlung bei der Hierarchie, ob sie, wie die heutigen Irrlehrer
wollen, bei der Gemeinde zu suchen oder der Gesammtkirche, also implicite
dem heiligen Stuhle zuzuweisen sei? Der Verfasser, um unsern Wunsch
durch Beispiele zu erläutern, entwickelt an einigen Stellen als cyprianisch den
an sich unverfänglichen katholischen Lehrsatz, daß Christus die Bischöfe einsetze [3].
Daß Cyprian dieses von dem göttlichen Rechte im weiteren Sinne versieht,
beweist der Zusammenhang, sowie die an anderen Stellen ausgehobene Lehre,
daß Bischöfe und Volk, die bei der Erhebung zusammen wirkten, vor Gott
dafür verantwortlich werden, daß kein Unwürdiger Bischof sei. Es ist also
Cyprians Lehre, daß der einzelne Bischof in einer durch das Kirchengesetz
bestimmten Weise durch menschliche Vermittlung unter Einwirkung der gött=

---

[1] Vgl. in dieser Zeitschrift 1874, VII. S. 263 ff.

[2] Im Briefe an Florentius Puppianus, der dem hl. Cyprian den Besitz des
Episkopates abgesprochen hat, kommt die ironische Aufforderung vor, Puppianus möge
doch Erbarmen haben und sein Urtheil fällen, damit man zu Karthago wisse, woran
man sei, wie es sich mit den vom Bischofe gespendeten Sacramenten der Taufe und der
Firmung, wie mit den kanonischen Arten bei der Aufnahme der Büßer verhalte. Sie
schließt, er möge ihn im Episkopate bestätigen, damit Gott und Christus ihm Dank
wissen könne, „quod per te sit antistes et rector altari eorum pariter et
plebi restitutus.“ Migne, T. IV. c. 404.

[3] S. 469 ff.; vgl. S. 94 ff.

lichen Vorsehung seine Gewalt empfange. Diese Lehre wird ergänzt durch die andere, daß Christus selber in den Aposteln den Episkopat eingesetzt hat. Beim Verfasser finden sich alle diese Elemente der cyprianischen Lehre, aber nicht übersichtlich geordnet und nicht ohne einzelne der Mißdeutung fähige Ausdrücke. Er sagt richtig, daß nach cyprianischer Auffassung „die Ordination der Bischöfe" (mit welcher nach der alten Disciplin unmittelbar die Jurisdiction verliehen wurde) „nichts Anderes sei, als eine durch die ersten Inhaber der Gewalt im göttlichen Auftrage fortgesetzte und fortgepflanzte Mission" (a. a. O.); sie ist dieses allerdings, doch bleibt sie in erster Linie das, was bei den Späteren Weihegewalt genannt wird. Sodann ist nicht deutlich, was wir uns unter diesen „ersten Inhabern" zu denken haben, noch auch, wie sie bei Ertheilung jener Mission zur Gesammtkirche oder zu dem Primate stehen. Der Ausdruck ferner, der später vorkommt, „Gott ist sowohl die erste, als die vermittelnde Ursache des Episkopates" (S. 470), ist verwirrend, weil die Erklärung fehlt, in welcher Weise Gott im einen und andern Falle Ursache ist.

Das Wichtigste bleibt aber, wie sich der heilige Lehrer die Stellung der Bischöfe zum Primate dachte. Wir finden auch hier nichts gegen die Treue einzuwenden, mit welcher Dr. Peters bei den einzelnen Anlässen die Lehrpunkte über den Primat feststellt, besonders bei Besprechung der Schrift De unitate (S. 263 ff.). Allein auch hier findet sich da und dort eine Unklarheit, so bei der Darstellung des Verhältnisses der Apostel zu Petrus nach cyprianischer Auffassung; und ein empfindlicher Mangel scheint uns bezüglich des Verbleibens der in Petrus göttlich begründeten Grundverfassung der Kirche obzuwalten.

In erster Hinsicht sagt Dr. Peters: „Was Petrus" (bezüglich der Sündenvergebung) „zuerst allein erhalten hatte, das behielt er immerfort, und er war in die spätere Übertragung der gleichen Macht auf die Apostel nicht mehr eingeschlossen" (S. 265). Allein dieß kann unmöglich der Sinn der cyprianischen Citate sein, einfach weil Petrus in die allen Aposteln übertragene Macht, Sünden zu vergeben, wirklich eingeschlossen war. Wir müssen also, um die bekannte Stelle bei Cyprian[1] zu erklären, mit dem hl. Leo sagen: Apostel waren alle, und alle waren vom Herrn berufen, insoferne hatten sie gleiche Ehre; aber, wie um die „Ordnung" des Ganzen aufrecht zu erhalten, unter den Bischöfen, die alle gleich sind als Bischöfe, ein Unterschied in der Gewalt besteht, so ist unter den Aposteln die Gewaltfülle dem hl. Petrus allein übertragen[2]. Diese „Ordnung" war nach dem hl. Cyprian

---

[1] „Das waren allerdings auch die übrigen Apostel, was Petrus, aber die Einheit geht von Einem aus." De unitate, n. 4.

[2] Im Schreiben an den apostolischen Vikar Anastasius, Bischof von Thessalonich, sagt der hl. Leo d. Gr. (Ep. 14. c. 11. Migne, T. LIV. c. 676): „Connexio totius quidem corporis unanimitatem requirit, sed praecipue exigit concordiam sacerdotum. Quibus cum dignitas sit communis, non est tamen ordo generalis: quoniam et inter beatissimos Apostolos in similitudine honoris fuit quaedam discretio potestatis et quum omnium par esset electio, uni tamen datum est ut caeteris praeemineret. De qua forma Episcoporum quoque orta est distinctio."

eine bleibende; es war bie für immer vorgesehene Verfaffung der Gesammt=
kirche, bie Einrichtung der von Gott gegründeten Einheit, die „ratio divinae
unitatis". Dr. Peters hebt das Bleiben ber Grundverfaffung wohl hervor
(a. a. O.), aber ben Beweis für biefen wichtigsten Punkt hätten wir gerne
aus ben Worten Cyprians geführt gesehen. Wenn er ben Ausbruck: Ecclesia a Christo super Petrum origine unitatis et ratione fundata (Ep. 70, 3),
ben er überfetzt: „eine von Christus bem Herrn, bem Urfprung unb Grund
ber Einheit, auf Petrus gegründete Kirche" (S. 265), etwas genauer geprüft
hätte, würbe er zu biefem Beweife gelangt fein; benn biefe Stelle muß
offenbar überfetzt werben: „bie von Christus auf Petrus rückfichtlich des
Urfprungs unb ber Verfaffung ber Einheit gebaute Kirche". Zum Er=
weife begnügen wir uns mit zwei Parallelstellen. Die erste fpricht von
Novatian, baß er einst, als er noch Katholik war, ober „ber göttlich begrün=
beten wahren Kirche angehörte unb ihrer Ordnung fich fügte", bie Taufe
empfing: baptizatus, . . . „quando divinae unitatis et rationem et
veritatem tenebat" [1], bie andere von nichts als von ber in Petrus ber
Kirche gegebenen hierarchifchen Verfaffung, wofür gleichfalls ber Ausbruck
ratio gebraucht ist [2]. So hängt bei bem heiligen Lehrer Alles auf's Schönfte
zufammen. Im Gegenfatze zur Härefie, bie nur eine „menfchliche" Einheit
zuwegebringt, befitzen bie Katholiken eine göttliche unb beßhalb untheilbare,
unzerstörbare Einheit; fie ist geoffenbart in ber Übertragung ber Einen ober=
sten Gewalt auf Petrus, fie ist eine bleibende Einrichtung, unb beßhalb ist
Rom, wo bie cathedra Petri steht, bie unzerstörbare Quelle ber Einheit in
ber Gesammtkirche, bie radix et matrix unitatis, bie Ecclesia principalis,
unde sacerdotalis unitas orta est.

Fl. Rieß S. J.

Lehrbuch der Moraltheologie von Dr. **Theophil Simar**, Profeffor ber
katholifchen Theologie an ber Univerfität Bonn. Zweite, um=
gearbeitete Auflage. Mit Approbation des hochwürdigsten Capitels=
Vikariats Freiburg. 8⁰. XII u. 442 S. Freiburg, Herber, 1877.
Preis: M. 5.40.

Vorliegende gebiegene Schrift bes rühmlichst bekannten Bonner Profeffors
hat fich nicht, wie bie meisten Lehrbücher ber Moraltheologie, bie Aufgabe ge=

---

[1] Ep. ad Jubaianum, n. 2. Migne, T. III. c. 1111.

[2] „Inde per temporum et successionum vices episcoporum ordinatio et
Ecclesiae ratio decurrit, ut Ecclesia super Episcopos constituatur et omnis
actus Ecclesiae per eosdem praepositos gubernetur." Ep. 27. Migne, T. IV.
c. 298. Für biefe Bedeutung von ratio vergleiche man brei Stellen von Cicero,
bie mir eben zur Hand find: De oratore, I. 46: publici juris auctoritas et re-
gendae reipublicae ratio, bie Staatsverfaffung; De or. III. 31: de ratione na-
turae, von ber Ordnung ber Natur; Tuscul. disput. I. 1: omnium artium, quae
ad rectam vivendi viam pertinerent, ratio et disciplina etc., bas Syftem ber
praktifchen Philofophie.

ſtellt, den angehenden Theologen unmittelbar für die Seelſorge vorzubereiten; die Erfüllung dieſer Aufgabe überläßt ſie der Paſtoraltheologie und der Moral, wie dieſelben in den Seminarien gewöhnlich betrieben werden; ihr Zweck iſt auch nicht, jene Grundlehren des Dogmas und des Kirchenrechts, auf welche die Moraltheologie ſich ſtützt, eingehender zu begründen; vielmehr ſteht ſie in der Mitte zwiſchen den mehr theoretiſchen und den unmittelbar praktiſchen Lehrbüchern, und ſcheint vor Allem beſtimmt, akademiſchen Vorleſungen über Moraltheologie als Grundlage zu dienen. Sie zerfällt, von der Ein-leitung abgeſehen, in einen allgemeinen und einen beſonderen Theil. Jener bringt uns die vier Abhandlungen: Vom Geſetze, vom freien Willen, vom Gewiſſen und von den menſchlichen Handlungen (den actuellen und habituellen Tugenden und Sünden). Dieſer folgt der bekannten Eintheilung von Pflich-ten gegen Gott, gegen uns ſelbſt und gegen den Nächſten. Die Vertheilung des Materials macht ſich hiernach von ſelbſt; hervorheben wollen wir nur, daß die Sacramente bei den Pflichten des Menſchen gegen ſich ſelbſt zur Sprache kommen, und daß die zehn Gebote Gottes und die Gebote der Kirche, welche in den älteren Handbüchern der Moral gewöhnlich einen be-ſondern Abſchnitt bilden, hier auf die verſchiedenen Abſchnitte vertheilt ſind.

Die Behandlung iſt eine ſolide und wiſſenſchaftliche. Recht gut wird das Verhältniß von Moraltheologie und Moralphiloſophie (S. 3), die Exi-ſtenz des Naturgeſetzes (S. 29), die Verkehrtheit des Indifferentismus (S. 221), die Pflicht des Gebetes (S. 247 ff.) und die Sündhaftigkeit des Aberglaubens (S. 293) gezeigt; die Autorität der Caſuiſten für die Moral wird uns (S. 7) in den trefflichen Regeln des Melchior Canus und der Begriff der Myſtik und der Unterſchied der ſcholaſtiſchen, myſtiſchen und caſuiſtiſchen Methode in der Moral mit den klaren, durchſichtigen Worten P. Kleutgens gegeben (S. 12, 14); hinweiſen möchten wir auch auf die anſprechenden Erörterungen über die ſittliche Ordnung, nach welcher alle beſonderen menſchlichen Zwecke, die Zwecke der Kunſt, der Wiſſenſchaft, des Staates u. ſ. w., ſich dem einen höchſten, dem religiöſen, Zwecke unterordnen und nach welcher die Religion das einzig mögliche Fundament der Moral bildet (S. 21 ff.); ferner auf die Erörterung über die Nichtigkeit aller Geſetze, welche dem göttlichen Willen widerſtreiten (S. 60); über das Gewiſſen (S. 100 ff.) und über die Wahr-heit, daß neben den gebotenen, verbotenen und bloß erlaubten Handlungen auch noch gerathene Handlungen exiſtiren (S. 43 ff.), eine Wahrheit, welche der Proteſtantismus bei Bekämpfung der evangeliſchen Räthe zu läugnen verſuchte.

Das Buch iſt mit Sorgfalt gearbeitet, die Ausdrücke ſind im All-gemeinen, wie es bei einer Moraltheologie ſein muß, genau abgewogen; die häufige und richtige Verwerthung der heiligen Schrift verräth eine gründliche Beſchäftigung mit derſelben, die öftere Berufung auf das Trienter und das vaticaniſche Concil zeichnen den katholiſchen Standpunkt des Verfaſſers; prak-tiſch iſt auch die Beifügung der lateiniſchen techniſchen Ausdrücke, beſonders aber erfreut der enge Anſchluß an katholiſche Autoritäten von gutem Klang, namentlich an den hl. Thomas von Aquin und den hl. Alphons von Lignori.

Außer diesen Beiden begegnen uns ziemlich häufig Tournely, Billuart, An=
toine u. A.; wo sociale Fragen berührt werden, stoßen wir verschiedentlich
auf das treffliche Werk von Périn über die Reichthümer, und überhaupt ist
neben der alten auch die neuere Literatur in umfassender Weise benutzt und
angegeben. Es gefällt uns, daß in dieser zweiten Auflage des Werkes die
protestantischen Theologen, damit Niemand irregeführt werde, durch Ein=
schließung in Klammern kenntlich gemacht sind; die Consequenz hätte vielleicht
erfordert, daß alle nichtkatholischen Autoren dieselbe Behandlung erführen;
allerdings sind Schulte und Döllinger, welche hier besonders in Frage kämen,
bereits hinreichend als nichtkatholisch bekannt, so daß auch Citate aus den
früheren Schriften Schulte's, die etwas Schiefes enthalten (vgl. S. 63, Note 5,
und S. 364, Note 2), vom Leser mit dem gebührenden Mißtrauen behandelt
und aus den anderweiten richtigen Darlegungen des Verfassers (vgl. S. 340,
341, und S. 61) in ihrem rechten Lichte gesehen werden.

Mit besonderem Interesse lasen wir die Besprechung der Probabili=
tätsfrage (S. 123—145), der wichtigsten, so dürfen wir kühn sagen, unter
sämmtlichen offenen Fragen der Moral. Das Interesse war um so größer,
als wir bei aller Übereinstimmung in Beantwortung mancher Einzelpunkte
dennoch in der schließlichen Entscheidung für eines der streitenden Systeme
von der Ansicht des Verfassers glaubten abweichen zu sollen. Da es sich,
wie gesagt, um eine offene Frage handelt, bei welcher die größten Auctori=
täten für und wider entscheiden, so dürfen wir uns wohl eine kleine freund=
schaftliche Polemik gegen die Ansicht des Verfassers gestatten.

Die Frage ist diese: Wenn ich trotz aller Untersuchungen nicht zur Ge=
wißheit komme, ob ein Gesetz mir eine Handlung verbietet, ob ich eine Schuld
contrahirt, ein Gelübde giltig abgelegt habe; wenn Gründe für und wider
streiten, so daß ich auf keiner Seite volle Gewißheit erblicke, was habe ich
praktisch zu thun? Muß ich die zweifelhafte Handlung unterlassen? die
etwaige Schuld zahlen? das Gelübde erfüllen? Laien werden vielleicht ver=
wundert fragen: Wie ist es möglich, daß auf so einfache, tagtäglich vor=
kommende Fragen nicht von allen katholischen Theologen und Beichtvätern
dieselbe Antwort ertheilt wird? Und doch liegen die Sachen in der That
bis auf den heutigen Tag so, daß die Ansichten hier auseinandergehen; denn
nur einige extreme Meinungen sind von Rom verworfen, im Übrigen aber
ist, bei der Schwierigkeit der anscheinend so einfachen Frage, noch keine Ent=
scheidung erfolgt. Die Juristen können jedenfalls keinen Stein auf uns
Theologen werfen, denn über eine ganz ähnliche Frage, über die Beweislast
nach gemeinem Civilproceß, besteht bei ihnen eine ähnliche Controverse.

Zur Vereinfachung wollen wir zunächst einige Punkte ausscheiden. Durch=
aus einverstanden sind wir nämlich mit dem Verfasser, daß von Befolgung
einer bloßen Probabilität dann nicht die Rede sein darf, wenn es sich
nicht bloß um erlaubt oder unerlaubt, sondern um möglichst sichere Er=
reichung eines bestimmten Zweckes handelt; so darf der Arzt keine zweifel=
haften Mittel anwenden, wo sichere zu Gebote stehen; so darf der Priester
bei der heiligen Messe keinen zweifelhaften Meßwein statt des sicheren brauchen;

so darf auch der Richter bei Auslegung und Anwendung der Gesetze nicht die schwächer begründete der besser begründeten Ansicht vorziehen. Hierüber sind wir einig. Unberührt lassen wir auch die Frage, wie zu entscheiden sei, wenn eine Verpflichtung durch ein Gesetz oder sonst irgendwie sicher auferlegt war und nachher Zweifel entstehen über die etwaige Aufhebung des Gesetzes oder die sonstige Erlöschung der Verpflichtung. Unsere Frage ist also, wie gesagt, was zu thun, wenn ich zweifle, ob irgend eine Pflicht mir auferlegt ist oder nicht, und dieser Zweifel in keiner Weise zur Gewißheit sich gestalten läßt.

Drei leitende Gedanken sind aufgestellt worden, diese Frage zu lösen. Der erste besagt: man darf sich nicht der Gefahr aussetzen, eine Pflicht zu verletzen, muß also im Zweifel für die Pflicht entscheiden (Tutiorismus); der zweite Gedanke erklärt: man braucht sich um eine Pflicht nicht zu küm= mern, so lange diese Pflicht nicht feststeht und nicht festgestellt werden kann (Probabilismus); der dritte läßt die größere oder geringere Wahrscheinlichkeit der Gründe entscheiden, und bestimmt sich hiernach für das Vorhandensein oder Nichtvorhandensein einer Pflicht (Probabiliorismus). Man sieht, Tntio= rismus und Probabilismus stehen sich wie Antipoden entgegen; in beiden aber zeigt sich eine extreme und eine gemäßigte Richtung, und wir wollen die beiden gemäßigten Richtungen einfach Tutiorismus und Probabilismus, die beiden entsprechenden extremen Richtungen dagegen Rigorismus und Laxismus nennen. Die letzteren beiden können wir für die weitere Ent= wicklung aus dem Spiele lassen, denn sie sind von Rom verworfen oder doch jedenfalls unhaltbar. Der Rigorismus nämlich besagt, man müsse selbst dann noch für die Pflicht sich entscheiden, wenn die Ansicht für das Nichtbestehen derselben auch noch so gut begründet (inter probabiles probabilissima[1]) sei, sobald nur keine ganz absolute Gewißheit vorliege; der Laxismus umgekehrt will für die Freiheit plaidiren, wenn er hiefür auch nur unsolide Gründe anzuführen vermochte.

Es bleiben also einstweilen Tutiorismus, Probabilismus und Probabilio= rismus auf dem Schlachtfeld zurück. Doch auch der Tutiorismus wird vom Verfasser verworfen, und da wir ihm hierin beistimmen, so lassen wir auch diesen fallen, entscheiden uns dagegen zu Gunsten des Probabilismus. Um aber zur Ansicht des Verfassers zu gelangen, müssen wir den Probabiliorismus wiederum in zwei Ansichten zerlegen. Der allgemeine Grundsatz des Proba= biliorismus ist, wie gesagt: wo es keine Gewißheit gibt, muß man der wahr= scheinlicheren Ansicht folgen. Was aber, wenn beide Ansichten gleich gute Gründe zu haben scheinen? Die strengere Richtung greift hier zum Princip des Tutiorismus und entscheidet sich für die Pflicht; wir nennen diese Rich= tung schlechthin Probabiliorismus; die mildere Richtung läßt für diesen Fall den Probabilismus walten und entscheidet sich für die Freiheit; es ist dieß der Äquiprobabilismus, welchem der Verfasser huldigt. Wenn auch nicht unter Einem Dache wohnend, sind wir also doch nächste Nachbarn mit ihm;

---

[1] Propp. ab Alexandro VIII. damn. 7. Dec. 1690, pr. 3: „Non licet sequi opinionem vel inter probabiles probabilissimam." (Denzinger 1160.)

denn Äquiprobabilismus und Probabilismus haben in der Scala der Strenge kein Zwischenglied und werden in ihren praktischen Entscheidungen sehr häufig sich begegnen.

Das Labyrinth dieser verschiedenen Systeme, so fürchten wir, ist ein dicker Knäuel geworden; wir wollen es also an einem concreten Fall zu entwirren, gleichsam auf eine mathematische Formel zu bringen versuchen, eine Formel, welche die praktische Tragweite der einzelnen Meinungen besser hervortreten läßt. Doch auch hier erlaubt uns die Sachlage nicht, den Fall allzu einfach zu wählen.

Ein Unteroffizier in einem Jägercorps, so nehmen wir an, trifft die joviale, aber ernst gemeinte Bestimmung, daß vier seiner Leute, welche sich als gleich schlechte Schützen bewährt haben, einen Probeschuß nach einer Scheibe thun sollen, und daß derjenige oder diejenigen von ihnen, welche die Scheibe fehlen, in der heranbrechenden kalten Nacht an einem bestimmten Posten als Schildwache zu stehen haben. Alle vier also thun den Schuß; aber nach dem Schuß finden sich nur die Spuren von drei Kugeln auf der Scheibe, es hat also einer der Soldaten vorbeigeschossen und ist verpflichtet, den Posten zu beziehen. Aber welcher unter ihnen war es? Wegen irgend eines Versehens ist dieß nicht mehr zu ermitteln, und wir setzen außerdem voraus, daß die Sachlage es unmöglich macht, den Unteroffizier um eine neue Regelung anzugehen; daß vielmehr Gehen oder Nichtgehen der Soldaten lediglich dem Gewissen eines jeden einzelnen derselben anheimgestellt ist. So wendet sich denn einer derselben um Rath an die Moralisten; der Tutiorist erklärt ihm: freilich spricht die größere Wahrscheinlichkeit von 3 : 1 für das Nichtvorhandensein einer Pflicht; denn drei Kugeln haben getroffen und nur eine hat gefehlt; immerhin aber liegt keine Gewißheit vor, daher muß der Soldat gehen, um sich nicht der Gefahr einer Sünde, eines Ungehorsams nämlich, auszusetzen. Der Soldat fragt nun den Probabilioristen, und dieser erklärt: man muß der wahrscheinlicheren Ansicht folgen; $\frac{3}{4}$ Wahrscheinlichkeit aber spricht gegen die Pflicht und nur $\frac{1}{4}$ für dieselbe; also ist der Soldat frei. Dasselbe erklären um so mehr der Äquiprobabilist und der Probabilist. Wer hat Recht? Jedenfalls nicht der Tutiorist, so entscheiden wir mit dem Verfasser.

Doch wir ändern den Fall jetzt ein wenig; wir lassen unter übrigens gleichen Umständen die Spuren von nur zwei Kugeln an der Scheibe sich zeigen. Der Tutiorist entscheidet wie zuvor. Aber der Probabiliorist macht jetzt eine Schwenkung von der milderen zur strengeren Ansicht; denn die Wahrscheinlichkeit steht jetzt wie 2 : 2, und in einem solchen Falle muß man nach den Principien der Probabilioristen, um nicht möglicherweise eine Pflicht zu verletzen, sich für die strengere Ansicht aussprechen. Der Äquiprobabilist und der Probabilist verharren auch hier bei der milderen Ansicht. Wer hat Recht? Wiederum stimmen wir mit dem Verfasser darin überein, daß auch der Probabiliorist nicht richtig entscheidet.

Lassen wir endlich nur Eine Kugel getroffen haben. Jetzt gerathen wir mit dem Verfasser in Meinungsverschiedenheit; denn als Äquiprobabilist muß auch er jetzt zur strengeren Ansicht übertreten und den Soldaten zum Gehen verpflichten, weil die Gründe für das Nichtvorhandensein einer Pflicht zu den entgegengesetzten Gründen jetzt wie 1 : 3 sich verhalten; wo aber eine wahrscheinlichere Meinung einer weniger wahrscheinlichen gegenüber steht, muß nach den Grundsätzen des Äquiprobabilismus die erstere, mag sie die strengere oder die mildere sein, den Vorzug erhalten (S. 131, 4; S. 134, 135). Nur der Probabilist erklärt: so lange es nicht gewiß ist, daß die Kugel gerade dieses Soldaten gefehlt hat, so lange noch solide, vernünftige Gründe sich für das Gegentheil anführen lassen, ist derselbe frei.

Der Probabilist beruft sich hierbei auf die zwei Grundsätze des hl. Alphons von Liguori: „Ein zweifelhaftes Gesetz verpflichtet nicht", und: „Ein ungewisses Gesetz kann keine gewisse Verpflichtung zuwege bringen." [1] Diese Grundsätze, und nicht was der Verfasser (S. 138 ff.) zur Begründung des „absoluten Probabilismus" anführt, sind dessen wahre Grundlage. Wir können dieselbe noch weiter ausführen mit den eigenen Worten des Verfassers, mit welchen er seinen Äquiprobabilismus begründet: „Damit ein Gesetz verbindliche Kraft erlange, ist erforderlich, daß es als Ausdruck des gesetzgeberischen Willens denjenigen bekannt gemacht werde, die es binden soll ... Durch eine nur zweifelhafte oder ungewisse Promulgation kann keine wirkliche Erkenntniß von dem Bestande des Gesetzes, mithin auch keine gesetzliche Verpflichtung begründet werden" (S. 63). „Aus der gleichen Wahrscheinlichkeit der beiden einander entgegengesetzten Meinungen" (wir setzen hinzu: und auch aus der ungleichen Wahrscheinlichkeit, so lange auf keiner Seite Gewißheit steht) „schließt man mit Recht, es sei schlechthin zweifelhaft (stricte dubium), ob das der opinio tutior entsprechende Gesetz oder ein sonstiger Pflichttitel (Gelübde, Contract u. s. w.) wirklich existire. Dieser Zweifel ist, wie wir voraussetzen, ein unüberwindlicher, so daß er einer ignorantia invincibilis gleichkommt. Man weiß also nicht und kann nicht wissen, ob eine Verpflichtung vorhanden sei oder nicht. Nun ist aber die Erkenntniß der Verpflichtung das unerläßliche Band, wodurch der Wille an die objective Pflicht gebunden wird ... So lange ich also nicht wissen kann, ob der Grund einer Verpflichtung existirt, bin ich gewiß nicht verpflichtet" (S. 133). Und ferner: „Wenn es schlechthin zweifelhaft ist, ob ein Gelübde wirklich abgelegt worden sei, so darf man sich von der Verpflichtung desselben frei erachten; das Gleiche gilt bezüglich eines besondern Umstandes, von welchem es zweifelhaft ist, ob er im Gelübde festgestellt sei oder nicht" (S. 282). Und endlich: „Wenn es schlechthin zweifelhaft ist, ob eine Beschädigung des Nächsten wirklich erfolgt sei, so tritt nach den früher in der Lehre vom Äquiprobabilismus vorgetragenen Grundsätzen die Restitutionspflicht nicht ein. Das Gleiche ist zu sagen, wenn die Thatsache der Beschädigung zwar feststeht, während es andererseits schlechthin zweifelhaft ist, ob Jemand wirklich durch seine Handlung die Ursache derselben gewesen ist" (S. 429). Wir wissen in der That nicht, was diesen Worten an schlagender Beweiskraft fehlt, nicht bloß um den Tutiorismus und Pro-

---

[1] Lig. Theol. mor. lib. 1. tr. 1. „Morale syst." Ed. Mechlin., p. 49 et 74.

babiliorismus, sondern eben sowohl um den vom Verfasser aufgestellten Äquiprobabilismus zu widerlegen.

Der einzig denkbare Einwand wäre die Behauptung, eine Sache sei nur
dann wirklich zweifelhaft, wenn die Gründe für und wider sich das Gleichgewicht hielten, wenn sie stünden wie 2:2, nicht aber wie 1:3. Indeß auf
den ersten Blick würde Jeder die Grundlosigkeit dieses Einwandes durch-
schauen, und zum Überfluß hat der Verfasser selbst ihn ausdrücklich widerlegt,
indem er sagt: „Wenn ein Theil der Probabilioristen behauptete, eine Meinung verliere schlechthin alle ihre Wahrscheinlichkeit, sobald ihr eine wahrscheinlichere gegenüber trete, so wurde das mit Recht von Andern verworfen"
(S. 131, Note 1).

Unsern Probabilismus glauben wir durch diese Bemerkungen hinlänglich
begründet zu haben, wenigstens gegenüber dem Verfasser; hören wir indeß
auch die Gegengründe des Letzteren.

Manche Consequenzen des Probabilismus sollen von einer kirchlichen
Censur getroffen sein (S. 144). Leider bezeichnet uns der Verfasser diese
Consequenzen und diese Censuren nicht genügend. Selbst eine Verwerfung
des Laxismus können wir nicht so klar in jenen Thesen finden, welche der
Verfasser (S. 138) anführt; und wenn er sich namentlich auf die von
Innocenz XI. verurtheilte These beruft: „Im Allgemeinen handeln wir stets
vernünftig, sobald wir, auf innere oder äußere Probabilität gestützt, so gering diese auch sein mag (quantumvis tenui), eine Handlung vornehmen,
so lange wir nur die Grenzen der Probabilität nicht verlassen", so geschieht
dieser These schon dadurch Genüge, daß man den Probabilismus nicht überall,
nicht „im Allgemeinen" anwendet, d. h. nicht bei Spendung der Sacramente
und in ähnlichen Fällen, ohne daß es hierdurch verworfen wäre, sich mit einer
„probabilitas quantumvis tenuis" zu begnügen, wo es sich um erlaubt oder
unerlaubt handelt. Mag indeß immerhin der Laxismus verworfen sein, wie
er ja verworfen zu werden verdient, da er auf unsolide Gründe hin voran-
geht, so ist doch keinenfalls der Probabilismus, noch irgend eine Consequenz
desselben verurtheilt.

Einen zweiten Gegengrund des Verfassers finden wir in den Worten:
„Wenn nun aber die opinio tutior" (die sicherere Meinung) „wahrscheinlicher
ist, als die entgegengesetzte Anschauung, so ist es positiv zweifelhaft, ob die
Handlung erlaubt sei. Sie kann also nicht ohne Gewissensverletzung gesetzt
werden" (S. 139). Wir sehen in der That nicht, wie der Verfasser diese
Behauptung mit der oben angeführten zu vereinigen denkt: „Wenn es
schlechthin zweifelhaft ist, ob ein Gelübde wirklich abgelegt worden ist, so
darf man sich von der Verpflichtung desselben frei erachten." Wir sehen
auch nicht, wie er mit dem eben geäußerten Grundsatze dem von ihm ver-
worfenen Tutiorismus entgehen will; ist dieser Grundsatz, daß die Vor-
nahme einer zweifelhaft verbotenen Handlung eine Gewissensverletzung sei,
wahr, so fällt nicht bloß der Probabilismus, sondern ebensowohl der Äquiprobabilismus des Verfassers und der Probabiliorismus; ist er aber falsch,
so brauchen eben auch wir uns nicht weiter um ihn zu bekümmern. Und wir

halten ihn in der That für falsch. Denn es ist keine Gewissensverletzung, eine Handlung zu setzen, von der ich nach sorgfältiger Prüfung nicht erkenne, daß sie sündhaft ist; nur muß ich den Willen stets hegen, mir nach Kräften Aufklärung zu verschaffen und, sobald ich Gewißheit erhalte, nach dieser Gewißheit zu handeln. Muß man, so widerlegt der Verfasser selbst jenen Grundsatz, „in allen derartigen Fällen die ungewisse Verpflichtung als eine wirklich bestehende ansehen und demgemäß handeln? Man sagt zur Begründung dieses Schlusses; die Wahrheit der milderen Meinung sei in solchen Fällen ungewiß, darum dürfe sie nicht befolgt werden. Jedoch dasselbe gilt von allen Arten und Stufen der Probabilität, auch danu, wenn die mildere Meinung offenbar und bedeutend wahrscheinlicher ist. Es liegt, wie oben bemerkt wurde, im Wesen der Probabilität, daß sie den Zweifel nicht gänzlich ausschließt. Also dürfte man auch der opinio probabilior niemals folgen" (S. 131).

Einem dritten Einwand gibt der Verfasser im Namen des Probabiliorismus folgenden Ausdruck: „Vom logischen Standpunkte betrachtet ist es eine ungerechtfertigte Willkür, das weniger Wahrscheinliche dem Wahrscheinlicheren vorzuziehen. Da, wo absolute Sicherheit nicht erreichbar ist, fordert die Vernunft, daß wir wenigstens dasjenige, was der Wahrheit am nächsten zu kommen scheint, als maßgebend betrachten" (S. 130; vgl. S. 131, 132). Wir erwiedern: Vom logischen Standpunkte betrachtet ist es eine ungerechtfertigte Willkür, das Wahrscheinliche, mag es größere oder geringere Wahrscheinlichkeit besitzen, als gewiß anzusehen, oder eine gewisse Erfüllung zu verlangen auf einen ungewissen Verpflichtungsgrund hin. Fällt es doch auch dem Civilrichter nicht ein, den Beklagten zu einer Leistung, etwa zur Erfüllung eines Gelübdes, anzuhalten, wenn der Beweis der Verpflichtung nur bis zu drei Viertel, aber nicht bis zur vollen Gewißheit erbracht ist!

Als hauptsächlichste Stütze des Äquiprobabilismus betrachtet der Verfasser wohl die Autorität des hl. Alphons. Schon oben haben wir bemerkt, daß der hl. Alphons zwei Grundsätze aufstellt, aus denen mit zwingender Nothwendigkeit der Probabilismus und nicht der Äquiprobabilismus folgt, die Grundsätze nämlich: „Ein zweifelhaftes Gesetz verpflichtet nicht", und: „Ein ungewisses Gesetz kann keine gewisse Verpflichtung zuwege bringen." Es möchte vielleicht auch nicht schwer sein, eine Reihe von Fällen namhaft zu machen, in welchen der Heilige praktisch dem Probabilismus huldigt, so daß Gury ihn einfachhin zu den Vertheidigern des letzteren zählt und nur beifügt, in der Theorie neige er zum Äquiprobabilismus [1]. Diese Beschränkung sagt allerdings wohl zu wenig; denn wir wollen dem Verfasser in der That nicht bestreiten, daß die von ihm angeführten Stellen ziemlich klar zu Gunsten des Äquiprobabilismus sprechen. Indeß dürfen wir den Entwicklungsgang des heiligen Kirchenlehrers nicht unbeachtet lassen, um zu begreifen, wie er zwischen den milderen Richtungen (Äquiprobabilismus und Probabilismus) einigermaßen schwankt und weniger die Verschiedenheit derselben als

---

[1] Gury, Compend. T. I. n. 65.

ben Gegensatz der milderen Richtung überhaupt gegen die strengeren Richtungen, denen er früher huldigte, betont. Er selbst berichtet uns also: „Als
ich, um offen die Wahrheit zu bekennen, die Moraltheologie zu studiren begann unter einem Anhänger der strengeren Meinung (rigidioris sententiae)
als Lehrer, kämpfte ich mit anderen meiner Zeitgenossen eifrig für diese
Meinung; später jedoch, nachdem ich eingehender diese Streitfrage studirt
hatte, schien mir die entgegengesetzte Ansicht, welche sich für die gleich wahrscheinliche Meinung entscheidet (quae pro opinione aequeprobabili stat),
moralisch gewiß; und zwar leitete mich hierbei der öfters angeführte Grundsatz, daß ein zweifelhaftes Gesetz nicht verpflichten kann. So blieb ich denn
überzeugt, es sei unrecht, unter der Gefahr, daß sehr viele formelle Sünden
begangen würden, das Gewissen zu zwingen, der sichereren Meinung zu folgen,
wenn die Meinungen gleiche Wahrscheinlichkeit besitzen. Als sodann in unseren Tagen jener heftige Kampf gegen die mildere Ansicht entbrannte, habe
ich vielfach und mit großem Fleiße diesen Punkt auf's Neue einer Prüfung
unterworfen, indem ich alle neueren Auctoren, welche für die strengere Ansicht kämpften, soviel ich deren habhaft werden konnte, las und wiederum las,
bereit, meine Ansicht aufzugeben, sobald mir dieselbe nicht länger als gewiß
erschien ... Indeß je sorgsamer ich die Gründe für unsere Ansicht durch-
dachte, um so gewisser schienen mir dieselben zu sein. Wenn jedoch Jemand
käme und mich durch klare Gründe von der Irrigkeit jener zwei Grundsätze,
welche ich hier dargelegt habe, überzeugte, so würde ich ihm vielen Dank
wissen, und verspreche, daß ich sogleich öffentlich und schriftlich widerrufen
werde. So lange ich aber nicht anders denke, wie jetzt, könnte ich ohne
schwere Gewissensbisse Andere nicht anhalten, der sichereren Meinung zu
folgen, wenn die Meinungen gleich wahrscheinlich sind, es sei denn, daß die
Kirche das Gegentheil entschiede; denn ihr unterwerfe ich, wenn sie spricht,
bereitwillig mein Urtheil." [1]

Nach diesen Aeußerungen, so will uns bedünken, darf man auf den Aequiprobabilismus des Heiligen, im Gegensatz nicht zu den strengeren Ansichten,
sondern zum Probabilismus, kein zu großes Gewicht legen. Wäre die Frage:
Aequiprobabilismus oder Probabilismus? in derselben Weise an ihn heran-
getreten, wie der Streit der milderen Ansichten überhaupt mit den strengeren,
und hätte der Heilige einen andern Bildungsgang genossen, so würde er
vielleicht einfachhin für den Probabilismus sich entschieden haben; die Consequenz seiner Grundsätze forderte es gebieterisch. Sei dem wie immer, selbst
wenn der hl. Alphons einfachhin als Gegner des Probabilismus bastände,
so könnten wir ebenso große Autoritäten, z. B. die eines Suarez und Lugo,
für den Probabilismus geltend machen; und was die Zahl der Auctoritäten
betrifft, so räumt uns der Verfasser (S. 139) nicht undeutlich ein, daß diese
in größerer Menge auf unserer Seite stehen.

Alles zusammengefaßt, halten wir nach wie vor den Probabilismus für
die richtige Ansicht, verwerfen mit dem Verfasser den Tutiorismus und Pro-

---

[1] Lig. Theol. mor. lib. 1. n. 83 (ed. Mechlin. p. 98); Homo apost. n. 79.

babiliorismus, haben uns jedoch durch seine Ausführungen von der Richtigkeit des Äquiprobabilismus nicht überzeugen können. Die Sache ist und bleibt übrigens eine offene Frage und „in dubiis libertas" [1].

Wenn wir in einer der fundamentalsten Fragen eine mildere Ansicht als die des Verfassers bekennen, so ist es begreiflich, daß wir in manchen einzelnen Punkten gleichfalls eine mildere Entscheidung, als die vom Verfasser getroffene, für die richtige halten. Dieß gilt z. B. von den Bedingungen der Epikie (S. 76; vgl. Lig. I. 201), von der Pflicht, eine Gesetzeserfüllung, z. B. den Empfang der österlichen Communion, nöthigenfalls zu anticipiren (S. 77, Note 2; vgl. Lig. VI. 298), von den Bedingungen, unter welchen die bloß materielle Mitwirkung zur Sünde erlaubt ist (S. 383; vgl. Lig. II. 59), von der Pflicht, das Bußsacrament nicht bloß dem Empfange der heiligen Communion, sondern auch dem der anderen Sacramente der Leben-bigen vorauszuschicken (S. 350; vgl. Lig. VI. 86), von den Fällen, in welchen Tödtung aus Nothwehr erlaubt ist (S. 403; vgl. Lig. III. 386), und von dem Kreise von Wahrheiten, deren Kenntniß zur Erreichung des ewigen Heils schlechthin (necessitate medii) erfordert wird (S. 215; vgl. Lig. II. 1, 2).

Derartige Meinungsverschiedenheiten, wie sie unter Moralisten, nament-lich wenn das gesammte Gebiet der Moraltheologie in Betracht kommt, kaum jemals ausbleiben werden, sollen uns indeß nicht abhalten, dem Buche, wie bereits erwähnt, unsere warme Anerkennung zu zollen und zu hoffen, dasselbe werde manchem angehenden Theologen den Weg eröffnen zu einem wahrhaft wissenschaftlichen Studium der Moraltheologie.

L. v. Hammerstein S. J.

---

[1] Vgl. diese Zeitschrift 1876, X. S. 480. Eine ausführlichere Besprechung der Probabilitätsfrage siehe im „Katholik" 1874, I. S. 162 ff., 297 ff.

Miscellen.

1820. I. (Rev. Macleod.) — Historical Geography in the XVII. century. II. — On some Attacks on the Society of Jesus. (Rev. Weld.)

August. Alfred the Great. I. (Rev. Knight.) — George Ossolinski's Mission to England. — The Notary's Daughter. (Fortsetzung. Lady G. Fullerton.) — Climate and time. (H. W. Lucas.) — On some Attacks etc. II. (Rev. Weld.) — The Anglican Confessional.

September. Separated Christendom. — Alfred the Great. II. (Rev. Knight.) — The Native Tribes of North America and the Catholic Missions. II. (Rev. Thébaud.) — The Ethics of Belief. I. (H. W. Lucas.) — The character of Philip II, King of Spain. (W. C. Robinson.) — A trial for heresy. II. (Rev. Macleod.) — Pombal and the Society of Jesus.

Recensionen und Bemerkungen über Tagesereignisse in jeder Nummer.

Zeitschrift für katholische Theologie. I. 3. Ein Rundgang durch die Patrimonien des heiligen Stuhles um 600. (P. Grisar.) — Zum Begriff der Hypostase. (Fortsetzung. P. Stentrup.) — Über die Eintheilung des Kirchenrechtes in öffentliches und Privatrecht. (P. Nilles.) — Zur Geschichte der Beicht im Orient während der ersten vier Jahrhunderte. (Prof. Bickell.) — Recensionen, Bemerkungen und Nachrichten.

Die Katholischen Missionen. Unter Mitwirkung einiger Priester der Gesellschaft Jesu herausgegeben von F. J. Hutter. August. Die Hungersnoth in den Vikariaten Süd-Indiens. — Das Waisenhaus St. Dominicus auf Trinidad. — Ausflüge im Libanon. (Fortsetzung.) — Nachrichten aus China, Ostindien und Westafrika. — Beilage für die Jugend: Eine Reise um das Mittelmeer. (Fortsetzung.) — 14 Illustrationen.

September. Aus dem hohen Norden Amerika's. (Fortsetzung.) — Bombay und seine Umgegend. (Fortsetzung.) — Ausflüge im Libanon. (Fortsetzung.) — Nachrichten aus Tibet, Ostindien, St. Helena und Brasilien. — 10 Illustrationen.

Die Zwangstheilung des Code civil und die Freiheit des Testamentes nach ihrer socialen Bedeutung.

(Schluß.)

II. Das testamentarische Erbrecht und die Bevölkerungsfrage.

Ist der Bau der menschlichen Gesellschaft in seiner ersten Grundlage, der Familie, durch die Bestimmungen des napoleonischen Gesetz-
buches revolutionirt, so werden Quantität und Qualität der Bevölkerung,
ihre Zahl wie ihre Beschaffenheit, diese zwei Endziele des Socialpolitikers,
darunter zu leiden haben. Beschäftigen wir uns zunächst mit der Be-
völkerungszahl!

Beim Eintritt in diese Untersuchung begegnen uns zwei National-
ökonomen, Malthus und Stuart Mill, mit der Behauptung, die
Zunahme der Bevölkerung sei durchaus nicht zu wünschen. Da nämlich
die Menschen in geometrischer, die Lebensmittel dagegen etwa nur wie
in arithmetischer Progression sich vermehrten, so müsse eine Zeit der Übervölkerung eintreten, und diese abzuwenden sei Aufgabe der Socialpolitik.
Vor den Mitteln, welche zu diesem Zwecke vorgeschlagen werden, sträubt
sich das sittliche Gefühl. Trefflich weist solchem Vorbringen gegenüber
Périn[1] darauf hin, wie die katholische Kirche schon längst auf ent-
gegengesetztem Wege, dem Wege der christlichen Tugend und Vollkommenheit, die Bevölkerungsfrage nach beiden Seiten hin praktisch gelöst hat,
indem sie der Gefahr der Übervölkerung ihre Hochschätzung der Jung-
fräulichkeit, der Gefahr der Entvölkerung ihren Segen für die Fruchtbarkeit der Ehe entgegenstellt, so daß, neben der großen Zahl von

---

[1] Périn, Les richesses, T. I. p. 541 sqq.

Ordensleuten in stärker bevölkerten Ländern, im katholischen Canada Fa=
milieu von 20 Kindern durchaus keine Seltenheit sind. Übrigens widerlegt
selbst der radicale Statistiker Kolb[1] durch Zahlen jene Behauptung,
daß praktisch genommen die Bevölkerung in geometrischer Progression
sich vermehre; und durch Périn[2] erfahren wir, daß Frankreich in dem
Zeitraume von 1328—1367 eine Bevölkerung hatte, welche der gegen=
wärtigen mindestens gleichkam, daß somit während eines halben Jahr=
tausends die Einwohnerzahl dort überhaupt nicht gestiegen ist. Bedenken
wir ferner, wie große, erst dünn bevölkerte Landstrecken sich noch
gegenwärtig, nachdem sechs Jahrtausende seit Adam verstrichen sind, in
allen fünf Welttheilen finden, so scheint Malthus wenigstens darin zu
fehlen, daß er schon jetzt einem neuen Zuwachs keine Luft und kein Licht
mehr gönnt, und daß er seine Theorie nicht für jene Zeiten verspart,
in welchen die Urwälder Brasiliens und das Innere von Australien
ferneren Einwohnern keinen Unterhalt mehr bieten. Sollte dieser Augen=
blick eintreten, so ist es für Gott noch stets früh genug, durch das jüngste
Gericht die Bevölkerungsfrage zum Abschluß zu bringen. Die Zunahme
der Bevölkerung muß einstweilen jedenfalls vom Socialpolitiker angestrebt
werden, und zwar nicht bloß aus jenen untergeordneten· Gründen, weil
durch sie die Arbeits= und die Wehrkraft des Landes wächst, sondern vor
Allem deßhalb, weil mit dem Wachsthum der Bevölkerung die Zahl der
Individuen sich mehrt, welche den Schöpfer verherrlichen und ein ewiges
Glück zu erreichen vermögen; sie muß angestrebt werden nicht bloß für
die engen Grenzen des eigenen Vaterlandes, sondern auch so, daß man
seinen Stolz darein setzt, mit dem Überschuß der eigenen Bevölkerung
fremde Zonen zu colonisiren.

Was leistet nun in dieser Hinsicht der Code civil? Und was
leistet die Testamentsfreiheit?

Der Univers und nach ihm das belgische Bien public[3] ver=
öffentlichte jüngst folgende tabellarische Übersicht der Bevölkerungszunahme
und der Erbrechtssysteme in den einzelnen Ländern.

---

[1] Kolb, Statistik, 6. Aufl. Bd. II. S. 452.
[2] Périn, l. c. T. I. p. 545.
[3] Bien public vom 28. Oct. 1876.

Länder	Jährliches Wachsthum auf 1000 Einwohner	Periode der Verdopplung. Jahre:	Erbrecht
Sachsen . . .	1,53	45	Testamentsfreiheit.
England . . .	1,43	49	„
Preußen . . .	1,30	54	Zwangssystem. Recht der Erstgeburt.
Rußland . . .	1,24	56	„ Zwangstheilung für den Adel, dessen Zahl abnimmt; Zwangserhaltung für die Bauern, deren Zahl wächst.
Norwegen . .	1,19	58	„ Recht der Erstgeburt.
Dänemark . .	1,11	63	„ „ „ „
Schweden . . .	1,10	64	„ „ „
Schottland . .	0,91	73	„ „ „ „
Württemberg. .	0,61	114	Testamentsfreiheit.
Schweiz . . .	0,61	114	Zwangstheilung oder Zwangserhaltung, je nach den Cantonen.
Portugal . . .	0,58	120	Zwangstheilung.
Italien . . .	0,51	136	Testamentsfreiheit, bis zur Hälfte des Vermögens durch Pflichttheile beschränkt.
Belgien . . .	0,44	158	Zwangstheilung.
Spanien . . .	0,41	169	„
Frankreich . .	0,35	198	„
Österreich. . .	0,26	267	„

Zur Erläuterung fügen wir bei, daß der Begriff Testamentsfrei=
heit nach dem Vorgange Le Play's [1] wohl auch hier auf jene Geseß=
gebungen Anwendung findet, welche, wie das römische Recht, für alle
Fälle, wie groß immer die Zahl der Kinder sein mag, dem Vater min=
destens die Hälfte des Vermögens zu freier leßtwilliger Verfügung über=
lassen. Den Gegensaß der Testamentsfreiheit bilden die Zwangssysteme,
welche entweder Zwangstheilung vorschreiben, wie das französische Recht,
oder Zwangserhaltung in der Art, daß das Vermögen der Hauptsache
nach in Einer Hand, etwa in der des Erstgebornen, zusammenbleibt.
Die Erbrechtssysteme können in einer Tabelle selbstverständlich nur sehr
summarisch und ohne Berücksichtigung der provinziellen Verschiedenheiten
wiedergegeben werden. Für Preußen hätte als Regel statt „Zwangs=
system" auch „Zwangstheilung" gesetzt werden können, da nach preußi=
schem Landrecht, wenn mehr als vier Kinder vorhanden sind, der Pflicht=
theil ²/₃ der Intestaterbportion beträgt, und da am linken Rheinufer

---

[1] Le Play, La réforme, ch. 21. n. I.

außerdem das französische Recht herrscht, während beim Grundbesitz allerdings vielfach das Recht der Erstgeburt und in einigen Gegenden beim bäuerlichen Grundbesitz die Erhaltung desselben in der Hand des jüngsten Sohnes sich findet. Für Österreich rechtfertigt sich der Ausdruck „Zwangstheilung" dadurch, daß nach Art. 796 des österreichischen Gesetzbuchs außer dem Pflichttheilsrechte der Kinder, welches die Hälfte der Erbschaft in Anspruch nimmt, auch die überlebende Frau einen Anspruch auf Lebensunterhalt besitzt. Wir geben die Tabelle indeß einfach nach dem U n i v e r s wieder, ohne auf derartige juristische Ausstellungen, welche sich etwa in einzelnen Punkten erheben ließen, weiter einzugehen.

Die vorstehende Übersicht scheint die letzte Vergangenheit zum Ausgangspunkte zu nehmen. Für die früheren Decennien gibt uns eine andere Tabelle folgenden Procentsatz der jährlichen Zunahme [1]:

Länder	Jahr	Einwohnerzahl	Jahr	Einwohnerzahl	Jährliche Zunahme. Procent
Norwegen	1835	1,194,812	1865	1,851,318	1,84
Königreich Sachsen . . .	1834	1,595,668	1867	2,423,576	1,72
Preußen (ohne Annexionen von 1866)	1834	13,589,927	1864	19,252,363	1,62
Griechenland (mit den Inseln)	—	—	1861	1,332,508	1,50
Spanien	1832	11,158,264	1860	15,673,481	1,44
Dänemark	1840	1,283,024	1860	1,608,095	1,34
England, Schottland u. Irland	1831	20,874,321	1861	29,070,932	1,31
Schweden	1840	3,138,887	1867	4,160,000	1,20
Rußland	1835	35,000,000 [2]	1865	77,008,453	1,02
Niederlande	1839	2,860,450	1866	3,552,695	0,90
Österreich (ohne die italienischen Provinzen) . . .	1857	32,533,003	1869	35,943,234	0,88 [3]

---

[1] Diese zweite Tabelle stützt sich auf das statistische Werk von M a u r i c e B l o c k, L'Europe politique et sociale, Paris 1869. Sie findet sich bei M o r e a u d' A n d o y, Le testament selon la pratique des familles stables et prospères, Namur 1873, p. 55. Dieses treffliche Werkchen eines belgischen Juristen, welches sich zum großen Theil auf das von Le Play herbeigeschaffte Material stützt, glauben wir auf's Wärmste empfehlen zu sollen. — Wir haben die Tabelle größerer Übersichtlichkeit wegen etwas vereinfacht und umgestellt.

[2] Für Rußland scheint die Bevölkerung von 1835 zu niedrig angenommen zu sein; widrigenfalls müßte der jährliche Zuwachs den Procentsatz von 1,02 weit übersteigen.

[3] Für Österreich gibt die Tabelle Moreau's folgende Zahlen: 1837: 35,878,864; 1857: 37,129,867, und als Procentsatz 1,60. Auch hier ist offenbar ein Widerspruch

Länder	Jahr	Einwohnerzahl	Jahr	Einwohnerzahl	Jährliche Zunahme. Procent
Schweiz	1837	2,190,258	1860	2,510,494	0,64
Portugal	1835	3,709,254	1865	4,351,519	0,58
Baden	1834	1,230,791	1867	1,438,872	0,53
Bayern	1834	4,181,963	1867	4,824,421	0,51
Belgien	1836	4,242,600	1866	4,839,094	0,47
Frankreich (ohne Annexionen)	1836	33,540,910	1866	37,340,000	0,44
Württemberg	1837	1,618,000	1867	1,778,479	0,31

Eine Vergleichung beider Tabellen zeigt, daß die erstere, als die neuere, durchweg ungünstigere Resultate aufweist, als die andere, namentlich aber für die Länder der Zwangstheilung: Belgien, Spanien, Frankreich, Österreich. Um möglichst sicher zu gehen, wollen wir noch eine dritte Übersicht beifügen. Nach Wappäus würden sich die Bevölkerungen verdoppelt haben:

In den Ländern	Nach dem jährlichen Zuwachs der Jahre	Den Procent	In ungefähr Jahren
Norwegen	1845—55	1,15	61
Dänemark	1845—55	0,98	71
Schweden	1850—55	0,88	79
Sachsen	1852—55	0,84	83
Niederlande	1840—49	0,67	103
Preußen	1852—55	0,53	131
Belgien	1846—56	0,44	158
Großbritannien und Irland	1841—51	0,23	302
Österreich	1842—50	0,18	385
Frankreich	1851—56	0,14	405
Hannover	1852—55	0,022	3152

Wirth[1], dem wir diese Tabelle entnehmen, fügt die Bemerkung bei, dieselbe sei deßhalb nicht unbedingt zuverlässig, weil die zu Grunde gelegten Perioden nicht ganz gleichzeitig seien, und die Zunahme der Bevölkerung, mit Ausnahme Norwegens, in neuester Zeit viel langsamer vorangehe. Für Irland und Hannover dürfen wir außerdem wohl bemerken, daß die Auswanderung stark mit in Ansatz kommt.

---

zwischen den Zahlen und dem Procentsatz; wir haben daher die oben angegebenen Zahlen aus Kolb, Statistik, 6. Aufl. Bd. II. S. 2, substituirt, aus welchen sich eine jährliche Vermehrung von etwa 0,88 ergibt.

[1] Wirth, Nationalökonomie, 3. Aufl. Bd. II. S. 114.

Noch etwas weiter zurückgreifend, entnehmen wir aus einer andern Quelle [1] folgende Zahlen der jährlichen Bevölkerungszunahme in den Hauptländern für die Jahre 1821—51:

in England 1,646
„ Preußen 1,563
„ Österreich etwa 0,800
„ Rußland etwa 0,600
„ Frankreich 0,582

Wir wollen den Leser nicht noch mit einer fünften Tabelle belästigen. Sonst könnten wir eine solche aus den Études de la Comp. de Jésus, Vol. III. (1873) p. 427 auf Grund der Statistique de France anführen. Nur sei aus derselben bemerkt, daß Frankreich gleichfalls mit 0,38 an letzter Stelle erscheint; vor ihm steht Österreich mit 0,63 wegen seiner größern Sterblichkeit; Sachsen erhält 1,05.

Um die beiden classischen Länder der Zwangstheilung und der Testamentsfreiheit noch genauer einander gegenüber zu stellen, möge eine kurze Übersicht der Bevölkerungszunahme nach Decennien hier Platz finden. Dieselbe betrug in den Jahren:

	in Frankreich	in England
1821—30	6,89 Procent	15,89 Procent
1831—40	5,07 „	14,27 „
1841—50	4,49 „	13,00 „
1851—60	2,59 „	11,18 [2] „

Bei allen Verschiedenheiten der angeführten Zahlen kann darüber also wohl kein Zweifel herrschen, daß Frankreich einen der letzten Plätze in der Bevölkerungszunahme beständig einnimmt. Aber noch größere Bedeutung erhalten diese Zahlen durch den Hinblick auf die Auswanderung. Wo sind die Colonien, denen Frankreich seine überschüssige Bevölkerung zusendet? Wo sind die Colonien Belgiens? Welche Küsten Indiens werden heutzutage von Spanien und Portugal bevölkert, von diesen Ländern, die in der Zeit katholischer Principien und des alten Erbrechts sich in die Tropenwelt theilten? Frankreich, welches noch im vorigen Jahrhundert für Canada einen so blühenden, kräftigen Menschenschlag stellte, kann trotz aller Anstrengungen in dem benachbarten Algier kaum das Geringste zu Stande bringen! England, Preußen und Ruß=

---

[1] Kolb, Statistik, 6. Aufl. Bd. I. S. 226.
[2] Kolb, a. a. O. Bd. II. S. 452.

land senden ganze Volksmassen aus als Überschuß der heimathlichen
Bevölkerung. Die Zahl der Auswanderer belief sich für Frankreich in
den 10 Jahren 1849—58 (nach einem Berichte des Ministers) zusammen auf weniger als 200,000 Individuen, während in der nämlichen Zeit Deutschland 1,200,000, also sechsmal so viel, Großbritannien
2³/₄ Mill. Menschen, also etwa 14mal so viel, durch Wegzug verlor[1].

So dürfen wir denn wohl als Gesammtresultat mit Kolb den
Schluß ziehen, „daß in Frankreich die Zunahme der Bevölkerung geringer
ist, als in irgend einem andern größern Staate"[2], ein Resultat, in
welchem wir wahrlich nicht mit demselben Verfasser den Erfolg „einer
gesunden naturgemäßen Entwicklung" zu erkennen vermögen, und welches
die französische Gesetzgebung selbst bei den Ergebnissen der letzten Enquêten mit den ernstesten Besorgnissen erfüllt hat. Im März 1873
behauptet sogar ein französischer Socialpolitiker, daß die Bevölkerung
seines Vaterlandes während der vorangehenden sechs Jahre um 262,000
Seelen zurückgegangen sei, ohne die 134,000 zu zählen, welche der Krieg
gekostet, noch die 1,597,238, welche an Deutschland abgetreten wurden[3].

Ist nun das Zusammentreffen dieser Resultate und der französischen
Zwangstheilung ein zufälliges? Oder sind jene,. wenigstens zum Theil,
eine Wirkung des Erbrechts? Schon die zuerst aufgeführte Tabelle scheint
deutlich auf einen innern Zusammenhang hinzuweisen, weil allgemein
die Länder der Zwangstheilung auch den geringsten Zuwachs zeigen.
Aber noch klarer tritt der Zusammenhang hervor durch den Vergleich
zweier ehemals französischer Colonien, bei welchen die übrigen Vorbe=
bingungen annähernd dieselben zu sein scheinen, so daß das Erbrecht
fast den einzigen unterscheidenden Faktor bildet.

Canada war von Frankreich colonisirt unter der Herrschaft des
alten Erbrechts, und lebte auch ferner, nachdem es im Jahre 1763 an
England abgetreten war, theils unter seinem alten, theils unter eng=
lischem Rechte. Die französische Bevölkerung Untercanada's betrug
nach Kolb vor dem Verlust an England nicht über 90,000 Seelen,
im Jahre 1861 dagegen (allerdings einschließlich der Indianermischlinge)
847,615[4]. Also in 100 Jahren fast verzehnfacht! Le Play[5] spricht

---

[1] Kolb, a. a. D. Bd. I. S. 194.
[2] Kolb, a. a. D. Bd. I. S. 226.
[3] Claudio Jannei in der Revue des institutions et du droit, mars 1873.
[4] Kolb, a. a. D. Bd. II. S. 93, 94.
[5] Le Play, L'organisation du travail, p. 474.

sogar nur von 65,000 Franco = Canadiern im Jahre 1763, und von 1,200,000 im Jahre 1868; darnach hätte sich die Bevölkerung in Einem Jahrhundert beinahe um das Zwanzigfache vermehrt. Die neue Ein= wanderung aus Frankreich kommt dabei nur sehr wenig in Anschlag, so daß die bloße Vermehrung der schon vorhandenen Bevölkerung eine Verdoppelung derselben im Zeitraum von je 25 Jahren bewirkte.

Vergleichen wir mit Canada die Insel St. Maurice! Beim Aus= bruch der Revolution wollte diese Colonie Frankreichs sich den neuen Gesetzen nicht fügen, mußte jedoch später auf den Willen des allmächtigen Napoleon dessen Gesetzbuch annehmen. Im Jahre 1810 gerieth sie in die Hände der Engländer und ward 4 Jahre später auf dem Wiener Congreß an England abgetreten. Seitdem wuchs und blühte dort die englische Bevölkerung, während die französische unter der Herrschaft der Zwangstheilung an Zahl und Tüchtigkeit sichtbar zurückging. Man erin= nerte sich des alten Rechtes, und als die Werke Le Play's erschienen, be= gann ein wahrer Kreuzzug gegen den Code civil. Eine Deputation ging nach Paris, um von der dortigen Regierung eine Intervention bei der englischen zu erlangen, welche die Testamentsfreiheit erwirken sollte. Die Antwort der britischen Regierung lautete verneinend, ließ aber llar genug erkennen, daß sie die französische Bevölkerung der Insel mit Hilfe der Zwangstheilung zu vernichten denke [1].

So scheint denn in der That ein Zusammenhang zu bestehen zwischen der geringen Bevölkerungszunahme und der Zwangstheilung. Wir dürfen indeß folgenden Einwand nicht unerwähnt lassen.

Die französische Bevölkerung des 14. Jahrhunderts stand, wie bereits erwähnt, der gegenwärtigen mindestens gleich, betrug also nahe an 40 Millionen. Um das Jahr 1700 zählte sie kaum noch die Hälfte; denn sie ward (Lothringen, Corsika und Avignon nicht mitgerechnet) nach den Denkschriften der Intendanten auf 19,669,320 Seelen geschätzt. Spätere Schätzungen zeigten ein schwaches Steigen; die (ungenaue) Zählung von 1762 ergab 21,769,163; Necker schätzte im Jahre 1784, indem er auf eine Geburt 25½ Bewohner rechnete, 24,800,000, und eine Zählung von 1790 wies 26,363,000 Einwohner nach [2]. Danach scheint es, daß unter der Herrschaft des alten Rechtes die Bewegung der Bevölkerung eine weit ungünstigere war, als unter dem Code civil.

---

[1] Moreau, Le testament, p. 36.
[2] Kolb, a. a. O. Bd. I. S. 191.

Wir erwiedern: Die übrigen Länder des europäischen Westens zeigen bis zur französischen Revolution annähernd denselben Entwicklungsgang wie Frankreich; England und Deutschland waren ihrem französischen Nachbar in den Kriegen des 14. Jahrhunderts und später vielfach gewachsen, und so ist wohl sicher, daß dieselbe Blüthe, wie in Frankreich, auch in den übrigen Ländern während des Mittelalters bestand. Auch jene Länder sind bis zum Anfange des vorigen Jahrhunderts in ähnlicher Weise zurückgegangen. Als gemeinsamen Grund aber finden wir die Kriege, namentlich die Religionskriege des 16. und 17. Jahrhunderts, die Verwilderung der Sitten und vielfache Epidemien. Welchen Finch der dreißigjährige Krieg über Deutschland gebracht hat, und wie hoch andererseits während des Mittelalters die Blüthe stand, davon machen wir uns nur schwer eine Vorstellung. Während des dreißigjährigen Krieges allein verlor Deutschland die Hälfte seiner Bevölkerung. Also es gab einen Verfall auch zur Zeit des alten Erbrechts, aber wir können für ihn andere Ursachen als das Erbrecht aufweisen, nämlich vor Allem jenen „Segen", welchen nach der Ansicht des Herrn Cultusministers Dr. Falt die sogenannte Reformation, sei es mittelbar, sei es unmittelbar, gebracht hat. Mit dem Anfang dieses Jahrhunderts dagegen hat durch eine längere Zeit des Friedens und durch einen unläugbaren Aufschwung der materiellen Entwicklung überall in der civilisirten Welt sich ein bedeutendes Wachsthum der Bevölkerung gezeigt. Wie kommt es, daß gerade die Länder der Zwangstheilung, und daß insbesondere Frankreich eine so traurige Ausnahme bildet? Wie kommt es, daß jener so auffallende Unterschied herrscht zwischen der Bevölkerung Canada's und jener der Insel St. Maurice?

Allerdings halten auch wir das Erbrecht nicht für die einzige, nicht einmal für die Hauptursache dieser Erscheinung. Die Hauptursache würden wir auf dem Gebiete der Religion und der Moral suchen, nämlich im Jansenismus und in der ungläubigen Philosophie und der durch sie bewirkten Entsittlichung. Aber es besteht der gewaltige Unterschied, daß die gesetzgebende Gewalt mit einem Federstrich die Testamentsfreiheit herzustellen vermag, den Glauben und die Sittlichkeit aber nicht. Für die eigentliche Gesammt-Ursache der ungünstigen Bevölkerungszunahme halten wir das vereinigte Auftreten der Irreligiosität und des französischen Erbrechts. In Ländern mit Testamentsfreiheit oder gesetzlichem Erstgeburtsrecht finden wir mitunter einen guten Bevölkerungszuwachs, auch wenn Glaube und Sittlichkeit sehr gelitten haben. Umgekehrt steht

trotz des französischen Erbrechts die Rheinprovinz unter den preußischen
Provinzen fast an erster Stelle; denn es hat seinen katholischen Glauben
und in Folge dessen große Sittenreinheit bewahrt; ebenso ist auch in
den Vereinigten Staaten von Nordamerika die katholische Bevölkerung
weit fruchtbarer, als die übrige meist glaubenslose Masse. Wo aber,
wie in Frankreich, Entchristlichung und Zwangstheilung vereint auf=
treten, begreift sich's, daß jene ungünstigen Zahlen, die wir oben
verzeichneten, zum Vorschein kommen; diese sind theilweise wenigstens
direct auf Rechnung des Erbrechts zu setzen; und so weit sie ihren un=
mittelbaren Grund auf dem Gebiete der Sittlichkeit haben, trägt mittel=
bar wiederum die Zwangstheilung, wegen ihrer Rückwirkung auf das
moralische Gebiet, einen Theil der Schuld. Das führt uns zur folgen=
den Untersuchung.

III. Das testamentarische Erbrecht und die moralische Ordnung.

1. Es ist dem Menschen das Verlangen angeboren, durch keine
Schranken beengt, durch Niemanden bevormundet, frei über seinen Besitz
zu verfügen. Es ist ihm besonders auch jenes Verlangen natürlich, so
Alles anzuordnen, daß seine Werke, daß das Geschäft, welches er ge=
gründet, der Grundbesitz, welchen er gehegt und gepflegt, unzertrümmert
seinen Tod überdauere. Gott selbst hat zum socialen Wohle des Ganzen
diesen Trieb in das Herz des Einzelnen gepflanzt. Solchem Verlangen
nun tritt das französische Erbrecht entgegen, indem es dem Vater zu=
ruft: Dein Vermögen ist nicht dein! Es gehört zum größern Theile
deinen Kindern! Nach deinem Tode muß es in so viele Stücke zer=
schnitten werden, als die Zahl deiner Kinder beträgt!

Der Vater sieht sich exproprriirt: die Hand, welche ihm sein Ver=
fügungsrecht nimmt, wird ihm verhaßt. Aber seine Abneigung wendet
sich weniger gegen den Gesetzgeber, welcher im Grunde die Schuld trägt,
als gegen die Kinder, mit deren Erscheinen die Vermögensbeschränkung
eintritt. Das Verhältniß des Vaters zum Sohn vermischt sich mit dem
des Schuldners zum Gläubiger, und zwar zu einem Gläubiger, welcher
den Schuldner, hier also seinen eigenen Vater, stets beaufsichtigt, damit
dieser nicht die Bestimmungen des Code civil übertritt und durch
Schenkungen das geschuldete Erbtheil schmälert; einem Gläubiger, welcher
ihn dermaßen beaufsichtigt, daß er nach dem Tode des Vaters nöthigen=
falls in einem Proceß gegen seine Geschwister die gesetzwidrige Schenkung

nachzuweisen vermag! Wer möchte aber die Zahl seiner Gläubiger, und vor Allem solcher Gläubiger, nicht möglichst beschränken?

Eine Wittwe Namens Girault aus dem französischen Canton Migné hatte ihr Vermögen ihrer ältesten Tochter als Mitgift zugedacht. Aber außer dieser Tochter hatte sie drei jüngere Kinder aus ihrer Ehe und diese mußten nach französischem Recht ihren Antheil gleichfalls erhalten, vorausgesetzt, daß sie am Leben blieben. Was that die Mutter, um trotz des Code civil ihren Willen zu erreichen? Sie sorgte dafür, daß jene Voraussetzung nicht eintrat, sie ermordete in drei aufeinander folgenden Jahren ihre jüngern Kinder! Das Verbrechen ward entdeckt, und die Mörderin von den Assisen in Vienne zu lebenslänglicher Zwangsarbeit verurtheilt[1].

Selbstverständlich wollen wir dem napoleonischen Gesetzbuche nicht die Verantwortung für ein solches Verbrechen aufbürden; selbstverständlich werden auch derartige Verbrechen stets eine Seltenheit bleiben, schou weil es Staatsanwälte gibt und weil selbst dort, wo höhere Beweggründe schwinden, die natürliche Liebe der Eltern nicht leicht von jenen Beweggründen überwogen wird, welche zur Beseitigung der Kinder antreiben. Aber dieser extreme Fall zeigt, wie stark in den Eltern das Verlangen werden kann, über ihren Besitz nach Gutdünken zu verfügen, sei es aus Eitelkeit, um eine glänzende Verbindung eines Kindes zu ermöglichen, sei es aus weniger verwerflichen Motiven, etwa um in dem Erstgeborenen die Familie auf der bisherigen socialen Höhe zu erhalten oder den ererbten Grundbesitz nicht zu zersplittern. Was wird also geschehen in seneu Fällen, in welchen es möglich ist, die Existenz der nachgeborenen Kinder zu verhüten, ohne daß man das Auge des menschlichen Gesetzes zu fürchten braucht, und ohne daß die natürliche Anhänglichkeit an die bereits liebgewordenen Kinder mitspricht? Auffallend ist es, daß die Zahl der todtgeborenen Kinder in Frankreich während der 15 Jahre von 1851—1866 von 31,665 auf 47,702, also um 16,037, stieg[2] — so weit eben die Statistik von der Sache Kenntniß erhielt: denn viele Verbrechen kommen ohne Zweifel nie an das Tageslicht. Doch auch hier wird durch die Furcht vor dem staatlichen Strafgesetze noch Vieles verhindert werden. Was aber, wenn es sich um Verbrechen handelt, welche der Staat überhaupt nicht bestraft? Wir betreten mit dieser Frage

---

[1] Courrier de Bruxelles vom 6. Dec. 1876.
[2] Kolb, a. a. O. Bb. I. S. 193.

ein Gebiet, welches dem Zartgefühle des Lesers ein borniges sein wird; aber die Bedeutung der Sache erfordert, daß wir es im Namen Gottes beschreiten; indeß wollen wir statt alles Weitern den Zahlen das Wort überlassen.

Nach der Statistique générale de France [1] beträgt in den ver= schiedenen Ländern die Durchschnittszahl der Kinder in Einer Ehe:

Rußland	. . 4,72	Norwegen	. . 4,25	Belgien	. . . 3,96
Spanien.	. . 4,52	Schweden	. . 4,23	England	. . . 3,92
Schottland	. . 4,50	Württemberg	. 4,22	Sachsen	. . . 3,86
Irland	. . . 4,48	Preußen	. . . 4,14	Dänemark	. . 3,77
Italien	. . . 4,34	Niederlande	. . 4,07	Bayern	. . . 3,40
Ungarn	. . . 4,31	Österreich	. . 4,01	Frankreich	. . 3,07

Für die verschiedenen Perioden Frankreichs aber finden wir fol= gende Zahlen [2]:

1700—1774	. 4,79	1831—1835	. 3,48	1862	 3,04
1775—1779	. 4,35	1836—1840	. 3,25	1863	 3,11
1780—1784	. 4,17	1841—1845	. 3,21	1864	 3,10
(Lücke für die Revolu=		1846—1850	. 3,18	1865	 3,11
tion.)		1851—1855	. 3,10	1866	 3,06
1800—1815	. 3,93	1856—1860	. 3,02	1867	 3,10
1820—1830	. 3,70	1861	. . . 3,04	1868	 3,01

Im Jahre 1873 spricht Claudio Jannet [3] von einer Durch= schnittszahl von nur 2,54 Kindern für Frankreich, und Kolb in seiner Statistik [4] berechnet für das Jahr 1866 nur 3,83 Personen auf den ganzen Haushalt. Von einem Dorfe der Oise berichtet P. Toule= mont, als Ein Beispiel unter vielen, daß die 732 Einwohner im Jahre 1846 bis auf 493 im Jahre 1866 sich verminderten, ohne Zu= nahme der Sterblichkeit und ohne Auswanderung, einzig we= gen der verminderten Zahl der Geburten; die 52 Haus= haltungen, welche sich in diesen 20 Jahren gebildet hatten, zählten zu= sammen bei der Zählung von 1866 12 Kinder! [5] In einer der reichsten

---

[1] Vgl. Études de la Comp. de Jésus, Vol. III. (1873) p. 485.
[2] Études l. c. p. 484.
[3] Revue catholique des institutions et du droit, mars 1873.
[4] Bd. I. S. 194.
[5] Études l. c. p. 495.

Gegenden der Auvergne besprach ein junger Priester im Katechismus bei Gelegenheit des vierten Gebotes die Pflichten gegen die Geschwister; die Kinder sahen sich erstaunt an und begannen zu lachen; sie hatten, wie es scheint, keine Geschwister, wußten vielleicht auch kaum, daß es dergleichen gäbe![1] Zur Erklärung solcher Erscheinungen sagt der französische Statistiker Block: „Viele Familien beschränken die Zahl ihrer Kinder, um ihr Eigenthum nicht zu sehr zu zersplittern."[2]

Jetzt erhebt sich die grauenhafte Frage — man verzeihe sie uns, der furchtbare Ernst der Sache fordert sie gebieterisch — es erhebt sich die Frage: auf welchem der zwei möglichen Wege werden diese Resultate erreicht? Auf dem Wege der christlichen Entsagung? Oder auf dem Wege des Verbrechens? — Die leeren Beichtstühle, die leeren Communionbänke in Frankreich geben die Antwort! Denn der Richterstuhl der Buße kann Jenem nicht helfen, welchem der Vorsatz fehlt, die schwere Sünde zu meiden!

So lastet denn der Fluch Gottes auf den Eltern, und mit ihnen auf der ganzen Familie. „Ich kenne eine Familie," so berichtet uns ein Zeuge, „ich kenne eine Familie dieser Art; der Vater erklärte offen, sein Vermögen gestatte ihm nicht, mehr als zwei Kinder zu haben. Er hatte sie, aber sie starben eins nach dem andern, und die Familie ist ausgestorben."[3] Ein französischer Priester und Ordensmann schreibt im Jahre 1873: „Im traurigen Lichte der Zahlen und Thatsachen muß man es sehen, daß diese scheußliche Verirrung gleichsam das eigenthümliche, das charakteristische Übel Frankreichs ist . . . die National=Sünde. Wenn ich daher jener unerhörten Züchtigungen gedenke, welche sich vor kaum zwei Jahren über unsere erschreckte Bevölkerung entluden, . . . und wenn ich auf der andern Seite die große Missethat des armen französischen Volkes mir vorhalte: — so frage ich mich in grauenvoller Beklemmung, ob sich an diesem Volke nicht bewahrheitet hat und auf's Neue in noch furchtbarerer Weise bewahrheiten wird jenes entsetzliche Wort der Bibel: Idcirco percussit eum Dominus, quod rem detestabilem faceret!"[4]

---

[1] Études l. c. p. 495.

[2] Journal des Économistes, mars 1867, p. 425.

[3] Vgl. Moreau d'Andoy, Le testament, p. 57.

[4] P. Toulemont S. J., La question de la population, in den Études etc. vol. III. (1873) p. 511. — Die Artikel des P. Toulemont über diesen Gegenstand, welche wir oben bereits einige Male citirten, machten in Frankreich nicht geringes Aufsehen.

Das sind die Früchte des Code civil! Das erklärt die Be=
völkerungsabnahme in Frankreich! Doch betrachten wir auch das Fa=
milienleben, welches auf Grund der entweihten Ehe sich aufbaut!

2. Die Familie mit den obligaten zwei Kindern kennt nicht das
fröhliche Getümmel der Kinderstube, nicht den vollen Familientisch
mit seinen rothbackigen Gesichtern, welche in ihrer Verschiedenheit dem
häuslichen Kreise einen so eigenthümlichen Reiz verleihen. Unter den
Kindern baut sich nicht jene hierarchische Ordnung auf, nach welcher
die älteren Kinder mit gewissen Vollmachten über ihre jüngeren Ge=
schwisterchen betraut sind und im Bewußtsein ihrer Pflicht mit großem
Eifer und Liebe sich derselben annehmen. Da ist's nicht, wie bei jener
Familie, welche Gott mit Fruchtbarkeit segnet, in welcher ein Staat im
Kleinen sich bildet, die Charaktere sich ergänzen, die verschiedensten Be=
ziehungen von Liebe, Geduld, Anhänglichkeit und Dankbarkeit entstehen
und der Vater gern im häuslichen Kreise weilt. In der französischen
Familie von vier Köpfen ist es öde und leer; das erziehende Element,
welches in dem Zusammenleben vieler Geschwister liegt, fällt fort. Die
zwei Kinder gleichen zwei vereinzelt bastehenden Pflanzen, die man von
allen Seiten betrachtet, an denen man künstlich herummodelt; sie gleichen
nicht einem Hochwalde, in welchem die Bäume, sich gegenseitig schützend,
emporstreben. Für zwei Kinder verlohnt sich eine sorgfältige Erziehung
im Hause oft kaum; dagegen läßt sich für sie die Pension in einer An=
stalt erschwingen; man gibt sie also von Haus; der Herd wird noch
öder; der Vater geht auf den Club oder in's Wirthshaus, die Mutter
in die Theegesellschaft — und einen Familienherd gibt es nicht mehr!

Hier liegt der Krebsschaden Frankreichs! Hier, im Untergang des
Familienlebens, liegt der Schlüssel, liegt der Grund, aus welchem die
heroischen Anstrengungen des Klerus so wenig ausrichten! Hier liegt
die Erklärung dafür, daß die Masse des Volkes im Unglauben verharrt,
obgleich vielleicht mehr als die Hälfte desselben von Schulbrüdern unter=
richtet wurde!

„Wie sollten wir,“ so erklärt ein belgischer Jurist, „wie sollten wir
eine gute Erziehung zu Staube bringen? Unser häuslicher Herd besitzt
nichts, was unterweist, nichts, was anzieht, nichts, was zum Herzen
spricht. Die Zahl der Kinder ist meist gering; die Gleichheit des Alters,
die Art, in welcher sie behandelt werden, die Bekanntschaft mit ihrem
Recht auf die Erbschaft — Alles erinnert sie an die Gleichheit und
drängt sie zu dem verhängnißvollen Geist der Auflehnung, dessen Quelle

die Eifersucht ist. Indem sich alle für gleichberechtigt halten, werden sie durch die geringste Ausnahme zu Gunsten Eines unter ihnen verletzt, und da es unmöglich ist, derartige Ausnahmen nicht zu machen, so bemächtigt sich Neid ihres Herzens und die Eltern sind nicht im Stande, denselben auszurotten." [1]

Jener feierlichen Willenserklärung des mit göttlicher Autorität ausgerüsteten Familienhauptes, jenem Testamente, welches im Namen des dreieinigen Gottes beginnt, jenem letzten Willen des sterbenden Vaters — ihm unterwirft man sich. So beugten sich die beiden ältesten Söhne des Patriarchen Jakob, als sie wegen eines früher verübten Frevels zurückgesetzt wurden, und das Scepter überging auf den Stamm von Juda. Wird man sich ebenso willig einem Divisions-Exempel fügen, welches das Revolutionsgesetz vorschreibt? Oder vielmehr: wird man nicht die vielen Handhaben für Streitigkeiten benutzen, welche dieses Gesetz bietet, um ein größeres Stück von der Erbschaft zu erobern? Wird man sie nicht jetzt benutzen, nachdem man vom Gesetzgeber unterrichtet ist, daß die Verfügung über den Nachlaß mehr dem Staate als dem Vater gebührt? Die schon erwähnte große Zahl der französischen Erbrechtsprocesse gibt die Antwort. So bringt denn jede wirkliche oder scheinbare Ungleichheit Hader und Zwietracht in die Herzen derjenigen, deren Köpfe mit den Gleichheitsideen der französischen Revolution sich schwängern.

3. Das französische Erbrecht fördert in dieser Weise die socialistischen und communistischen Anschauungen. Schon jener Umstand trug ein ungesundes Element in die Auffassung der Familie, daß Mann und Frau der Regel nach, und nicht bloß ausnahmsweise, gleiches Vermögen mit in die Ehe bringen, gleich als wären sie Compagnons für ein zu beginnendes Kaufmannsgeschäft! Denn weil die Töchter zu gleichen Theilen mit den Söhnen erben, so werden sie als Frauen durchschnittlich so reich sein, wie ihre Männer; und weil der Bruder zu gleichen Theilen geht mit der Schwester, so ist er darauf angewiesen, durch seine Frau wieder zu erheirathen, was ihm die Schwester entzog. Man lernt die Ehe auffassen nicht als einen Organismus, welcher aus ungleichartigen Bestandtheilen unter einem Haupte sich aufbaut, sondern als eine Zahl gleichartiger, einander mehr oder weniger beigeordneter und gleichberechtigter Atome. Das erste Glied am socialen Bau wird falsch con-

---

[1] Moreau d'Andoy, Le testament, p. 125.

struirt; barum wird auch das ganze Gebäude verpfuscht, man verliert
von Jugend auf jenen Sinn für Gliederung und Unterordnung, die
erste Bedingung gesunder socialer Verhältnisse.

So werden auf der einen Seite die communistischen Gleichheitsideen
der ganzen Bevölkerung eingeimpft, derart, daß man eine sociale Ord=
nung, in welcher der Erstgeborene bevorzugt wird, schon gar nicht mehr
versteht, oder daß man sie gar der Unbilligkeit zeiht! Zugleich mit
diesem Fortschritt zum Communismus nähert sich die öffentliche Meinung
den socialistischen Anschauungen, welche den Staat an die Stelle des
Familienvaters setzen. Diese Richtung tritt besonders darin zu Tage,
daß nicht mehr der Vater das Testament, diese Verfassungsurkunde der
Familie, entwirft, sondern daß der Staat für die gesammte Bevölkerung
nach einer für alle Fälle festgesetzten Schablone den Nachlaß regelt, eine
Maßregel von ganz ähnlichem socialistischen Gepräge wie der Schul=
zwang, welcher den Staat statt des Vaters zum Erzieher der Kinder erklärt.

Ehe der Code civil mit dieser Umbildung der öffentlichen Meinung
hatte durchbringen können, ward das Testament als eine selbstverständ=
liche Pflicht des Vaters betrachtet. Noch im Jahre 1812 richtete ein
Edelmann der Provence, Anton von Courtois=Duresort, Herr zu Courtois,
in einem jener schönen Familienbücher, welche dort Sitte waren, an
seine Kinder die Worte: „Sobald ihr etwas besitzet, worüber ihr ver=
fügen könnet, müßt ihr euer Testament machen; es ist das eine Pflicht
von der höchsten Bedeutung, eine Pflicht, welche beständig drängt ...
Was mich angeht, so machte ich ein Testament, sobald ich Besitzthümer
von meinen Voreltern ererbt hatte, um die Überleitung derselben gemäß
dem, was ich für recht hielt, zu bewerkstelligen. Seitdem habe ich das=
selbe erneuert, so oft meine Lage sich änderte. Ich wünsche also, daß
man in meiner ganzen Familie es sich zum Gesetz mache, eine Pflicht
zu erfüllen, deren Erfüllung für die Aufrechthaltung der Ordnung und
des Friedens und für die Erhaltung unseres Besitzthums so nothwendig
ist. Ich empfehle es einem Jeden unter euch, sein Testament zu errichten,
sobald er Eigenthümer geworden ist, und es später zu erneuern, so oft
seine Lage Änderungen in demselben erheischt. Ich wünschte noch mehr,
ich wünschte, daß der Familienvater selbst die Vertheilung seiner Güter
unter seine Kinder vollziehe, und daß er sie diesen Act bei seinen Leb=
zeiten unterzeichnen lasse. Könnte es ein zuverlässigeres Mittel geben,
die Einigkeit unter euch zu erhalten und den Rechtshändeln, welche die
Familien in Armuth und verderbliche Zwietracht stürzen, zuvorzukommen?

Ja, meine Kinder, wenn ihr diese Regel der Weisheit und Klugheit befolgt, so wird euer Haus sich stets erhalten, so wird man euch überall als Muster und Vorbild anführen! Und könnte es auch einen bessern Schiedsrichter geben, als den Vater? Wer könnte besser, als er, den Einklang herstellen zwischen dem, was die Bedürfnisse eines Jeden seiner Kinder verlangen, und dem, was die Nothwendigkeit, das väterliche Dach zu erhalten, fordert, dieses Dach, welches ein Jeder von euch mit Ehrfurcht betrachten muß, und welches ihm die Hoffnung und die Mittel bietet, eines Tages eine Zufluchtsstätte zu finden?"[1]

Solche Anschauungen herrschten bei Männern, welche unter der Herrschaft der alten Grundsätze aufgewachsen waren. Und was ist aus diesen Anschauungen geworden, wo einige Decennien das neue Erbrecht bestand, wo es der Bevölkerung zu Fleisch und Blut geworden ist?

„Es läßt sich nicht läugnen," so bezeugt uns im Jahr 1873 ein belgischer Jurist, „daß, wo immer der Code civil zur Geltung gelangt ist, er die Rechte des Testators mit unfehlbarer Nothwendigkeit vollständig vernichtet hat; nicht durch ausdrückliche Bestimmungen — dazu ist er zu vorsichtig — sondern durch den Geist, den er unter uns entwickelt hat, und den Schein von Freiheit, welchen er dem Familienvater läßt. In der That, man testirt nicht mehr. Schon im Jahre 1826 machte Herr von Villèle in der Pairskammer die Bemerkung, ‚daß im vorigen Jahre auf 7649 eröffnete Erbschaften sich 6568 Intestaterbschaften fanden, und daß unter den Erbschaftsfällen, bei welchen ein Testament vorlag, nur 59 vorkamen, bei welchen Bevorzugungen der Kinder sich zeigten'. Diese Richtung ist seitdem noch stärker hervorgetreten; die Testamente, welche heutigen Tags errichtet werden, sind nicht mehr jene bewunderungswürdigen Verfassungsurkunden der Familie, die wie ein Denkmal der Liebe und der Tugenden eines Vaters dastanden. Im Anfang dieses Jahrhunderts begegnet man noch recht schönen derartigen Urkunden, fast alle machen Gebrauch von der freigelassenen Quote; danu verringert sich ihre Zahl, die meisten werden froftiger und leerer, je mehr man sich der Gegenwart nähert; einige Pensionen, einige Lebensrenten, nichtssagende Einzelnheiten, wenig große Gedanken, keine Bevorzugung durch Prälegat oder Zuwendung neben dem Erbtheil — das ist heutzutage der allgemeine Charakter. Kurz:

---

[1] Charles de Ribbe, La vie domestique, ses modèles et ses règles d'après des documents originaux, Paris 1877, T. I. p. 215—220.

kein Testament mehr im wahren Sinne des Wortes. Es konnte auch
nicht anders kommen bei einer freigelassenen Quote, die wie Hohn klingt,
und einer Gesetzgebung, die bis zum Übermaß den Gleichheitsschwindel
und den Haß der Autorität entwickelt." [1]

„Das sind Thatsachen und Erwägungen," sagt an einer andern
Stelle Moreau d'Andoy, „welche uns zu der Überzeugung berechtigen,
daß der Code civil in socialer Hinsicht gefährlich ist. Wie die Revo=
lution, von welcher er ausgeht, hat er Furcht vor jeder Gewalt, welche
der seinigen das Gegengewicht halten könnte; an die Stelle des mensch=
lichen Willens setzt er den kalten, unwiderstehlichen Befehl des Gesetzes;
aus dem Eigenthümer, dessen Unabhängigkeit er fürchtet, macht er einen
einfachen Nutznießer. Er bedarf eines Eigenthums, welches stets um=
gestürzt, zerrissen, wahrhaft prostituirt wird in den Händen von tausend
Wucherern. Er gebiert keinen Gedanken des Gemeinsinnes, der Zu=
sammengehörigkeit, kein wahrhaft nationales Gefühl; durch seine beständ=
digen Theilungen macht er aus dem Volke, welches seiner Herrschaft
untersteht, wie der berühmte Graf von Montalembert es vorhersah, ‚eine
große träge Masse getrennter Individuen, ohne Bestand, ohne Einfluß,
ohne wechselseitiges Vertrauen, ohne Mittel, sich zu einen, sich zu ver=
stehen, und in Folge dessen ohne Interesse am Gemeinwesen'. Das ist
in unsern Augen der Code civil!" [2]

Doch kehren wir zurück zu dem Einfluß, welchen das französische
Erbrecht auf die Kindererziehung übt!

4. Die bewußten zwei Kinder wachsen heran. Sind auch die
Eltern sittlich ruinirt, so wollen sie doch ihren Kindern eine gute Er=
ziehung geben, wenigstens für das Diesseits. Die erste Bedingung einer
solchen ist Autorität, ist Gehorsam; die erste Bedingung des Gehorsams
ist eine Sanction, denselben zu erzwingen. Anfangs mag die Ruthe in
dieser Beziehung genügen. Aber später? Später, wenn die körperliche
Züchtigung nicht mehr am Platze ist, wenn das Kind beginnt nachzu=

---

[1] Moreau d'Andoy, Le testament, p. 14. Nach der Revue des Deux-
Mondes von 1872, T. II. p. 853, kamen im Jahre 1825 auf Paris 8730 eröffnete
Erbschaften, unter denen bei 1081 ein Testament vorlag, aber nur bei 59 der Erb-
lasser die freigelassene Quote benutzt hatte. Das liberale Journal hat die Unver=
frorenheit, in dieser künstlich anerzogenen Gleichgiltigkeit der Familienväter den Be=
weis zu finden, daß eine Änderung des bestehenden Rechtes doch eben von keiner
großen Bedeutung sein würde.

[2] Moreau d'Andoy, Le testament, p. 37.

denken und zu berechnen? — Ist der Vater Herr seines Vermögens, auch für die Regelung der Erbschaft, so ist bald geholfen. Nicht, als ob der Vater überall mit Enterbung drohen sollte. Im Gegentheil! Weit besser, wenn höhere Beweggründe, wenn die Beweggründe der Liebe ausreichen! Erfahrungsgemäß aber sind dieselben nicht immer genügend, und da ist's am Platze, daß der Sohn im Hintergrunde jene Gewalt sieht, welche in den Händen des Vaters ruht, jene Gewalt, kraft deren der Vater als Gesetzgeber über der Familie steht, kraft deren er im Stande ist, zu belohnen und zu bestrafen mit einem Nachdruck, welcher entscheidend ist für das ganze spätere Leben. Daher die Thatsache, daß die väterliche Autorität so hoch steht in den Ländern der Testaments=freiheit, wie in England, daß sie dagegen mißachtet wird, wo das Gesetz die Kinder in einem der entscheidendsten Punkte der Gewalt ihres Vaters entzieht. Als eine Folge dieses Verhältnisses bezeugt uns Le Play auf Grund seiner vielseitigen Erfahrungen, daß er eine Mißachtung und schlechte Behandlung der alten Eltern von Seiten der erwachsenen Kinder ganz vorzugsweise in jenen Gegenden Frankreichs wahrgenommen habe, in welchen der Code civil seine güterzertrümmernde Wirksamkeit am meisten entfaltete, und er schließt diese seine Bemerkung mit den schneidenden Worten: „Auf den langen Reisen, die ich gemacht, habe ich nie eine sociale Organisation angetroffen, welche in gleichem Maße die Gesetze der materiellen und der moralischen Ordnung verletzte."[1]

So wächst denn eine Jugend heran, deren Charakter im Mangel von Ehrfurcht vor der nächstliegenden, nämlich vor der elterlichen, um so mehr aber vor jeder andern Gewalt besteht. Denn wie sollten Lehrer und Erzieher oder andere Beauftragte des Vaters sich Autorität ver=schaffen, wenn es dem Vater selbst an Autorität gebricht? Unbotmäßig=keit und revolutionärer Geist werden zum Charakter der ganzen Nation. Daher diese Disciplinlosigkeit in den französischen Kammern, diese Disciplinlosigkeit im französischen Heere. „Armselige Geister," so ruft ein französischer Offizier, der Oberst Stoffel, „armselige Geister, die nicht sehen, daß die Disciplin in der Armee nur die Folge ist von der Disciplin in der Familie und der Gesellschaft! . . . Zu glauben, man könnte heutigen Tags der französischen Armee eine starke und dauernde Disciplin geben, heißt nicht verstehen, was in Wahrheit die Disciplin

---

[1] Le Play, L'organisation de la famille, p. 25. Vgl. L'organisation du travail, p. 493 sqq.

ausmacht. Wie sollte es gelingen, sie in der Armee wieder herzustellen, da sie nicht einmal in der Familie besteht? Hier müßte man sie vor allem Andern wieder herstellen. Wenn man sie hier nicht mehr findet, so ist das unbestreitbar außer anderen Gründen jenem Artikel unseres Code civil zu verdanken, welcher in zu großem Maßstabe dem Familien= haupte das Recht nimmt, über sein Vermögen zu verfügen. Seit 70 Jahren steht die französische Gesellschaft, ohne sich dessen zu versehen, unter dem verhängnißvollen Einfluß dieses Gesetzes, welches Unordnungen jeder Art in den Familien erzeugt hat, vor Allem aber den Mangel von Ehrfurcht der Kinder gegen ihre Eltern . . . Und wir sollten uns einbilden, in der Armee mit einem Male unter Anwendung der gewöhnlichen Mittel von Strenge diese undisciplinirte und principienlose Jugend zu dis= cipliniren!"[1]

„Was die Disciplin angeht," so erklärt der französische Intendant Lahaussois, „was die Disciplin angeht, ohne welche alle seine (des Kriegsministers) Anstrengungen vergeblich sein würden, so wird die französische Armee auch nicht das Geringste mehr davon besitzen, als die Nation selbst. Alle Opfer, die wir uns auferlegen, alle Millionen, die wir aufwenden, einzig um eine besondere Disciplin in der Armee herzustellen und zu unterhalten, werden rein verlorene Millionen und verlorene Arbeit sein. Das ist unsere Meinung, das halten wir für gewiß und vollständig erwiesen. Sobald unsere Denker (Freidenker oder nicht) zu der Einsicht gelangt sein werden, daß eine Gesellschaft sich aus Familien und nicht aus Individuen zusammensetzt, daß folgeweise Alles, was die Freiheit und Autorität des Vaters, das heißt die Familie, schwächt, auch die Gesellschaft schwächt und zerstört, werden sie die väter= liche Gewalt wieder herstellen; die Söhne werden gehorchen, und danu — aber auch nur danu — wird die französische Armee disciplinirt sein."[2]

Und die Disciplin, welche nach dem Urtheil von Franzosen in den französischen Armeen fehlt, ist sie besser im politischen Leben Frankreichs? Man vergleiche die Kammerverhandlungen in Paris mit dem Geiste des englischen Parlamentes! Es ist wahr: auch in England ist nicht Alles gesund; wohl selten in der Weltgeschichte sind so traurige Zustände an's Licht gezogen, als vor einigen Decennien in den Fabriken Englands. Aber in England ist die Familie organisirt, darum gibt es Männer,

---

[1] Colonel Stoffel, Rapports militaires. Avant-propos, p. XXIII.
[2] Lahaussois, L'armée nouvelle, p. 118 (bei Moreau, p. 195).

welche als Familienhäupter sich einschulen, um fähig zu sein, Ämter in
der Gemeinde zu verwalten; und bei dem Selfgovernment der Gemeinde
bietet diese wiederum einen günstigen Boden, auf welchem Staatsmänner
sich heranbilden, Staatsmänner, die nicht mit Phrasen, sondern durch
solide Enquêten und Zuziehung von Sachverständigen Politik treiben.
In Frankreich hat sich die Kunst, zu gehorchen, verloren, und in Folge
dessen gleichfalls die Kunst, zu regieren. Der Code civil entwindet den
Händen des Vaters das Scepter eines Familienhauptes; er erklärt ihn
für unfähig, die Verfassungsurkunde seiner Familie zu entwerfen. Wird
in Folge dessen der Vater diese Fähigkeit nicht wirklich verlieren? Wird
er sich nicht daran gewöhnen, vom Staate bevormundet zu sein? Man
behandle den Menschen als unmündig und er wird es werden. Wenn
aber die Masse der Familienväter sich nicht mehr für fähig erachtet, ihr
eigenes Haus zu bestellen, werden sie fähig sein, in der Gemeinde und
im Staate mit Umsicht und weiser Mäßigung zu regieren? Werden
sie nicht als selbstverständlich es ansehen, daß auch die Gemeinde auf
Schritt und Tritt vom Staate bevormundet wird? Und wenn schließ=
lich eine Spitze vorhanden sein muß, welche all' dieß Bevormunden von
Amtswegen besorgt, wo wird die Nation jene Männer finden, das
Staatsruder mit sicherer und entschiedener Hand zu leiten? Und das
einem Volke gegenüber, welches keine Disciplin kennt, welches, im Einen
Augenblick durch ein ganzes Beamtenheer über die Maßen eingeschnürt,
im nächsten Augenblick alle obrigkeitliche Gewalt von sich abschütteln möchte?

„Die Revolution," so erklärt selbst ein Renan, „hat eine Nation
geschaffen, deren Zukunft wenig gesichert ist, eine Nation, für welche
nur der Reichthum Werth hat, in welcher der Adel dem Untergang ge=
weiht ist. Ein Gesetzbuch, welches für einen idealen Bürger gemacht zu
sein scheint, für einen Bürger, der als Findelkind geboren wird, um
als Hagestolz zu sterben; ein Gesetzbuch, welches Alles nach Einem
Menschenleben berechnet, in welchem die Kinder dem Vater zur Last
sind, welches jegliches Werk für die Gesammtheit und für beständige
Dauer verbietet, in welchem die wahren moralischen Einheiten bei jedem
Todesfall sich auflösen, in welchem der Egoist, der sich möglichst von
allen Pflichten frei hält, als weise gilt, und Mann und Frau unter
gleichen Bedingungen in die Arena des Lebens hinausgestoßen werden;
in welchem das Eigenthum keinen moralischen Werth besitzt, sondern das
Aquivalent eines Genusses bildet, der sich stets zu Gelde abschätzen läßt:
ein solches Gesetzbuch, sage ich, kann nur Schwäche und Kleinheit ge=

bären. Mit ihrer armseligen Auffassung der Familie und des Eigen=
thums haben jene, welche in den letzten Jahren des 18. Jahrhunderts
den Bankerott der Revolution in so trauriger Weise liquidirten, eine
Welt von Pygmäen und Revolutionären geschaffen." [1]

Das sind die Früchte des Code civil! Mit jeder Generation
revolutionirt er die materielle Grundlage der Familie; er entvölkert das
Land, indem er die Eheleute zum Verbrechen anleitet; für die künftigen
Generationen macht er jede solide Erziehung unmöglich, denn er ent=
windet dem Vater jenes Scepter, welches ihm von Gott und Rechts=
wegen zukommt! Ob seine Bestimmungen in Wahrheit Anspruch auf
rechtliche Giltigkeit haben — dieß zu untersuchen bleibe einer späteren
Erörterung vorbehalten!

L. v. Hammerstein S. J.

Der Gehorsam gegen die menschlichen Gesetze.

II.

Im vorigen Artikel haben wir einen wesentlichen Unterschied nach=
gewiesen zwischen der Verbindlichkeit, welche aus einem giltigen Gesetze
erwächst, und zwischen der Pflicht, welche anläßlich eines ungiltigen
Gesetzes erwachsen kann; die erstere bleibt, so lange das Gesetz besteht,
die andere bleibt nur so lange, oder vielmehr tritt nur dann und nur
dort ein, wo und wann die äußeren Umstände so gestaltet sind, daß
das völlige Unbeachtetlassen oder der Widerstand gegen das Gesetz ein
höheres Wohl schädigen würden. Wer auf seinem Wege von einem
Räuber überfallen wird, hat das Recht, sein Leben gegen den unge=
rechten Angriff zu vertheidigen; und wenn auch der Räuber ein obrig=
keitliches Mandat vorwiese, das ihn mit diesem Angriff beauftragte, so
verlöre der Angegriffene dadurch nicht sein Vertheidigungsrecht. Das
wird wohl Niemand läugnen wollen. Wenn nun Jemand um seines
Glaubens willen, Gottes und Christi wegen, angegriffen würde und sich
zur Wehr stellte, so würde er freilich nicht, falls er unterläge, zu der

---

[1] Renan, Questions contemporaines, préface.

Zahl der Martyrer gehören; aber würde es immer Pflicht sein, sich wehrlos morden zu lassen? Die Pflicht zum Martyrium kommt anders=woher, als von dem ungerechten Angriffe eines Tyrannen; sie liegt vor=züglich in der Gott schuldigen Ehre, welche unter Umständen auch in ihrem Höhepunkte, der freiwilligen Dahingabe des Lebens für Gott, Pflicht werden kann. Eines Räubers, sei er auch von fürstlicher Hand gedungen, sich erwehren, ist an sich gewiß noch nicht ein Hintansetzen der göttlichen Ehre, noch auch ein Angriff auf die Auctorität oder ein Umsturz der öffentlichen Ordnung und Sicherheit. Oder wäre es ferner wirklich unerlaubt, der Unschuld beizuspringen, die im Namen des Ge=setzes geschändet werden sollte? Abgötterei mit einem Scheingesetz treiben, ist doch nicht erlaubt für den Menschen, so lange er noch einen Funken von Vernunft besitzt.

Die Kirche gebietet Gehorsam gegen die legitimen Anordnungen jeglicher Obrigkeit; sie verbietet Aufruhr und Rebellion; aber zum willenlosen Sklaven dem Gesetze gegenüber macht sie ihre Kinder nicht. Nach beiden Seiten hin ist in dieser Hinsicht höchst belehrend die be=rühmte, vor einigen Jahrzehnten erlassene Bulle Gregor' XVI. „Mirari vos". Das Hauptziel, welches diese päpstliche Bulle sich vorsteckt, geht dahin, den Geist der Ungebundenheit, sowie die Verachtung der Auctorität zu verurtheilen und auf die großen Übel aufmerksam zu .machen, aus welchen schließlich der planmäßig betriebene Umsturz der socialen Ord=nung als giftige Pflanze hervorwachse. Die gläubigen Kinder der Kirche werden hingewiesen auf die Worte des Weltapostels und auf das heroische Beispiel der ersten Christen — gewiß eine bedeutsame Lehre, um den gegen die gottgewollte Ordnung sich bäumenden Freiheitsschwindel zu dämpfen, aber auch eine Norm zur Unterscheidung des pflichtschuldigen und sündhaften Gehorsams! Die Worte des großen Papstes verdienen angeführt zu werden.

„Da Wir aber erfahren haben," heißt es, „daß durch Verbreitung von Schriften Lehren unter das Volk getragen werden, welche die schul=dige Treue und Unterwürfigkeit gegen die Fürsten erschüttern und die Brandfackel des Aufruhrs überall auflodern lassen, so muß die größte Sorge dahin gehen, daß die Völker nicht etwa verführt und vom Wege des Rechts abwendig gemacht werden. Mögen daher Alle es beachten, daß nach der Mahnung des Apostels ‚keine Gewalt ist außer von Gott; welche aber bestehen, sind von Gott angeordnet; wer sich daher der Ge=walt widersetzt, widersetzt sich der Anordnung Gottes, und diese Wider=

setzlichen ziehen auf sich die Verdammniß herab'. Darum ruft sowohl
göttliches als menschliches Recht laut gegen Jene, welche durch schänd=
liches Anstiften von Verrath und Aufruhr darauf ausgehen, die Treue
gegen die Fürsten zu brechen und dieselben von den Thronen zu stürzen.
Gerade deßhalb, um nämlich nicht einen solchen Schandfleck auf sich zu
laden, haben die ersten Christen, wie bekannt, selbst mitten unter der
Wuth der Verfolgungen sich dennoch sowohl um die Kaiser, als auch
um die Wohlfahrt des Reiches höchst verdient gemacht; das bekundeten
sie nicht nur durch die Treue, mit der sie pünktlich und bereitwillig die
Befehle erfüllten, welche der Religion nicht zuwiderliefen, sondern auch
deutlicher noch durch den Starkmuth, mit dem sie sogar ihr Blut in den
Schlachten vergossen haben. ‚Die christgläubigen Soldaten,' sagt der
hl. Augustin, ‚dienten dem ungläubigen Kaiser. Wenn es sich um
Christi Sachen handelte, dann anerkannten sie nur den Herrn, der im
Himmel ist; sie unterschieden den ewigen Herrscher vom zeitlichen Herr=
scher, und doch waren sie um des ewigen Herrschers willen auch dem
zeitlichen unterthan.' Diese Wahrheit schwebte jenem unbezwingbaren
Führer der thebäischen Legion, dem hl. Mauritius, vor Augen, als er
nach Bericht des hl. Eucherius so dem Kaiser antwortete: ‚Deine Sol=
daten sind wir, o Kaiser, doch aber — was wir mit Freimuth beken=
nen — Diener Gottes; und daher hat uns nicht unsere äußerste Lage,
in der es sich um unser Leben handelt, zum Aufruhr gedrängt. Siehe,
wir haben Waffen in den Händen, und doch widersetzen wir uns nicht,
weil wir es vorziehen, eher getödtet zu werden, als zu tödten.' Diese
Treue der ersten Christen gegen die Fürsten strahlt um so glänzender,
wenn man mit Tertullian erwägt, daß es zu dessen Zeit den Christen
nicht an Zahl und waffensähigen Schaaren gefehlt hätte, im Falle sie sich
als feindliche Macht hätten sammeln wollen. ‚Von gestern sind wir,'
so sind dessen Worte, ‚und all' das Eure ist von den Unsrigen ange=
füllt, die Städte, Inseln, Festen, Gemeinden, Versammlungen, das
Lager, die Führerstellen im Heere, der Senat, das Forum. Welchen
Krieg zu unternehmen wären wir, selbst bei ungleicher Truppenzahl,
nicht tauglich und schlagfertig gewesen, da wir doch so furchtlos dem
Tode uns preisgeben, wenn nicht unsere Lehre entgegenstände, nach der
es eher gestattet ist, hingeschlachtet zu werden, als hinzuschlachten. Wenn
wir bei unserer großen Zahl von euch weggezogen und in einen ent=
legenen Winkel der Erde ausgewandert wären, hättet ihr beschämt
dagestanden beim Verlust so Vieler, die doch immer Bürger waren, und

der Verlust derer, über welche ihr herrscht, wäre euch zur Strafe ge=
worden. Ohne Zweifel hätte die Öde, in die ihr euch versetzt gesehen,
euch erschreckt; ihr hättet vergebens gesucht, über wen ihr noch herrschen
könntet; mehr Feinde als Bürger wären euch geblieben; jetzt aber hat
gerade die Menge der Christen eure Feinde gemindert.' Diese hehren
Beispiele unentwegter Unterwürfigkeit gegen die Fürsten, zu welcher die
hochheiligen Vorschriften der christlichen Religion mit Nothwendigkeit hin=
drängen, verurtheilen den verabscheuungswürdigen Übermuth und Frevel
Jener, welche in maßloser Begierde nach frecher Zügellosigkeit nur dar=
nach streben, alle Rechte der Herrscher zu erschüttern und unter dem
Scheine der Freiheit den Völkern die Knechtschaft bringen."

Diese Worte sind klar genug. Mit demselben Ernste, mit welchem
die Auflehnung gegen die Obrigkeit gebrandmarkt wird, wird der Wider=
stand gepriesen, mit dem die Christen eine beharrliche, wenn man will,
hartnäckige Verweigerung des Gehorsams denjenigen Vorschriften entgegen=
setzten, welche göttliche Rechte verletzten. Sie waren gehorsam, so lange
sie es sein durften, heldenmüthig gehorsam, wohl oft weiter, als sie
mußten — denn der christliche Glaube erzeugt mit Nothwendigkeit heroi=
sches Tugendbeispiel über die Grenzen der Pflicht hinaus.

Somit werden wir wohl nicht jeden Gehorsam, welcher von den
Helden der Martyrerzeit geleistet wurde, in eine und dieselbe Kategorie
zu weisen haben. Es konnte ein pflichtschuldiger, aber auch ein nicht
mehr gerade schuldiger Gehorsam sein; und selbst unter den Umständen,
wo die Pflicht irgend welcher Unterwürfigkeit auf ihnen ruhte, war der
nächste Grund und der Gegenstand, welchem die Unterwerfung galt,
nicht immer die Vorschrift des Herrschers, sondern das sonst compro=
mittirte öffentliche Wohl.

Unter Festhaltung dieses schon früher erklärten wesentlichen Unter=
schiedes in der Verbindlichkeit und in dereu Grund, eines Unterschiedes,
welcher von der Giltigkeit oder Ungiltigkeit des Gesetzes abhängt, wollen
wir etwas näher die mehrfachen Fälle untersuchen, wann und unter
welchen Bedingungen ein Gesetz wirklich ungiltig ist.

Dieß ist erstens der Fall, wenn der Gesetzesinhalt gegen die
Forderungen des Sittengesetzes verstößt. Nach dem, was im vorigen
Artikel über diesen Punkt gesagt ist, können wir uns hier mit einigen
kurzen Andeutungen begnügen, welche auf das schon Gesagte zurückweisen.

Das Gesetz bewegt sich nur innerhalb des Rahmens dessen, was
Tugend sein kann. Etwas Gutes oder etwas möglicherweise Gutes

kann durch das Gesetz zum nothwendigen Bestandtheil der pflichtgemäßen
Tugendäußerungen gemacht werden; aber etwas Böses kann durch ein
Gesetz nie und nimmer in Gutes umgeschaffen werden. Jedes menschliche
Gesetz ruht in seinem tiefsten Grunde auf dem göttlichen Willen, welcher
die Aufrechthaltung der gesellschaftlichen Ordnung der Menschheit vorschreibt. Eine gegen die Forderungen des Sittengesetzes verstoßende Anordnung verletzt aber in flagranter Weise die gesellschaftliche Ordnung,
vergreift sich an dem höchsten Gute des vernünftigen Wesens, kann somit auf den Gotteswillen, welcher die Einhaltung der Ordnung erheischt,
nicht zurückgeführt werden. Der Ungehorsam gegen ein wahres Gesetz
ist eine Schädigung des Gemeinwohles der menschlichen Gesellschaft; aber
die Aufstellung eines den Sittenforderungen zuwiderlaufenden Gesetzes
ist eine noch tiefere Schädigung desselben. Nicht also derjenige, welcher
solchen Forderungen nicht nachkäme, sondern derjenige, welcher sie zu
stellen wagte, würde am Wohle der Menschheit, am Stützpfeiler jeglicher
Ordnung rütteln. Er schlüge daher seine eigene Auctorität in Trümmer
und untergrübe sein Ansehen, leider auch in anderen Dingen als in
denen, welche er unbefugt befiehlt.

Zweitens ist ein Gesetz ungiltig, wenn es wie immer dem ge-
bietenden oder verbietenden Willen eines höheren Obern entgegensteht.
Das ist immer der Fall, sobald es etwas gegen das Sittengesetz Ver-
stoßendes vorschreiben würde: aber es kann auch in anderen Umständen
der Fall sein. Bei ersterer Unterstellung ist es unmittelbar Gott selbst,
dessen höchstem Willen es entgegenstände; sonst ist es die höhere competente Auctorität. Treffend sagt hierüber der hl. Augustin: „Wenn
der Proconsul etwas gebietet, der Kaiser aber etwas Anderes, wer zweifelt daran, daß man mit Hintansetzung des Ersteren dem Letzteren gehorchen muß?" Er zieht dann aber auch den Schluß: „Also, wenn
der Kaiser etwas gebietet, etwas Anderes aber Gott, was müßt ihr
urtheilen? . . . Da verbietet eine höhere Gewalt als die des Kaisers.
Da muß es heißen: Entschuldige! du, o Kaiser, drohest mit Gefängniß;
Jener aber, Gott der Herr, mit der Hölle. Deßhalb gilt's alsbann,
den Schild des Glaubens zu erfassen, um alle feurigen Geschosse des
Feindes abzuwehren."[1]

Die Sache ist an sich so einfach und klar, daß bei bloß menschlichen
Verhältnissen der gegentheilige Befehl eines niederen Obern niemals als

---

[1] Serm. 62. (ed. Migne col. 421), alias 6. de verb. Dei.

Entſchuldigungsgrund für die Übertretung des klar erkannten Gebotes
des höhern Obern gilt — einen ſolchen Entſchuldigungsgrund nur anführen, hieße noch Hohn und Verachtung zum Ungehorſam hinzufügen.
Iſt Gott etwa weniger der höhere Obere auch des mächtigſten Fürſten,
als dieſer der höhere Obere eines Oberpräſidenten iſt?

Auf dieſen Grund der Ungiltigkeit von Geſetzen laſſen ſich auch
verfaſſungswidrige Anordnungen zurückführen. Auch da hat eine höhere
oder wenigſtens unverletzbarere Auctorität Schranken gezogen, welche
jedenfalls nicht einſeitig durchbrochen werden dürfen. Ruht die höchſte
Gewalt im Volk oder deſſen Vertretern in Verbindung mit der Regierung,
ſo läge in der That eine höhere Auctorität vor, welcher der Einzelne,
und welcher ſelbſt die höchſten Regierungsorgane ſich beugen müßten.
Aber auch da, wo der Schwerpunkt der oberſten Gewalt nicht in's Volk
verlegt wird, wäre jedenfalls die Regel anwendbar, daß eine contractliche
Verpflichtung in gewiſſem Sinne über beiden einzelnen Contrahenten ſteht,
ſo daß Keiner auf eigene Fauſt hin giltig etwas thun kann, was
der Übereinkunft widerſpricht. Eine Verordnung alſo, welche einer recht-
mäßig beſtehenden Verfaſſung zuwiderläuft, iſt ebenſo ungiltig und inhaltslos, wie die geſetzwidrige Anordnung eines übermüthigen Stadt-
rathes.

Doch können derartige zuletzt berührte Verordnungen auch auf den
dritten Grund bezogen werden, durch welchen Geſetze ſich als ungiltig
herausſtellen können, nämlich auf das höhere Recht des Untergebenen. Die
Möglichkeit der Annahme, daß eine geſetzliche Anordnung mit irgend
welchem Rechte des Untergebenen in Conflict komme, iſt ſelbſtverſtändlich.
Der Untergebene iſt dem Geſetzgeber gegenüber gewiß nicht rechtlos, ſonſt
müßte er ihm mehr noch als ein Sklave ſeinem Herrn angehören. Der
Einzelne hat nun einmal Rechte vor jeder menſchlichen Geſetzgebung, weil
er vor jeder menſchlichen Geſetzgebung Pflichten gegen Gott und gegen ſich
ſelbſt hat, weil er alſo nach einer gewiſſen Seite hin vollſtändig der Autorität des menſchlichen Geſetzgebers entzogen iſt. Wir können nicht oft
genug auf dieſe Wahrheit zurückkommen, weil mehr praktiſch noch als
theoretiſch dieſe Fundamentalwahrheit geläugnet und bei Seite geſchoben
wird. Der einzelne Menſch hat das unantaſtbare Recht, ſeinem ewigen
Ziele nachzuſtreben und das Leben dieſer Welt als ein Mittel zur Erreichung dieſes ſeines Endzieles in menſchenwürdiger Weiſe zu gebrauchen
und auszubeuten; er hat darum das Recht, die Dinge dieſer Welt gemäß
den Forderungen und Bedürfniſſen der menſchlichen Natur ſich anzueignen

und dienstbar zu machen, wiewohl unter Rücksichtnahme auf das Recht und die Bedürfnisse seiner Mitmenschen. Der Gesetzgeber hat diese Rechte zu respectiren, sie zu schützen, sie zu erweitern, und zum Schutze und zur Erweiterung der wichtigeren Rechte ist er befugt, unwesentlichere Rechte zuweilen zu vermindern, die Freiheit des Untergebenen in unwesentlicheren Dingen zu beschränken, so daß durch weise Beschränkung des Einzelnen in Einer Hinsicht demselben nach anderer Seite hin desto reichlicherer Vortheil und Sicherheit erwachse. Größere Opfer können nur mit Rücksicht nämlich auf die Nothwendigkeit für das Gemeinwohl dem Untergebenen auferlegt werden. — Natürlich ist der Fall von dieser Regel unabhängig, in welchem die Straffälligkeit eines Vergehens die Zufügung eines entsprechenden Übels erheischt. — Doch auch das Gemeinwohl steht nicht in feindlichem Gegensatz zum Privatwohl, obgleich es nicht nach jeder Richtung denselben Maßstab hat und deßhalb partielle Opfer nöthig machen kann. Also das steht wenigstens fest, und darauf kommt hier Alles an: die Befugniß des Oberen gegenüber den Unterthanen hat naturgemäß rechtliche Schranken. Als fehlbarer, sündhafter Mensch kann der Gesetzgeber diese nothwendigen Schranken durchbrechen; er kann factisch seine Untergebenen vergewaltigen, durch seine Befehle an dieselben eine Zumuthung stellen, welche eine Rechtsverletzung involvirt. Der Gesetzgeber begeht damit eine Verletzung des natürlichen Sittengesetzes, welches nach dem siebenten Gebote des Dekalogs jede Rechtsverletzung gegen Andere verbietet. Da aber für den Verletzten nicht an und für sich die Pflicht besteht, zur Rechtsverletzung seiner selbst auch selbsteigens die Hand zu bieten, so kann er auch trotz seiner Eigenschaft als Untergebener an sich nicht gehalten sein, zu dem von ihm geforderten Unrechte mitzuhelfen. Dennoch gestaltet sich das Verhältniß des Untergebenen zu der befohlenen Sache auders, als das Verhältniß des Oberu oder des Gesetzgebers. Letzterer darf den Befehl nicht geben, und er versündigt sich, so oft und so lange er denselben aufrecht hält; der Untergebene aber braucht zwar nicht dem Gesetze als solchem Folge zu leisten, er darf es aber manchmal thun. Ist nämlich das in der gesetzlichen Forderung enthaltene Unrecht gegen ihn selbst gerichtet, so steht es ihm frei, wenn keine höheren Rücksichten obwalten, auf sein Recht zu verzichten und das Anbefohlene zu thun; kehrt sich aber das Unrecht gegen Andere, dann wäre an sich auch für den Untergebenen die Erfüllung des an ihn gestellten Befehls eine Verletzung der Gerechtigkeit und ein Bruch des Sittengesetzes, folglich unerlaubt, wie das

Ansinnen von Seiten des Gesetzgebers unerlaubt ist. Nur kann es sich ereignen, daß der dem Untergebenen angethane Zwang, mitzuwirken zur Rechtsverletzung gegen einen Dritten, in minder wichtigen Fällen ihn von einer Versündigung befreit, um die vergrößerte Schuld auf den eigentlichen Urheber der Rechtsverletzung zu werfen. Wann und in= wieweit dergleichen abgezwungene Mitwirkung erlaubt, wann hingegen auch sie durchaus unerlaubt sei, ist eine zu verwickelte und von detail= lirten Umständen abhängige Frage, als daß hier deren nähere Behandlung am Platze wäre.

Weil es nun wohl erlaubt, in der Regel aber nicht geboten ist, auf sein eigenes Recht zu verzichten, so mag durch diese Bemerkung etwas Licht auf jenes Axiom geworfen werden, welches die Pflicht des Gehorsams für den Untergebenen auf einen recht kurzen und praktischen Ausdruck zu bringen sucht in den Worten: „Dem Obern ist in allen erlaubten Dingen zu gehorchen." Häufig wird diese Regel so erklärt, daß der Untergebene überall da, wo er gehorchen darf, auch gehorchen müsse. Im Ganzen und Großen mag das richtig sein, aber in der vollsten Ausdehnung ist es nicht richtig. Häufiger noch ist es wahr, daß der Untergebene da, wo er gehorchen darf, entweder auch gehorchen müsse, oder wenigstens besser handle, wenn er gehorche; aber auch selbst mit der Einschränkung enthalten die Worte keine ausnahmslose Regel. Wo es sich einzig und allein um mein persönliches Recht handelt, welches durch den mir zugestellten Befehl verletzt würde, darf ich gehorchen, muß aber an und für sich nicht gehorchen; es kann in manchen Fällen besser sein, zu gehorchen, es können jedoch auch da die Verhältnisse so liegen, daß selbst dieß nicht einmal behauptet werden kann. Richtiger wird die Regel, daß dem Obern in allen erlaubten Dingen gehorcht werden müsse, wenn die erlaubten Dinge in ihrer vollen Ausdehnung nicht auf den Untergebenen, sondern auf den Obern bezogen werden. Wo es nämlich dem Obern erlaubt ist, eine Sache zu befehlen und diesen Befehl hinsichtlich seines Gegenstandes aufrecht zu halten: da entspricht freilich auf Seiten des Untergebenen die Pflicht, gehorchen zu müssen.

Ein vierter Grund, aus welchem die Ungiltigkeit eines Gesetzes oder Befehles hergeleitet werden kann, ist die Incompetenz des Befehlenden oder Gesetzgebers. Wenn es einem Gerichtshof an Competenz in einer vorliegenden Sache fehlt, dann kann er keinen giltigen Urtheilsspruch fällen. Würde er es dennoch wagen, so müßte der Spruch cassirt werden. Ein wesentlicher Unterschied wird nicht hereingebracht, wenn man statt

„Urtheilsſpruch" — „Geſetz oder Verordnung" ſetzt. In beiden Fällen
iſt's, als ob ein launiger Knabe, der ſich im Spiele geſtört ſieht, decre=
tirte: Von nun an hat der Rhein eine Meile ſeitwärts zu fließen.
Der Strom wird fließen wie früher; der Schöpfer der Natur wird zum
Commando des kleinen Trotzkopfes das Jawort ſeiner Allmacht nicht
hinzufügen. Noch weniger wird er ſeinen heiligen Willen, der allein
eine Verpflichtung ſchafft oder aufrechthält, unter die willkürlichen Ver=
ordnungen eines incompetenten Geſetzgebers ſetzen. So unbedingt und
willenlos dem Willen des Höhergeſtellten anheimgegeben zu ſein, ent=
ſpricht nicht der Freiheit und ſittlichen Würde des Menſchen. Bei aller
Betonung der Pflicht der Unterwürfigkeit, welche die heilige Schrift und
die Lehre der katholiſchen Kirche ſo ſehr einſchärfen, bei aller Anpreiſung,
mit welcher die Kirche nach der Lehre ihres göttlichen Meiſters den voll=
kommenern gottgeweihten Gehorſam empfiehlt und in ſo vielen Orden
beſtändig verkörpert, iſt eine ſo unbedingte Dahingabe ſeiner ſelbſt nie
aufgeſtellt worden. Die obige Erklärung der Unterwürfigkeitsregel iſt
nur die Wiedergabe deſſen, was ſich in allen katholiſchen Lehrbüchern
findet. Die Gottesgelehrten nehmen bei der Aufſtellung dieſer Regel
keinen menſchlichen Obern, weder weltlichen noch kirchlichen, aus. Wenn
auch die Verwirklichung derſelben zu Ungunſten eines Obern bei mehr
als Einer Auctorität durchgängig nicht Platz greift, und wenn ſie
geſchähe, mit Grund ſtarken Verdacht von Anmaßung erweckte; ſo wird
doch nur rückſichtlich Eines Obern und bei Einem Gegenſtande die
Möglichkeit einer Überſchreitung der Befugniß und deßhalb auch die
Möglichkeit einer erlaubter Weiſe ſtattfindenden Weigerung des Gehor=
ſams von Seiten der Untergebenen unbeſtreitbar geläugnet: dieſe Eine
Ausnahme iſt der Papſt, wenn er als infallibler Richter und Lehrer
auftritt in Sachen, welche Glaubens= und Sittenlehren berühren.

Der hl. Thomas von Aquin findet in der Nichtbeachtung eines
ungiltigen Befehls ſo wenig etwas Ungehöriges, daß er es geradezu
der Tugend des Gehorſames zuertheilt, nicht bloß den giltigen Befehl
zu vollziehen, ſondern auch beim ungiltigen Befehle je nach Umſtänden
den Vollzug zu verweigern. „Der Gehorſam," ſagt er nämlich, „iſt
eine moraliſche Tugend [1]; ſie hält die Mitte zwiſchen dem Zuviel und
Zuwenig. Das Zuviel liegt vor, wenn Jemand demjenigen gehorcht,
dem er nicht gehorchen ſollte, oder in den Dingen, in welchen er es

---

[1] II. II. q. 104. a. 2.

nicht darf ... Darnach hält die Tugend des Gehorsams die Mitte zwischen den nach beiden Seiten hin möglichen sündhaften Ausschreitungen." Später sagt derselbe heilige Lehrer (a. a. O. art. 5): „In zweifacher Weise kann es geschehen, daß der Untergebene seinem Obern nicht in allen Stücken gehorchen muß: 1. wegen eines entgegenstehenden Befehls des höheren Obern, 2. wenn etwas befohlen würde, was nicht zum Bereiche der Vollmacht des Obern gehörte." Auf diese beiden Punkte lassen sich auch schließlich alle Fälle zurückführen, deren wir oben vier unterschieden haben.

Aus katholischem Lager noch mehr Gewährsmänner als Zeugen der beständigen kirchlichen Lehre über unseren Gegenstand anzuführen, wäre höchst überflüssig. Selbst die extremen Vertheidiger einer staatlichen Allgewalt konnten sich der Überzeugung nicht verschließen, daß es Fälle geben könne, in welchen der Untergebene ein Gesetz nicht zu beobachten brauche. Wenn sie auch in der Bestimmung der einzelnen Fälle ihre eigenen Wege gehen: das Princip einer unbedingten Unterwerfung, eines unbedingten Gehorsams gegen Gesetze, auch gegen Staatsgesetze, — in welchen nach dem Begriffe mancher glaubensloser Gelehrten die gesetzgebende Gewalt in denkbar höchster, absoluter Weise sich realisirt, — ist wenigstens gebrochen.

Rob. v. Mohl spricht sich in seinem „Staats= und Völkerrecht" über die Frage aus, „ob eine Verpflichtung zum Gehorsame gegen eine formell giltig erlassene, aber dem Inhalte nach mit einem höheren Gebote in Widerspruch stehende Staatsanordnung bestehe". Er unterscheidet drei Fälle (S. 66): „1. den Fall eines mit einem göttlichen Gebote oder einer Forderung der absoluten Vernunft im Widerspruche stehenden Verfassungsgesetzes; 2. eines mit der positiven Verfassung des Staates nicht zu vereinbarenden, im übrigen tabellosen einfachen Gesetzes; 3. einer gegen ein Gesetz verstoßenden Verordnung der Staatsgewalt". Freilich will der citirte Verfasser sich nur über den zweiten Fall ausführlicher verbreiten, und geht deßhalb leichten, um nicht zu sagen leichtsinnigen Schrittes, über die erste Frage hinweg. Von dem Standpunkte aus, auf welchen er sich der Religion gegenüber stellte, hat er recht gethan, nicht viel darüber zu sagen. Bedauerlich ist jedenfalls ein Passus, wie folgender (S. 68): „Auf eine allgemein angenommene Lösung dieser Frage ist wohl nie zu rechnen, weil immer selbst unter gewissenhaften und ruhig überlegenden Männern der eine die nächste Pflicht in der Erhaltung der staatlichen Ordnung,

als der Bedingung jeder menschlichen Entwicklung, erblicken wird, der
andere dagegen die Erfüllung der von ihm erkannten sittlichen und gött=
lichen Gebote allen sonstigen Rücksichten vorsetzen zu müssen glaubte" —
als ob da noch Gewissenhaftigkeit sein könnte, wo man bereit ist, Gott
und die Sittlichkeit dem Staate als Opfer zu schlachten! Doch mehr
Samenkörner von Wahrheit finden wir in der Beantwortung der
zweiten Frage über die Bedeutung der verfassungswidrigen Gesetze. Wir
begnügen uns mit der Wiedergabe einiger Sätze (S. 93): „Was end=
lich das Verhalten einfacher Bürger zu verfassungswidrigen Gesetzen
betrifft, so finden unzweifelhaft die Grundsätze über den bloß verfassungs=
mäßigen Gehorsam hier ihre volle Anwendung. Für den einzelnen
Staatsgenossen ist die Verfassung die oberste, allen andern Befehlen und
Anordnungen vorgehende Norm, welcher er unbedingten (!) Gehorsam
schuldig ist; die Gesetze haben für ihn nur insoferne Giltigkeit, als sie
verfassungsmäßig sind; die Verordnungen endlich, wenn und soweit ihnen
Gesetzmäßigkeit zukommt. Die Anmuthung, einem verfassungswidrigen
Gesetze zu gehorchen, ist für ihn ein Widerspruch an sich, und daß der
Bürger nicht bloß die Form, sondern auch den Inhalt der Gesetze einer
Prüfung zu unterziehen, nach dem Ergebnisse derselben aber zu handeln
berechtigt ist, ergibt sich einfach daraus, daß er ein Recht nicht bloß
auf die Form, sondern auch auf den Inhalt der Verfassung hat." —
Würde der Leser statt „Verfassung" „göttliches Gebot" setzen: so würde
zur allgemeinen Giltigkeit des Citats nicht viel zu ändern sein.

Es erübrigt nun aber, die Einreden zu hören und zu prüfen, welche
gegen die Zulässigkeit einer etwaigen Gehorsamsverweigerung von Seiten
der Untergebenen erhoben werden können und werden. Alle laufen auf
einen der beiden folgenden Gründe hinaus. Entweder stellt man 1. den
Staat als die Quelle alles Rechtes im eigentlichen und vollen Sinne
des Wortes auf; dann kann freilich von Unrecht, das der höchste
Factor im Staate begeht, keine Rede sein, und darum auch nicht von
einem berechtigten Ungehorsam gegen dessen Gesetze; oder aber 2. man
bestreitet wenigstens, daß irgend Jemanden ein entscheidendes Urtheil
über die Zulässigkeit oder Unzulässigkeit von Gesetzen oder ähnlichen
Verfügungen einer Obrigkeit zustehe, daß mithin, so lange ein Gesetz
bestehe, so gehandelt werden müsse, als ob es rechtskräftig und ver=
bindlich sei.

Ist es nun wirklich wahr, dem ersten Einwande gemäß, daß es
des Staates bedurfte, um irgend welches Recht zu schaffen, daß vor ihm

und ohne ihn kein Recht bestehe? Mit dem Nachweis der Wahrheit dieses Satzes wäre in der That unsern Ausführungen die Wurzel ab= geschnitten. Doch das dürfte so rasch nicht zu befürchten sein. Will der Staat uns so zu seinen Schuldnern machen, so dürfen wir ihn wohl um die Vorweisung des Schuldbriefes fragen und Beweise für dessen Echtheit verlangen. Um das oben Gesagte noch specieller hervor= zuheben: haben nicht die Eltern ein Recht auf ihre Kinder, hat der Be= sitzer nicht ein Recht auf seine Güter, der Herr ein Recht auf die Dienst= leistungen seiner Knechte, jeder Mensch ein Recht auf seine Erhaltung? Hat nicht Jeder ein Recht zu leben, sich zu ernähren, sich geistig zu bilden? Oder hat der Staat wirklich erst alle diese Rechte gegeben? Hat er seinen Bürgern wirklich Leben, Wasser und Luft zugetheilt? Hat vielleicht Gott, der Herr des Lebens, welcher freilich ein unbeschränk= tes Recht auf alle Menschen und auf den ganzen Menschen hat, ohne andere Schranken in dessen Ausübung, als welche seine unendliche Heiligkeit und unwandelbare Weisheit selber ziehen, hat etwa Gott, sagen wir, den Schuldbrief, nach welchem der Mensch Alles ihm dankt, seinen Händen entfallen lassen, oder ihn dem Staate eingehändigt?

Wenn aber der Staat nicht die Quelle alles Rechtes ist, so liegt die Folgerung nahe, daß der Einzelne Rechte besitze, welche jedenfalls der Staat nicht eigenmächtig angreifen kann. Der Ausdruck „Rechtsschutz" mag immerhin nicht die exacte Formel sein, um den Inhalt der Aufgabe des Staates zu bezeichnen, es ist doch durch ihn die Hauptaufgabe des Staates ausgedrückt. Der Staat soll die Rechte der Einzelnen wahren, nicht zertreten; daher soll er auch nicht mehr Opfer an Einzelrechten fordern, als das höhere Wohl, das Gesammtwohl, an dem Alle in ihrer Weise theilnehmen, es erheischt. Natürlich können solche Opfer, welche der Staat durch seine Gesetze und Anordnungen auferlegt und wodurch er Freiheit und Recht seiner Angehörigen nach gewissen Seiten beschränkt, nicht mathematisch genau auf ein Minimum des Bedürfnisses gebracht werden; aber für bedeutende Excesse sind gewiß die Lenker des Staates und die Factoren der Gesetzgebung dem obersten und allgerechten Hüter alles Rechtes und aller Ordnung Rechenschaft schuldig.

Wir müssen uns aber hier noch mit einer Doctrin auseinander setzen, welche in mehr versteckter Weise schließlich auf dasselbe hinaus= läuft, wie die eben besprochene Lehre, welche in krasser Weise dem Staate die Eigenschaft einer höchsten Norm allen Rechtes verleihen möchte. Man gibt schon zu, daß es natürliche Rechte gebe, welche der Staat nicht

antasten dürfe; allein diese Rechte seien eben nur „idealiter" Recht;
erst durch den Staat werden sie „realiter" Recht. „Erst in und mit
solcher Einigung (nämlich zu einer Gesellschaft, welche die Macht hat,
Zwang auszuüben) wird das Recht, welches an sich idealiter, begriff=
lich, Recht ist, auch realiter Recht, weil erst dadurch die in seinem
Begriffe liegende Erzwingbarkeit realiter ausführbar wird. Eben damit
wird das naturrechtliche, begriffliche Recht zum positiv geltenden Recht.
Ihm sich zu unterwerfen ist Jeder verpflichtet, welcher in die ebendamit
zur Rechtsgesellschaft erhobene Einigung eingetreten ist, möge er frei=
willig sich ihr angeschlossen haben, oder von Natur, durch die Geburt,
ihr einverleibt sein. Es steht ihm zwar rechtlich zu, das Band zu lösen;
aber so lange er einer bestimmten Rechtsgesellschaft angehört, hat er dem
in ihr geltenden Gesetze zu gehorsamen. Denn da es Pflicht aller
Menschen ist, zur Aufstellung und Durchführung des Rechtes sich zu
einigen, so hat jede bestehende Rechtsgesellschaft ein unantastbares Recht
auf ihr Bestehen, und ist mithin berechtigt, jeden Angriff auf ihren
Bestand mit allen ihr zu Gebote stehenden Mitteln zurückzuweisen.
Nachdem einmal das Gesetz gegeben ist, hat mithin jeder Einzelne die
Pflicht, es zu befolgen, die Gesellschaft das Recht, seine Befolgung zu
erzwingen, selbst wenn das Gesetz dem Rechte an sich, dem Rechtsbegriffe,
nicht entsprechen sollte . . . Ebenso klar aber ist, daß jeder Einzelne
nicht nur das Recht hat, aus der Gesellschaft auszuscheiden, sondern
auch das Recht, weil die Pflicht, auf Abänderung des widerrechtlichen
Inhaltes des Gesetzes zu bringen." So Ulrici, Naturrecht S. 230.

Gewiß eine radicale Cur, um Gewissensbedrängnisse zu beseitigen!
Nur fatal, daß diese Sätze die Sittlichkeit einfachhin auf den Kopf
stellen. Es heißt im Grunde nichts anders als behaupten: Gewalt
geht vor Recht. Warum diese Anklage? Weil in den citirten Worten
dem, was der Idee des Rechts widerspricht, also dem Begriffe nach
Unrecht ist, vor dem, was der Begriff des Rechts und der Sittlichkeit
erheischt, der Vorzug gegeben wird einzig darum, weil jenes vom Staate
untersiegelt ist und von seinem eisernen Zwange gehalten wird. Wenn
so der Staat mit tyrannischem Fuß die Idee des Rechts, das „ideelle"
Recht niederstampfen kann, und wenn er in solcher Weise Gewissens=
zwang auszuüben hat, daß er die Untergebenen sogar zu klar erkanntem
Unrecht zu verpflichten befähigt ist, mag es auch von ihm in unerlaubter
Weise geschehen: dann sind schließlich so lange, als ein gewissenloser
Machthaber sich in seiner Macht sicher fühlt, Laune und Gewalt die

höchste Norm für die menschlichen Handlungen; ihr müssen so lange wenigstens Recht und Sittlichkeit weichen!

Die Unterscheidung zwischen ideellem und reellem Rechte wird hier in speciöser Weise auf die Spitze getrieben; während sie nur in einem gewissen Sinne Geltung beanspruchen kann. Wenn wir nämlich von dem, was das natürliche Gesetz schon als Rechtsnorm unabweisbar fordert, absehen, so gibt es noch Manches, was unter gewissen etwa realisirten Umständen als durchaus räthlich und den Bedürfnissen angepaßt erscheint, was aber erst durch eine höhere Auctorität zu einer bindenden Rechtsnorm gemacht werden muß. So ist es z. B. höchst angemessen, ja es kann sich bis zum Bedürfniß steigern, daß bestimmte Verträge nur unter genau fest= gesetzten Formalitäten ihre Giltigkeit haben. Aber mag es auch noch so sehr Bedürfniß geworden sein: so lange die competente Gesetzgebung nicht positive Bestimmungen getroffen hat, so lange ist keine bestimmte Vertragsschließungsform in das Rechtsgebiet übergegangen. Es mag also der Idee einer guten Rechtsordnung entsprechen, und in diesem Sinne „idealiter" Recht genannt werden, eigentliches und wirkliches Recht kann es aus sich nicht werden. Allein dasjenige, was das natür= liche Gesetz als nothwendige Forderungen im Concreten schon bestimmt hat, das ist nicht bloß ideelles, sondern wirkliches Recht. Selbst wenn pflichtvergessener und ungerechter Weise eine Gesellschaft oder eine Regierung dieses Recht nicht anerkännte, selbst wenn wegen ungerechter Rechtsverweigerung Manche solch natürliches Recht nicht geltend machen könnten: es ist und bliebe Recht. Nicht die factische Erzwingbarkeit, sondern die sittliche Befugniß zur Erzwingung gehört zu dessen Wesen. Es schwindet ja doch gewiß nicht dem Eigenthümer beßhalb das Recht, weil eine Diebsbande, die er nicht bemeistern kann, ihn seiner Habe beraubt — und doch, die factische Erzwingbarkeit liegt auch da nicht vor. Diese kann also zur Constituirung des Rechtes nicht erforderlich sein. Die sittliche Befugniß der Erzwingung kann aber vorliegen, nicht bloß wenn der Staat dieselbe gegeben hat, sondern auch vor ihm und unabhängig von ihm.

Aber „sittliche Befugniß!" Damit ist ein anderer wunder Fleck in der modernen Rechtsanschauung berührt. Die Rechtsordnung hat mit der sittlichen Ordnung nichts zu schaffen, hört man sagen[1]; oder es

---

[1] Unter Andern machen Endemann, Stinzing, und in jüngster Zeit der alt= katholische Chorführer v. Schulte der Kirche sogar den Vorwurf, sie habe die Lehre

seien Ordnungen, die sich wohl berührten und in enger Beziehung ständen, die aber doch durchaus geschieden bleiben müßten. Ist das richtig? Unterschieden müssen sie freilich werden, geschieden dürfen sie nicht werden. Mit demselben Grunde, nicht mehr und nicht weniger richtig könnte man sonst auch sagen: die Mäßigkeit hat mit der Sittlichkeit nichts zu schaffen. Das Recht ist eben Gegenstand der speciellen sittlichen Tugend, welche man Gerechtigkeit nennt. Das Rechtsgebiet gehört darum wohl zur sittlichen Ordnung, erschöpft diese aber nicht. Es kann eine Handlung Rechtsgegenstand sein und gegen die Regeln des Rechts gar nicht verstoßen, und dennoch kann sie unsittlich sein. Warum nicht auch? Kann doch auch eine Handlung gar nicht gegen die Norm der Mäßigkeit verstoßen und dennoch unsittlich sein. Dazu genügt, daß sie gegen irgend eine Tugend verstößt. Gegen irgend eine Regel aus vielen sich verstoßen, ist bekanntlich nicht dasselbe, als gegen eine bestimmte aus den vielen sich verstoßen. Bonum ex integra causa, heißt das bekannte Axiom, malum ex quovis defectu. Allein es kann nichts eine Rechtspflicht und zugleich in anderer Beziehung seinem Gegenstande nach unsittlich sein. Wäre letzteres der Fall, dann hörte es eben überhaupt auf, Pflicht zu sein, mithin auch zu den Rechts= pflichten zu gehören. Wohl aber kann es eine Rechtspflicht sein, einer Forderung, welche von Seiten des Fordernden nicht ungerecht, aber sonst unsittlich ist, nachzukommen. Eine Rechtsforderung nämlich, welche gegen andere sittliche Tugenden verstößt, welche mithin unsittlich ist, kann es sehr wohl geben, eine Rechtsforderung zu etwas Unsittlichem niemals. Der Rechtsforderung von der einen Seite entspricht aber die Rechtspflicht von der andern. Würde z. B. ein Reicher hartherzig genug sein, von einem Armen, der nicht gerade in der alleräußersten, doch aber in großer Noth wäre, eine Schuld sofort einzutreiben, so wäre das eine Rechtsforderung, es wäre zugleich auch eine unsittliche Forderung, weil gegen die ersten Pflichten der Nächstenliebe, es wäre aber gleich= wohl keine Forderung zu Unsittlichem. Würde derselbe Reiche aber etwa als Äquivalent der Zahlung für eine bestimmte Zeit die persön= lichen Dienste des Verschuldeten angenommen haben und nun als per=

über Recht und Sittlichkeit zum Unheile mit einander vermischt. Manche akatholischen Schriftsteller, unter ihnen z. B. Trendelenburg, sind freilich anderer Ansicht. Letzterer äußert sicher wahr, die moderne Trennung des Juridischen und Ethischen habe die Rechtsbegriffe entseelt. (Naturrecht 1868, S. 51 f.)

fönlichen Dienft zu feinen Gunften ein falfches Zeugniß oder einen
Meineid verlangen, fo wäre das eine Forderung zu Unfittlichem. Welcher
vernünftige Menfch, ungelehrt oder gelehrt, würde wohl fo verkommen
fein, daß er diefe Forderung zu einer Pflicht des Schuldners machte?
Ob aber eine Forderung in fo empörender Weife dem Sittengefetze
Hohn fpricht, oder in mehr verdeckter und nicht fo abftoßender Art,
das kann nicht einen folchen Unterfchied begründen, welcher berechtigte,
vom Princip abzufallen. Folglich wenn irgend etwas, was unter keinen
Umftänden oder wenigftens nicht unter gegebenen Umftänden fittlich
erlaubt ift, durch irgend ein Gefetz als zur Rechtsordnung gehörig firirt
würde, fo wäre das ein thörichtes und unmögliches Gebahren. Noch
fo viele Gefetze können an der ewigen Ordnung nicht mit Erfolg rütteln;
Gottes Verbot können fie nimmer zu einem wahren Gebot machen.

Allein wird nicht durch diefe Doctrin den Untergebenen ein Recht
über die Vorgefetzten eingeräumt und fomit der Anarchie Thür und
Thor geöffnet? Wäre nicht deßhalb eine eventuelle Ungiltigkeit des Ge=
fetzes in der Weife zu befchränken, daß der Gefetzgeber und feine Räthe
und Helfer allerdings Gott gegenüber verantwortlich wären, wenn fie, das
Siegel der Göttlichkeit gleichfam fälfchend, etwas vorfchrieben, worunter
die göttliche Unterfchrift zu fetzen Läfterung wäre; daß aber unterdeffen
für den Untergebenen die Pflicht des Gehorfams aufrecht bliebe, daß
er, die Verantwortung auf den Obern wälzend, ohne Urtheil oder gegen
fein eigenes Urtheil fich mit dem Gehorfam decken könnte und müßte?
In der That eine beftechende Regel, welche um fo mehr den Schein der
Wahrheit für fich hat, als fie nicht ohne ein Stück Wahrheit ift. Um
aber diefes Stück Wahrheit vom falfchen Scheine derfelben zu trennen,
wollen wir hier gleich die nöthige Unterfcheidung machen, um darnach
etwas näher ihre Anwendung zu befprechen. Die angeführte Regel ift
richtig für zweifelhafte Fälle, in welchen es nämlich zweifelhaft bleibt,
ob das Gefetz die zur Giltigkeit wefentlichen Momente, Sittlichkeit,
Rechtscompetenz u. f. w. verletze oder nicht. Wenn aber das Unrecht
des Obern oder des Gefetzes am Tage liegt, dann kann ein vernünftiger,
freier Wille, der als Herr feiner Handlungen auch deren Verantwort=
lichkeit trägt, nicht urtheilslos vorangehen, er kann fich nicht mehr un=
bedingt an den Willen eines Andern binden, noch auf diefen alle Zu=
rechnung fchieben. Daß aber auch für einen Untergebenen die fichere
Einficht in die Unfittlichkeit oder Ungerechtigkeit einer etwaigen Gefetzes=
vorfchrift möglich ift, kann doch am wenigften ein Gefetzgeber läugnen.

Die Urtheilsfähigkeit über Gut und Bös gehört zur Vernünftigkeit eines Wesens. Für wen aber werden denn die Gesetze gemacht? Doch nicht für unvernünftige Wesen.

Was die vorgeschützte Gesahr der Unordnung und Anarchie angeht, so können wir uns darauf beschränken, das zu verallgemeinern, was v. Mohl über den gerechtfertigten Ungehorsam gegenüber einem ver= fassungswidrigen Gesetze sagt, falls doch der Name Ungehorsam noch paßt: „Ebenso wenig ist die Einwendung durchgreifend, daß die Anerkennung eines Rechtes für jeden einzelnen Unterthanen, einem Ge= setze nicht zu gehorchen, weil dasselbe nach seiner subjectiven Ansicht verfassungswidrigen Inhaltes sei, zur Anarchie führe, indem keineswegs etwa bloß bei wirklich verfassungswidrigen Gesetzen Ungehorsam vor= kommen könne und vorkommen werde, sondern auch, sei es aus Unver= stand, sei es aus bösem Willen, bei den untadelhaftesten Anordnungen. Hier waltet ein grobes Mißverständniß ob. Das Recht des einzelnen Bürgers auf bloß verfassungsmäßigen Gehorsam ist keineswegs gleich= bedeutend mit einem Rechte, nach Belieben und ungestraft auch giltige Gesetze nicht zu befolgen, bloß weil er dieselben für ungiltig hält oder dieß wenigstens behauptet. Vielmehr bleibt ein Jeder sämmtlichen giltigen Gesetzen unterworfen und hat er die ganze Schwere der Strafgewalt des Staates, sowie dessen Recht und Macht, eine unmittelbare Befolgung der Befehle zu erzwingen, zu erfahren, wenn er unbefugt den Gehorsam verweigert."

Diese Worte gelten nicht bloß bei speciell verfassungswidrigen Ge= setzen, sondern von jedem Gesetze, welches der rechtlichen oder sittlichen Ordnung zuwiderläuft. Nur sehen wir ganz ab von dem Schutzmittel, welches v. Mohl sowohl für den Staat als für die einzelnen Staats= angehörigen in der schließlichen Schlichtung des Conflictes durch die Richter findet; wir überlassen darum dem Staate, wenn es ihm und seinen Beamten absolut gefällt, mit roher Faust das Recht zu erdrücken, die Untergebenen weit wehrloser zur Vergewaltigung. Solch' rohe That können wir nicht abwenden; nur bestreiten wir das Recht dazu. Es wäre und bliebe eine Unterdrückung weit himmelschreiender, als wenn ein herzloser Betrüger die Noth eines Armen zur Erpressung benützt und zugleich durch Gewandtheit oder einflußreiche Stellung die Ver= folgung der Gerechtigkeit zu hemmen weiß; hier handelt es sich vielleicht um nothwendige Güter, aber um Güter der niedrigen Ordnung, dort aber um die nothwendigen Güter der geistigen, der höchsten Ordnung, um den Versuch, den Menschen mit seinem eigenen Gewissen und mit seinem Schöpfer zu entzweien.

Zum bessern Verständniß dessen, was wir behaupteten, daß nämlich die Gefahr zur Anarchie oder Störung der öffentlichen Ordnung nur eine imaginäre sei, wenn auch das subjective Ermessen des Untergebenen beim Gehorsam Platz greifen darf, wollen wir noch etwas näher eingehen auf die allgemeine Lehre der Theologen, nach welcher sie erklären, wie weit dem Untergebenen ein Urtheil über die Befehle des Vorgesetzten zustehe.

Als allgemeiner Grundsatz gilt ihnen zunächst das Axiom: der Obere hat die Präsumtion für sich, daß er die richtigen Schranken einhalte. Daher bestimmen sie durchgängig: In zweifelhaften Fällen ist zu Gunsten des Obern zu entscheiden, und die Pflicht des Gehorsams von Seiten des Untergebenen aufrecht zu halten. Der hl. Alphons v. Liguori, gewiß für jeden katholischen Leser eine maßgebende Auctorität, drückt sich in folgender Weise aus (lib. 1. n. 100): „Wenn man Umgang nimmt von der Frage, ob der Untergebene gehalten sei oder nicht, zuvor eine Untersuchung anzustellen über die Erlaubtheit der befohlenen Sache, so ist es davon abgesehen, die allgemeine Lehre der ältern wie der neuern Theologen, daß in zweifelhaften Fällen, wo also die Sündhaftigkeit nicht sicher ist, dem Obern der Gehorsam von den Untergebenen geschuldet werde.“

Doch wenn auch die Präsumtion für den Obern ist, so bewirkt dieselbe doch nicht so viel, daß der Untergebene immer blindlings gehorchen muß. Wenn einmal für jeden vernünftig Denkenden die Ungerechtigkeit einer Vorschrift in die Augen springt, dann kann er doch nicht mehr blindlings für den Obern präsumiren. Selbst in Dingen, welche nicht auf den ersten Anblick unzweifelhaft ungerecht oder unerlaubt sind, hat die Präsumtionsgunst ihre Grenzen. Wenn von manchen kirchlichen Schriftstellern ein Gehorsam ohne Untersuchung empfohlen wird, dann setzen sie solche Obern voraus, welche bisher einen entschiedenen sittlichen Ernst bekundet haben, welche in gewissenhafter Weise vor einem Befehle mit sich oder Andern zu Rathe gehen, und deren größte Sorge es ist, in Unterwürfigkeit gegen jede höhere Auctorität, speciell der göttlichen, der auch sie unterstehen, ihren Untergebenen voranzuleuchten. Da ist freilich die Voraussetzung eines allseitig gerechten Befehles am Platze. Kann aber diese Voraussetzung in derselben Weise Platz greifen bei allen Obern, kann sie es z. B. bei allen gesetzgebenden

Factoren unserer und der nächstvergangenen Zeit, wie etwa der
Pariser Commune von 1871 oder der steuerverweigernden preußischen
Kammer von 1848 oder dem Stuttgarter Rumpfparlamente von 1849
u. s. w. u. s. w.? Wie ist eine strenge Gewissenhaftigkeit bei Solchen
möglich, welche kein Gewissen haben, noch haben wollen und höchstens
ihren eigenen Genuß oder ihren Geldsack zu ihrem Gott und zu ihrem
Gewissen machen? Ist es aber nicht möglich, daß auch Solche an's
Ruder gelangen? Man denke an die Bestrebungen mancher Gelehrten,
an die bei den Socialisten sich breit machende Glorificirung der Commune
u. s. w. Die Voraussetzung der Gerechtigkeit eines Gesetzes oder Befehles
ist so lange vernünftig, bis nicht schwerwiegende Indicien für das Gegen=
theil sprechen. Ist aber Letzteres der Fall, danu wäre es unvernünftig
und darum unverantwortlich, selbst bei zweifelhaft unerlaubten Dingen
ohne Weiteres des Obern wegen die Gerechtigkeit und Erlaubtheit des
Befehles vorauszusetzen. Möchte denn auch Jemand allen Ernstes behaup=
ten wollen, bei den Befehlen eines Nero, Caligula und ähnlicher gekrönter
Unmenschen wäre die Voraussetzung vernünftig gewesen, daß sie immer
nur Rechtes und Gutes befohlen hätten? Es können daher Fälle vor=
liegen, wo der Untergebene vor dem Gehorsam Umsicht und eigenes
Urtheil anwenden muß, um nicht durch unüberlegten und verwegenen
Vollzug des Befehls die Verantwortlichkeit auf sich zu laden.

Dieses Recht zur Prüfung, welche dem Untergebenen zugestanden
wird, und diese Pflicht, welche ihm obliegen kann, sind aber nicht zur
Störung, sondern zum Schutz der Ordnung. Weit entfernt also, die=
selben so weit zu treiben, daß die sociale Ordnung gefährdet werden
könnte, hat die kirchliche Doctrin immer daran festgehalten, daß schließlich
beim Zweifel über Erlaubtheit oder Unerlaubtheit eines höhern Befehls
dieser Befehl, nicht der Zweifel siege. Wenn daher der Untergebene nach
vernünftiger Erwägung und Prüfung, welche er je nach Umständen und je
nach seiner Fähigkeit über den Gegenstand des Befehls anstellte, kein sicheres
Urtheil über dessen Unerlaubtheit erzielen könnte, sondern zweifelhaft
bliebe; dann wäre er in der Regel nicht bloß vor Gott entschuldigt,
sondern sogar verpflichtet, dem Befehle nachzukommen. Da gilt die all=
bekannte Regel des hl. Augustin: „Ein Gerechter kann, wenn er viel=
leicht auch unter einem gottlosen Könige dient, mit Recht auf dessen
Befehl in den Krieg ziehen, falls es entweder gewiß ist, das Befohlene
sei nicht gegen Gottes Gebot, oder falls es ungewiß ist, ob es dagegen
verstoße; so daß möglicher Weise eine Ungerechtigkeit im Befehle den

König schuldig macht, die Ordnung der Unterthänigkeit aber den Krieger schuldlos bewährt."

Die Grenzpfähle des schuldigen Gehorsams weiter stecken, das Princip eines unbedingten Gehorsams, besonders den Staatsgesetzen gegenüber, proclamiren, wäre ein Hohn auf die sittliche Ordnung, ein Hohn auf Gott selbst, dessen heiligster Wille die sittliche Ordnung schirmt; wäre ein Deckmantel für die ungestörte Befriedigung der Leidenschaften und eine fruchtbare Pflanzstätte der willkürlichsten Despoten. Alles, was einer einflußreichen Menge und deren Günstlingen gefiele, könnte flugs in ein Gesetz gepfropft werden und wäre dann giltig und recht. Da hätte man einen Schild, an dem der Stachel des Gewissens sich vergebens versuchen und die Furcht persönlicher Verantwortung abprallen würde: „Die Verantwortung trägt der Staat." Aber man täusche sich nicht; Gott läßt sich nicht betrügen, und wenn er zu Gerichte geht, wird sein Richterarm nicht gegen das Gebilde eines abstracten Staates Luftstreiche führen, sondern schwer lasten auf jenen, die unter dem Schutze dieses Gebildes Unrecht zu Recht machen wollten. Der „Staat" kann weder das Gewissen des Einzelnen decken, noch die Schuldigen vor der ewigen Gerechtigkeit beschützen.

Aug. Lehmkuhl S. J.

Die jansenistischen Schwarmgeister.

(Fortsetzung.)

3. Der Diakon Paris, seine Wunder und die Streitschriften. — Die ganze Wundergaukelei hatte den Einen Zweck, die Jansenisterei interessant zu machen, sowie der Faction und ihren Ideen in den Augen des Volkes Ansehen zu verschaffen, als ob Gott selbst die Vertheidigung der von der Kirche unterdrückten Sache in seine Hand nehme. Um diesen Zweck zu fördern und der mangelhaften göttlichen Wunderkraft etwas nachzuhelfen, waren Marktschreier nothwendig, und diesem Beruf widmeten sich die jansenistischen Scribenten. Bis 1734 erblickten zehn verschiedene Sammlungen (Recueils) und Berichte über die großen Wunderdinge, die am Grabe des Paris sich zugetragen, das Tageslicht. Bis dahin zählte Erzbischof Languet in seinem Hirtenbriefe

72 Heilungen aus denselben zusammen, alle von jener Art, wie wir sie
bereits kennen, Wunder, welche die Lahmen sehen, die Blinden gehen
machten; ein großer Theil davon kommt auf Rechnung der Convulsionen,
von denen wir noch zn reden haben.

Besonders erregten drei Lebensbeschreibungen des Paris, welche
im Anfang des Jahres 1731, eine in Brüssel, die andern in Frank=
reich erschienen, große Aufregung. Der Widerstand gegen die Kirche
wurde hier als ein heiliges Werk gepriesen; die Heiligkeit des Paris
äußerte sich ihnen zufolge darin, daß er die Verdammung des Janse=
nismus als ein Geheimniß der Bosheit, als ein Werk des Antichrists
beweinte; er erscheint als ein Vorbild der Demuth wegen seines jahre=
langen Fernbleibens von den Sacramenten; die Jansenistenkirche von
Utrecht habe er als die vorzüglichste der Welt verehrt und solche Andacht
zu ihr gehegt, daß er sogar zu Fuß dorthin wallfahren wollte, wo so
viele Diener Christi als Flüchtlinge lebten. — Die Congregation des
Index in Rom zögerte nicht lange, solchen Machwerken die verdiente
Rüge zu ertheilen; das wahrscheinlich zuerst in Brüssel gedruckte Leben
wurde am 22. August 1731 öffentlich in Rom verbrannt und unter die
verbotenen Bücher gesetzt. Als dieser Act in Paris bekannt wurde, be=
fand sich das Parlament in den Ferien; aber die Sache schien dem
Generalprocurator so gefahrdrohend, daß er damit vor die Ferienkammer
(la chambre des vacations) trat und sie mit zwei Beschwerden gegen
Rom unterhielt, deren erste ein Decret gegen den Bischof von Montpellier
betraf, die zweite das besagte Verbot. Das Leben des Paris, sagte er
in Bezug auf das letztere, sei zwar außerhalb des Reiches und ohne
Approbation erschienen, aber ein römisches Decret dieser Art sei eigent=
lich nur ein Gutachten, dürfe darum kein Ansehen im Lande Frankreich
genießen und auch nicht verbreitet werden. Der Beschluß des Gerichts=
hofes am 28. September 1731 lautete, das Decret müsse eingeliefert
werden, die Bischöfe und Geistlichen dürften ohne Genehmigung des
Königs, die aber noch vom Parlament einregistrirt sein müsse, keine
Bullen, Breven oder Decrete von Rom annehmen, die Drucker und
Verkäufer derselben verfielen einer Strafe von 5000 Livres und ver=
lören ihren Gewerbeschein [1].

Unter den französischen Bischöfen verurtheilte be la Fare von
Laon zuerst am 1. December 1731 diese scandalösen Lebensbilder; ihm

---

[1] Clef du Cabinet 55. p. 340.

folgte am 30. Jannar 1732 der Erzbischof von Paris mit einem Verbot, unter Excommunication dieselben zu lesen oder zu behalten, und erklärte jeden dem Paris erwiesenen Cult neuerdings als unerlaubt; derjenige von Cambrai that dasselbe am 23. Juni, indem er zugleich in einer langen Abhandlung die Ziele, sowie die Geschichte der Jansenisten, ihre unehrlichen Mittel, Verleumdungen und Betrügereien enthüllte, und die Unhaltbarkeit ihrer Wunder bewies, die auf ein Haar denjenigen ähnlich seien, welche die Camisarden vordem in den Cevennen gewirkt hätten. Mehrere andere Bischöfe thaten gleiche Schritte gegen die Biographien des Diakons. — Der Diakon hatte noch einen Bruder am Leben, Hieronymus Nikol. Paris, Vicomte de Muire und Mitglied des Parlaments, der ebenfalls ein so frommer Mensch war, daß er beständig einen Bußgürtel trug und ausgemergelt in Folge seiner Buße am 17. August 1737 als guter Appellant im Geruch der Heiligkeit verstarb; die Polizei hatte danu einige Mühe, zu verhindern, daß er, von den Jansenisten canonisirt, ebenfalls Wunder wirkte. Dieser parlamentarische Herr faud, die Bischöfe hätten seine Familienehre sehr verletzt, weil sie seinen Bruder nicht unter die Heiligen aufnehmen wollten, die Wallfahrten und Andachten zu ihm verböten und seine Wunder nicht für sehr ächt hielten; er reichte darum am 28. März 1732 eine Klage gegen die jüngste Verfügung des Erzbischofs von Paris beim Parlamente ein, damit Bentimille wegen öffentlicher Beschimpfung exemplarisch bestraft würde. Das Parlament hatte zwar nicht wenig Luft, an dem Erzbischof seinen sectirischen Muth auszulassen, aber der König erließ mit dem Staatsrath am 3. Mai eine Ordonnanz, welche allen Unterthanen verbot, in der Angelegenheit der Wunder des Paris an das Parlament und an die königlichen Gerichtshöfe sich zu wenden, diesen selbst aber, in die Sachen sich einzumischen, weil der König das Erkenntniß darüber sich vorbehalte [1].

Der Erste, welcher einen regelmäßigen langen Kampf gegen die jansenistischen Wunder insgesammt unternahm, war Bernard La Taste, Prior des Mauriner-Convents der Weißmäntel (Blancs-Manteaux) in Paris und seit 1739 Titularbischof von Bethlehem. Seit dem 15. April 1733 begann er in einer Reihe von Briefen, die er bis 1740 fortsetzte und auf 21 brachte [2], die jansenistischen Schaustücke zu beleuchten und

---

[1] Das. 56, S. 417.
[2] Theologische Briefe an die Vertheidiger der Convulsionen und anderer Wunder dieser Zeit.

zu widerlegen. Es gehörte kein geringer Muth zu einem solchen Unter=
nehmen, denn die fromme Secte hatte ganze Ladungen der infamsten
Satiren, Verleumbungen und Verfolgungen gegen Jeden in Bereit=
schaft, der sie und ihre Schändlichkeiten anzutasten wagte. Nachdem
Colbert seine „Pastoralinstruction über die göttlichen Wunder zu Gun=
sten der Appellanten" am 1. Februar 1733 veröffentlicht hatte, ergriff
auch der Erzbischof von Sens die Feder und publicirte am 25. De=
cember 1734 eine sehr lange (334 und LXIV Quartseiten haltende)
„Pastoralinstruction über die vorgeblichen Wunder des Diakons von
St. Medard und über die Convulsionen an seinem Grabe". Dieses
Werk erregte großes Aufsehen und noch größern Zorn, denn der uner=
schrockene Languet zerriß mit unbarmherziger Hand das Trugwerk, wel=
ches die Jansenisten um jedes einzelne Wunder errichtet; er zeigte die
Nichtigkeit der von den Pariser Pfarrern gemachten Vorspiegelungen,
lüftete den Schleier von ihren schmachvollen Convulsionen und zeigte
ganz Frankreich unwiderleglich die heillose innere Zerklüftung der Appel=
lantensecte.

Diese Schrift verdroß die bekannten 23 Pfarrer von Paris in der
innersten Seele; sie glaubten sich beschimpft, obgleich der Erzbischof ihre
Handlungsweise nicht als Lüge und Betrug, sondern sehr gelinde nur als
Leichtgläubigkeit bezeichnet hatte. Sie reichten deßhalb am 5. Mai 1735
beim Parlament Appell gegen den Bischof ein nebst einem Gutachten,
welches ihnen zehn dienstfertige Advocaten ausgestellt hatten; darin
beweisen sie „unwiderleglich", daß die vier unter Noailles erprobten
Wunder ächt, daß sie selbst keine Sectirer seien, daß also der Erzbischof
sie beschimpft und verleumdet habe. Um zu zeigen, wie wenig Glauben
der Erzbischof in seinen Erzählungen verdiene, bringen die Herren fol=
gende Thatsache vor: er habe behauptet, eine angeblich geheilte Kranke
in Malesherbes in seiner eigenen Diöcese Sens sei in Folge der Con=
vulsionen gestorben; nun aber habe sich diese Person am 24. December
1734 mit ihrer Familie vor dem königlichen Notar gestellt, um sich
nicht nur ihr Leben, sondern auch ihre rüstige Gesundheit officiell be=
zengen zu lassen. In der That hatte Languet die erwähnte Sache
erzählt und eine gewisse Maria Prisson hatte vom Notar in Augerville
die besagte Lebensversicherung erhalten; indessen hatte Languet weder
diese Prisson noch eine andere Person genannt, jetzt aber brachte er
das Zeugniß des Pfarrers und des Arztes, daß am 22. August 1733
Louise Marchaudon in Folge der Convulsionen in Malesherbes gestorben

sei [1]. Die Klage der 23 Pfarrer hatte keinen Erfolg vor dem Parlament, kam aber in Rom am 20. Juni 1736 auf den Index. Was den Pfarrern nicht gelingen wollte, — die Ehrenrettung des Paris und seiner Wunder und die Widerlegung des Erzbischofs, — das versuchte in aller Stille ein halber Narr, der damals in den abgelegenen Bergen der Auvergne als Verbannter wohnte.

4. **Die Convulsionen in St. Medard.** — Das Gerücht von den Wundern in St. Medard zog begreiflich eine Menge Volkes hin, sogar die höchsten Stände waren dort vertreten. Am 17. August 1731 fuhr die Prinzessin Conti mit drei Wagen vor, um mit diesem Aufzug eine Novene zu beginnen, die sie unternommen, damit sie von ihrer Blindheit befreit würde; es war dieses eine pompöse Verhöhnung des erzbischöflichen Verbotes, aber die Prinzessin blieb nach mehreren Novenen so blind wie zuvor. Im December kam Ludwig von Bourbon-Condé, Graf von Clermont, damals noch Abbé, späterhin als General durch seine Niederlage bei Crefeld und als einer der ersten Großmeister der Freimaurer bekannt, mit einem Gefolge von mehreren Lakaien ebenfalls auf den Kirchhof. Rollin, ein großer Verehrer des Paris, welcher eine der früher erwähnten französischen Ausgaben seiner Lebensbeschreibungen redigiren half, gehörte zu den eifrigsten und ausdauerndsten Pilgern, die man in St. Medard sah.

Bis dahin war nur Jubel und Triumph unter den Jansenisten wegen der Gnadenströme und Wunder, deren sie Gott gewürdigt hatte, und es schien, als seien sie ein Herz und eine Seele; es kam aber die Zeit, in welcher die reinen, klaren Wunder aufhörten und „Gott den Kranken die Gesundheit nur noch vermittelst der Convulsionen verleihen zu wollen schien"; dadurch kam ein Zankapfel in die Partei, die Freudigkeit verschwand und der fröhliche Kampf gegen die Katholiken verkümmerte. Merkwürdig beginnt diese Zeit fast genau mit dem 15. Juli 1731, an dem der Erzbischof von Paris verboten hatte, dem Diakon religiösen Cult zu erweisen, sein Grab zu verehren, oder zu seiner Ehre Messen lesen zu lassen. Wenige Tage darauf hatte Fräulein Aimée Pivert während einer Novene an dessen Grab die ersten Anfälle; aber das Aufsehen war noch gering. Interessanter wurde die lahme Näherin Harbouin, welche am 2. August am Grabe so heftige

---

[1] Languet, Mandement 25 mars 1736 contre la Requête de plusieurs curés de Paris, p. 81. Barbier, III. p. 20.

Krämpfe bekam, daß die Umstehenden meinten, sie habe die Fallsucht; ein zweites Mal fiel sie in noch heftigere Krämpfe, wurde aber auf dem Heimwege gesund; ihr Ruhm war gemacht, als die Bischöfe von Montpellier, Auxerre und der Ex=Bischof von Senez an diese Näherin Gratulationsschreiben richteten.

Der Haupt=Convulsionär erschien erst mit Abbé Bescherant. Dem gut orientirten Journal des Convulsions [1] zufolge bestand in Paris ein geheimes Actions=Comité der Jansenisten, welches neue Spektakelstücke aufzuführen beschloß, um die Wirkung des erzbischöflichen Verbotes zu schwächen; dieses verschrieb sich darum obigen Abbé von Bischof Colbert aus Montpellier. Dieser Abbé hatte ein kurzes Bein und hinkte, was nicht schön zu sehen war; deßwegen sollte der Diakon durch ein Wunder das Bein verlängern. Bescherant ging auf das Grab, begann am 13. August 1731 eine Novene, dann eine zweite, eine dritte, aber immer blieb das Bein zu kurz. Eines Tages beginnt der Abbé Grimassen zu schneiden, zu springen, zu hüpfen, selbst in der Luft zu schweben, heftiger und immer heftiger werden die Anfälle. Das weise Comité entscheidet, diese Convulsionen seien das Wunder, welches der Heilige wirkte. Der Abbé fand sich nun täglich, seit dem October sogar zweimal, zu bestimmter Stunde mit der Regelmäßigkeit eines Acteurs an dem Grabe ein; hier lag er dann rücklings in nicht sehr hoffähiger Toilette, jedesmal eine Stunde, wurde kreidenblaß, schäumte, erlitt heftige Stöße von unsichtbarer Hand und gerieth in solche Raserei, daß er von starken Männern gehalten werden mußte, wenn er in die Höhe sprang; einmal entwischte er ihren Händen und schlug beim Niederfallen mit solcher Wucht den Kopf auf die Marmorplatte, daß dieselbe mit Blut bedeckt wurde. Während dieser Vorgänge sangen dann fromme Jansenisten in ernster Trauermelodie die sieben Bußpsalmen, um die geziemende Andacht in dem anwesenden Publikum zu erzeugen; das Volk der Intelligenzstadt Paris strömte nämlich sechs Monate lang — so lange dauerten die Vorstellungen, bis zur Schließung des Kirchhofes — nach St. Medard hin, um in frommer Rührung an dem heiligen Schaustück sich zu weiden. Chirurgen erscheinen mit der Meßschnur, messen das Bein nach der Länge und Dicke, und o Wunder! es ist eine Linie gewachsen; erster Tag. Neue Messung, noch eine Linie zu=

---

[1] Verfaßt im Juni 1733 von der Appellantin Mol, einer Nichte des berühmten Appellanten Duguet, unter dessen Leitung die Schriftstellerin arbeitete.

wachs, zweiter Tag; ſo geht es fort ſechs lange Monate und täglich
wird das Bein länger. Da nun dieſes ein ſehr langweiliges Wunder
war, ſo erſchien am 25. October 1731 eine Abhandlung mit dem Beweis, daß langſame und ſchmerzhafte Wunder von Alters her doch als
ächte Wunder gegolten hätten. Hier indeſſen war weder ein langſames
noch ein geſchwindes Wunder zu ſehen, denn der Abbé hinkte trotz des
täglichen Wachsthums ſeines Beines immer gleichmäßig. Wir laſſen ihn
vorläufig auf dem Kirchhof, werden ihm aber nach Schließung deſſelben
wieder begegnen.

Sein Beiſpiel und mehr noch der Ruhm, der ihn umſtrahlte, ſeit-
dem das Comité den Bericht ſeiner Heldenthaten in alle Provinzen ver-
ſendet hatte, weckte bei ſehr vielen ſeiner Glaubensgenoſſen, beſonders
Frauenzimmern, die Begierde, ſich gleiche Lorbeeren durch Convulſionen
zu erwerben. Viele ſahen ihren Wunſch erfüllt. Jeden Tag hörte man
jetzt von neuen Wundern, neuen Heilungen, aber nur noch gewirkt
vermittelſt der Convulſionen. Damit die Operationen einen Anſtrich
von Solennität und officieller Regelmäßigkeit gewännen, wurden Secre-
täre aufgeſtellt, welche, die Uhr in der Hand, jede Bewegung, jede
Handlung, jede Tollheit auf die Minute genau verzeichneten. Indeſſen
geſchah es nicht ſelten, daß Perſonen in den Convulſionen oder an ihren
Wirkungen ſtarben, oder in Wahnſinn geriethen. Dr. Delan, ſelbſt
ein Appellant, zählte im Jahr 1735 eine Reihe ſolcher Fälle auf [1].

Schon frühzeitig gab es unter den Appellanten ſelbſt verſchiedene
Urtheile über den Werth und die Bedeutung dieſer Vorfälle. Während
ein Theil darin nur göttliche Werke ſehen wollte, meinten Andere,
etwas vernünftiger, die Convulſionäre ſelbſt zerfielen in drei Gattungen:
die erſte beſtände aus ſolchen Menſchen, welche in verwegener und
leichtfertiger Sehnſucht nach Wundern Gott verſucht hätten, darum gebe
Gott, ihnen zur Strafe, dem Teufel Macht über ſie; dahin rechnete
Abbé Duguet den Beſcherant, und fragte darum, ſobald er von ihm
hörte: „wo iſt der Beſeſſene?" Bei einer zweiten Klaſſe, meinten ſie,
ſeien die Convulſionen eine natürliche Wirkung der Einbildungskraft, der
Krankheit, der Selbſttäuſchung; eine dritte endlich beſtehe aus Betrügern,
welche aus Ehr- oder Gewinnſucht Kunſtſtücke aufführten. Dieſe verſchiedenen Urtheile enthalten den erſten Keim der Spaltungen unter den
Appellanten, von denen wir noch reden werden.

---

[1] Languet, Mandement 25 mars 1736, p. 86. n. 78.

Die Menge der Fanatiker, der Glücksritter, der Vorwitzigen wurde
nun von Monat zu Monat größer auf dem Kirchhofe von St. Medard;
ſelbſt aus den Provinzen ſtrömte das Geſindel nicht bloß freiwillig,
ſondern ſogar gerufen nach Paris, denn die Almoſen floſſen reichlich
für diejenigen, welche die Gabe hatten oder kannten, Convulſionen auf=
zuführen; und wer die Kunſt beſaß, recht widerliche Fratzen darzuſtellen,
wem etwa das Geſicht im Rücken ſaß, wer am heftigſten toben, am
unnatürlichſten die Glieder verrenken konnte, der war ſeines Erfolges
gewiß. Es muß ein intereſſantes Muſikconcert geweſen ſein in St.
Medard; die Einen miauten wie die Katzen, Andere bellten wie die
Hunde, wieder Andere ſchrieen, pfiffen, heulten nach allen Tonarten,
tauzten, hüpften, ſprangen unter den krampfhafteſten Verzuckungen,
und doch war in St. Medard nur erſt ein ſchwacher Anfang des Greuels.
Als dieſer Hexenſabbath immer größer, toller, ſcandalöſer wurde, in
Mode überzugehen drohte, und die Anſammlungen von Menſchen aller
Gattungen auf dem Kirchhofe zu wahren Aufläufen ſich geſtalteten, kam
nach ſechs Monaten endlich die Polizei dazwiſchen.

Paris hatte damals an Hérault einen energiſchen Polizeipräfecten,
der zwar ein Mann „de beaucoup d'esprit, auch ein honnête homme,
aber für ſeine Stelle zu ſtreng, und was noch ſchlimmer iſt, ſogar ein
Freund der Jeſuiten war"[1]. Hérault ſchickte im Anfang 1732 mit
Genehmigung des Königs 24 Aerzte und Chirurgen auf den Kirchhof;
das Urtheil derſelben lautete: was da geſchehe, ſei Betrug und Schwindel.
Fünf Haupt=Convulſionäre wurden hierauf in die Baſtille geſperrt und
zwiſchen dem 11. bis 23. Jannar von obigen Aerzten verhört, unter
denen mehrere den Janſeniſten ſehr gewogen waren. Der erſte Con=
vulſionär, Peter Gontier, erklärte vor Hérault und den Aerzten, er habe
Convulſionen ſobald er wolle, und er erbot ſich, ſogleich in ihrer Gegen=
wart ſolche aufzuführen, was er auch meiſterhaft vollbrachte. Sobald
er jedoch frei wurde und erfuhr, die Factionschefs würden ihm ſpätere
Unterſtützung verſagen, erklärte Gontier, ſeine Ausſagen vor dem Polizei=
präfecten ſeien falſch geweſen, ihm bloß aus Furcht entſchlüpft und die
Convulſionen vor demſelben ſeien ihm nur ganz zufällig, ſcheinbar zur
Beſtätigung ſeiner Lüge gekommen. Dem Comité gefiel dieſe ſelbſtver=
nichtende Sprache des Gauners ſo wohl, daß es ihn im Triumph nach
St. Medard auf das Grab führen ließ, wo er einen in dieſem Sinne

---

[1] Barbier, I. p. 405.

aufgesetzten Act ausfertigen mußte, den beinahe alle Anwesenden unter=
zeichneten. Ein anderer Gefangener, Joh. Fiet, Koch im Collegium von
Navarra, wurde am 18. Januar vernommen und gestand ebenfalls, er
habe die Convulsionen freiwillig hervorgebracht, deßgleichen am 19. Ja=
nuar eine Frau Namens Taffiaut und der Metzgerburfche Pierre Lahire;
der Grund zu diesem Schwindel sei gewesen, weil dafür bezahlt werde.
Nur der stotternde Herr Maupoint, der in der ganzen Faction als ein
Heiliger erster Klaffe galt und in den Convulsionen sich besonders aus=
gezeichnet hatte, behauptete, dieselben seien unfreiwillig und befielen ihn
jedesmal, wenn er bete; schließlich jedoch verrieth er sich selbst und
wurde gerichtlich des Betruges überführt.

Auf Grund dieser Untersuchungen erließ der König am 27. Januar
eine Ordonnanz: „Da nach dem einstimmigen Urtheil der Aerzte die
Convulsionen nichts Uebernatürliches enthalten, somit offenbar nur darauf
angelegt seien, das Volk zu betrügen; da auch die Zusammenkünfte in
St. Medard Diebstahl und scandalöse Ausschweifungen erzeugten, so
solle der dortige Kirchhof geschloffen werden und alle Versammlungen in
den anliegenden Straßen, Plätzen und Häusern verboten sein." Diese
Ordonnanz wurde in der Frühe des 29. Jannar von Hérault ausge=
führt, und Hérault war von Stunde an der verrufenste und gehaßteste
Mann in ganz Paris nach dem Berichte der Janseniften. Sobald es
Tag geworden, füllte sich die Medarduskirche mit den frommen Ver=
ehrern des Diakons, welche zusammen weinten und fluchten über den
Greuel, der dem Heiligen widerfahren; aber Hérault hatte sich trotzdem
als größerer Wunderthäter erwiesen denn Paris; urplötzlich nämlich
hörten alle Convulsionen an dieser Stätte auf, nur ein 16jähriges
Mädchen, Debrage, hatte noch einige Anfälle am 22. Februar, wurde
aber sofort in's Gefängniß abgeführt, um dort geheilt zu werden.

Die janseniftisch= und wunder=gesinnte Geistlichkeit von St. Medard
wurde entfernt, ein neuer Pfarrer eingesetzt, dem aber der Kirchenvorstand
nach Möglichkeit das Leben verbitterte. Ein einziger „guter Priester",
d. h. Jansenist, war noch gelaffen worden, der Vicar Niquet; es konnte
nicht fehlen, daß Paris für denselben Wunder that. Eines Tages
im October 1732 verschwand ihm die hl. Hostie nach der Wandlung,
lange suchte man sie vergeblich, endlich wurde sie unter einer Kirchen=
bank gefunden; das war ein neuer klarer Beweis, wie sehr die Appel=
lanten den wahren Glauben hätten. Wunder geschahen noch in Menge;
die janseniftische Kirchenzeitung berichtete am 24. Februar 1732, es

hätten sich seit der Schließung des Kirchhofs schon 20 ereignet, darunter
besonders dieses, daß zwei Männer, die heimlich in der Nacht den Leib
des hl. Diakons entfernen wollten, selbst (vom Teufel?) seien fortge=
tragen worden. Die Jansenisten hätten wirklich nicht ungern den Leich=
nam in ihre Gewalt gebracht, aber zwölf Gensdarmen bewachten den
Kirchhof gegen Überfall; auch die Regierung scheint den Plan gehegt
zu haben, die Überreste des Diakons an einem dem Publikum unbe=
kannten Ort zu begraben; wenigstens legte im Februar Herr Paris,
der Bruder des Diakous, bei dem Erzbischof, dem Generalprocurator
und dem Polizeipräfecten im Ganzen zehn amtliche Verwahrungen gegen
eine vermuthete Ausgrabung ein.

Seit der Schließung des Kirchhofes wurde Abbé Bescherant nach
dem Beschluß des Comité täglich in Begleitung hoher Herrschaften nach
der Kirche von St. Medard gefahren; doch hatte er hier keine Convul=
siouen mehr, sondern nur zu Hause. Während er am 23. Februar von
seiner Wallfahrt nach Hause zurückkehrte, wurde er von dem Polizeichef
Duval abgefaßt und nach St. Lazare gebracht, wo er bis zum Juni
bleiben mußte. Diese ganze Zeit hindurch ruhten die Convulsionen (die
Kirchenzeitung verglich diese Ruhe mit dem Schweigen Christi vor Herodes);
sobald er wieder frei war, kamen dieselben neuerdings zum Vorschein. In
seiner Haft mußte er sich einer Untersuchung unterwerfen; 13 beeidigte
Ärzte und Chirurgen der Universität beschrieben am 18. April 1732
den Zustand des Abbé so, daß an demselben keine Änderung, namentlich
nicht in Rücksicht des kurzen Beines, vorgegangen sei. Unter den Chi=
rurgen befand sich auch Morand, der den Abbé schon zweimal früher,
im August und September 1731, untersucht und über dessen dama=
ligen Zustand eine Beschreibung gegeben hatte; diese älteren Zeugnisse
mit dem neuen verglichen, zeigen auffallend, wie stationär alle Convul=
siouen den Abbé gelassen hatten. Gleichzeitig mit Bescherant wurden
noch einige andere Convulsionäre verhaftet, wie der taubstumme Marquis
de Légal und der Ritter Folard; Letzterer, der sich als militärischer
Schriftsteller und besonders durch seine Commentare zu Polybius einen
solchen Namen erworben hatte, daß sogar Friedrich II. von Preußen
über ihn ein Werk mit dem Titel „L'esprit du chevalier de Folard"
verfaßte, erhielt die Weisung, sich von Paris weg nach Vernon zurück=
zuziehen.

5. Die Hausconvulsionen. — Mit der Schließung des Kirch=
hofes in St. Medard hörte zwar der öffentliche theatermäßige Unfug

der Convulsionen auf, aber nur um desto frecher, empörender, ausge=
lassener und unmoralischer in Privathäusern hervorzutreten. In geheimen
Winkelversammlungen, die regelmäßig zu bestimmten Tagen und Stunden,
gewöhnlich Abends oder während der Nacht, von Eingeweihten und Freun=
den der unheimlichen Secte gehalten wurden, spielten meistens junge
Personen beiderlei Geschlechts, jedoch in überwiegender Zahl Mädchen,
die Rolle von Convulsionären. In Paris allein sollen 6—700 dieser
Taschenspieler oder Besessenen (denn beide Gattungen waren reichlich
vertreten) sich gefunden haben, Leute jeglichen Standes, Alters und Ge=
schlechtes. Mit Psalmengebet, damit der Hohn einer religiösen Handlung
nicht fehle, wird die Versammlung regelmäßig eröffnet; die Actrice fällt
dann plötzlich in wahre oder verstellte heftige Krämpfe, wälzt sich auf der
Erde, thut die merkwürdigsten Sprünge, schwebt mehrere Minuten lang
ohne Stütze einige Fuß hoch in der Luft, stellt das Leiden Christi mit
empörender Frivolität dar, redet in fremden Sprachen, prophezeit, weis=
sagt den Untergang der Kirche, die Ankunft des Elias, die Bekehrung
der Juden, fügt sich selbst die schauderhaftesten Qualen mit lächelndem
Munde zu, fleht die Anwesenden an, ihr Linderung und Labung zu
gewähren durch unmenschliche Schläge, Stöße, Fußtritte auf die empfind=
lichsten Theile des Körpers, läßt mit schweren eisernen Ketten die wuch=
tigsten Arme auf sich loshämmern, findet ·aber jeden Schlag zu sanft,
zu schwach, und steht nach allen diesen Operationen frisch da und ohne
Ermattung, als wäre nichts geschehen. Dann werden in gottesläster=
licher Profanation die heiligen Mysterien von Weibern unter dem Bei=
stand jansenistischer Geistlichen gefeiert, Weihen gespendet, die Religion
verspottet, der Papst und die geistliche Auctorität verhöhnt, die scham=
losesten Orgien als religiöser Cult aufgeführt: waren doch sehr viele
dieser Convulsionärinnen aus St. Pelagie entronnen, einer Anstalt, in
welche verdächtige Frauenzimmer eingesperrt wurden. Wir wollen über
diese Dinge, soweit es sich thun läßt, einige Details beibringen.

Fräulein Lebrun, ein 18jähriges Mädchen, fing zuerst an, Ende
Februar 1732 in geschlossenen Kreisen Convulsionen zu haben, täglich
zweimal je während vier Stunden, Morgens und Abends von 5—9 Uhr.
Dieselbe hatte schon früher gegen Kopfweh in St. Medard Vorstellungen
gegeben, denn die Mutter, eine große Verehrerin des Paris, hatte ihr
solches befohlen auf Geheiß des hochverehrten P. Boyer. Dieser P. Boyer,
ein Oratorianer und Appellant der äußersten Linken, war so glücklich,
den Bußgürtel des Paris zu besitzen, genoß darum hohes Ansehen, und

28*

konnte allerhand Wunder wirken, namentlich die Convulſionsgabe verleihen; zudem hatte er ſchon früher „Seufzer einer über die Zerſtörung
von Port-Royal betrübten Seele" geſchrieben, eines der drei Leben des
Diakons Paris verfaßt, ſowie auch das beſonders verdienſtliche Werk
„Parallele zwiſchen der Lehre der Heiden und der Jeſuiten", welches
ſogar den Provinzialbriefen Pascals an die Seite geſetzt wurde. Es
konnte nicht fehlen, daß die junge Lebrun unter ſolcher Direction bald
eine perfecte Convulſionärin wurde; ihre Krämpfe, Purzelbäume, Dar-
ſtellungen des Leidens Chriſti in den Haus-Conventikeln waren ſo
wichtig, daß eigene Schreiber alle ihre Handlungen und die Zeitdauer
jeder einzelnen derſelben genau verzeichneten, und daß P. Boyer es
nicht unter ſeiner Würde hielt, bei dieſen Scandalen als Präſident zu
functioniren.

Seit dem Monat April 1732 tauchten zwei unzertrennliche Freun-
dinnen als berühmte Convulſionärinnen auf. Roſalie und ihre unter
dem Namen der „Unſichtbaren" (l'invisible) bekannte Freundin
hatten in St. Pelagie, wohin ſie nicht wegen Heiligkeit gelangt waren,
die Gabe der Convulſionen erlangt; wir werden uns aber hüten, die
Art derſelben zu beſchreiben, die allzu ſehr mit dem früheren Leben der
Beiden harmonirte. Das hinderte aber die Janſeniſten nicht, in ihnen
zwei wunderbare Werkzeuge Gottes zu verehren, denn in dieſem Punkte
waren die Herren trotz ihrer angeblichen Sittenſtrenge nicht wähleriſch.
Gegen Ende des Jahres 1732 prophezeiten die beiden Frauenzimmer,
ſie würden drei Tage lang in todtähnlichem Zuſtande daliegen und dann
auferſtehen. Sie ſterben; Experte kommen, befühlen Arme und Beine,
dieſelben ſind ſtarr, kalt und ſteif; ein Geiſtlicher kommt, betaſtet un-
bemerkt den Fuß, er iſt warm und biegſam wie bei anderen Menſchen.
Woher kommt dieſer Unterſchied? Antwort: Es geſchah aus Ehrfurcht
für den Prieſter. Ein kleines Kind wird von ſeiner Mama hingeführt,
um das große Wunder zu ſehen, geräth aber in ſolchen Schrecken über
Alles, was es ſicht, daß es laut aufſchreit; das macht der „Unſichtbaren" ſolchen Spaß, daß ſie, ihren Tod vergeſſend, hell auflacht. Der
Arzt Gontier fühlt der Roſalie den Puls, er ſchlägt ſtark und geſund;
er ſticht ihr mit einer Nadel in die Hand, und ein lauter Schrei iſt
die Antwort der Todten. Viele janſeniſtiſche Geiſtliche umſtehen das
Todtenbett; endlich ſchlägt es Mitternacht von Samſtag auf Sonntag,
und plötzlich ſtehen die Todten auf und ſprechen. In Jubel darüber
wird das Tedeum angeſtimmt und in alle Provinzen das große Wunder

berichtet. Die Auferstehung ist aber vier Stunden früher geschehen, als sie angesagt war; was bedeutet das? Das ist ein Geheimniß, antwortet die „Unsichtbare", übrigens wird Bruder Hilaire die fehlenden Stunden ersetzen, denn auch er wird drei Tage todt sein und noch vier Stunden darüber.

Dieser Bruder Hilaire, aus ritterlichem Stande, ein gewandter Convulsionär, nahm die erhaltene Aufgabe freudig an, allein die Lebens= lust war so stark, daß er nur 24 Stunden todt blieb. Seine eigentliche Berühmtheit verdankt dieser Bruder indessen einem sacrilegischen Act. Um sich gegen eine Familie, die ihn im Februar 1733 gastlich aufge= nommen, dankbar zu erweisen, vollzog er an einer Convulsionärin, ge= nannt „die Bellende", die er daselbst gefunden, eine Art Wiedertaufe, und taufte hierauf ebenso die Herrschaft und das ganze Hausgesinde. Die Sache wurde später von den meisten Jansenisten abgeläugnet, von andern aber als ein neues Wunder Gottes verherrlicht, als ein Ge= heimniß und als Vorbild der neuen Kirche.

Das Convulsionswerk stand unter der Oberleitung des öfter er= wähnten Comité; hier wurde bestimmt, welche Personen die wirklichen Convulsionen hätten, wie weit die sogen. secours zulässig seien u. dgl. Dieses Comité gewährte den beiden Fräulein Restan und Danconi den Preis, denn sie hätten die „Fülle der Convulsionen und ihre Entschei= dungen seien maßgebend in allen Zweifeln und Gewissensfällen". Restan machte von dieser Erklärung reichen Gebrauch, ertheilte Rath und Auf= schlüsse für die Vergangenheit, Gegenwart und Zukunft, denn sie hatte prophetischen Geist. Sie war es, die dem Bruder Augustin, jenem Ganner, von dem wir schon gesprochen, weissagte, er sei der Vorläufer des Elias; sie wiederum erklärte, als die Schandbarkeiten dieses Bruders schon ruchbar wurden, so daß er sogar beim Comité darüber in Miß= credit fiel, „es sei derselbe Geist, der den Augustin wie sie selbst an= treibe; werde er verworfen, so müsse auch sie verworfen werden". Das war sehr richtig, aber die Herren schlossen, also sei Augustin schuldlos und seine Vergehen seien hohe prophetische Thaten, mystische Vorbilder der Zukunft. Welcher Ehrenmann kann diese Dinge in ihren Einzel= heiten studiren und dabei die Inquisition verwünschen? Die Danconi ging in ihren gotteslästerlichen Freveln so weit, daß sie die Messe cele= brirte, und es fanden sich Priester, die ihr dabei dienten, ihren Segen begehrten, sich von ihr die Füße waschen ließen und bis zu der Äußerung verstiegen, man könne nicht satt werden, die Würde und Majestät zu bewundern, mit der sie die heiligen Geheimnisse feiere. Andere Convulsionärinnen segneten die jansenistischen Abbés und legten ihnen die Hände auf, während diese devot mit gefalteten Händen vor ihnen auf den Knieen lagen.

Die Nonnen vom Calvarienberg zu Paris, welche der Vertraute Richelieu's, der bekannte Kapuziner Joseph, gegründet, waren der Jansenistensache schwärmerisch ergeben. Eine junge Pensionärin, für welche die Mutter schon längst die Gnade der Convulsionen fruchtlos erfleht hatte, erhielt endlich in diesem Kloster durch den Abbé Fernonville, einen verschrobenen Figuristen, die ersehnte Auszeichnung nebst dem Privileg, die Convulsionen auch Anderen mittheilen zu können. Im September und October 1732 gewährte sie das große Geschenk neun Mitpensionärinnen, indem sie dabei einen neuen, die Firmung nachahmenden Ritus anwandte, sie niederknieen ließ, ihnen die Hände auflegte und dabei sprach: „Empfanget das Siegel des heiligen Geistes." In einer „Ekstase" des folgenden Monats weissagte sie, der Prophet Elias werde in der Nacht vom 21. auf 22. November im Hotel zum „Großen Hirschen" in Paris absteigen und sofort in ihr Kloster kommen. Abbé Fernonville und noch ein anderer Abbé wollten die Ehre haben, den Propheten zuerst zu empfangen, erwirkten sich also mit vielen Bitten die Erlaubniß, jene Nacht im äußeren Sprechzimmer des Klosters zubringen zu dürfen; die Prophetin, ihre Schülerinnen und einige Nonnen harrten im inneren. Welch' ein Erstaunen, als der Postwagen ausblieb und Elias nicht erschien!

Man sollte glauben, dieser Abbé und die Convulsionspartei hätten sich durch dieses mißlungene Gaukelspiel, welches nicht geheim blieb, beschämt und verlegen gefühlt; nicht im mindesten, denn dafür war Vorsorge getroffen. Das Comité, die Elite der Partei, hatte schon früher erklärt, das Convulsionswerk sei ein so großes, umfassendes Werk, daß es alle Geheimnisse, alle Figuren der heiligen Schrift, alle Geschicke der Kirche von ihrem Anfang bis zum jüngsten Tage zu repräsentiren und vorzubilden habe; es sei darum nothwendig, daß viele falsche Prophezeiungen und unechte Wunder in demselben unterlaufen, um dadurch das, was krankhaft sei, in der Kirche darzustellen. Der Oratorianer Gennes († 1748), ein fanatischer Vertheidiger aller Convulsionäre, gesteht die bizarren Lächerlichkeiten, die falschen Prophezeiungen, die alle Begriffe von Ehrbarkeit verletzenden Schändlichkeiten, die Blasphemien, die in diesem Werke sich zeigten, die Verirrungen gegen den Glauben und die

Moral; aber all' dieſer Miſchmaſch, gepaart mit den großen und er=
habenen Dingen, die ebenfalls dabei zu Tage träten, müſſe nach den
Grundſätzen beurtheilt werden, welche die Convulſionäre angäben; dieſe
aber lehrten, daß ſeien göttliche Werke, lauter Figuren, welche die gegen=
wärtige Verwüſtung der Kirche, aber auch ihre baldige Herſtellung an=
deuteten. Poucet, der eigens aus Holland nach Paris zurückgekehrt
war, um ſich von den großen Wundern Gottes in den Convulſionen
zu überzeugen und ſie zu fördern, gab einem holländiſchen Doctor im
Februar 1733 den Auftrag, Alles zu ſammeln, was im Leben der Hei=
ligen „Kindiſches, Extravagantes, ſelbſt Unanſtändiges vorkomme, um
dadurch die Vorurtheile des einfältigen Volkes zu beſchwichtigen“.

Faſt Alles, was wir bisher von den Convulſionären geſagt, zeigt
uns eine Baude von Betrügern, Schwindlern und Glücksrittern; es iſt
indeſſen ſchwer, vielleicht unmöglich, alle Erſcheinungen auf abſichtlichen
Betrug zurückzuführen. Schon damals, als die Schauſtücke noch in
St. Medard gegeben wurden, hatten viele Convulſioniſten ſolche Krampf=
anfälle, daß ſie ſich ſelbſt mit Fäuſten, mit Stöcken und Eiſenſtangen
grauſam zerſchlugen und zerarbeiteten, um ſich wirklich oder angeblich
Linderung zu verſchaffen. Indeſſen reichten ihre eigenen Kräfte nicht
aus, ſich ſo wuchtige Schläge zu verſetzen, daß ſie hinreichend Linderung
fühlten; deßwegen wurden, beſonders von den Frauen, nervige Männer=
arme in Anſpruch genommen, um ſich dieſen Dienſt leiſten zu laſſen;
dieſe Hilfeleiſtungen ſind unter dem Namen der secours bekannt.
Seitdem die Hausconvulſionen begannen, nahmen dieſe secours einen
barbariſchen und unmenſchlichen Charakter an, und dennoch behaupteten
die damit Verarbeiteten, Labung, Wonne und Troſt aus denſelben zu
ſchöpfen, und man ſah ſie, ſobald die Convulſionen vorbei waren, friſch
und kräftig, ohne Erſchöpfung oder Ermattung aus denſelben hervorgehen.

Eine Perſon Namens Lacroſſe ließ ſich während ihrer Convul=
ſionen von einem Manne während einer halben Stunde mit Fäuſten
auf die Bruſt ſchlagen; dann hämmerten vier Männer ebenfalls mit
den Fäuſten ihr auf den Kopf. Ein anderes Mal legte ſie ſich auf die
Erde und erhielt mit einem ſo dicken Scheite Holz, daß es mit beiden
Händen gehalten werden mußte, bei 2000 Schläge auf die empfindlichſten
Theile des Körpers, ſelbſt auf das Geſicht. Wiederum ſtellen ſich zwei
Männer hinter ihr auf, an eine Mauer gelehnt, und zwei vor ihr, alle
mit dicken Knüppeln bewaffnet; dann geht das Ballſpiel an, die erſten
ſchlagen ihr mit ſolcher Kraft auf den Rücken, daß ſie den Vormännern

zugeworfen wird, dieſe thun dasſelbe, werfen ſie rückwärts, bis ſie beider=
ſeits ermatten. Dann wird ſie auf die Erde gelegt, mit einem Brett
auf der Bruſt, und ein Mann ſtampft ſie, um größere Kraft zu er=
langen an einem Kamineiſen über ihr ſich ſtemmend, wie „Trauben in
der Kelter" eine halbe Stunde lang; endlich werden ihr vier kleine
Brettchen um den Kopf gelegt, ein Seil wird darum gewunden und
dieſes mit einem Stock ſo lange zuſammengedreht, bis die Kraft verſagt,
weiter zu winden. Die ſchon angeführte Schriftſtellerin Mol, die den
Convulſioniſten ſo wenig als ihr Onkel Duguet geneigt war und gerne
deren Betrügereien enthüllte, verſichert die Wahrheit dieſer Thatſachen.

Eine Dienſtmagd, Niſette, im Hauſe des reichen Kaufmanns
Chrétien, fiel ſeit dem 9. März 1733 in Convulſionen, über welche
ein ſehr umſtändliches Journal geführt wurde. Einige Züge genügen.
Dieſelbe ließ ſich 16 Minuten lang in einer Drehkurbel wälzen, mit
vier ſtarken Stöcken auf den Kopf ſchlagen, dann die Wippe geben,
d. h. man zog ſie mit einem Stricke in die Höhe und ließ ſie plötzlich
niederfallen. Sie verlangte, daß 15 Perſonen gleichzeitig ſie mit Füßen
träten, ſpäter ſtanden ſogar 23 Männer mit je einem Fuß auf ihr,
indem dieſelben dieſes Stehen durch Anlehnen an andere Gegenſtände
ermöglichten. Wenige Tage ſpäter wurde Niſette, ihr Hausherr nebſt
zehn bis zwölf andern Perſonen ergriffen und in die Baſtille abgeführt.

Fauſtſtöße und Stockſchläge zu Tauſenden gehörten bei dieſen Wahn=
ſinnigen zu den Alltäglichkeiten. Andern Convulſionären trat die Zunge
ſchwarz und geſchwollen drei Finger lang während einer Viertelſtunde
zum Munde heraus. Man muß dieſe Dinge — noch lange nicht die
ekelhafteſten — erwähnen, um darnach den Fanatismus und die Ver=
ſunkenheit, nicht dieſer elenden Creaturen, ſondern der Partei, ihrer
Protectoren und Vertheidiger zu ermeſſen; — und dennoch finden ſich
in deren Zahl hochgeſtellte und ſehr gebildete Perſonen, die noch fort=
fuhren, in dergleichen Ausſchweifungen, Kindereien und Lächerlichkeiten
göttliche Wunderwirkungen entdecken zu wollen.

Daß Würde und Anſtand hier keine Stelle fand, verſteht ſich von
ſelbſt, aber die secours beſtanden ſehr häufig in geradezu ſchändlichen
Handlungen. Eines Tages beſchloß das Comité einſtimmig, mörderiſche
und unmoraliſche Hilfeleiſtungen dürften nicht angewandt werden; aber
das war ein Wort in den Wind, denn die Convulſionäre waren ein=
geſtandenermaßen die höchſte, weil inſpirirte Auctorität, und dieſe fuhren
fort, wie früher die nämlichen Dienſte zu fordern; und das galt dann

als ein Beweis, dieselben seien nothwendig in der Art, wie sie ver=
langt wurden.

Eine eigene Gattung Convulsionäre waren die Avaleuses, deren
Hauptkunst darin bestand, gewisse unverdauliche Gegenstände, die der
Mensch sonst nicht als Nahrung gebraucht, zu verschlingen. Zu diesen
Gegenständen gehörten Nadeln, Nägel, sogar sehr große, Gabeln, Holz=
stücke rc. Eine Convulsionistin verschluckte eine Spielmarke, und befahl
einer andern, sie wieder herzugeben, diese zog dieselbe aus ihrem Schuh
hervor; wüßte man nicht, daß es Französinnen waren, so sollte man sie
für Zigeunerinnen halten. Die genannte Nisette verschlang feurige Kohlen
mit einer Lust, als wären es köstliche Früchte; wieder andere schluckten
ganze Bücher, Neue Testamente nebst dem Einband, hinunter. Wie
viele dieser Fertigkeiten eitles Taschenspiel waren, läßt sich nicht ermitteln,
schwerlich aber Alles; denn die Fülle sind zu massenhaft, die Zeugen
für die Thatsachen zu zahlreich, zu verschiedenartig, als daß lauter Trug
stets möglich gewesen wäre.

Ein Jahr lang dauerte dieser Unfug in Privathäusern nach der
Schließung des Kirchhofes von St. Medard fort, und hohe Personen,
wie die Herzogin de la Tremouille, die Herzogin de Rochechouart, Ni=
kolans Le Camus, erster Präsident des Ober=Steuergerichtshofes, beehrten
die Conventikel mit ihren Besuchen. Überhaupt wurde die Andacht zum
Diakon als gutes Actionskapital verwerthet. Am Jahrestage der
Schließung, 29. Januar 1733, fuhren 50 herrschaftliche Wagen außer
denen der zwei Herzoginnen nach St. Medard, um den Diakon zu
ehren; ebenso viele fuhren am 1. Mai zur Todesfeier dahin und eine
große Anzahl Kerzen wurden geopfert und angezündet. Endlich erschien
am 17. Februar 1733 eine königliche Ordonnanz gegen die Winkel=
convulsionen; es hieß darin, die Convulsionen seien ein Ergebniß über=
spannter Phantasie oder des Betruges, unternommen zu dem Zwecke, das
Volk in einen Fanatismus zu treiben, der wegen seiner träumerischen
Prophezeiungen schon zu sehr einem früheren (der Camisarden) ähnele;
deßwegen verbiete der König unter Gefängnißstrafe, Convulsionsstücke
öffentlich aufzuführen, Häuser oder Zimmer dafür herzugeben, sie zu
besuchen und ihnen beizuwohnen. Die Verordnung hatte jedoch nicht den
gewünschten Erfolg, wie zum Theil schon aus oben gegebenen chronolo=
gischen Anhaltspunkten ersichtlich ist, und wir werden sehen, wie noch
zwei Jahre später das Parlament mit der Angelegenheit sich beschäftigen
mußte. Viele Fanatiker wurden abgefaßt und zur Abkühlung ihrer er=

hitzten Köpfe in die Bastille gesetzt; die bösen Zungen und noch böseren
Federn der Jansenisten, Appellanten und Convulsionisten haben nicht
geringen Antheil daran, daß dieses Gefängniß als ein „Grab der ehr-
lichen Leute" in Verruf kam und in dem Racheact vom 14. Juli 1789
dem Erdboden gleich gemacht wurde.

(Fortsetzung folgt.)

R. Bauer S. J.

Gott und die Naturordnung.

(Fortsetzung.)

10. Der erste Theil der uns vorgesteckten Aufgabe ist vollendet;
wir haben den Weg, den die christliche Speculation der Vorzeit von
der Weltordnung bis zu Gott zurückgelegt hat, besichtigt. Dieser Weg
besteht bis auf den heutigen Tag unzerstört und unzerstörbar. Und
doch wirft unser vom Gotteshaß besessenes Culturgeschlecht kaum gegen
eine andere Wahrheit mit so vielen leeren Scheingründen und hohlen
Redensarten um sich, wie gegen die in Rede stehende. Der Atheismus,
wie er in unseren „höchsten" Gelehrtenkreisen jetzt herrscht, orakelt in
den glänzendsten Redewendungen der bildungsdürstigen Menge Sätze
vor, wie etwa folgende:

„Der Schluß von der Weltordnung auf einen überweltlichen Weltordner ist erst die Ausgeburt der unvollkommenen Weltkenntniß, wie
sie das Mittelalter besaß."

„Das als absurd erwiesene Ptolemäische Weltsystem verdankte den
günstigen Verhältnissen, in welchen es zu der christlichen Gotteslehre
sieht, seine Existenz und die lange Dauer seiner Herrschaft;" oder wie
Schopenhauer sich ausdrückt: die Menschheit hat sich „bis zum Anfang
des 16. Jahrhunderts mit dem Ptolemäischen Weltsysteme zum großen
Vortheil der jüdisch-christlichen Religionslehre schleppen müssen, als welche
mit dem Kopernikanischen Weltsysteme im Grunde unverträglich sind;
denn wie soll ein Gott im Himmel sein, wenn kein Himmel da ist?" [1]

---

[1] Parerga und Paralipomena, I. B. S. 55.

„Der gewaltige, mit Kopernikus und Kepler erwachende Geist der Forschung hat, wenigstens unbewußt, einen Gott feindlichen Charakter; man braucht ja nur die Entdeckungen jener großen Männer anzusehen, um sofort zu gewahren, wie der Gottesglaube bei jedem Fortschritt der mechanischen Welterklärung an Terrain verlor."

„Die von Newton und seinen Nachfolgern nachgewiesene Gleichartig= keit aller Kräfte und Stoffe im Universum macht die Existenz eines außerweltlichen Gottes unnöthig, wenn nicht unmöglich."

„Namentlich hat es die Kant=Laplace'sche Nebeltheorie zur Evidenz gebracht, daß man nicht selbst über die Welt hinauszugehen braucht, um den letzten Erklärungsgrund für die Welt zu finden; man popularisire nur die physische Astronomie, wie sie bereits von Kant dargelegt wurde, und um den christlichen Theismus ist es geschehen; und endlich haben die staunenswerthen Fortschritte der Jetztzeit über alle noch rückständigen Zweifel nach allen Seiten hin das gewünschte Licht verbreitet."

So und ähnlich lauten die Sprüche, mit denen der Dämon unserer revolutionären Zeit die Geister umgaukelt und in dem verderbenschwangeren Atheismus gebannt hält.

Im Folgenden soll es unsere Aufgabe sein, obige Behauptungen der Culturgelehrten durch eine kurze historische Darstellung in die ge= hörige Beleuchtung zu rücken, insofern das in dem engen uns gestatteten Rahmen möglich ist. Möge es sich der Leser nicht verdrießen lassen, uns auf etwas entlegenere und schwierigere Gebiete zu folgen; wir werden uns möglichst der Kürze und Übersichtlichkeit befleißen.

11. Dem Gebahren unserer Gegner gegenüber, welche den teleo= logischen Gottesbeweis so gern als eine mittelalterliche Schrulle einiger religiös=überspannter Gemüther ausgeben möchten, stellen wir den Satz auf, daß, so lange die Menschen über den Ursprung der Welt vor= urtheilsfrei nachdachten, sie Gott für den überweltlichen Urheber und Ordner derselben hielten.

Wenden wir uns also der Philosophie des Alterthums zu. Eine erquickende Klarheit umfängt uns freilich hier nicht[1]. Aber

---

[1] Dieß war die Folge einer grundsätzlich geübten Geheimnißthuerei aller alten Gelehrtenbünde, welche ihre Lehren vor den Augen der Nicht=Eingeweihten mit dem Schleier des tiefsten Geheimnisses umgaben. Clemens von Alexandrien sagt hierüber, fast Alle, die unter den Barbaren und Griechen von Gott und Göttlichem gehandelt, hätten den Urgrund der Dinge nur in verhüllter Rede erwähnt und die Wahrheit in Räthseln und Bildern dargelegt, gerade so, wie dieß bei den Griechen mit den Aus=

immerhin erkennen wir klar genug, daß man damals schon aus der
Weltordnung das Dasein eines außerweltlichen Weltordners erschloß,
wobei man, was beachtet zu werden verdient, die Weltordnung eher
im Kopernikanischen als im Ptolemäischen Sinne auffaßte [1].

Von dem Milesier Anaximandros, der bald nach 547 v. Chr.
starb, also mit Thales und vor Pythagoras lebte, erzählt uns ein Zeitgenosse des Aristoteles (Eudemos Rhodios), er habe gelehrt, die Erde
schwebe in der Luft und bewege sich um den Mittelpunkt der Welt
(περὶ τὸ τοῦ κόσμου μέσον). Als Princip gab er das Unendliche (ἄπειρον)
an, welches, selbst ohne Anfang, der Anfang von allem Übrigen sei,
Alles umfange und regiere, es sei das Göttliche, nämlich unsterblich
und unveränderlich.

Xenophanes, der Stifter der sogenannten eleatischen Schule,
spricht stets nur von Einer Gottheit, die über alles Endliche hoch erhaben
ist. Von Gott sagt er, er sei ganz Sehen und ganz Hören, aber nicht
Athmen, er sei ganz Verstand und Einsicht und ewig, und beherrsche
Alles mühelos mit der Einsicht seines Verstandes.

Nur wenige Decennien nach Xenophanes treffen wir den Ephesier
Heraklit, den dunkeln Räthsler, der vom Weltall sagte, es sei ein
ewig lebendiges Feuer, sich entzündend nach Maßen, und erlöschend
nach Maßen; es sei ein Spiel, welches Zeus mit sich selbst
spiele. Den Logos, der das Wesen des Weltalls durchwalte, nannte er

---

sprüchen der Orakel der Fall gewesen (Stromat. lib. 5. cap. 4, Potter'sche Ausgabe
S. 658).

[1] Dabei darf nicht übersehen werden, daß wir in den älteren Bruchstücken griechi-
scher Geistesarbeit überall nur die Ruinen einer untergegangenen, höchst vollkommenen
Erkenntniß vor uns haben. So berichtet u. A. Diogenes Laërtius, die Griechen
seien selbst der Ansicht gewesen, ihre Wissenschaft stamme von den Barbaren. Clemens von Alexandrien nennt im ersten Buche seiner berühmten Stromata als
Lehrer der Barbaren, bei welchen die Wissenschaft in der Urzeit geblüht habe, bevor
sie zu den Hellenen gekommen: die Prophetenkaste der ägyptischen Priester, die Chaldäer bei den Assyrern, die Druiden bei den Galliern u. s. w. (Potter'sche Ausgabe
S. 359). Wie Platon erzählt, soll ein ägyptischer Priester zu dem hellenischen Weisen
Solon gesagt haben: „Ihr Hellenen seid immer Kinder, und einen Alten gibt es
unter euch nicht; dem Geiste nach seid ihr Alle jung; denn keine alte Überlieferung
habt ihr, und keine durch die Zeit ergraute Wissenschaft.“ Hieraus ist ersichtlich, daß
sich das Universalzeugniß aller Zeiten für unsere Wahrheit in der entferntesten Vergangenheit verliert. Über den Zusammenhang der griechischen Weisheit mit der Lehre
der anderen Völker des Alterthums vergleiche man: Die harmonicale Symbolik des
Alterthums, von Albert Freiherrn v. Thimus, Köln 1868 und 1876.

das „Gerechte", die „Gerechtigkeit", den Rathschluß des beschließen=
den Gottes, das „Eine Weise, von welchem als Rathschluß Alles
durch Alles werde geleitet werden"[1].

Namentlich war es aber der der jonischen Schule angehörige Ana=
xagoras, der Lehrer und Freund des großen Perikles, welcher den Ver=
stand (νοῦς) als den Grund der Weltordnung von der Weltordnung
selbst klar unterschied, weßhalb er von Aristoteles das Lob erhielt: „Als
Anaxagoras sagte, der Verstand sei, wie in den lebenden Wesen, so auch
in der Natur die Ursache der Welt und jeglicher Ordnung, so erschien
er wie ein Nüchterner gegen die früheren unbesonnen Redenden."[2]

Die Pythagoräische Philosophie, welche der harmonischen Gesetz=
mäßigkeit der ganzen Natur in ganz vorzüglichem Maß ihre Aufmerksam=
keit schenkte, stellt sich die die Weltordnung beherrschende Eins als Gott=
heit vor. Wie die Einheit das Princip der Zahl ist und doch über
aller Zahl steht, so ist auch die Gottheit das Princip des Universums,
und erhebt sich doch über die nach Zahl und Maß geordneten Dinge.
Und dabei scheinen bekanntlich die Pythagoräer einer heliocentrischen
Weltauffassung gehuldigt zu haben[3].

---

[1] Vgl. das soeben genannte Werk des Freiherrn v. Thimus. Köln 1868. I. Bd.
S. 322.

[2] 1. Buch der Metaphysik, 3. p. 984 b. 15.

[3] Die italischen Pythagoräer wollten von ihrem Meister bereits die Lehre erhalten
haben, daß die Erde eine Kugelgestalt besitze und deren Oberfläche in fünf Zonen ein=
getheilt werde. Als Bewegungsursache der Himmelskörper nahm Pythagoras an, die
Harmonie sei das Fundament der Welt, es befinde sich im Mittelpunkte des Weltalls
ein einziges Bewegungsprincip, welches nach dem Gesetze der Zahlen und der Har=
monie in die Ferne wirke. Wie Theon aus Smyrna berichtet, lehrte Pythagoras
bereits, daß die Unregelmäßigkeit der Planeten nur Schein sei, entstanden aus der
Verbindung mehrerer kreisförmiger und gleichförmiger Bewegungen (Theonis Astronomia, edit. Martin, p. 212). Am berühmtesten ist das System des Philolaus,
eines Zeitgenossen des Demokrit. Diesem zufolge hat sich die Eine Welt in ihren
Haupttheilen zuerst gebildet. Im Centrum befindet sich der Herd des Universums
(ἑστία τοῦ παντός), das Maß der Natur, das kosmische Gesetz, die Zusammenhaltung
(συνοχή). Die Welt wird nach Außen hin gegen das Unbestimmte (ἄπειρον) abge=
grenzt durch das Farblose, Ätherische, Unsichtbare; zwischen dem Centralherde und
seiner Abgrenzung bewegen sich in verschiedenen Sphären die Himmelskörper. Es
ist hier nicht der Ort, auf die einzelnen, viel bestrittenen Punkte der pythagoräischen
Astronomie des Näheren einzugehen. Wer mehr hierüber wünscht, den verweisen wir
auf das bereits citirte Werk des Herrn v. Thimus, in welchem sich das schätzbarste
Material über viele wie alle verwandten Fragen gesammelt findet, wie auch auf
die Schrift Schiaparelli's, „Die Vorläufer des Kopernikus", deutsch Leipzig 1876.

Leider hat auch Platon seiner Weltanschauung, wie er sie besonders im Timäus vorträgt, eine mysteriöse Umkleidung gegeben. Insofern sich aus der dunkeln Redeweise ein Sinn herausschälen läßt, sagt er, das Weltall, dessen Schönheit und Vortrefflichkeit er volle Anerkennung zollt, sei nicht ewig, sondern von dem besten Werkmeister als Abbild des schönsten Urbildes geschaffen; Gott, die absolute Güte, der unendlich Vollkommene, Unveränderliche, Allgegenwärtige, über alle Zeit Erhabene, Neidlose, habe in die chaotisch wogende Materie Ordnung und mathematisch bestimmtes Maß hineingebracht, habe die Vernunft der Welt in die von ihm hervorgebrachte Weltseele gelegt, und diese Seele mit der Welt wie mit einem Leibe umkleidet, und nun übe er dauernd durch Vermittlung untergeordneter Geister (Gestirn-Götter und Dämonen) eine über Alles sich erstreckende Vorsehung aus; von der Welt, wie sie in Gedanken begriffen werde, müsse man die Welt, wie sie werdend und sichtbar sei, unterscheiden; diese verhalte sich zu jener, wie Abbild zum Urbild [1].

Daß also die ältere griechische Philosophie als Grund der Weltordnung in letzter Instanz eine außerweltliche Intelligenz hin-

---

[1] Was die „Weltseele" anbelangt, so ist es nicht leicht zu sagen, was die Alten sich darunter gedacht haben. Platon nennt diese Welt ein beseeltes, mit Verstand begabtes Wesen (ζῷον). Von der Weltseele sagt er: „Von der Mitte aus bis zum äußersten Himmel überall durchflochten, von Außen her im Kreise ihn umhüllend und selber in sich selbst bewegend, nahm dieselbe den göttlichen Anfang eines unaufhörlichen und verständigen Lebens für alle Zeit; der Körper des Himmels ist zu einem sichtbaren geworden, die Seele selbst aber unsichtbar zwar, doch des Denkens theilhaftig und der Harmonie der ewigen Vernunftdinge, von dem Besten gezeugt, unter allem Gezeugten das Beste." In solchen und ähnlichen dunklen Worten sahen manche Kirchenväter eine schwache Hindeutung auf den Logos, das ewige Wort, die zweite Person in der allerheiligsten Dreifaltigkeit. So namentlich der hl. Augustinus und Justin der Martyrer. Wenn man mit Herrn v. Thimus u. A. daran festhält, daß die Anfänge dieser Lehre nicht in Griechenland, auch nicht in Ägypten zu suchen seien, daß vielmehr die erste Ausbildung derselben jenem Theile Asiens angehöre, der als die Wiege des menschlichen Geschlechtes bezeichnet werden muß, so ist es nicht unwahrscheinlich, daß jene älteren Philosophien noch Spuren der Uroffenbarung an sich tragen. Dem Begriff der „Weltseele" läge der wahre Begriff des göttlichen Schöpferwortes, durch welches Alles gemacht ist, des unsichtbaren ewigen Urbildes der geschaffenen sinnlich-wahrnehmbaren Welt zu Grunde. Und bei Platon wäre die Verdunkelung der ursprünglichen Wahrheit soweit fortgeschritten, daß das mit der Welt gewordene Abbild des ewigen Vorbildes als ein einheitliches, die Welt beseelendes und thätiges Princip aufträte. Erst späteren Verirrungen blieb es vorbehalten, diesen bloßen Natur-Monismus zu einem pantheistischen Monismus aufzubauschen.

stellt, ist eine Thatsache, an der nur der tobsüchtige Gotteshaß der mo=
dernen Culturfreunde rütteln möchte.

Später vollzog sich auf griechischem Boden ein Umschwung oder,
richtiger gesagt, die Consolidirung einer Welterklärung, als deren Er=
gebniß das Ptolemäische System angesehen werden muß. Man hört oft,
es seien religiöse Interessen gewesen, welche die Forschung auf den
falschen Weg geführt hätten; die Geschichte weist aber auch nicht das
Mindeste auf, was als Beleg für diese Phrase dienen könnte.

Die fragliche Gedankenströmung ging von der im Allgemeinen
richtigen Überzeugung aus, man dürfe sich bei der Ergründung der astro=
nomischen Wirklichkeit nicht bloß von geometrischer Erwägung leiten
lassen, sondern es habe hier auch die Physik ein Wort mitzusprechen.
Leider war die Physik der damaligen Zeit höchst dürftig ausgebildet.
Den täglichen Rundgang des Sternhimmels hätte man sich noch allen=
falls erklären können, aber die Beobachtung, daß Sonne, Mond und
Planeten nicht einfach mit dem Gewölbe mitziehen, sondern nach Eigen=
art die Sternbilder des Thierkreises durchlaufen, die Sonnen= und
Mond=Finsternisse und manches Andere drängte zu einer Erklärung, die
mit den bekannten Gesetzen der Physik im Einklang stände. So kann
es denn gar nicht auffallen, daß auch ein so großer Geist wie Ari=
stoteles durch seine Hochschätzung der physikalischen Empirie zu der
Ansicht gelangt, es seien jene veränderlichen Sterne an eigene Sphären
befestigt, welche durch besondere Angeln mit der Sternsphäre zusammen=
hingen und doch ihre besonderen Drehungen hätten. Erstaunlicher Fleiß
wurde darauf verwendet, um diese kosmische, höchst complicirte Dreh=
maschine physikalisch zu construiren. Auf dieser Grundanschauung ruhte
das Ptolemäische System, welches für alle Ungleichheiten der
Planetenbahnen eine respectable Erklärung zu bieten schien, und ebendeß=
halb die Rückkehr zum astronomisch=richtigen Weltschema im höchsten
Grade erschwerte. Die ptolemäischen Epicyklen wurden von der christ=
lichen Philosophie des Mittelalters aus der Hand der Naturforschung
ohne tiefere Prüfung entgegengenommen[1].

---

[1] Der Schluß, welcher hieraus auf die Beschränktheit des katholischen Mittel=
alters gezogen wird, gehört mit zu den „definirten Dogmata", an denen kein auf der
Höhe der Zeit Stehender zweifeln darf. Die an versteckten Ausfällen auf die katho=
lische Wissenschaft so reiche „Geschichte der inductiven Wissenschaften" von W. Whe=
well (übersetzt von Littrow) läßt sich natürlich diese Gelegenheit nicht nehmen, zu
bemerken: „Die Griechen hatten sich schon mit viel Bestimmtheit (?) darüber (d. h.

Aber sieht denn des Aristoteles Lehre von Gott nicht im Zusammenhang mit seiner falschen Weltauffassung? Zeigt uns der Stagirite nicht Gott, wie

---

über heliocentrische Ansichten) ausgesprochen, zum Zeichen, daß sie den Gegenstand mit klaren Begriffen (?) und mit kräftigem Geiste (?) aufgefaßt hatten, sowie es im Gegentheil auch als ein Beweis der intellectuellen Schwäche und Servilität des Mittelalters gelten muß, daß sich ein ganzes Jahrtausend hindurch auch nicht ein einziger Mann gefunden hat, dem es eingefallen wäre, den eigentlichen Werth dieser Hypothese zu untersuchen und sie den weiter vorgerückten astronomischen Kenntnissen seiner Zeit gemäß darzustellen" (I. Bd. S. 380).

Zur Klarstellung der Sache führen wir das Urtheil Schiaparelli's an; insofern es die alten Griechen entschuldigt, ist es auch eine Inschutznahme des Mittelalters (nur daß der Hinweis auf die Astrologie bedeutungslos wird; die Astrologie hatte bekanntlich ihre entschiedenste Gegnerin in der katholischen Wissenschaft). „Die Physik," sagt der berühmte Mailänder Astronom, „war unglücklicherweise unfähig, eine sehr werthvolle Unterstützung in dieser Frage zu gewähren; es herrschte daher die Sprache der geocentrischen Hypothese vor, die damals durch die Meinung der herrschenden Schulen begünstigt wurde. Diese Hypothese stellte nach Einführung der Epicyklen die Erscheinungen ebenso gut dar, wie jede beliebige andere, und ließ directe und leichte Anwendung des trigonometrischen Calculs zu. Die Leichtigkeit und vergleichsweise Sicherheit, mit der in ihr die scheinbaren Stellungen der Gestirne errechnet werden konnten, und vor Allem die Wichtigkeit der auf sie gegründeten Werke, die Möglichkeit, mit ihr dem Bedürfnisse der leider Gottes stets wachsenden Astrologie zu genügen, ließen fast die Betrachtungen der Pythagoräer, Platons, des Herakleitos und Aristarchos verläugnen, die von ihren Urhebern noch nicht so weit entwickelt waren, um auch die Consequenzen auf dem Terrain der praktischen Astronomie ziehen zu können. Die Idee der Erdbewegung war den Geistern nicht fremd; berühmte Schriftsteller, wie Aristoteles und Ptolemaios, glaubten sie der Widerlegung werth; Seneca hielt sie für zulässig; aber von den Meisten wurde sie als eine irrthümliche Annahme angesehen, von Einigen als eine der Verfluchung würdige Sache und als eine Gottlosigkeit. Die Astrologen drückten sie mit aller Kraft nieder als die Annahme, welche die Grundlage ihrer Betrügereien über den Haufen werfen mußte. Da man ferner durch die Epicyklen die Erscheinungen mit dem Stillstande der Erde versöhnen konnte, so hatten die Astronomen nicht mehr nöthig, andere Hypothesen zu suchen; nichts zeigte mehr die Nothwendigkeit, auf die Annahme der Erdbewegung zurückzugehen, die dem gemeinen Volke so entgegen war und zugleich den Dogmen der herrschenden Schulen, so mit Widersprüchen gespickt in einer Zeit, in der die Wissenschaft der Bewegung noch vollständig unbekannt war.

Nicht fehlender geometrischer Scharfsinn oder speculative Kraft war also das, was die Griechen hinderte, das wahre Weltsystem anzunehmen. Sie kannten ebenso wie wir die drei Bewegungscombinationen, die wir Systeme des Ptolemaios, des Kopernikus und des Tycho nennen, und sie kannten noch andere dazu, sie wußten, daß alle drei dieser Formen zur Erklärung der Erscheinungen dienen konnten. Es fehlte ihnen aber die Unterstützung einer gesunden Physik. Zu unseren Zeiten drehte sich der große Streit zwischen dem ptolemäischen und dem kopernikanischen System genau um dieselben physischen und kosmologischen Principien. Diese Systeme konnten (im 16. und 17. Jahrhundert) beide gleich gut zur Darstellung der Erscheinungen verwendet werden; geometrisch waren sie unter sich und mit dem eklektischen System des Tycho

er die Welt und zwar zunächst die äußerste Sphäre der Welt mit Noth=
wendigkeit, und deßhalb von Ewigkeit her in Bewegung setzt? Es soll nicht
geläugnet werden, daß Aristoteles seine Lehre von Gott mit seiner Astro=
nomie in Einklang zu setzen sucht, wie wir ja auch nicht bestreiten wollen,
daß die aristotelische Lehre über das Verhältniß Gottes zur Welt mit
erheblichen Mängeln behaftet war [1]. Diese Mängel lassen aber den
aristotelischen Gedanken über den außerweltlichen Weltordner intact.
In Gott erblickt Aristoteles das schlechthin erste Princip und den Ur=
sprung alles Seienden, die reine ungetrübte Wirklichkeit, ein absolut
einfaches Sein, ewig und unveränderlich, das absolute Leben, welches
sich selber genügt, deßhalb keines Dinges bedarf, die beschauende, reine
Vernunft, welche zu ihrem unaussprechlichen Glücke in sich selber ver=
sunken ist [2]. Und wie hat der Stagirite sich das Verhältniß Gottes
zur Weltordnung gedacht? Es würde zu weit führen, hier alle Stellen
beizubringen, in denen er aus der Weltordnung Gott als den Zweck

äquivalent. Selbst Kepler hätte mit seinen Gesetzen nicht die Möglichkeit wegnehmen
können, die Unbeweglichkeit der Erde aufrecht zu erhalten, wenn ihm nicht Galilei
und Newton gefolgt wären und eine sicherere Physik geschaffen hätten, als diejenige
war, welche bis dahin in den Schulen geherrscht hatte" (Schiaparelli, Die Vorläufer
des Kopernikus im Alterthum, S. 84—86).

[1] Sicher aber ist auch, daß diesem größten Denker des Heidenthums eine Reihe
von Irrthümern mit dem größten Unrecht zugeschoben werden. So soll er behauptet
haben, Gott befände sich nur über dem äußersten Umkreise der Welt und bewege sie
von da aus nicht als physische Ursache, sondern nur als höchster Zweck und höchstes
Gut aller Dinge, indem er zunächst von jener Intelligenz, welche die äußerste Sphäre
beherrsche, erstrebt werde (vgl. hiergegen Brentano, Psychologie des Aristoteles, Mainz
1867, Beilage). So soll er auch gelehrt haben, Gott kenne nicht einmal die einzelnen
Dinge (worüber man vergleiche S. Thom. Aqu. in Metaphys. lib. 12. lect. 11 g.;
Suarez, Metaphys. disput. 30. rect. 15. n. 41), von einer Alles umfassenden Vor=
sehung könne keine Rede sein; die Bewegung, welche von Gott, dem ersten Beweger,
mit ewig starrer Nothwendigkeit ausgehe, erstrecke sich nur auf die Gattungen und
Arten der Dinge, auf die Weltordnung im Ganzen genommen, und namentlich auf
das geordnete Fortbestehen der Himmelssphären. Ein genaueres Eingehen auf diese
interessanten Detailfragen liegt dem Zweck unserer Erörterung fern. Hätte Aristoteles
auch wirklich alle ihm zur Last gelegten Irrthümer gelehrt, so bliebe er doch ein un=
anfechtbarer Zeuge für die Wahrheit, die uns hier beschäftigt.

[2] Über Gottes Allgegenwart hat Aristoteles sich nicht mit gewünschter Klar=
heit ausgesprochen. Wer aber von Gottes Unendlichkeit, reiner Wirklichkeit, Unver=
änderlichkeit einen so klaren Begriff hat, der mußte sich auch Gott als allgegenwärtig
denken. An Anzeichen hierfür fehlt es nicht. So führt er anerkennend das Dictum
Heraklits an, der, als er in einem Backhause saß, um sich zu wärmen, seine Besucher
mit der Bemerkung einlud, näher zu treten, die unsterblichen Gottheiten seien auch
an diesem Orte gegenwärtig (περὶ ζώων μορίων I. 5. n. 645).

alles Seienden und die wirkende Ursache von Allem erschließt. Nur
Weniges.

Im 11. Buche der Metaphysik (10. Kap.) macht Aristoteles dem
Anaxagoras den Vorwurf, er habe, obwohl er mit Recht angenommen,
der Verstand sei das erste bewegende Princip, dabei in keiner Weise
erklärt, wie dieß möglich sei, da doch seiner Annahme eine große
Schwierigkeit entgegenstehe. Diese Schwierigkeit bestehe darin, daß der
Zweck, um dessentwillen der Verstand thätig wirke, als solcher etwas
von dem Verstande Verschiedenes sei, wie z. B. die Schlachtordnung außerhalb des Feldherrn, und die Gesundheit außerhalb des Arztes liege.
Anaxagoras habe die Schwierigkeit nicht berührt; dieselbe verschwinde
aber, wenn man beachte, daß das, was erzielt werden soll, sich im Verstande des Feldherrn oder Arztes als Gedachtes vorfinde; das Ge-
dachte also gewissermaßen das Ziel sei, also auch das göttliche Denken
gewissermaßen die Weltordnung sei, um derentwillen ein jedes einzelne
der Weltdinge sein Sein besitze.

Daß also Anaxagoras den göttlichen Verstand zum verursachenden
Urgrund aller Dinge gemacht, findet Aristoteles ganz in der Ordnung;
er fügt nur hinzu, daß der Zweck mit diesem wirkenden Principe in
Eins zusammenfalle. So ist denn Gott nach Aristoteles die erste Ursache und der letzte Zweck der ganzen Welt; er ist nicht Princip der
Welt, wie die Ordnung im Heere als immanente Form, sondern
als gesonderte Substanz, wie der Feldherr im Heere. Aehnlich
dem ordnenden Feldherrn ist Gott der Zweck aller Dinge; der Feldherr
aber ist nicht bloß Zweck: er ist von Allem, wovon er Zweck ist, auch
wirkendes Princip. In diesem Sinne betont Aristoteles Gottes Einheit und beschließt seine Metaphysik mit dem bekannten Spruch aus
Homer: „Nicht gut ist die Vielherrschaft; Einer soll Herrscher sein."

Aristoteles hat seinem tiefen Gedanken auch eine populärere Wendung gegeben, welche Cicero uns aufbewahrt hat. Wir können es uns
nicht versagen, dieselbe dem Wesentlichen nach hier mitzutheilen. Im
dritten Buch des Dialogs über Philosophie sagt Aristoteles, wie Cicero
berichtet, also: „Man denke sich Menschen von jeher unter der Erde
wohnend in guten und hellen Behausungen, die mit Bildsäulen und
Gemälden geschmückt und mit Allem wohl versehen sind, was glücklichen
Leuten zu Gebote steht; sie sind nie zur Oberfläche der Erde hinauf-
gekommen, haben jedoch durch eine dunkle Sage vernommen, daß es eine
Gottheit gebe und Götterkraft. Wenn nun diesen Menschen die Erde

sich einmal öffnete, daß sie aus ihren verborgenen Wohnstätten zu den von
uns bewohnten Regionen aufsteigen könnten, und sie nun hinausträten,
und auf einmal die Erde und die Meere und den Himmel erblickten, die
Wolkenmassen und der Winde Gewalt wahrnähmen: wenn sie dann zur
Sonne aufblickten, ihre Größe und Schönheit schaueten, und auch ihre
Wirkung, daß sie es ist, welche den Tag macht, indem sie ihr Licht über
den ganzen Himmel ergießt; wenn sie dann, nachdem Nacht die Erde
beschattet hat, den ganzen Himmel mit Sternen besäet und geschmückt
sähen, und wenn sie das wechselnde Mondlicht in seinem Wachsen und
Schwinden, den Auf- und Niedergang aller dieser Himmelskörper und
ihren stets unveränderlichen Lauf betrachteten: wahrlich, dann würden
sie glauben, daß es wirklich göttliche Mächte gibt, und diese gewaltigen
Werke von göttlichen Mächten ausgehen." [1]

Wir meinen, das Gesagte wird übergenug sein, um die Behauptung,
als werde des Aristoteles wissenschaftliche Überzeugung vom Dasein eines
außerweltlichen Weltordners irgendwie von der Hinfälligkeit seiner geocentrischen Astronomie bedroht, oder als habe überhaupt der Gottesglaube dem ptolemäischen System irgend Etwas zu verdanken, in ihr vollständiges Nichts aufzulösen.

12. In Vorstehendem war es uns vergönnt, zu sehen, wie mitten
in der schwarzen Nacht des Heidenthums die größten Denker das Zeugniß der Wissenschaft niederlegten zu den Füßen der Wahrheit, die uns
hier vorschwebt. Indem wir nun über das Mittelalter hinüberschreiten
zur „modernen" Zeit, gehen wir in eine Nacht hinein, die, stets
dunkler werdend, die gemeinste Corruption und den klar bewußten
Gotteshaß in sich birgt. Noch nie hat ein Geschlecht so grundsätzlich
gegen Gott zähneknirschend die Faust geballt, wie das jetzige Culturgeschlecht. Aber trotz dieser unheimlichen Finsterniß hat die wahre Wissenschaft und die ehrliche Forschung durch ihre erfreulichen Fortschritte
unsere Wahrheit in stets helleres Licht gesetzt, obgleich der infernale Zeitgeist gerade am Forschen und Wissen seine Fälschungskunst am meisten
versucht hat. Man vernimmt oft die Behauptung, die ganze neuere
Naturforschung sei wesentlich von atheistischem Geiste getrieben und durch-
weht. Daß nur durch Unkenntniß gedeckter böser Wille so sprechen kann,
wird man sofort erkennen, wenn man sich die Fortschritte des Natur-
kennens, insofern es unsere Frage betrifft, in den Hauptzügen vorführt.

---

[1] Cicero, De natura deorum II. 37, 95.

13. In dem ersten Morgengrauen der heranbrechenden neuen Aera zeigt man uns die Gestalt des großen Kopernikus (1473—1543). Der preußische, und zwar, wie man heute sich ausdrücken würde, schwarz-ultramontane Domherr hat es sich sicher nie träumen lassen, daß man in ihm einmal einen Bahnbrecher der Gottlosigkeit erblicken würde.

Wo Whewell [1] den Kopernikus einführt, erinnert er mit Recht daran, man müsse unterscheiden zwischen den formellen und den physischen Gründen, die für eine Theorie sprechen könnten; erstere gäben nur eine Darstellung von den Verhältnissen der äußern Erscheinungen in Raum und Zeit, während die letzteren die Ursachen dieser Erscheinungen in Bezug auf Kraft und Masse aufstellten; die Gründe, welche den Kopernikus zur Aufstellung seines Systems geführt, seien von den ersten, von der formellen Art, gewesen. In der dem Papste Paul III. gewidmeten Einleitung seines Werkes sagt Kopernikus, er vermisse in dem alten Systeme Symmetrie und sei der vielen Zweifel über dasselbe überdrüssig geworden, er habe deßhalb in den Werken der Alten nachgeforscht und gefunden, daß früher Einige die Bewegung der Erde angenommen hätten; in dieser Voraussetzung nun würden nicht nur die Bewegungserscheinungen der Sterne vollkommen erklärt, sondern es hinge auch Alles so vollkommen zusammen, daß man keinen Theil des Systems ändern könne, ohne das gesammte Weltall in Unordnung zu bringen. Das ist die ganze große Kopernikus-that! Gegen die gottgläubige Denkart des katholischen Mittelalters stach eine solche Redeweise auch nicht im allermindesten ab. Denn auch das Mittelalter hatte sich bei der ptolemäischen Welterklärung durchaus nicht beruhigt; oft genug wurde die Möglichkeit eines bessern Systems ausdrücklich anerkannt [2]. Aber die „physischen" Gründe hielten alle „formellen" Erwägungen hintan. Und nachdem auch der Frauenburger Kanonicus gesprochen, hatte sein Gedanke keine Aussicht auf die Gunst der Gelehrtenwelt, so lange die Physik in ihren Kinderschuhen sich wohl fühlte.

Anders aber kam es, als in Folge der großen Entdeckungen das bisherige, auf Beobachtung angewiesene Wissen in's Schwanken gerieth

---

[1] Geschichte der inductiven Wissenschaften, I. Bd. S. 385.

[2] Der hl. Thomas sagt von den verschiedenen Erklärungsversuchen: „Quos non est necessarium esse veros; licet enim talibus suppositionibus factis appareant solvere, non tamen oportet dicere, has suppositiones esse veras, quia forte secundum aliquem alium modum nondum ab hominibus comprehensum apparentia circa stellas salvatur." Lib. II. de coelo, lect. 17.

und in der Physik sich neue Bahnen öffneten. In dem Maße, als das geschah, konnte eine so geniale, wenn auch vor der Hand noch so gewagte Hypothese nicht ohne Prüfung bleiben. Man vergesse aber nicht, daß diese „neue" Anschauung in einer Zeit sich Bahn zu brechen begann, in der ein Strom der verderblichsten Neuerungen sich über das religiös-ethische Leben Europa's hinwälzte, und daher Alle, welchen der ruhige Fortbestand der christlichen Weltordnung am Herzen lag, nicht ohne Grund gegen alles Neue von Mißtrauen befangen waren. Und doch: wäre in der Naturwissenschaft die dem christlichen Forschen geziemende Behutsamkeit stets beobachtet worden, die in kopernikanischem Sinne voranbringenden Gelehrten hätten den Verdacht kirchlicher Autoritäten ebensowenig erregt, wie das bei Kopernikus selber der Fall war.

An Kopernikus knüpfte Johann Kepler (1571—1630) an. Ersterer hatte die Sterne unseres Systems an die ihnen gebührende Stelle gewiesen; von da ab mußte die Forschung sich auf zwei Punkte werfen: auf das Bewegende und auf das Gesetz für die Bewegung. Über Ersteres war und blieb Kepler völlig im Dunkeln. Wer den „Mittelalterlichen" darob grollt, daß sie dem Kopernikus nicht sofort zujauchzten, der beachte einmal, mit was für einer miserabeln Physik sich ein so bedeutender Kopf, wie Kepler, noch herumschlug. Der berühmte Mathematiker denkt sich die Kraft noch nach Art bewegender Geister. Im 20. Kapitel seines Mysterium cosmographicum heißt es: „Wir müssen eines von Beiden voraussetzen, entweder, daß die bewegenden Geister, wie sie sich weiter von der Sonne entfernen, schwächer werden, oder daß es einen solchen großen besondern Geist in dem Mittelpunkte aller dieser Bahnen, nämlich in der Sonne gebe, der jeden Planeten in eine um so schnellere Bewegung versetzt, je näher ihm dieser Planet ist, dessen Kraft und Einfluß aber mit der Entfernung von der Sonne immer mehr abnimmt und ermattet." In welcher Weise die Kraft der Sonne alle Sterne um sich herumführt und in ihren Bahnen festhält, sucht er deutlich zu machen, indem er sich auf das Licht und den Magneten beruft, deren Wirksamkeit ja auch mit der Entfernung abnähme. Um zu erklären, wie die Sonne in der Entfernung eine Bewegung erzenge, welche auf der Richtung dieser Entfernung schief stehe, setzt er eine Rotation der Sonne um ihre Achse voraus, und meint, eine solche Rotation könne wohl auch die Bewegung der Planeten um die Sonne verursachen. Und um diesen Gedanken irgendwie genießbar zu machen, denkt er sich, wie es auch Kopernikus schon gethan hatte, einen Strom

von einer flüſſigen, ſehr dünnen Maſſe, der in ſeiner Circulation um
die Sonne alle Planeten mit ſich fortriſſe, wie ein Bach die Kähne. In
dem Werke De stella Martis trägt ein Kapitel die Überſchrift: „Phyſiſche
Speculation, in welcher bewieſen wird, daß das Vehikel, welches die
Planeten in Bewegung ſetzt, in dem Weltenraume circulirt gleich einem
Bache oder einem Strudel, und zwar etwas ſchneller noch als die
Planeten." Und trotz ſeiner ſo lückenhaften Phyſik hatte der geniale
Mann das Glück, die mathematiſchen Geſetze aufzuweiſen, nach welchen
die heliocentriſchen Bewegungen der Planeten ſich abwickeln. Der trei=
benden Urſache in der großen Weltmaſchine weiter nachzuſpüren,
dieſe Aufgabe blieb den folgenden Forſchern vorbehalten.

14. Bis jetzt wenigſtens iſt es unſeres Wiſſens noch Niemanden
eingefallen, zu behaupten, Kopernikus oder Kepler hätten perſönlich mit
Bewußtſein der Anſicht gehuldigt, als wenn durch ihre Aufſtellungen
Gott als letzter Grund der Weltordnung für die Wiſſenſchaft entbehr=
licher geworden ſei.

Nur ſoll in dem damals zunehmenden Beſtreben, für alle Natur=
ereigniſſe eine nächſte mechaniſche Urſache aufzufinden, unbewußter Weiſe
ein Zug zum Atheismus liegen; denn das Studium der kosmiſchen Me=
chanik bedeute ja nichts weniger als die Elimination Gottes. Wahrhaftig,
die ganze bodenloſe Unwiſſenheit und Denkfaulheit unſeres modernen
Antichriſtenthums gehört dazu, um eine ſo horrende Behauptung zu
Staube zu bringen. Legten denn nicht alle Scholaſtiker des Mittelalters
im Einklange mit der platoniſch=ariſtoteliſchen Philoſophie allen Natur=
dingen wahre Wirkſamkeit, und zwar eine ununterbrochene, bei? Erblickten
ſie den Grund der Ordnung, welche die herrliche Schönheit der Natur
ausmacht, nicht gerade darin, daß die Naturweſen ſelbſt auf einander
einwirken, und in den Dingen Kräfte, die eines jeden Dinges Natur
entſprechen, thätig ſind? ſomit jede mechaniſche Naturwirkung eine mecha=
niſche Urſache vorausſetzt? Zeigt ſich der mittelalterlichen Lehre zufolge
Gottes Weisheit nicht gerade darin, daß er die natürliche Weltordnung
in ihrer Vollendung bewirkt, indem er die einzelnen Dinge ihrer ihnen
angemeſſenen Wirkſamkeit überläßt, ohne durch unmittelbares Eingreifen
irgend eine Correctur bewirken zu müſſen?[1] Und das Studium der
Mechanik ſoll Gott eliminiren? Wenn man alſo bei einem Buche forſcht,
wie deſſen Druck mechaniſch ausgeführt wurde, ſo eliminirt man deſſen

---

[1] Man vergleiche Kleutgen, Philoſophie der Vorzeit, n. 641 ff.

wissenschaftlichen Urheber! Und wenn man in der Mechanik nachweist, wie bei einer complicirten Maschine der nächstfolgende Bewegungszustand aus dem vorhergehenden mit naturgesetzlicher Nothwendigkeit hervorgehe, so eliminirt man deren zweckmäße Einrichtung und die dem Anfertiger vorschwebende Zweckidee, ja den Anfertiger selber! O medici, mediam pertundite venam!

15. Im Jahre 1610 kündigte Galilei zu Venedig die Entdeckung der Satelliten des Jupiter (von ihm planetae Medicei genannt) an, und nun hatte man in der kleinen Mondenwelt Jupiters ein Modell des ganzen Sonnensystems gerade so, wie es Kopernikus dargestellt hatte. Noch mehr aber leistete Galilei der kosmischen Forschung Vorschub durch die Aufstellung des bisher nicht beachteten Gesetzes der Trägheit oder des Beharrungsvermögens. Nun hatte man doch wenigstens einen in der Planetenbewegung thätigen Factor.

Der Neapolitaner A. Borelli, Galilei's Schüler, that in seiner Schrift: „Theoriae Mediceorum planetarum ex causis physicis deductae" 1666 wieder einen bedeutsamen Schritt weiter. „Es ist offenbar," so heißt es daselbst im zweiten Kapitel, „daß jeder Planet und Mond sich um irgend einen anderen kosmischen Körper als um eine Quelle von Anziehungen bewegt, durch welche jene Sterne gehalten und geleitet werden, so daß sie sich von ihrem Centrum niemals entfernen können, sondern demselben vielmehr überallhin folgen müssen." Wenn man vernimmt, in welcher Weise Borelli das Wesen dieser Anziehung näher erklärt, so muß man unwillkürlich an den appetitus naturalis und den impetus der Scholastik denken. „Wir können," sagt er, „diese Bewegungen durch die Voraussetzung erklären, daß die Planeten eine gewisse Neigung besitzen, sich mit ihrem Centralkörper zu vereinigen, und daß sie auch in der That mit allen ihren Kräften demjenigen Körper näher zu kommen suchen, um welchen sie sich bewegen, die Planeten nämlich der Sonne, und die Mediceischen Sterne dem Jupiter. Ebenso gewiß ist, daß die Kreisbewegung in dem bewegten Körper ein Bestreben erzeugt, von dem Mittelpunkt dieses Kreises sich zu entfernen, wie wir dieß bei den Schleudern und bei jedem Rade sehen. Nehmen wir also einmal an, der Planet strebe zur Sonne hin, und werde zugleich, in Folge seiner Kreisbewegung, von diesem Centralkörper hinweggetrieben; wofern dann diese zwei einander entgegengesetzten Kräfte unter sich gleich sind, so werden sie sich einander aufheben, und der Planet wird im Gleichgewicht um die Sonne schwebend erhalten werden."

Im Jahre 1673 stellte der Holländer Huyghens (am Ende seines Horologium oscillatorium) Theoreme über die Kreisbewegung der Körper auf, deren Wichtigkeit für die fortschreitende Lösung des kosmo-mechanischen Problems sofort einleuchtet. Wenn gleiche Körper, sagt er, in gleichen Zeiten die Peripherien von Kreisen zurücklegen, so verhalten sich die Centralkräfte wie die Durchmesser dieser Kreise; sind die Geschwindigkeiten dieser Körper gleich, so verhalten sich die Centralkräfte umgekehrt, wie die Durchmesser der Kreise.

Bereits im Jahre 1645 hatte Bullialbus in seiner Astronomia Philolaica [1] die Vermuthung ausgesprochen, die Kraft, quâ sol planetas prehendit et harpagat, verhalte sich wie das umgekehrte Quadrat der Entfernung dieser Planeten von der Sonne. Es war aber bei der Ver-muthung geblieben.

Mit klarerem Verständniß faßte Robert Hoole die eigentlich mechanischen Verhältnisse in's Auge. Schon im Jahre 1666 hatte er in der königlichen Gesellschaft zu London eine Abhandlung vorgelesen, in welcher er die Beugung einer gradlinigen Bewegung in eine krumm-linige durch das Hinzutreten einer anziehenden Kraft erklärte. Noch deutlicher sprach er sich im Jahre 1674 in seinem „Versuch, die Bewe-gung der Erde aus Beochtungen zu beweisen", aus. Hier sagte er, die Planeten würden durch eine Centralkraft aus der gradlinigen Bewe-gung abgelenkt, diese Centralkraft wachse mit der Annäherung zu ihrem Mittelpunkte in einem Verhältnisse, welches durch diese Nähe bedingt sei.

16. Es fehlte nur noch die genauere Vorstellung, daß Anziehung — oder richtiger ausgedrückt: das Streben zu einander hin — die Eigen-schaft eines jeden Naturdinges, daß also die Erdschwere und Anziehung der Himmelskörper ganz das Nämliche sei; ferner fehlte noch der streng mathematische Nachweis für die Entstehung elliptischer Bahnen.

Nun kam Newton und sagte es in seinen „Philosophiae naturalis principia mathematica" (die er im April 1686 der Akademie als Manu-script zuschickte) klar und deutlich heraus: Wenn sich alle Körper in geraden Verhältnissen zu ihren Massen und im umgekehrten Verhältniß der Quadrate ihrer Entfernungen anziehen, und wenn den Planeten eine ganz bestimmte Geschwindigkeit in der Richtung einer Tangente ihrer Bahn mitgetheilt ist, so müssen ihre Bewegungen nach den Kepler'schen Gesetzen genau so verlaufen, wie es die Beobachtung wirklich aufweist.

---

[1] Lib. I. cap. XII.

Mit der Leistung des großen Rechenmeisters erhielten die vorher erwähnten Forschungen einen gewissen Abschluß. Newtons Verdienst besteht nicht darin, daß er neue Erfahrungsthatsachen beibrachte, auch nicht darin, daß er selbst wesentlich neue Grundsätze aufstellte, sondern nur darin, daß er bereits bekannte Principien auf die kosmische Ordnung anwandte und mathematisch durchführte und so einer viel einfachern Welterklärung zur Anerkennung verhalf.

Hier entsteht wieder für uns die Frage: Ist nicht in Folge der von Newton vorgenommenen Vereinfachung des Weltproblems Gott, der überweltliche Weltordner, in etwa entbehrlicher geworden, als früher? Eher das Gegentheil. „Wenn wir durch das denkbar einfachste Mittel," sagt Lorinser, „die denkbar größte und umfangreichste Ordnung und Bewegung hervorgerufen sehen, dann müssen wir auch nothwendig schließen, daß dieselbe ihr Entstehen der denkbar größten Intelligenz und der denkbar größten Macht verdanke." Und er trachtet den Gedanken durch folgende Analogie zu illustriren: „Das Problem, welches die Construction einer möglichst vollkommenen Maschine dem menschlichen Geiste aufgibt, gipfelt immer in den beiden Momenten der Erfindung der möglichst einfachen Mittel und der Erreichung der möglichst größten Wirksamkeit. Auf der Vereinigung dieser beiden Dinge beruht ausnahmslos die Trefflichkeit eines jeden vom menschlichen Geist zu erfindenden Mechanismus. Im eminentesten Grade aber sehen wir diese beiden Bedingungen in dem durch die Schwerkraft bewirkten Mechanismus des Weltgebäudes verwirklicht. Das angewandte Mittel zeichnet sich durch eine Einfachheit aus, welche nothwendig unser Staunen erregen und uns einen unberechenbar hohen Begriff von der Intelligenz und Geschicklichkeit des Künstlers geben muß." [1]

17. Wodurch sich der große englische Forscher am meisten auszeichnet, das ist gerade die Entschiedenheit, mit welcher er behufs Erklärung der Weltordnung auf Gott hinweist. Nachdem er in dem Scholion generale, mit welchem er seine Principia mathematica philosophiae naturalis abschließt, die verschiedenen Bewegungen der Sterne kurz recapitulirt hat, fährt er fort: „Und all diese regelmäßigen Bewegungen haben ihren Ursprung nicht in mechanischen Ursachen. Dieses höchst wohlgewählte Band, welches Sonne, Planeten und Kometen verbindet, konnte nicht anders als durch die Weisheit und den Willen eines einsichtsvollen

---

[1] Astronomie in Beziehung zur Theodicee, Regensburg 1876, S. 321.

und mächtigen Wesens entstehen. Und wofern die Firsterne Centren ähnlicher Systeme sind, so werden auch diese alle, mit gleicher Ordnung gebildet, unter der Herrschaft des Einen stehen. Dieser regiert Alles, nicht wie eine Weltseele, sondern als Herr des Weltalls. Und wegen seiner Herrschaft wird er der Herr, Gott, Allbeherrscher genannt. . . . . Aus einer blinden methaphysischen Nothwendigkeit, welche immer und überall dieselbe ist, geht kein Wechsel der Dinge hervor. Die gesammte, den Zeiten und Orten angemessene Verschiedenheit der erschaffenen Dinge kann nur aus den Ideen und dem Willen eines nothwendig existirenden Wesens hervorgehen."

Ein so offenes Gottesbekenntniß ist in den Augen unserer „Cultur= freunde" gerade der schwarze Fleck an Newton's glänzender Erscheinung, und kaum geht einer derselben an dem großen Löwen vorbei, ohne ihm dafür den üblichen Huftritt zu verabfolgen. Newton soll die unverzeih= liche Schwäche begangen haben, den tangentialen Stoß für die ein= zelnen Planeten und Monde unmittelbar von der stoßenden Hand Gottes herzuleiten! Er soll sich dem Berliner Dühring zufolge die Welt als eine Maschine gedacht haben, „um die sich der ursprüngliche Maschinenbauer jedesmal dann zu kümmern hat, wenn sich in Folge der Bauart das Räderwerk verschiebt, oder irgend etwas zerbricht" [1]. Doch finden sich derartige Zerrbilder nicht bloß in der Phantasie eines Dühring; auch andere Leute behaupten Ähnliches. So schreibt z. B. Professor Liebmann, nachdem er die geniale Entdeckung des großen Engländers in Kürze dargelegt: „Aber woher nun jener tangentiale Stoß? Welches die unsichtbare Hand, die die Planeten gerade in der Richtung und mit der Geschwindigkeit in den Gravi= tationsbezirk der Sonne hineingeworfen hat, daß sie nun, ihrer Träg= heit und der allgemeinen Schwerkraft überlassen, die Sonne nach den deducirten drei Gesetzen umkreisen müssen? Hier war Newton zu Ende. Hier machte er den transcendenten Schluß auf das primum movens, das Ἀκίνητον κινοῦν, auf Gott. Und hier gerade beginnt Kants kosmogonischer Gedankengang. Er verfolgt den causalen Mecha= nismus des natürlichen Geschehens zurück bis zum Chaos, aus welchem sich der Kosmos hervorentwickelt hat. Daß der Kosmos und insonder= heit das wohlgeordnete Getriebe unseres Planetensystems sich nach all= gemeinen Naturgesetzen, durch causalen Mechanismus aus dem chaotischen

---

[1] Kritische Geschichte der Principien der Mechanik, 2. Aufl. S. 384.

Urzustand der Materie herausentwickelt und hervorgestaltet haben, nicht aber, wie Newton will, direct auf die wunderbare Intelligenz und Schöpferkraft der Gottheit zurückzuführen sei, — das ist die Grund=hypothese, das philosophische Princip des Kant'schen Gedankenganges." [1]

18. Auf Kant kommen wir später zu sprechen. Was Newton be=trifft, so mag Herrn Liebmann, wie so manchem andern Kant=Gläubigen, zur Entschuldigung dienen, daß er sich durch seines Meisters ungenaue Redeweise geduldig in die Irre führen ließ. Wo führt denn Newton das wohlgeordnete Weltgetriebe unmittelbar auf die Gottheit zurück? Wo läßt er Gott mit unsichtbarer Hand jedem Stern den ihm gebühren=den Stoß verabfolgen, und ihn in den Gravitationsbezirk der Sonne hineinwerfen? Wohl kann man diesen Sinn in Newtons Worte hin=einlesen, wenn man Lust oder ein Interesse daran hat, den gott=gläubigen Gelehrten sich so zurechtzulegen, daß man ihn recht bequem treffen könne. Aber muß Newton so verstanden werden? Der große Forscher will nur, die kosmische Ordnung müsse mit absoluter Noth=wendigkeit irgendwie auf Gott zurückgeführt werden; nirgends be=hauptet er, Gott greife bei den einzelnen kosmischen Bewegungen un=mittelbar und mechanisch ein.

Zum Belege hiefür wollen wir einige Stellen aus den vier Briefen an Dr. Bentley anführen, weil Newton gerade hier seinen oben beige=brachten Ausspruch am ausführlichsten entwickelt.

In dem ersten dieser Briefe sagt er: „Es müsse dem Rathe und der Anordnung eines freihandelnden Wesens zugeschrieben werden, daß die Materie in zwei Arten getrennt wurde, indem ein Theil derselben leuchtende Körper, wie die Sonne, ausmacht, und ein anderer Theil undurchsichtige Körper, wie die Planeten. Hätte eine natürliche und blinde Ursache ohne Erfindung und Absicht die Erde in den Mittel=punkt der Mondbahn gesetzt, und Jupiter in den Mittelpunkt seines Trabantensystemes, und die Sonne in den Mittelpunkt des Planeten=systemes, so würde die Sonne ein Körper wie Jupiter und die Erde gewesen sein, das heißt, ohne Licht und Wärme, und er kenne daher keinen andern Grund, warum bloß ein Körper fähig ist, allen anderen Licht und Wärme mitzutheilen, als weil der Urheber des Systemes es für angemessen hielt, und weil einer genug war, alle übrigen zu er=wärmen und zu beleuchten." Er schreibt ferner: „Ein solches System

---

[1] Analysis der Wirklichkeit, S. 356.

mit allen seinen Bewegungen zu machen, erforderte eine Ursache, die
da kannte und mit einander verglich die Menge der Materie in den
verschiedenen Körpern der Sonne und der Planeten, die Gravitations=
kräfte, die hieraus entstanden, wie auch die verschiedenen Entfernungen
der Hauptplaneten von der Sonne und die der Nebenplaneten vom
Saturn, Jupiter und von der Erde; endlich die Schnelligkeiten, mit
welchen diese Planeten sich um solche Quantitäten von Materie in den
Centralkörpern bewegen konnten. Alle diese Dinge in einer so großen
Mannigfaltigkeit von Körpern mit einander zu vergleichen und über=
einstimmend zu machen, forderte eine Ursache, die nicht blind und zu=
fällig ist, sondern der Mechanik und Geometrie sehr gut kundig."

In dem zweiten Briefe gibt er zu, daß die Gravitation die Pla=
neten in Bewegung setzen könnte, behauptet aber, daß dieselbe ohne
göttliche Macht niemals ihnen eine solche kreisende Bewegung, wie sie
um die Sonne haben, geben kann, weil zu diesem Zwecke eine ange=
messene Quantität einer Seitenbewegung nöthig ist; und er schließt dar=
aus, daß er bewogen werde, den Bau dieses Systems einem verständigen
Wesen zuzuschreiben, ohne aber näher zu bezeichnen, in welcher Weise.
In dem vierten Briefe behauptet er, daß die Hypothese der anfangs
durch das ganze Weltall gleichen Ausbreitung der Materie seiner Mei=
nung nach unverträglich ist mit der ihr innewohnenden Gravitation,
ohne daß eine übernatürliche Kraft diese Dinge vereinbart hätte, und
er schließt daraus auf die Existenz einer Gottheit. „Denn" (sagt er),
„wenn es eine innewohnende Gravitation gibt, so ist es der Materie
der Erde und aller Planeten und Sterne unmöglich, fortzufliegen und
sich, ohne eine übernatürliche Kraft, durch alle Himmel gleich=
förmig auszubreiten; und gewiß ist es, was jetzt nicht ohne eine über=
natürliche Kraft geschehen kann, auch ehemals nicht ohne dieselbe Kraft
geschehen konnte."[1]

Daß solche Aeußerungen eines der größten Forscher unseren cultur=
freundlichen Gotteshassern höchst unbequem sind, versieht man, und
man versteht darum auch, daß man dieselben gewöhnlich todtschweigt,
oder deren Bedeutung mit der geistreichen Ausrede ablehnt, Newton
wäre bei Abfassung jener Briefe nicht recht weise gewesen!

19. Soviel über Newton. Im Vorübergehen sei bemerkt, daß in

---

[1] Da uns das Original nicht zugänglich ist, citiren wir nach Lorinser, Das Buch
der Natur, I. Bd. S. 312 f.

Bezug auf unsere Frage Leibnizens Standpunkt mit dem Newtons im Wesentlichen identisch ist. Leibniz verlangt wohl noch entschiedener für alle Vorgänge in der Körperwelt eine rein mechanische Erklärung. Im Interesse der mechanischen Naturerklärung bekämpft er sogar die allgemeine „Anziehung". Während Newton sich dieses Wortes als eines bloßen Hilfsausdruckes für seine mathematischen Berechnungen bedient, ohne dem Worte einen weitern Sinn zuzuschreiben, meint Leibniz, eine solche Wirkung der Körper aufeinander sei als eine unvermittelte Wirkung in die Ferne eine Chimäre, eine Absurdität, und deßhalb — also in rein mechanischem Interesse — fordert er, ein von der Sonne ausgehender, Alles durchdringender Ätherstrom müsse um die Erde kreisen und je nach der Beschaffenheit der Körper die verschiedensten Bewegungen hervorbringen; wie ja denn überhaupt Leibniz sich eben deßhalb zum Dynamismus bekannte, weil er glaubte, ohne diesen seien die Gesetze der mechanischen Bewegung unverständlich. Daß er dabei, wenn nicht entschiedener, so doch ausführlicher, als es sein englischer Zeitgenosse that, betonte, ohne Gott sei die Weltordnung unerklärbar, ist zu bekannt und allgemein anerkannt, als daß es nöthig wäre, es weiter auszuführen.

20. Folgen wir nun dem weitern Fortschritt der Untersuchung. Durch welche mechanische Kraftwirkung der Kosmos in seinen Fugen gehalten werde, stand jetzt fest; und es entstand die weitere Frage, wie denn die Himmelskörper in ihre Bahnen hineingerathen.

Daß die Jünger des modernen Gotteshasses schon in der bloßen Aufstellung einer solchen Frage einen Triumph für ihre Sache erblicken, kann nicht auffallen. Sie bedenken nicht, daß die Weltordnung desto erklärungsbedürftiger wird, je mehr von weitem her sie angelegt ist. Als Kant noch nicht in seinem Denken verkommen war, machte er bei der Erklärung der göttlichen Strafgerichte eine treffliche Bemerkung, die auch von der ganzen Welteinrichtung gilt. „Die ganze Reihenfolge," sagt er, „insofern die Art ihrer Anordnung sich auf den Ausgang bezog, indem sie in Ansehung desselben gar nicht als eine Folge aus allgemeinen Naturgesetzen anzusehen war, bezeichnet eine unmittelbare, noch größere göttliche Sorgfalt, die auf eine so lange Kette von Folgen gerichtet war, um auch den Hindernissen auszuweichen, die die genaue Erreichung der gesuchten Wirkung konnten verfehlen machen."[1]

Und nun zu unserer Frage. Bereits Newton hatte auf die merk=

---

[1] I. Bd. S. 213, Rosenkranz'sche Ausgabe.

würdige Übereinstimmung, welche in den Bewegungen der Pla=
neten herrscht, hingewiesen. Vor den soeben angeführten Worten aus
dem Scholion generale heißt es: „Die sechs Hauptplaneten bewegen
sich in concentrischen Kreisen um die Sonne, und zwar in der näm=
lichen Richtung und fast in der nämlichen Ebene. Ebenso bewegen sich
zehn Trabanten um Erde, Jupiter, Saturn in derselben Richtung und
fast in derselben Ebene der Planetenbahnen." Er fügt, wie wir ver=
nommen haben, hinzu, mechanische Ursachen genügten nicht, um die
Regelmäßigkeit dieser Bewegungen zu erklären [1].

Hiermit war der Fingerzeig gegeben, und es konnte keinem Zweifel
mehr unterliegen, welchen Weg die weitere Forschung nehmen würde.
Die nächste gemeinschaftliche Bewegungsursache mußte natürlich in der
Vergangenheit gesucht werden. War einmal das Wort ausgesprochen,
alle die getrennten Sternkörper des Sonnensystems hätten einst eine
einzige gemeinschaftliche Masse gebildet, so drängte sich fast von selber
der Gedanke auf, die einzelnen Planeten hätten sich wohl in Folge
irgend einer Bewegungsgeschwindigkeit von der Hauptmasse
losgelöst.

---

[1] Bei Buffon finden wir den nämlichen Gedanken einigemal wiederholt: „Les
planètes tournent toutes dans le même sens autour du soleil et presque dans
le même plan, n'y ayant que sept degrés et demi d'inclinaison entre les plans
les plus éloignés de leurs orbites : cette conformité de position et de direction
dans le mouvement des planètes suppose nécessairement quelque chose de
commun dans leur mouvement d'impulsion , et doit faire soupçonner qu'il leur
a été communiqué par une seule et même cause" (Histoire naturelle, Paris 1774,
théorie de la terre. T. I. p. 193). Die Wahrscheinlichkeit dafür, daß eine einheit=
liche Bewegungsursache für alle Planeten müsse vorhanden gewesen sein, berechnet er
auf 24^5 oder 7,982,624. „Cette probabilité, qui équivant presque à une certi-
tude, étant acquise, je cherche quel corps en mouvement a pu faire ce choc
et produire cet effet" (a. a. O. S. 196). Er sucht die Identität der Materie aller
Planeten nachzuweisen. „On doit donc dire que la matière dont sont composées
les planètes en général, est à peu près la même que celle du soleil, et que
par conséquent cette matière peut en avoir été séparée" (a. a. O. S. 202).
Weiterhin geht er dann in die Irre, indem er die Ansicht adoptirt, ein Komet hätte
die Sonne gestreift und hierbei ein Stück mitgerissen, aus dem dann die Planeten
entsprungen wären. Daß es Buffon bei seinen Forschungen nie in den Sinn kam,
„Gott eliminiren" zu wollen, braucht wohl kaum bemerkt zu werden. „La force
d'impulsion a certainement été communiquée aux astres en général par la main
de Dieu, lorsqu'elle donna le branle à l'univers" (a. a. O. S. 191). Diese
Wahrheit soll, wie Buffon bemerkt, durch die weiteren Forschungen gar nicht in Frage
gestellt werden.

21. Als derjenige, welcher diesem Gedanken zuerst Ausdruck gab, gilt Immanuel Kant; er that diesen glücklichen Fund zu einer Zeit, in der er noch, wie wir sogleich sehen werden, voll und ganz auf dem Boden des positiv christlichen Theismus stand; mit der „Kritik der reinen Vernunft" steht Kants kosmogonischer Gedanke eher in schroffstem Widerspruch, als in irgend einem Zusammenhang.

In seiner „Allgemeinen Naturgeschichte und Theorie des Himmels", also bereits im Jahre 1755, theilt er das System mit, welches unter dem Namen des Kant-Laplace'schen Weltberühmtheit erlangt hat. Gleich im ersten Hauptstücke hebt er mit den oben mitgetheilten Gedanken Newtons an und fährt dann fort: „Ich nehme an, daß alle Materien, daraus die Kugeln, die zu unserer Sonnenwelt gehören, alle Planeten und Kometen bestehen, im Anfange aller Dinge in ihren elementarischen Grundstoff aufgelöst, den ganzen Raum des Weltgebäudes erfüllt haben, darin jetzt diese gebildeten Körper herumlaufen. Dieser Zustand der Natur, wenn man ihn, auch ohne Absicht auf ein System, an und für sich selbst betrachtet, scheint nur der einfachste zu sein, der auf das Nichts folgen kann. Damals hatte sich noch nichts gebildet. Die Zusammensetzung von einander abstehender Himmelskörper, ihre nach den Anziehungen gemäßigte Entfernung, ihre Gestalt, die aus dem Gleichgewichte der versammelten Materie entspringt, sind ein späterer Zustand. Die Natur, die unmittelbar mit der Schöpfung grenzte, war so roh, so ungebildet als möglich. Allein auch in den wesentlichen Eigenschaften der Elemente, die das Chaos ausmachen, ist das Merkmal derjenigen Vollkommenheit zu spüren, die sie von ihrem Ursprunge her haben, indem ihr Wesen aus der ewigen Idee des göttlichen Verstandes eine Folge ist. Die einfachsten, die allgemeinsten Eigenschaften, die ohne Absicht scheinen entworfen zu sein, die Materie, die bloß leidend und der Formen und Anstalten bedürftig zu sein scheint, hat in ihrem einfachsten Zustande eine Bestrebung, sich durch eine natürliche Entwicklung zu einer vollkommenen Verfassung zu bilden. Allein die Verschiedenheit in den Gattungen der Elemente trägt zu der Regung der Natur und zur Bildung des Chaos das Vornehmste bei, als wodurch die Ruhe, die bei einer allgemeinen Gleichheit unter den zerstreuten Elementen herrschen würde, gehoben und das Chaos in den Punkten der stärker anziehenden Partikeln sich zu bilden anfängt." [1]

---

[1] Bd. VI. S. 95—96.

Denselben Gedanken wiederholt er in mehr vollendeter und abge=
rundeter Form in der siebenten Betrachtung des „Beweisgrundes zu
einer Demonstration des Daseins Gottes", also im Jahre 1763, ohne
aber damals irgendwo damit Aufsehen zu erregen.

Um so mehr aber wird der Königsberger Philosoph von den An=
hängern des naturalistischen Monismus unserer Tage gefeiert als „der
Begründer der neueren Kosmogonie", d. h. der Kosmogonie, die ohne
Gott fertig wird[1]. Der arge Mißbrauch, der unter unsern Augen fast
überall mit der „neueren Kosmogonie" im Interesse des Kampfes gegen
den Theismus getrieben wird, macht es uns zur Aufgabe, einmal genau
darzulegen, in welchem Sinne jene Theorie von ihrem Urheber vor=
getragen wurde.

(Schluß folgt.)

T. Pesch S. J.

Die Vulkane Ecuadors und der jüngste Ausbruch des Cotopaxi.

Am 25. und 26. Juni d. J. hat einer der Riesenvulkane Ecuadors,
der Cotopaxi, welcher schon so oft seine ganze Umgebung in Schrecken
versetzte, nach einer verhältnißmäßig langen Ruhe auf's Neue die fried=
lichen Thäler an seinem Fuße mit dem Greuel der Verwüstung erfüllt.
Es liegen uns darüber eingehende Berichte aus Quito vor, welche für
die Leser dieser Blätter nicht ohne Interesse sein dürften. Bevor wir
dieselben jedoch mittheilen, sei es gestattet, zu ihrem bessern Verständniß
eine kurze Skizze des ganzen Schauplatzes vorauszuschicken, auf welchem
sich diese Schreckenstragödie abspielte. Während eines fünfjährigen Auf=
enthaltes in Ecuador haben wir Gelegenheit gehabt, in zahlreichen
Excursionen diesen für den Naturforscher überhaupt und speciell für den
Geologen so classischen Boden nach allen Richtungen zu durchstreifen
und einen Einblick in dieses großartigste aller Vulcangebiete zu gewinnen.
In der folgenden Skizze nun wollen wir den Leser durch eine objective

---

[1] Strauß, Der alte und der neue Glaube, S. 153.

Schilderung in diese so reiche und majestätische Natur einführen, die wohl kaum anderswo auf Erden ihres Gleichen findet; von allen theoretischen Annahmen und Folgerungen, die meistens nur für den Fachgelehrten Interesse haben, werden wir bei unserer Darstellung absehen.

Wenn wir die Bodengestaltung Ecuadors überschauen, so zeigt sich eine sehr einfache Gliederung. Das gesammte Gebiet zerfällt in drei große, von Nord nach Süd parallel laufende Zonen, deren jede ihren eigenen Charakter durch das ganze Land festhält; die mittlere Zone umfaßt das Hochland sammt der es umsäumenden Doppelcordillere; an sie schließt sich gegen Westen als zweite Zone das Tiefland von den unteren Westgehängen der Anden bis zum stillen Ocean, und gegen Osten als dritte das ganze Gebiet, welches man in Ecuador unter dem Namen „el Oriente" versteht, d. i. der östlich von der Cordillere gelegene Landesantheil von der seitlichen Querkette von Caqueta herab bis zum Marañon. Sowohl durch ihre Bodenbeschaffenheit, ihre Naturproducte und ihr Klima, als auch durch den Charakter ihrer Bewohner und den Zustand ihrer Cultur unterscheiden sich el Oriente, la Sierra oder Cerrania und la Costa so schroff von einander, daß der Unterschied auch dem oberflächlichen Beobachter nicht entgehen kann. Wir beschäftigen uns für dießmal nur mit der Sierra oder dem Gebirgsland, denn — einige unbedeutende Erscheinungen abgerechnet — es haben sich die Vulcane ausschließlich auf dem Gebirgsrücken gleich gewaltigen Festungsthürmen in zwei parallelen Zügen aufgepflanzt, und hier vorzugsweise ist der Boden bis zu ungemessener Tiefe eine Anhäufung der Auswurfsproducte dieser Feuerherde.

Das Hochland Ecuadors bildet zwar nur ein kleines Mittelglied in der langen Andeskette, welche durch ganz Südamerika längs der Meeresküste hinzieht; aber es ist das interessanteste, das regelmäßigste und das am leichtesten zugängliche Glied und deßhalb auch das am besten bekannte und studirte. Die drei Cordilleren Neu-Granada's, welche sehr ungleichmäßig von Nord nach Süd sich erstrecken und von denen nur die mittlere mit mehreren feuerspeienden, jedoch seit langen Jahren unthätigen Kraterbergen besetzt ist, vereinigen sich bei der Stadt Pasto, hart an der Grenze Ecuadors, zu zwei Zügen, die von da ab regelmäßig bald sich nähernd, bald sich wieder mehr öffnend das Land durchziehen. Bei Loja, der Hauptstadt der südlichsten Provinz, gehen beide Höhenlinien in eine über, um dann durch Peru und Chile wieder einen unregelmäßigeren Verlauf einzuhalten. Vom Paramo de Ruiz in Neu-

Granada bis nach Loſa reiht ſich in kurzen Abſtänden Vulcan an Vul=
can und ſie bilden die höchſten Bergſpitzen. In Ecuador krönen ſie nicht
bloß die Kämme der beiden Längscordilleren, ſondern auch die Höhen=
züge, „nudos" (Knoten) genannt, welche an verſchiedenen Stellen quer
durch die Hochebene ſtreichen, ſind meiſtens mit Kratern beſetzt, und
einzelne Vulcane ſtehen auch wohl ganz getrennt mitten in der Hoch=
ebene: ſo der winzige Ilalo im Thale von Chillo, der Paſachoa
und Rumiñagui in der Ebene von Machache, beide ſich an den Fuß
der Oſtcordillere anlehnend. Sehen wir für einen Augenblick von
dieſen Querketten und iſolirten Bergen ab, ſo bildet die ganze Gegend
zwiſchen den beiden rieſigen, mannigfaltig undulirten und gezackten,
mit ſchneeigen Spitzen gezierten Seitenwällen ein weites, flaches, von
Flüſſen und Bächen reich bewäſſertes, ſonſt aber monotones und gleich=
förmiges Hochthal, deſſen mittlere abſolute Höhe 2700 Meter beträgt.
Durch die Querzüge jedoch und die ſonſtigen zahlreichen Unebenheiten,
durch die bisweilen weit vorgeſchobenen Vorberge, die ſogenannten
„narices" (Naſen), „cuchillas" (Meſſer) und „lomas" (Rücken) ge=
winnt die Landſchaft an wohlthuender Abwechslung.

Obgleich die Hochebene an Fruchtbarkeit den anderen Theilen Ecua=
dors nachſteht und wegen der Vulcannähe am meiſten der Verheerung
ausgeſetzt iſt, ſo übertrifft ſie dennoch ſowohl an Dichtigkeit der Be=
völkerung, als in Hinſicht auf ihre Cultur die andern Zonen bei Weitem.
Unter den neun Provinzial=Hauptſtädten liegen ſieben von Nord nach
Süd in einer Linie mitten auf der Hochebene, jede im Centrum eines der
Becken, in welche das Hochthal durch die Quergebirge zerſchnitten wird [1].

---

[1] Dieſe ſieben Hauptſtädte ſind von Norden nach Süden: Ibarra (Provinz Im=
babura), Quito (Pr. Pichincha), Latacunga (Pr. Leon), Ambato (Pr. Tunguragua),
Riobamba (Pr. Chimborazo), Cuenca (Pr. Azuay), Loja (Pr. Loja). Von den
übrigen Provinz=Hauptſtädten liegen Guayaquil und Esmeraldas am Meere, Porto=
viejo aber mehr landeinwärts im Küſtenſtrich. Die größte, üppigſte und an Natur=
erzeugniſſen aller Art reichſte Provinz „el Oriente" iſt ohne Hauptſtadt, weil ohne
alle Cultur und Civiliſation. Die von den Jeſuiten gegründeten und einſt ſo herrlich
blühenden Culturherde, die Städte und Dörfer S. Roſa, Archidona, Concepcion, S.
Miguel und viele andere, verfielen nach deren Vertreibung, und die in ihnen ge=
ſammelten Indianer ſanken in die alte Barbarei zurück, aus der ſie heute ſchwerer
zurückzuführen ſind, als im Anfange.
Die Quergebirge, welche die einzelnen Provinzen trennen, ſind wieder von
Norden nach Süden: 1. Der Nudo del Mojanda oder de las Cajas; 2. der Nudo
de Tiupullo; 3. der Gebirgsſtock des Igualata, deſſen Fuß im Weſten ſich in die
Oſtgehänge des Chimborazo verliert, im Oſten aber gerade dem Tunguragua gegen=

So war es schon in den frühesten Zeiten unter den Quitus und Incas gewesen. Wohl mag das gesunde und milde Klima, sowie die leichtere Verbindung in dem vom Urwald freien Gebiete zu den zahlreicheren Niederlassungen eingeladen haben. Die berühmte alte Heerstraße der Incas von Cuzco nach Quito lief bekanntlich ebenfalls auf der Hoch=ebene hin.

Verfolgen wir noch kurz die Fortsetzung der Cordillere südlich von Loja. Schon vom Aznay an treten die vulcanischen Producte stark hinter den nicht vulcanischen, aber doch eruptiven Gesteinen zurück; in Loja verschwinden dann erstere ganz und fehlen auch fernerhin auf eine geraume Strecke. Erst etwa 200 Meilen südlicher heben die Vulcane wieder mit dem wüthenden Volcan be Arequipa in Peru an und setzen sich 140 Meilen weit fort. Zwischen dem 24. und 30. Breitegrad verschwinden sie abermals, brechen aber schließlich noch=mals zahlreich und mit energischer Thätigkeit aus den Gebirgskämmen Chili's hervor bis hinab zum 43.°, also auf einer Längenerstreckung von etwa 200 Meilen.

Nirgendwo auf der langen Linie stehen jedoch die Vulcane so dicht gedrängt, wie in Ecuador. Mit Sicherheit kennt man heute daselbst nicht weniger als 39 eigentliche Vulcanberge, von denen viele, wie der Antisana, Pichincha, Cayambe, Igualata, jeder für sich ganze vulcanische Gebirgssysteme darstellen. In nachfolgender Tabelle stellen wir sie alle von Nord nach Süd und nach ihrer Lage auf oder neben den beiden Cordilleren zusammen.

Vulcane Ecuadors.

Auf der Westcordillere:	Zwischen beiden Cordilleren: (Provinz Imbabura.)	Auf der Ostcordillere:
1. Chiles 4780 m.		5. Imbabura 4582 m.
2. Yanaurcu 4966 m.		6. Cuvilche 3882 m.
3. Cotacachi 4556 m.	4. Mojanda 4294 m.	7. Cusin oder Pablourcu 4012 m.

über zum tiefen Thale des Rio Chambo und Rio Patate hinabfällt; 4. der Nudo del Azuay; 5. zwischen der Provinz Loja und Azuay läuft die Grenze durch die Ein=senkung zwischen dem doppelten Querzug des Nudo be Portate und Nudo be Acayana. Zwischen Latacunga und Ambato, resp. zwischen der Provinz Leon und Tunguragua, fehlt eine solche Scheidewand; auch bildeten früher beide Bezirke nur die eine Pro=vinz Leon.

Auf der Westcordillere:	Zwischen beiden Cordilleren: (Provinz Pichincha.)	Auf der Ostcordillere:
8. Pululagua 3319 m.		18. Cayambe 5840 m.
9. Rucu=Pichincha 4737 m.		19. Pambamarca 4093 m.
10. Guagua = Pichincha 4787 m.	14. Jlalo 3161 m.	20. El Puntas 4462 m.
11. Atacazo 4539 m.	15. Pasachoa 4255 m.	21. Antisana 5756 m.
12. Corazon 4787 m.	16. Rumiñahui 4192 m.	22. Sinchulagua 4988 m.
13. Jliniza 5305 m.	17. Los Cerros de Chaupi 3997 m.	

(Provinz Leon und Tunguragua.)

23. Quilotoa 4010 m.	24. Putzulagua 3515 m.	25. Cotopaxi 5943 m.
		26. Quilindaña 4919 m.
		27. Tunguragua 5087 m.

(Provinz Chimborazo.)

28. Carihuairazo 5106 m.	30. Jgualata 4452 m.	34. Altar 5404 m.
29. Chimborazo 6310 m.	31. Cerro de Calpi 3240 m.	35. Sangay 5323 m.
	32. Cerrito de S. Antonio 2881 m.	
	33. Tulabug 3324 m.	

(Provinz Azuay.)

36. Azuay 4600 m. (?)

Hiezu kommen noch die beiden niedrigen Vulcane Cerro bravo und Cerro de St. Vincente an der Küste in der Provinz Manabi, und der Vulcan Guacamayo mitten im Urwald der Provinz el Oriente.

Die Gipfel des Chimborazo, Cotopaxi, Cayambe, Antisana, Altar, Sangay, Jliniza, Carihuairazo, Tunguragua, Sinchulagua, Cotocachi, Quilindaña, Corazon, Azuay sind in ewigen, dichten Schnee gehüllt, während der Pichincha, Rumiñahui, Pasachoa, Atacazo, Jgualata, Jm=babura, Yanaurcu und viele andere Berge, sowie ganze Gebirgsrücken nur vorübergehend ein leichtes Schneegewand überwerfen. Wahrlich ein ausgiebiges Feld zu Studien für den Geologen! Alle übrigen Vulcan=gegenden treten hinter diese weit zurück an Großartigkeit, Reichthum und Mannigfaltigkeit. Hier trifft er alle möglichen Erscheinungsformen des Vulcanismus in engen Rahmen zusammengedrängt und den forschenden Blicken offen gelegt, und — was dem Ganzen ein noch viel größeres Interesse verleiht — Alles aufgebaut und herausgewachsen über einem Boden, der von jeher seit dem grauesten Alterthum der Schauplatz eruptiver Thätigkeit in anderer und anderer Gestaltung gewesen. Denn das eigentliche Massiv der langgestreckten Andeskette, der Grundstock

derselben, setzt sich aus immensen Massen eruptiver Gesteine der grauen
Vorzeit zusammen: aus Granit, Gneiß, Porphyren, Diabas-, Diorit-
und Syenitgesteinen, und die Vulcanerzeugnisse, so mächtig sie auch
immerhin die Höhen überdecken, so überwältigend auch ihr Eindruck
einem Vesuv und Ätna gegenüber, oder im Vergleich mit den älteren
Vulcangebieten Italiens, der Eifel, der Auvergne, Cataloniens ꝛc. sein
mag, bilden doch nur einen kleinen Bruchtheil der Gesammtmasse des
gigantischen Gebirgszuges.

Hier thronen die Colosse eines Chimborazo, Cotopaxi, Antisana,
Cayambe, Carihuairazo neben den zwerghaften Gestalten eines Cerro
de Calpi, Jlalo, Cerro de St. Antonio, Cerro bravo; alle verschieden
an Umfang, Ausbildung, Alter; die einen haben einen mehr oder
weniger tief eingesenkten Krater, den andern fehlt jede Spur eines solchen;
bei den einen ist der Krater weit und tief, der Berg selbst aber klein
(Pululagua, Jlalo, Corazon, Rumiñagui), bei den andern dagegen ist
der Berg hoch und ausgedehnt, der Krater unverhältnißmäßig klein (Cotopaxi, Tunguragua); von den einen, wie vom Antisana, Cotopaxi,
Chimborazo, Tunguragua, Pichincha, strahlen zahlreiche Lavaströme
weithin nach allen Seiten aus; anderen, so dem Quilotoa, dem Jlalo,
fehlen sie vollständig; beim Cotopaxi, Tunguragua quellen sie erst über
den fast 6000 Meter hohen Kraterrand, um dann mit Sturmeseile über
die steilen, mit Schnee und Eis bedeckten Gehänge hinabzustürzen; beim
Chimborazo, Antisana und Pichincha brechen sie tief unten am Fuße
aus, um sich langsam durch die umliegenden Ebenen hinzuwälzen; beim
Pululagua sprengt die angestaute Lava erst ein Stück der Kraterwand
heraus und rinnt dann mit einem Male durch die große Öffnung; am
Rucu-Pichincha und Rumiñagui gar überdecken mächtige Lavaergüsse hohe
Gebirgskämme, die heute höher liegen, als der Boden des zugehörigen
Kraters. Hier sind die Vulcane hoch auf der Cordillere eingefügt, dort
steigen sie am tiefsten Punkte der Hochebene auf, und wieder anderswo
liegen sie ganz abseits von der Doppelcordillere, im Flachland der Küste.
Welch ein Contrast schon beim bloßen Anblick zwischen dem Jliniza und
dem Quilotoa! Dort ein Gebirgsstock, der allmählich in zwei ungeheure,
sich gabelnde Spitzen ausläuft; hier ein immenser, kreisrunder, ringsum geschlossener, sonst aber höchst einfacher Kessel, aus dessen Tiefe ein
stiller, dunkler See unheimlich heraufstarrt. Welcher Contrast ferner
zwischen den beiden nebeneinander liegenden, ja in einander verschmol-
zenen Pichinchas: dem Guagua-Pichincha, einem regelrechten Kegelberg mit

einem weiten, nach einer Seite durchbrochenen Doppelkrater, und dem
Rucu=Pichincha, einem bunten Gewirr und Durcheinander von phantastisch
zusammengewürfelten Lavafelsen, Schlackenanhäufungen, vulcanischen
Rücken und Gräten, Lavaströmen und Aschenschichten, so daß man kaum
oder gar nicht mehr zu unterscheiden vermag, was nach oben und
unten gehört.

Mit dieser Mannigfaltigkeit in der äußern Form, in der Gliederung
und der Entwicklung paart sich merkwürdigerweise eine absolute Gleich=
förmigkeit des eruptiven Materials. Alle diese zahlreichen Eruptions=
schlünde, so weit von einander getrennt nach Ort und Zeit ihrer Thätig=
keit, lieferten stets nur Trachyt, nie basaltische, nie nephelinische, nie
leucitophyre Lava. Dieser Trachyt ferner, obwohl äußerlich verschieden
in Aussehen, Farbe, Aggregation, obwohl bald dicht und krypto=krystal=
linisch, bald glasig und amorph, bald grob krystallinisch und mit gut
individualisirten Mineralien, hier roth, dort grau oder schwarz, ist
doch chemisch und mineralogisch stets eine und dieselbe Klasse des Ge=
steins.

Bietet so das Hochland dem Geologen ein unerschöpfliches Feld
für seine Studien, so gewährt es dem Nicht=Geologen einen nicht ge=
ringern Genuß durch die herrlichsten Fernsichten und Panoramen, an
denen dieses so großartig angelegte vulcanische Gebirgsland überreich
ist. Die prachtvolle Aussicht vom Pichincha auf den stillen Ocean
einerseits und die Cordilleren andererseits ist von vielen Reisenden
schon geschildert worden[1]. Einen noch klareren, wenn auch nicht so
weiten Überblick über das Gebirgspanorama gewinnt man aber von den
höheren Vulcanen in der Mitte der Hochebene aus. Wenige Wochen
vor meiner Abreise aus Ecuador erfreute ich mich eines solchen auf dem
Gipfel des Pasachoa an einem klaren, heiteren Augusttage. Die ganze
Landschaft links und rechts, nach Nord und nach Süd, vom Cotocachi
und Imbabura hinab bis zum Carihuairazo und Chimborazo lag vor
mir im vollen Glanz der Äquatorsonne. Es sei gestattet, diese Rund=
sicht hier kurz zu skizziren, da sie sowohl eine genauere Kenntniß der
ecuadorianischen Anden ermöglicht, als auch gerade einen großen Theil
jenes Gebietes umfaßt, über welches die jüngste Eruption des Cotopari
ihre Verheerungen ausgedehnt hat.

---

[1] Vgl. besonders Moritz Wagner in seinen „Naturwissenschaftliche Reisen im
tropischen Amerika", 1870.

Ganz im Norden, hinter dem zackigen Quergebirge des Mojanda, stieg durch einen bläulichen Dunstschleier halb versteckt der Schneegipfel des Cotocachi empor; dicht hinter ihm zeigten sich noch, jedoch matt conturirt, einzelne Partien des dunklen Yanaurcu, und rechts von beiden der weiß angehauchte Imbabura, der „Fischerzeuger". Her=
wärts vom Mojanda trat aber die ganze Gegend mit scharfen Umrissen hervor und glänzte, besonders in noch größerer Nähe, in wundervoller Klarheit. Verfolgen wir zunächst den umschließenden Höhenkranz. Rechts oben springt zuerst der kleine Pululagua, ein tief eingesenkter Kra=
terberg, mit grauen, steinigen, steilen Gehängen aus der Westcordillere gegen den Fluß Guallabamba hervor, der sich an seinem Fuß hinwindet. An ihn schließen sich die Höhen von Calacali an, alle aus Vulcan=
tuffen zusammengesetzt. Diese erheben sich allmählich, mehrfach sich stufend, zum Gebirgsstock des eigentlichen Pichincha. Dieser stellt sich als eine ganz verwickelte, ausgedehnte Berggruppe dar mit weit ausge=
zogenen, am Ende plötzlich gegen Quito, Magdalena und Chillogallo abfallenden Vorbergen. Über dem inneren, höher gelegenen Mittel=
knoten ragen rechts die felsigen, kühn und bizarr aufgethürmten, schwarzen Massen des Rucu, und links die lichtgrauen, mit Bimsstein überschütteten, gleichmäßig und sanft sich abdachenden Kratergehänge des Guagua frei in den tiefblauen Himmel hinein. Die unbedeutenden Erhebungen des Cerro de Labrillos zwischen Rucu und Guagua sind Reste von Lavaergüssen. Es folgt nun der Atacazo. Unmittelbar uns gegenüber steigt er von unten aus der Ebene auf. Mehrere radien=
artig auslaufende Rücken vereinigen sich in der Höhe zu einem kleinen, leicht gewellten Plateau; in der Mitte desselben bezeichnen steil auf=
gerichtete, dunkle Felspartien, sowie mit Bimsstein überschüttete Abhänge die Stelle, an welcher der einfache, gegen Südwest durchbrochene Krater eingelassen ist.

Nach einer bedeutenden Senkung in der Cordillere, über welche der unternehmende, thatkräftige Garcia Moreno die neue Straße zum Hafen von Caracas in Manabi bauen ließ, erhebt sich der Corazon[1]. Ausgezeichnet durch den tiefsten aller Krater Ecuadors (derselbe mißt 1204 Meter in die Tiefe) ist er im Übrigen ganz dem Atacazo

---

[1] Diesen Namen, der „Herz" bedeutet, verdankt er der herzförmigen Gestalt, in welcher er sich dem Beschauer im Westen zeigen soll. Von unserm augenblicklichen Standpunkte aus findet sich aber nichts an ihm, was zu diesem Namen berechtigte.

nachgebildet; eine bedeutende, höckerige Kuppe aus Lavaschlacken, welche dem Kraterrande auf der Südostseite auflagert und sehr oft mit Schnee überdeckt ist, gibt dem Berge jedoch eine abweichende Gestalt. Zwischen beiden, hinter der Senkung, zieht ein schroff abfallender, schwarzer Gebirgszug, Vindita genannt, nach West=Süd=West der Meeresküste zu. An dessen eckigen Umrissen erkennt der Kundige sofort, daß derselbe nicht zu den vulcanischen Bildungen gehört; denn diesen sind in ganz Ecuador wie auch anderwärts die eigenthümlichen Rundungen und Wölbungen der Haupt=Bergformen charakteristisch. Auf der Süd= seite senkt sich der Corazon wieder tief herab zum Jliniza. Ein schmaler Grat aus alt=krystallinischen und vulcanischen Gesteinen verbindet beide Berge. Die schöne Doppelpyramide des Jliniza, diese für einen Vul= can so seltsame Gestalt, ist in unserem Panorama wohl der am meisten anziehende und fesselnde Berg. Obgleich er nur 5400 Meter hoch, also niedriger als der Antisana, Chimborazo und andere ist, läßt ihn doch die größere Nähe höher erscheinen. Einem riesigen Marksteine vergleich= bar steht er gerade auf dem Vereinigungspunkt der westlichen Längs= cordillere mit dem Nudo de Tiupullo, dem zweiten Quergebirge. Seine beiden schlanken, schmucken, fast gleich hohen Spitzen ragen über ihrer Verbindungslinie noch circa 400 Meter frei und kühn in die Luft hinein; dichter, reiner Schnee umhüllt sie und noch einen beträchtlichen Theil des gemeinsamen Grundstocks. Die launenhaft vertheilten Un= ebenheiten in den schneeigen Gefilden, die da und dort durch das glän= zende Weiß durchbrechenden nackten, schwarzen Gesteine, der Contrast in Form, Farbe, Schattirung zwischen der lebendig variirten, freundlichen oberen Hälfte und der kahlen, etwas düsteren, sanft in die Ebene von Machache auslaufenden unteren, endlich die grelle Beleuchtung machen das Ganze zu einem Bergbilde von ergreifender Wirkung. Wenn die genauen Untersuchungen des Dr. W. Reiß es nicht klar nachgewiesen hätten, würde es unglaublich erscheinen, daß dieses so innig verwachsene Zwillings= gebilde zwei ganz ungleichartige und verschiedenalterige Bildungen um= fasse. Die nördliche und ältere Spitze besteht aus einem breccienartigen Gemenge von Schlacken und festen Lavabrocken, die südliche aus com= pactem, krystallinischem Trachytgestein.

Der nun mit gleicher verticaler Erhebung querüberlaufende, das Becken nach Süden abschließende Rücken des Tiupullo macht neben seiner seitlichen Umgebung eine ganz unbedeutende Figur; drei weiter rückwärts liegende, ähnlich geformte, in gleichen Zwischenräumen höher aufragende Berggipfel tragen in etwa dazu bei, das Prosaische seines Aussehens zu mildern. Dessenungeachtet würde wohl der Tiupullo, wenn er auch nur 300 Meter über die Ebene sich erhebt, mit seiner absoluten Höhe von 3604 M. und seinen drei bis 3997 M. aufsteigenden Spitzen an den meisten anderen Punkten der Erde ein recht ansehnliches Gebirge repräsentiren; nur hier, inmitten von Riesen, erscheint er als Zwerg. Auch ist er nur von Norden her aus der Ferne gesehen so monoton; vom Corazon her bietet er viel mehr Abwechslung; die drei Spitzen, „los cerritos de Chaupi" genannt, weisen sich dann als die höchsten Punkte eines großen Kraters, des „Hondon de San Diego", aus.

Am linken Ende des Tiupullo beginnt die Ostcordillere mit dem Rumiñagui („Gesicht von Stein"), in dessen 803 Meter tiefen Krater sich der letzte Inca-Oberfeldherr gleichen Namens nach dem traurigen Ende seines Herrn und Kaisers Atahualpa hinabgestürzt und in dessen Gestein er all' das Gold verborgen haben soll, was in der Eile noch weggeschleppt werden konnte [1]. In den unteren Partien dieses Berges kehren dieselben Formen wieder wie am Atacatzo und Corazon, nur daß sie sich weiter ausdehnen und etwas mannigfaltiger sind. Ganz eigenartig aber ist der obere Theil; gerade dessen Gestaltung mag ihm wohl eher seinen Namen eingetragen haben, als der tragische Tod eines Inca-Feldherrn. Die äußeren, nahezu senkrecht über die sanftgeneigten unteren Böschungen aufschießenden schwarzen Steinwände des großen, oben unregelmäßig ausgezackten Doppelkraters, nebst den gegen Machache und Tiupullo sich hinziehenden Steinleisten der Lavaströme, bilden eine wilde Felsenburg. Ebenso starren dem Besucher im Inneren des Kraters von allen Seiten lauter nackte Lavafelsen entgegen. Weil man nun von der Ebene aus und vom Tiupullo herabkommend gerade in den weit offenen Krater hineinblickt, so gehört nicht gerade eine sehr überhitzte Phantasie dazu, um aus dem wilden Steinchaos ein Menschengesicht heraussehen zu lassen.

---

[1] Beim Besuche dieses Kraters frug ich den mich begleitenden Cholo aus Machache über diese Goldgeschichte. Er war vollständig von ihrer Wahrheit überzeugt und behauptete, die Stelle der vergrabenen Schätze genau zu kennen; indessen würde er es nie wagen, in die Höhle einzudringen, weil Alle, die es bis jetzt versucht, von den überhängenden, herabstürzenden Lavafelsen begraben worden seien. Selbstverständlich machte auch ich mich nicht daran, nach dem Golde zu fahnden, zwar nicht aus Furcht vor einem so tragischen Ende, sondern aus Überzeugung, lange umsonst herumgeführt und schließlich angeführt zu werden.

Links neben diesem trübselig herüberschauenden „Steingesicht" folgt jetzt ein Bild ganz anderer Art. Eine regelmäßig conische Gestalt steigt mitten zwischen Rumiñagui und dem nächstfolgenden Sinchulagua langsam und majestätisch hoch zum Firmament empor; sanft hebt sich der glatte, weiße, tiefherabgezogene Eispanzer von dem gesättigten Blau des Himmels ab; bloß da und dort ein dunkler Fleck in der lichten Umhüllung, sonst Alles ruhig und in ungestörter Harmonie. Es ist der Held des Tages, der vor drei Monaten wild entbrannte, Alles ringsum sengende und verheerende Cotopaxi. Fürwahr, als ich ihn damals vom Pasachoa aus so vor mir liegen sah, ein Bild des Friedens und heiliger Ruhe, ohne jedes Anzeichen vulcanischer Erregung, hätte man nicht glauben sollen, daß schon vor Ablauf eines Jahres seine früheren Wuthanfälle ihn wieder erfassen würden. Wohl sah ich die traurigen, öden Flächen des Pedregal („Steinfeld"), welche, nur aus Geröll und erhärtetem Schlamm bestehend, ohne Strauch, ohne Grashalm, in sanfter Neigung zwischen Rumiñagui und Sinchulagua sich herabziehen und dann am Pasachoa vorbei gegen Chillo sich senken, und sie mahnten mich an die tückische Natur dieses Nachbars; allein dieser Schlammstrom früherer Zeiten bewegte sich eben damals nicht mehr, sah vielmehr mit derselben eisigen Ruhe zu uns herauf, wie sein Erzeuger.

Doch verlassen wir einstweilen den Cotopaxi — wir werden ihm bald unsere ausschließliche Aufmerksamkeit zuwenden — und fahren wir fort in unserer Rundschau. Wie eben angedeutet, schließt sich links an den Cotopaxi der steile, unregelmäßig geformte, mit ewigem Schnee bedeckte Sinchulagua. Auch er ist ein alter Vulcan, doch seit Menschengedenken völlig erstorben und in Folge der Eingriffe von Seiten seiner unfreundlichen Nachbarn bedeutend umgestaltet. Geschichtlich steht nämlich fest, daß bei der letzten und größten Pichincha=Eruption im Jahre 1660 ein großer Theil seines Gipfels in das Thal von Chillo niederstürzte und durch Stauung der Wasser des Rio Pita entsetzliche Verwüstungen anrichtete. Weiter gen Nord, mehr hinten im Gebirg, taucht schon wieder ein Schneecoloß auf, der ganz abnorm aussehende Hauptberg der Vulcangruppe des Antisana. Weit umfangreicher als der Cotopaxi, ist er neben dem Chimborazo und Cayambe der massigste Schneeberg Ecuadors, dabei mannigfaltig gegliedert und mit vielfach gebrochenen Flächen. Auch als Vulcan steht er in der Reihe oben an. Sein Eruptionsareal ist nicht bloß das ausgedehnteste, sondern auch das reichste an den verschiedenartigen vulcanischen Producten; viele derselben liegen

zudem heute noch so frisch und unbedeckt da, als wären sie erst gestern ent=
standen. Der rings in dichtem Eis starrende Centralberg erhebt sich
über einem flachen, meilenweit sich erstreckenden Hochplateau. Gleich
Trabanten umstehen ihn zahlreiche Nebenkrater und strahlen stundenweit
breite Lavaströme aus, welche mit ihren wild durcheinander geschobenen
Steinblöcken die schon vor der Eruption bestehenden Flüßchen und Bäche
stauten und dadurch die Bildung vieler Seeen veranlaßten. Nirgendwo
in Ecuador findet man an ein und demselben Vulcane eine solche Man=
nigfaltigkeit von Trachyt=Varietäten wie hier, überhaupt ist das Gebiet
des Antisana eines der instructivsten für den Vulcanologen.

Gerade oberhalb des Antisana erblickt man einen tiefen Einschnitt
in die Cordillere. Es ist die Encañada, der gewöhnliche Paß in das
Gebiet des Napo in der Ostprovinz. Wieder hebt sich das Gebirge
hoch hinauf und es folgen dicht hintereinander, wenig gegeneinander
abgegrenzt, mehrere nicht vulcanische Berge. Die südliche Partie der=
selben bildet die Cordillera del Guamini, die nördliche den Encantado.
Unter ihnen ist nur der Saraurcu durch seine bedeutende Höhe von
5190 Meter und durch seine grotesken, zackigen Gipfel auffallend.

Einen würdigen Abschluß findet der Bergkranz im Cayambe, der
wieder dicht in Schnee und Eis starrt. Wie der Antisana, so hat auch
er eine an einem Vulcane ungewohnte Gestalt, doch sind seine gewaltigen,
ineinander geschobenen Buckel mehr gerundet. Von unserem Stand=
punkte aus tritt sein immenses Volumen nicht so klar hervor, wohl
aber, wenn man unmittelbar vor ihm steht; von der Hacienda Guachala
aus erscheint er sogar colossaler, als der Chimborazo von Chuquipoquio
aus. — Gleich hinter dem Cayambe stößt die Ostcordillere wieder mit
dem Nudo del Mojanda zusammen.

Werfen wir nun noch einen Blick auf die Landschaft innerhalb des
geschilderten Bergrahmens. Nach Süden schweift das Auge über die
reizende, fruchtbare, verhältnißmäßig reich bevölkerte und gut bebaute
Ebene von Machache, so benannt nach dem bedeutendsten auf ihr
liegenden Dorfe. Nahe vor uns, zwischen einigen niedrigen, flach gewölbten
Hügeln, die sich aus der sonst vollkommenen Ebene erheben, zieht sich,
größtentheils schnurgerade, ein helles, breites Band hin: es ist die große
Heerstraße (carretera) Garcia Moreno's, welche selbst den bestcultivir=
ten Gegenden Europa's Ehre machen würde [1]. Längs des Fußes der

---

[1] Der Congreß und die interimistische Regierung beschloß in feierlicher Sitzung,

Ostcordillere schlängelt sich der Fluß Rio San Pedro. Unter den
schneeigen Gehängen des Iliniza entspringend, nimmt er links und
rechts die zahlreich aus den Schluchten herabeilenden Flüßchen und
Bäche auf, so daß er am Pasachoa, gerade unter uns, schon als ein
ganz bedeutendes Wasser auftritt. Sonst ist Alles, so weit man sieht,
Feld und Weideland: das erstere ist mit niedrigem Gebüsch[1] und mit
tiefen Gräben ringsum abgeschlossen, das letztere aber, weitaus über=
wiegend, drängt sich nicht nur unten in der Ebene überall zwischen die
Saatfelder hinein, sondern zieht sich auch an allen Berggehängen hoch
hinauf und dehnt sich unbegrenzt über die Bergrücken hin; unten im
Thal voll saftigen, hohen Grases nimmt es in höheren Regionen den
Charakter der Paramos an. Zwischen den Feldern erblickt man da und
dort Hütten, seltener größere Gehöste (Haciendas) und nur vier Dörfer:
Jambillo, Machache, Aloag und Aloasi. Auf den Weiden tummeln sich
zahllose Rinder und Pferde, minder zahlreich Schafe und Ziegen und
noch spärlicher Esel, Maulesel und Llamas. Alles liegt frei und offen
da, denn dem Hochland fehlt der zusammenhängende Wald. Nur die
tief eingeschnittenen, aber schmalen Quebrada's (Schluchten) sind mit
üppigem Baumwuchs bestanden und treten deßhalb doppelt markirt aus
dem Landschaftsbilde heraus. Auch auf den Paramos fristet viel strauch=
artiges Gewächs neben verkrüppelten Bäumen ein kümmerliches Leben.

Wenden wir uns jetzt nach Norden. Gerade links vor uns windet
sich die breite Carretera in gewaltigem Zickzack an der steilen Cuesta de
S. Rosa hinauf. So heißt hier der Abhang des langen Rückens, der
vom Atacazo auslaufend weit in die Ebene sich vorschiebt und dann
nach Norden sich wendet. Er trennt das Thal Chillo von der nur
wenig höher gelegenen Ebene, auf welcher die Hauptstadt der Republik
ruht; von dieser selbst und den sie umgebenden Dörfchen gewahren wir
jedoch nichts. Durch das erwähnte Thal wälzt sich der Rio San Pedro
immer mächtiger dahin, vergrößert durch den fast ebenso starken Zufluß,
den Rio Pita, der ihm die Schneewasser des Cotopaxi und Sinchulagua

---

der Straße fortan zu Ehren des Erbauers den Namen „Carretera de Garcia Moreno"
zu geben. Die jetzige rothe Regierung will aber von einer solchen Benennung nichts
hören.

[1] In dem Becken von Riobamba und Latacunga, sowie auch nördlich von Quito
werden die Einfriedigungen zumeist aus den dickblätterigen, stechenden Agave=Arten
gebildet. Doch auch hier sind Buschhecken mit Gräben nicht selten, welche lebhaft an
die Wallhecken Westfalens erinnern.

zuführt. Etwa drei Meilen tiefer unten schließt der kleine, von warmen Mineralquellen umringte Jlalo das Thal von Chillo gegen das von Tumbaco ab. Er ist ein hufeisenförmiger Kraterwall. Seine beiden Schenkel fallen steil zum Rio San Pedro ab, während die Böschung am Ostabhange eine nur sanft geneigte ist. Auf der kleinen Ebene innerhalb des Kraterbogens, welche vorn durch den Fluß, an den andern Seiten durch steile Lavawände von der Umgegend abgeschnitten wird, liegt das Indianerdorf Guangopola. Dasselbe verdient eine Erwähnung, weil seine Einwohner, Incas vom reinsten Blut, sich fortwährend von der Berührung mit den Europäern ferngehalten und eine gewisse Unabhängigkeit bewahrt haben. — Obgleich beschränkter als die Ebene von Machache, birgt doch das Thal Chillo mehr menschliches Leben und Treiben. Wegen seiner tieferen Lage und seines milderen Klimas (seine mittlere Jahrestemperatur beträgt 16,5° C.) ist es mit zahlreichen Villen reicher Quitenser bedeckt. Um jede derselben schaart sich eine große Zahl von Strohhütten, in welchen die zum Feldbau und für die Bedienung des Gehöftes nöthigen Indianer-Familien wohnen, während in den Dörfern Conocoto, Pangolqui und Alaugasi einige Dutzend Lehmhäuser mit Ziegeldächern sich um ein ähnliches und größeres Haus, die Kirche, zusammendrängen. Zur ausgiebigeren Bewässerung, zum fruchtbareren Klima, zur größeren Zahl von Leuten der arbeitenden Klasse gesellt sich denn auch ein ausgedehnterer Feldbau, hauptsächlich von Mais und Getreide.

Ähnlich wie in der Ebene von Machache und Chillo trifft man es in allen Thalbecken des Hochlandes, nur tritt in letzteren die Bevölkerung und Cultur weit mehr gegen die wilde Natur zurück, als hier in der Nähe der Landeshauptstadt.

Unser Blick reicht indessen nach Süden weit über den Tiupullo hinaus. Vom Jliniza an zieht sich die Westcordillere als ein einfach gegliederter, aus alten nicht vulkanischen Gesteinen zusammengesetzter Bergrücken viele Meilen weiter, ohne etwas Auffallendes in seinem Aussehen hervortreten zu lassen. An verschiedenen Stellen führt er verschiedene Namen: erst Cordillera de Jsinlivi, dann Cordillera de Zumbagua. Hinter ihm liegt, für uns unsichtbar, der sehenswerthe Kraterberg des Guilotoa. Nun folgt auf der Westcordillere der Carihuairazo, welcher seinen stark mit Schnee beladenen, zweizackigen Gipfel über den Tiupullo hervorstreckt. Links von ihm gewahrt man die obersten Theile der rundgewölbten, viel niedrigeren Puñalica, eines Nebenkraters des Carihuairazo. Wieder etwas weiter links, gerade in der Mitte zwischen beiden Cordilleren, hebt sich der Gebirgsstock des Igualata zu bedeutender Höhe hinauf. Zwischen dem Carihuairazo und Igualata hindurch sieht man endlich noch die Schneekuppe des Chimborazo, doch wegen der großen Entfernung mit sehr undeutlichen Conturen.

Um uns diesen weltberühmten Altvater unter den ecuadorianischen Vulcanen, der ja auch vor drei Monaten sich wieder geregt haben soll, sowie auch den schönen Tunguragua und den viel gefeierten Altar aus größerer Nähe zu besehen, verlassen wir unsern bisherigen Standpunkt, um die Plattform des Observatoriums in dem durch Garcia Moreno neuerrichteten Jesuitencolleg in Riobamba zu besteigen.

Von dort aus haben wir gegen Norden hin·gerade vor uns, über wirr zusammenstoßenden, gewölbten Rücken aufsteigend, den Igualata; zur Linken, der Westcordillere eingefügt, den majestätischen Riesen Chimborazo; zur Rechten, auf der Ostcordillere, den sehr regelmäßigen Kegel des Tunguragua, während die schneeigen Spitzen des Altar auf eben derselben Cordillere hinter uns bleiben, weil sie südlicher liegen. Zwischen Igualata und Chimborazo glänzen die Schneemassen des Carihuairazo aus größerer Ferne herüber. Diese vier Grundpfeiler verbindet eine niedrigere, vulkanische, mannigfaltig wechselnde Gebirgsmauer, die ihre „Nasen", „Buckel" und „Messer" in die sandige Ebene von Riobamba vorschiebt.

Eine lebendige, klare Schilderung des Chimborazo für Solche zu geben, welche ihn noch nie gesehen, ist eine überaus schwierige Aufgabe; — viel leichter wäre es, sein Bild mit Hilfe des Zeichenstiftes zur klaren Anschauung zu bringen; — alle bisherigen Schilderungen scheinen uns daher auch nicht zutreffend, selbst nicht die von Humboldt, Boussingault und Hall gegebenen, obgleich diese den Bergcoloß selbst bestiegen haben. Dennoch wollen wir versuchen, sein Bild zu entwerfen; vielleicht gelingt es uns, in etwa zu seiner richtigeren Auffassung beizutragen.

Der Leser versetze sich also mit uns auf das Observatorium von Riobamba. Langsam·hebt sich die vor uns gegen Nord-West liegende Ebene aufwärts und verschmilzt mit dem Gros der Cordillere. In einer Höhe nun, welche ungefähr die mittlere der umgebenden Bergkette ist, ragt über dieses breite und solide Piedestal die eigentliche Kuppe des Chimborazo in Schnee und Eis gekleidet, frei und völlig isolirt in's Luftmeer, ohne jedoch sofort schon steilere Böschungen anzunehmen; die

Neigungen der äußeren Conturen bleiben vielmehr auch jetzt noch, be=
sonders im Osten, sanft; nur ganz oben am Gipfel sind sie steiler. Die
Linie, welche im Westen das Bild abgrenzt, verläuft von unten bis oben
ohne jede bedeutendere Unebenheit, die westliche Böschung läßt aber eine
dreifache leichte Stufung klar hervortreten. Außerdem ragt ein kleiner
dunkler Buckel in der unteren Hälfte von hinten über die Gehänge her=
auf. Der oberste Gipfel ist convex gewölbt und eher platt als spitz;
Alles auf ihm ist massiv und geglättet, nirgends eine kraterartige Ver=
tiefung, nirgendwo eine die Schneedecke überragende Felszacke. Inner=
halb der geschilderten, für den Bergcoloß immerhin sehr nüchternen, aber
um so großartigeren Contur gewahrt man an der freistehenden Kuppe
eine reiche Gliederung; sie ist aber nicht sehr tief eingeschnitten und
darum von Riobamba aus nur mit Hilfe des Fernrohrs klar zu erfassen.
Am besten werden wir die Gesammtform und Gliederung verstehen, wenn
wir uns vorstellen, daß drei Kuppen von verschiedener Höhe, alle in
einer Linie von West nach Ost gelegen, sich so vollständig zu einer ver=
schmolzen haben, daß die Dreitheilung nur nach einiger Überlegung
herausgefunden wird. Ihuen entspricht die oben erwähnte dreifache
Stufung des Ostabhangs. Die höchste und zugleich westlichste Kuppe
nimmt den Hauptraum des Bildes ein, die mittlere, weil von zwei
Seiten verschlungen, tritt nur als ein colossaler, von oben bis unten reichen=
der Wulst auf; die dritte und östlichste ist die niedrigste und am flach=
sten abgedacht. Während nur eine leichte Senkung in der östlichen
Böschung die Grenze zwischen den beiden niedrigsten Kuppen andeutet,
zieht ein tiefer Einschnitt zwischen der mittleren und westlichen hindurch.
Da dieser aber von Nord nach Süden läuft, markirt er sich uns, die
wir südöstlich stehen, nur sehr wenig. Überaus reich und großartig
ist das ganze, Riobamba zugekehrte Gehänge. Entsprechend der eben
hervorgehobenen Verkuppelung in drei Felder von verschiedener Figur
und Größe getheilt, gewinnen sie besonders dadurch an Schönheit, daß
sie nicht so gleichmäßig abfallen, wie die seitlichen Abhänge. Es wechseln da
schroffe Abstürze, an denen die dunklen Trachytgesteine, mächtigen Strebe=
pfeilern vergleichbar, rippenartig über die Wände hervorstehen, mit sanft
geneigten glatten Schneefeldern; überhängende Schneemassen und cas=
cadenförmig vor den Felswänden aufgethürmte Eisschollen mit tief einge=
senkten Rinnen, Schründen und Spalten. All' dieß sieht man in jedem
der drei Felder, aber in jedem anders gruppirt und doch wieder in
gegenseitiger Harmonie. So die frei aufragende Kuppe. Auf der weit

ausgespannten Basis hingegen liegt aller Wechsel in einer leichten Un=
dulation der Fläche und in strahlenartig vom Fuße der Kuppe aus=
gehenden flachen Rücken, die, meilenweit sich erstreckend, den Verlauf
mächtiger Lavaströme bezeichnen. Ihre höheren Regionen liegen alle im
Gebiete der Paramos und der Arenale[1]. Durch sie führt am Süd=
und Ostfuße der Kuppe vorbei der gewöhnliche Weg von Quito nach
Guayaquil und etwas tiefer die „Carretera Garcia Moreno's".

Machen wir nun eine Viertelschwenkung und wir stehen einer total
verschiedenen Erscheinung, einem zweiten Cotopaxi gegenüber. Gerade
vor uns sinken nämlich die Ausläufer des Jgualata einerseits und die
vom Altar herabziehenden Berge andererseits tief hinab zum Rio Chambo,
und mitten aus dem Einschnitt hebt sich der Tunguragua, — ein
wunderschönes Bild. An Regelmäßigkeit der Form gibt er dem Coto=
paxi nichts nach; er ist ein ebenso vollkommener Kegelberg, nur etwas
schlanker, mit einer relativ kleinen Trichtereinsenkung im Gipfel. Wohl ist
seine absolute Höhe geringer als die seines Zwillingsbruders und deßhalb
sein Schneemantel etwas knapper zugeschnitten; die relative aber ist
um Vieles größer, denn sie beträgt 3127 Meter, beim Cotopaxi aber
nur 2831. Eben weil allein, direct aus so großer Tiefe aufsteigend, sind
nur an seinen Gehängen alle Klimate und Vegetationszonen der Reihe
nach übereinander in breiten Gürteln herumgelegt, ein Umstand, der
sicher nicht wenig geeignet ist, seine Schönheit zu erhöhen. Endlich ist
auch seine nächste Umgebung viel wechselvoller, anziehender und groß=
artiger als die des Cotopaxi. Sein Fuß wird auf drei Seiten von
wildschäumenden Flußwassern gebadet. Nachdem nämlich der Rio Chambo,
beladen mit allen Wassern der Ebene von Riobamba, in den erwähnten
Gebirgseinschnitt eingetreten und danu noch einige Stunden, von hohen
und steilen Bergen umgeben, in breitem Bette ruhig und majestätisch
dahingeflossen und dabei noch den Rio Guanando und Rio Puela auf=
genommen, sieht er sich plötzlich durch die jähen, weit vorspringenden
Tunguragua=Gehänge den Weg verlegt. Nach links umbiegend arbeiten
sich die stark gewachsenen Wasser unter wildem Tosen und Rau=
schen durch ein enges Felsenthal hart am Fuße des Vulcans vorbei;
mehrmals durch seine querüberliegenden Lavaströme gesperrt und gestaut,

---

[1] Arenale sind die hochliegenden Gehänge der Vulcane über der Paramo=Region.
Aller Vegetation bar, sind sie höchst trübselige, nur mit Schlacken, Geröll und Asche
bedeckte Flächen.

werden sie gezwungen, in deren hartes Gestein wieder ein neues Bett zu graben. Mehrorts, wie z. B. am Cusua, erfüllt der wüthende Anprall der schäumenden, hochaufspritzenden Fluthen gegen das schwarze einengende Gestein, ihre siedenden Wirbel, ihr jäher Absturz über senkrechte Wände den Beschauer mit Entsetzen, zumal wenn er, wie gerade an besagter Stelle, auf elendem, nur leicht mit Reisig und Erde überdecktem Stege, das zitternde Roß am Zügel langsam nachziehend, darüber hinweg schreiten muß. Etwa zwei Stunden weiter unten vereinigt sich der Rio Chambo mit dem ebenso großen Rio Patate, welcher von der Nordseite des Igualata her alles Wasser der Ebene von Ambato und Latacunga ihm zuführt. So gestärkt wenden sich nun beide als Rio Pastaza in großem Bogen nach der anderen Seite des Tunguragua, immer sich an dessen Fuß anschmiegend, um die ferneren, noch mächtigeren Lavaströme in noch heißerem Kampfe zu durchbrechen. Unter den Thälern Ecuadors dürfte das des Rio Pastaza weitaus das romantischste, das reichste an ergreifenden Naturscenen sein, und für den Botaniker und Zoologen hat es seiner Flora und Fauna wegen nicht geringere Reize. Unterhalb der Vereinigung beider Flüsse springen die schroffen Berggehänge, auf der linken Seite aus granitführenden Glimmerschiefern und alten Gesteinen, auf der rechten aus vulkanischen Lava- und Schlackenmassen gebildet, von Zeit zu Zeit vom Flußufer zurück und in den buchtenartigen Ebenen entfaltet sich dann die üppigste Tropenvegetation. Eine dieser Ebenen liegt besonders malerisch; eingeengt zwischen dem Pastaza und senkrechten Lavagehängen von mehr als 100 Metern Höhe, über welche das Eiswasser des Tunguragua in silbernen Cascaden herabfällt, trägt sie inmitten frischer gelbgrüner Zuckerpflanzungen das Dörfchen Baños. Es ist dieß ein im ganzen Lande berühmter Badeort. Denn gerade neben den von den eisigen Höhen kommenden kalten Wasserfällen sprudeln heiße Mineralquellen aus dem Boden. Unter den 28 Thermen Ecuadors, welche wir zu untersuchen und zu analysiren die Gelegenheit hatten, sind sie die heißesten (54°) und die gehaltreichsten: jährlich werden sie von vielen hundert Kranken benutzt; doch noch besuchter ist das wunderthätige Muttergottesbild „la Virgen de agua Santa" in der Pfarrkirche des Dorfes. Während meines mehrtägigen Aufenthaltes in Baños sah ich fast jeden Tag ganze Pilgerzüge des gläubigen Landvolkes eintreffen und der Himmelskönigin durch Gebet, Processionen, Musik und Feuerwerk den Tribut ihrer Verehrung und Dankbarkeit darbringen.

Leider hat der Cotopaxi bei seinem letzten Ausbruch auch hier schlimm gehaust.

Wenden wir uns schließlich auf unserem Observatorium noch einmal ein klein wenig rechts. Vom Einschnitt des Chambothales zieht sich ein gleichmäßiger Bergrücken von links nach rechts, um tief im Hintergrund mit der vom Chimborazo kommenden Bergreihe zusammen zu stoßen. Es ist der weit ausgedehnte Paramo de Collanes und de Cubillin. Auf seiner ersten Hälfte fesselt uns eine capriciös in Weiß und Schwarz gemalte, buntscheckige Bergpartie: amphitheatralisch angeordnete, höchst unebene Felsmassen, oben ungleichmäßig ausgezackt, steigen rechts und links zu höheren Gipfeln auf; aus dem zersetzten Schneeüberzug schauen überall dunkle Ecken, Kanten und Buckel; durch ein breites, nach Norden offenes Thor zeigt sich im Innern der steinernen Umwallung eine zusammenhängende, weiße, schiefe Ebene, ein Gletscher; von Zeit zu Zeit stürzen unter Gepolter und weithin sich verbreitender Bodenerschütterung Felsblöcke und große Eismassen von den inneren steilen Gehängen auf den Gletscher hinab. Es ist dieses der Altar der Spanier oder Capac urcu (König der Berge) der Indianer. Weiter rechts sieht man bei klarem Wetter über demselben Rücken eine gewaltige Rauchsäule wirbelnd und qualmend erst senkrecht aufschießen, dann in erstaunlicher Höhe unter dem Einfluß des herrschenden Ostwindes horizontal sich beugen und als flache Wolke seitlich abziehen. An derselben Stelle glänzt des Nachts heller Feuerschein. Beides weist uns auf den Ort des Sangay. Er ist wohl der thätigste Vulcan der Welt. Garcia Moreno und der Ingenieur Wisse, welche im Jahre 1849 denselben besuchten und theilweise erstiegen, zählten in einer Stunde 267 Eruptionen. So viel mag zur allgemeinen Orientirung genügen.

(Fortsetzung folgt.)

L. Dressel S. J.

Recensionen.

Clemens Brentano. Ein Lebensbild von J. B. Diel S. J., ergänzt und herausgegeben von W. Kreiten S. J. Erster Band. (1778—1814.) 8°. XIX u. 441 S. Freiburg, Herder, 1877. Preis: *M.* 4.

Von dem Werthe und der Bedeutung der vorliegenden Schrift, deren erste Skizze P. J. B. Diel sel. in dieser Zeitschrift mittheilte (1872. Bd. III), läßt sich eine gedrängte Vorstellung am leichtesten dadurch gewinnen, daß wir die Eigenthümlichkeiten der Aufgabe hervorheben, welche der Gegenstand selbst dem Verfasser stellte.

Schon die erste Aufgabe des Biographen, die Schicksale seines Helden wahr, klar, einfach, vollständig zu erzählen, war im vorliegenden Fall keine leichte. Sich selbst oft ein sonderbares Phänomen, seinen nächststehenden Freunden und Bekannten ein wunderliches Räthsel, war Brentano unläugbar, seinem Charakter wie seinen Schicksalen nach, einer der originellsten Sonderlinge und Abenteurer, von welchen die deutsche Literatur zu erzählen weiß; wir möchten uns fast des Wortes „Kauz" bedienen, wenn dieß Wort nicht so leicht schief aufgefaßt werden könnte. Aus der zartesten deutschen Gemüthstiefe und der wildesten, südlichen Leidenschaftlichkeit, blitzendem Humor und nächtlich-dunkler Melancholie, durchbringendem Verstand und überwallendem Gefühlsleben, religiöser Beschaulichkeit und übersprudelndem Leichtsinn, kurz aus den entgegengesetztesten Eigenschaften bunt zusammengemischt, gerieth dieser merkwürdige Geist gleich bei seinem ersten Erwachen und in seiner ersten Bildungsperiode in einen Wirbelstrom sich widersprechender Einflüsse, der einen Charakter von härterem, ja härtestem Metall hätte aus den Schienen bringen müssen. Ohne einen Augenblick Zeit, sich ruhig über seine Lebensaufgabe zu besinnen, ohne einen Führer, der seinem Charakter eine entsprechende Bildung vorgezeichnet und dieselbe mit väterlichem Ernste durchgeführt hätte, ohne festen religiösen Halt, ohne klare bestimmte Philosophie, taumelte der feurige Jüngling aus dem Traumland einer halb religiösen, halb weltlichen Kindheit, aller Lebensprosa überdrüssig, von den Märchen seiner Einbildung nicht gesättigt, von keiner Autorität gelenkt und doch instinktiv sich an Andere anlehnend, lustig, traurig, fromm, närrisch, ernst, verliebt, verzweifelt, wie es eben kam, unstät, sich selber fliehend und doch überall wieder findend, Andere

31*

erziehend, bevor er selbst eine Erziehung genossen hatte, mitten in das bunte Durcheinander der französischen Revolutionsepoche hinein, und ward ein Dichter, ehe er sich's versah und ehe er einmal klar überlegt hatte, was er eigentlich werden wollte und sollte. Die schöngeistige Sophie de la Roche, ihre fromme und doch zugleich von der Aufklärung angekränkelte Tochter Maximiliane, der kaufmännische, gestrenge Vater, die von ihrem Manne maltraitirte Tante Möhn, die fromme Kindsmagd „Vreneli", der Buchhalter „Schwab", der Kaufmann Poler, Frankfurter Handlungsdiener, aufgeklärte Coblenzer Philologen, Schnepfenthaler Handlungslehrer, revolutionäre Bonner Professoren, dazwischen ein alter Exjesuit und Carmeliterpatres, hatten abwechselnd, alle in ihrer Weise, und meist in kurzen oder unterbrochenen Zeiträumen das Geistesleben des aufgeweckten Knaben beeinflußt und in allen Tonarten pädagogischer Mißhandlung und Behandlung herumgerüttelt, und so kam er, zum Jüngling geworden, (1797) nach Jena, begann seine zweite Universitätsperiode mit Theaterspielen, hörte deutschen Pantheismus bei Fichte und Schelling, lebte sich bei Tieck und den beiden Schlegel in die Romantik hinein und verherrlichte in seinem ersten, schriftstellerischen Werke, einem wilden Roman, die „freie Liebe" (1801). Das ist im Wesentlichen der Charakter der „Jugendjahre" (I. Buch).

Die hierauffolgende Periode der „Romantik" (II. Buch) führte den Dichter wohl in Verhältnisse hinein, die seiner Geistesentwicklung einen etwas geregelteren, harmonischeren Verlauf zu geben schienen. Er schloß sich an Arnim, Savigny und Görres an, gewann in den Vorarbeiten zu „des Knaben Wunderhorn" eine seines Talentes würdige und angemessene Beschäftigung, ward sogar mit seinen edlen Freunden Martyrer für die gute Sache der Romantik, d. h. für deren specifisch katholische Tendenz. Aber diese Wendung zum Bessern hatte noch keinen tiefern, religiös-sittlichen Halt. Die Reichthümer der katholischen Ideen waren weder als Gegenstand des Glaubens, noch als Quellen der tiefsten, wissenschaftlichen Erkenntniß erfaßt, sondern nur schöngeistig als Poesie, als Nahrung eines nach ästhetischen Genüssen dürstenden Herzens. Der Glaube, so mangelhaft erfaßt, ward auch im Leben nicht ernst und consequent geübt. Selbst die Ehe mit Sophie Mereau, welche dem Leben des Junggesellen eine etwas solidere Richtung gab, war, vor einem lutherischen Prediger, mit einer „Geschiedenen" geschlossen, eine ungültige, also eigentlich keine. Die nicht ungetrübte Ruhe und das unhaltbare Glück, das sie bot, starb mit der Geliebten nach Jahresfrist dahin.

Und nun beginnt eine neue Reihe von „Irrfahrten", wie das III. Buch ganz passend überschrieben ist. Daß sich der von seinen Gefühlen und Launen wild umhergeworfene Dichter von einer halbverrückten Schönheit als Bräutigam entführen läßt, um bald in unsäglichem Herzeleid die Früchte dieser Thorheit zu ernten, eröffnet den Reigen dieser Wirrsale. Es könnte in einem Roman nicht toller zugehen. Von dem unerträglich gewordenen „Hauskreuz" geschieden, klammert sich Brentano nun wieder, halb von künstlerischen, halb von religiösen Kräften gezogen, an seine noch immer nicht völlig geklärte Romantik an, flattert in Dichtungen, welche die Zerrissenheit seines Innern deutlich genug bekunden, zwischen Kirche und Welt, Himmel und Hölle, Tugend und Sünde herum, athmet in den Salons von Berlin die Geistreichigkeit gefeierter Jüdinnen ein, studirt für sich katholische Legenden, singt und seufzt in den bewegtesten Accorden nach Liebe, überwirft sich durch die zündende Schärfe seines Witzes in plötzlicher Anwandlung mit den Weltkindern, die sein buntschillerndes Phantasieleben an sich lockt, findet nirgends auf Erden den Himmel, den sein anarchisches Gemüth vergeblich hienieden sucht, oscillirt unstät zwischen den mächtigsten Polen, welche das Leben der Geister beherrschen, neigt sich aber mit unverkennbar wachsender Intensität dem Guten zu. In dieser Verfassung treibt er sich erst in Berlin herum; dann in Prag und auf dem Gute Bukowan, und geräth endlich, nachdem er sich mit Varnhagen überworfen, die freundliche Beziehung zu Rahel aber noch festhielt, in Wien abermal zwischen das Kreuzfeuer der religiösen Gegensätze. Sein edleres Ringen führte ihn in die Anziehungssphäre des ehrw. P. Hoffbauer, Adam Müllers, der Klinkowström, Veits, Eichendorffs, Ringseis' u. s. w. Welt= und Kunstliebe zugleich zogen ihn an's Theater, an die Seite des Komikers Hasenhut und in die religionslose Künstlergesellschaft der „Rebhühner", wo er, wie Passavant erzählt, „zwar nicht in den allgemeinen Chorus der Religionsspötterei mit einstimmte, aber doch immerhin wie ein gutmüthiger Mephistopheles dabei saß und Alles von der komischen Seite ansah".

Soweit reicht bis jetzt die Biographie. Sie hat ihrem nächstliegenden Gegenstande nach durchaus keinen erbaulichen Charakter. Sie ist ein Gemälde von Irrfahrten, deren düsteren ethischen Hintergrund weder die farbenschillernde Phantasiefülle, noch der funkensprühende Witz des Dichters zu überstrahlen im Stande sind. So manche Spannung auch die poetischen Abenteuer bieten mögen, hinter ihnen lauern schließlich Unordnung, Unglück, Unklarheit des Geistes, Zerrissenheit des Herzens.

Dem modernen Pharisäismus hat die Zeichnung dieses abenteuerlichen Dichterlebens seit Voß und Varnhagen sehr wenig Mühe gekostet. Man hat die gröberen Pinsel hervorgeholt und al fresco gemalt, obwohl das Bild für die Nähe berechnet war. Es gab ein Schattenbild von Ueberspanntheit, Phantasterei, Charakterlosigkeit und Verkommenheit, das den sittlichen Ernst der Maler über jeden Zweifel hinausstellte, und zugleich die Lichtbilder des Fortschritts, die großen, größern und größten Heroen der wahren Geisteser= leuchtung, grell und kräftig hervorhob. Wirkliche Anhaltspunkte dazu lagen vor, und da Brentano so unklug gewesen war, sich der modernen Cultur nicht consequent ergeben zu haben, so mußten seine Abenteuer zu ebenso großen Unschicklichkeiten und Sünden werden, als sie bei etwas Consequenz zu Tugenden hätten werden können. Man denke nur an die Affaire von Sesenheim, an der sich seber brave Pharisäer eben so sehr erfreuen wird, als er sich von Brentano's zweiter Hochzeit u. s. w. mit obligater, sittlicher Entrüstung hinwegwenden muß.

Für die Katholiken bot Brentano's wirrer Lebenslauf, wie seine Schriften, bei jener starken Mischung von Gutem und Bösem, eine wirklich objectiv be= gründete Verlegenheit. Ein Vorbild für einen katholischen Jüngling ist er gewiß nicht, und man könnte seine Schickfale nicht in usum Delphini erzählen, ohne alle und jegliche Vollständigkeit und Treue zu opfern. Dem reiferen Alter boten sein Leben und seine Werke neben vielem Anziehenden auch so viel Unerquickliches dar, daß es verhältnißmäßig immer nur Wenige gab, die sich über diefes hinwegzusetzen und für jenes zu begeistern mußten. Dazu war, Dank dem liberalen und protestantischen Monopol in literaturgeschicht= lichen Dingen, das Nachtheilige über Brentano weit mehr bekannt als das Vortheilhafte, und mußte so Viele dazu veranlassen, von dem Gesteinigten keine oder nur wenig Notiz zu nehmen. Andere geriethen in die Lage von Leuten, welche bewundern möchten, wenn man sich nur nicht schämen müßte. In unserer Ära der geschärften Gegensätze ist es so schwer, neben den Extremen im Guten und Bösen noch etwas gelten zu laffen und richtig zu würdigen — und doch ist gerade von Mittelschattirungen und Übergängen die Welt voll; erst am jüngsten Tage wird ja die endgültige Scheidung nach Extremen voll= zogen, und liegt der Charakter des irdischen Pilgerwallens ja hauptfächlich darin, noch frei vom Bösen zum Guten, und vom Guten zum Beffern auf= steigen, leider auch in entgegengesetzter absteigender Linie seinen Fortschritt suchen zu können. Bei Brentano aber ist, trotz langer, trüber Perioden des Schwankens und Sinkens, ein so unverkennbares Ringen zum Guten und Beffern bemerkbar und gelangt schließlich zu so schönen und erfreulichen Re= fultaten, daß sich kein wackerer Katholik diefes Mannes zu schämen braucht, daß flaue Katholiken und Nicht=Katholiken aber unendlich viel von ihm lernen können, wenn sie seine Geschicke ehrlich und redlich betrachten.

Diese Pilgerschaft Brentano's wahr, klar und vollständig, ohne Be= schönigung, aber auch ohne sittenrichterliche Voreingenommenheit zur Dar= stellung zu bringen, scheint uns das erste und nicht geringe Verdienst des vorliegenden Bandes zu sein. Seine Mißerziehung ist richtig dargestellt, ohne die Schuld in ungerechter Weise auf einen der betheiligten Factoren zu werfen. Seine Verirrungen sind offen und schlicht erzählt, ohne sie gerade immer mit den härtesten Namen zu bezeichnen, aber auch ohne sie in einer Art von poetischem Nimbus zu verhüllen. Und doch mußte, da der Poet nun einmal eben Poet war, auch seine bunte Phantasie= und Gefühlswelt mit ihren märchen= haften Gestalten geschildert werden. Auch das ist geschehen, aber ohne die verzauberten Prinzessinnen, Puppen und Kunstfiguren für mehr auszugeben, als sie waren, d. h. für Geschöpfe der Einbildungskraft, jenachdem Kin= bereien oder auch Sirenen. Der Dichter tritt weder als verkannter Held hervor, den man aus der Nacht der Vergessenheit hervorziehen und bewundern laffen will, noch als Delinquent, der wegen unbefugten Phantasiereichthums und Künstlerleichtsinns auf der Anklagebank sitzt, um sich von einem scharfen Casuisten hier verurtheilen, dort freisprechen, hier wegen milbernder Umstände entschuldigen zu laffen. Er wird weder von oben herab mit Censormiene, noch von unten herauf mit ungetheilter Bewunderung betrachtet und ge= schildert, sondern von ebener Erde aus, als Mensch unter Menschen, wie er leibte und lebte, mit seinen guten und bösen Eigenthümlichkeiten, mit seinen poetischen Abenteuern und deren meist prosaischem Ende, mit seiner Ab=

hängigkeit von so vielen andern Persönlichkeiten, mit seinem Schwanken und
seiner Unentschiedenheit, aber auch mit seinem Emporringen zum Guten —
kurz als der sonderbare Mensch, der er war, der Jahrzehnte lang zwischen
Katholizismus und liberalem Künstlerthum umherirrte, ehe er endlich dazu
kam, sich unbedingt, consequent und praktisch für ersteren zu entscheiden.

Indem der Biograph es sich nicht gereuen ließ, mit dem treuesten Fleiße
auf alle Details des nicht immer so durchsichtigen Lebenslaufes einzugehen,
diese in Brentano's und seiner Freunde Schriften zerstreut liegenden Details
mit kritischer Gewissenhaftigkeit erst zum treuen Mosaikbild zusammenzusetzen,
und dem so gewonnenen Bilde dann durch wohlmotivirte Verbindung Farbe
und Einheit des Lebens zu verleihen, versäumte er aber auch nicht, die
Hauptperson und die sie umgebenden Zeitschilderungen in die rechte Be=
leuchtung zu rücken, nicht in das Licht jener Humanität, welche am Men=
schen nur menschliche Fähigkeiten und Thätigkeiten zu erkennen verstattet,
sondern in das Licht jener übernatürlichen, göttlichen Providenz, welche über
den Schicksalen der Einzelnen, wie denjenigen der Völker waltet und den freien
Menschenwillen dessen Natur gemäß, sanft, mild, durch Prüfungen wie Gunst=
erweise an sich zieht. Je weniger es heutzutage zum guten Ton gehört, solche
Gesichtspunkte in einer Biographie, und gar in einer Dichterbiographie vor=
walten zu lassen, desto mehr ist dem Biographen Dank zu wissen, daß er sich
von jener landläufigen Betrachtungsweise, die nur mit menschlichen Factoren
rechnet, völlig emancipirte, und dem Dichter auf seinen verschlungenen Irr=
pfaden nachgehend, stets jenes Licht darauf fallen ließ, welches von den
Höhen des endlich doch glücklich erreichten Zieles auf dieselben zurückstrahlt.
Das sonst räthselhafte und schwerverständliche Geistesleben des so reichbegabten
und doch so unstäten, vielfach unglücklichen Dichters erhält hiedurch die einzig
wahre, in seinen Schriften selbst documentirte Erklärung. Nicht Verkanntsein
oder Unverständlichkeit seines Charakters für Andere, nicht bitterer Geist der
Satire oder idealistische Unversöhnlichkeit mit der prosaischen Wirklichkeit trieben
ihn so lange unstät umher, sondern ein gewaltiges Ringen der Gnade mit
seinem von phantastischer Weltliebe angekränkelten Herzen. Große unverkenn=
bare Gnaden begleiteten seinen ganzen Lebensweg, durchkreuzten die phantasti=
schen Pläne seines Herzens, wie die eiteln Lockungen der ihn umgebenden Welt,
und ließen dem schwachen, schwankenden, zögernden Pilger keine Ruhe, bis er
sich aufraffte und von den Erweisen der ewigen Liebe mit Dante sagen konnte:

> „Sie zogen aus dem Meere des verkehrten
> Und setzten an den Strand mich wahren Liebens.“

Diese, in dem von Prof. Steinle gezeichneten Titelbild echt künstlerisch
symbolisirte Auffassung gibt den bunten, phantastischen Kreuz= und Querzügen
des stets nach Liebe verlangenden und von keiner irdischen Liebe gesättigten
Pilgers einen überaus ernsten Hintergrund, benimmt den Verirrungen des=
selben den Glanz vergänglichen Reizes, und macht sie für Jeden, der im Gewirre
des Lebens stehend, dem lockenden Tande der Weltliebe und Weltlust ausgesetzt
ist, zu einer tiefergreifenden Mahnung. So klar, so deutlich, so reichhaltig ist

sie übrigens durch Brentano's eigene Aeußerungen documentirt, so augenfällig geht sie aus dem objectiven Zusammenhang der Ereignisse hervor, daß auch ein liberaler Kritiker sich kaum zu der Anklage versteigen wird, sie sei in die Darstellung hineingetragen worden.

Wie diese Auffassung in den dichterischen Werken Brentano's eine weitere Bestätigung findet, so trägt sie nicht wenig dazu bei, deren Genesis, Inhalt und Charakter näher zu erklären. Wir können diesem Theil des biographischen Werkes nicht die ausführliche Besprechung zu Theil werden lassen, die er verdient. Aber einige Andeutungen mögen wenigstens sagen, daß augenscheinlich großer Fleiß darauf verwandt wurde, und daß er die Literaturgeschichte mit einem nicht unerheblichen Kapitel — d. h. mit einer gediegenen Erklärung und Würdigung der Werke Brentano's bereichert hat. Nachdem die großen Orakel der deutschen Literatur nämlich einmal den Mann verfehmt hatten, glaubten sie auch mit seinen Werken wie mit Sachen eines Verfehmten umspringen zu müssen. Die „Märchen", des „Knaben Wunderhorn" und einige Novellen und Gedichte fanden noch mitleidige Barmherzigkeit; über das Übrige ward entweder der Stab gebrochen oder majestätisch geschwiegen, und so erhielten mehrere der werthvollsten, formvollendetsten Dichtungen, wie die „Romanzen vom Rosenkranz" und die „Gründung Prags", so gut wie gar keine Würdigung. Während thurmhohe Haufen von Notizen aufgefahren wurden, um einige Balladen Göthe's oder Schillers bis auf jede Assonanz oder Alliteration zu erklären, fand sich Niemand unter dem zahlreichen Heere der Literaturkundigen und Scholarchen, der einmal auf die Formschönheiten aufmerksam gemacht hätte, welche in der „Gründung Prags" in wahrhaft verschwenderischer Fülle ausgeschüttet sind. Das hatte Alles aufgehört, da oder schön zu sein, nachdem der Mann einmal „stigmatisirt" war. Auch katholischerseits war in Bezug auf eine literarische Würdigung Brentano's noch ziemlich tabula rasa und dem Biographen in Vielem das erste Wort überlassen. Wie dieser nun die religiösen Momente schlicht und einfach in jene Partieen der Biographie verwob, in welche dieselben jeweilen gehören, so sind auch die Werke des Dichters als Integralbestandtheile seines Lebens aufgefaßt und behandelt. Wir sehen sie aus ihren ersten äußern Anregungen, Gelegenheiten und Vorstudien heraus entstehen, sich theilweise aus der Situation des Dichters erklären, und die Beurtheilung, die sich ungezwungener Weise daran reiht, ist so trefflich in den treuen Resumé's motivirt und so sachlich gehalten, daß sie den Lauf der Biographie nicht nur nicht stört, sondern passend verbindet und vervollständigt. Soweit es die Sache mit sich brachte, wurde auch hierbei dem religiösen Moment die verdiente Berücksichtigung geschenkt.

Daß der verwilderte Roman „Godwi" nur die allernothwendigste Besprechung fand, wird Jedermann gerecht finden, nachdem der Dichter selbst diese literarische Jugendsünde verurtheilt und soweit als möglich gesühnt hat. Um so reicher sind die Lustspiele Brentano's, besonders der witzige „Ponce de Leon", sowohl biographisch als kritisch besprochen. Der Ursprung der Geschichte vom Uhrmacher BOGS ist soweit erklärt, als sich ein solches Gelegenheitsfeuerwerk von Witz und persönlicher Anspielung erklären läßt. Eine große Zahl kleinerer

Gedichte findet im Verlauf der Biographie ihre genetische Beleuchtung. Die zwei herrlichen Cantaten auf die Einweihung der Berliner Universität und auf den Tod der Königin Louise von Preußen sind durch vollständige Mittheilung (die erste vollständige seit der ersten Festausgabe) der Vergessenheit entrissen und trefflich zur Schilderung der damaligen Zeit und Brentano's Stellung in derselben verwerthet. Ein schönes Seitenstück zu diesen Berliner Bildern bietet die Besprechung des in Wien entstandenen Festspiels „Victoria" und des „Rheinübergangs". „Die Philister vor, in und nach der Geschichte" finden in dem Kapitel „Musen in der Mark" zwar keine philisterhafte Interpretation, aber den richtigen Hintergrund und jene objective Staffage, in deren Mitte die funkensprühende Satire entstanden ist. Ungleich werthvoller noch als die Mittheilungen, welche sich an diese kleineren Stücke knüpfen, ist die sorgfältig ausgeführte Geschichte des „Wunderhorns", der „Einsiedlerzeitung" und des „fahrenden Schülers". Eichendorff war, so will es uns scheinen, zu sehr selbst Romantiker und trug den Hauch der Poesie zu sehr in Leben und Kritik hinein, um das innere Wesen der Romantik maßvoll nach nüchterner Objectivität darstellen zu können. Die eben angeführten Kapitel, wie überhaupt das ganze II. Buch, dürften vielleicht bei aller Liebe, mit der sie geschrieben sind, eine nützliche und heilsame Ergänzung zu Eichendorffs Darstellungen sein. Das bunte Ideenchaos, aus dem sich die Schule entwickelte, die langsame Klärung, welche sie durch die Berührung mit den andern Zeitströmungen erlitt, der katholische Charakter, zu dem sie mehr auf dem Wege des ästhetischen Gefühls als auf dem klarer Grundsätze und praktischer Glaubensübung gelangte, die tiefere Auffassung und die ernstere, praktische Bedeutung, zu der sie sich endlich Bahn brach, — das Alles tritt an Brentano's Entwicklungsgang sehr anschaulich zu Tage. Man gewinnt diese Männer lieb, welche mitten in stürmischer und theilweise so realistischer Zeit das Banner des Idealen und Religiösen so begeistert umfaßten und so hoch erhoben hielten, wie Brentano z. B. im „fahrenden Schüler" [1].

„Da sprach ich: ich kann besser noch sagen, daß es gebe betende, arbeitende und lehrende Menschen, denn lehrend soll sein und ist alle wahre Kunst; wenn sie gleich oft eine bloße Ergötzung der Sinne scheint, so führt sie doch die geheimeren, wunderbarlicheren Eigenschaften Gottes, der Seele, der Welt vor unser Gemüth, daß sie mit mannigfacher Rührung bewegt, von dem alltäglichen, befangenden Leben die Augen zu erheben und sich nicht verloren zu geben an die kurze Zeit und ihren Dienst; auch leiht sie der betenden, beschauenden Einfalt, welche sich selbst dem Herrn aufopfert, mannigfache Sprache und Gestalt, sein frommes Wollen in vielgestaltigen Bildern zu offenbaren und zu verherrlichen, und wenn ich es euch so recht deuten sollte, so möchte ich sagen: wenn der geistliche Mensch einem Kind gleicht, das mit heftigem Verlangen seine Händlein zur Sonne hebt, so gibt die Kunst ihm in die eine Hand eine brennende Kerze und in die andere eine schöne Lilie, daß er mit Licht

---

[1] Der Inhalt dieser herrlichen Novelle, wie manche Stellen daraus, ist in der Biographie zum erstenmal nach der Fassung des ersten Original=Manuscripts mitgetheilt.

und Duft seinem Herrn bildlich näher komme und nicht verzweifle durch seine Armuth;
und wenn der weltliche Mensch, umringt von Werkzeugen, an den Gebäuden seiner
Zeit arbeitet und, geängstigt von dem Bedürfniß und ermüdend in der Arbeit, in
irdischen Zweifel fällt, singt ihm die Kunst ein Lied, daß das behauene Holz wieder
zu ergrünen und der Schlag der fällenden Axt nur der Takt und Klang erquickender
Gesänge zu sein scheint. Aus der todten Wand läßt sie das göttliche Antlitz hervor=
leuchten, sie befestigt die Bilder der Heiligen, der Patrioten und der Freunde auf die
todte Leinwand und bezwingt die Zeit und die Ferne, welche dieselbe uns nahm, sie
macht das Heilige und Theure des Lebens uns ewig, giebt den verborgenen, tiefen Geistern
einen scheinbaren Leib, fördert alle Schätze des Geheimnisses in Wort und Gestalt zu
Tage, sie übersetzt den geistlichen Reichthum aller Völker in die allgemeine Sprache
der Sinne und giebt dem unaussprechlichen Gefühl Ausdruck in den herrlichsten Tönen,
sie ist Gottes ewiges, unaufhörliches ‚Werde‘, so weit es seinem Eben=
bild, dem Menschen, verliehen ist.“ (S. 195. 196.)

So sehr indeß dieß Kunstgefühl, ein Nachhall mittelalterlicher Mystik,
dem katholischen Herzen befreundet klingen muß, so ernst mahnen die Irr=
fahrten Brentano's daran, daß eine solche ästhetische Gefühlsauffassung eben
noch kein voller, praktischer Katholicismus ist, daß eine echte Mystik nothwendig
eine rationelle Scholastik, und die echte katholische Kunst ein in Verstand und
Herzen zugleich wurzelndes praktisches Glaubensleben voraussetzt, und daß alle
religiöse Romantik des Gefühls eitles Schellengeklingel bleibt, wenn nicht die
Religion (statt der Poesie) zum Lebensmittelpunkt gemacht wird. Zu voller
Klarheit hierüber gelangte Brentano in jener Periode noch nicht, welche der
vorliegende Band behandelt. Doch bekunden die späteren Dichtungen derselben,
die „Romanzen vom Rosenkranz“ und die „Gründung Prags“, schon eine be=
deutsame Annäherung und Vertiefung in den Glaubensinhalt der katholischen
Lehre. Die einschlägigen Kapitel werden jedem Freunde katholischer Literatur
sehr interessant sein. Die technischen Vorzüge der beiden Werke sind ohne
überschwängliche Bewunderung ihrem innern Werthe nach hervorgehoben; der
Inhalt und religiöse Gehalt derselben ist ebenso klar als maßvoll dargelegt,
und für das Verständniß namentlich der letzteren Dichtung werden Prospecte
eröffnet, welche bei oberflächlicher Lesung unbemerkbar oder leicht zu übersehen,
obwohl in dem Drama selbst liegend, denselben tiefern Werth und Weihe,
Einheit und Bedeutsamkeit verleihen. Besonders ist es die Wirksamkeit der
Gnade im Einzel= und Völkerleben, welche mitten im leidenschaftlichen Gewirr
dieses großartig angelegten Nationaldrama's mit hoher Schönheit gezeichnet
ist und uns bezeugt, wie der Dichter mitten in den Wirrsalen seines eigenen
Seelenlebens immer deutlicher den Ruf der Gnade fühlte, der ihn von seinen
Irrpfaden zu Gott heranzog.

> „Glaub', Hoffnung, Liebe gleichen einer Quelle,
> Die still im Kern des Lebens sich ergießt;
> Sehnsüchtig ringend nach des Tages Helle
> Quillt sie im Grund und schwillt und steigt empor
> Und pocht an eines frommen Herzens Thor:
> Es thut sich auf, die Freud'ge grüßt das Licht,

Und jauchzet in die Thäler selig nieder.
Sie wächst und bildet Ströme, See'n und Meere.
Der Kern, der sie umschloß, umarmt sie wieder
Im sel'gen Spiegel aller Himmelsheere."

Ueber den religiösen Gehalt der Dichtungen ist übrigens deren ästhetische Seite nicht vergessen und dem Leser eine vollständigere Beurtheilung dadurch erleichtert, daß dieselben jeweilen durch literarische Zeitschilderungen in den Rahmen ihres Entstehens und Werdens gestellt sind. Objectiv und zugleich recht lebendig gehalten, machen diese Literaturbilder der Jenaer — Heidelberger — Berliner — Wienerkreise ein sehr ansprechendes Ganze aus, aus welchem die Gestalt der romantischen Schule und aus dieser wieder das Portrait Brentano's deutlich, bestimmt und lebensvoll hervortritt.

Soweit der vorliegende Band eine „Rettung" ist, fehlt es weder an der nöthigen Energie gegenüber elender Verläumdung, noch auch an liebevoller Mäßigung, wo diese am Platze war. Doch der Leser wird aus dem Buche selbst weit mehr Belehrung und Unterhaltung schöpfen, als ihm eine weitere Besprechung desselben in fragmentarischer Weise gewähren kann.

A. Baumgartner S. J.

Die Harmonie des Alten und des Neuen Testamentes. Ein Beitrag zur Erklärung der biblischen Geschichte von **Dr. Konrad Martin,** Bischof von Paderborn. kl. 8°. 262 S. Mainz, Kirchheim, 1877. Preis: M. 2.

Der hochwürdigste Herr Bischof hat uns wiederum mit einer sehr nützlichen Frucht seiner unfreiwilligen Muße beschenkt. „Das Einzige, was uns in dieser schmerzlichen Lage zu thun übrig bleibt," schreibt er Eingangs des obigen Büchleins, „ist, daß wir nach dem Vorbilde Moses' über unsere theuren Brüder und Freunde, die diesen schrecklichen Kampf zu bestehen haben, unsere Hände und Herzen nach Oben erheben, und daß wir vielleicht hier und da noch ein gutes, aufmunterndes, belehrendes Wort aus der Ferne an sie richten." Da haben wir Zweck und Veranlassung der Entstehung obiger Schrift. Aber, könnte man sagen, ist nicht der gewählte Gegenstand gar fernliegend von den bewegenden Zeitfragen? Der Einwurf ist vorhergesehen und in einer Weise beantwortet, welche die Bedeutung des Themas in's hellste Licht setzt. Wir greifen nur Einiges heraus. Zuerst findet die Wahl obigen Gegenstandes gerade in dem so heftig entbrannten Kampf gegen Christus ihren Anlaß, wie ihre volle Berechtigung. „Denn Christi vieltausendjährige Vorgeschichte, welch einen greifbaren und zwingenden Beweis liefert sie nicht für die Göttlichkeit seiner Sendung?" Sodann zeugt der Alte Bund nicht bloß für die Göttlichkeit des Christenthums im Allgemeinen, er zeugt insbesondere und ebenso entschieden für die göttliche Stiftung und Wahrheit der katholischen Kirche. „Mit dem Protestantismus z. B. hat das ganze mosaische Ceremonialgesetz absolut nichts zu schaffen, und von einer Erfüllung der darin aufgestellten Vorbilder kann bei ihm nicht die

Rede fein. Im Gegentheile, ift diefes Ceremonialgefetz göttlich, fo kann es
nicht der Proteftantismus fein. Seine Wahrheit und Erfüllung hat diefes
Gefetz nur in der katholifchen Kirche ... Urtheilet daher felbft, theure
Freunde, ob es recht fei, daß wir, zumal in einer Zeit, wo der dämonifche
Haß gegen unfere heilige Religion fich bis zum förmlichen Wahnfinn fteigert,
jene großen und unwiderleglichen Beweisgründe ihrer Göttlichkeit, an denen
wie an einem diamantenen Schilde alle Angriffe der Bosheit abprallen müffen,
fo unbeachtet und unbenutzt bei Seite liegen laffen?" Es fördert ferner der
beregte Gegenftand in vielfacher Weife das Verftändniß des Alten und Neuen
Bundes und der biblifchen Gefchichte überhaupt, ein Umftand, der bei
den heutigen Verhältniffen nach dem Urtheile des hochwürdigften Herrn fchwer
in die Wagfchale fällt. Wird nämlich die Volksfchule mehr und mehr
der Entchriftlichung entgegengeführt, fo fällt die Aufgabe des Unterrichts im
Katechismus und in der biblifchen Gefchichte dem chriftlichen Familienvater
anheim. „Und follte es nicht ein zeitgemäßes Bemühen fein, ihm hierbei hilfreich zur Hand zu gehen?" Aus all' diefen Gründen können wir obige
Schrift nur höchft willkommen heißen.

Die Stoffvertheilung gliedert fich im Anfchluß an die Gefchichte, fo daß
uns zuerft Chriftus in der paradiefifchen Uroffenbarung vorgeführt wird,
fodann Chriftus unter dem Naturgefetze (Ifaak, Melchifedech, Befchneidung)
und Chriftus in der Gefchichte der mofaifchen Gefetzgebung (Pafcha, Manna,
Durchgang durch's rothe Meer u. f. f., eherne Schlange, meffianifche Weis-
fagungen). Daran reiht fich die Befprechung des mofaifchen Gefetzes
felbft und feiner mannigfaltigen Einrichtungen, und zwar wird neben dem
buchftäblichen Sinne befonders die vorbildliche Bedeutung dargelegt. Die
reichfte Ausbeute liefert hier das Ceremonialgefetz, das nach dem Vorgange des hl. Thomas in Opfer, Sacramente, Heiligthümer und Beobachtungen (sacrificia, sacramenta, sacra, observantiae) eingetheilt wird. Hierauf
folgt die Befprechung des Judicialgefetzes, des Priefter-, König- und Prophetenthums, der Synagoge und ihrer Lehre. Mit Recht hat der hochwür-
digfte Herr Verfaffer Vieles und Ausführliches aus den Entwicklungen des
hl. Thomas, befonders aus 1. 2. qu. 102 u. f., feinem Werke einverleibt;
neben den großen Kirchenvätern Hieronymus, Auguftinus, Chryfoftomus und
dem hl. Bernhard find noch befonders die Ausführungen benutzt worden,
welche Becanus in feiner Analogia Veteris et Novi Testamenti gibt.

Natürlich gibt es bei dem vom hochw. Herrn Bifchofe behandelten Stoff
gar manche Frage, in welcher die Anfichten der Gelehrten auseinander gehen;
fehr viele werden z. B. das unfehlbare Lehramt des Alten Teftamentes
im Prophetenthum erblicken wollen, und auch wir fehen keinen genügenden Grund, um dem Hohenpriefterthum unfehlbare Lehrentfchei-
dungen zuzufchreiben. Da die Offenbarung noch nicht abgefchloffen war,
und die Vermittler der fortfchreitenden Offenbarung eben die Propheten
waren, fo fcheint uns in ebendenfelben auch der Träger der Unfehlbarkeit
gegeben. Es will uns auch bedünken, daß Deut. 17, 8 und Paralip. 19, 9
nur von richterlicher Entfcheidung in gerichtlichen Streithändeln die Rede fei.

Freilich betrachten wir das Prophetenthum dann auch zwar „als außerordent= liche Gottesgabe, wie auf gottverliehenen Schwingen über dem ganzen Baue schwebend", aber dennoch als ein ordentliches, in den alttestamentlichen Gottesbau eingefügtes Glied und als eine dauernde, in's Gesetz aufgenom= mene Institution. Wir glauben nämlich mit vielen katholischen Exegeten, daß Deut. 18, 15 nach dem näheren und entfernteren Zusammenhange und im Zusammenhalte mit Erod. 20, 18 die Einsetzung des Prophetenthums enthalte. Ein Moment dafür ist uns auch, daß bei Berufung der Propheten manchmal ganz deutlich auf jene solenne Formel hingewiesen wird; man vergleiche Jer. 1, 9 und Deut. 18, 18. Der messianische Gehalt der Stelle leidet dadurch keinen Eintrag. Wenn Deut. 34, 10 gesagt wird, es sei kein Prophet mehr aufgestanden wie Moses, so ist dabei ja nicht zu über= sehen, was sogleich hinzugefügt wird: „den der Herr kannte von Angesicht zu Angesicht". Der Vergleichungspunkt liegt also in der Art der empfangenen Mittheilung, wie auch Num. 12, 8 deutlich angibt. Zu Moses sprach Gott „von Mund zu Mund", „von Angesicht zu Angesicht", zu den übrigen Pro= pheten aber „in Gesichten oder Träumen". Ferner wird an der Stelle Deut. 34, 10 auch noch weiter angegeben, in welchem Sinne kein Prophet mehr wie Moses aufgestanden sei: „in all' den Zeichen und Wundern, die er ihn gesandt zu thun im Lande Ägypten an Pharao und an all' seinen Dienern und seinem ganzen Lande, sowie in der ganzen mächtigen Hand und allen großen Wundern, die Moses gethan vor ganz Israel". Ein solcher Pro= phet freilich stand nicht mehr auf. Und treffend bemerkt auch schon Bonfrère gegen die ausschließlich messianische Deutung, die so gerne das „wie mich" pressen will, daß, falls dieser Grund durchschlagend sein sollte, man ja eher die Auslegung auf Christus aufgeben müßte, da Christus dem Moses nicht gleich, sondern unvergleichlich höher stehe. Gewiß, wäre das „wie mich" zu pressen, so könnte man mehr Punkte der Unähnlichkeit zwischen Christus und Moses aufzählen, als der Ähnlichkeit. — Dieser Auffassung treten im All= gemeinen bei: Origenes, Hieronymus, wenigstens an einer Stelle, Theodo= retus, Cyranus, Tostatus, Bonfrère, Tirinus, Gordonus, Sa, Menochius, Fraßen, a Lapide, Allioli, Reinke u. s. f.

Doch wollen wir solche abweichende Ansichten, die in ähnlichen Fragen ja stets auftreten, nicht betonen, sondern lieber unsere große Freude aus= sprechen über das vorliegende Werkchen. Unserer Empfehlung bedarf es nicht; der Name des hochwürdigsten Herrn Verfassers selbst ist die beste Empfehlung.

J. Knabenbauer S. J.

Miscellen.

Zur Geschichte der Freimaurerei entnehmen wir der „Freimaurer-Zeitung, Handschrift für Brüder", vom 8. September 1877 folgenden Artikel, der auch für „Profane" sein Interesse hat:

„(Der erste kaiserliche Bruder Freimaurer in Deutschland.) Franz Stephan von Lothringen, welcher 1729 seinem Vater in der Regierung des Herzogthums folgte, hielt sich 1731 in Haag auf, — zu einer Zeit, wo der Freimaurerbund in England bereits feste Wurzel geschlagen hatte und man sich anschickte, in den vereinigten Niederlanden dem Bunde dadurch eine Stätte zu bereiten, daß man vermittelst Deputation von der englischen Großloge aus hier maurerische Versammlungen abhielt. Bei der ersten dieser am 14. Mai 1731 abgehaltenen Versammlung, welche Rev. Dr. Desaguliers leitete, ward der erst 23 Jahre zählende Herzog Franz als Lehrling und Gesell aufgenommen und noch in demselben Jahre zu London in einer vom Großmeister Lovel besonders anberaumten Loge zum Meister befördert. Die dankbare Brüderschaft ehrte dieses für die Freimaurerei wichtige Ereigniß und trank noch lange bei den Tafellogen auf das Wohl des Bruders Franz von Lothringen nach einem ihm geweihten Trinkspruche.

„Mit Recht ist die Aufnahme des jungen Herzogs als ein wichtiges Ereigniß bezeichnet worden, da er der erste Fürst des Festlandes war, welcher dem Freimaurerbunde beitrat, und man von ihm hoffen durfte, daß er zur Förderung, Weiterverbreitung und Erhaltung desselben wesentlich beitragen werde. Und er hat die auf ihn gesetzten Hoffnungen auf das Glänzendste erfüllt, indem er, wie aus dem Nachstehenden ersichtlich, durch sein ganzes Leben dem Bunde seinen Schutz und sein Wohlwollen angedeihen ließ.

„Im Jahre 1736 vermählte sich Herzog Franz mit Maria Theresia, Österreichs Erbin, Königin von Ungarn und Böhmen, und ward von dieser zum Reichsgeneralfeldmarschall und Generalissimus der kaiserlichen Heere ernannt. Im folgenden Jahre (1737) nahm er Besitz von dem Großherzogthum Toscana, zu dem er 1735 durch Abtretung des Herzogthums Lothringen die Anwartschaft erhalten hatte.

„Der junge Großherzog von Toscana fand in seinem neuen Reiche und zwar in der Hauptstadt Florenz selbst bereits die Freimaurerei vor, welche von England aus seit 1725 in Paris, seit 1728 in Madrid, seit

1731 in Haag, seit 1733 in Florenz und endlich seit 1735 sogar in Rom vertreten war.

„Bei der thätigen Verbreitung des ihr gefährlich erscheinenden Bundes in gerade katholischen Ländern schien es der päpstlichen Herrschaft an der Zeit, das Verdammungsurtheil über denselben auszusprechen, und so erließ denn unter dem 28. April 1738 Papst Clemens XII. eine Bulle, in welcher er die Freimaurer mit Gefängniß, Confiscation der Güter, Verbannung und selbst mit der Todesstrafe bedrohte. (?!?) Als auf Grund dieser Bulle in Florenz am 19. Mai 1739 Dr. Crudeli als Freimaurer verhaftet worden, war es der Großherzog Franz, welcher zunächst die Freilassung des Gefangenen bewirkte, nachdem auch die Großloge von England sich für ihn verwendet hatte. Seinem Einflusse und seiner Verwendung bei der kaiserlichen Gemahlin ist es auch zuzuschreiben, daß die erwähnte Bulle in Wien nicht öffentlich bekannt gemacht wurde. Im Jahre 1740 wurde Großherzog Franz von Maria Theresia zum Mitregenten aller österreichischen Erblande erklärt und ihm dadurch eine erhöhte Machtvollkommenheit verliehen, vermittelst deren er dem ihm liebgewordenen Bunde auch einen mächtigeren Schutz zuwenden konnte. Begünstigt durch ihn, konnte am 17. September 1742 zu Wien die erste dortige Loge zu den drei Kanonen (aux trois canons) errichtet werden und er selbst schloß sich derselben als Mitglied an. Dessenungeachtet ruhte die Geistlichkeit nicht und erneute immer wieder die Versuche, die Freimaurerei zu verdächtigen und zu unterdrücken. So wurde am 7. März 1743 eine Versammlung durch Soldaten auf amtlichen Befehl überfallen und in Haft gebracht. Franz verwendete sich sogleich für die Gefangenen und erwirkte auch nach zwölf Tagen deren Freilassung. Daß er selbst sich unter den Versammelten befunden habe und nur mit Mühe den verfolgenden Soldaten auf einer Hintertreppe entkommen sei, muß als eine Sage bezeichnet werden. Historisch aber steht fest, daß Franz der Kaiserin Verfahren hemmte und sich bereit erklärte, das Betragen der Freimaurer zu verantworten und jedem Einwurfe zu begegnen, den man gegen sie machen könne. Er behauptete sogar, daß unter den Aufhetzern außer den Geistlichen sich auch Damen des Hofes befänden; aber was man bis jetzt vorgebracht, nichts als Falschheit und unrichtige Darstellung sei.

„Auch als Franz im Jahre 1745 vom deutschen Reiche zum Kaiser erwählt worden, ließ er nicht ab, der Freimaurerei seinen Schutz und sein Wohlwollen zu widmen. Bis an seinen Tod machte er allen Einfluß geltend, um die Einflüsterungen der Geistlichkeit bei der kaiserlichen Gemahlin unschädlich zu machen, so daß die Freimaurerei in den österreichischen Staaten eben geduldet wurde, wenn auch nicht zu allgemeiner Verbreitung gelangen konnte.

„Kaiser Franz I. starb zu Innsbruck am 18. August 1765 und die Brüder der Loge zu den drei Kanonen beklagten schmerzlich das Dahinscheiden ihres Stuhlmeisters. Die Begünstigungen, welche der Bund durch ihn erfahren, sichern ihm in den Annalen der Freimaurerei einen unsterblichen Namen."

Billigkeit und Vortrefflichkeit kirchenfeindlicher öffentlicher Schulen.
— Das belgische „Bien public" vom 4. Oktober d. J. berichtet uns, daß
im laufenden Jahre in Gent ein jeder Schulknabe und ein jedes Schulmädchen
in den öffentlichen Schulen den Steuerzahlern im Durchschnitt 139 Fr. 37 Cts.
zu stehen kommt, während die Erziehung in den kirchlichen Schulen weder
dem Staate noch der Stadt einen Heller kostet. Man sollte denken, unter
solchen Umständen müßten die Leistungen der Stadtschulen die Concurrenz
der kirchlichen Schulen vollständig niederschlagen, und das um so mehr, da
der Steuerzahler sein Geld nicht gern auf die Straße geworfen haben will,
vielmehr, wenn er nun doch einmal zahlen muß, auch die Früchte eben dieses
seines Geldes genießen möchte. In Wahrheit scheint indeß das Vertrauen der
Bevölkerung zu den von der liberalen Stadtverwaltung beschützten Stadt=
schulen zu schwinden, denn es zeigt sich für das laufende Jahr folgende Ab=
nahme des Schulbesuches auf den öffentlichen Schulen. Es besuchten nämlich
diese Schulen im Jahre:

	1875—76	1876—77	Abnahme
Mädchen	3895	3300	595
Knaben	4431	3875	556
	8326	7175	1151

Also eine Abnahme von 1151 in einem Jahre! Diese Thatsache spricht
beredt genug.

Gott und die Naturordnung.

III.

22. Wir haben bereits vorhin die Frage erhoben, ob durch die tiefere Ergründung des kosmischen Mechanismus der behauptete Zusammenhang zwischen der Weltordnung und einer außerweltlichen Intelligenz erschüttert oder auch nur irgendwie geschwächt werde. Wir sahen, daß diese Frage unbedingt zu verneinen sei. Speciell in Bezug auf die von Kant gegebene Darstellung des Weltmechanismus oder vielmehr der mechanischen Kosmogonie hält aber die moderne öffentliche Meinung die bejahende Antwort aufrecht. Die Kant'sche Kosmogonie soll die Grundlage des naturwissenschaftlichen Monismus, soll bereits von ihrem Urheber in pantheistischem Sinne vorgelegt worden sein. Wie der Leser sieht, haben wir es da wieder mit der allermodernsten Form des revolutionären Gotteshasses zu thun, mit dem schreckenerregenden Monismus, der alle möglichen Disciplinen der Naturwissenschaft, alle Retorten, Mikroskope, Teleskope, kurz den ganzen wissenschaftlichen Apparat gegen Gott, den Weltschöpfer, mobil macht. Und darum verdient das angeregte Thema besondere Aufmerksamkeit. Der Schwerpunkt der Frage liegt freilich in der Sache selber, nämlich darin, ob wirklich die Welt selbst als Urheberin ihrer Ordnung aufgefaßt werden kann, — ein Punkt, über welchen wir uns früher bereits ausgelassen haben. Die Beantwortung der Frage, wie Kant sich die Sache gedacht habe, wird für keinen vernünftigen Menschen den Ausschlag in der Hauptfrage geben. Da man nun aber einmal, koste es was es wolle, das Gewicht des deutschen Denkers in die Wagschale will fallen lassen, wohlan, so sehen wir einmal zu. Wir thun das um so lieber, als Kant, welcher damals, da er seine kosmogonische Theorie concipirte (1755), von seinen kriticistischen Verirrungen noch weit entfernt war, unsern Gegenstand in philosophischer Hinsicht mit musterhafter Correctheit behandelt hat. Kants

Schrift „Der einzig mögliche Beweggrund einer Demonstration des Da=
seins Gottes" (1763), welcher er, wie bereits bemerkt, seine kosmogo=
nische Theorie einverleibte, und welche man uns als pantheistisch dar=
stellen möchte, ist wohl das Beste, was der geniale Mann geschrieben
hat; sie enthält eine gesunde Reaction gegen die Seichtheit, in welche
sich damals die protestantische Gottesgelehrtheit verlaufen hatte, und
ist — dem Verfasser selbst total unbewußt — in allen wesentlichen
Punkten eine Rückkehr zur mittelalterlichen katholischen Philosophie. Bei
dieser Behauptung haben wir viele Gegner; indem diese uns nöthigen,
Kants selbsteigene Worte in ausgedehnterem Maße zu citiren, setzen sie
uns zu unserer Freude in die Lage, lichtvolle Bekräftigungen für die
alte Wahrheit beizubringen.

23. Derjenige unter den Schriftstellern jüngsten Datums, welcher
sich am eingehendsten an Kant in beregter Weise versündigt hat, ist
Dr. Konrad Dietrich aus Tübingen. Derselbe geht in seinem Werke
„Kant und Newton" (Tübingen 1877) darauf aus, uns Kant als
einen aus naturwissenschaftlichen Studien heraus sich entwickelnden Pan=
theisten vorzuführen. An ihn wollen wir uns halten.

Wenn wir auf die Worte achten, mit welchen Dr. Dietrich Kants
Gedanken wiedergeben will, dann vergegenwärtigen wir uns zugleich die
Gedankenfugen des modernen Monismus. Es ist das für unsern Zweck
von Nutzen; vernehmen wir also.

„Die mit den einfachsten Mitteln der Mechanik sich verwirklichende Zweck=
mäßigkeit," so läßt Dietrich seinen Meister denken, „welche die Natur im
Großen und Ganzen als Resultat ihrer allmählichen Entwicklung thatsächlich
aufweist, deutet auf einen vernünftigen, einheitlichen Grund des gesammten
Naturmechanismus hin. Weil das gesetzliche Wechselspiel der Atome eine
harmonische Verfassung des Universums zu Stande bringt, müssen die Atome
beherrscht sein von einer inneren Tendenz nach möglichst vollkommener Or=
ganisation, die in ihrem gemeinsamen Ursprung aus dem Wesen der
Gottheit ihre befriedigendste Erklärung findet. Weil die mechanische Ent=
wicklung der Natur vernünftige Producte erzeugt, muß sie von einem in
großem Stile gedachten Schöpfungsplane innerlich beseelt sein. Und
dieser Gedanke einer dem folgerichtigen Mechanismus der einfachen materiellen
Kräfte innewohnenden göttlichen Vernunft führt zu einer erhabe=
neren Vorstellung von der Gottheit" u. s. w.

Klarer soll das hervortreten in der genannten Schrift: „Der einzig mög=
liche Beweisgrund zu einer Demonstration des Daseins Gottes." „Die
Ideen über eine dem Naturmechanismus innewohnende Vernunft
liegen in der Richtung der monistischen Naturphilosophie, welche seit der Zeit

Spinoza's begonnen hatte, sich auf der exacten Naturwissenschaft zu erheben." „Wenn wir uns die Welt schon vor aller Erfahrung als ein zusammen= hängendes Ganzes denken, so betrachten wir die einzelnen Dinge, welche mit einander die Welt ausmachen, als aus einem gemeinsamen Grunde ent= sprungen." „Denken wir uns also irgend eine gesetzmäßig zusammenhängende und demnach logisch begreifliche Wirklichkeit, so denken wir das Leben aller einzelnen Dinge in derselben, umfaßt von dem Leben eines einzigen Wesens, welchem man allein das Prädicat des Seins unbedingt beilegen kann." „Die apriorische Annahme eines einheitlichen vernünftigen Weltgrundes wird durch das von der exacten Wissenschaft durchforschte Stück der Wirklichkeit nach Wunsch auf aposteriorischem Wege bestätigt. Mustern wir die Welt der geometrischen Formen oder das Reich der mechanischen Gesetze, allenthalben finden wir eine bewunderungswürdige Harmonie und Einheit in der Mannigfaltigkeit der bunten Fülle von Erscheinungen. Der deutlichste Beweis der Wesens= gemeinschaft aller Dinge, welchen uns die Erfahrung an die Hand gibt, ist die ihnen innewohnende Tendenz nach Gleichgewicht und das allgemeine Gesetz der Sparsamkeit der Natur. Spuren eines inneren substantiellen Zusammenhanges aller einfachen Theile der Welt vermögen wir auch in den mannigfachen Parallelen und Analogien zu finden, welche sich durch alle Ge= biete der Natur hindurchziehen." „Gibt es keine Natur außer Gott, dann gibt es auch keine göttliche Wirksamkeit außer der Natur." „Je compli= cirtere Producte der allgemeine Naturmechanismus zu Stande bringt, desto größer erscheint die Vernunft des Unendlichen, welche in ihm waltet, in un= seren Augen." „Die herkömmlichen Gottesbeweise sind in ihren verschiedensten Formen hinfällig." „Die von der Erfahrung ausgehenden kosmologischen und physiko=theologischen Deductionen, welche meistens gebräuchlich sind, leisten nicht, was sie leisten wollen. Die Gottheit ist als der substantielle Grund aller Vernunft im Reiche der nothwendigen Gesetze, wie der that= sächlich existirenden Dinge, als die Ursache nicht bloß der Ordnung, sondern auch des Baumaterials der Welt zu denken. Dieser Begriff der Absolutheit oder Allgenügsamkeit Gottes wurde bis jetzt von der Philosophie in ihren Demonstrationen noch nicht nach Gebühr gewürdigt."[1]

Athmen wir auf! Wir haben der Dietrich'schen Darstellung diese Aufmerksamkeit geschenkt, um an einem Beispiel zu zeigen, mit welch' unerhörter Frivolität unser jetziger Monismus aus der einheitlichen Naturordnung sein All=Eins herauszulesen wagt und dabei sich nicht scheut, die Ansichten so allbekannter Gelehrter, wie eines Kant, zu fälschen. Was den ersten Punkt anbelangt, so überlassen wir es getrost dem Urtheile eines jeden verständigen Menschen, zu entscheiden, ob denn der wunderbare Zusammenhang in einem Werke, wie die Welt, dazu

---

[1] Kant und Newton, S. 20, 61, 63, 64, 66, 67, 68.

berechtige, das Werk mit seinem Einen intelligenten Urheber zu identi=
ficiren. Was aber Herr Dietrich von Kant sagt, ist unwahr.

24. Es ist wahr, daß Kant in einer viel späteren Zeit, als er sich
nämlich mit seiner Vernunftkritik den Boden unter. den Füßen hinweg=
kritisirt hatte, in den Pantheismus verfiel, ohne es zu wollen. Aber
dieser Monismus, zu welchem sein Idealismus ihn später führte, stand
mit seinem kosmischen Systeme in gar keiner Verbindung; letzteres er=
örtert er vielmehr stets in Bezug auf Gott im christlichen Sinne
dieses Wortes. Diese Behauptung haben wir den irrigen Aufstellungen
des Herrn Dietrich gegenüber zu erhärten. Alle Belegstellen hier an=
zuführen, wäre ebenso unmöglich als überflüssig; wir wollen uns viel=
mehr auf einige jener Stellen beschränken, in welchen Dr. Dietrich selbst
den Monismus finden will.

In der dem Könige von Preußen gewidmeten „Naturgeschichte und
Theorie des Himmels" sagt Kant:

„Ich finde die Materie an gewisse nothwendige Gesetze gebunden. Ich
sehe in ihrer gänzlichen Auflösung und Zerstreuung ein schönes und ordent=
liches Ganze sich ganz natürlich daraus entwickeln. Es geschieht dieses nicht
durch einen Zufall und von ungefähr, sondern man bemerkt, daß natürliche
Eigenschaften es nothwendig also mit sich bringen. Wird man hierdurch nicht
bewogen, zu fragen: Warum mußte denn die Materie gerade solche Gesetze
haben, die auf Ordnung und Wohlanständigkeit abzwecken? War es wohl
möglich, daß viele Dinge, deren jedes seine von dem andern unabhängige
Natur hat, einander von selber gerade so bestimmen sollten, daß ein wohl=
geordnetes Ganze daraus entspringe, und wenn sie dieses thun, gibt es nicht
einen unläugbaren Beweis von der Gemeinschaft ihres ersten Ursprungs ab,
der ein allgenugsamer höchster Verstand sein muß, in welchem die Naturen
der Dinge zu vereinbarten Absichten entworfen worden?

Die Materie, die der Urstoff aller Dinge ist, ist also an gewisse Gesetze
gebunden, welchen sie frei überlassen nothwendig schöne Verbindungen hervor=
bringen muß. Sie hat keine Freiheit, von diesem Plane der Vollkommenheit
abzuweichen. Da sie also sich einer höchst weisen Absicht unterworfen findet,
so muß sie nothwendig in solche übereinstimmende Verhältnisse durch eine
über sie herrschende erste Ursache versetzt worden sein, und es ist ein
Gott eben deßwegen, weil die Natur auch. selbst im Chaos nicht anders als
regelmäßig und ordentlich verfahren kann." [1]

Also Gott im Gegensatze zu den „vielen Dingen, deren jedes seine
unabhängige Natur hat".

---

[1] Bd. VI. S. 51.

Auf S. 220 f. desselben Opusculum macht Kant sich den Einwurf, in den verschiedensten Anstalten des Weltbaues hätten wir die Weisheit Gottes erkannt, welche Alles zum Vortheil der vernünftigen Wesen zuträglich angeordnet hätte, und andererseits sähe man doch nicht, wie die Ausführung der göttlichen Absichten der rohen Materie und der sich selbst überlassenen Natur hätte anheimgegeben werden können. Er bietet hierfür folgende Lösung:

„Muß nicht die Mechanik aller natürlichen Bewegungen einen wesentlichen Hang zu lauter solchen Folgen haben, die mit dem Project der höchsten Vernunft in dem ganzen Umfange der Verbindungen wohl zusammenstimmt? Wie kann sie abirrende Bestrebungen und eine ungebundene Zerstreuung in ihrem Beginnen haben, da alle ihre Eigenschaften, aus welchen sich diese Folgen entwickeln, selbst ihre Bestimmung aus der ewigen Idee des göttlichen Verstandes haben, in welchem sich Alles nothwendig auf einander beziehen und zusammenschicken muß? Wenn man sich recht besinnt, wie kann man die Art zu urtheilen rechtfertigen, daß man die Natur als ein widerwärtiges Subject ansieht, welches nur durch eine Art von Zwang, der ihrem freien Betragen Schranken setzt, in dem Geleise der Ordnung und der gemeinschaftlichen Harmonie kann erhalten werden, wofern man nicht etwa dafür hält, daß sie ein sich selbst genugsames Principium sei, dessen Eigenschaften keine Ursache erkennen und welche Gott so gut, als es sich thun läßt, in den Plan seiner Absichten zu zwingen trachtet? Je näher man die Natur wird kennen lernen, desto mehr wird man einsehen, daß die allgemeinen Beschaffenheiten der Dinge einander nicht fremd und getrennt sind. Man wird hinlänglich überführt werden, daß sie wesentliche Verwandtschaften haben, durch die sie sich von selber anschicken, einander in Errichtung vollkommener Verfassungen zu unterstützen, die Wechselwirkung der Elemente zur Schönheit der materialen und doch auch zugleich zu den Vortheilen der Geisterwelt, und daß überhaupt die einzelnen Naturen der Dinge in dem Felde der ewigen Wahrheiten schon unter einander sozusagen ein System ausmachen, in welchem eine auf die andere beziehend ist, man wird auch alsbald inne werden, daß die Verwandtschaft ihnen von der Gemeinschaft des Ursprungs eigen ist, aus dem sie insgesammt ihre wesentlichen Bestimmungen geschöpft haben.“

Freilich mußte Kant selber nicht, daß er mit dieser Darstellung wieder dem Naturbegriff der alten so verpönten Scholastik des Mittelalters, speciell der forma mit dem appetitus innatus, das Wort redete. Doch hier wollen wir darauf merken, daß er in den angeführten Worten den Gegensatz zwischen Gott und der Welt scharf anerkannte.

Vernehmen wir nun weiter, worin Kant selber den Vorzug seiner mechanischen Erklärungsart für den Ursprung der Weltkörper sucht.

Unter allen Methoden, über die Anstalten der Natur zu urtheilen, hält er jene für die vollkommenste, die „jederzeit bereit ist, auch übernatürliche Begebenheiten zuzulassen", und zwar etwa nicht bloß in dem Sinne, als wäre die Mechanik der Welt auf die einzelne Begebenheit, welche, wie z. B. die Sündfluth, ein Strafgericht enthält, von der Schöpfung her besonders abgerichtet: „ein solches Verfahren," sagt Kant kurz vorher, „ist der göttlichen Weisheit nicht gemäß, die niemals darauf abzielt, mit unnützer Kunst zu prahlen, welche man selbst an einem Menschen tadeln würde, der, wenn ihn z. B. nichts abhielte, eine Kanone unmittelbar abzufeuern, ein Feuerschloß mit einem Uhrwerk anbringen wollte, wodurch sie in dem gesetzten Augenblicke durch mechanische, sinnreiche Mittel losbrennen sollte" —; „ingleichen die wahrhaft künstlichen Anordnungen in der Natur nicht zu verkennen: dabei aber sich durch die Abzielung auf Vortheile und alle Wohlgereimtheit nicht hindern läßt, die Gründe davon in nothwendigen allgemeinen Gesetzen aufzusuchen, mit großer Achtsamkeit auf die Erhaltung der Einheit und mit einer vernünftigen Abneigung die Zahl der Naturursachen um derentwillen zu vervielfältigen. Wenn hierzu noch die Aufmerksamkeit auf die allgemeinen Regeln gefügt wird, welche den Grund der nothwendigen Verbindung desjenigen, was natürlicherweise ohne besondere Anstalt vorgeht, mit den Regeln des Vortheils oder der Annehmlichkeit vernünftiger Wesen können begreiflich machen, und man alsdann zu dem göttlichen Urheber hinaufsteigt, so erfüllt diese physisch=theologische Art zu urtheilen ihre Pflichten gehörig." [1]

Diesen Anforderungen soll nun die von ihm aufgestellte Hypothese von der Weltbildung, welche er sogleich in der darauffolgenden siebenten Betrachtung wieder kurz darlegt, vollständig entsprechen. Hier ist für einen vorurtheilsfreien Menschen kein Zweifel mehr möglich.

25. Doch noch mehr. In derselben interessanten Schrift erklärt Kant ausdrücklich, seine Absicht gehe auf die Methode, „vermittelst der Naturwissenschaft zur Erkenntniß Gottes hinaufzusteigen". Er gibt zu, es könnten die Kräfte der Natur, welche nach natürlichen Gesetzen mit der Führung der Menschen keinen Zusammenhang haben, auf jeden einzelnen Fall (wenn z. B. ein Erdbeben eine verkommene Stadt umkehrt) durch das höchste Wesen besonders gerichtet sein; „alsdann aber ist die Begebenheit in formalem Sinne übernatürlich, obgleich die Mittelursache eine Kraft der Natur war". Er sagt, nicht nur die Dinge der Natur seien in ihrem Dasein zufällig, zufällig sei auch die Verknüpfung verschiedener Arten von Dingen, z. B. der Luft, der Erde, des Wassers, und insoferne bloß der Willkür des obersten Urhebers beizumessen. Er redet von einer göttlichen Wahl, und

---

[1] Bd. I. S. 253.

warnt, man möge nicht gerade jeden Vortheil „zu den Bewegungs=
gründen der göttlichen Wahl" zählen und als eine „weise Anstalt des
Urhebers" ansehen. Vermittelst des Mondes und der Jupitertrabanten
berechne man z. B. die Länge des Meeres; das solle man nun aber
nicht sofort als den Zweck ansehen, „weßwegen die Ursachen der=
selben durch göttliche Willkür in der Welt angeordnet würden".

„Man hüte sich," bemerkt Kant, „daß man die Spötterei eines Voltaire
nicht mit Recht auf sich ziehe, der in einem ähnlichen Tone sagt: ‚Sehet da,
warum wir Nasen haben; ohne Zweifel, damit wir Brillen darauf stecken
können.' Durch die göttliche Willkür wird noch nicht genugsamer Grund an=
gegeben, weßwegen eben dieselben Mittel, die einen Zweck zu erreichen allein
nöthig wären, noch in so viel anderer Beziehung vortheilhaft sind. Diejenige
bewunderungswürdige Gemeinschaft, die unter den Wesen alles Erschaffenen
herrscht, daß ihre Naturen einander nicht fremd sind, sondern in vielfacher
Harmonie verknüpft sich zu einander von selbst schicken und eine ausgebreitete
nothwendige Vereinbarung zur gesammten Vollkommenheit in ihrem Wesen
enthalten, das ist der Grund so mannigfaltiger Nutzbarkeiten, die man nach
unserer Methode als Beweisthümer eines höchst weisen Urhebers, aber
nicht in allen Fällen als Anstalten, die durch besondere Weisheit mit den
übrigen um der besonderen Nebenvortheile willen verbunden worden, ansehen
kann. Ohne Zweifel sind die Bewegungsgründe, weßwegen Jupiter Monde
haben sollte, vollständig, wenngleich niemals durch die Erfindung der Seh=
röhre dieselben zu Messung der Länge benutzt würden. Diese Nutzen, die
als Nebenfolgen anzusehen sind, kommen gleichwohl mit in Anschlag, um
die unermeßliche Größe des Urhebers aller Dinge daraus abzunehmen. Denn
sie sind nebst Millionen anderen ähnlicher Art Beweisthümer von der großen
Kette, die selbst in den Möglichkeiten der Dinge die Theile der Schöpfung
vereinbart, die einander nichts anzugehen scheinen; denn sonst kann man auch
nicht allemal auf die Nutzen, die der Erfolg einer freiwilligen Anstalt nach
sich zieht und die der Urheber kennt und in seinem Rathschlusse mit befaßt,
um beßwillen zu den Bewegungsgründen solcher Wahl zählen, wenn diese
nämlich auch unangesehen solcher Nebenfolgen schon vollständig waren. Ohne
Zweifel hat das Wasser darum nicht die Natur, sich wagrecht zu stellen, da=
mit man sich darin spiegeln könne."

Und dann ruft er aus: „Erweitert eure Absichten, so viel ihr könnt,
über die unermeßlichen Nutzen, die ein Geschöpf in tausendfacher Beziehung
wenigstens der Möglichkeit nach darbietet, verknüpfet in dergleichen Beziehun=
gen die entlegensten Glieder der Schöpfung mit einander. Wenn ihr die
Producte der unmittelbar künstlichen Anstalten geziemend bewundert habt,
so unterlasset nicht, auch in dem ergötzenden Anblick der fruchtbaren Be=
ziehung, die die Möglichkeiten der erschaffenen Dinge auf durchgängige Har=
monie haben, und der ungekünstelten Abfolge so mannigfaltiger Schönheit,
die sich von selbst darbietet, diejenige Macht zu bewundern und anzubeten,

in deren ewiger Grundquelle die Wesen der Dinge zu einem vortrefflichen Plane gleichsam bereit daliegen."[1]

26. Wie der Leser sieht, sind die angeführten Worte des Königsberger Denkers für Dr. Dietrich geradezu vernichtend. Aber findet dieser nicht vielleicht eine Entschuldigung für sein Mißverständniß darin, daß Kant so nachdrücklich sogar die Möglichkeiten und das Wesen der Dinge auf Einen Urgrund zurückführt? Setzen wir die stärksten Kant'schen Auslassungen in diesem Sinne hierher:

„Offenbar liegen selbst in den Wesen der Dinge durchgängige Beziehungen zur Einheit und zum Zusammenhange, und eine allgemeine Harmonie breitet sich über das Reich der Möglichkeit selber aus. Dieses veranlaßt eine Bewunderung über so viel Schicklichkeit und natürliche Zusammenpassung, die, indem sie die peinliche und erzwungene Kunst entbehrlich macht, gleichwohl selber nimmermehr dem Ungefähr beigemessen werden kann, sondern eine in den Möglichkeiten selbst liegende Einheit und die gemeinschaftliche Abhängigkeit selber der Wesen aller Dinge von einem einigen großen Grunde anzeigt."[2]

Sagt uns aber Kant mit diesen Worten irgend etwas Neues? Haben nicht die Scholastiker des Mittelalters genau das Nämliche gelehrt? Indem Kant die Ordnung nicht als eine den Dingen widernatürlich angethane, sondern als eine mit dem Wesen der Dinge in Einklang stehende aufgefaßt wissen will, ist er tiefer, als alle seine protestantischen Zeitgenossen. Wer hierin Pantheismus wittert, dem möchten wir den Rath geben, lieber Kant-Studien zu machen, als über Kant Bücher zu schreiben. Jeder Theist von der ultramontansten Sorte wird unbedenklich mit Kant sagen:

„Ich würde es seltsam und unbegreiflich finden, wie ohne eine beständige Reihe von Wundern etwas Taugliches durch einen natürlichen großen Zusammenhang in der Welt sollte geleistet werden können. Denn es müßte ein befremdliches Ungefähr sein, daß die Wesen der Dinge, die, jegliches für sich, ihre abgesonderte Nothwendigkeit hätten, sich so sollten zusammenschicken, daß selbst die höchste Weisheit aus ihnen ein großes Ganzes vereinbaren könnte, in welchem bei so vielfältiger Abhängigkeit dennoch nach allgemeinen Gesetzen unverbesserliche Harmonie und Schönheit hervorleuchtete. Dagegen, da ich belehrt bin, daß darum nur, weil ein Gott ist, etwas anders möglich sei, so erwarte ich selbst von den Möglichkeiten der Dinge eine Zusammenstimmung, die ihrem großen Principium gemäß ist, und eine Schicklichkeit durch all

---

[1] A. a. O. S. 167, 212, 213, 214, 247, 248.
[2] A. a. O. S. 202.

gemeine Anordnungen zu einem Ganzen zusammenzupaffen, das mit der Weisheit ebendesselben Wesens richtig harmonirt, von dem sie ihren Grund entlehnen, und ich finde es so gar wunderbar, daß, soferne etwas nach dem Laufe der Natur gemäß allgemeinen Gesetzen geschieht oder geschehen würde, es Gott mißfällig und eines Wunders zur Ausbesserung bedürftig sein sollte; und wenn es geschieht, so gehört selbst die Veranlassung dazu zu den Dingen, die sich bisweilen zutragen, von uns aber nimmermehr können begriffen werden."[1]

27. Doch vernehmen wir, wie der Königsberger Denker gerade den Umstand, daß die Weltordnung nicht außerhalb der Dinge liegt, sondern in ihr Wesen und in ihre Möglichkeit hineingreift, dazu benutzt, um Gott den Herrn nicht bloß als Weltordner, sondern als Weltschöpfer darzuthun. Er sagt:

„Die Ordnung in der Natur, insoferne sie als zufällig und aus der Willkür eines verständigen Wesens entspringend angesehen wird, ist gar kein Beweis davon, daß auch die Dinge der Natur, die in solcher Ordnung nach Weisheit verknüpft sind, selbst von diesem Urheber ihr Dasein haben. Denn lediglich diese Verbindung ist so bewandt, daß sie einen verständigen Plan voraussetzt; daher auch Aristoteles (?) und viele andere Philosophen des Alterthums nicht die Materie oder den Stoff der Natur, sondern nur die Form von der Gottheit herleiteten. Vielleicht nur seit der Zeit, als uns die Offenbarung eine vollkommene Abhängigkeit der Welt von Gott gelehrt hat, hat auch allererst die Weltweisheit die gehörige Bemühung daran gewandt, den Ursprung der Dinge selbst, die den rohen Zeug der Natur ausmachen, als so etwas zu betrachten, was ohne einen Urheber nicht möglich sei. Ich zweifle, daß es Jemanden hiermit gelungen sei, und ich werde in der letzten Abtheilung Gründe meines Urtheils anführen. Zum Mindesten kann die zufällige Ordnung der Theile der Welt, insoferne sie einen Ursprung aus Willkür anzeigt, gar nicht zum Beweise davon beitragen. Zum Exempel, an dem Bau eines Thieres sind Gliedmaßen der sinnlichen Empfindung mit denen der willkürlichen Bewegung und der Lebenstheile so künstlich verbunden, daß man muthwillig sein muß (denn so unvernünftig kann kein Mensch sein), sobald man darauf geführt wird, einen weisen Urheber zu verkennen, der die Materie, daraus ein thierischer Körper zusammengesetzt ist, in so vortreffliche Ordnung gebracht hat. Mehr folgt hieraus gar nicht. Ob diese Materie für sich ewig und unabhängig, oder auch von ebendemselben Urheber hervorgebracht sei, das ist darin gar nicht entschieden. Ganz anders aber fällt das Urtheil aus, wenn man wahrnimmt, daß nicht alle Naturvollkommenheit künstlich, sondern Regeln von großer Nutzbarkeit auch mit nothwendiger Einheit verbunden sind, und diese Vereinbarung in den Möglichkeiten der Dinge selbst liegt. Was soll man bei dieser Wahrnehmung urtheilen?

---

[1] A. a. O. S. 222.

Ist diese Einheit, diese fruchtbare Wohlgereimtheit ohne Abhängigkeit von einem weisen Urheber möglich? Das Formale so großer und vielfältiger Regelmäßigkeit verbietet dieses. Weil indessen diese Einheit gleichwohl selbst in den Möglichkeiten der Dinge gegründet ist, so muß ein weises Wesen sein, ohne welches alle diese Naturdinge selbst nicht möglich sind, und in welchem als einem großen Grunde sich die Wesen so mancher Naturdinge zu so regel= mäßigen Beziehungen vereinbaren. Alsdann aber ist klar, daß nicht allein die Art der Verbindung, sondern die Dinge selbst nur durch dieses Wesen möglich seien, das ist, nur als Wirkungen von ihm existiren können, welches die völlige Abhängigkeit der Natur von Gott allererst hinreichend zu erkennen gibt. Fragt man nun: wie hängen diese Naturen von solchen Wesen ab, damit ich daraus die Übereinstimmung mit den Regeln der Weisheit verstehen könne? Ich antworte: sie hängen von demjenigen in diesen Wesen ab, das, indem es den Grund der Möglichkeit der Dinge enthält, auch der Grund seiner eigenen Weisheit ist."

Später faßt Kant das Gesagte, das ihm selbst in seinem beschränk= ten protestantischen Gesichtskreise neu zu sein scheint, nochmals schön und treffend zusammen:

„Die Summe aller dieser Betrachtungen führt uns auf einen Begriff von dem höchsten Wesen, der Alles in sich faßt, was man nur zu gedenken vermag, wenn Menschen, aus Staub gemacht, es wagen, ausspähende Blicke hinter den Vorhang zu werfen, der die Geheimnisse des Unerforschlichen vor erschaffenen Augen verbirgt. Gott ist allgenugsam. Was da ist, es sei möglich oder wirklich, das ist nur etwas, insoferne es durch ihn gegeben ist. Eine menschliche Sprache kann den Unendlichen so zu sich selbst reden lassen: Ich bin von Ewigkeit zu Ewigkeit, außer mir ist nichts, ohne insoferne es durch mich etwas ist. Dieser Gedanke, der erhabenste unter allen, ist noch sehr vernachlässigt, oder mehrentheils gar nicht berührt worden."[1]

28. Dieses wird wohl genügen. Aus dem Sperrdruck des Die= trich'schen Buches zu schließen, legt dieser Gelehrte ein besonderes Gewicht darauf, daß Kant von „der Abhängigkeit der Wesen aller Dinge von Gott" spricht, indem er ausführt, auch die Dinge selbst seien bloß durch Gott möglich, die Möglichkeit der Dinge sei in dem weisen Wesen Gottes begründet, Gott sei allgenugsam; was sei, das sei nur, insoferne es durch Gott gegeben sei; daß Kant ferner von der Achtsamkeit auf Er= haltung der Einheit, und von der Abneigung, die Zahl der Natur= ursachen zu vervielfältigen, redet. In diesen Sätzen findet Dr. Dietrich „spinozistisch klingende Gedanken"![2]

---

[1] A. a. O. S. 238, 239, 272.
[2] Kant und Newton, S. 198.

Nun, wenn das spinozistisch klingt, dann war auch Jener ein Spinozist, der da schrieb: „Im Anfange schuf Gott Himmel und Erde" (1 Mos. 1), dann klingt, ja dann ist wirklich spinozistisch die Predigt, welche der große Völkerapostel vor dem Areopag hielt: „Gott, der die Welt gemacht hat, und Alles, was darin ist, er, der des Himmels und der Erde Herr ist, wohnt nicht in Tempeln, die mit Händen gemacht sind, noch läßt er sich von Menschenhänden bedienen, als bedürfe er etwas, der er selbst Allem Leben gibt und Odem und Alles" (Apg. 17, 24). Und der heilige Bischof von Hippo ist ein vollendeter Pantheist, wenn er sagt: „Gott ist in sich selbst das Alpha und Omega, er ist in der Welt als ihr Urheber und Erhalter, er ist in den Engeln als ihre Speise und ihre Zier, er ist in der Kirche, wie der Hausvater in seinem Haus, er ist in der Seele, wie der Bräutigam bei seiner Braut, er ist in den Gerechten als ihr Schutz und ihr Schirm, er ist in den Verkehrten als ihre Furcht und ihr Schrecken." [1]

29. Allerdings ist es wahr, daß Kant davor warnt, man möge nicht die ganze in der Welt herrschende Ordnung in allen ihren Mo=menten unmittelbar auf einen Eingriff Gottes zurückführen.

„Wenn man," sagt er in der „Naturgeschichte des Himmels". „einem ungegründeten Vorurtheile Platz läßt, daß die allgemeinen Naturgesetze an und für sich selber nichts als Unordnung zuwege bringen, und alle Überein=stimmung zum Nutzen, welche bei der Verfassung der Natur hervorleuchtet, die unmittelbare Hand Gottes anzeigt, so wird man genöthigt, die ganze Natur in Wunder zu verkehren. Man wird den schönen farbigen Bogen, der in den Regentropfen erscheint, wenn dieselben die Farben des Sonnenlichtes ab=sondern, wegen seiner Schönheit, den Regen wegen seines Nutzens, die Winde wegen der unentbehrlichen Vortheile, die sie in unendlichen Arten den mensch=lichen Bedürfnissen leisten, kurz, alle Veränderungen der Welt, welche Wohl=anständigkeit und Ordnung mit sich führen, nicht aus den eingepflanzten Kräften der Materie herleiten sollen. Das Beginnen der Naturforscher, die sich mit einer solchen Weltweisheit abgegeben haben, wird vor dem Richter=stuhl der Religion eine feierliche Abbitte thun müssen. Es wird in der That alsdann keine Natur mehr sein; es wird nur ein Gott in der Maschine die Veränderungen der Welt hervorbringen. Aber was wird denn dieses seltsame Mittel, die Gewißheit des höchsten Wesens aus der wesentlichen Unfähigkeit der Natur zu beweisen, für eine Wirkung zur Überführung des Epikuräers thun? Wenn die Naturen der Dinge durch die ewigen Gesetze ihrer Wesen nichts als Unordnung und Ungereimtheit zuwege bringen, so werden sie eben dadurch den Charakter ihrer Unabhängigkeit von Gott beweisen: und was

---

[1] In Matth. 6.

für einen Begriff wird man sich von einer Gottheit machen können, welcher die allgemeinen Naturgesetze nur durch eine Art von Zwang gehorchen und an und für sich dessen weisesten Entwürfen widerstreiten? Wird der Feind der Vorsehung nicht ebenso viel Siege über diese falschen Grundsätze davontragen, als er Übereinstimmungen aufweisen kann, welche die allgemeinen Wirkungs= gesetze der Natur ohne alle besondere Einschränkungen hervorbringen? Und wird es ihm wohl an solchen Beispielen fehlen können? Dagegen lasset uns mit größerer Anständigkeit und Richtigkeit also schließen: die Natur, ihren allgemeinen Eigenschaften überlassen, ist an lauter schönen und vollkommenen Früchten fruchtbar, welche nicht allein an sich Übereinstimmung und Trefflich= keit zeigen, sondern auch mit dem ganzen Umfange ihrer Wesen, mit dem Nutzen der Menschen und der Verherrlichung der göttlichen Eigenschaften wohl harmoniren. Hieraus folgt, daß ihre wesentlichen Eigenschaften keine unabhängige Nothwendigkeit haben können, sondern daß sie ihren Ursprung in einem einzigen Verstande, als dem Grunde und der Quelle aller Wesen, haben müssen, in welchem sie unter gemeinschaftlichen Beziehungen entworfen sind. Alles, was sich auf einander zu einer gewechselten Harmonie bezieht, muß in einem einzigen Wesen, von welchem es insgesamt abhängt, unter einander verbunden werden. Also ist ein Wesen aller Wesen, ein unendlicher Verstand und selbständige Weisheit vorhanden, daraus die Natur, auch sogar ihrer Möglichkeit nach, in dem ganzen Inbegriffe der Bestimmungen ihren Ursprung zieht." [1]

Könnte man wohl entschiedener den mittelalterlichen Naturbegriff hervorheben, als es hier von Kant geschieht? Der schaal gewordenen Theologie des Protestantismus gegenüber, in deren Atmosphäre er lebte, ist er mit seiner Opposition im vollen Rechte. In dem nämlichen Sinne tadelt Kant auch Jene, die sich entschlössen, „bei einer zusammengesetzten und noch weit von den einfachen Grundgesetzen entfernten Beschaffenheit die Bemühung der Untersuchung aufzugeben und sich mit der Anführung des unmittelbaren Willens Gottes zu begnügen" [2].

„Wollte man fragen: Woher kam denn die erste Bewegung jener Atome im Weltraume? so würde ich antworten, daß ich mich nicht anheischig gemacht habe, die erste aller Naturveränderungen anzugeben, welches in der That un= möglich ist. Dennoch aber halte ich es für unzulässig, bei einer Natur= beschaffenheit, z. B. der Hitze der Sonne, die mit Erscheinungen, deren Ur= sache wir nach sonst bekannten Gesetzen wenigstens muthmaßen können, ähn= lichkeit hat, stehen zu bleiben und verzweifelter Weise die unmittelbare göttliche Anordnung zum Erklärungsgrunde herbeizurufen. Diese letzte muß zwar, wenn von Natur im Ganzen die Rede ist, unvermeidlich unsere Nachfrage beschließen; aber bei jeder Epoche der Natur, da keine der=

---

[1] Bd. VI. S. 183 ff.   [2] Bd. VI. S. 190.

selben in einer Sinnenwelt als die schlechthin erste angegeben werden kann, sind wir darum von der Verbindlichkeit nicht befreit, unter den Welturſachen zu ſuchen, ſoweit es uns nur möglich iſt, und ihre Ketten nach uns bekannten Geſetzen, ſo lange ſie aneinander hängt, zu verfolgen" [1].

Daß alſo die Weltordnung in letzter Inſtanz auf Gott zurückzu= führen ſei, ſoll nicht in Frage geſtellt werden. Und oft begegnen wir bei Kant dem Gedanken, daß „ohne Zweifel ein Zuſtand der Na= tur der erſte ſein müſſe, in welchem die Form der Dinge ebenſowohl wie die Materie unmittelbar von Gott abhange" [2].

Nach dem Geſagten ſteht es alſo unbeſtreitbar feſt, daß die von Kant zuerſt aufgeſtellte Kosmogonie weder in ſich ſelbſt, noch im Sinne ihres Urhebers irgend eine Schwächung der teleologiſchen Beweisführung für das Daſein Gottes bedeutet [3].

---

[1] Bd. VI. S. 401—402. [2] Bd. I. S. 252.
[3] Übrigens ſind wir der wiſſenſchaftlichen Ehre des Herrn Dietrich die Bemerkung ſchuldig, daß er mit ſeinem Attentat auf Kant nicht iſolirt baſteht. Für das vom Pantheismus zerfreſſene Denkvermögen unſerer deutſchen „Philoſophen" iſt jedes Auf= greifen objektiver Wirklichkeit zur Unmöglichkeit geworden. Sogar ein Kant wird verzerrt, wo er vernünftig ſpricht. Ein wahres Horrendum liefert in Bezug auf Kants „Beweisgrund zu einer Demonſtration des Daſeins Gottes" Profeſſor Kuno Fiſcher. Er erblickt in demſelben nur eine Form des bekannten ontologiſchen Be= weiſes und ſagt: „Mit der Möglichkeit, das Daſein Gottes zu beweiſen, ſteht und fällt die rationale Theologie. Noch iſt ſie nicht vollkommen vernichtet, aber ſie iſt auf die kürzeſte Formel zurückgeführt, auf eine einzige Möglichkeit eingeſchränkt, ſie hat nur noch einen Fall; wird ſie aus dieſer letzten Zuflucht vertrieben, ſo iſt es mit ihrer wiſſenſchaftlichen Exiſtenz zu Ende. In dieſer Rückſicht hat Kant für die Kritik der reinen Vernunft hier gut vorgearbeitet. Die Kritik ſollte das ganze Lehr= gebäude der Ontologie abtragen, in deſſen Giebel die rationale Theologie ihren Sitz hatte. Es brauchte jetzt nur noch die ontologiſche Beweisart widerlegt zu werden, und die Arbeit war gethan; es war nur noch Eines zu thun übrig, und dieſes Eine war leicht. Der widerlegende Geſichtspunkt ſteht bereits in unſerer Abhandlung feſt. Wenn es unmöglich iſt, aus der Möglichkeit auf die Wirklichkeit, aus dem Begriff auf die Exiſtenz zu ſchließen, ſo gilt dieß in allen Fällen, und es kann aus keiner Mög= lichkeit auf irgend welche Exiſtenz geſchloſſen werden (Geſchichte der neueren Philoſophie, 2. Aufl. 3. Bd. S. 198). Alſo: Weil ich aus der Möglichkeit einer Sache (etwa eines runden Kreiſes) nicht auf die Wirklichkeit eben dieſer Sache ſchließen darf, darum darf ich auch nicht die Ueberzeugung haben, die Möglichkeit der Dinge (die bekanntlich von der menſchlichen Erkenntniß nicht bewirkt, ſondern vor= ausgeſetzt wird) müſſe irgendwo einen wirklichen Grund haben!!! Profeſſor Zeller zeigt ein wenig beſſeres Verſtändniß für das, was Kant will. Er meint, indem Kant die Möglichkeiten der Dinge (wie wir oben ſahen) ſo ſehr betone, gehe auch er von einem empiriſchen Datum aus (ſchreckliches Verbrechen!); er ſetze nämlich voraus, daß es überhaupt ein Mögliches gäbe: „Dieſe Vorausſetzung kann ſich aber doch ſchließlich auf nichts Anderes gründen, als auf die Thatſache unſeres

Im Jahre 1796 hat dann auch Laplace dieselbe Kosmogonie auf=
gestellt, wie Kant ungefähr fünfzig Jahre vor ihm; und zwar leitet er
sie auch genau mit derselben Reflexion ein, wie der Königsberger Denker;
beide hatten dieselbe, wie es scheint, aus Newton herübergenommen.

Kants Theorie war nichts weniger als vollendet und abgerundet;
sie enthielt nichts darüber, wie wir uns die mechanischen Verhältnisse
des Urnebels vorzustellen hätten, wie der Bewegungszustand desselben in
einem gegebenen Augenblick beschaffen sein könne; sie redete nur im
Allgemeinen von Anziehungskräften und von seitwärts gerichteten Ab=
lenkungen durch Abstoßungskräfte, wodurch verschiedene Bälle entstehen
müßten. Da wäre es also nicht besonders schwer gewesen, den Königs=
berger Professor zu überholen. Laplace hat nun aber die Untersuchung,
insofern sie philosophisches Interesse erregt, um keinen Schritt weiter
gebracht. Im Gegentheil: die Untersuchungen Kants waren gründlicher
und umfassender [1]. Den Gedanken Buffons aufgreifend, rechnet der
französische Astronom genauer aus, daß die Wahrscheinlichkeit, mit wel=
cher die im Sonnensystem herrschende Gleichartigkeit aller Bewegungen
auf eine gemeinschaftliche Ursache zurückzuführen sei, sich zu der Möglich=
keit eines bloßen Zufalls verhalte, wie vier Billionen zu Eins. Im
Übrigen hat die Darstellung des Franzosen vor der Kantischen höchstens
den Vorzug einer leichteren Form und wohl auch hie und da eine
größere astronomische Correctheit, und doch ist Laplace so glücklich
gewesen, daß für lange Jahre sein Name der Theorie vorgeheftet blieb;
ein neuer Beleg für des Dichters Wort:

          „Der Lehrer Kraft und Glück beruht
          Nur auf der Kunst, sie vorzutragen" (Hagedorn).

Und da, wie Kant irgendwo sagt, das Genie bei den Deutschen
mehr in die Wurzel, bei den Italienern mehr in die Krone, bei den
Franzosen in die Blüthe, bei den Engländern in die Frucht schlägt, die
Blüthe aber am meisten das Auge fesselt, so ist lange Zeit hindurch
nur die Blüthe genannt worden, während die Gegenwart wieder mit

---

Denkens." Hier verwechselt der berühmte Professor zwei höchst elementare Dinge:
die Erkenntniß des Möglichen und das Mögliche selber. Von ersterer mag man
sagen, sie gründe sich auf die Thatsache unseres Denkens; es von letzterem zu be=
haupten, wäre höchst thöricht. Oder gibt es nicht ganz unabhängig vom menschlichen
Denken eine Möglichkeit des runden und eine Unmöglichkeit des viereckigen Kreises?
    [1] Man vergleiche hierüber Zöllner, Über die Natur der Kometen, 2. Aufl.
S. 463 ff.

Recht der deutschen Wurzel vor der französischen Blüthe die Ehre gibt und nicht mehr von einer Laplace'schen, sondern von einer Kant'schen Kosmogonie spricht.

Bei Laplace scheint leider das Genie so ganz in die „Blüthe" geschlagen zu sein, daß die „Wurzel" verdorrte. Man erzählt von ihm, er habe einst, von Napoleon darüber zur Rede gestellt, daß in seiner Exposition du système du monde nirgends der Name Gottes zu finden sei, die Antwort gegeben: „Sire, je n'avais pas besoin de cette hypothèse." Die Phrase hat freilich nicht nothwendig den atheistischen Sinn, den man gewöhnlich in sie hineinlegt; sie deutet aber dennoch darauf hin, daß der stets in der Revolutions=Atmosphäre lebende Gelehrte von jener modernen Leichtfertigkeit stark angesteckt war, die sich um die Frage nach dem letzten Grunde aller Dinge nicht viel Sorge macht, sondern in den Sinneseindrücken hängen bleibt. Die jetzige „Wissenschaft ohne Gott" rekrutirt sich bedeutend aus jenen Gelehrten, die behaupten, über den tiefsten Grund der Welt nichts erkennen zu können. Niemals darf ein Forscher so in seiner Beobachtung untergehen, daß er darüber seiner menschlichen Bestimmung vergißt und vom Gebrauch der Vernunft absieht; sonst steht er bei allen seinen Kenntnissen in Gefahr, sich jener Geistesrichtung zu nähern, vor der ein weiser Mann vor Alters in ebenso derber als wahrer Weise gewarnt hat: „doch nicht zu werden wie Pferd und Maulesel, denen die Vernunft abgeht" (Ps. 31, 9).

Dieser Gedanke des Nicht=Wissen=Könnens ist es, in welchem ein guter Theil der modernen Gegner des teleologischen Gottesbeweises Beruhigung zu finden behauptet. Doch ein „Gedanke" ist's nicht, es ist vielmehr Mangel eines Gedankens; es ist skeptische Befangenheit, in welcher die Empiristen das Gebiet des Erkennbaren auf die Sinnes=wahrnehmung einschränken möchten; es ist entsittlichender Hochmuth, den man als Bescheidenheit, als höchste Weisheit erscheinen lassen möchte. Ein kleiner Aristophanes jüngsten Datums besingt diese Thorheit ganz treffend:

Seit Sokrates der Alte sprach
„O je, wie ist mein Wissen schwach!"
Lallt jeder Tropf dieß Sprüchlein nach,
Und alle Wissenschaft liegt brach.
Man fand die Ignoranz bequem
Und machte flugs sie zum System;
Wer heut' gelehrt sein will, der muß
Bekennen: Ignorabimus!

Als Laplace krank darnieder lag und die ihn umgebenden Freunde
seiner großen Entdeckung gedachten, soll er bitter lächelnd geantwortet
haben: „Ce que nous connaissons, est peu de chose, mais ce que
nous ignorons, est immense." Richtig verstanden ist dieser Satz zweifels=
ohne das, wofür man ihn auszugeben pflegt: ein großes Wort eines
großen Mannes. In Laplace' Munde hat er aber einen empiristischen
Beigeschmack, der unsere Bewunderung nicht recht aufkommen läßt. Daß
die ganze wundervolle Ordnung in der Sternenwelt in letzter Instanz
von Gott herrühren müsse, hätte der gelehrte Astronom noch wissen
können und bekennen müssen.

Lassen wir nun von Laplace, bei dem wir uns einzig deßhalb auf=
halten mußten, weil er die zahlreiche Klasse der Empiristen vertritt, die
sich über unsern Gottesbeweis entweder einfach ausschweigen, oder sich
mit Du=Bois=Reymond in den bequemen Schlafrock des Ignorabimus
hüllen. Diesen haben wir nur zuzurufen: Braucht doch nur in vorlie=
gender Frage ein Quentchen eures Verstandes, den ihr zentnerweise ein=
setzt, wenn es sich um die Befriedigung eurer egoistischen Gelüste han=
delt. Oder glaubt ihr, die Sonne stände nicht am Himmel, weil ihr
das Auge zur Erde senkt und behauptet, ihr könntet sie nicht sehen?
Solche „Bescheidenheit" ist nicht neu. Schon von Alters ist über sie
das Urtheil niedergeschrieben worden: „Indem sie sich mit Gottes
Werken beschäftigen und forschen, werden sie von dem eingenommen,
was sie sehen, weil es sie anspricht; doch sind auch sie nicht zu ent=
schuldigen; denn wenn sie zu solcher Einsicht kommen konnten, um
über die Welt zu forschen, wie haben sie nicht noch leichter den Herrn
der Welt gefunden?" (Weish. 13, 7.)

Von Laplace haben wir nur zu behalten, daß er über jene eine,
gemeinschaftliche Ursache, welche den kosmischen Dunstball in so wunder=
volle Bewegung versetzt hat, gar keinen Aufschluß gibt.

30. Wenn wir alle hochwissenschaftlichen Gegner des christlichen
Theismus durchmustern, so werden wir finden, daß sie sich alle in einer
der beiden Kategorien Monismus und Empirismus unterbringen
lassen, also in die beiden Kategorien, welche durch unsere bisherige Dar=
stellung abgefertigt worden sind. Der Vollständigkeit halber wollen wir
aber noch vier Ausreden erwähnen, mit welchen manche Gelehrte
glauben, der Wucht der teleologischen Beweisführung aus dem Wege
gehen zu können.

Die erste Einsprache besteht darin, daß man behauptet, eine andere

Erklärungsweise für die in den Dunstball hineingerathene Ordnung angeben zu können. Schon Kant hatte verschiedentlich den Gedanken durchblicken lassen, jenes Nebelmeer bestehe aus den Ruinen einer unter= gegangenen Welt; dieser Gedanke ist bei Kant deßhalb nicht von vorne= herein als in jedem Falle absurd abzuweisen, da er ja Gott, den außerweltlichen Urgrund aller Dinge, voraußsetzt. Anders aber steht es mit demselben bei unsern modernen Atheisten, die sich mit besonderem Wohlbehagen diese Idee zu eigen machen. So sagt F. A. Lange: „Der Kant=Laplace'sche Anfangszustand ist nur relativ ein Anfangs= zustand; er setzt den Zusammensturz früherer Welten voraus und wird sich unendlich oft wiederholen, da wir keinen Grund haben, die Unend= lichkeit des Raumes und der Materie zu bezweifeln." [1] Vergessen wir aber nicht, daß das Alles gemäß der Lehre des Kantianers Lange eine grundlose subjective Denknothwendigkeit ist, herrührend von einer be= stimmten Organisation seines Gehirns; daher lohnt es sich nicht, gegen ihn eine Lanze einzulegen. D. F. Strauß hat die nämliche Lehre seinem Neuen Glauben eingefügt; und die gebildeten Schaaren, welche diese atheistische Definition gläubig hinnehmen, wachsen von Tag zu Tag. Dr. Strauß weiß, daß „das Universum in's Unendliche bewegter Stoff sei, der durch Scheidung und Mischung sich zu immer höheren Formen und Functionen steigert, während er durch Ausbildung, Rückbildung und Neubildung einen ewigen Kreis beschreibe" [2].

Wollte die naturwissenschaftliche Forschung in dieser Sache die ab= solute Thatsächlichkeit festzustellen suchen, so würde sie offenbar ihre Competenz überschreiten. Es kann sich zuvörderst nur um die Mög= lichkeit oder vielmehr um eine hypothetische, auf Analogie begründete Wahrscheinlichkeit handeln. Und wenn nun wirklich jener kosmische Urnebel die „Frucht" einer früheren Sternenwelt gewesen, was dann? Alsdann würde jener bekannte Streit um die Priorität, was früher da= gewesen, Huhn oder Ei, in etwas veränderter Auflage über das Welt= system und sein „Embryo" entbrennen, wobei wohl letzterer, der Urnebel, die Siegespalme erlangen dürfte.

Und wenn wir uns vom rein wissenschaftlichen Standpunkt aus genöthigt sähen, einen von Ewigkeit her andauernden Bestand der Welt als Postulat der gegenwärtigen Weltentwicklung vorauszusetzen

---

[1] Geschichte des Materialismus, 2. Bb. S. 522.
[2] Der alte und der neue Glaube, S. 225.

(während bedeutende Physiker, wie William Thomson, Clausius u. A.,
gerade die Nothwendigkeit eines zeitlichen Anfanges der Weltent=
wicklung von physikalischen Standpunkt aus behaupten), was dann?
Alsdann befänden wir uns eben wieder auf dem Standpunkte des
hl. Thomas von Aquin und anderer bedeutender Gottesgelehrten der
katholischen Kirche, welche die Erschaffung der Welt mit einem Anfang
in der Zeit nur auf Grund göttlicher Offenbarung hin als Thatsache
behaupteten und dabei der Meinung waren, daß eine von Ewigkeit her
von Gott geschaffene Welt keinen Widerspruch in sich bärge. Die
Wahrheit von Gottes Dasein stünde nach wie vor uner=
schüttert fest, ja gänzlich unberührt da.

31. Eine zweite Ausrede besteht in dem Hinweis auf die mecha=
nische Wärme und andere verwandte Theorien, aus denen hervorgehe,
daß Alles in der Welt nur Bewegung sei, die keiner weiteren Er=
klärung bedürfe. In letzter Zeit beliebt es der „hohen Wissenschaft“,
die angedeuteten physikalischen Theorien in den verschiedensten Formen
dazu zu mißbrauchen, um den Massen der Gebildeten einen Zauberdunst
vorzumachen. Aber der Umstand, daß nicht bloß der Auswurf der
wissenschaftlichen Welt, wie ein Spiller in Berlin [1], sondern auch gläu=
bige Christen und Astronomen ersten Ranges, wie P. Secchi [2], es ver=
suchen, alle Naturkräfte ausschließlich auf Bewegung zurückzuführen,
sollte die Gegner daran erinnern, daß eine solche Hypothese doch nicht
so unmittelbar mit dem Atheismus zusammenhängt. Geben wir auch
zu, daß „Bewegung“ das „Wie“ aller körperlichen Phänomene ausdrückt,
daß also wirklich alles physikalische und chemische Geschehen in der Welt
unter Raumveränderung oder verschiedenen Bewegungsformen vor sich
geht: gibt es denn nicht außer der Bewegung auch ein Bewegtes und
ein Bewegendes? Gibt es nicht eine genau zugemessene Bestimmtheit, ein
Gesetz, eine Ordnung in der Bewegung? Hat vielleicht die ungeord=
nete Bewegung sich selber zu diesem gewaltigen Kosmos geordnet?
In der That kann nur das alleroberflächlichste Denken behaupten, daß
mit Bewegung die Welt=Ordnung erklärt sei. Auch in der Uhr ist
Bewegung; ist darum das Uhrwerk erklärt, wenn ich sage: es sind
bewegte Rädchen? Eher dürfte man sagen, daß in dieser einseitig=

---

[1] Philipp Spiller, Die Entstehung der Welt und die Einheit der Natur=
kräfte, Berlin 1872.
[2] Die Einheit der Naturkräfte, deutsch Leipzig 1876.

mechanischen Auffassung, welche die den Weltdingen eignende Natur übersieht und nur das passive Bewegtwerden in Rechnung bringt, die Nothwendigkeit einer außerweltlichen Intelligenz als des einzigen welt= bewegenden Princips nur um so schroffer hervortritt.

32. Doch hier taucht eine dritte Klasse von Versuchen auf, mit welchen sich die moderne „Wissenschaft ohne Gott" an die Lösung des großen Weltproblems heranwagt. Man beruft sich unter dieser oder jener Form auf die der Materie immanenten Kräfte. So soll z. B. ein durch die Anziehungskraft hervorgerufener excentrischer Stoß, etwa ein schräges Gegeneinanderfallen der Nebel, den ersten Anstoß zur Rotation der einzelnen Systeme gegeben haben [1]. Oder man erinnert an das der Materie innewohnende Gleichgewichtsstreben, welches genügen soll, die wunderbarsten Effecte hervorzubringen. Professor Karl du Prel spricht von Eliminationsprocessen, die bezüglich ehemaliger Planeten unseres Sonnensystems auf rein mechanischem Wege stattgefunden hätten; so könne man erstens am besten die zweckmäßige Massenvertheilung der Planeten und Monde erklären, zweitens die Kometen und Meteoriten in die Nebularhypothese einfügen, und drittens verstehen, warum wir trotz der ungeheuern Ausdehnung des ursprüng= lichen Sonnenballs nicht mehr Planeten vorfänden [2].

So lange man nun mit solchen und ähnlichen Gedanken nicht mehr erklären will, als man erklären kann, nämlich das mechanische Zustandekommen der jetzigen Weltordnung, und dabei nicht läugnet, daß dem Wirken der mechanischen Kräfte eine bestimmt mannigfache Regelung zu Grunde liegt, müssen wir in demselben einen höchst lobens= werthen Forscherfleiß anerkennen. In diesem Sinne sind solche Gedanken durchaus nicht neu [3]. Aber besagter Professor faßt die rein mecha=

---

[1] So Mr. Jakob Ennis im „Philosophical Magazine", vol. III. n. 18. April 1877; vgl. „Kosmos", Zeitschrift für einheitliche Weltanschauung, 4. Heft, Juli 1877, S. 349.

[2] „Kosmos", Zeitschrift, 3. Heft, Juni 1877.

[3] Über das Gleichgewichtsstreben machte bereits Kant die Bemerkung: „Es gibt gewisse allgemeine Regeln, nach denen die Wirkungen der Natur geschehen und die einiges Licht in der Beziehung der mechanischen Gesetze auf Ordnung und Wohl= gereimtheit geben können, deren eine ist: die Kräfte der Bewegung und des Wider= standes wirken so lange auf einander, bis sie sich das mindeste Hinderniß leisten. Die Gründe dieses Gesetzes lassen sich sehr leicht einsehen; allein die Beziehung, die dessen Folgen auf Regelmäßigkeit und Vortheil haben, ist bis zur Bewunderung weitläufig und groß. Die Epicykloide, eine algebraische Krümmung, ist von dieser

nischen Kräfte als einen „Kampf um's Dasein" auf, und mit
Hilfe dieses prächtigen Schlagwortes soll sich der ganze Weltbau aus
sich selbst erklären lassen. „Wir müssen Kant und Laplace durch Dar=
win ergänzen, dann brauchen wir Gott nicht mehr." Die kosmische
Ordnung wäre also die bloße Folge der Elimination, der indirecten
Auslese, des Überlebens des Passendsten. Du Prel sucht seinen Ge=
danken durch einen Vergleich zu veranschaulichen, der schon der Curiosität
halber angeführt zu werden verdient.

„Setzen wir den Fall," sagt er, „es habe ein in der Kunst des Ballets
ganz und gar Unwissender auf weiter Ebene eine große Anzahl von Tän=
zerinnen ohne irgend welche bestimmte Anordnung aufgestellt; jeder einzelnen
Tänzerin sei von dem Ignoranten eine andere Figur zu tanzen aufgegeben
worden, und zwar ohne alle Absicht einer gegenseitigen Harmonie derselben
und ohne sich irgendwie um die aus den Verschlingungen der Figuren sich er=
gebenden Collisionen der Tanzenden zu bekümmern. Beim Anheben des all=
gemeinen Tanzes würden, unter Voraussetzung des Verbotes, sich gegenseitig
auszuweichen, zahlreiche Collisionen eintreten. Angenommen nun, es sei den
Tänzerinnen der Befehl ertheilt, die Collidirenden müßten vom Collisions=
punkt aus ihre Bewegungen gemeinschaftlich fortsetzen, so würden in Bälde
alle unharmonischen Tanzfiguren eliminirt sein und nur wenige Gruppen von
Tänzerinnen übrig bleiben. Käme nun ein in den vorangegangenen Proceß
nicht eingeweihter Zuschauer heran, so würde er beim Anblicke dieses Reigens
schwerlich umhin können, jenen Mann für einen gewiegten Balletmeister zu
halten und ihm das größte Lob für die kunstvolle Anordnung des Tanzes
zu ertheilen. Es scheint mir," sagt du Prel, „daß wir Menschen in Bezug
auf die Reigen der Gestirne durchaus jenem zu spät gekommenen Zuschauer
gleichen." [1]

Daß dieser an allen Füßen hinkende Vergleich, welcher „das teleo=
logische Resultat des Entstehungsprocesses aus natürlichen Gesetzen" er=
klären soll, nur wieder auf Phantasten berechnet ist, leuchtet auf den

---

Natur, daß Zähne und Getriebe, nach ihr abgerundet, die mindest mögliche Reibung
an einander erleiden. Der berühmte Herr Professor Kästner erwähnt an einem Orte,
daß ihm von einem erfahrenen Bergwerksverständigen an den Maschinen, die lange
im Gebrauche gewesen, gezeigt worden, daß sich wirklich diese Figur endlich durch lange
Bewegung abschleife; eine Figur, die eine ziemlich verwickelte Construction zum
Grunde hat und die mit aller ihrer Regelmäßigkeit eine Folge von einem gemeinen
Gesetze der Natur ist" (Bd. I. S. 244). Solche Thatsachen und Erwägungen setzen
eben nichts mehr und nichts weniger voraus, als daß in der Welt eine Zweckstrebig=
keit walte, welche sich durch die mechanischen Vorgänge verwirklicht.

[1] Der Kampf um's Dasein am Himmel; Versuch einer Philosophie der Astro=
nomie von Dr. Karl Freiherr du Prel, Berlin 1876, 2. Aufl. S. 23.

erſten Blick ein. Um von allen weniger relevanten Ungereimtheiten zu schweigen, iſt es eine abſolut grundloſe Behauptung, in vorgelegtem Falle würden aus den gegebenen Factoren ohne tendenziöſes Zuthun der Tanzenden geordnete Gruppen von Tänzerinnen übrig bleiben, worauf doch Alles ankommt. Wird nicht viel eher ein ungeordnetes Durch= einanderlaufen oder ein einziger Klumpen das Reſultat ſein? Es mag alſo immerhin zugegeben werden, daß durch einen rein mechaniſchen Proceß ſich das rotirende Chaos in Sternenſyſteme auflöst, in welchen jene Milliarden von Welttropfen, Sterne genannt, ſich in wundervollſter Harmonie bewegen; daß durch einen rein mechaniſchen Proceß alle Elemente im Äther, in der Erdatmosphäre, in der Bildung des Feſtlan= des ſich genau ſo zuſammenfanden, und durch Addition zahlreicher unter ſich disparater Ereigniſſe in langen Zeiträumen genau den Zuſtand herbeiführten, welcher für die Exiſtenz organiſcher Weſen und ſpeciell des Menſchen zuträglich war: wer aber wird beim Anblick dieſes gewaltigen Dramas läugnen, daß die in demſelben thätigen, millionenfach verſchlun= genen mechaniſchen Rieſenmächte in der Ausführung eines Gedankens begriffen ſind? Sind denn nicht die in der Welt factiſch geltenden Geſetze nur ein Specialfall unter unendlich vielen, die ebenſo möglich waren? Woher kommt es, daß gerade dieſe und keine anderen Geſetze maßgebend ſind? Wer hat den verſchiedenen Kräften genau jene Wirkungsweiſe zugemeſſen, die erforderlich war, um aus formloſem Ur= nebel die vollkommene Geſtaltung unſerer Erde zu entwickeln?

Um auf dieſe unausweislichen Fragen die verlangte Antwort geben zu können, will du Prel, aller Erfahrung zum Trotz, lieber ſämmtliche letzten Beſtandtheile der Materie mit pſychiſchen Eigenſchaften ausſtatten, als einen überweltlichen Urheber der Welt anerkennen [1]. Und auch ſogar ein D. F. Strauß erhebt gegen die ausſchließlich mecha= niſtiſche Erklärung des Weltwerdens Proteſt, indem er die Welt wenigſtens als „die Werkſtätte des Vernünftigen und Guten" angeſehen wiſſen will. „Die Welt iſt uns nicht mehr angelegt von einer höchſten Vernunft," ſo definirt er, „aber angelegt auf die höchſte Vernunft." [2] Schade nur, daß die hübſch klingende Phraſe einen gräßlichen Unſinn birgt.

33. Hiermit werden wir auf die vierte Ausflucht geführt, mit welcher man ſich an Gott vorbeizudrücken ſucht, auf die Weltvergeiſtigung.

---

[1] J. a. W. S. 331.
[2] Der alte und der neue Glaube, S. 143.

Auch sie finden wir angedeutet bei Strauß. „Die Natur selbst belehrt uns, daß die Voraussetzung, nur bewußte Intelligenz könne Zweck= mäßiges schaffen, eine irrige ist. Schon Kant hat hierbei an die Kunst= triebe mancher Thiere erinnert, und Schopenhauer bemerkt mit Recht, überhaupt der Instinkt der Thiere gebe uns die beste Erläuterung zu der Teleologie in der Natur. Wie nämlich der Instinkt ein Handeln ist, das aussieht, als geschähe es nach einem bewußten Zweck, und doch ohne einen solchen geschieht, so ist dasselbe bei den Hervorbringungen der Natur der Fall."[1]

Strauß will es mit den „blinden Naturkräften" halten. Indem er sich aber auf den Instinkt der Thiere beruft, berührt sich seine Philosophie der ungebundenen Lebenslust mit der v. Hartmann'schen Galgenhumor= Philosophie, und bekundet somit, daß er allen jenen „großen Denkern der Jetztzeit" innerlich verwandt ist, die gerne dem Urgrunde aller Dinge alle erdenkbaren psychischen Fähigkeiten: Phantasie, Gedächtniß, Wollen und Vorstellen, zuerkennen, wofern man ihn nur nicht als eine mit vollem Selbstbewußtsein begabte Intelligenz hinstellt, die einmal strenge Rechenschaft von ihnen fordern könne. Diese Menschen haben ein volles Verständniß von der Herrlichkeit und Einheit der Weltordnung. So entwirft uns E. v. Hartmann ein recht hübsches Bild vom Stande der neuesten Forschung, um es dann zum Schluß durch sein „Unbewußtes" zu verunstalten. „Daß das ganze Weltgetriebe ein einziger großartiger Entwicklungsproceß ist, das springt auch immer deutlicher als Resultat der modernen Realwissenschaften hervor. Die Astronomie beschränkt sich nicht mehr bloß auf die Genesis des Planetensystems, sie greift mit den neuern Hilfsmitteln der Spektralanalyse weiter in den Kosmos hinaus, um durch Vergleichung der gegenwärtigen Zustände ferner Sonnen= und Nebelflecke dieselben als verschiedene Stadien eines Entwicklungs= processes zu begreifen." Er erinnert daran, wie „Photometrie und Spectralanalyse im Verein die Fortsetzung desselben in der Entwicklungs= geschichte der einzelnen Planeten vergleichend zu ermitteln suchen, und Chemie und Mineralogie sich verbinden, um die Entwicklungsphase unseres Planeten vor jener Abkühlungsperiode näher zu bestimmen, deren allmähliches Fortschreiten bis zur Gegenwart die steinernen Denkmale der Geologie uns in mehr und mehr entzifferter Hieroglyphenschrift er= zählen". Er erinnert an die Resultate der Biologie und Archäologie,

---

[1] Der alte und der neue Glaube, S. 117.

der vergleichenden Sprachforschung, Anthropologie, Geschichte. Und dann schließt er: „Was die Einzelwissenschaften als Stückwerk darbieten, hat die Philosophie mit zusammenfassendem Blicke zu überschauen, und als die von der Allweisheit des Unbewußten nach festgezeichnetem Plane zu heilsamem (?) Ziele providentiell geleitete Entwicklung des Weltganzen anzuerkennen." [1] Wem kommt da nicht das oben angeführte Wort in den Sinn: „Wenn sie zu solcher Einsicht kommen konnten, um über die Welt zu forschen, wie haben sie nicht noch leichter den Herrn der Welt gefunden?" Aber die Welt ist dieser Philosophie zufolge sich selber Herr, und dieser „Herr" ist ohne Selbstbewußtsein, ohne Vernunft; er ist zweckstrebig, wie das unvernünftige, vom Instinkt getriebene Thier, wie die bewußtlose, sich entwickelnde Pflanze — und hierin soll das große Weltproblem seine letzte Erklärung gefunden haben!

Indem sich Strauß über den Einfall des Verfassers der „Philosophie des Unbewußten", ein bewußtloses Absolutes anzunehmen, lustig macht, bemerkt er, daß man bei einer solchen Erklärungsweise nothwendig dem Weltgrunde Intelligenz und Bewußtsein zuschreiben müsse. „Das Unbewußte geht ganz ebenso zu Werke, wie ehedem das bewußte und persönliche Absolute: es verfolgt einen Plan und wählt dazu die geeignetsten Mittel aus; nur das Wort ist geändert; einem Unbewußten werden Leistungen und ein Verfahren dabei zugeschrieben, die nur einem Bewußten zukommen können." [2] Er hat Recht. Denn jedwede Zweckerstrebung setzt eine Erkenntnißkraft voraus, welche das Causalitätsprincip in seiner Allgemeinheit aufzufassen und auf Einzelfälle anzuwenden vermag, welche unter vielen möglichen Zwecken sich einen bestimmten auswählt und vorsetzt, unter vielen möglichen Mitteln das passende herausfindet, also der concreten Vorstellung von Einzeldingen sozusagen vorausgeht, somit von dieser unabhängig ist. Um aber zu behaupten, ein solches mit Intelligenz begabtes Wesen vermöge nicht sich selber zu erkennen, besitze also kein Selbstbewußtsein, dazu gehört entweder böser Wille, der sich und Andern etwas vorlügt, oder eine totale Verrenkung aller Verstandeskräfte.

Sehen wir aber nicht beim thierischen Instinkt und bei der bewußtlosen Entwickelung der Organismen, daß Zweckerstrebung auch ohne Intelligenz und Selbstbewußtsein von Statten geht? Da wäre ja

---

[1] Philosophie des Unbewußten, S. 730.
[2] Der alte und der neue Glaube, S. 217.

gerade zu beweisen, daß jene Vorkommnisse nicht selbstbewußte Intelligenz voraussetzen. Die Weltdinge selbst haben letztere freilich nicht. Ohne etwas von der Nothwendigkeit der Blätter zu wissen, setzen die Pflanzen Blattknospen an und entwickeln Millionen Zellen. Ohne zu wissen, wozu, wirkt das sauerstoffarme Blut auf irgend ein automa= tisches Centrum in der medulla oblongata ein, und bewirkt dadurch vermittelst der afficirten Zwerchfellnerven die Athmungsbewegungen der Brustmuskeln. Die Spinne spinnt schon ihr Netz, bevor sie auch nur in Erfahrung gebracht hat, daß es Mücken und Fliegen gibt. Ohne vom Zweck auch nur eine Ahnung zu haben, tragen Insekten den der Befruchtung dienenden Blüthenstaub zu den Narben der Pistillen, und sammelt der Hamster bereits in seinem ersten Lebensjahr seinen Winter= vorrath. Und doch muß Einer diese ganz bestimmten Mittel aus der unendlichen Masse der Möglichkeiten ausgesucht und den Trieb dazu den einzelnen Wesen eingepflanzt haben. Wo ist diese eine, Alles um= spannende Intelligenz?

34. Bekundet nicht der „Universalweltgeist", so sagt man uns, indem er im selbstbewußten Menschen so herrliche Blüthen treibt, daß er selbst Intelligenz und Bewußtsein im Übermaße besitzt?

Es soll gewiß nicht geläugnet werden, daß dieses sichtbare Univer= sum sich rühmen darf, in jedem einzelnen Menschen eine sehr hohe gei= stige Potenz zu besitzen:

> „Denn unfühlend
> Ist die Natur . . .
> Nur allein der Mensch
> Vermag das Unmögliche:
> Er unterscheidet, wählet und richtet;
> Er kann dem Augenblick
> Dauer verleihen."

Hüten wir uns vor Einseitigkeit: ist nicht diese höchste „Natur= blüthe", im Licht der Wahrheit betrachtet, ein Bild armseligster Schwäche? In sich widerspiegeln kann die Menschenintelligenz ein Stückchen Welt und Weltordnung, genug, um den Urquell aller Dinge erkennend zu erreichen. Aber nehmet alle Menschen=Milliarden zusammen: können sie an einem Naturgesetz auch nur die mindeste Modification anbringen? Muß nicht der menschliche Geist der Natur ihr Wirken mühevoll ab= lauschen, und sich diesem bis in's Kleinste sklavisch unterwerfen, um es auch nur einigermaßen für seine Zwecke zu benützen? Ist nicht der Mensch mit jeder Faser seines Seins von dieser Natur abhängig, als

dereu Urheber er sich proclamiren möchte? Er, der sich selbst mit allen
seinen Fähigkeiten fertig empfängt, nicht macht, der sich an verschwindend
kleinem Ort und während kürzester Zeitdauer wie ein kleines Rädchen
in diese große Weltordnung eingefügt vorfindet, so daß er daran absolut
nichts ändern kann, der nur im Staub dieses Erdballs ein wenig
Geräusch zu erregen vermag, der in's Dasein eintritt, hilfloser als das
unbeholfenste Vögelein, um sich durch ein recht gebrechliches Erdendasein
hindurchzuplagen: er soll der Universal=Weltgeist sein, das Wesen, wel=
ches der Welt Herr ist, oder die Welt selbst ist? Doch nur „Erschei=
nungen" des All=Eins sollen ja die Menschen und andere Wesen sein!
O du armseliges All=Eins, das solche Erscheinungen besitzt! Genügt
erst ein Blick auf die Wirklichkeit, um den die Wahrheit fliehenden
Menschengeist auch aus diesem, dem letzten Schlupfwinkel, dem Pan=
theismus herauszutreiben?

Otto Liebmann, welcher dem christlichen Theismus, so viel er nur
kann, Böses nachsagt, also gewiß „unverdächtig" ist, ruft aus seinem
skeptischen Empirismus den Pantheisten die wahren Worte zu: „Die
Allmutter Natur, Isis, die immanente Gottheit — eine Rabenmutter!
μήτηρ δυσμήτηρ! Sie wirft nicht nur Millionen ihrer Kinder, wie die
Sperlingsmutter, aus dem Nest hinaus; sie zermalmt und verschlingt
sie! Weßhalb müssen an der Lampe vor mir auf diesem Gartentisch
Hunderte von Mücken sich den Tod holen? Erinnert euch an Werther
und versucht sein Räthsel zu lösen, ehe ihr den immanenten θεός auf
den Schild erhebt! Oder unterscheidet sich euer heidnischer θεός so gar
nicht vom christlichen Satanas? — Hier, hier steckt die wahre, die
bittere Antinomie! Gottheit, Weltseele, natura naturans, — sie muß,
wenn überhaupt, dann infallibel gedacht werden, ja als das einzig In=
fallible. Und — sie ist es nicht; für unsern Verstand, für unser Herz
ist sie es nicht! Rathe da, wer rathen kann!"[1]

Zahlreiche Gründe hätte Herr Liebmann noch anführen können, um
zu zeigen, daß der Pantheismus, das Schooßkind der größten deutschen
Culturdenker, welches der Gotteshaß zu Tage förderte, indem er
der wahren Wirklichkeit in wahnwitzigster Weise Gewalt anthat, eben
ein todtgeborenes Kind ist. Die Rathlosigkeit, die der gelehrte
Herr sich vorschwindelt, ist nicht vorhanden. Schon längst hat sich der
Himmel dieser Rathlosigkeit erbarmt und dem geschwächten Licht der

Vernunft zur Erkenntniß der Wahrheit verholfen. Aber wie jene Juden, zu denen Stephanus sprach, „halten sie sich die Ohren zu", diese Männer der „Wissenschaft".

35. Jetzt sind wir zu Ende. Nachdem wir zuerst die Gründe, welche auf Gott als den überweltlichen Urheber der Weltordnung hin=weisen, in ihrer eisernen Haltbarkeit durchschaut, richteten wir unsern Blick auf die Entwicklung der wissenschaftlichen Forschung, insoferne sie unsere Frage berührt; wir vernahmen alle Aufstellungen einer Wissenschaft, welche die Weltordnung ohne Gott erklären möchte, und erkannten diese „Wissenschaft ohne Gott" in ihrer totalen Hinfälligkeit; wir gewahrten, daß alle die, welche nicht in Übereinstimmung mit der christlichen Offenbarung die Weltordnung aus einem außer und über der Welt stehenden Wesen erklären wollen, mit Nothwendigkeit in die Absurdität des Pantheismus hineingedrängt werden, wo=fern sie nicht lieber in brutaler Weise auf alles Denken verzichten. Entweder irgend eine Form von Pantheismus, oder christlicher Theismus!

Gemäß der vom Christenthum bestätigten Weltauffassung haben wir einen Dualismus: erstens Gott, das unendlich vollkommene Wesen, welches seine Vollkommenheit in bestimmtem Maße offenbart und das Böse zuläßt, weil er auch aus dem Bösen gute Erfolge zu erzielen weiß; und zweitens die Welt, welche eine wundervolle Harmonie auf=weist und dabei doch von Beschränkungen und Übeln nicht frei ist. Alles ist hier erklärt. Wer aber Gott und Welt identificirt, der ver=mag nichts zu erklären: weder die Weltordnung, noch die Welt=mängel.

T. Pesch S. J.

Kirche und Staat in Nordamerika.

4. Die protestantischen Secten und das Freiwilligkeits-system.

Wir haben bisher die religiösen Glaubensgenossenschaften Amerika's vorzugsweise unter jenen Gesichtspunkten betrachtet, durch welche sie in Lehre und Verfassung einigermaßen mit der von Christus gestifteten Heilsanstalt zusammenhängen, sie nachahmen oder nachzuahmen sich bemühen, kurz noch christlich sind. Es war dieß keine bloß juridische Abstraction oder Fiction. Die hauptsächlichsten und weitverbreitetsten Bekenntnisse, welche Amerika beherrschen, sind, bei allem Spielraum, welchen sie der Einzelvernunft gewähren, doch ihrem innersten Wesen nach noch christlich, erkennen Christus als Gott und gottgesandten Lehrer der Menschheit an, wollen sein Werk und seine Aufträge als religiös-sittliche Gesellschaften an der Menschheit vollziehen. Es sind „Kirchen" der Tendenz nach, wenn auch nicht in ihrem Ursprung. Es sind „Kirchen", wenn auch nicht die von Christus gestiftete, mit seiner Auto-rität bekleidete und mit dem historischen Ausweis seiner Sendung aus-gestattete „Kirche".

Eben weil diese Glaubensgemeinschaften aber den vollen Lebens-zusammenhang mit Christus und seiner Kirche verloren haben, nicht eins mit ihm und darum nicht eins unter sich sind und in dieser Uneinig-keit den Keim des Todes und der Zerstörung in sich tragen, würden wir sehr ungerecht und unvollständig sein, wenn wir diese negative Seite ihres Wesens außer Acht lassen wollten. Sie gerade hat auf das Ver-hältniß von Staat und Kirche den tiefsten Einfluß gehabt. So vielen „Kirchen" gegenüber, welche anfänglich in starrer Ausschließlichkeit sich gegenseitig excommunicirten, dann allmählich einander ertragen lernten, endlich bei zunehmender Onidung und Freiheit sich immer erstaunlicher vervielfältigten und auf dieses auflösende Element weit mehr Gewicht legten, als auf ihre einstige Einheit, gestaltete sich die Lage des Staates nothwendig ganz anders als die jener germanischen Staaten, welchen ein Jahrtausend zuvor die einheitlich gegliederte, wirkliche Kirche Christi bei ihrer Gründung entgegenkam.

Alle jene „Kirchen" hatten mitgeholfen, den neuen Staat zu bauen:

er konnte sie also nicht wohl aus dem neuen Hause werfen. Alle ver=
sprachen, seine Interessen auch in Zukunft zu fördern; warum sollte er
sie von sich weisen? Da er von seiner historischen Vergangenheit keine
definitive Glaubensnorm, sondern bloß eine vage Summe christlicher
Anschauungen und Grundsätze ererbt hatte, so hätte er sehr übel gethan,
als Glaubensrichter durch autoritative Begünstigung der einen „Kirche"
alle anderen gegen sich aufzureizen, das kaum gegründete Staatsleben
inneren Religionszwistigkeiten preiszugeben und der freien Einwanderung
eigenmächtig dogmatische Schranken entgegenzusetzen. Selbst der Idee
der „Freiheit" entsprungen, konnte er nicht darauf bedacht sein, die
„Freiheit" jener Kirchen anzutasten, soweit sie seiner vagen Religiosität
und Sittlichkeit keine Gefahr bot. Er ließ ihnen deßhalb die Freiheit,
nicht nur zu existiren und sich zu organisiren, sondern auch sich zu
ändern, sich zu theilen, sich aufzulösen, sich neu zu constituiren, wie
andere zufällige, menschliche Vereine.

Machten es die christlichen Dogmen dieser „Kirchen" ihm möglich,
sie als Grundlagen der Religion und der Sittlichkeit zu betrachten und
deßhalb als Horte des Staatswohles zu ehren und durch Privilegien
auszuzeichnen, so zwangen ihn dagegen ihr Charakter als Secten, ihre
Vielheit, ihre Wandelbarkeit, ihre Uneinigkeit, sie in allen sonstigen
Beziehungen des gegenseitigen Wechselverkehrs als „freie, menschliche
Vereine" zu behandeln. Die Folgerungen dieser geschichtlich gerechtfertig=
ten Auffassung, welche man mit dem Worte „Freiwilligkeitssystem" zu
bezeichnen pflegt, wollen wir im Folgenden sowohl ihrer Natur als
Wirkung nach kurz skizziren, nachdem wir Einiges über die amerikanischen
Secten selbst vorausgeschickt.

1. Die nordamerikanischen Secten. Es würde nicht un=
interessant sein, den Stammbaum der protestantischen Irrthümer, wie
sie sich an der freien Luft Amerika's entwickelt haben, genau nach ihrer
geschichtlichen Reihe zu verfolgen. Um indeß die Geduld des Lesers nicht
durch allzuviele Namen und Zahlen zu ermüden, verzichten wir hierauf
und wollen ihm gleich in einer Übersicht den heutigen Stand der nord=
amerikanischen Secten und deren Entwicklung im letzten Jahrzehnt nach
den officiellen Censuslisten der Jahre 1860 und 1870 zu vergegenwär=
tigen suchen [1]. Wir fügen auch die Ziffern der katholischen Kirche hinzu,
da der Vergleich nach mehr als einer Seite hin lehrreich ist, obwohl die

---

[1] Vgl. New-York Observer Year-Book 1873.

katholische Kirche an sich nicht in dieses Babylon der Denominationen gehört und der Name Denomination ihr ebenso unvollkommen entspricht als den Seeten der Name einer Kirche.

	1860			1870			
	Kirchen	Sitzplätze	Kirchenvermögen	Gemeinden	Kirchenbauten	Sitzplätze	Kirchenvermögen
Methodisten	19,883	6,259,799	33,093,371	25,278	21,337	6,528,209	69,854,121
Baptisten (Hauptstamm)	11,221	3,749,551	19,799,378	14,474	12,857	3,997,116	39,229,221
Baptisten (Seitenzweige)	929	294,667	1,279,736	1355	1105	363,019	2,378,019
Presbyterianer (Hauptstamm)	5061	2,088,838	24,227,359	6262	5683	2,198,900	47,828,732
Presbyterianer (Seitenzweige)	1345	477,111	2,613,166	1562	1338	499,344	5,436,524
Congregationalisten	2234	956,351	13,327,511	2887	2715	1,117,212	25,069,698
Episkopale	2145	847,296	21,665,698	2835	2601	991,051	36,514,549
Christen	2068	681,016	2,518,045	3578	2822	865,602	6,425,137
Lutheraner	2128	757,637	5,385,179	3032	2776	977,332	14,917,747
Deutsche Reformirte	676	273,697	2,422,670	1256	1145	431,700	5,775,215
Holländische Reformirte	440	211,068	4,453,850	471	468	227,228	10,359,255
Evangel. Association	—	—	—	815	641	193,796	2,301,650
Universalisten	664	235,219	2,856,095	719	602	210,884	5,692,325
Unitarier	264	138,213	4,338,316	331	310	155,471	6,282,675
United Brethren in Christ	—	—	—	1445	937	265,025	1,819,810
Second Adventisten	70	17,120	101,170	225	140	34,555	306,240
Quäker	726	269,084	2,544,507	692	662	224,664	3,939,560
Mormonen	24	13,500	891,100	189	171	87,838	656,750
Spiritualisten	17	6275	7500	95	22	6970	100,150
Kirche des Neuen Jerusalem	58	15,395	321,200	90	61	18,755	869,700
Mährische Brüder	49	20,316	227,450	72	67	25,700	709,100
Shaker	12	5200	41,000	18	18	8850	86,900
Verschiedene (Miscellaneous)	2	650	4000	27	17	6935	135,650
Namenlose Localkirchen	—	—	—	26	27	11,925	687,800
Namenlose Unionskirchen	1366	371,899	1,370,212	409	552	153,202	965,295
Juden	77	34,412	1,135,300	189	152	73,265	5,155,234
Die katholische Kirche	2550	1,404,437	26,774,119	4127	3806	1,990,514	60,985,566
Sämmtl. Denominationen	54,009	19,128,751	171,397,932	72,459	63,082	21,665,062	354,483,581

Nach dieser Übersicht möchte die amerikanische Sectenwelt nicht eben als ein undurchdringliches Chaos erscheinen. Doch was hier als eine Secte gerechnet wird, ist nichts weniger als ein organisches Ganze. Einige nähere Notizen über die Methodisten mögen zeigen, wie sich ein einziger dieser Namen thatsächlich wieder in eine bunte Vielheit von Secten auflöst.

Im October 1766 predigte der erste Methodist, Philipp Embury, aus Irland gebürtig, in seiner Miethwohnung in der Barackenstraße, am heutigen Rathhausplatz in New-York, vor nur vier Personen, einer gewissen Barbara Heck, ihrem Manne Paul Heck, einem Taglöhner Namens John Lawrence und einer „farbigen" Dienstmagd, Namens Betty [1]. Nach kaum hundert Jahren hat sich diese Secte in wenigstens zwanzig neue gespalten, von denen die bedeutenderen im Jahre 1875 folgendermaßen standen [2]:

	Minister	Mitglieder
Methodistisch-Episkopale (Methodist Episcopal)	10,571	1,464,027
Meth.-Episkopale des Südens (Methodist Episcopal, South) .	3233	650,727
Afrikanisch-Meth.-Episkopale (Methodist Episcopal, African) .	600	200,000
M.-Episk.-Afrik. Zionskirche (Methodist Episcopal, Zion African	694	164,000
Farbige Meth.-Episkopale (Methodist Episcopal, Coloured) .	635	67,000
Meth.-Evang. Association (Methodist, Evangelical Association)	691	83,195
Freie Methodisten (Methodist, Free)	90	6000
Nicht-Episkopale Methodisten (Methodist, Nonepiscopal) . . .	624	50,000
Primitive Methodisten (Methodist, Primitive)	20	2000
Protestantische Methodisten (Methodist, Protestant)	423	70,000
Wesleyaner (Methodist, Wesleyan)	250	20,000

Ähnlich verhält es sich mit den Baptisten, den Presbyterianern, den Lutheranern, den Reformirten, den Universalisten und Unitariern. Auch die Hochkirche hat ihre Seitenzweige, Ableger und Schattirungen. Unter den Quäkern hat jeder seine eigenen Offenbarungen, unter den Spiritisten jeder seinen eigenen Spiritus. Die Mormonen wurden seit Brigham Young durch mehr als ein Schisma entzweit. Von den Schwarmsecten und namenlosen Einzel- und Unionskirchen glaubt keine was die andere. Sämmtliche Secten nach ihren dogmatischen Unterschieden und Schattirungen genau zu classificiren, würde deßhalb eine ebenso mühsame als undankbare Arbeit sein. Keine Lehre des Christen-

---

[1] C. C. Goss, Statistical History of the first Century of American Methodism. New-York, Carlton and Porter, 1866, p. 13 sq.

[2] American Baptist Year-Book, 1875. Philadelphia.

thums gibt es wohl, die hier nicht durch Schwärmerei und Humbug, Rationalismus und Pietismus in die bizarrsten Formen verzerrt erschiene. Die „histoire des variations" hat sich hier bis fast an ihre infinitesimalen Grenzen erweitert. Von der ursprünglichen Einheit des Christenthums geht's hinab durch Hochkirche, Lutheranismus, Reform, Presbyterianismus, Congregationalisten, Baptisten, Methodisten, Schwärmer aller Sorten bis zum Zero des Unitarismus, und von da in die Abgründe negativer Unendlichkeit von Gefühlsschwärmerei, Unglauben und Unsittlichkeit, bis die „freie Forschung" endlich vor ihrem eigenen Product, dem „Mormonismus", zusammenbebt und es versucht, in umgekehrter Stufenfolge durch festere Dogmen, durch ausgeprägteres Kirchenthum, durch Allianzen der Getrennten wenigstens wieder zu einer scheinbaren Einheit zurückzukehren. Doch treten Hochkirche, Presbyterianismus, Congregationalismus, Methodismus, Quäkerthum und Schwarmsectenwesen genugsam als leitende Typen hervor, um das bunte Durcheinander etwas zu entwirren [1].

Die Methodisten und Baptisten beherrschen einen großen Theil der Mittelklassen und schicken ihre Reiseprediger in alle fünf Theile der Welt. Gewichtiger an religiösem und intellectuellem Einfluß auf die höheren und mittleren Volksschichten sind die Congregationalisten und Presbyterianer. Die Hochkirche erfreut sich der Ehre, in den vornehmeren Kreisen der Städte Sache der Mode zu sein. Auch der Unitarismus fand unter den gebildeten Klassen theologische Vertreter. Die Quäker, die pietistischen, schwärmerischen und socialistischen Secten blühten vorzugsweise in den Niederungen der Gesellschaft, der Lutheranismus und der reformirte Glaube unter den deutschen Farmern der Mittelstaaten. Am schärfsten ausgeprägt hat sich protestantische Rechtgläubigkeit noch unter den Yankee-Puritanern bewahrt; am frechsten macht sich der Unglaube unter liberalen Deutschen breit.

Was die Kirchenverfassung betrifft, so hat sich der ursprüngliche Begriff einer Kirche, d. h. einer auf autoritativer Lehrgewalt und Weihe gegründeten, hierarchisch aufgebauten Religionsgenossenschaft, nur in der anglikanischen Hochkirche und zwar auch hier unvollständiger als in England erhalten. Alle anderen Bekenntnisse haben auf eine nachweisbare apostolische Sendung verzichtet und bauen sich von unten auf, so

---

[1] Dr. Robert Baird, Zustand und Aussichten der Religion in Amerika, übersetzt von Lehmann, Berlin 1856, S. 37, 39.

daß ihre Titularbischöfe, Prediger und Älteste nur Mandatare des in
religiösen Dingen souveränen Volkes sind [1].

Da die Hochkirche (heute Protestant Episcopal Church) nur einen
sehr geringen Bruchtheil der amerikanischen Christenheit umfaßt, befindet
sich der Staat nicht so sehr einer Kirche, als einer langen Reihe demo=
kratischer Religionsgenossenschaften (religiöser Demokratien) gegenüber,
unter welchen augenblicklich die methodistische und baptistische das Über=
gewicht behaupten. Als die Union in's Dasein trat, hatten die erstern
kaum 5000, die letztern kaum 30,000 Mitglieder zu verzeichnen.
Indessen war die Lage beinahe dieselbe, indem damals die um so
zahlreicheren Secten der Congregationalisten und Presbyterianer die
Mehrheit der Bevölkerung beherrschten, eine Anzahl kleinerer Genossen=
schaften die demokratische Vielheit vergrößerte, die Hochkirche, aus dem
englischen Staatsverbande gelöst und ihrer Güter beraubt, bereits auf
das Niveau jener freien Vereine herabgesunken war.

Wie stark das Laienelement schon in der „Kirche" von Plymouth
hervortrat, wurde früher erwähnt. Die Gouverneure Winthorp, Endecott
und deren Nachfolger waren nicht bloß die Helfer der Kirche, wie etwa
ein Kaiser Constantin, sondern die eigentlichen Grundpfeiler der kirch=
lichen wie der bürgerlichen Gesellschaft. Neue Kirchspiele gründete nicht
die kirchliche Autorität, sondern das Volk. War es weit genug mit
einer Gemeinde, so sah man sich nach einem Prediger um und verschrieb
ihn nöthigenfalls aus einer Nachbarkolonie oder aus Europa.

Einer der ersten Apostel des Methodismus war ein englischer Offizier,
Capitän Webb, der nach Amerika geschickt worden war, um die Kasernen
in Albany zu überwachen. „Als er von der kleinen Methodistengemeinde
(Embury's) in New=York hörte," so erzählt der Methodist Goß, „schloß
er sich sofort derselben an und begann das Evangelium zu predigen.
Sein scharlachrother Rock und seine sonstige Uniform, sowie die göttliche
Kraft, welche seinen Worten innewohnte, sammelte große Volksschaaren
um ihn, von welchen manche zu einer heilsamen Erkenntniß der Wahr=
heit gelangten." [2] Seine Erfolge begeisterten Frau Barbara Heck zu

---

[1] Wie Jannet sehr richtig bemerkt, liegt indeß in diesem hierarchischen Anstrich
die gewaltige Kraft, welche der Methodismus in seiner Propaganda entfaltet hat.
Les États-Unis contemporains, 2ᵐᵉ édit. Paris, Plon, 1876, p. 355.

[2] C. C. Goss, The first Century of American Methodism. New-York,
Carlton and Porter, 1866, p. 86. The scarlet coat and other regimen-
tals with which he was attired as well as the divine power which

dem Gedanken, eine Kirche zu gründen, Embury schloß sich an. Der Capitän zeichnete 30 Pfund Sterling. Da die Diffenters damals (1768) noch keine eigentlichen Kirchen haben durften, versah man den neuen Tempel mit einem Kamin, und die erste wesleyanische Kapelle war gestiftet. 1776 begegnen wir den Methodisten schon in Virginien, Maryland, Pennsylvanien, New-Jersey und den beiden Carolinas.

Um dieselbe Zeit war eine Schneidersfrau, Johanna Warblaw, zu Bolton-on-the-Moors, einer rauchigen Fabrikstadt in Süd-Lancashire, auf den Gedanken verfallen, die zweite Ankunft Christi zu verkünden, Sünden zu vergeben, Bekehrte aufzunehmen und Verkehr mit Geistern zu unterhalten. Eine ihrer ersten Bekehrten, Anna Lee, die Tochter eines armen Flickschneiders in Toad Lane zu Manchester, erst in einer Spinnerei, dann in einer Garküche aufgewachsen, lief ihr indeß, obwohl sie weder lesen noch schreiben konnte, bald den Rang ab, predigte den Schmieden und Webern in ihrem Stadtviertel, ward dafür von der Polizei eingesteckt, hatte dann Erscheinungen, ward um dieser willen nach ihrer Befreiung von der kleinen Gemeinde der Johanna Warblaw zur Mutter auserkoren, erklärte sich nun offen als die „Braut des Lammes" und segelte, da Manchester ihre Offenbarungen nicht zu würdigen verstand, 1774 mit ihrem Manne Abraham Stanley und fünf andern Anhängern von Liverpool nach New-York. Obgleich der Capitän, der sie führte, nahe daran war, sie ihrer „schlechten Aufführung" wegen allesammt über Bord werfen zu lassen, kamen sie doch glücklich in Amerika an, zogen den Hudson hinauf und gründeten an einem von den Indianern Niskenna genannten Orte ihre Niederlassung Wasservliet. Hier verlor Abraham Stanley bald den Glauben an seine Frau als an die „Braut des Lammes" und sie verlor ihren Mann, da sie mit dem Ungläubigen nicht länger zusammenleben wollte. Die Niederlassung gedieh indeß und es ging Alles gut in der Einsamkeit, bis die Anhänger des Lammes sich mit „Wiedererweckten" in New-York einließen, unter der Bevölkerung dieser Stadt die ersten Proselyten machten, und die Aufmerksamkeit der Behörden dadurch erregten, daß sie gegen den Krieg als ein Werk des Teufels predigten. Durch diese Unvorsichtigkeit gerieth die neue Kirche der Shaker (Zitterer) in den flagrantesten Widerspruch mit dem Staat, der sich kaum aus den alten Colonialzuständen heraus

___

attended his message, drew together large numbers of people, many of whom were brought to a saving (?) knowledge of the truth.

entwickelt hatte und deſſen Unabhängigkeitskrieg ein Kampf um Sein
oder Nichtſein war. Das Verſöhnungsmittel zwiſchen den beiden ent=
zweiten Gewalten ſollte der Colonialeid ſein; aber die Zitterer wollten
ihn nicht leiſten. Anna Lee ward deßhalb zu New=York in's Gefängniß
geworfen, gewann aber durch dieſe Einkerkerung, wie zuvor in Mancheſter,
bei ihren Anhängern nur an Autorität und zog, zum Stadtgeſpräche
der großen Handelsmetropole geworden, neue Proſelyten an ſich. Um
der Verlegenheit los zu werden, welche ihnen die Prophetin bereitete,
beabſichtigten die Behörden von New=York, ſie in's britiſche Lager zu
ſenden; da dieſer Plan aber des Krieges wegen mißlang, ſteckten ſie
Anna in das Poughkeepſie=Gefängniß, aus dem ſie erſt 1780 durch
den Gouverneur Clinton befreit ward. Aus dieſer Haft ging die ehe=
malige Spinnerin und Köchin zwar körperlich gebrochen, aber in ihrer
Schwärmerei mächtig geſtärkt und als eine angeſehene Berühmtheit her=
vor, durchreiste in voller Freiheit Maſſachuſetts und andere Theile von
Neu=England und kehrte nach ihrer zweijährigen Reiſe zu der innerlich
geſtärkten und äußerlich vermehrten Zitterergemeinde zurück. Ihren Wahn,
der wiedergekommene Chriſtus zu ſein, vererbte ſie mitſammt ihrer geiſt=
lichen Herrſchergewalt auf zwei ihrer Anhänger, Joſeph und Lucy, und
entzog ſich dann 1784 den Augen ihrer verſammelten Schüler. Mit dem
Staate gerieth dieſe Schwärmer=Kirche, wenn man das noch eine Kirche
nennen darf, in keine weiteren Schwierigkeiten oder Conflicte. Bevor
Joſeph 1796, durch eine neue Metamorphoſe des wiedergekommenen Chri=
ſtus, dem menſchlichen Auge entrückt ward, d. h. ſtarb, hatten die Shaler
außer ihrer Niederlaſſung in Waſſerpliet bereits neun andere Colonien [1].

Dieſe erſten Kirchenbildungen der Methodiſten und Shaker zeichnen
genugſam die Lage, in welcher ſich der junge amerikaniſche Staat den
Secten gegenüber befand. Was ſollte er mit dieſen Schwärmern an=
fangen, die ſich unter allen Ständen des Volkes erhoben und die faſt
jedes neu angekommene Schiff aus Europa vermehrte, die ſich gar nichts
daraus machten, in ihr Gebetslocal einen Ofen zu ſtellen und ihr
Kirchendach mit einem Rauchfang zu verſehen, die ſchaarenweis in den
Hinterwald zogen, um Blockhäuſer zu bauen und mühſam, im Schweiße
ihres Antlitzes, den Wald auszureuten und das unbebaute Land für die

---

[1] Vgl. Rupp, History of the Religious Denominations, p. 657 sqq. Hep=
worth Dixon, Neu=Amerika, überſetzt von Richard Oberländer. Jena, Coſtenoble, 1868,
S. 301 ff., 312, 313.

Cultur zu gewinnen? Wo sollte er, selbst noch neu und unfertig und
in den entscheidenden Kampf um Freiheit und Selbständigkeit verwickelt,
Polizei und Soldaten hernehmen, um jene der Mehrzahl nach für ihn
durchaus harmlosen Leute in ihren religiösen Träumereien und Organi=
sationsversuchen zu stören? Abgesehen von der praktischen Unmöglichkeit,
wäre ein solcher Culturkampf übrigens die größte Thorheit gewesen.
Viele dieser Leute, welche die Einsamkeit gerade deßhalb aufsuchten, um
ungestört nach ihren religiösen Schwärmereien leben zu können, waren
gerade die fleißigsten, arbeitsamsten, ruhigsten Förderer der materiellen
Cultur, sie leisteten dem Staate Dienste, welche er durch Colonisation
von Staatswegen sich kaum hätte verschaffen können. Die einzige Verlegen=
heit, die ihm einige bereiteten, war die Verweigerung von Eid und
Kriegsdienst. Man suchte dieser Widerspänstigkeit erst mit Gewalt zu
begegnen, fand es aber bald praktischer, die Leute predigen zu lassen, was
sie wollten, und zur Stiftung neuer Secten und Gemeinden nahezu unum=
schränkte Freiheit zu gewähren. So lebte sich das Freiwilligkeitssystem
thatsächlich in's Volk hinein, ehe die Gesetzgebung es genauer formulirte.

2. Das Freiwilligkeitssystem. Dieser praktische Nothbehelf,
den man später Freiwilligkeitssystem nannte, ist eigentlich nichts weniger
als ein System, sondern ein Umgehen jeglichen Systems, welches etwa
darauf abzielte, Staat und Kirche begriffsmäßig aufzufassen und ihre
gegenseitigen Beziehungen nach festen theologischen und juridischen Grund=
sätzen zu regeln. Es ist nur die dehnbare und vielgestaltige Resul=
tante der verschiedensten Staatsverhältnisse einerseits, der verschiedensten
Religionsverhältnisse andererseits, ein Compromiß zwischen ungläubiger
Religionsfreiheit und schadhaftem Protestantismus, ein künstlicher Aus=
gleich zwischen dem souveränen Volkswillen, sofern sich dieser seine Reli=
gion selbst bestimmen wollte, und zwischen eben diesem Willen, sofern
derselbe als Staatsgesetz jener Religionsfreiheit beschränkend entgegentrat,
eine Anwendung des allgemeinen Associations= und Corporationsrechts
auf religiöse Innungen, welche sich ihrer concreten Natur nach nicht
über andere Vereine erhoben, obwohl der religiöse Volksgeist ihnen um
ihres Zweckes willen eine privilegirte Stellung zuwies. Seine Haupt=
grundlage ist das freie Vereinsrecht.

Ein ziemlich freies Vereinsrecht ist überhaupt die Wurzel der
amerikanischen Verhältnisse [1]. Trotz königlicher Patente und Charten

---

[1] Vgl. Claudio Jannet, p. 264.

war es nicht königliche Autorität, noch constitutionelles Ansehen, welches
die nordamerikanischen Colonien gegründet hat, sondern der Unter=
nehmungsgeist und die Energie freier Gesellschaften, die organisirende
Kraft nahezu unabhängiger Auswanderergemeinden, das Zusammenwirken
selbständiger Ansiedler, welche sich ihrer Unabhängigkeit bewußt waren
und dieselben socialen Zwecke nur soweit zum Opfer brachten, als gegen=
seitiger Schutz und gegenseitige Unterstützung es erheischten. Städte,
Staaten, religiöse Gemeinden, Kirchen, Schulen, Handelscompagnien
waren das Werk freier Vereine. Um sich der Indianer zu erwehren,
blieb nicht immer Zeit, eine königliche Garnison zu Hilfe zu rufen;
die Bewohner der weit auseinander liegenden Blockhäuser waren großen=
theils auf Selbsthilfe und freie Waffenbrüderschaft angewiesen. Umsonst
versuchten die Prälaten der Hochkirche von England, sowie die Ältesten
des Puritanismus von Boston und Salem aus, diesen naturgemäßen
Trieb zu freier Vereinigung auf religiösem Gebiete zu hemmen. Die
Verfolgung weckte ihn nur mächtiger; in der ungeheuren Wildniß, im
Kampf mit der Natur, im selbständigen Ringen mit tausend Hinder=
nissen erstarkte dieser freie Vereinsgeist zum Riesen. Er schuf eine dem
Colonialregiment überlegene Macht, sprengte die Ketten, durch welche
eine unweise Politik ihn niederzudrücken versuchte, baute aus sich heraus
einen neuen Staat mit Senat und Kammern, Heer und Flotte, Kirchen
und Schulen, Gemeinden und Corporationen, Alles von unten auf,
auf Vereinsthätigkeit gestellt, vom Princip der Volkssouveränität be=
herrscht. Die Secten, welchen die Mehrheit der Bevölkerung angehörte,
wurzelten viel zu sehr in demokratischem Boden, um jenem gewaltigen
Strome des Vereinslebens etwas wie eine gegebene Autorität entgegen=
zustellen. Die einzige Denomination, die das versuchte, die Hoch=
kirche, ward von der Fluth mit fortgerafft und gestaltete sich selbst zum
freien Vereine.

Alles war nun nivellirt. Wem immer der Geist es eingab, ein
menschlicher oder vermeintlich göttlicher, der konnte Brüder oder Beken=
ner um sich schaaren, einen religiösen Verein gründen, Versammlungen
ausschreiben, Zusammenkünfte halten, Vereinshäuser bauen u. s. w. u. s. w.
An die Stelle der auf Autorität gegründeten Kirche trat der auf freien
Menschenwillen gegründete Religionsverein.

Man darf indeß bei Beurtheilung dieses merkwürdigen Umschwungs
nicht außer Acht lassen, daß diese Kraft des Vereinsrechts nicht aus
den Pulvermagazinen der europäischen Revolution stammt, daß sie viel=

mehr längst vor der Revolution aus England herübergekommen und sich in historischem Zusammenhang mit dem großartigen Associationsgeist des Mittelalters befindet. Keine Zeit hat durch organische Gliederung der Gesellschaft, durch Vereins= und Corporationsleben der individuellen Frei=heit eine größere Spannweite gewährt, dem autokratischen Absolutismus des Staats mächtigere Bollwerke entgegengesetzt, als gerade das Mittel=alter. An den socialen Einrichtungen und dem gesunden Volksgeist, welchen England aus dem Mittelalter herübergerettet, scheiterte der elende Versuch der letzten Stuarts, den Absolutismus Ludwig' XIV. auf den englischen Königsthron zu setzen. Derselbe lebenskräftige Volksgeist aber, welcher das Recht der Privaten, der Vereine, der Stände und Parla=mente mit unbesieglicher Festigkeit gegen die nivellirenden Centralisations=gelüste der Krone festhielt, trug die ständischen Unterschiede, die constitu=tionellen Einrichtungen und auch die Achtung vor der verfassungsgemäßen Souveränität hinüber nach Amerika. Alle wichtigeren Einrichtungen der Colonien stützten sich auf königliche Charte. Das ganze Common Law fußte auf der Anerkennung der souveränen Gewalt, und die Vereine konnten nur dadurch juristische Personen werden, daß der Staat sie an=erkannte und ihre Rechte verbürgte. Dieses Element conservativer Rechts=anschauung nahm Nordamerika als heilsames Coerctiv des Vereinslebens mit in die Republik hinüber. Die Ertheilung von Corporationsrechten wurde nach der Unabhängigkeitserklärung als Ausfluß der höchsten Ge=walt den Legislaturen der Einzelstaaten (oder Territorien) vorbehalten, und dem Ansehen und der Macht der Vereine dadurch eine Schranke gesetzt.

Es trifft diese Schranke hauptsächlich die rein politischen Verbin=dungen, welchen niemals Corporationsrechte gewährt wurden. Allen anderen dagegen, welche industrielle und merkantile Zwecke verfolgen, allen wissenschaftlichen Vereinigungen, allen Wohlthätigkeitsanstalten, allen Gesellschaften für Beförderung von Unterricht und Erziehung wurde die Erlangung der Corporationsrechte überaus leicht gemacht. Die Folge davon war, daß sich, ohne bureaukratische Dazwischenkunft des Staates, alle Vereine dieser Art in blühendster Fülle entwickelten und der Staat selbst eine unabsehbare Menge von Hilfskräften erhielt, welche er, ohne diese Schwungkraft individueller Bethätigung, von sich aus zu gründen nicht im Stande gewesen wäre. Dem nämlichen Rechte nun wurden auch die religiösen Vereine unterworfen; sie mußten, wenn sie unbewegliche Güter besitzen, Vermächtnisse annehmen, ihre Güter ver=

erben, kurz ein juristisches Dasein haben wollten, sich beim Staate um
die juristische Persönlichkeit bewerben [1].

Für die protestantischen Secten war dieß eine durchaus normale, in
ihrem innersten Wesen begründete Sache. Sie sind nicht weniger auf
freien Individualismus gebaut, als ein beliebiges Handelsgeschäft. Sie
können sich modificiren, wie der Geist der Majorität es eingibt. Da
sie dem Staat durchaus keine Creditive höherer Autorität vorzuweisen
haben, begeht er durchaus keine Ungerechtigkeit, wenn er sie auf dieselbe
Linie mit anderen freien Vereinen setzt und ihnen nur in Ansehung
ihres Zweckes nach seinem Ermessen einzelne Vergünstigungen bewilligt.

Nichtsdestoweniger brauchte der Protestantismus mehrere Jahrzehnte,
ehe er sich vollständig auf dem ganzen Gebiete der Union in diese Lage
zu fügen wußte. Die Schwierigkeit lag in den Resten kirchlicher Organisation, die er mit von Europa herübergebracht hatte. Diese Schwierigkeit machte sich besonders in den Neu-England-Staaten geltend, wo
der Puritanismus von den Zeiten der Pilger her gewohnt war, im
schroffen Gegensatz zu seinen eigenen willkürlichen Grundsätzen die von
Gott gesandte „Kirche" zu spielen, im Namen der „Bibel" das gesammte öffentliche Leben zu beherrschen und von allen Staatsbürgern
eine Steuer zu seinen Kirchen- und Schulzwecken zu erlangen. Der
Staat befand sich hier in einem auf die Dauer unhaltbaren Widerspruch, indem er durch Staatssteuer und Staatsschutz einerseits den
Congregationalismus wie eine Staatsreligion begünstigte, und auf der
andern Seite doch vermöge des Vereins- und Associationsrechts allen
älteren und neueren Secten freien Spielraum gab, sogar den „Papisten" Corporationsrechte bewilligte. Es stellte sich bald heraus, daß
die Vereinsfreiheit stärker war, als die „Rechtgläubigkeit". Die rationalistischen Secten des Universalismus und Unitarismus (welche die
allerheiligste Dreifaltigkeit und die Gottheit Christi läugneten) rissen im
Anfang des laufenden Jahrhunderts die reichsten und mächtigsten Pfarreien und die älteste Hochschule von Massachusetts an sich. In der
Stadt Dedham verjagte 1829 die unitarisch gewordene Majorität der
Pfarrei die Altgläubigen nicht nur aus der Kirche, sondern zwang sie
sogar, die bisher orthodoxe Kirchensteuer zu Gunsten des neuen Glaubens zu entrichten. Dieser Fall (der Dedham Case) brachte die Sache

---

[1] G. de Chabrol, Die religiöse Gesetzgebung in den Vereinigten Staaten von
Amerika. Deutsch in Huttler, Kathol. Studien, 2. Bd. 3. Heft, S. 94.

vor den obersten Gerichtshof, und dieser entschied, daß die officielle Pfarrei stets die der Majorität sei, das Gesetz aber nicht das Recht habe, sich in dogmatische Fragen zu mischen. Durch diesen Spruch wurden zahlreiche ansehnliche Minoritäten sowohl der Orthodoxen als der Neugläubigen gezwungen, für einen Gottesdienst zu steuern, der ihrer religiösen Überzeugung widersprach, und das schreiende Mißverhältniß führte 1836 endlich den Fall der Kirchensteuer und die vollständige Trennung von Kirche und Staat herbei [1].

Was sich die Congregationalisten bei dieser Trennung retteten, war die minutiöse Gesetzgebung, welche sie in ihren Statute Books und Platforms von ihren Vorfahren im „Gesetze" ererbt hatten. In diesen war die Zugehörigkeit zur Pfarrei, die Aufnahme in dieselbe, die Ausscheidung aus derselben, die jährliche Versammlung aller Parochianen u. s. w. auf's Genaueste regulirt. Zur Pfarre selbst wurden nur diejenigen gerechnet, welche sich freiwillig derselben zuschreiben ließen. Vom Staate erhielten sie bloß noch die Begünstigung, sich selbst besteuern und nöthigenfalls diese Steuer eintreiben lassen zu dürfen. In allem Übrigen waren sie nunmehr mit den anderen Denominationen auf denselben Fuß gestellt — freie Vereine, Corporationen.

Die einfache, in Massachusetts jetzt allgemein gebräuchliche Incorporationsformel ist folgende: „Die unterzeichneten Einwohner von N. N. in der Grafschaft N. N., Massachusetts, thun sich zusammen unter dem Namen N. N. als Pfarrei oder Religionsgesellschaft in genanntem Orte. Der Zweck der Gründung dieser Corporation ist der Unterhalt öffentlichen Gottesdienstes und die Verkündigung christlicher Lehre und Mildthätigkeit in Übereinstimmung mit den allgemeinen Gebräuchen der N. N. Kirchen und Pfarreien von Massachusetts."

Durch Unterfertigung dieses Actes und Anerkennung desselben durch den Staat ist die neue kirchliche Corporation geschaffen, die sich selbst ihre Gesetze gibt, ihre Beamten wählt, ihre Beziehungen zu der „Kirche" regelt, der sie angehört. Nur dürfen ihre Statuten den allgemeinen Landesgesetzen nicht widerstreiten. Die Übereinkunft, welche die Gemeinde mit der betreffenden Religionsgenossenschaft über Anstellung und Unterhalt der Geistlichen u. s. w. schließt, ist gesetzlich bindend [2].

---

[1] Vgl. Buck's Ecclesiastical Laws of Massachusetts.

[2] J. P. Thompson, Kirche und Staat in den Vereinigten Staaten von Nordamerika. Berlin, Simion, 1873, S. 70.

Bei den anderen Denominationen bürgerte sich diese Art von Kirchenbildung schon gegen Ende des vorigen Jahrhunderts rasch in allen Staaten ein und wurde noch dadurch vereinfacht, daß die Pfarrei oder Kirchengemeinde sich bei Ausstellung der Gründungsurkunde durch Vertrauensmänner (Trustees) vertreten ließ. Schon 1784 ermächtigte eine Acte des Staates New-York (6. April) sämmtliche religiösen Secten, solche Vertrauensmänner zu ernennen, welche die Corporation in allen Rechtsangelegenheiten vor dem staatlichen Forum vertreten sollten. Gemäß dem demokratischen Charakter der „Gemeinde" waren die Trustees dieser verantwortlich, mußten vor einem Meeting der Gemeinde Jahresrechnung ablegen und jedes Jahr neu gewählt werden.

Wie sich diese Art von Kirchenbildung der Natur der einzelnen Secten anbequemte oder angepaßt wurde, können wir hier nicht in's Einzelne verfolgen. Neue Secten waren bei ihrem Entstehen oder bei ihrer Ankunft aus Europa von selbst darauf angewiesen, wie aus dem eben angeführten Beispiele der Methodisten erhellt. Die älteren Secten ließen sich dieselbe gerne gefallen, die Hochkirche mußte sich dieselbe gefallen lassen [1].

Vergegenwärtigen wir uns nun die Stellung, welche der Staat zu den Secten überhaupt nimmt, so charakterisirt sich dieselbe hauptsächlich in drei Punkten: 1. er mischt sich nicht in die inneren dogmatischen und disciplinären Angelegenheiten derselben; 2. er verkehrt officiell nur mit der einzelnen Kirchengemeinde, sofern dieselbe durch Bewerbung um Corporationsrechte in die Reihe der staatlich anerkannten Associationen tritt; 3. er gewährt der einzelnen Kirchengemeinde keinen weiteren Rechtsschutz, als den ihres corporativen Vereinsrechtes.

Er mischt sich nicht in die inneren dogmatischen und disciplinären Angelegenheiten der Secten, kümmert sich also weder um die Grunddogmen des Christenthums, noch um die specifischen Bekenntnißlehren; er kennt keine Synoden, keine General-Assemblies, keine Conferenzen, keine Consistorien, keine Allianzen; er steht der inneren Disciplin und der Verwaltung der Secten völlig fremd gegenüber, überwacht weder ihre Gründung noch ihre Verbreitung, weder ihre Meetings noch ihre Proclamationen, Rundschreiben und Erlasse, weder ihren Verkehr unter sich, noch ihre Verbindung mit auswärtigen Mitgliedern und Obern. Für

---

[1] Die Beziehung der katholischen Kirche zu dieser Art von Kirchenbildung wird in einem folgenden Artikel besprochen werden.

ihn existirt keine Diöcese, keine hierarchische Ordnung, keine Kirche im theologischen Sinne. Er nimmt officiell nur von der einzelnen Kirchengemeinde Notiz. Auch diese ignorirt er übrigens, so lange sie sich ausschließlich auf den Boden des Vereinsrechts oder Privatrechts stellt, ohne besondere juristische Rechte zu beanspruchen, ihre Versammlung in einem Privat- oder Meetingshaus hält, und ohne Fonds zu gründen ihre Vereinsausgaben mit milden Beiträgen bestreitet. Erst wenn sie durch Fonds einen bleibenden Bestand zu gewinnen wünscht, muß sie sich an ihn wenden und erhält durch seinen souveränen Beschluß corporative Geltung.

Die Rechte, welche der religiöse Verein durch diese Einregistrirung erlangt, sind: 1. vom Staat als Corporation anerkannt zu werden; 2. als solche unbewegliche Güter zu besitzen und Vermächtnisse aufzunehmen, alle Contracte u. s. w. einzugehen, welche einer juristischen Person zukommen; 3. in all' diesen Rechten des Staatsschutzes zu genießen; 4. auch in ihren inneren statutarischen Rechten gegenüber den Mitgliedern, sowie in ihrer statutarischen Thätigkeit nach Außen vom Staate beschützt zu werden; 5. von der Besteuerung ihres Kirchengutes frei zu sein.

Die Bevorzugung einer einzelnen Gemeinde über diese Schranken der Corporationsrechte hinaus ist durch das Gewohnheitsrecht wie durch die Gesetzgebung ausgeschlossen. In nicht weniger als sechzehn Staaten enthält die Gesetzgebung ausdrückliche Bestimmungen gegen irgendwelche Bevorzugung einer bestimmten Religionsanstalt oder einer bestimmten Religionsform vor den übrigen. In anderen verbietet das Gesetz die Einführung jeder neuen Gesetzesbestimmung, welche auf Besteuerung zu Gunsten einer besonderen Religion oder Religionsthätigkeit hinausliefe. Wieder in anderen ist der Legislatur schon durch die Verfassung jede Möglichkeit entzogen, einen Bürger zum Unterhalt einer Kirche, zum Besuche des Gottesdienstes, zur Entrichtung von Zehnten und anderweitigen kirchlichen Abgaben zu zwingen. In Minnesota, Wisconsin und Michigan verbietet die Verfassung dem Staate jegliche Geldbeiträge an religiöse Gesellschaften, an theologische oder religiöse Seminare [1].

Weit weniger ängstlich als um solchen Schutz der „Religionsfreiheit" und um die Unmöglichkeit einer privilegirten oder Staatsreligion

---

[1] Vgl. William F. Warren DD. (President of the University of Boston), Phases of American Infidelity. New-York Tribune, 13 Oct. 1873.

war der Staat in Bezug auf die religiös=sittlichen Gefahren, welche die
allgemeine Associationsfreiheit mit sich bringt. Aller sonstiger Äuße=
rungen officieller Christlichkeit unerachtet, verrieth er hierin den Antheil,
den Ungläubige und Revolutionäre an seinem Ursprung hatten. Den
wildesten Auswüchsen schwärmerischer Sectirerei setzte er keine Schranken
entgegen, das Christenthum ward mit dem Judenthum und dem Koran
auf eine Linie gestellt. Er überließ es der öffentlichen Meinung, der
Religionsfreiheit ethische Grenzen zu ziehen, Mormonen und Chinesen,
wenn nicht principiell und consequent, so doch praktisch und theilweise
von der unbeschränkten Vereinsfreiheit und den Wohlthaten der Corpo=
rationsrechte auszuschließen [1]. Den verrücktesten Campmeetings, Revi=
vals und Temperance=Skandalen schickte er, von allen Präventivmaß=
regeln weit entfernt, nur dann Polizeimannschaft entgegen, wenn die
öffentliche Ordnung nicht bedroht, sondern durch Raufereien, blutige
Thätlichkeiten, grobe Unsittlichkeiten u. dgl. bereits gestört war. Prote=
stantische Agitatoren konnten unter dem Aushängeschild der Religion
die Massen ungestraft zu Gewaltthaten gegen die Katholiken aufhetzen;
erst wenn die „Religion" zu Criminalverbrechen schritt, beschränkte der
Staat nachträglich ihre Freiheit durch Bestrafung der Wirkungen, welche
sie hervorgebracht [2].

So gnädig und indifferent gegen den religiös=sittlichen Charakter
der Secten, war es der Staat nicht in gleichem Maße gegen ihre finan=
zielle Lage. Die Möglichkeit, daß sie, in ihrem Erwerbsrechte unbe=
schränkt, die Macht der religiösen Idee mit finanziellem Operationsgeist
verbindend, zu einem alle andern Vereine überflügelnden Reichthum
gelangen könnten, erfüllte ihn mit Bedenken und veranlaßte ihn, die
corporativen Rechte der Religionsgenossenschaften in dieser Hinsicht zu
beschränken. Diese Beschränkung kam in doppelter Weise zur Durch=
führung. Die eine bestand darin, jeder einzelnen Gemeinde (Schule,
Wohlthätigkeitsanstalt 2c.) nach genauer Untersuchung ihres Wesens und
ihrer Statuten nur eine besondere, genau specificirte Special=Charte

---

[1] Eine weniger weittragende Grenze der allgemeinen Freiheit und Gleichheit zog
die öffentliche Meinung (ganz unabhängig vom Staate) betreffs der Neger, mit wel=
chen die weißen Protestanten keine Gemeinsamkeit haben wollten und deßhalb (wie
z. B. die Methodisten) „farbige" Kirchen gründeten.
[2] Ein Beispiel bietet die 1833 verübte Brandstiftung an dem ersten katholischen
Collegium in New=York. Vgl. Richard Clarke, Lives of the Deceased Bishops.
New-York, O'Shea, 1872, p. 433.

zu ertheilen, in welcher die Legislatur die corporativen Rechte ganz nach ihrem Ermessen für diesen besondern Fall begrenzte. So ist es in Pennsylvanien noch heute gebräuchlich. Da aber bei der ungeheuren Vereinsthätigkeit des Landes sich in Folge dessen die Corporationsacten im Record Office zu unabsehbaren und kaum mehr übersehbaren Actenstößen aufthürmten, brach sich in den meisten andern Staaten ein anderer Modus Bahn, der darin besteht, die Corporationsrechte der Pfarrgemeinden zwar nach einer allgemeinen Schablone, aber mit Begrenzung des Erwerbsrechtes zu ertheilen: Allgemeine Charten. Diese Praxis entspricht nicht nur der wohlbegründeten amerikanischen Scheu vor überflüssiger Bureaukratie, sondern verstattet auch der Entwicklung der Denominationen eine erträgliche Freiheit. Nach den New-Yorker Gesetzen von 1858 und 1863 z. B. darf eine Gemeinde in den größeren Städten bis zu 6000 Doll., in Marktflecken und Dörfern bis zu 3000 Doll. Jahreseinkünfte besitzen, wobei weder die Kirchstuhlrenten, noch die regelmäßigen Beiträge der Gläubigen mitgerechnet sind. Überdieß gelten das Bethaus (Kapelle oder Kirche), sowie der Boden, auf dem es errichtet ist, das Pfarrhaus, die meist darangrenzende Schule und endlich der Friedhof bei dieser Schätzung als unproductives Eigenthum und werden als solches nicht mitgerechnet. Die Schranke trifft also nur die Zinsen der festen, angelegten Kapitalien und den Pachtzins des Grundeigenthums, welche beide auch bei den reichsten Kirchen sich noch unter dem gesetzlichen Maximum befinden. Würde diese Schranke übrigens auch für die einzelne Gemeinde drückend werden (was factisch nicht der Fall ist), so ließe sich ihre üble Folge für die betreffende Denomination durch Theilung der alten und Errichtung einer neuen Gemeinde vollständig vereiteln [1].

Diese Beschränkung der Corporationsrechte ist für die Denominationen übrigens um so weniger drückend, als der Staat damit keineswegs die Ausübung eines höchsten Inspections- oder Directionsrechtes verbindet. Um die Überschreitung der Corporationsrechte zu strafen, ist der Richter da; sie durch ständige Controle zu verhüten, daran denkt der Staat nicht. Er überläßt die Kirchenrechnungen der betreffenden Gemeinde, d. h. resp. ihren Vestrymen und Trustees, welche, von der Gemeinde jährlich neu ernannt, das kirchliche Eigenthum im Namen der Gemeinde verwalten und ihr zu jährlicher Rechnungsablage über ihre

---

[1] De Chabrol, a. a. O. S. 110.

Verwaltung verpflichtet sind. Sie verpachten das der Gemeinde zuge=
hörige Grundeigenthum, firiren die Kirchstuhlrente, vertreten die Ge=
meinde als Kläger, Stellvertreter oder Bürgen vor Gericht, ohne hiefür
ein besonderes Mandat zu erhalten; sie haben überhaupt die ganze
bischöfliche Administration quoad temporalia. Sie sind die „Kirche“,
soweit der Staat eine Kirche kennt und mit derselben zu verhandeln hat.
Nur in einem Falle erlaubt sich der Staat, diesen Kirchenverwaltungs=
rath zu controliren: wenn derselbe nämlich Kircheneigenthum veräußern
will. Dann müssen sich die Trustees erst von der Gemeinde notariell
zum Verkauf bevollmächtigen lassen und, mit dieser Vollmacht versehen,
den Gerichtshof der Grafschaft um seine Ratification ersuchen, welcher,
falls nöthig, den niedrigsten Preis bestimmen, das Gesuch selbst, je nach
seiner juristischen Berechtigung, billigen oder verwerfen kann [1].

In allem Übrigen ist die Gemeinde sui juris, und hier liegt nun
der Punkt, welcher der ganzen Rechtsstellung von Staat und Kirche den
Namen des Freiwilligkeitssystems verschafft hat. Die Religionsgenossen=
schaft wird absolut nicht vom Staate gestützt oder dotirt, sie ist voll=
ständig auf das Princip der Freiwilligkeit gestellt (Voluntary principle).
Sie hat und besitzt soviel zeitliche Mittel, als ihr die freiwillige Groß=
muth ihrer Mitglieder zur Verfügung stellt.

Seiner Lieblingsidee folgend, das wahre Urchristenthum zu sein,
hat der Protestantismus in diesem Zustande eine Rückkehr zur Lage der
ersten Christen erblickt und liebt es, von dieser apostolischen Freiwilligkeit
zu reden. Es läßt sich nicht in Abrede stellen, daß freiwillige Gaben
und Vermächtnisse zahlreiche Kirchen und Wohlthätigkeitsanstalten in's
Leben gerufen haben. Die weitaus größere Masse der Kirchen und die
weitaus größere Zahl der Geistlichen könnten indeß, nach protestantischem
Geständniß [2], bloß mit diesen Schenkungen nicht bestehen.

Mit dem Voluntary principle trat deßhalb gleichzeitig die Sitte
in's Leben, die Sitzplätze der Kirche (pews) zu einer ständigen Einnahme=
quelle zu machen und diese indirecte Kirchensteuer durch regelmäßige oder
außerordentliche Sammlungen (collections) auf die nöthige Höhe zu
bringen. In letztere bringt schon die Mannigfaltigkeit der Bedürfnisse
(Kirchenbau, Kirchenausstattung, Predigergehalt, Bibel=, Tractat= und
Missionswesen, Erhaltung von Seminarien und Collegien 2c.) einige

---

[1] A. a. O. S. 112.
[2] Vgl. Ph. Schaff in Herzog's Realencyklopädie, Art. „Norbamerika“.

Abwechslung. Bei mehreren Secten, namentlich den Methodisten, hat man von der Besteuerung der Sitzplätze Umgang genommen und ersetzt dieje Reute durch Subscription wöchentlicher, monatlicher oder jährlicher Beiträge. Viel gewöhnlicher indessen ist die Besteuerung der Bänke. Recht anschaulich schildert der schon erwähnte amerikanische Geistliche J. P. Thompson [1] diese Art von Steuererhebung:

„Jeder Kirchenstuhl paßt für eine Familie und enthält von vier bis zu sechs Sitzeu. Manchmal werden Kirchenstühle auch an einige Gemeindemitglieder verlauft, um die Kosten des Neubaues einer Kirche zu bestreiten, und werden danu noch mit einer jährlichen Steuer belegt. So ist es in New=York, wo die Kosten für Bau und Unterhalt einer Kirche sehr bedeutend sind, nichts Ungewöhnliches, daß Jemand für den Kirchenstuhl, der für ihn reservirt wird, 1000—3000 Dollars und danu jährlich noch 8—12 Procent dieser Summe als Jahressteuer bezahlt. In anderen Fällen werden die Baukosten bestritten durch freiwillige Subscriptionen, das Gebäude ist danu Gott gewidmet als Dankopfer, schuldenfrei und mit Aufgabe des Eigenthumsrechtes, und die Kirchen= stühle werden vermiethet zur Bestreitung der laufenden Ausgaben. Gewöhnlich sind die Kirchen ausgestattet mit Teppichen, Polstern, Kissen und allem thunlichen (!) Comfort, um den Aufenthalt darin angenehm zu machen, und ihnen eine größere Anziehungskraft zu geben; nament= lich sind sie gut erwärmt, gut beleuchtet, gut gereinigt und gut ven= tilirt. Die Broadway=Tabernacle=Church, mit der der Autor durch mehr als 25 Jahre verknüpft war, entrite für die Vollendung eines neuen Gotteshauses eine Schuld von 65,000 Dollars. In einem ein= zigen Jahre wurden 25,000 Dollars durch freiwillige Schenkungen ab= getragen, außer den Kosten für den Unterhalt des öffentlichen Gottes= dienstes; und im folgenden Jahre wurde der Rest von 40,000 Dollars durch Subscription bei einem einzigen Sonntags=Gottesdienst getilgt. Das jährliche Einkommen aus der Kirchenstuhlmiethe betrug etwa 18,000 Dollars [2]. Die große Beliebtheit des Mr. Beecher, Bruders

---

[1] Thompson, Kirche und Staat in Nordamerika, S. 91, 92.

[2] „Im Laufe von 25 Jahren nahm die Broadway=Tabernacle=Church ein an Stuhlmiethe und Subscriptionen rund 400,000 Dollars für den Bau der Kirche und den Unterhalt des Gottesdienstes, und für heimische und auswärtige Missionen, für theologische Seminare und andere religiöse Zwecke in derselben Zeit rund 350,000 Dollars, in Summa also 750,000 Dollars bei einer Gemeinde von durchschnittlich 1000 Mitgliedern, von denen viele nur wenig bemittelt waren. Das Gehalt des

der Verfasserin von Onkel Toms Hütte, in Brooklyn veranlaßt einen solchen Zudrang zu Sitzen in Plymouth = Church, daß die Kirchenstühle jährlich verauctionirt werden und eine Revenue von mehr als 50,000 Doll. bringen [1]. Dieß ist selbstverständlich ein Ausnahmefall, aber in vielen städtischen Kirchen beträgt die jährliche Revenue aus der Kirchstuhlmiethe 10—30,000 Dollars, und die einzelnen Kirchenstühle werden mit Vergnügen bezahlt mit 50—400 Dollars jährlich. Dieselbe Methode herrscht auch vor in kleineren Städten und in Dörfern, wo natürlich die Summen viel niedriger sind, da die Kirchstuhlmiethe nach den laufenden Ausgaben abgemessen wird."

Als derselbe congregationalistische Geistliche, J. P. Thompson, dem wir diese Schilderung des Kirchstuhlrentensystems entheben, nach 27jähriger Verwaltung sein Amt niederlegte, schenkte ihm die Broadway = Tabernacle = Gemeinde die hübsche Summe von 55,000 Dollars, damit er in Europa sowohl seine Gesundheit herstellen, als seine wissenschaftlichen Studien fortsetzen könne. Ein noch viel glänzenderes Beispiel der „Freiwilligkeit" gaben die Presbyterianer der alten und neuen Schule, welche einem Beschluß von 1869 gemäß zur Feier ihrer glücklichen Wiedervereinigung in einem Jahre eine Sammlung von 7,700,000 Doll. erzielten. Man darf aber das Aufbringen solcher Summen nicht allzusehr der Wirkung schlichter Almosen, einfacher Hilferufe, lauterer Freiwilligkeit zuschreiben. Der Klingelbeutel wird bei solchen Gelegenheiten gerührt, wie der Schellenbaum bei einer wilden Jahrmarktmusik. Himmel und Erde werden in Bewegung gesetzt, um „Geld! Geld!" zu bekommen. Alle religiösen Aufgaben des Gottesdienstes werden hintangesetzt, alle, auch die unziemlichsten Reclame = Arten aufgeboten, um zu Dollars zu gelangen. Daß es sich der Geistliche, der beliebt sein und zu Geld kommen will,

---

Pastors stieg mit der allgemeinen Preissteigerung aller Lebensbedürfnisse von 2000 bis auf 9000 Dollars jährlich."

[1] „Das Gehalt Mr. Beechers betrug zuerst, im Jahre 1847, 1500 Doll. und stieg im dritten Jahre auf 2000 Doll.; 1859 betrug es 7000 Doll.; 1865 12,500 Doll.; 1870 20,000 Doll. Die Kirchstuhlmiethe betrug 1853 11,157 Doll., 1859 26,000, 1868 48,000, und 1872 59,000 Dollars. Im Jahre 1868 wurde ein Quartett angestellt; das Gehalt der vier Personen und des Organisten beträgt zusammen 7600 Doll. Der Hilfsgeistliche, dem besonders die Seelsorge (!) obliegt, und die Küster erhalten zusammen 7700 Doll., so daß an Gehältern in Summa 35,300 Doll. gezahlt werden. Es werden jährlich mehrere Diakonissinnen gewählt. Die Zahl der Kirchenmitglieder stieg von 21 im Jahre 1847 auf 3300 im Jahre 1872. Die Schülerzahl der Sonntagschule betrug in letzterem Jahre 1319, außerdem in den Missionsschulen 800."

ja nicht einfallen lassen darf, ernste und treffende „Sittenpredigten" zu halten, hat Dr. Brownson seinen ehemaligen Confratres in der kräftigsten Weise vorgehalten und es hat ihn keiner zu widerlegen versucht. „Es wage es einmal einer von euch," so apostrophirte er diese Apostel der „Freiwilligkeit", „seine Stimme gegen die herrschenden Laster zu erheben, er predige gegen den Luxus, gegen die Begierlichkeit, gegen die Fleisches= lust! Was wird geschehen? Am andern Tag werden die hervorragend= sten Männer seiner Heerde vor ihm erscheinen und ihm erklären, daß man sein Geld nicht dafür ausgibt, um Donnerreden gegen dasjenige anzuhören, was das Wohlsein und den Reiz des Lebens ausmacht. Hält der unglückliche Manu im Namen seines Gewissens fest, so wird die Drohung zur Wirklichkeit, und er mag anderswo sein Glück suchen oder seinen Rnin stillschweigend hinnehmen. Aber der Unselige hat oft Frau und Kinder; er thut also klüger daran, zu schweigen, gibt durch seiges Compromiß seine heiligste Pflicht preis und hält die Wahrheit gefangen." Durch diese Abhängigkeit des Brodkorbs sind alle ernsteren ethischen Gegenstände, durch die herrschende Indifferenz alle dogmatischen Wahrheiten von der Kanzel ausgeschlossen. Da begreift man, daß der erwähnte „größte" Kanzelredner Amerika's, Ward Beecher, darauf verfiel, über „die Moralität des Haarfärbens" und „die beste Art der Kaffee= bereitung" zu predigen. Andere seiner Amtsbrüder haben sogar „die beste Art der Düngerbereitung" auf die Kanzel gebracht[1].

Practica est multiplex. Solchen Predigtstoffen entspricht dann vollkommen, was über die Verloosung der Kirchstühle in der Plymouth= kirche zu Brooklyn berichtet wird: „Die Baissiers, d. h. diejenigen, welche auf niedrige Preise speculirten, hatten ausgestreut, Pastor Beecher, der beliebte Damenprediger, werde eine Reise nach Europa unternehmen. Beecher erklärte das für eine Unwahrheit, und nun erfolgte unter Stampfen, Händeklatschen und Miauen (cat calls) die Versteigerung, welche der Prediger mit allerlei Witzen würzte. Es wurden alle Plätze bis auf drei vermiethet und 57,418 Dollars (78,950 Thaler) erzielt."[2]

---

[1] Vgl. über diese und andere „Curiosa aus dem amerikanischen Sectenleben" diese Zeitschrift 1872, II. S. 368, 370, 552—555; 1873, IV. S. 198—200. Evangelische Kirchenchronik, Leipzig, Just. Naumann, Jahrg. 1871, S. 32, 124, 125; Jahrg. 1872, S. 20, 30, 32. Jannet, p. 253.

[2] Als Ward Beecher 1875, wegen Ehebruchs angeklagt, vor Gericht stand und in einem flehentlichen Reuebriefe sich den Tod wünschte und Gott und den Herrn Tilton um Verzeihung flehte, ward die Plymouthkirche so gerührt, daß sie sein Gehalt

Wo solche geistige Unterstützung des Voluntary principle nicht aus=
reicht, werden Kirchen=Picnics ausgeschrieben: „Großes Picnic zum Besten
der N. N. Gemeinde zu N. N. im Harmoniegarten. Für ausgezeichnete
Tanzmusik, gute Speisen und Getränke ist gesorgt. Eintritt 25 Cents.
Das Comité." Und wenn nun einmal zum Besten der „freien Kirche"
gegessen und getrunken werden soll, warum nicht auch die Kirche un=
mittelbar mit der Küche verbinden? Auch dazu hat es das Freiwillig=
keitssystem gebracht. „Neuerdings," meldet die „Evangelische Kirchen=
chronik" (Leipzig 1872, S. 30), „wird es in Amerika Sitte, im untern
Raum der Kirche eine Küche anzubringen, um bei geselligen Vereini=
gungen der Gemeindemitglieder, bei kirchlichen Parties und Fairs zu
dienen. Der „Lutheran Observer" streicht diese Erfindung sehr heraus
und schreibt: „wenn recht gebraucht, trage sie dazu bei, die Gemeinde=
mitglieder zu besseren Christen zu machen. Viele Pastoren hätten sie als
eins der wichtigsten Gnadenmittel befunden."

Das sind nur einige Nuancen der Freiwilligkeits=Methode, wie sie
nach J. P. Thompson nicht nur in den größeren Metropolen, sondern
auch in kleineren Städten und Dörfern „herrscht", um die zum sog.
Gottesdienst nöthigen Mittel aufzubringen.

Wie diese Methode aber in Kreisen „herrscht", wo man keinen
Beecher mit 59,000 Dollars und keinen Thompson mit 9000 Dollars
besolden kann, wo keine Teppiche, Polster und Quartette möglich sind,
wo in schlechtem Gebetsschoppen (Prayer-shop) eine pythonisch rasende
Methodistenversammlung mit ihrem schlechtbezahlten Missionär wirr
durcheinander schreit, wo in toller Lagerversammlung eine halbbesessene
Weiberschaar unter freiem Himmel in Krämpfen liegt, oder wo man sich,
wie das im fernen Westen gar häufig der Fall ist, das liebe Geld spart
und die Bibel zu Hause liest oder auch gar nicht mehr liest, das ist
schwer zu begreifen. Wir wollen indeß nicht bei diesem Räthsel ver=
weilen, sondern bloß die Grundzüge hervorheben, welche das gesammte
Freiwilligkeitssystem charakterisiren. Es sind deren vier: 1) die vollstän=
dige Freiheit, neue Secten zu stiften und für sie Corporationsrechte zu
erlangen, 2) die Demokratisirung der Kirche durch vollständiges oder

---

auf 100,000 Doll. erhöhte. Und doch galt er vor der öffentlichen Meinung durchaus
nicht als unschuldig, und hat der Proceß selbst, wie die Revue catholique de Lou-
vain (Vol. 40. p. 308) sich ausdrückt, „durch seine empörenden Details nicht wenig
dazu beigetragen, den Ton der öffentlichen Moralität zu verderben". Vgl. Revue
catholique, Vol. 39. p. 408.

theilweiſes Laienregiment, 3) die Verwandlung des kirchlichen Eigen=
thumsrechtes in eine fluctuirende Geldſpeculation, 4) die Iſolirung der
einzelnen Kirchengemeinde von der betreffenden Kirche und die daraus
folgende Iſolirung der einzelnen Kirchengemeinde gegenüber dem Staat.
Man braucht keine ſehr tiefen Studien über Geſellſchaftslehre und
Geſchichte angeſtellt zu haben, um einzuſehen, daß dieſe vier Elemente,
einzeln wie vereint, nothwendig eine auflöſende Wirkung haben mußten,
zumal auch die einzelne Kirchengemeinde durch keine bindende Autorität
zuſammengehalten iſt, ſondern nur durch den freien Willen der Indivi=
duen. Wir wollen indeß nichts a priori deduciren, ſondern einfach
dem Wege der Erfahrung folgen.

A. Baumgartner S. J.

Die janſeniſtiſchen Schwarmgeiſter.

(Fortſetzung.)

6. Die Spaltungen der Janſeniſten. — Die Convulſio=
nen mit ihren Greueln wirkten wie ein kalter Waſſerſtrahl auf viele
Appellanten, die darüber entrüſtet von ihren fanatiſchen Genoſſen
allmählich ſich abſonderten. Dennoch haben diejenigen Unrecht, welche
mit Voltaire behaupten, daß Grab des Paris ſei der Todesſtoß des
Janſenismus geworden; ein Grab war es allerdings, aber nicht für den
Janſenismus, ſondern für den chriſtlichen Glauben im Herzen derer, die
im Sinne Voltaire's honnette Leute, d. h. Ungläubige wurden; denn die
gottloſe Philoſophie benutzte die falſchen janſeniſtiſchen Wunder, um auch
die chriſtlichen Wunder zu läugnen und lächerlich zu machen. Die
Janſeniſten blieben, was ſie waren; oder welches ſind die Namen derer,
die wegen der Convulſionen aus Appellanten gehorſame Katholiken
geworden wären?

Als die Wunder=Epidemie ausbrach, war einſtimmiger Jubel dar=
über in der ganzen Janſeniſtenſecte; ſelbſt im Juli 1731, als die Con=
vulſionen begannen, war der greiſe Abbé Duguet († 1733) unter allen
Appellanten der einzige, der ſeine Stimme laut gegen den Scandal am
Grabe des Paris erhob, indem er ſeine Nichte, Frau Mol,   der Ver=

öffentlichung des Journals der Convulſionen unterſtützte, in welchem ſo
viele Betrügereien und Schändlichkeiten enthüllt wurden.   Die allgemeine
Begeiſterung für die Wunder und die Convulſionen war ſelbſtverſtändlich
von Seiten einer Partei, die dadurch ihren Abfall von der Kirche recht=
fertigen wollte und deßhalb in beiden einen Fingerzeig Gottes dafür
erblickte, daß ſie ſich auf der rechten Bahn befinde.   Wunder und Con=
vulſionen gehörten ja zuſammen; beide hatten auf dem nämlichen Grabe
begonnen, ereigneten ſich geraume Zeit nur da.   Beſcherant, der Urheld
der Convulſionen, war auf verſchiedene Marmorplatten gelegt worden,
aber nur das Grab hatte die Kraft, die Convulſionen hervorzubringen;
zudem hatte ihn der große Rath der Partei eigens dazu berufen, damit
an ihm, einem Appellanten und Reappellanten, ein großes, unzweifel=
haftes Wunder zu Gunſten der Janſeniſterei gewirkt werde.   Die Wunder
und Convulſionen waren demnach ſo ſehr ein ganzes, einheitliches und
„ungenähtes“ Stück, daß einer ihrer Vertheidiger mit Recht behaupten
durfte, man ſehe die Naht nicht, wie ſie zuſammengefügt ſeien [1].   Hatten
alſo die einen den göttlichen Charakter, ſo hatten ihn auch die andern;
waren aber dieſe in ihren wunderſamen Erſcheinungen dämoniſch, ſo
ließen die andern ſich nicht mehr retten.   Als jedoch die gottloſe, ver=
logene und unſittliche Natur der Convulſionen immer mehr ſich offen=
barte, begannen viele Appellanten derſelben ſich zu ſchämen, und läugneten
nun, um ſich aus der Verlegenheit zu ziehen, den Zuſammenhang der=
ſelben mit den früheren Wundern.   Es iſt intereſſant, zu ſehen, welche
Zerfahrenheit durch dieſen Umſtand in die Partei kam.

Wir beginnen mit den Naturaliſten, als deren Hauptvertreter
Dr. Hecquet angeſehen werden darf, weil er zuerſt 1733 in ſeinem
Werke „Der Naturalismus der Convulſionen“ mit deren Ideen hervor=
trat.   Hecquet, ſelbſt Appellant, hatte oft den geheimen Conventikeln
beigewohnt; er geſteht offen die wunderſamen Dinge zu, aber auch die
ſcandalöſen, die dabei ſich ereigneten; er will jedoch überall nur die na=
türlichen Wirkungen überſpannter Einbildung, hyſteriſcher Zuſtände,
epidemiſcher Krankheit erblicken.   Ein anderer Appellant, der Verfaſſer
des „Kritiſchen, phyſiſchen und theologiſchen Examens“, läugnete geradezu
alle Wunder, auch die der Heiligen, ſowie jeden Einfluß der Engel oder
Dämonen auf irdiſche Verhältniſſe, und gelangt ebenfalls zu dem Schluſſe,
in den Convulſionen beruhe Alles nur auf Krankheit, Einbildung und

---

[1] Nouvell. ecclés. 12 mars 1733: On ne peut en avoir la couture.

Betrug. Es wurde jedoch von den Convulsionären und von Katholiken entgegnet, die Herren hätten zu einseitig nur durch ärztliche Brillen geschant: „Warum kam diese Krankheit gerade 1731—1733, in welchen Jahren die Verfasser schrieben? Warum auf dem Grabe des Paris, nicht bei den Jesuiten? Warum wurden nur die Appellanten davon befallen, keine Katholiken, die doch häufig genug als neugierige Zuschauer beim Grabe anwesend waren?"

Eine ganz entgegengesetzte Meinung hegten nicht bloß Katholiken, sondern sehr viele Appellanten, welche in den wunderbaren Erscheinungen der Convulsionen etwas Dämonisches sahen; nur wollten die letzteren das keineswegs für die sogenannten reinen Wunder zugeben. Bis im Februar 1733 hielt Abbé Delan die Convulsionen noch für heilig und göttlich; aber der Fanatismus und die Unehrbarkeiten derselben überzeugten ihn, daß Satan seinen Antheil darin besitze, und zwar zur Strafe dafür, weil man allzu verwegen von der göttlichen Barmherzigkeit Wunder begehrt habe; doch fuhr er fort, den digitus Dei in den früheren Wundern zu sehen. Es war den Convulsionisten sehr leicht, auf eine solche Erklärung zu antworten: man müsse in dem Falle auch die früheren Wunder und die Andacht zu Paris verdammen, weil diese der Anlaß der Convulsionen gewesen seien; Delan selbst würde nicht wagen, zu behaupten, es habe Einer auf dem Grabe des hl. Martin den Bösen gefunden, statt der Hilfe Gottes, weil er zu sehr auf Gott vertraut habe. Weit mehr Aufsehen als die vereinzelten Schriften des Abbé Delan machte eine im nämlichen Sinne am 7. Januar 1735 abgefaßte Consultation von 30 jansenistischen Doctoren, unter denen die Namen Petitpied, Asfeld, Delan hervorragen. Das Parlament hatte bei Anlaß einer Klage, welche P. Boyer, einer der Convulsionschefs, gegen eine rivalisirende Convulsionsbande des Bruders Augustin stellte, von Petitpied, der selbst Fahnenträger des Appellantenthums war, ein Gutachten über die Convulsionen begehrt. Die 30 unterzeichnenden Theologen behaupten darin, die Convulsionen kämen nicht von Gott, verdienten alle Verachtung, seien eine Narrheit, ein Skandal, eine Gotteslästerung, und was Übernatürliches darin sei, komme vom Satan. Diese Herren hatten unstreitig Recht, aber auch ihre Gegner hatten Recht, wenn sie antworteten, die Consultation habe nichts davon gesagt, daß die Convulsionen auf dem Grabe des Paris entstanden seien; „wenn also die Wunder, die dabei geschähen, satanisch seien, danu übernehme Satan die Vertheidigung unseres gemeinschaftlichen Appells; der Appell ist danu

35*

ſeine Sache, und ihr und wir ſind alsdann die falſchen ·Propheten, die
Chriſtus vorhergeſagt hat" [1].

Der Widerſtreit dieſer Anſichten erzeugte eine Miſchmaſchpartei
(les mélangeurs), welche in den Convulſionen theils göttlichen, theils
ſataniſchen Einfluß ſehen wollte; dieſem letzteren wurden dann die Irr=
lehren, die falſchen Prophezeiungen, die unſittlichen Handlungen aufge=
bürdet. Einigkeit war indeſſen auch in dieſer Partei nicht vorhanden;
während die Einen dieſe gegenſeitigen Einflüſſe gleichzeitig wirkend ſahen,
wollten Andere ſie nur abwechſelnd zugeben. Man hat dieſe Erklärungs=
weiſe nicht unpaſſend „das Syſtem der Verzweiflung" genannt, weil nur
die Rathloſigkeit dasſelbe erfand, welche einestheils die Convulſionsmirakel
als göttliches Zeugniß für die Appellanten nicht miſſen wollte, anderntheils
die Schändlichkeiten nicht billigen konnte. Auf dieſem Boden ſtand der
hohe Rath der Janſeniſten noch im Anfange des Jahres 1733, als er
beſtimmen wollte, welche secours angewendet werden dürften und welche
nicht; auch noch in unſeren Tagen hat ſich Matthieu, der Geſchicht=
ſchreiber der Convulſionen, gedankenlos für dieſes gedankenloſe Syſtem
erklärt [2]. Der genannte Delan und Andere mit ihm entgegneten: Gott
und Belial wohnten nicht zuſammen; kämen die Wunderwerke in den
Convulſionen von Gott, ſo geſtatte er nicht, daß Satan ſein Werk ihm
trübe und verwirre und gleichzeitig neben ihm wunderähnliche Thaten
ausführe; ſeien aber die unanſtändigen Dinge vom Satan, ſo ſtammten
auch die Heilungen und Wunder nicht von Gott. Hätte Delan dieſe
Argumentation auch auf die erſten Wunder und auf die Appellantenſache
überhaupt angewandt, ſo wäre er damit auf die richtigen Pfade gelangt.

Die exaltirteren Convulſionäre endlich fanden in Allem, ſelbſt
in den Blasphemien und in den Ausſchweifungen der secours, den Finger
Gottes, und man muß geſtehen, daß ſie an fanatiſcher Logik ihren
Sectenbrüdern weit überlegen waren, wie überhaupt die liberalen Halb=
menſchen niemals ihren radicalen Gegnern Staub halten können. Sie

---

[1] Die Hauptſchriften, durch welche die 30 Doctores ſo an die Wand gedrückt
wurden, ſind folgende: Plan de diverses questions sur un bruit répandu dans le
public, qu'actuellement on fait signer une consultation contre les Convulsions,
1 fév. 1735. Nouveau plan de réflexions sur les consultations des docteurs,
fév. 1735. Examen de la consultation, 1735. Exposition du sentiment des
Théologiens défenseurs légitimes des Convulsions, 1736.

[2] Matthieu, P. F., Hist. des miraculés et des Convulsionnaires de St-Mé-
dard, Paris 1864, p. 484.

bewiesen leicht, wie die Appellation, die erften Wunder, die Convulfionen nebft allen Anhängfeln zusammenhingen unb ein Werk ansmachten. „Hebt aus diesem Gewölbe," sagten sie, „einen Stein heraus, unb Alles fällt zusammen; gehört ein Theil davon dem Dämon, bann gehört ihm bas Ganze." Der Abbé be l'Jsle [1] unb ber Oratorianer Gennes [2] trugen baher kein Bebenken, die abstoßenden Ungebührlichkeiten frei zu gestehen; aber alles bas seien tiefe Geheimnisse Gottes, Zeichen, Vor= bilber unb Figuren ber Schicksale ber Kirche, Vorboten bes nahenden Elias. Als Haupt unb Präsibent dieser Partei galt ber Oratorianer P. Boyer († 1755). Conferenzen mit ben anberu Parteien Enbe 1732 unb im Jahre 1733, um die zerstörte Einheit wieber herzustellen, führten zu keinem Resultat; die exaltirte Fraction selbst zersplitterte sich balb in neue Gruppen. Boyer hatte einen geistlichen Sohn an bem früher erwähnten Kammerbiener Cosse, genannt Bruder Augustin. Augu= ftin machte solche Fortschritte unter bieser Leitung, baß er ben Beruf in sich verspürte, Vorläufer bes Elias zu werden, sich eine eigene Secte zu bilben unb von berselben sogar für die vierte Person ber Gottheit gehalten unb angebetet zu werden; an Schändlichkeit aber that er es Allen zuvor, so baß Boyer aus Ekel sich von ihm trennte unb seine Secte bem Parlamente anzeigte. Der König hatte zwar am 3. Mai 1732 bem Parlamente wegen seiner janfenistischen Parteilichkeit alle Kenntnißnahme in Angelegenheiten bes Paris entzogen, ihm aber jüngst wieber erlaubt, gegen ben Scandal ber Convulsionen einzuschreiten. Der Generalprocurator Gilbert klagte bemnach am 18. Januar 1735 vor bem Parlamente „gegen ben Fanatismus berjenigen, die unter bem Vorwanbe ber Convulsionen verberbliche Lehren verbreiten"; ber Ge= richtshof erließ am 21. Januar einen Verhaftsbefehl gegen mehrere Convulsionäre; Augustin mußte jeboch zu entfliehen, ber Buchhändler Cimart kam auf einige Tage in's Gefängniß. Für brei Mädchen, welche wegen betrüglicher Convulsionen am 2. April eingesteckt wurden, ver= faßte Montgeron brei Apologien, unb zwölf Advocaten traten für sie als wüthende Vertheidiger auf, „weil dieselben ein Werk Gottes voll= bracht hätten, welches kein menschlicher Arm hindern dürfe"; bas Par= lament wollte jeboch ben vorgelegten Legenden nicht recht glauben, baß z. B. eines ber Frauenzimmer im Alter von 50 Jahren burch die Con=

---

[1] Plan général de l'oeuvre des Convulsions.
[2] Coup-d'oeil en forme de lettres sur les Convulsions, 1733.

vulſionen gewachſen ſei, und erklärte die Eingaben vorläufig für un=
annehmbar, bis ſie beſſere Rechtstitel vorweiſen könnten.

7. Montgeron. — Man kann über Paris und ſeine Wunder
und namentlich über die Convulſionen nicht reden, ohne dem eben ge=
nannten Carré de Montgeron (geboren 1686, † 1754), dem fa=
natiſchen Lobredner und Geſchichtſchreiber derſelben, ein Blatt zu widmen.
Montgeron war ſeit 1711 Parlamentsrath und führte ſeit dem fünf=
zehnten Jahre ein äußerſt frivoles und laſterhaftes Leben mit dem aus=
geſprochenen Vorſatze, erſt wenn er 40 Jahre alt ſei, ſich zu bekehren;
dabei zeigte er auch in andern Beziehungen, Alles nach ſeinen eigenen
Selbſtbekenntniſſen, einen ſehr gemeinen, niederträchtigen Charakter. Er
hatte bereits 45 Jahre überſchritten und war noch immer der alte Sün=
der, als die Orgien der Convulſionen begannen und die allgemeine
Neugierde weckten. Da erſchien auch der freigeiſtige Montgeron am
7. September 1731 beim Grabe des Paris; die Sprünge Beſcherants
und Alles, was er hier ſah, erfüllten ihn mit „heiliger Scheu", ſo daß
er ſich auf die Kniee warf und ein kurzes, ziemlich kaltes Gebet ſtam=
melte. Von dieſem Augenblicke an fühlte er ſich umgewandelt; „bekehrt
und als Heiliger" verließ er das Grab. Der Freigeiſt war plötzlich ein
fanatiſcher Pietiſt geworden; einer Bemerkung Barbier's zufolge [1] trieb
er indeſſen auch als Pietiſt weiter fort, was er als Freidenker früher
geübt; aber wir wollen glauben, daß der frivole Barbier hier bloß das
Geſchwätz böſer Zungen nacherzählt. Die Bekehrung war ſo auffällig,
daß ſein alter Vater freudetrunken ſofort auch ein Paris=Gläubiger
wurde. Zu ſolchen Bekehrungen macht Languet die Bemerkung, ſie
ſeien eines Satans würdig, der ohne Schaden einen Menſchen mit dem
Scheine äußerer Frömmigkeit umhüllen könne, wenn nur der Stolz, die
Rebellion gegen Papſt und Kirche in die Seele einzögen; ein Satan
mache keine Schwierigkeit, auszuziehen, wenn dafür Platz werde für ſieben
andere ſchlimmere. Das war die Bekehrung Montgerons, und genau
ein Jahr nach derſelben, als der größere Theil des Parlaments am
7. September 1732 wegen ſeines janſeniſtiſchen Feuereifers in die Ver=
bannung gehen mußte, wurde Montgeron in die Auvergne geſchickt. In
dieſer Einſamkeit verzehrte hinbrütender Fanatismus ſeinen ohnehin tollen
Kopf, und ſo faßte er den Plan, der Geſchichtſchreiber der Mirakel und
der Convulſionen zu werden.

---

[1] Barbier, Journal. II. p. 526.

Fünf Jahre waren verflossen und Montgeron längst wieder nach
Paris zurückgekehrt, als er am 29. Juli 1737 sich in Amtstracht warf,
einen Wagen bestieg und nach Versailles fuhr. Unangemeldet gelangte
er, man weiß nicht wie, bis zum König, der eben bei Tische saß; hier
fiel er auf die Kniee und sprach, er sei der treueste Unterthan des Reiches
und komme, um ihm ein Buch anzubieten, welches lautere Wahrheit enthalte, die man dem Könige so lange verborgen habe. Der König empfing
das Buch gnädigst, es war der gerade vollendete, prachtvoll gebundene
erste Band Montgerons[1]. Dieser aber entfernte sich augenblicklich, fuhr
im Galopp nach St. Cloud, wo er auch dem Herzog von Orléans einen
Band übergab, und noch am selben Abend in Paris dem ersten Präsidenten des Parlaments und dem Generalprocurator. In Versailles erholte
man sich erst von der Überraschung, welche das Erscheinen des sonderbaren,
unbekannten Mannes verursacht, als derselbe sich blitzschnell wieder entfernt hatte; jetzt erst dachte man an die Gefahr, welcher der König möglicherweise ausgesetzt gewesen sei, und sofort wurde Befehl ertheilt, dem
Flüchtigen nachzusetzen und ihn zu ergreifen. In der folgenden Nacht
wurde Montgeron in seinem Hause in Paris verhaftet und in die Bastille
gebracht. Das Parlament hielt sich dadurch beleidigt, weil es nicht angehe,
einen Parlamentsrath so einfach in die Bastille zu stecken; daher fuhren
am 2. August 22 Räthe mit dem ersten Präsidenten nach Versailles,
um dem Könige darüber Vortrag zu halten; dieser antwortete, er habe
eine Ehrfurchtslosigkeit gegen seine Person strafen wollen, und wenn er
für gut finde, noch weiter zu gehen, so werde er das Parlament benach-
richtigen. Eine zweite Vorstellung am 21. August hatte ebenso wenig
Erfolg, und Montgeron wurde den 7. October in die Benedictinerabtei
St. André von Avignon verbannt, bald darauf nach Viviers, wo ihm
der Bischof im folgenden Jahre (1738) wegen seiner wahnwitzigen Sectirerei die Ostercommunion versagte. Dieser Vorfall setzte die Parlaments-
köpfe in Wallung; am 4. Juni standen wieder 20 Deputirte mit großen
Klagen vor dem König: der Act des Bischofs beginne ein Schisma in
der Kirche, und an einem Parlamentsrath ausgeübt, sei er eine Schmach
gegen das Parlament selbst. Der König antwortete trocken und schnei-
bend, ihre häufigen Klagen, die meistens auf falschen Voraussetzungen

---

[1] La vérité des miracles opérés par l'intercession de M. Pâris et autres
appellants, démontrés contre M. l'Archevêque de Sens, 1737. Der zweite Band
erschien 1741, der dritte 1747.

beruhten, seien ihm läftig, sie sollten sich nicht in Regierungssachen mischen, die ihn, den König, angingen [1]. Im Parlamente erstatteten die Herren am 6. Juni Bericht: sie hätten den König nicht verstanden, denn er habe zu leise gesprochen [2]. Dem Montgeron war damit kein Dienst geleistet, er blieb in Haft, wurde später auf die Festung von Valence gebracht, wo er bis zu seinem Tode saß; hier hatte er Muße und Freiheit genug, dem erften Bande seines Werkes zwei andere, noch fanatischere beizufügen.

Montgeron war von dem Tage seines tollen Streiches an eine Celebrität; den Einen galt er als vollendeter Narr, und als solchen betrachten ihn auch die Appellantenbischöfe, sowie Abbé Poncet, ein Chorführer der Convulsionäre; Voltaire sagt sogar rundweg, Montgeron sei wahnsinnig gewesen und darum eingesperrt worden. Andere dagegen feierten ihn als Heros, als Martyrer, als einen der erften von Gott inspirirten christlichen Apologeten, und die janseniftische Kirchenzeitung brachte noch im Jahre 1737 sein Porträt, umflossen von himmlischem Lichtglanz, über seinem Haupte in Gestalt einer Taube den heiligen Geist, der ihm in die Feder dictirte, was er schreiben solle. Welcher Geist ihn inspirirte, zeigt die lange, dem König gewidmete Einleitung, eine stilistisch gut gehaltene Wuthepistel gegen Ultramontanismus und Jesuitismus. In der Gewandtheit, die Feder zu führen, sind die modernen Culturkämpfer und altkatholischen Zunftbrüder nur kleine Schuljungen gegen ihre janseniftischen Vorgänger. Der Verfasser schließt seinen langen Sermon mit der Nutzanwendung: die frommen Appellanten, für welche Gott so viele Wunder wirke, seien endlich als die einzigen treuen Unterthanen anzuerkennen, und folglich gegen den gewaltthätigen Papst, gegen die böse Bulle, die man als Kirchen= und Staatsgesetz ausgeben wolle, und gegen die allerschlimmsten Jesuiten zu schützen; das werde dem Könige Ehre hier auf Erden gewähren, jenseits aber eine unvergängliche Krone. Zur vollständigen Predigt fehlte nichts als das Amen.

Der erste reichlich mit Wunderbildern ausgestattete Band enthält neun angebliche Wunder, die so lang und breit behandelt werden, daß gleich der erste Fall des Don Alphons be Palacios bei 100 eng gedruckte Quartseiten füllt, einige andere sind noch reichlicher bedacht. Der dritte Band, der allein 882 Seiten enthält, behandelt die secours und die mit

---

[1] Clef du Cabinet, Juillet 1738, p. 53.
[2] Barbier, III. p. 136.

ben Convulsionen gewirkten Wunder. Es übersteigt alle Begriffe, was der rasende Fanatismus der Convulsionäre erdulden und ausführen konnte, und die schmutzigste Phantasie erdenkt das Ekelhafte nicht, was sie als Nahrung genossen[1]; trotzdem werden diese Dinge, vor deren bloßer Lesung die Natur mit Abscheu sich abwendet, als göttliche Wunderwerke gepriesen. Wenn man auch nichts anderes hätte, als die Apologie Montgerons, St. Medard und was daran hängt wäre unrettbar gerichtet.

8. Die Fortdauer der Convulsionen und die Kreuzigungen. — Nicht in den niedrigen Ständen der Gesellschaft, nicht in dem gemeinen Volke lag die Hauptkraft des Convulsions-Unfuges, sondern in den vornehmern Schichten des Bürgerthums, bei einigen adeligen Herren und Damen. Diese waren es, welche den Convulsionären und Convulsionärinnen, die von jansenistischen Geistlichen zu dem Werke abgerichtet wurden und freilich meistentheils gemeiner Herkunft waren, Unterschleif, Hilfsmittel und Schutz gewährten. Der wahre Nerv beruhte in einem exaltirten, hypochondrischen Frondeurgeist, in dessen Blut es nun einmal lag, Opposition zu machen gegen alles und jedes, was in Kirche und Staat zu Recht bestand; die große fashionable Welt des reichen Bürgerthums namentlich in Paris war oppositionell gesinnt und darin lag die Stärke und die Gefahr der Jansisterei. Es gibt Leute, welche glauben, wenn nur die Regierung sich nicht um die Jansenisten bekümmert hätte, so wäre die Secte fromm und sanft im Herrn entschlafen; naiv, kindlich und modern ist zwar diese Auffassung, jedoch nicht bestätigt durch den allgemeinen Entwicklungsgang der Häresien; eigentlich liegt dieser Idee nicht selten das falsche Princip zu Grunde, daß der Staat nicht die Aufgabe und die Pflicht habe, die Religion zu schützen. Wenn man indessen ein Wespennest anfaßt, muß man bekanntlich fest zugreifen, ein tändelndes Herumtappen reizt die Bestien und macht sie kühner; die Griffe der Regierung in die Jansenistennester waren zu schlaff, zu schüchtern, zu unsicher und zu wenig consequent.

Seitdem ein Verbot gegen die Convulsions-Komödien erlassen war, auch einzelne Schwindler und Fanatiker ergriffen wurden, suchten die „Frommen" das Dunkel, die Nacht, das Versteck und das tiefste Geheim-

---

[1] Dictionn. des livres jansénistes, IV. p. 189, theilt ein allen Begriffen spottendes Beispiel aus dem Buche Montgerons mit.

niß. Am 22. November 1737 ließ die Marquisin von Vieux=Pont in Gegenwart von 40 Personen von zwei Mädchen Convulsionen auf= führen, aber Herault, der Polizeipräfect, erhielt Kunde davon, ließ das Haus umstellen und zwölf Personen, darunter mehrere Geistliche, auf königlichen Befehl in die Bastille abführen. Aus Furcht vor der Polizei theilten sich die Versammlungen in mehrere kleinere Banden, deren jede ihren Director, meistens einen Geistlichen, an der Spitze hatte; um die Mitte des Jahrhunderts waren P. Timothée und der Ex=Oratorianer Cottu berühmte Directoren. Die secours, welche in solchen Conventikeln unter den Brüdern und Schwestern — das waren die gegenseitigen Titel der Fanatiker unter einander — zur Anwendung kamen, waren oft schauerlich und entsetzlich. Eine beliebte Weise war die Degenhilfe; Gabrielle Moler († 1748), eine der berühmtesten Tausendkünstlerinnen der Secte, hatte dieselbe 1736 erfunden und eingeführt. Die Con= vulsionärin fühlt oder heuchelt heftigen Schmerz am Kopf, an Händen und Füßen, oder auf der Seite, dem Magen, der Brust und fordert dann, um Linderung zu erhalten, daß einige „Brüder oder Schwestern" mit spitzem Degen die leidende Stelle mit allem Kraftaufwand durch= stechen; der Stoß ist oft so stark, daß der Degen sich krümmt, und doch bringt er nicht in's Fleisch ein, die Person bleibt unverwundet. Schwester Magdalena setzte sich 1744 die Degenspitze auf ein Augenlid, hieß dann zustoßen, das Auge trat aus der Augenhöhle, aber sie blieb unverletzt.

Auch Nicht=Convulsionären wurden mitunter dergleichen unerbetene Liebesdienste ohne weiteren Schaden erwiesen. Ein großer Enthusiast, Armand Arouet, der Bruder Voltaire's, pflegte in seinem Hause solche Kränzchen zu veranstalten. Eines Tages im Jahre 1745 waren viele Freunde eingeladen, um an den Künsten von vier Convulsionärinnen sich zu erbauen; ein anwesender Offizier zeigte sich ungläubig hinsichtlich der Unverwundbarkeit, plötzlich stürzen die vier Furien mit ihren Degen auf ihn los, stechen ihn aus Leibeskräften, und doch bleibt er unver= letzt (!). Am 31. Mai 1744 gewährten die beiden „Schwestern" Felicitas und Magdalena, welche der Himmel wunderbarer Weise aus entlegenen Quartieren der Stadt, ohne daß die eine um die andere wußte, zusammen geführt hatte, einer Schaar von 30 Zuschauern das ergötzliche Schauspiel eines Duells, dessen tiefe Bedeutung den Kampf der Juden und der Heiden vorstellen sollte. Jede mit zwei Degen bewaffnet, hieb und stach wüthend auf die Gegnerin los, dann ergriff die Eine zwei

Dolche und hackte aus aller Kraft mit denselben auf die Brust der Andern, was diese ganz friedlich und ohne Widerstand geschehen ließ, um einige Augenblicke später ihre Collegin ebenso zu bedienen; aber in allen diesen Fällen floß kein Blut, folgte keine Wunde. Es ist Mont= geron, der diese und viele andere noch merkwürdigere Dinge erzählt; sein Name ist aber offenbar eine geringe Bürgschaft dafür, daß hinter allen Erzählungen nicht ein guter Theil Charlatanerie stecke.

Für die Profanen geht nun die nachweisbare Spur der Con= vulsionen, obgleich sie immer fortdauerten, auf einige Jahre verloren. Die Verhöhnung der Religion unter der ernsthaftesten Pharisäermiene erreichte den Gipfelpunkt. Schon frühzeitig hatten sich Geistliche von den tollen Frauenzimmern mit Du anreden lassen, waren vor ihnen niedergekniet, hatten von ihnen sich Bußen auflegen, den Segen ertheilen lassen; die 30 Doctoren erwähnen diese Dinge bereits am 7. Jannar 1735 in ihrer Consultation über die Convulsionen. Um die Mitte des Jahrhunderts wollten die Weiber auch Beicht hören; in Vernon hörte eine Convulsionärin Männerbeichten; Johanna Charlotte Barachin, genannt Schwester Melanie, kam in die Bastille, weil sie mehrere Frauen Beicht gehört hatte [1]. Gegen Ende des Jahres 1758 erzählte man sich wieder von den empörendsten Convulsionen; ein Mädchen, hieß es, sei in einer Versammlung an das Krenz geschlagen worden, auch habe man sie mit einer Degenspitze zu durchstechen gesucht, ohne sie verwunden zu können; man vernahm, ein anderes Mädchen habe von den stärksten Männern mit schweren Stöcken auf den Magen, in den Rücken, in die Seiten auf sich losbreschen lassen, während Priester und Laien Psalmen sangen; man wußte, daß starke Geister, „große Philosophen", wie d'Alembert, solchen Versammlungen mit Interesse beiwohnten.

Die wahnsinnige Idee, den Tod Christi durch die Kreuzigung nach= zuahmen, geht bis in den Jannar 1733 zurück. Damals erhielt ein armer Mensch während seiner Convulsionen die Erleuchtung, er müsse am Charfreitag, 3. April, gekreuzigt werden. Weil jedoch die lieben Mitbrüder, anders als wie er gehofft, ihn für die große That würdig und tugendhaft genug fanden, entzog er sich in Demuth, aber mit den größten Schwierigkeiten ihren wüthenden Nachforschungen. Im December

---

[1] Grégoire, Hist. des sectes religieuses, T. II. p. 130. Matthieu, Hist. des Convulsionnaires, p. 414.

1733 hatte Abbé Sellier, der Sohn eines Weinhändlers, gleiche Offen=
barung, aber auch er entging in demüthiger Flucht der großen Ehre[1].
Nach der Mitte des Jahrhunderts wurden die Scenen ernster, aber
nicht ganz frei von kindischem Beiwerk. Die Schwester Francisca, eine
55jährige Person, war schon zweimal, am Charfreitag, 24. März, und
am Tage der Kreuzerhöhung, 14. September 1758, gekreuzigt worden,
wiederum am Charfreitag 13. April 1759 sollte das dritte erbauliche
Probestück mit ihr vorgenommen werden. Der bekannte Geograph La
Condamine hatte schon im October 1758 einer ähnlichen, aber minder
interessanten Scene beigewohnt; diesesmal gelang es ihm durch eine
List, an der Stelle des eingeladenen Barons von Gleichen aus Baireuth,
zugelassen zu werden, und was er hier sah, hat er als scharfer Be=
obachter aufgezeichnet[2].
Er fand wieder, wie im October, den Oratorianer Cottu als
Director vor, im Ganzen waren 24 Personen anwesend, darunter
P. Guibi, ein anderer Oratorianer und eifriger Convulsionistenchef, der
Marquis de Latour=du=Pin, ein Parlamentsrath Merinville und nenn
Weiber; die Mehrzahl betete Psalmen aus einem Gebetbuch. Nachdem
Francisca einige gewöhnliche Operationen — Schläge mit zehnpfündigen
Ketten und 60 starke Schläge mit schweren Holzstöcken auf die Brust
und den Rücken — ausgehalten, wurde sie auf ein 6—7 Fuß langes
Kreuz gebunden. Der Director selbst durchschlug mit einem viereckigen
Nagel (es wurden sonst nur glatte, runde gebraucht) in vier bis fünf
Hammerschlägen die linke Hand, so daß der Nagel mehrere Linien tief
in's Holz eindrang, dasselbe geschah mit der rechten Hand, nachdem
beide zuvor mit dem Wasser befeuchtet waren, welches ein Kreuz des
„heiligen" Paris berührt hatte. Gleiche Handlung wurde mit den
Füßen vorgenommen, welche auf einem Untergestell ruhten. Blut floß
nur wenig aus einem Fuß, keines aus den Händen; aber entgegen der
Behauptung, daß die Convulsionäre aus solchen Hilfeleistungen Linderung
schöpften, malte sich bitterer Schmerz in den Zügen Francisca's ab,
obwohl kein Schrei und kein Seufzer ihrer Brust entstieg. Das Kreuz
selbst wurde von Viertelstunde zu Viertelstunde in eine andere Lage

---

[1] Journal des Convulsions, p. XXXVIII. Barbier, II. p. 524.
[2] Aufgenommen in der Correspondance littéraire de Grimm et de Diderot,
éd. 2. 1829. T. III. p. 18—29 (abgedruckt bei Matthieu, Hist. des Convulsions,
p. 377, vollständiger bei Hippolyte Blanc, Le merveilleux, 1865, p. 104—114).

gebracht, bald auf die Erde gelegt, bald in die Höhe gerichtet, niemals aber ganz aufrecht, einmal in mäßig schiefe Richtung mit dem Kopfe abwärts gestellt. Es wurden der Convulsionärin hierauf zwölf spitzige Degen auf die Brust gesetzt und mit solcher Kraft dagegen gestoßen, daß mehrere sich krümmten, ohne jedoch in den Körper einzubringen; freilich war sie mit zwilchenem Kleid, mit einem Drahtgürtel, einem mehrfach gefalteten Taschentuch und mit einer Binde aus Roßhaar bewehrt, aber La Con= damine wagt nicht zu entscheiden, ob diese Schutzmittel hinreichend gewesen wären, den Stoß der Spitzen abzuhalten, bemerkt aber, sie hätte einen der Secouristen, der zu wuchtig darauf losstieß, gewarnt, sich zu mäßigen, weil sie die Hände nicht gebrauchen könne, mit denen sonst solche Stöße theilweise gebrochen wurden. Endlich ergriff der Director ein zwei= schneidiges Stockmesser und stieß es ihr ungefähr drei Linien tief auf eine von ihr selbst bezeichnete Stelle der zu diesem Zwecke entblößten linken Seite. Nachdem sie drei Stunden so an's Kreuz geheftet war, wurden die Hände losgenagelt, was ihr große Schmerzen verursachte, die sie aber lautlos unterdrückte. Eine halbe Stunde später wurden auch die Nägel aus den Füßen mühsam heraus gezogen, wobei La Con= damine selbst behilflich war, mit gleicher schmerzlicher Wirkung und jedes= maliger reichlicher Blutung an Händen und Füßen.

Wir haben in diesem ziemlich ausführlichen Bericht ein Bild von dem geben wollen, was man die Kreuzigung nannte. Gleichzeitig mit der Schwester Francisca befand sich eine andere 22jährige Schwester Maria in demselben Local, ebenfalls auserwählt, eine ähnliche Rolle wie jene zu spielen; es ist wieder La Condamine, der den Vorgang beschreibt. Maria hatte schon einmal die Kreuzigungsprobe bestanden, und erinnerte sich mit Schrecken daran, darum zagte sie jetzt und brach in Thränen aus, so daß die Umstehenden schon ahnten, sie werde ihre Aufgabe schlecht lösen. Endlich fällt sie in die gewöhnlichen Convulsionen, hält die secours der Stockschläge aus und faßt nach einer Stunde Muth, sich an's Kreuz heften zu lassen. Die Hände und ein Fuß werden an= genagelt, aber beim zweiten Hammerschlag auf den andern Fuß, bevor der Nagel durchgedrungen, ruft sie: „Genug!" Eine kleine halbe Stunde war sie so am Kreuz und las in diesem Zustande mit lauter Stimme die Leidensgeschichte aus dem hl. Johannes, als sie plötzlich erblaßte und mit schwacher, sterbender Stimme rief: „Nehmt mich ab, schnell, denn ich sterbe!" Es war aber nicht zum Sterben, es war bloß eine Ohn= macht, denn zehn Minuten nachdem sie abgenommen worden, war sie

wieder hergestellt, eilte auf Francisca zu, die noch mit den Füßen an=
genagelt war, ließ sich von ihr küssen und liebkoste sie.

Am 24. Juni 1757 hatte La Condamine wieder Gelegenheit, einer
Vorstellung der Schwester Francisca beizuwohnen; mit ihm war sein
Freund du Doyer de Gastel gegenwärtig, der diesesmal den Hergang
erzählt [1], auch zwei Ärzte, im Ganzen 30 Personen, waren anwesend,
als Director functionirte P. Timotheus. An diesem Tage sollten große,
ganz außerordentliche Dinge geschehen, denn Gott hatte der Francisca
befohlen, am Johannistag auf angezündeten Strohbündeln die Kleider
am Leibe sich verbrennen zu lassen. Es scheint jedoch ein dies nefastus
gewesen zu sein, denn schon die Vorproben, insbesondere die Degenprüfung,
fielen nicht glänzend aus, und die Dienstleistungen des du Doyer waren
so herzhafter Art, daß in ihm die Hand des Fremdlings erkannt und
fürderhin abgelehnt wurde. Für das Hauptwunder bedurfte P. Timotheus
aller Redekunst, um die kleinmüthig gewordene Schwester zu bestimmen,
der selbst angebotenen Feuerprobe sich anzubequemen. Die Strohbündel
wurden angezündet, aber Francisca wälzte sich hin und her, um das
Feuer auszulöschen, auch standen schon einige im Glauben minder
befestigte Brüder mit Wassereimern da und gossen sie über die Flammen
aus, als die Schwester zu winseln und zu schreien begann, wie andere
Menschenkinder in ähnlicher Lage auch gethan hätten. Dennoch rief
einer der Anwesenden, es sei ein Wunder geschehen, aber du Doyer
bemerkt boshaft=naiv, es seien wahrscheinlich die Sünden einiger Um=
stehenden Ursache gewesen, daß das Mirakel nicht besser gelang. Die
Kleider waren freilich etwas angebrannt und beschädigt, aber umsonst
predigte P. Timotheus und mit ihm der Abbé Gnidi, der Wille Gottes
sei noch nicht erfüllt, Gott habe ausdrücklich befohlen, das ganze Kleid
solle auf ihrem Leibe verbrannt werden; Francisca hatte taube Ohren
nach dem Grundsatze: „Gebrannte Kinder fürchten das Feuer".

Eine weit ernstere, berühmtere und erfolgreichere Scene, als die
vorhergehenden, fand Nachmittags am Charfreitag — das war der
Lieblingstag dieser Schwärmer — 4. April 1760 in der Vorstadt
St. Antoine statt. Ein Advokat von Rouen, de la Barre, hielt in
seinem eigenen Hause eine glänzende Convulsions=Versammlung von
20 Personen, bei der er selbst, obwohl Laie, als Director functionirte.
Anwesend waren die Prinzessin Kinski, der Fürst von Monaco, der

---

[1] Grimm, l. c. T. III. p. 29—37. Blanc, l. c. p. 97—104.

Graf von Starhemberg, der Marquis von Bousoles, mehrere andere Adelige und Offiziere, auch der schon genannte Berichterstatter du Doyer, ferner die zwei Ex-Oratorianer de Laure und Pinault und vier bis fünf Convulsions-Schwestern. Zwei Schwestern, Felicitas (Katharina Lefrane) und Rachel (Elisabeth de la Barre), wurden in aller Form mit Nägeln an's Kreuz geschlagen und blieben über eine Stunde an demselben angeheftet; während dieser Zeit schwätzte Rachel, eine 33jährige Person, allerlei kindisches Zeug, besonders mit Dr. Dubourg, der ihr wie einem kleinen Kinde Bonbons und Zuckerbrod vorhielt und sie damit neckte. Große Schmerzen verursachte das Ausziehen der Nägel, und sogleich floß viel Blut aus Händen und Füßen, welches aber alsbald mit Wasser weggewaschen wurde; Rachel ging darauf zu Tisch, aß in Milch gekochten Reis und Meeraustern, als wäre nichts vorgefallen.

Eine dritte Person wurde hierauf durch die großen secours (Stockschläge, Degenstiche u. dgl.) auf die Kreuzigung vorbereitet, als plötzlich die Polizei eintrat und den de la Barre und vier Convulsionärinnen gefangen in die Bastille abführte. Der Criminalgerichtshof erster Instanz (le Châtelet) verurtheilte die Angeklagten am 29. April zu einem Verweis und zu je drei Livres Strafe und verbot denselben, sowie überhaupt Jedermann, künftig wieder ähnliche secours anzuwenden, oder zu diesem Zwecke Versammlungen zu halten. Eine solche Strafe erschien mit Recht lächerlich, weil diese Art Versammlungen schon längst durch die königlichen Ordonnanzen verboten und eine entsetzliche Verhöhnung der Religion waren, darum appellirte der Generalprocurator an das Parlament. Die Sache gelangte somit an die Criminalkammer des Parlaments (la Tournelle), deren Richter, 22 an Zahl, aus den verschiedenen Abtheilungen des Parlaments gezogen wurden. Es ging jedoch ein ganzes Jahr, bevor hier das Urtheil gefällt wurde, denn zunächst wollten die Jansenisten, vorgeblich wegen der Wichtigkeit der Frage, das ganze Parlament als Gerichtshof haben, in der That aber weil darin viele Convulsionsfreunde saßen; dieser Antrag fiel indessen mit nur sechs Stimmen Mehrheit in den vereinigten Kammern am 19. Mai durch. Ferner erweiterte sich die Frage, weil noch andere Personen, als bloß die gefangenen, in die Angelegenheit verwickelt wurden, besonders der Ex-Oratorianer Cottu, wegen seiner geschäftigen Direction des Convulsionswerkes. Endlich erfolgte am 5. Mai 1761 der Urtheilsspruch, der den de la Barre auf neun Jahre verbannte, die

vier Convulſionärinnen auf drei Jahre in das Spital von Paris ver=
wies, unter körperlicher Züchtigung die vorgeblichen secours, wie auch
die Abhaltung ſolcher Verſammlungen verbot, und allen Hauseigen=
thümern die Anzeige von dergleichen Conventikeln zur Pflicht machte [1].

9. Die Revolutions= und Reſtaurationszeit. — Seit
dieſem Vorfalle verſchwanden die Kreuzigungen und ſelbſt die Con=
vulſionen auf lange Zeit hin, wenigſtens in Paris, oder richtiger, ſie
zogen ſich ſo ſehr in die Verborgenheit zurück, daß das profane Publikum
nur ſchwache Spuren von ihrer thatſächlichen Fortdauer erhielt. In=
beſſen hörte man ab und zu von neuen wunderbaren Heilungen durch
die Convulſionen aus den Provinzen; ſo im Juni 1773 aus dem Dorfe
Sarcelle in der Nähe von Paris, im Jannar und Juli 1783 aus Lyon,
im Februar 1785 aus Troyes. Das periodenweiſe ſtärkere Hervortreten
der Convulſionen ſteht in einer merkwürdigen chronologiſchen Beziehung
zu den größeren Unglücksfällen Frankreichs; ſie erſcheinen faſt wie Vor=
läufer bedeutender kirchlicher Umwälzungen in dieſem Lande. Faſt gleich=
zeitig mit dem erſten Erſcheinen derſelben fällt eine intenſive und lange
dauernde Verfolgung der Biſchöfe und des Klerus durch die Parlamente
zuſammen, welche den Klerus, die Kirche und die Religion dem Haß
und der Verhöhnung preisgab, und den antichriſtlichen Philoſophen um
die Mitte des Jahrhunderts die Bahn brach. Die zweite Periode geht
dem Vernichtungsproceß gegen die Jeſuiten nur wenig voraus; der
britten endlich folgte die große franzöſiſche Revolution auf dem Fuße
nach. Papſt Clemens XIII. war von dem gemeinſchädlichen Einfluß
der Janſeniſten ſo überzeugt, daß er ihnen das allgemeine Verderben
Frankreichs zuſchrieb, und ihre unheilvolle Wirkung ſogar höher anſchlug,
als die der Philoſophen. Seine Briefe an mehrere franzöſiſche Biſchöfe
legen davon hinlänglich Zeugniß ab [2].

Die Convulſionen und die ſchmachvollen secours dauerten insgeheim
immer fort. Wir erhalten Kunde davon durch einen heftigen Feder=
kampf, der darüber in den Jahren 1784 bis 1788 zwiſchen dem
Abbé Reynaud, Pfarrer von Vaux in der Diöceſe Auxerre († 1796),
und dem Dominicaner Bernard Lambert († 1813) ausbrach. Reynaud

---

[1] Blanc, l. c. p. 115. Barbier, Journal. VII. p. 243, 250, 360.

[2] Zum Belege nur eine Stelle aus einem Schreiben vom 14. November 1764
an den Erzbiſchof von Tours: Omnium vestrarum aerumnarum culpam merito in
Jansenianam haeresim confers.

war ein ſtarrer Appellant und eifriger Verehrer des Paris, durch den er ſogar in Folge einer Novene geheilt ſein wollte; gleichwohl verdammte er entſchieden den Unfug der Secouriſten und gerieth deßwegen mit dem damaligen Haupt derſelben, dem P. Lambert, in Streit. Nebſt einigen andern Schriften über dieſe Angelegenheit veröffentlichte Reynaud fünf Briefe an die Secouriſten; im vierten und längſten vom 11. November 1785 verſichert er, es gebe in Paris 40 bis 50 hervorragende Secouriſten, unter denen man Pfarrer, Benedictiner, Dominicaner, Oratorianer, Genoveſianer, Advokaten und Mediciner finden könne [1].

Noch war dieſer Streit mit der Feder nicht ausgekämpft, als ein Vorfall ſich ereignete, der die Fortdauer der gräßlichen Kreuzigungen ſonnenklar bewies und in ganz Frankreich das höchſte Erſtaunen und Entſetzen hervorrief. Lyon hatte ſeit dreißig Jahren das Unglück, in Montazet (1758—1788) einen Erzbiſchof zu beſitzen, der ſich ganz in den Händen der damaligen Janſeniſtenhäupter und Convulſionsfreunde befand. Mey, der janſeniſtiſche Kanoniſt, der Oratorianer Valla, Verfaſſer der berüchtigten Theologie von Lyon, Guibaud, auch Oratorianer und ſchwärmeriſcher Figuriſt, der Dominicaner Lambert, ebenfalls Figuriſt, Convulſioniſt, aber der tüchtigſte Theologe der Partei in jener Zeit, und einige andere Männer gleichen Schlages hielten den Erzbiſchof vollſtändig in ihrer Gewalt. Unter dieſem Regiment wucherten das Prophetenthum und der Convulſions-Scandal in der Erzbiöceſe luſtig auf, zumal in Lyon ſelbſt, in Montbriſon und Saint-Colmier; vorzüglich war es die ſchmachvolle Secte des Er-Oratorianers Pinel, die unter dem Schutze dieſer Umſtände ſich ausbreiten konnte.

Der Pfarrer Bonjour von Fareins bei Trevoux im heutigen Departement Ain verfiel dieſer Secte und erklärte in öffentlicher Predigt ſeinen Pfarrkindern, er werde nicht mehr Meſſe leſen, weil er deſſen unwürdig ſei. Bald hörte man von Wundern, er habe einem Mädchen ein Meſſer bis an den Griff in's Bein geſtoßen, ohne daß dieſes eine Wunde davontrug. Das Hauptwunder ereignete ſich aber an einem Freitag, 12. October 1787. Eine 30jährige Perſon, Stephanie Thomaſſon, hatte ihren Pfarrer längſt gebeten, ſie in der Mutter-Gottes-Kapelle zu kreuzigen, denn ſie habe vor zwei Jahren eine Offenbarung gehabt, das ſei der Wille Gottes, und nochmals habe ſich dieſelbe drei Monate vorher erneuert. Am beſagten Tage fand eine Verſammlung

---

[1] Picot, IV. p. 562. Ami de la relig. T. 35. p. 61.

von 40 Perſonen [1] ſtatt, in welcher die Thomaſſon unter Leitung
des Pfarrers und ſeines Bruders mit vier Nägeln an die Wand der
Kapelle genagelt wurde. Als die Nägel aus den Händen gezogen
wurden, floſſen nur zwei bis drei Tropfen Blut aus denſelben, und
nicht viel mehr aus den Füßen; die Perſou aber kounte ſofort ohne
alle Schmerzen gehen und ſich ihrer Hände zur Arbeit bedienen, wie
zuvor. So der Bericht des Bonjour ſelbſt, der die That als ein „oeuvre
divine“ anpreiſt [2].

Montazet, äußerſt beſtürzt darüber, daß in ſeiner Erzbiöceſe ſo etwas
geſchehen ſei, von einem Pfarrer, den er ſelbſt befördert und beſchützt
habe, ſchickte ſofort ſeinen Generalvicar Jolyclerc zur Unterſuchung an
Ort und Stelle und erwirkte einen Verhaftbefehl gegen Bonjour, der
in Folge deſſen im Kloſter der Franciscaner zu Tanlay eingeſperrt
wurde. Bonjour entfloh jedoch nach Paris, und dahin folgte ihm die
Gekreuzigte, um ſich neuen Prüfungen zu unterwerfen, z. B. barfuß im
Januar mit fünf Nägeln in jedem Fuß nach Port=Royal zu wallfahren [3].
Durch die Verbindungen, welche dieſer Unglückliche mit ſeinen Anhängern
in Fareins während der Revolution unterhielt, gelang es ihm, die Secte
der Fareiniſten zu gründen, dereu Hauptdogma in der Lehre von den
drei Weltepochen beſteht, von denen die erſte dem Vater angehöre, die
zweite dem Sohn; wenn aber die Macht des Sohnes erſchöpft ſei, danu
beginne die Periode des heiligen Geiſtes, der zu dieſem Ende Menſch
werde. Der Zweck dieſer Sectirer iſt, zu einem ſolchen Zuſtand der Sünde=
loſigkeit zu gelangen, in welchem alle, auch die ſchändlichſten Handlungen
rein und unſchuldig würden. Mit dem Propheten Elias hatten ſie viel zu
thun; es galt ihnen als ausgemacht, derſelbe ſei 1774 in Paris geweſen,
und noch 1822 lebten Leute, welche behaupteten, mehreremal die Ehre
gehabt zu haben, mit ihm zu ſprechen; im Jahre 1794 wurde Elias wieder
erwartet, und in der Nähe von Montbriſon machten ſich 80 Perſonen
auf den Weg, ihm entgegenzugehen, weil er kommen werde, die „Re=
publik Chriſti“ aufzurichten. Die Deputirten Charlier und Pocholle

---

[1] Grégoire, Hist. des sectes religieuses. T. II. p. 169, weiß zwar nur von
14 Perſonen, aber der Dominicaner P. Crêpe, beſſer in der Lage, den Sachverhalt
zu kennen, verſichert, es ſeien 40 geweſen. Ami de la relig. T. XXV. p. 179.
Die Kreuzigung in Fareins war die bekannteſte dieſer Zeit, aber nicht die einzige.

[2] Journal hist. et littér., Maeſtricht 1er oct. 1788, p. 172.

[3] Grégoire, l. c. p. 171, beruft ſich dafür auf die Inquiſition des Gerichtes
von Trevour.

erstatteten am 28. September 1794 sogar dem Nationalconvent Bericht über diese Hoffnungen [1]. Die Secte verbreitete sich besonders in Lyon, Roanne, St. Etienne, Forez, St. Golmier, Montbrison, Nantes; in einzelnen Gegenden, wie im Charolais, war sie bekannter unter dem Namen der „Blauen", oder auch der „Weißen" (les bleus, les blancs). Napoleon verbannte endlich um 1806 die beiden Bonjours nach Lau=sanne, aber die Secte bestand noch während der Restauration. Wie es in den Versammlungen dieser Leute herging, entzieht sich der Beschreibung; der Revolutionsbischof Gregoire, der sein Werk über die religiösen Secten im Jahre 1828 schrieb, erzählt: „Angesehene Geistliche, die vermöge ihrer Stellung wohl wissen konnten, was geschah, versicherten, es werde das Heiligste, was die Religion besitzt, mit den gröbsten Ausschweifungen vermischt." [2]

„Die Freunde der Wahrheit", eine andere Secte von Convulsionären, entstanden während der Revolution und fanden sich besonders in Lyon, in Forez, la Bresse, Toulouse. Ihre charakteristische Eigenschaft bestand in großer Hinneigung zu Allem, was jüdisch ist: zu altbiblischen Namen, zur Feier jüdischer Feste 2c.; in ihren Häusern und in ihren Gebetbüchern fand sich meistens ein Bild des Propheten Elias mit der Umschrift: „Elias muß kommen, und er wird Alles wieder herstellen." Sie bekannten sich zum Millenarismus; in ihren Sitten zeigte sich größere Decenz als bei den vorigen Sectirern, sie neigten zu einem Rigorismus, der in seiner äußern Erscheinung nicht übel dem Quäker=thum glich. Eine berühmte Convulsionärin dieser Sorte war die Schwester Maria, welche die Concordats=Kirche und Napoleon excom-municirte; andere Convulsionärinnen prophezeiten und wirkten bis an's Ende der Restaurationszeit. Das Concordat von 1801 brachte eine Spaltung in die Partei, indem die Einen es verdammten, die Andern es annahmen. Das Haupt der Gegner war Dessours de Genetière

---

[1] Grégoire, l. c. p. 157, 176. Moniteur, an III. 10 Vendém. Ami de la relig. T. XIX. p. 350.

[2] Grégoire, l. c. T. II. p. 158. Biographie univers. T. 82. p. 246. Louis Silvy, ein frommer Schwärmer, aber ein großer Freund der Convulsionen, ein andächtiger Verehrer des Paris und ein so strammer Jansenist, daß er bei seinem Tode, 12. Juni 1847, testamentarisch verlangte, bei den Überresten der alten Ein-siedler von Port=Royal beigesetzt zu werden, dieser Silvy klagt in seinem Werke: Extraits d'un recueil de discours de piété sur nos derniers temps (1822), daß gegenwärtig das ganze Werk der Herrschaft des Dämons verfallen sei, daß „les bonnes convulsions" aufgehört hätten.

(† 1819), ein reicher Bürger von Lyon und Zögling der Oratorianer, der sich selbst und sein Vermögen mit Enthusiasmus dem Convulsionswerk aufopferte. Er gab einen Auszug der Geschichte der Convulsionen von Montgeron heraus, veröffentlichte eine Sammlung der Prophezeiungen kommender Strafen und Unglücke, welche die Convulsionäre zwischen 1733—1792 gemacht hätten, sowie der Züchtigungen wegen der Verfolgung der Jansenisten; im Jahre 1795 verfaßte er selbst Warnungen an die Katholiken über die Zeichen der Zeit, über die Bekehrung der Juden und über das sichtbare tausendjährige Reich Christi auf Erden. Deßfours war den Behörden als die Seele der fanatischen und convulsionistischen Versammlungen bekannt. Dem Tode nahe weigerte er sich, den katholischen Priester Courbon zu empfangen; seine Parteigänger ehrten ihn aber nach dem Tode als Heiligen. Freunde und Gesinnungsgenossen hatte er in dem Pfarrer Jacquemont, der 1835 als suspendirter Priester starb, an dem Dominicaner Concordan, an Alex. Bergasse († 1820), einem Bruder des berühmten Advokaten, der den Kaufmannsstand verließ, um mit größerer Muße dem Werke der Convulsionen sich zu widmen [1]. Die Concordatsfreunde, minder zahlreich und weniger bemerklich, hatten den Generalvicar Melchior Forbin von Aix an ihrer Spitze; auch diese hatten ihre eigenen Convulsionäre, Wunder und Andachten, besonders am Grabe des wunderthätigen Pfarrers Chavannes von Tourrete in Forez, der als Convulsionist und Concordatist gestorben war.

Der öfter erwähnte Gregoire, berüchtigt als Revolutionär und als Haupt der Jansenistenpartei, ist wiederum Gewährsmann dafür, daß auch in Paris und der Umgegend während der Revolution und lang darüber hinaus Convulsionsclubs fortdauerten. Ein vorzüglicher Beförderer derselben war der Mauriner Nicolas Foulon († 1813), ein Jansenist strengster Richtung, bis er am 10. September 1792, einer der ersten französischen Priester, die prüde Jansenistentochter Marotte du Coudray auf der Municipalität von Paris in einem „mariage provisoire" civil sich antrauen ließ, weil das Gesetz über die Civilehe und die Priesterheirathen erst zehn Tage später erlassen wurde. In dem Volke herrschte ein dunkles Gefühl, daß die wildesten Revolutionsmänner, der ersten Zeit wenigstens, aus den Kreisen der St. Medard-Schwärmer hervorgingen und daß die gräßlichsten Auftritte unter ihrer Leitung sich voll-

---

[1] Ami de la relig. T. LXII. p. 33. Grégoire, l. c. p. 189.

zögen. Wir gestatten darüber dem unglücklichen Cerutti († 3. Februar 1792), einem ehemaligen Jesuiten, späteren Journalisten, Revolutionär und Ungläubigen, das Wort. Dieser schrieb im Jahre 1790: „Er habe jüngst im Palais Royal (dem Wohnsitz des Herzogs von Orléans) eine Gruppe Tumultuanten betrachtet und gefragt, woher wohl diese Gestalten mit dem deutlichen Zeichen der Verwerfung auf der Stirne kämen? Ein Unbekannter antwortete ihm: er habe ehemals die Convulsionäre von St. Medard besucht und finde nun wieder, wie schon am 5. October 1789, als die Fischweiber (mit vielen verkleideten Männern) den König in Versailles abholten, dieselben Physiognomien wie in den Medard-Versammlungen. ‚Namentlich,‘ fuhr er fort, ‚erinnere ich mich, in den Conventikeln der Jansenisten einen Barbaren gesehen zu haben, ganz ähnlich dem jetzigen Kopfabschneider (coupeur de têtes, bekanntlich ein Individuum, das am 5. October 1789 eine große Rolle spielte); damals theilte er die gebräuchlichen Schläge aus und nagelte die Convulsionärinnen an das Kreuz. Es scheint mir darum, die große Maschine unserer Revolution werde weniger von den Demokraten und Aristokraten in Bewegung gesetzt, als von den erfahrenen Leuten, welche ehemals die jansenistischen Streitigkeiten und die parlamentarischen Kämpfe leiteten. Alle Spuren deuten darauf hin, daß die nämlichen Acteure, welche einst den Gerichtssaal des Parlaments beherrschten, jetzt auch im Palais Royal dirigiren. Ich kenne die geheimen Lenker nicht, aber Neulinge sind sie nicht in dem Geschäfte.‘“ [1] Wir setzen bei, daß die Familie der Orléans im vorigen Jahrhundert stark mit den Jansenisten zusammenhing.

Während des Kaiserreichs und unter der Restauration lebten die Convulsionen und die damit verbundenen secours wieder frischer auf, obgleich sie sich stets in der Verborgenheit halten mußten. H. Blanc, dem wir die folgenden Notizen entnehmen [2], versichert, die secours seien fast alle Wochen in Paris angewandt worden. In dieser Zeit hielt eine Convulsionärin im Quartier von St. Martin ein Mädchen-pensionat, welches sie nachmals einer andern Convulsionärin abtrat, die dasselbe in die Lombardenstraße verlegte. Von 1825—1838 hielten die Convulsionäre ihre Versammlungen bei einer Dame, welche in der

---

[1] Journal hist. et littér. 15 oct. 1790, p. 290.
[2] H. Blanc, Le merveilleux, p. 32—35. Leider hat der Verfasser, wahrscheinlich um Zeitgenossen (1865) zu schonen, statt der Namen nur willkürliche Buchstaben gesetzt; die Thatsachen selbst aber will er von bekehrten Jansenisten erfahren haben.

Pfarrei von St. Etienne du Mont wohnte. Im Jahre 1835 wurden die
secours wenigſtens an drei Stellen in Paris angewandt, in den Straßen
La Calandre, La Juiverin und St. Jacques, bei Verſammlungen, die oft
auf 60 Menſchen ſich beliefen, und man fuhr fort, die Holzſcheite, die
dazu gedient hatten, als heilige Gegenſtände zu verehren. In dem Dorfe
Villiers-le-Bel nahe bei Paris geſchahen 1841 wieder Wunderſtücke, wie
in den blühendſten Zeiten der Convulſions-Ritter.

In nächſter Beziehung zu den Convulſionen ſtand von jeher die
Verehrung des Diakons Paris, des janseniſtiſchen Factions-Heiligen;
ferner war das Wehklagen über den Untergang von Port-Royal charak-
teriſtiſch für die echten Jünger dieſer Schule. Port-Royal war und blieb
der Janseniſten unvergeßliches heiliges Mekka. Dieſe beiden Liebhabereien
haben ſich erhalten bis tief in unſer Jahrhundert. Das alte Regime hatte
wiederholt Luſt gezeigt, die Überreſte des Paris von St. Medard zu entfernen, war aber jedesmal an dem Widerſtand der Janseniſten geſcheitert;
Napoleon hegte weniger Scheu. Im Jannar 1807 wurden die Überreſte ausgegraben; die Klagen, welche Silvy[1] darüber erhebt, ſind ſehr
elegiſch. Die Janseniſten wußten ſich indeſſen in den Beſitz derſelben zu
ſetzen, und der Herausgeber des Journals von Barbier verſicherte 1864,
noch heute würden ſie in einer alten janseniſtiſchen Familie von Paris
andächtig aufbewahrt[2]. Es gab ſogar religiöſe Genoſſenſchaften, welche
von dieſer Vorliebe nicht laſſen konnten. Die Töchter der hl. Martha,
eine Stiftung aus dem Jahre 1713, bereiteten dadurch den beiden Erz-
biſchöfen Quelen und Affre viele Schwierigkeiten und Verdruß. Endlich
trennte ſich ein Theil der Schweſtern, unterwarf ſich der Kirche und
gründete eine neue Genoſſenſchaft unter dem Titel „Schweſtern der
hl. Maria"; Pius IX. beglückwünſchte ſie in einem eigenen Breve vom
15. Auguſt 1847, daß ſie dem Janseni8mus entſagt hätten, um in den
Schooß der katholiſchen Kirche zurückzukehren. Beim Tode des Erzbiſchofs
Affre 1848 begleiteten auch die andern Schweſtern, alte betagte Nonnen,
in ihren „runden Mützen" den Leichenzug[3]. Hoffentlich haben auch ſie
ſich unterworfen.

Seit der wohlverdienten Zerſtörung von 1709 lag das unglücklich
berühmte Kloſter Port-Royal-des-Champs, nahe bei Chevreuſe, in

---

[1] Extraits d'un recueil etc. 1822. T. III. p. 431.
[2] Barbier, Journal. II. p. 65.
[3] Ami de la relig. T. 138. p. 149.

Trümmern; die Güter aber waren mit dem gleichnamigen Tochterkloster in Paris vereinigt worden. Ein Decret der Nationalversammlung vom 2. November 1789 erklärte alle Kirchengüter als Nationalgut. Es ist merkwürdig, daß die Jansenisten das ihnen so theure Port=Royal=des= Champs, wo die Heroen ihrer Secte geseufzt, geschrieben und an dem Verderben der Kirche sich geärgert hatten, nicht damals schon käuflich an sich brachten, denn ihr Herz hing nun einmal an diesem Ort. Erst 1826 erwarb Silvy dieses Besitzthum, ob aus eigenen Mitteln, oder aus der damals und wahrscheinlich auch heute noch [1] bestehenden Jan= senistenkasse, der Boîte à Perette, wie Blanc (S. 29) versichert, wagen wir nicht zu entscheiden. Ludwig Silvy war ein in mancher Hinsicht vortrefflicher Mann vom alten Beamten=Schlag, mildherzig und wohl= thätig gegen die Armen, grundehrlich und gewissenhaft in Beziehung auf Geldsachen, fast bis zur Überspannung fromm, dabei aber starrköpfig beschränkt auf seine von seiner Familie, noch mehr von seinen Erziehern, den Benedictinern der Blancs=Manteaux in Paris, ererbten jansenistischen Grundsätzen, selbst den „guten" und anständigen Convulsionen nicht abgeneigt; in den Jesuiten aber sah er, wie es sich für einen echten Jansenisten geziemt, das Grundübel der Welt, daher warnte und predigte er, wie ein Rufender in der Wüste, gegen ihre Wiederherstellung, ihre Zulassung und Ausbreitung in Frankreich. Das erwarb ihm hohes Ansehen bei allen zeitgenössischen Jansenisten; darum gab ihm auch, als er 12. Juni 1847 in Port=Royal 87 Jahre alt starb, eine große Anzahl derselben das Ehrengeleite zum Grab.

Um seine Grundsätze fortzupflanzen, gründete er 1835 in der Pfarrei Magny, zu welcher Port=Royal gehörte, eine Knabenschule, wie er schon 1829 eine andere in der nicht weit entfernten Gemeinde St. Lam- bert gestiftet hatte; beide Schulen übergab er einer ihm sehr sympathischen Genossenschaft, den Brüdern vom hl. Antonius, die sich selbst „Brüder der christlichen Schulen" (nicht zu verwechseln mit den Schulbrüdern) nannten, auch als „Tabourins" dem Volke bekannt waren. Außer vie- len Schriften, die seiner schreibseligen Feder zur Verherrlichung von Port=Royal entflossen, zeigte er seinen fanatischen Eifer für diese Sache auch darin, daß er mit seinem Freunde, dem Advokaten Jarry, der die ehemalige Wohnung des heiligen Diakons besaß, dieselbe in ein Museum

---

[1] Der Herausgeber des Journal de Barbier, T. II. p. 524, erzählt, dieselbe sei noch (1864) vorhanden unter Aufsicht einiger alten Jansenisten.

verwandelte, zur Aufbewahrung von Gegenständen, die einst in Port-Royal gebraucht wurden, oder von Reliquien heiliger Jansenisten. Testamentarisch hinterließ er das theure Port-Royal den Brüdern vom hl. Anton, die im Mai 1849 daselbst ein Pensionat und eine Unterrichtsanstalt eröffneten. Es scheint indessen, daß das Unternehmen nicht den besten Erfolg hatte, denn im Juni 1872 erschien ein Aufruf an die Wohlthätigkeit der Freunde von Port-Royal, um durch ihre Unterstützung das Andenken an diesen so „ehrwürdigen" (si respectable) Ort so lange wie möglich zu erhalten. „Wenn die Besitzer," heißt es darin, „zu einem Aufruf an die Freunde von Port-Royal sich entschlossen haben, so geschah es in der bestimmten und festen Absicht, dieses Eigenthum nie zu verkaufen und ihren Nachfolgern sogar die Möglichkeit zu entziehen, dasselbe veräußern zu können." [1]

Die ganzen und halben Vertheidiger der Jansenisten, und es gibt deren noch sehr viele auch in der jüngeren Literatur, bemühen sich sehr, zwischen dem Jansenismus und dem Convulsionismus eine starke Grenzlinie zu ziehen. „Die aufgeklärten Männer der Partei," schreibt Matthieu im Anschluß an Dulaure [2], „billigten die Convulsionen nicht, oder verwarfen wenigstens, wenn sie auch die Wunder priesen, die großen mörderischen secours; man kann daher nicht, ohne ungerecht zu sein, alle Jansenisten und Appellanten beschuldigen, die wüthenden Convulsionen befördert zu haben; diese waren nur das Werk einiger Factionsmänner." Ganz richtig; so lange man nur bei den Personen sich aufhält, ist man hier, wie so oft in ähnlichen Fällen, in der Lage, zu gestehen, daß viele Menschen besser sind als die Partei, der sie angehören, und als die Principien, zu denen sie sich bekennen. Der Jansenismus und die Appellationen einer-, die Convulsionen andererseits sind aber nicht Personen, die unlogisch denken und handeln, sondern zwei Ideen, zwei Werke, die zusammengehören wie der Baum und seine Frucht; ist diese gut, so ist es auch jener und umgekehrt. Beide sind auf demselben Boden entstanden; beide haben denselben Zweck, die Verwerfung der Bulle Unigenitus; beide stützen sich auf dieselben Grundsätze, daß das Ansehen des Papstes und die Entscheidung der Kirche nicht maßgebend seien; beide beriefen sich, wenigstens im Anfange, auf die Wunder zum

---

[1] Biographie univers. T. 82. p. 241 sq.　Blanc, l. c. p. 35.
[2] J. A. Dulaure, Hist. physique, civile et morale de Paris.　Matthieu, Hist. des Convuls. 1864. p. 387.　Grégoire, l. c. p. 157, spricht dieselben Gedanken aus.

Zeugniß der Ächtheit ihrer Lehre, beide umjubelten das Grab des Paris. Der Unterschied ist bloß der, daß die Einen consequent auf der Bahn voranschritten, wie der Geist sie trieb, die Andern aber auf halbem Wege stehen blieben; kurz, es ist der Unterschied, wie er zu allen Zeiten zwischen den Moderirten und den Ultras gefunden wird, wie etwa zwischen den Socialisten und ihren Vätern, den Liberalen. Ist die Bahn richtig, so ist der Ultra besser, als der Gemäßigte; ist die Bahn schlecht, so ist jener wenigstens logischer, als sein halber Fractionsgenosse.

Wir schließen mit einer Stelle aus dem Briefe des Papstes Clemens XIII. [1] vom 4. November 1764 an den Bischof von Sarlat, worin er den Zusammenhang der Jansenisterei und Convulsionen als eine offenbare Strafe Gottes bezeichnet. „Als wir diese Schändlichkeiten der Convulsionäre lasen," schreibt der Papst, „erkannten wir, wie tief Gott den Stolz der Jansenisten bemüthigte, die mit ihrer heuchlerischen Frömmigkeit der Kirche gegenüber sich brüsteten, und in welche Schmach Er endlich diese verderblichste der Secten versinken ließ, gleichsam als ob der Herr spräche: Ich werde aufdecken deine Blöße [2] und zeigen den Völkern deine Nacktheit und den Königreichen deine Schande" (Nahum 3, 5).

R. Bauer S. J.

Die Vulkane Ecuadors und der jüngste Ausbruch des Cotopaxi.

(Schluß.)

Kehren wir zum Cotopaxi zurück. Nahe bem südlichen Fuße des Tiupullo erhebt sich ganz isolirt aus der Ebene von Latacunga ein auffallend regelmäßiger Hügel, eine runde Kuppe darstellend, der Cerrito de Callo. Man sagt, er berge das Grab eines berühmten Incafürsten. Wirklich stehen noch heute die Ruinen eines Incapalastes in seiner nächsten Umgebung. Wir bewegen uns also hier auf historisch merkwürdigem Boden; indessen lassen wir für dieses Mal alle historischen

---

[1] Bullar. Rom. (Barberi) T. III. p. 22.
[2] In facie tua findet sich nicht in der päpstlichen Anführung.

Erinnerungen bei Seite, um von diesem Hügel aus die Localverhältnisse des Cotopaxi uns näher anzusehen; es gibt keinen bessern Standpunkt zu seiner Beobachtung.

Unter uns dehnt sich gegen Süden eine breite, vollkommen ebene Fläche aus, an deren unterem Ende die Hauptstadt der Provinz, Latacunga, liegt; indessen wird dieselbe durch die von der Ostcordillere vorspringenden Höhen unseren Blicken entzogen. Die ganze Gegend ist unfruchtbar und sehr wenig cultivirt; reich theils an sumpfigen, theils an dürren Plätzen, macht sie einen trostlosen Eindruck. Hart am Fuße unseres Hügels vorbei fließt der Rio Cutuche in steinigem, breitem Bette, aber gewöhnlich mit wenig Wasser. Er kommt von dem Limpiopungu herab, welcher den Tiupullo mit dem Cotopaxi verbindet. Es ist also dieselbe Höhe, von welcher wir vom Pasachoa aus das Pedregal und den Rio Pita herabkommen sahen. Am Hügel ändert der Rio Cutuche seinen bisherigen ostsüdöstlichen Lauf in einen rein südlichen und nimmt noch, bevor er Latacunga erreicht, die den Gehängen des Iliniza entspringenden Flüsse San Juan und Toacaso von der rechten Seite her auf; von der linken stößt der Rio Alaques zu ihm. Dieser kommt vom Südwestabhang des Cotopaxi selbst und fließt nahe bei dem am Ostrande der Ebene gelegenen Dorfe Mulalo vorbei. Sonst gibt's auf der Ebene wenig Bemerkenswerthes; die Heerstraße Garcia Moreno's kommt vom Tiupullo herab, zieht dann nahe an unserem Cerrito vorbei, um sich später in der weiten Ebene zu verlieren; um Mulalo herum liegen viele Indianerhütten, da und dort einige wenige Haciendas, unter ihnen die „Cienega" (Sumpf), von welcher aus Moritz Wagner die Cotopaxi-Eruption im Jahre 1869 beobachtete; gegen Südwest auf den ausgedehnten Pampas mit ihrem büscheligen Gras weidet zahlreiches Vieh. Von den schon sehr in die Ferne gerückten Dörfern Guaitacama, Saquisili und San Felipe am Westrande der Ebene ist nichts zu sehen. Was indessen noch ganz besonders unser Interesse erregt, ist der traurige Blick auf den ganzen Landstrich sowohl gerade vor uns zwischen dem Hügel und den Vorbergen des Cotopaxi, als auch seitlich gegen den Tiupullo hin und hinab bis Mulalo. Wenn wir von dem seltenen, lichten, kleinen Gestrüpp und den wenigen, dünn mit Gras bewachsenen Flecken absehen, fehlt hier alle Vegetation. Das Ganze ist ein weites Sand- und Steinfeld, mit Tausenden von Felsblöcken übersäet, unter ihnen mehrere von der Größe eines Hauses, und gleich dem Pedregal am Fuße des Sinchulagua der Rest früherer Schlammeruptionen des Cotopaxi.

Der Cotopaxi erhebt sich im Osten, uns gerade gegenüber, unterhalb der Vereinigung des Tiupullo mit der Ostcordillere[1]. Er steigt nicht direct und gleichmäßig aus der Ebene auf, wie der Iliniza, Corazon, Chimborazo, sondern Stufen und Terrassen mit steiler Böschung und mit tiefen aber trockenen Rinnsalen führen zu dem eigentlichen Kegel hinan. Seine unteren Gehänge sind sanft, die oberen mehr abschüssig mit einer Neigung von 35 bis 40°. Das niedrige Gesträuch und Gestrüpp, wel= ches in den unteren Schluchten und Rinnsalen noch ziemlich üppig ge= deiht, verschwindet noch vor dem Ende der Vorstufen; nur ganz wenig über ihnen erlischt dann auch jede Spur von Gräsern und alle Vege= tation. Es folgt nun zwischen 3900 und 4600 m. Höhe eine düstere, dunkle Zone, das Arenal, eine dichte Decke aus lockerem Steingeröll und loser vulkanischer Asche; über ihr beginnen die Schneefelder und halten bis zuoberst an. Je nach Jahreszeit und Witterung wechselt deren Aus= sehen; zur Zeit reichlicher wässeriger Niederschläge bilden sie einen un= unterbrochenen, glatten, faltenlosen, glänzend weißen Mantel ohne irgend welchen dunklen Fleck, und nur der Picacho oder die Cabeza („Kopf") del volcan, welcher gerade oberhalb der unteren Schneegrenze über dem südlichen Abhange aufsteigt, zeigt schwarze Felspartien. Von diesem, aus Lavaschlacken und Lavagängen aufgebauten, steilen, zackigen Seitengipfel, der einzigen bedeutenden Unregelmäßigkeit am Kegel des Cotopaxi, be= richtet die Sage, er sei dessen ehemalige oberste Spitze gewesen, welche der Vulkan bei einer früheren Eruption abgeschüttelt und zur Seite ge= worfen habe. In Wirklichkeit ist er ein Theil sehr alter vulkanischer Bildungen, welche von den Massen des heutigen Cotopaxi-Kegels der Hauptsache nach überdeckt und begraben wurden. Bei klarem, warmem und trockenem Wetter kommen am Abhange schwarze Punkte, dunkle Bänder und Längsrippen zum Vorschein. Auch der Gipfel entblößt sich insoweit vom Schnee, daß als obere Abgrenzung eine dunkle Linie mit Lavafelsen und etwas weiter unten kleine Arenale bemerklich werden. Die

---

[1] Die Perspective von Pasachoa aus ließ den Cotopaxi, Rumiñagui und Sin= chulagua in etwas verschobener Reihenfolge erscheinen (S. 455). Der Cotopaxi liegt bedeutend südlicher, als die beiden anderen Berge, er bildet den östlichen Grenzposten des Tiupullo, doch so, daß die Hauptmasse seiner Basis schon in's Becken von Lata= cunga fällt. Der Kegel selbst ist viel mehr vom Thale zurückgeschoben, als der Ru= miñagui; dieser und der Sinchulagua liegen fast in derselben Breite, nur letzterer weiter gegen Osten. So kommt es, daß vom Pasachoa aus diese drei Berge von West nach Ost hinter einander zu stehen scheinen.

Bänder und Längsrippen sind gewaltige, 40 bis 60 m. tiefe und stellen=
weise 600 bis 800 m. breite Lavafelder der jüngst — im Jahre 1854
und 1863 — geflossenen Ströme. Sie sind heute noch so warm, daß
kein Schnee auf ihnen längere Zeit anhält und heiße Dämpfe fortwäh=
rend aus den Ritzen aufsteigen. Die Schneemassen sind viele Meter
mächtig und schichtweise über einander gelegt, bisweilen auch wohl durch
Zwischenlagen von Asche von einander getrennt. Durch die Wechsel=
wirkung der wärmenden, aufthauenden Sonnenstrahlen bei Tag und der
grimmigen Kälte bei Nacht hat sich Alles in eine compacte Masse um=
gebildet.

Nach Dr. W. Reiß liegen die Dinge auf der von uns abgekehrten
Ostseite etwas anders. Das Gletschereis reicht tiefer hinab und die
neueren Lavaströme sind zahlreicher. Auch haben die Aschen und Schlacken
wegen des herrschenden Ostwindes nur auf den Süd= und Westgehängen
so mächtig sich angehäuft und fehlen dem Nord= und Ostabhange fast
vollständig.

Die Kratereinsenkung und die ihr entsprechende horizontale Ab=
plattung des Gipfels verschwindet so sehr gegen die übrigen Dimensionen
des Berges, daß man sie, zumal bei starker Schneelage, aus der Ferne
gar nicht wahrnimmt und der Kegel in eine oben abgerundete Spitze
auszulaufen scheint. Nichtsdestoweniger ist der Cotopaxi=Krater von ganz
ansehnlicher Größe. Ich lasse die Beschreibung folgen, welche Reiß und
Stübel, die Einzigen, welche ihn bis heute mit Augen gesehen, von ihm
gegeben haben. „Die Kratertiefe war mit Dämpfen gefüllt, welche, nach=
dem sie sich bis zum Rande erhoben, über diesen hinweggeweht wurden.
Wir standen auf dem Südrande, wo kein Schnee haftete. Der Krater
ist von elliptischer Gestalt, mit der längeren Axe von Nord nach Süd.
Ringsum senken sich die Felsen jäh zur Tiefe und vereinigen sich zum
Kraterschlund, ohne einer Ebene, einem Kraterboden, Raum zu lassen.
Eine große Schneemasse bedeckte die nordöstliche Seite von der Höhe bis
zur Tiefe, während die übrigen Seiten fast ganz schneefrei waren. Die
Zerrüttung der Wände ließ den Bau der Felsmassen deutlich erkennen.
Ohne Unterlaß stürzten Steinblöcke vom Kraterrande in die Tiefe hinab.
Am südwestlichen Gehänge des Schlundes befand sich eine Fumarole[1],

----

[1] Fumarolen nennt man die heißen Dampfquellen in Vulkankratern und vulka=
nischen Gegenden überhaupt. Die aus denselben aufsteigende Wolke besteht der
Hauptsache nach aus Wasserdampf, dem sich verschiedene Gase (schweflige Säure,
Schwefelwasserstoff, Kohlensäure) beimischen.

welche Wolken von Wasserdampf, vermischt mit schwefeliger Säure, aus=
hauchte. Die Mündung der Fumarole war mit Schwefelsublimationen
bekleidet. Noch an mehreren anderen Punkten stiegen heiße Dämpfe auf.
Ich schätzte die Tiefe des Cotopaxi=Kraters auf 500 Meter."

Also auch das Innere des Vulkans befand sich damals (1872)
noch in sehr friedlicher Verfassung. Jedenfalls sah es darin nicht schlim=
mer aus, als im Krater des Tunguragua, den uns Dr. Stübel 1873
zuerst kennen lehrte; ja selbst in dem seit 1660 ruhig gebliebenen
Guagua=Pichincha, zu dessen wild zischenden, an mehr als zehn ver=
schiedenen Stellen ausbrechenden Fumarolen ich zweimal hinabgestiegen,
war es viel lebendiger. Jetzt freilich, nach der letzten Eruption, wird
es im Cotopaxi=Krater unheimlicher aussehen. Wir wollen nun diese
selbst in ihren einzelnen thatsächlichen Momenten schildern, indem wir
genau dem von P. Monti S. J. uns zugesandten, ganz objectiv gehaltenen
und kundig abgefaßten Berichte folgen, und dann noch einige verglei=
chende allgemeinere Bemerkungen anknüpfen.

Seit dem Anfange dieses Jahres sah man von der Umgebung
Quito's aus ganz deutlich den Cotopaxi fast täglich rauchen [1]. Donnerartiges Rollen in seinem Innern mahnte zu wiederholten Malen, daß
die frühere Ruhe gewichen sei. Am 21. April Abends schienen gewaltige
Flammen, so hoch wie ein Drittheil des ganzen Berges, über dem Krater
zu stehen; ohne Zweifel war dieß nur der Reflex des glühenden Lava=
sees in dem zum Himmel aufsteigenden Dampfe und Rauch. Tags
darauf begannen die Aschenfälle. Der ganze Cotopaxi wurde grau über=
schüttet, und bis Tembillo, also in nordwestlicher Richtung auf fünf
Meilen Entfernung, regnete es Asche. Seit diesem Tage wechselte der
Kegel oft sein Kleid: bald glänzte er wieder wie früher in reinem Weiß,
bald trauerte er ganz im Aschengewande, bald trug er sich gleichzeitig
grau und weiß. Ein Abschmelzen des Schnees trat in dieser ganzen
Periode niemals ein. Gerade so wird es auch bei früheren Ausbrüchen

---

[1] P. Monti weilte die ganze Zeit während der Eruptionserscheinungen auf der
Hacienda Olalla bei Piso, welche 5½ Meilen von Quito und 7 Meilen vom Coto=
paxi (beides in der Luftlinie) entfernt ist. Ich selbst habe den Cotopaxi sehr oft bei
ganz klarem Wetter gesehen, mehrmals auch aus nächster Nähe, doch nie konnte ich
mit Sicherheit Rauch auf ihm wahrnehmen. Wohl sah ich das eine oder andere Mal
ein Wölkchen an seinem Rande haften, so klein und licht, daß man es von Olalla
aus nie hätte bemerkten können, während sonst Alles wolkenfrei war. Dieß hätte
wohl Fumarolendampf sein können; indessen sah ich auch ähnliche Wölkchen an
Schneegipfeln, aus denen ganz sicher kein Dampf aufstieg.

gewesen sein. Bekanntlich melden ältere Berichte, daß der Cotopaxi oft in einer Nacht, nur in Folge der Steigerung seiner innern Hitze, all' sein Eis und seinen Schnee verloren habe, ohne daß angedeutet wird, wohin er gekommen. Weder wird von abgestürzten Eismassen, noch von großen Wasserfluthen gesprochen, und doch hätten solche entstehen müssen, da eine plötzliche Verdampfung jener immensen Anhäufungen von Schnee und Eis ohne vorhergehende Schmelzung nicht gedacht werden kann. Es ist übrigens schon eine derartige Erhitzung des ganzen Kegels durch die inneren glühenden Lavamassen und ausströmenden Dämpfe eine lustige, durch keine Thatsachen gestützte Annahme; die Thatsachen sprechen vielmehr für's gerade Gegentheil. Im Innern des Sangay steht Jahr aus Jahr ein geschmolzene Lava schon seit Jahrhunderten, und doch sind dessen obere Gehänge stets mit Schnee bedeckt, wenn nicht die glü=hend ausgeworfenen Stein= und Lavamassen ihn zeitweilig wegschmelzen. Der im Centrum des Hauptkraters etwas höher aufsteigende kleine Eruptionskrater allein ist ohne Schnee [1].

---

[1] Diese Mittheilungen über den Sangay entnehme ich dem gedruckten Berichte des Dr. A. Stübel: Carta á S. E. el Presidente de la República sobre suo viajes á las montañas Chimborazo, Altar etc. Quito 1873. Eine Expedition, welche ich noch kurz vor meiner Abreise aus Ecuador in die Ostcordilleren nur in der Absicht unternahm, um die energische Thätigkeit dieses Vulkans — in mehrfacher Beziehung der interessanteste in Ecuador — aus der Nähe einige Tage hindurch zu beobachten, mißglückte leider total wegen des Wetters. Nach fünftägigem Ritt war ich dem Ziele schon so nahe, daß es nur mehr eines Marsches von vier Stunden be=durfte, um mich dem Wütherich frei gegenüber zu befinden. Indeß an ein weiteres Vordringen war nicht mehr zu denken, denn wenn es auch nicht gerade unmöglich war, so war es doch vollständig unnütz. Mehrere Tage lag ich in Alao, abwartend, bis die dichten Nebel begännen, sich zu verziehen, und die Regen=, Hagel= und Schnee=fälle nachließen. Alles umsonst; der Nebel wich nicht, der Schnee häufte sich auf den nächsten Höhen mit jedem Tage und nicht die mindeste Aussicht war vorhanden, daß alb eine Änderung eintreten würde. Und doch war, als ich von Riobamba auszog, die Rauchsäule des Sangay deutlich sichtbar und berechtigte das heitere und helle Wetter zu den besten Hoffnungen. Dieses ist nicht der einzige Fall, in welchem mir das Wetter schlecht mitspielte. Die Launenhaftigkeit der Witterung und noch mehr die dichten und eisigkalten Hochnebel sind für die Erforschung des ecuadorianischen Hochgebirges — besonders in der Ostcordillere wegen des herrschenden Ostwindes — das Haupthinderniß. Sie machen nicht nur alle Wege unsicher, ja fast unpassirbar, sondern hindern auch jegliche Beobachtung. Alle früheren Reisenden haben hierüber bitter geklagt. Dr. Stübel behauptet, während seines langen Aufenthaltes in dieser Republik wenigstens die Hälfte der kostbaren Zeit wegen Ungunst des Wetters ver=loren zu haben. Die Forschungen in diesen hochgelegenen, kalten und unwirthlichen Gegenden haben außerdem noch andere Schwierigkeiten. Mag auch der Mangel an Wald Alles offen und zugänglich machen, so zwingen doch wieder die vielen tiefen und

Seit dem 21. April begannen auch andere Vulkane Ecuadors Zeichen erhöhter Thätigkeit zu geben. Vom Pichincha stieg gleichzeitig oder kurz nach dem Wiederaufleben der Thätigkeit des Cotopari Rauch auf, was seit der Cotopari-Eruption vom Jahre 1869 nicht mehr geschehen; auch will man des Nachts Feuerschein über ihm gesehen haben. Seine brüllenden Donner endlich schreckten die Einwohner der an seinem Fuße gelegenen Hauptstadt [1]. Einer Notiz des P. Sobiro S. J. zufolge soll der Sangay jetzt mehr wüthen als früher. Selbst der alte Chimborazo nahm Antheil an der allgemeinen Erregung. Ungeheure Mengen fließenden Schlammes mit Steinen und Felsblöcken wälzten sich an seinem von Riobamba aus sichtbaren Abhang hinab über Chuquiboquio hin, zerstörten den Reitweg nach Guayaquil sowie die Carretera Garcia Moreno's und rissen eine Brücke ein. Diese Ergüsse werden freilich nicht als vulkanische Erscheinung im eigentlichen Sinne aufgefaßt werden können; sie dürften vielmehr nur durch lawinenartige Abstürze von Schnee und Gestein veranlaßt worden sein, zu welchen eine Erderschütterung den Anstoß gegeben.

---

langen Schluchten zu höchst unliebsamen Umwegen und Zeitverlusten; nirgends ein Weg, selten ein sicherer Führer, und wenn man einen der Gegend kundigen Indianer gefunden, so muß man stets auf der Hut sein, daß er nicht gerade an den schwierigsten Stellen sich unversehens aus dem Staube mache; der Umstand endlich, daß man hier stets Zelt, Decken, Proviant, Reisekoffer zur Unterbringung der gesammelten Steine ꝛc. mitschleppen und deßhalb eine entsprechende Zahl Lastthiere und Treiber resp. Lastträger miethen und beköstigen muß, macht solche Expeditionen nicht bloß theuer, sondern gibt auch vielfachen Anlaß zu verdrießlichen Auftritten. Von den Strapazen des Marsches, von den Entbehrungen in Bezug auf Nahrung und Schlaf, von den manchen Gefährlichkeiten, welche das Reisen in solchen Gegenden nothwendig mit sich bringt, sage ich nichts, denn so etwas muß der Naturforscher ja überall mehr oder weniger mit in den Kauf nehmen.

[1] Von 1872 bis 1876 habe ich Derartiges nie am Pichincha wahrgenommen. Der massenhafte Dampf seiner Fumarolen verliert sich schon innerhalb seines großen Doppelkraters. Auch ein vulkanisches Rollen des Pichincha habe ich in Quito nie gehört. Während einer Nacht, welche ich im September 1875 in Begleitung der PP. Boetzkes und Brugier im Krater des Pichincha zubrachte, hörte ich plötzlich ein donnerartiges Gekrach. Im ersten Momente dachte ich an die Nähe eines Gewitters. Doch aus dem Zelte tretend fand ich den Himmel über der Krateröffnung sternenhell und ohne Wolken, auch wiederholte sich das Geräusch nicht. Als ich den uns begleitenden Jäger, welcher schon mehrmals im Krater gewesen, über das Geräusch befragte, antwortete er: „Señor, estos son los bramidos del volcan" (mein Herr, das ist das Gebrüll des Vulkans), welches man im Krater nicht selten zu hören bekomme. Ich will nicht in Abrede stellen, daß die Sache sich so habe verhalten können, indessen können diese Bramidos ebenso gut der Widerhall wirklichen Donners entfernter Gewitter gewesen sein.

Nach diesen zwei Monate lang dauernden Vorarbeiten begann am 25. Juni Mittags, gerade zur Vollmondsstunde oder nur wenige Minuten nachher, die eigentliche Katastrophe. Eine gewaltige konische Rauchsäule, viel dichter und dunkler als bisher, stieg dreimal so hoch als der ganze Berg empor, alle umliegenden Wolken weit überragend und je nach der verschiedenen Windrichtung oben nach verschiedener Seite umbiegend. Gegen Abend, als es bereits zu dunkeln anfing, sah man auch Blitze vom Krater aus im Zickzack gegen eine schwarze darüber liegende Wolke fahren. Am nächsten Morgen war die Atmosphäre in der Richtung gegen den Cotopaxi hin ausnehmend dunkel und der Berg selbst unsichtbar. Ein schwarzer Schirm breitete sich in großer Höhe über ihm, nach allen Seiten Alles verdunkelnd. Gegen Mittag schien der Himmel in zwei Hemisphären getheilt: die untere stockdunkel, die obere sonnenklar. Um 3 Uhr begann schon der Schirm sich über Olalla auszudehnen, es wurde finstere Nacht und der Aschenregen fing an. Niemand erinnerte sich, je eine solche Finsterniß erlebt zu haben. Wenn man zum verschlossenen Zimmer sich hinauswagte, bekam man sofort Mund, Nase, Augen und den ganzen Leib voll Asche; suchte man dann wie betäubt umzukehren, so konnte man nur mit großer Mühe die Thüre wieder finden. Bald half es jedoch nicht mehr viel, Thüre und Fenster wohl verschlossen zu halten, die Asche drängte sich durch alle Ritzen und Fugen hindurch, deren es bekanntlich in einem quitensischen Zimmer sehr viele gibt. Ganz dasselbe war in Quito etwas früher, in Machache schon um 2 Uhr eingetroffen. Da letzterer Ort dem Cotopaxi gerade drei Meilen näher liegt, berechnet sich für das Fortschreiten des Aschenregens gerade eine Schnelligkeit von drei Meilen in einer Stunde. In Machache, Mulalo, Latacunga und allen näher gelegenen Punkten sausten zudem durch die langsam sich senkende feine Asche, Blitzen gleich, feurig glühende Lavasteine. Während es in Olalla Tags darauf wieder hell wurde, dauerte in Machache die Nacht drei Tage. In Quito lag die gelbbraune Asche eine Spanne hoch und konnte man die an den Straßen liegenden Magazine gar nicht öffnen. Selbstverständlich war sie um so tiefer, je näher man der Ausbruchsstelle kam; wenn wir den Maßstab früherer Aschenregen anlegen, würde die Schichte in Machache mehr als $2/3$ m. und in der nächsten Nähe des Vulkans weit über 1 m. hoch gewesen sein.

Von allen Richtungen kamen nun die traurigsten Nachrichten. Die bei den Cotopaxi-Eruptionen stets so gefürchteten Schlammströme verursachten auch dießmal entsetzliche Verwüstungen. Vom Westabhange des Berges herab flossen sie in der Nacht vom 26. auf den 27. Juni nach drei verschiedenen Richtungen, genau so, wie in früheren Zeiten. Ein Strom wandte sich gegen Mulalo und von da im Bette des Rio Alaques gegen Latacunga, der zweite folgte dem Bett des Rio Cutuche, um gleichfalls gegen Latacunga sich zu wälzen. Von diesem Orte aus ergossen sich dann beide vereint, Alles verheerend, durch die Ebene von Latacunga und Ambato, später in's Thal des Rio Patate und Rio Pastaza, um schließlich durch den Amazonenstrom die mitgerissenen Trümmer dem atlantischen Ocean zuzufluthen. Der dritte Schlamm= strom floß über den Limpiopungo und das Pedregal hinab und stürzte sich durch die Bette des Rio Pita und San Pedro nach Esmeraldas in den stillen Ocean. Über den Grad der durch diese Fluthen ver= ursachten Verheerungen mögen nachstehende specielle Thatsachen einigen Aufschluß geben.

Alle Haciendas in der Nähe der Flüsse Alaques, Cutuche, Patate wurden gänzlich vernichtet, einige, wie die Cisnega und ein paar andere, buchstäblich hinweggeschwemmt. Von den ausgedehnten, gut eingerichteten Baumwollewebereien des Sennor Gomez de la Torre nahe bei Latacunga existirt nichts mehr; drei große steinerne Brücken der Carretera sind fort= gerissen und die Carretera selbst wurde an einigen Stellen hoch überschüttet, an anderen weggeschwemmt. In Latacunga selbst wurden mehrere Häuser eingerissen und viele Personen kamen um. Über das unterhalb dieser Stadt in der Provinz Tunguragua entstandene Elend berichtete der Gobernador von Ambato an die Regierung nach Quito: er schätze den Schaden, der in seiner Provinz angerichtet worden, auf 200,000 Pesos (etwa 800,000 Mark — in der Provinz Leon und in der von Pichincha beträgt er weit mehr), vier der nothwendigsten Brücken•seien total ver= schwunden; bei Pansaleo seien die Fluthen in einer Breite von 4 cuadras (= 500 Meter), bei San Miguel aber von 6—8 cuadras geströmt; bei Baños hätten sie sich 100 Meter [1] über das gewöhnliche Niveau des Pastaza erhoben, viele Personen auf der ganzen Fluthlinie seien um= gekommen; er selbst habe auch am Tage nach dem Ausbruch um 11 Uhr

---

[1] Obwohl das Thal von Baños, wie wir oben gesehen, sehr eingeengt und tief geschnitten ist, so scheint mir doch obige Angabe übertrieben. Wenn die Fluthen auch nur bis zum dritten Theil der angegebenen Höhe sich erhoben, würden sie doch das ganze Thal überschwemmt haben.

Vormittags Steine gefunden, die noch glühten („piedras calcinadas, que aun ardian").

Nicht besser erging es dem Thale von Chillo. Die im Jahre 1876 nach einem Brande wieder neu aufgebauten Tuchfabriken, sowie zwei Haciendas des Sennor Juan Aguirre wurden weggeschwemmt; — ein schweres eisernes Maschinenstück fand man später hoch oben auf dem Reste der steinernen Brücke bei Guallabamba etwa fünf Meilen weiter unten im Thale — die Hacienda des Sennor Manuel Checa ist gleichfalls verschwunden. Im Thale von Tumbaco fließt der Rio San Pedro durch einen Socabon, d. i. einen künstlichen, von den Incas oder Quitus durch einen Bergabhang getriebenen Tunnel; zur Zeit der Schlammfluth stand das Wasser 30 Meter über demselben, obgleich links vom Socabon Raum und Öffnung genug zum Abflusse vorhanden war. Von der nahe beim Socabon gelegenen Mühle war nachher keine Spur mehr zu finden.

Es wäre ein schauerlicher Anblick gewesen, wenn man diese wilden, schmutzigen Fluthen bei Tageshelle hätte sehen können, wie sie unter lautem Getöse und Gepolter, Steine und hausgroße Felsblöcke mitschleppend, beladen mit den Trümmern von Häusern und Hütten, von Zimmer-, Küchen- und Feldgeräthen, mit den Leichen von Menschen und Thieren, Alles in entsetzlichem Wirbeln beständig durcheinander wühlend, vorbeischossen. Wegen des starken Gefälles der Fluß- und Thalsohlen dauerte die Überschwemmung nur kurze Zeit; doch diese genügte vollständig, um unsäglichen Jammer über zahlreiche Familien und ganze Districte zu bringen. Nachdem sich die Wasser verlaufen, war Alles weithin mit Schlamm, Sand, Geröll und Steinen bedeckt; wo früher grüne Weiden und zur Ernte heranreifende Felder prangten, dehnen sich jetzt öde und traurige Wüsteneien aus, an der Stelle früherer Hütten, Häuser und Kirchen findet man die Felsblöcke des Cotopaxi.

Selten jedoch kommt ein Unglück allein. Die Überschwemmung und der Aschenregen wird zweifelsohne eine Hungersnoth im Gefolge haben. In Ecuador, diesem stets grünen Lande, das keinen Winter kennt, ist man nicht gewohnt, Vorräthe für allenfallsige Tage der Noth zu sammeln; der Ecuadorianer lebt vielmehr von der Hand in den Mund: soviel er jedes Jahr an Feldfrüchten für den jedesmaligen Consum bedarf, nur so viel pflanzt er; das nöthige Fleisch steht ihm zu jeder Zeit auf den Weiden bereit. Nun aber haben die Schlammmassen große Landstrecken cultivirten Landes für viele Jahre unfruchtbar gemacht und durch die Aschenregen sind die Weiden und Saaten weithin zerstört. Das Vieh, welches in der Nacht vom 26. nicht ertrank oder in den tiefen Quebradas verendete, fällt jetzt zahlreich dem Hungertode anheim; denn die erstickende Asche bedeckt fast das ganze Land. Nach Norden fiel sie bis Ibarra, im Süden bis Guayaquil und Tumbez (in Peru), mehr als 60 Meilen weit. Selbst auf hoher See, in der Breite von Manta, regnete es Asche auf ein Schiff.

Auch vom Ostabhange des Cotopari stürzten gewaltige Fluthen gegen den Rio Napo im Orient. Hier jedoch in den dichtbewaldeten, unbewohnten Wildnissen konnten sie wenig Unheil stiften; im Gegentheil scheinen sie genützt zu haben; denn den Urwald mit Stumpf und Stiel hinwegfegend, ließen sie statt seiner eine weitreichende Sandebene zurück, auf welcher man jetzt bequem zu Pferd in zwei Tagen an den Napo gelangen kann, während man früher nur zu Fuß und auf mühsamen Umwegen in eben so viel Wochen dahin vordrang.

Von Erdbeben wurde weder vor noch während oder nach der Eruption in Quito und Umgegend etwas verspürt; nur vernahm man einzelne vulkanische Detonationen; dabei trat auch die schon früher beobachtete, auffallende Erscheinung wieder ein, daß dieselben in dem weit entfernten Guayaquil, aber nicht in dem nahen Quito gehört wurden.

Als nach dem Ausbruch die Luft wieder durchsichtig geworden war, zeigte der Cotopari-Gipfel eine neue Gestalt: von Olalla aus gesehen, bildet er jetzt zwei zackige Spitzen; noch immer lagert weithin sichtbar eine Rauchwolke über ihm. Der ganze Kegel erscheint schlanker und schmaler als vorher und gewöhnlich dunkel, zum Beweis, daß noch wiederholt Asche auf sein Gehänge fällt. — Die ganze Zeit über war das Wetter trocken und windig.

Vergleichen wir diese Cotopari-Eruption mit den früheren [1], so fällt zunächst ihre Ähnlichkeit mit denselben auf. Höchst einfach und rasch in ihrem Verlauf, war sie doch in mehrfacher Hinsicht, wenn nicht furcht-barer, so doch ebenso verheerend wie irgend eine der früheren. Während des heftigsten Ausbruches, welchen die Geschichte des Cotopari kennt,

[1] Th. Wolf, ehemaliger Professor am Polytechnikum in Quito, hat zuerst die Nachrichten über die früheren vulkanischen Erscheinungen in Ecuador quellenmäßig und kritisch gesammelt und in seiner „Cronica de los fenómenos volcánicos y terremotos en el Ecuador, Quito 1873", publicirt.

im Jahre 1768, fiel in Quito die Asche nur 2—3 cm. hoch und dauerte
die Verfinsterung durch die schwebende Asche selbst in der nächsten Um=
gebung des Vulkans nur neun Stunden. Die Hacienda Cisnega, sowie
manche andere, welche von den früheren Schlammströmen verschont
wurden, fielen den dießjährigen zum Opfer. Von eigentlichen Lava=
ergießungen aus dem Krater wird zwar nichts positiv berichtet; indessen
ist an ihrem Erscheinen auch bei dieser Eruption nicht zu zweifeln. Denn
immer waren es die über den Eismantel geflossenen Lavaströme, welche
die Schlammfluthen veranlaßten. Auch deuten die heißen Lavasteine,
die man noch nach dem Abzug der Fluthen bei Ambato fand, auf Lava=
ergüsse. Meines Wissens war es Th. Wolf, welcher in obgedachter
Schrift zuerst die Schlammeruptionen der ecuadorianischen Feuerberge
in ihr rechtes Licht stellte. Dieselben ergießen ebensowenig Wasser aus
ihrem Krater als irgend ein anderer Vulkan der Welt. Die ungeheuren
äußeren Eismassen sind es, welche das Wasser liefern, wenn die glühen=
den Lavamassen sich über sie legen. Wenn dann die Eiswasser mit den
Aschen, Lapilli, Geröllen und Steinen sich mengen, entstehen die
Schlammfluthen. Keiner der ecuadorianischen Vulkane, welche ohne
Schnee oder oberflächliche Wasseransammlungen sind, hat je Schlamm=
fluthen erzeugt.

Fassen wir kurz die wesentlichen Vorgänge des Ausbruches dieses
Jahres zusammen, so erhalten wir folgendes einfache Bild des ganzen
Vorganges. Zwei Monate vor dem Durchbruch des eruptiven Materials
begannen Dampfmassen in großer Menge dem Krater zu entströmen;
eine hohe, lichte Dampfpinie blieb von da an über dem Kegel aufge=
pflanzt. Zeitweilig blies der Dampfstrom auch etwas Asche aus, sich
nach deren Menge mehr oder weniger dunkel färbend und die Schnee=
decke des Kegels grau überdeckend. Seltene Detonationen verkündigten,
daß im Eruptionskanal ernstere Scenen sich vorbereiten. Am 25. Juni
schloß das Vorspiel und begann der Hauptact. Feuerschein kündigt die
Gegenwart flüssiger Lava im Krater an. Stärker und höher denn je
schießt der Dampf gen Himmel, schwer mit Asche beladen und deßhalb
dunkel und für's Licht undurchdringlich. Während diese Dampf= und
Aschenentladung sich fortsetzt und der verticale, umgekehrt auf den Berg=
gipfel gestellte Dampf= und Aschenconus, in einer bestimmten Höhe scharf
abgeschnitten, seitlich sich ausdehnt, überall seine Asche streuend, schießen
feurige Lavaklumpen in parabolischen Bogen unter dem Aschendache vom
Krater nach allen Seiten und rinnt massige Lava, in Berührung mit

dem Eis bald erhärtend und in starre, schlackige Felsblöcke sich theilend, den Berg hinab.

Wir haben hierin ganz genau das Bild eines Ausbruches, wie er bei allen thätigen, lavaergießenden Vulkanen vorkommt. Örtliche Eigen=thümlichkeiten, der Umstand einer lange vorangegangenen Ruheperiode, die Begleitung durch Erdbeben können auf diese Fundamentalerscheinungen modificirend einwirken, doch das Wesentliche kehrt überall wieder. Dampf=, Aschen=, Lava=Ausbruch allein bilden das Constante. Unter diesen dreien ist dann wieder das Ausblasen des Dampfes das Grundelement. Aschen= und Lava=Durchbrüche treten bei vielen Vulkanen bis zum Verschwinden zurück (z. B. beim Antuco in Chile); doch nie fehlt der Dampf. Dem=zufolge können wir vier Vulkan=Klassen unterscheiden: Aschenvulkane, Schlackenvulkane, Lavavulkane und gemischte Vulkane, je nachdem sie sich durch vorwiegende Aschenregen, Schlackenauswürfe oder Lavaergüsse charakterisiren, oder aber alle die verschiedenen Producte gleichzeitig in Menge liefern. Der Cotopaxi gehört zur letzten Klasse, zu den gemischten Vulkanen, der Sangay und Quilotoa zu den Aschenvulkanen. Zur Klasse der Schlackenvulkane dürften die Cerritos de Calpi und de Gacha=huay bei Riobamba gehören, zu den Lavavulkanen endlich verschiedene Nebenvulkane des Antisana. Diese Verschiedenheit beruht auf dem wechselnden Verhältniß zwischen den vom Vulkane gelieferten Dampf=mengen einerseits und den flüssigen Lavamassen andererseits, sowie auf der verschiedenen Heftigkeit, womit erstere hervorbrechen. Hiebei aber sind wieder der Verlauf des Ausbruchskanals, die Natur des tieferen Unterbaues und die relative Lage des Vulkans von bestimmendem Ein=flusse. Entströmen der Vulkanöffnung massenhafte, starkgespannte Dämpfe, während nur wenig flüssiges Lavamaterial zur Verfügung steht, so wird immer nur ein Aschen= oder Schlackenvulkan entstehen; umgekehrt aber ein Lavavulkan, wenn die zuströmenden Lavamengen groß, die Masse und Spannung des Dampfes hingegen gering ist. Zu dieser dreifachen Art der Ausbruchsthätigkeit stimmt auch die verschiedene innere und äußere Bauart des Vulkankegels, welcher eigentlich nur das Mundstück des großen Feuerbrunnens darstellt. Ohne auf Einzelnheiten hierüber an dieser Stelle uns einzulassen, bemerken wir bloß, daß Lavavulkane breite, weit ausgespannte, sehr flach abgedachte, aus Lavabänken auf=gebaute centrale Erhebungen sind, mit einem sehr weiten Krater; die Vulkane Hawaii's können als charakteristische Beispiele hiefür dienen. Die Aschen= und Schlackenvulkane bilden hohe Kegel mit stark geneigten

Böschungen und besitzen einen relativ kleinen Krater; die gemischten endlich schwanken zwischen beiden Extremen. Es sind übrigens diese vier Klassen von Vulkanen nicht so streng von einander abgegrenzt, wie etwa Thier- oder Pflanzenklassen: denn es fehlt nicht an Beispielen, daß derselbe Vulkan durch die Art der Thätigkeit zu verschiedener Zeit einer verschiedenen Klasse sich anschloß. Doch genug der vulkanologischen Schulweisheit!

Schon früher haben Geologen die Ansicht ausgesprochen, daß die Vulkanthätigkeit in den Anden sich von Norden immer mehr nach Süden ziehe. Das scheint auch in der That sich so zu verhalten. Während am Südende der Kette in Chile sieben oder acht Vulkane in hellen Flammen stehen, zeigt unter den Vulkanen Neu-Granada's im Norden kein einziger mehr eine beachtenswerthe Thätigkeit; in Ecuador selbst aber befindet sich dieselbe in offenbarem Niedergange. Schon zur Zeit, als die Spanier vom Lande Besitz nahmen, hatte sie längst ihren Höhepunkt überschritten: von den 39 Vulkanen waren damals schon 33 erloschen und nur der Antisana, Pichincha, Cotopaxi, Tunguragua, Sangay und wahrscheinlich auch der Guacamayo machten sich durch mehr oder weniger heftige Ausbrüche Luft. Der Pichincha stellte dann seine eruptive Thätigkeit seit dem Jahre 1660 vollständig ein, der Antisana seit 1728 und der Tunguragua 53 Jahre später. Wenn wir absehen von den beiden Aschenregen im Jahre 1843 und 1853, deren Ursprung nicht bekannt ist, so bleiben heute nur noch der Sangay und der Cotopaxi als wirklich thätige Vulkane übrig: der erstere arbeitet seit 1723 ununterbrochen mit großer Heftigkeit und zahlreichen täglichen Ausbrüchen, der letztere nur mit längeren oder kürzeren Ruhepausen. Die letzte dieser Pausen hat acht Jahre gedauert, nämlich seit der Eruption am 23., 27. und 28. Juli 1869, welcher am 9. Juni, am 16., 21. und 22. Juli kleinere Erdbeben vorhergegangen waren. Der letzte Ausbruch war nicht so verheerend wie der diesjährige. Während der Tunguragua in dem Zustand sehr schwacher Fumarolen-Thätigkeit gleichmäßig verharrt, läßt der Pichincha zur Zeit der Eruptionen seiner Nachbaru oder anderer vulkanischer Erscheinungen in seiner Nähe seine Fumarolen kräftiger spielen, so daß ihr Dampf als wallende Säule sich über dem Kratergipfel erhebt. Wie dieses in diesem Jahre eingetroffen, so geschah es auch im Jahre 1869 einen Monat vor der damaligen Eruption. Geraume Zeit ferner vor dem Erdbeben von Ibarra, am 16. August 1868, nämlich vom März bis Juni desselben Jahres, erschien die Dampfsäule über dem Pichincha und ebenso wieder nach dem Erdbeben vom October 1868 bis Februar 1869 [1]. Am Antisana existiren meines Wissens nicht einmal mehr Fumarolen.

Der Sangay freilich arbeitet für zehn andere Vulkane. Da es Manche interessiren dürfte, etwas auch über diesen thätigsten aller Feuerberge zu erfahren, will ich die hauptsächlichen Momente seiner Thätigkeit nach der Beschreibung, welche Garcia Moreno und Wisse in den „Comptes rendues" der Pariser Akademie im Jahre 1853 veröffentlichten, kurz zusammenstellen. — Es sind an ihm drei Arten von Ausbrüchen zu unterscheiden: „schwache", welche nur Asche ausblasen, „starke", welche nebst Asche glühende Steine hoch in die Lüfte schleudern, so indeß, daß die meisten in den Krater zurückfallen und nur wenige über die äußeren Gehänge hinabrollen; und „außerordentliche", welche Lavaklumpen und Steine in solcher Masse auswerfen, daß die äußeren Gehänge des ganzen oberen Gipfels sich mit glühender Masse bedecken. Während man in einer Stunde 260 schwache Ausbrüche zählen kann, kommt von den „außerordentlichen" höchstens einer auf den Tag. Die Steine steigen meist ziemlich vertical auf zu einer Höhe von 240 Meter über dem Kraterrand. Auch in der Zwischenzeit zwischen den „starken" Ausbrüchen fliegen fortwährend einzelne Steine aus; während einzelne schon ihren Culminationspunkt erreicht haben, sind andere erst auf mittlerer Höhe und kommen wieder andere gerade über den Kraterrand hervor, gleich Raketen, die man zu verschiedener Zeit steigen läßt. Die Zahl der ausgeworfenen Steine ist übrigens während der ersten beiden Eruptionsarten nicht groß und gegen die Aschenmengen verschwindend. Die genannten Beobachter zählten während einer „starken" Eruption nur 50 glühende Steine. Dieselben sind nicht sehr voluminös: die größten, die man am Bergabhang findet, dürften kaum vier Decimeter erreichen. Hiebei ist jedoch zu bemerken, daß gerade die schwersten alle in den Krater selbst zurückfallen. Der Rauch, welcher jede Explosion begleitet, wirbelt in dicken Säulen gerade auf, oder sich zum Wolkendache ausbreitend. Selbst die stärksten Ausbrüche machen den Vulkan nicht erzittern. Trotzdem geht jedem Auswurf ein dumpfes Getöse voraus, das „bramido" der Ecuadorianer. Dasselbe ist bei den außergewöhnlichen Eruptionen von äußerster Intensität, scharf abgebrochen, ohne Echo,

---

[1] Diese Angaben entnehme ich handschriftlichen Tabellen meteorologischer Beobachtungen während der Jahre 1864—1869, welche ich im Colleg der Jesuiten in Quito vorfand.

ohne Rollen, der Gewehrsalve eines Bataillons Soldaten vergleichbar. Erstaunlich ist die Aschenmenge, welche um den Vulkan aufgehäuft liegt. Bis 200 Meter mächtig bedecken sie in einem Umkreis von sechs Meilen Breite die ganze Gegend um den Berg herum.

Trotz dieser erstaunlichen Ausbruchsthätigkeit des Sangay richtet er doch keinen bedeutenden Schaden an, weil er in einer ganz öden, längst verlassenen Gegend liegt und seine Aschenregen sich nicht weit ausbreiten. So wäre denn der Cotopaxi der einzig zu fürchtende Feuerberg Ecuadors. Aber auch seine Ausbrüche wären lange nicht so folgenschwer, wenn die Leute ihren alten Schlendrian aufgeben und sich dazu verstehen wollten, ihnen aus dem Wege zu gehen. Immer verliefen seine Eruptionen in derselben Weise, wie wir es oben gesehen haben, und hielten besonders die Schlammfluthen dieselben Richtungen ein. Warum siedeln also die Leute nicht um, warum kehren sie immer wieder von Neuem auf die verwüsteten Strecken zurück, während doch so viel ausgezeichnetes Land ganz in der Nähe brach liegt, wohin die Cotopaxi=Fluthen nicht bringen? Auch erfolgen die schlimmsten Auftritte des Ausbruches immer nach langen deutlichen Vorzeichen; warum flüchten sie also nicht bei Zeiten, warum treiben sie nicht das Vieh in mehr geschützte Gegenden? Läßt doch jeder Haciendenbesitzer mehrmals im Jahr all' sein Vieh in den Coralen, d. i. in großen, mit Wällen und Gräben eingefriedigten Räumen zusammentreiben, um es zählen und zeichnen zu lassen. Die Gleichgiltigkeit der Ecuadorianer grenzt wahrhaft an's Unbegreifliche, und das Elend, welches die Eruptionen des Cotopaxi jedesmal verursachen, ist zum größten Theil selbst verschuldet.

Bei den Erdbeben freilich verhält sich die Sache anders. Sie erfolgen nicht mit Regelmäßigkeit und nicht immer an denselben Orten; sie brechen vielmehr plötzlich herein und lassen keine Zeit zur Flucht. Indessen auch ihre Gefahr ist häufig übertrieben worden. Sie sind erstens selten und betreffen zweitens mit ihrer ganzen Wucht nur eng begrenzte Bezirke. Seit der Conquista, also in einem Zeitraum von 340 Jahren, berichtet die Geschichte Ecuadors nur von vier schrecklichen Erdbeben; nämlich über das von Ambato (1698), von Latacunga (1757), von Alt=Riobamba (1797) und von Ibarra (1868). Die Erdbeben von Quito in den Jahren 1587, 1645, 1662, 1678, 1755 und von Latacunga in den Jahren 1687, 1703, 1735 waren nicht heftig. Die vielen Erderschütterungen endlich, dort „temblores" genannt, welche früher sehr häufig sich wiederholten und heute auch noch nicht gerade selten

eintreten, sind an und für sich ganz gefahrlos. Auch hier ist es wieder
der Unverstand der Ecuadorianer, welcher diese Naturereignisse so ver=
heerend werden läßt. In dem heißen Guayaquil, welches von Erdbeben
nichts zu leiden hat, bauen sie die Wohnhäuser und selbst die Kirchen
von Holz und geben dadurch Gelegenheit zu den häufigen und schnell
um sich greifenden Feuersbrünsten; in den Städten und Dörfern auf der
Hochebene hingegen, wo solide Holzbauten den Erdbeben ihre Gefahr
für den Menschen fast ganz benehmen würden, führen sie große, schwer=
fällige Häuser auf mit meterdicken Lehmwänden oder schlecht gefügten
Ziegelmauern[1]. Da ferner zur Zeit der Erdbeben stets die durch Ab=
sturz immenser Schneemassen veranlaßten „avenidas" (Schlammfluthen)
zu befürchten sind, so ist es sicherlich höchst ungeschickt, die Dörfer
und Städtchen hart an den Flußufern anzulegen. Trotz der Vulkane
und Erdbeben stehe ich keinen Augenblick an, selbst auch das verrufene
Hochland Ecuadors für einen sehr glücklichen und von der Natur sehr
bevorzugten Erdstrich zu erklären, welcher eine zahlreiche Bevölkerung
sicher zu beherbergen und reichlich zu ernähren, ja in hohem Grade
wohlhabend zu machen im Stande wäre, wenn nur der Mensch als Herr
der Natur sich deren Kräfte dienstbar machen, die reichlich gebotenen
Vortheile richtig wahrnehmen und gegen die mannigfachen Gefahren sich
gehörig vorsehen wollte.

Wann hat wohl die vulkanische Thätigkeit in Ecuador begonnen?
Soviel ich nach Allem, was ich daselbst gesehen und erfahren habe,
hierüber ein Urtheil abgeben kann, glaube ich sagen zu dürfen, daß
es sich hiemit in Ecuador gerade so verhalte, wie auch in Europa. Ihr
Anfang fällt in die Zeit nach der Tertiärperiode und sie mag wohl zu

---

[1] Ich kenne auf dem Hochlande von Ecuador nur zwei Bauwerke, welche rationell
und den Verhältnissen des Landes entsprechend construirt sind, nämlich mit Fach= und
Riegelwänden aus Holz. Das eine ist das Wohnhaus des ermordeten Präsidenten
Garcia Moreno und das andere das neue Colleg der Jesuiten in Riobamba. Ergötzlich
ist es, wie der originelle, um die Botanik Ecuadors sehr verdiente Professor Jameson
sich und seine Familie in Quito gegen Erdbeben sicherzustellen suchte. Im unteren
Saale seines Hauses ließ er einen geräumigen und fest gezimmerten Holzkasten auf=
stellen, in welchem fortwährend soviel Lebensmittel und Trinkwasser bereit gehalten
wurde, daß die ganze Familie einige Tage damit ausreichen konnte. Gerade wie
auf den Seeschiffen von Zeit zu Zeit Rettungsübungen angestellt werden, so geschah
es auch im Hause Jamesons. Auf ein verabredetes, aber ganz unvermuthet vom
Hausvater gegebenes Zeichen rannte Alles aus dem ganzen Hause der Rettungsarche
zu und kroch jeder nach Vorschrift mit den ihm anbefohlenen Habseligkeiten zur kleinen
Seitenthüre hinein.

Ende der später folgenden Diluvialzeit, also ziemlich gleichzeitig mit dem Erscheinen des Menschen auf Erden, schon in voller Blüthe gestanden haben. All' die zahllosen und mächtigen vulkanischen Neubildungen änderten nichts mehr in der wesentlichen Bodengestaltung des Landes, ausgenommen die vulkanischen Quercordilleren. Schon zog sich die gewaltige, aus altem Eruptivgestein erbaute Doppelcordillere von Nord nach Süd gerade wie heute, nur fehlten ihr die schönen Schneekegel und die gewaltige Tuffbedeckung. Als die Lavaströme von den ältesten Vulkanen Ecuadors, wie Chimborazo, Carihuairazo, Antisana, Pululagua, auszufließen begannen, fanden sie schon die heutigen Thäler vor, denn stets richtete sich ihr Lauf nach den noch bestehenden Flußbetten.

Werfen wir zum Schlusse jetzt noch einen Blick auf das Verhalten des ecuadorianischen Volkes und der ecuadorianischen Regierung während der Zeit des Ausbruches. Als in Quito und der Umgegend die Aschen= massen des Cotopaxi den Tag in die finsterste Nacht verwandelten, war selbstverständlich der Schrecken ein grenzenloser. Das arme gläubige Volk meinte, das Ende der Welt sei nahe und das allgemeine Gericht stehe vor der Thüre. Daher drängte sich denn Alles in die Kirche und auch manche Gottlose gingen in sich und suchten ihre Rechnung mit dem ewigen Richter in Ordnung zu bringen. Nur die hohen Herren aus den jetzigen Regierungskreisen hielten es für angemessen, in diesen Stun= den allgemeinen Unglückes ihre Aufklärung leuchten zu lassen. Während das Volk sich zu Bittgängen zusammenfand und unter inbrünstigem bußfertigem Gebet die Straßen Quito's durchzog, vereinigten sich die Regierungsherren im großen Saale des Regierungspalastes — zu einem üppigen Festmahl; und um in ihrem Jubel nicht durch das Klagegebet des Volkes gestört zu werden, wurden Truppen ausgesandt, um die Straßen von den „fanatischen Zeloten" zu säubern.

Welch ein Contrast zwischen dem Auftreten der jetzigen Regierung und dem des so viel verschrieenen Garcia Moreno! Ihm galt Hochach= tung jeglichen Rechtes und Verfolgung jeglichen Unrechtes als oberstes Princip; deßhalb aber auch unter ihm der tiefste Frieden und die größte Sicherheit im ganzen Land, trotz der fortwährenden Aufstachelung zur Empörung von außen. Nur Leute höchst zweideutigen Charakters groll= ten seiner Regierung, wagten es aber nicht, so lange er noch lebte, ihm offen entgegenzutreten. Obgleich unter ihm nur der katholischen Religion das Recht des öffentlichen Cultus zuerkannt war, hatten doch weder Protestanten, noch Juden, noch Ungläubige oder Freimaurer sich auch nur über einen Schein von Verfolgung zu beklagen; im Gegentheil, falls sie aufrichtig sein wollen, werden sie eingestehen, daß sie bei seiner Regierung nicht nur Toleranz in Worten und Phrasen, sondern in der That gefunden haben. Die jetzige Regierung hingegen verkündet erst laut die Freiheit jedes religiösen Bekenntnisses und verspricht, die katholische Kirche in ihren besondern Schutz zu nehmen, und kurz darauf wüthet sie mit Tod und Verfolgung gegen alle, welche den Pflichten der einzigen Religion des Landes eifrig nachkommen und die von ihren Voreltern seit Jahrhunderten ererbten heiligen Gebräuche öffentlich ausüben, tritt überhaupt mit brutalster Gewalt Alle nieder, welche den Muth haben, zu ihrem gottvergessenen Treiben nicht „Ja und Amen" zu sagen. Deßhalb ist aber auch jetzt Unfrieden und Zwietracht im ganzen Land, Unsicherheit und Empörung an allen Ecken, kein Ansehen der Obrigkeit bei den Untergebenen und keine Spur von Fürsorge für die Unterthanen und das Gemeinwohl bei der Regierung.

Als im Jahre 1868 das entsetzliche Erdbeben von Ibarra die ganze Provinz Imbabura in wenigen Minuten zu einem großen Ruinenfeld, Todtenacker und Krankendepot machte, war es der „grausame" Garcia Moreno, welcher zuerst von Quito aus auf dem Schauplatz der Verwüstung und menschlichen Elends eintraf, nachdem er mit edelmüthiger Todesverachtung und zum Entsetzen seiner Begleiter über die geschwollenen Flüsse und geöffneten Erdspalten hinweggesetzt. In eigener Person überall beispringend, rettend, anordnend und leitend, hat er Tausende vom Tode errettet, überall Muth und Trost eingeflößt und die gestörte Ruhe und Ordnung bald wieder hergestellt. Noch jetzt existiren in Quito und der Provinz Imbabura Monumente, welche der Nachwelt die damaligen Heldenthaten des hochherzigen, muthigen Mannes verkünden. Noch existirt das mit Edelsteinen reich verzierte goldene Medaillon, welches ihm die Damen von Taguando aus Dankbarkeit überreichten; noch steht im Municipal-Rathsaale eines Städtchens jener Provinz das fast lebensgroße Bild G. Moreno's, welches die dankbaren Einwohner zu Ehren ihres Erretters aufstellen ließen.

Die jetzige „humane und ächt brüderliche" Regierung aber sitzt, während Hunderte von Unterthanen und Mitbürger dem Tode zum Opfer fallen, im Palaste zu Quito zechend und schmausend! Doch nein, auch sie will sich um das Wohl ihrer unglücklichen Mitbürger — wenn auch etwas spät — verdient machen, aber hören wir, „wie", und wir werden staunen! Alsbald nachdem von allen Seiten Hiobsposten

einliefen, ernannte sie durch besonderes Decret einen Geologen, damit er
an den Cotopaxi sich verfüge und denselben untersuche; „denn," so wird
wörtlich im Decret gesagt, „die Regierung ist fest entschlossen, entschiedene
Maßregeln zu ergreifen, um derartige ‚estragos' (Verwüstungen) in Zu=
kunft zu vermeiden". (!!) So geschehen im Zeitalter der Aufklärung von
der aufgeklärten Regierung in Quito, 1877! — Auch Garcia Moreno
war darauf bedacht, Vorkehrungen nicht gegen die Vulkanausbrüche,
Schlammströme und Aschenregen, wohl aber zur Milderung der durch sie
veranlaßten Übel zu treffen. Obgleich ein höchst ultramontaner Dunkel=
mann, wußte er doch besser, was sich vermeiden lasse und was nicht,
und ging stets dem jetzigen Staube der Wissenschaft entsprechend voran.
Als im Jahre 1871 an der Küste von Manabi leichte Erdbeben ver=
spürt wurden, ließ er sofort die Erscheinungen durch den Professor der
Geologie am Polytechnikum prüfen, um zu sehen, was zu thun sei,
um die Küstenbewohner allenfallsigen Gefahren zu entziehen. Nachdem
Dr. Falb in Böhmen mit Hilfe seiner neuen Theorie ein Erdbeben in
Südamerika richtig vorausgesagt, hatte G. Moreno beschlossen, den=
selben, falls sich seine Theorie weiter bewähren sollte, nach Ecuador zu
berufen und daselbst ihm einen Lehrstuhl der Astronomie zu geben, da=
mit er Ecuador und die andern Republiken an die Gefahr naher Erd=
beben mahne. Wann wird die arme Welt erkennen, wo wahre Auf=
klärung sich findet?

L. Dressel S. J.

Recensionen.

Theologie der Propheten des Alten Testamentes. Bearbeitet von **Dr. Hermann Zschokke**, k. k. Hofkaplan und o. ö. Professor der Theologie an der k. k. Universität in Wien. Mit oberhirtlicher Genehmigung. gr. 8°. 624 S. Freiburg, Herder, 1877. Preis: *M.* 9.

Der hochw. Herr Verfasser, bereits durch andere Arbeiten (Historia sacra V. T., Buch Job) auf dem Gebiete der biblischen Wissenschaften bekannt, hat es in vorliegendem Werke unternommen, das in den Propheten vorhandene reiche dogmatische und ethische Material, nach gewissen Gesichtspunkten geordnet, zur Darstellung zu bringen.

Kurz und klar belehrt uns die Einleitung über den Begriff der Theologie des Alten Testaments, über ihren Unterschied von der eigentlichen Dogmatik, Moral u. s. f., über ihre Beziehung zu den verwandten biblischen Disciplinen und über den allein richtigen Standpunkt, den sie einzunehmen hat. Treffend äußert sich in Bezug auf letzteren der Herr Verfasser u. A.: „Wenn demnach das Alte Testament im Lichte des Neuen erklärt und aufgehellt wird, so steht nicht etwa zu befürchten, daß dadurch etwas Neues dort hineingetragen werde, sondern das, was im Bewußtsein des alttestamentlichen Bundesvolkes lag, soll in seinem Nexus mit dem ganzen Offenbarungs-Organismus und in seiner Beziehung zur vollendeten Offenbarung aufgefaßt und so im höheren Sinne begriffen werden."

Der Gesammtstoff wird uns in sieben Theilen vorgeführt. Obenan steht die Darstellung der prophetischen Lehre von Gott (Existenz, Namen, Wesen und Eigenschaften, Einheit und Trinität, Verhältniß Gottes zur Welt, Abgötterei) — erster Theil. Der zweite Theil führt uns die prophetischen Anschauungen und Aussprüche vor über die Lehre von den Geschöpfen (Natur, Geisterwelt, Mensch). Der dritte Theil befaßt sich mit der Lehre vom Volke Gottes (Verhältniß Jehova's zu Israel, Vermittlung zwischen Jehova und Israel im Priester- und Prophetenthum, Verhältniß Israels zu Jehova, d. i. Israels Sünden, Gericht, Begnadigung, Heilsendzeit). Im vierten wird auf die Lehre vom religiös-sittlichen Leben eingegangen, wie es sich darzustellen hat in den theologischen und moralischen Tugenden, im Ceremonialgesetz, und wie es nach erfolgter Sünde im Proceß der Rechtfertigung wieder herzustellen ist. Was die Propheten über die Heidenwelt, über den Messias (seine Person, sein Amt und seine Wirksamkeit) und zum Schlusse über die letzten Dinge (Tod, Gericht, Auferstehung, ewiger Lohn, ewige Strafe, neuer Himmel und neue Erde) lehren, ist Inhalt des fünften, sechsten, siebenten Theiles.

Die Absicht des hochw. Verfassers bei dieser Arbeit war, „den Theologen einen kleinen Dienst zu erweisen, insofern das reiche theologische Material der prophetischen Literatur (in diesem Werke) verarbeitet ist und diese des mühsamen Suchens und Zusammentragens überhebt". Dieser Zweck ist vollständig erreicht. Die prophetischen Stellen sind bei den einzelnen Abschnitten und Lehrpunkten mit wahrem Bienenfleiße zusammengestellt. Durch zweckmäßige Anordnung derselben und durch eingestreute erläuternde Bemerkungen sowohl, als durch passende Winke und Ausführungen in den Einleitungen und Übergängen zu den einzelnen Lehrabschnitten ist es dem Herrn Verfasser gelungen, die einzelnen dogmatischen Wahrheiten in recht ansprechender und anschaulicher Weise dem Leser vorzuführen. Dabei wird der innere Zusammenhang der einzelnen Wahrheiten unter sich gut in's Licht gestellt, die leisen Andeutungen oder keimartigen Ansätze bei dem einen Propheten werden durch die vollere und reichere Entfaltung bei dem andern erklärt und zur Verwerthung gebracht, und zur Klarlegung schwieriger oder strittiger Punkte wird auch auf die sonst in den heiligen Schriften niedergelegten Anschauungen hinausgegriffen. So wird der einzelne Lehrpunkt eben als nothwendiges Glied einer verwandten Reihe begriffen und gewinnt dadurch seine feste Begründung auch den rationalistischen Auflösungs- und Zerbröckelungsversuchen gegenüber. Nur ein Beispiel sei kurz hervorgehoben. Die Lehre von den bösen Geistern wird in der Weise aus der Gesammtanschauung der Propheten und im Zusammenhalte mit anderweitigen Stellen der heiligen Bücher entwickelt, daß der Herr Verfasser am Schlusse derselben mit Recht triumphirend schreiben kann: „Aus diesem organischen Zusammenhange der Lehre vom Satan mit anderen alttestamentlichen Lehren läßt sich nun ermessen, wie grundlos die Hypothese der meisten neueren protestantischen Gelehrten sei, welche behaupten, die Satanslehre sei vor dem babylonischen Exile den Israeliten gänzlich unbekannt gewesen und sei erst der persischen Religion und persischen Einflüssen zuzuschreiben. Welch' himmelweiter Unterschied zwischen dem göttlichen Ahriman und dem Satan des alten Testamentes! Der alttestamentliche Monotheismus schließt die Annahme eines göttlichen, von Anfang an feindlich entgegenstehenden Princips gänzlich aus; wir haben vielmehr gesehen, daß der Satan ein Wesen sei, welches unter die geschaffenen Wesen zu reihen ist, von Gott jedoch von seiner Höhe herabgestürzt wurde, übrigens aber in seinem Thun und Treiben dem heiligen Rathschlusse Gottes dienen muß" (S. 262).

Lesenswerth ist besonders auch die Erörterung über die Trinitätslehre im Alten Testamente S. 104. Wir heben Einiges daraus hervor, auch deßhalb, um gleich praktisch die Methode des Verfassers und ihre Brauchbarkeit für den Theologen aufzuzeigen. „Gewiß ist es, daß wir im Alten Testamente viele geheimnißvolle Anklänge des trinitarischen Lebens in Gott finden, Keime, die erst mit der Erscheinung des Sohnes Gottes auf Erden zur Reise gelangen konnten, die aber zeugen, wie auch dieses Mysterium im Alten Testamente bereits angebahnt worden ist … In Übereinstimmung mit der kirchlichen Anschauung lehren dieß ausdrücklich Petavius, sowie alle neuesten katholischen Theologen, wie Franzelin (folgt Thes. VI. aus dem Tractate De Deo trino), J. L. Gotti, Liebermann, Schwetz, F. Schouppe; Hagemann erklärt das Dogma der Trinität als eine Vollendung des vorchristlichen Glaubensbewußtseins. Nach König ist die Trinitätslehre des Alten Testamentes eine werdende. Wir versuchen es, an der Hand der Prophetie diese Anschauung zu rechtfertigen. 1. Es gibt, wie sich noch im Verlaufe zeigen wird, wohl kaum eine bedeutendere Lehre des Neuen Testamentes, die nicht schon als Embryo im Alten Testamente vorhanden gewesen wäre. Daraus läßt sich vermuthen, daß eine der wichtigsten Glaubenslehren des Neuen Testamentes, wie die Trinität, im Alten Testamente schon angebahnt, und wenn auch verhüllt, vom Geiste Gottes gelehrt wurde, um im Laufe der Zeiten gradatim entwickelt zu werden. Wir sagen ‚verhüllt‘, damit nicht die gemeine Masse in den Wahn gerathe, daß in den einzelnen Personen verschiedene Naturen seien und so der ohnehin zum Götzendienst geneigten und von Götzendienern aller Art umgebenen Menge Vorschub zum Abfalle von dem Einen wahren Gotte geboten werde. Gerade hier bewährt sich am nothwendigsten der pädagogische Charakter des Alten Testamentes, wie dieses anerkannt haben Isidorus von Pelusium, Chrysostomus, Basilius von Selencia, Theodoretus, Bellarmin, Rupertus, Cyrillus von Alexandria, Gregorius von Nyssa und Epiphanius“ u. s. f. Dabei sind die Belegstellen mit Sorgfalt verzeichnet.

Die Theologie der Propheten ist somit ein recht dankenswerthes Hilfsbuch für den Dogmatiker und Apologeten, aber auch der praktische Seelsorgegeistliche und namentlich der Prediger wird hier ein reiches und schätzbares Material finden. Was kann dem Verkündiger des Wortes Gottes mehr empfohlen werden, als eben das emsige Studium des „Wortes Gottes“, und wo fließt die reichste und unerschöpflichste Ader der christlichen Beredsamkeit, wenn nicht in der heiligen Schrift? Hier ist eine Fülle von Bildern, Gleichnissen, Beispielen, Beweisen für alle Gegenstände des Glaubens und der Sitten — der Prediger, der Kenntniß der heiligen Schrift hat, wird um den Predigtstoff nicht verlegen sein und wird über dieselbe Wahrheit oft und doch in immer neuer Weise zu reden wissen. Es liegt auf der Hand, daß eine so reichliche Zusammenstellung, wie sie die Theologie der Propheten bietet, hiebei vom größten Nutzen ist. Das Wort Gottes bringt für alle Zeiten die treffendsten Zeichnungen, die packendsten Beispiele. „Das Staatskirchenthum und der Cäsareopapismus, der das Heiligthum beherrscht und es nur zum Werkzeuge seiner Pläne macht, ist am besten gezeichnet durch den servilen Hofpriester Amasias, welcher den Propheten Amos, weil er den Sturz des Königshauses verkündete, beim Könige verklagt und dessen Bestrafung fordert, denn ‚Bethel sei ein Königsheiligthum‘, also ein Heiligthum von des Königs Gnaden, wo nichts geredet werden darf, was gegen den König wäre, wo die Rücksicht auf den König und nicht Gottes Wort entscheidet; er sieht im priesterlichen Amte nur das Mittel zum Brode. . Doch der Prophet, für welchen das Wort Gottes allein entscheidend ist, gibt ihm eine treffende Antwort und prophezeit ihm als Strafe den baldigen Untergang. Am. 7, 10—17" (S. 341).

Wegen der sorgfältigsten, auch das Kleinste nicht verschmähenden Darstellung des Inhaltes der prophetischen Bücher bietet die Theologie der Propheten auch für den Archäologen, Geschichtschreiber, Culturhistoriker manche Winke, ja auch der Grammatiker und Stilist fände in den Erörterungen über die prophetische Darstellung, ihre Symbole und Gleichnisse, ihre aus der Natur entlehnten Bilder u. dgl. manches in sein Gebiet Einschlägige, ebenso wie der Psycholog in den Ausführungen über das „geistige Element des Menschen" (S. 264—280). Doch da der eigentliche Zweck des Buches ist, dem Theologen eine Stütze und Erleichterung zu geben, so soll unsere Besprechung in Bezug darauf noch einige desideria berühren. In den Kapiteln z. B. über Gottes Unendlichkeit, Ewigkeit, Allgegenwart, Allwissenheit vermißt der Dogmatiker bei den beigebrachten Stellen die klare Scheidung in solche, welche wirklich den zu erbringenden Beweis enthalten, und andere, die jenen Begriff nur in matteren und abgeschwächten Umrissen ergeben. Denn z. B. die **Größe und Erhabenheit** Gottes ist noch lange nicht die **Un-endlichkeit**, für welche der speculative Dogmatiker sich nach biblischen Beweisen umsehen möchte, und so analog für die übrigen Eigenschaften. Der gleiche Mangel ist im Abschnitt über die Gottheit des Messias zu rügen. Mit den wirklich beweisenden Stellen, deren Beweiskraft aber manchmal schärfer hervorgekehrt sein dürfte, laufen manche unter, mit denen für die **Gottheit des Messias** nichts anzufangen ist, ebensowenig als die S. 114 angeführten Stellen die Allwissenheit oder Allmacht des Messias beweisen. Der Beweis aus dem **Namen** Immanuel (S. 573) oder Jehova justitia nostra (S. 111) ist doch bei Weitem nicht so leicht und selbstverständlich, als der Herr Verfasser anzunehmen scheint, weil eben auch bloße Menschen ganz ähnliche Namen führen, wie doch an letzterer Stelle selbst angegeben wird. Man vermißt die Aufzeichnung der Momente, welche diese Namen von ähnlichen, rein menschlichen Individuen angehörigen in der prophetischen Rede trennen und sie zu **höherer** Geltung potenziren. Ob der Engel bei Daniel 10 und bei den Jünglingen im Feuerofen (Dan. 3) Jehova selbst gewesen? Ein paar Ungenauigkeiten seien noch angemerkt. Wenn S. 21 gesagt wird: „Die **wahre Kindschaft** Gottes trat erst im Neuen Bunde ein", und S. 132: „Erst die Gemeinde der Zukunft ist die wahre Geistesgemeinde, über welche nicht bloß die Charismen des göttlichen Geistes, sondern der Geist Gottes selbst als Charisma ausgegossen werden soll", so scheint uns diese Ausdrucksweise in Abrede zu stellen, daß die Gerechten des Alten Bundes durch die eingegossene heiligmachende Gnade in That und Wahrheit Kinder Gottes waren, gerade so, wie es die Gerechten des Neuen sind. Als Fundament, auf welchem der Gebrauch der Anthropomorphismen in den Aussprüchen über Gott beruht, wird angegeben a) die Wahrheit, daß der Mensch nach dem Ebenbilde Gottes erschaffen ist; b) der Grund, daß der Mensch eben nur in menschlicher

Weise und Sprache reden kann (S. 44), und c) die Incarnation des Messias (S. 572). Wir halten a) und c) für hinfällig und b) für allein stichhaltig. Es ist wohl ein bloßes Versehen, wenn S. 375 dafür, daß „manche der Propheten verehelicht waren und in geregelten Familienverhältnissen lebten", If. 7, 15 angeführt wird, um so mehr, da S. 573 die allein richtige Deutung der Stelle gegeben wird. S. 465 wird die Ansicht vorgetragen, daß bei den Schilderungen, welche die Propheten von der Heilszeit Israels geben, „die rein geistigen Güter fast ganz in den Hintergrund treten". Das ist sicher zu viel behauptet; übrigens findet dieser Ausdruck in dem Buche selbst seine Correctur, indem oft gerade auf die Gnadengüter der Heilszeit hingewiesen und diese besprochen werden, z. B. S. 132, 458—460, 473 (n. 4), 480, 522 (n. 5), 549 (n. 4) u. s. f. Ebenso ist der Satz S. 596 zu weitgehend: „Überhaupt ist Alles, was das Jenseits betrifft, im Alten Testament in einen düstern Schleier gehüllt, der erst im Neuen Testamente gelüftet wurde." Dagegen ist in Erinnerung zu bringen, daß die Idee eines ewigen seligen Lebens bei Gott, selbst nach dem Zugeständnisse rationalistischer Ausleger, in einigen Psalmstellen deutlich ausgesprochen ist (vgl. z. B. Hupfeld-Riehme zu Pf. 16, 10; 49, 16; 73, 23), sodann daß das Buch der Weisheit mit seinen herrlichen Kapiteln 3—5 und das 2. Buch der Makkabäer mit seinem 7. und 12. Kapitel für uns doch auch zum Alten Testamente gehören, und daß, von anderen Andeutungen abgesehen, der Verfasser selbst S. 612 unter der Rubrik „ewiger Lohn und ewige Strafe" die bezüglichen Angaben aus den Propheten recht trefflich gesammelt, erörtert und verwerthet hat.

Aufgefallen sind uns die vielen Wiederholungen derselben Texte. Der Verfasser führt zwar mit Recht zur Erklärung dieser Wiederholungen an: „Wegen der Reichhaltigkeit der prophetischen Aussprüche mußten manche Citate mehrmals angeführt werden, je nachdem es der Stoff erforderte." Aber dieser Grund rechtfertigt doch nur einen Theil der Wiederholungen. Eine andere Ursache derselben aber scheint uns in der vom Verfasser beliebten Eintheilung zu liegen, deren einzelne Glieder sich in mancher Hinsicht berühren, ja sogar manchmal völlig in einander übergehen. Man vergleiche nur die Rubrik: Gott als Erhalter und Regierer. Hier wird bereits das Verhältniß Gottes zu Israel und zu den Heidenvölkern besprochen (S. 142 bis 147), während doch im dritten und fünften Theile dieser Gegenstand ex professo zur Abhandlung kommt. Ähnlich ist es, wenn im dritten Theile „die Sünden Israels" und im vierten „die Sünde" abgehandelt werden u. dgl. Daß die gewählte Eintheilung nicht gerade die beste ist, fühlte sicher der Verfasser selbst, da er S. 571 in der Vorbemerkung zum sechsten Theile, „der Messias", schreibt: „Im Laufe unserer bisherigen Darstellungen hatten wir oft Gelegenheit, über die Wirksamkeit des Messias, sowie über einzelne hierher bezügliche Gegenstände zu handeln; um daher bereits Erörtertes nicht zu wiederholen, beschränken wir uns auf die neuen sich ergebenden Gesichtspunkte und verweisen auf die oben entwickelten Lehren." Damit ist der sechste Theil mehr oder minder als Nachtrag gekennzeichnet. Gewiß ist es befremdlich, wenn ein sechster Theil mit dem Messias (Person, Amt, Wirksamkeit) auf-

gestellt wird und man trotzdem bereits im ersten Theile (§ 39, 40) die Gott=
heit des Messias, im dritten Theile (§ 30—36) die Heilsendzeit Israels,
im fünften (§ 65) das Heil der Heidenvölker dargestellt findet. — Mit ein=
gehendster Sorgfalt hat der Verfasser wie nach Art einer Real= oder Verbal=
concordanz all' die Stellen der Propheten zusammengetragen über Erde,
Berge, Hügel, Thäler, Gewässer u. dgl., er registrirt alle, in denen die ein=
zelnen Namen für Sünde zur Anwendung kommen u. s. f. Statt dessen
hätte es uns nützlicher geschienen, hier sparsamer zu sein und den so gewon=
nenen Raum der Erläuterung einiger schwieriger Stellen zu widmen, die
jetzt ohne diese doch den Meisten unverständlich sein dürften; so wohl manche
der S. 432, 438 angeführten Terte. Andere Stellen hätten eine reichere
Erklärung finden können, z. B. das S. 380 und 435 erwähnte Symbol des
Gürtels Jeremias'.

Es gereicht dem Buche zur besondern Empfehlung, daß der Herr Ver=
fasser häufig auf die Erklärungen der heiligen Väter zurückgeht, diese mit
ihren Worten einführt und daß er auch ein wohlwollendes und aufmerksames
Auge hat für das viele treffliche exegetische Material der katholischen Exegeten
der Vorzeit und Manches aus denselben seinen Lesern vorführt. — Wir
wünschen der Theologie der Propheten die weiteste Verbreitung; sie ist voll=
ständig geeignet, den Leser in die Tiefen des prophetischen Wortes einzuführen,
ihm die Schönheit, Kraft, die majestätische Würde und die hinreißende Be=
redsamkeit desselben nahe zu bringen und ihn so mit Liebe und Begeisterung
für die heilige Schrift selbst zu erfüllen.

J. Knabenbauer S. J.

Naturforschung und Bibel in ihrer Stellung zur Schöpfung. Eine em=
pirische Kritik der mosaischen Urgeschichte von **Dr. Karl Güttler.**
8⁰. 343 S. Freiburg, Herder, 1877. Preis: M. 4.

Nicht den Nachweis, daß die Resultate der Naturforschung mit der bib=
lischen Erzählung im vollsten Einvernehmen sind, beabsichtigt vorliegendes
Buch zu führen — denn hiezu liegen die Dinge noch lange nicht klar genug
— sondern einzig zu zeigen, daß auch bei der gegenwärtigen Summe unseres
eracten, voraussetzungslosen Wissens der so oft behauptete, unversöhnliche
Gegensatz zwischen beiden nicht obwalte. Nicht Neues zu ergründen, sondern
Vorhandenes zu sichten, zu ordnen, zu vergleichen, das ist die Aufgabe, welche
dieses Buch sich stellt und die demgemäß auch dessen ganze Anlage beherrscht.
In sieben Kapiteln (Weltbildung, Erdbildung, Gestirne, Pflanzen= und Thier=
welt, der Mensch, Urgeschichte des Menschen, Chronologie) kommen die wich=
tigsten, in der Genesis erwähnten und von der Wissenschaft erforschten,
urgeschichtlichen Thatsachen zur Sprache, und ein jedes Kapitel zerfällt wieder=
um in zwei Abschnitte, in deren ersterem der Naturforschung, im andern der
Bibel das Wort gegeben wird.

Im ersten Kapitel wird die Grundlage der sogenannten Laplace=
schen Theorie einer Prüfung unterzogen. Den Voraussetzungen dieser

Theorie entspricht thatsächlich die größere specifische Schwere und Umlaufs-Geschwindigkeit, sowie die geringere Achsendrehungs-Geschwindigkeit der inneren Planeten, ferner der Umstand, daß sämmtliche Planeten mit ihren Trabanten fast in einer durch den Mittelpunkt der Sonne gehenden Ebene und zwar in gleicher westöstlicher Richtung sich bewegen. Die weitere Voraussetzung einer ursprünglichen Homogeneität des ganzen Universums hat eine unerwartete, glänzende Bestätigung durch die Spectralanalyse gefunden, welcher auch die endliche Lösung der Frage nach der Natur der Kometen und Sternschnuppen vorbehalten sein dürfte. Indem der Verfasser einerseits ebensowohl die wirklich bestehenden Schwierigkeiten, den Uranus und seine Monde betreffend, als die Verbesserungsfähigkeit der ganzen Theorie anerkennt, legt er andererseits auch Verwahrung ein gegen eine ängstliche, ungerechtfertigte Unterschätzung derselben. — Die Bibel sagt uns im Grunde über die Kosmogonie weiter nichts, als die wenigen Worte: „Im Anfange schuf Gott Himmel und Erde“, welche an den Beginn der Weltbildung eine vom Urstoff verschiedene Schöpferkraft setzen. Was hätte das Laplace'sche System hiegegen zu erinnern? Nichts, schlechthin nichts, denn an Stelle etwaiger Aufschlüsse über die erste Entstehung der Dinge begegnen wir in demselben nur einer Anzahl dunkler Punkte und ungelöster Räthsel: wie kam es, daß sich die Uratome, deren Dasein nicht begründet, sondern vorausgesetzt wird, trotz der Gesetze der Diffusion zu einer kugelförmigen Masse vereinigten? wie war die Bildung fester Kerne durch Massenanziehung ermöglicht, da bei dem außerordentlich hohen Grade der Verdünnung der Materie eine spontane chemische Reaction unmöglich war? wie kam zuerst Bewegung in die Masse? u. s. w. u. s. w. „Wir begehen darum keinen Verstoß gegen die ‚Resultate der exacten Wissenschaft‘, wenn wir die in dem Laplace'schen Bildungsproceß auftretenden unbekannten Kräfte mit den Willensäußerungen des Weltenschöpfers identificiren und annehmen, daß er es war, welcher der in seiner Idee allerdings ewigen Materie ‚im Anfange‘ Realität verliehen hat.“ „Überall wo der Weltentstehungs-Proceß in eine neue Phase der Entwicklung tritt, begegnet uns die nämliche außerhalb der Materie stehende leitende Gewalt, ohne deren Hilfe die Weltmasse gar keine Veränderung erleiden würde.“ Wir hätten vorgezogen — im Vorbeigehen sei es bemerkt — wenn der Verfasser bei der negativen Seite dieser Rechtfertigung der Bibel stehen geblieben und nicht zu der positiven Behauptung übergegangen wäre, wir dürften alle noch unbekannten Kräfte mit den Willensäußerungen des Schöpfers identificiren. Ein Verstoß gegen die augenblicklichen Resultate der Wissenschaft liegt hierin freilich nicht, aber möglicherweise ein solcher gegen diejenigen Fortschritte, welche die nächste Zukunft bringen kann. Bei der zugestandenen Entwicklungsfähigkeit der Laplace'schen Theorie ist es allerdings denkbar, daß dieselbe dereinst, für mehrere der aufgezählten Räthsel, wenigstens die theilweise, die naturhistorische Lösung finden, die natürliche Nothwendigkeit eines schöpferischen Eingreifens ausschließen werde. Damit soll selbstverständlich nicht gesagt sein, daß sich nicht auch der volle positive Beweis eines uranfänglichen, unmittelbar göttlichen Eingreifens, namentlich auf philosophischem Wege, erbringen lasse.

In den gang und gäben Erdbildungs=Hypothesen, welche im zweiten Kapitel zur Sprache kommen, findet der Verfasser viel weniger sicheren Gehalt, als in der Laplace'schen Weltbildungslehre, und in dem gegenwärtig am meisten accreditirten gemäßigten Plutonismus jedenfalls keinen Widerspruch mit der Bibel. Auch über die Zeit, innerhalb welcher die geogonischen Vorgänge sich erfüllten, besteht keine Divergenz, wenn man nach dem Beispiele namhafter Schriftausleger die biblischen „Tage" in übertragener Bedeutung versteht.

Das dritte Kapitel liefert den Nachweis der Berechtigung des copernikanischen Systems und weist die sporadisch leider wiederkehrende Ansicht zurück, als sei dasselbe bloß „eine sehr wahrscheinliche Hypothese, deren Ersetzung durch eine andere nicht ausgeschlossen sei". Dann geht es auf die Widerlegung der landläufigen Einwände über, zu denen das vierte biblische Tagewerk Veranlassung gegeben hat; namentlich wird der Einwurf, daß eine Erschaffung der Pflanzen vor dem Hervortreten der Sonne nicht wohl annehmbar sei, durch den Hinweis auf das bereits seit dem ersten Tage vorhandene Licht entkräftet.

In kurzen, lichtvollen Zügen entwirft sodann das vierte Kapitel ein Bild der historischen Entwicklung der Paläontologie und gelangt zu dem Schlusse, daß „die Erdformationen, so viele Modificationen und Unsicherheiten auch im Einzelnen vorkommen mögen, im Großen und Ganzen auf keiner hypothetischen Grundlage beruhen, sondern aus Beobachtungen hergeleitete, sichere Thatsachen sind". Aus der wohlerwiesenen Schichtenfolge ergeben sich folgende zwei nicht minder sichere Thatsachen: „1) von Anfang an, wo organisches Leben auf Erden war, haben Pflanzen und Thiere zusammen existirt; 2) mit dem Alter der Schichten nähert sich die ausgestorbene Organisation der jetzt lebenden, oder, wie man es auch ausgedrückt hat: die fossilen Organismen beweisen in der Natur den Fortschritt von unvollkommenen zu vollkommeneren Gestalten". Dabei ermangelt der Verfasser nicht, darauf hinzuweisen, daß die Paläontologie, trotz all des Staunenswerthen, das sie innerhalb weniger Jahrzehnte geleistet hat, doch von der vollen Lösung der ihr gestellten Aufgabe noch gar weit entfernt ist und eben darum die Stunde einer definitiven Vergleichung und Ausgleichung mit der Bibel vielleicht noch gar nicht geschlagen hat. Deßhalb unternimmt auch er es im Grunde nicht, den Leser ein für alle Mal den einzig richtigen Weg zur Lösung der hier bestehenden Schwierigkeit zu weisen, sondern er begnügt sich damit, die von Verschiedenen bereits versuchten Wege zu prüfen, um „zu bestimmen, welcher Weg für eine dauernde Aussöhnung zwischen Paläontologen und Exegeten der geeignetste sein möchte". Er bespricht der Reihe nach die einzelnen Theorien, welche zum Frommen der geoffenbarten Urkunde erdacht worden sind. Die neuere Sündfluththeorie, welche die 24stündige Dauer der Schöpfungstage vertheidigt und sämmtliche Petrefacten haltenden Formationen auf Rechnung der noachischen Fluth schreibt; die Restitutionstheorie, welche sämmtliche Fossilien einer ersten Schöpfung zuweist, die alsdann, der Zerstörung und Finsterniß anheimgegeben, einer durch das gött=

liche Fiat lux eingeleiteten Neuſchöpfung Plaß machte; die Concordanz=
theorie, welche den dritten bis ſechsten Schöpfungstag in der paläozoiſchen,
meſozoiſchen und känozoiſchen Formation wiederfinden will; die ideale
Theorie endlich, welche an Stelle der chronologiſchen eine bloß logiſche
Unterſcheidung der bibliſchen Schöpfungstage treten läßt — werden auseinander=
geſetzt und gewürdigt. Hier iſt des Belehrenden, Anſprechenden recht viel auf=
geſpeichert. Der Verfaſſer hat in keiner der genannten Theorien, in ſo man=
nigfachen Ausgeſtaltungen ſie auch bisher von den verſchiedenſten Autoren
verfochten worden ſind, volle Befriedigung gefunden. „Man wird nun fragen,“
ſchreibt er, „wenn alle dieſe Ausgleichsverſuche zu bemängeln ſind, ſtehen
dann nicht Schöpfungsthatſache und Schöpfungsbericht, alſo Gott mit ſich
ſelbſt, in Widerſpruch? Iſt damit nicht die Behauptung erwieſen, daß das
erſte Kapitel der Geneſiß keineswegs das Ergebniß göttlicher Inſpiration,
ſondern eine alte mythiſche, rein menſchliche Aufzeichnung darſtellt? Die
Antwort liegt in der Auffaſſung des relativen Begriffes ungenügend. Jeder
der beſprochenen Theorien liegt ein gewiſſer Grad von Wahrheit zu Grunde,
der nach wie vor ſeine Vertheidigung finden kann und wird. Wem dieſer
Grad genügt, zumal wenn er mit Scharfſinn und Begeiſterung verfochten
wird, für den werden paläontologiſche Schwierigkeiten nicht vorhanden ſein ....
Der zweifelſüchtige Skeptiker aber muß ſich eben mit dem Interimiſticum
behelfen, daß doch wenigſtens die Möglichkeit einer theilweiſen Ausſöhnung
zwiſchen Paläontologie und Bibel dargethan werden kann, und die allein
richtige Form vielleicht von der Zukunft der in ihren Forſchungen noch ſo
jungen Wiſſenſchaft zu hoffen.iſt.“

Indeſſen bleibt der Verfaſſer bei dieſem rein negativen und dilatoriſchen
Reſultate nicht ſtehen: auch er verſucht ſich an der Löſung des Knotens. —
Die heilige Schrift bezweckt nicht, uns über Paläontologie einen in’s Einzelne
gehenden Fachunterricht zu ertheilen; es reicht hin, wenn wir in ihrem Berichte
keinem Widerſpruche mit den allgemeinſten Grundprincipien jener Wiſſenſchaft
begegnen[1]. „Ein Zuſammenhang zwiſchen Bibel und Paläontologie beſteht
nur darin, daß uns mitgetheilt wird: 1. alle organiſche Weſen ſind von Gott
geſchaffen, die Foſſilien ſind Organismen, welche früher gelebt haben, folglich
ſind ſie in die einzelnen Schöpfungstage oder Schöpfungsperiode als
Ganzes einzureihen; 2. die Vegetation, gleichviel ob Algen oder bikotyle
Bäume, war vor der Animaliſation da. Hier haben wir unverrückbare Fun=
damente.“ „Wollen wir auf dieſer Grundlage eine Reconſtruction des geſamm=
ten Sechstagewerkes im Einzelnen verſuchen, ſo können wir uns deſſen Verlauf
etwa wie folgt denken. Das Werk des erſten Tages wird durch die Ent=
ſtehung des neptuniſchen Urbreis charakteriſirt, aus dem ſich am dritten Tage
die azoiſchen Urgebirge und das Urmeer ausſcheiden. Das Licht der außer=

---

[1] So glauben wir unter Berückſichtigung des Hinweiſes auf die Einleitung (S. 9)
den Satz S. 114 verſtehen zu dürfen: „Der göttliche Beiſtand macht es unmöglich,
daß ſich Bibel und Naturwiſſenſchaft in unveränderlichen, zweifellos erhabenen funda=
mentalen Sätzen direct widerſprechen.“

irdischen Urmaterie durchbricht die Atom-Ansammlungen, welche, in dichten Wolken zusammengeballt, die Erde in Finsterniß hüllen und scheidet zwischen Tag und Nacht. — In der Auslegung des zweiten Tagewerkes nehmen wir an, daß noch gewaltige Mengen leichtflüchtiger Elemente und Verbindungen, insbesondere Kohlenwasserstoffe, Kohlensäure und Wasserdampf in den höheren Regionen zurückblieben, als auf Erden eine Trennung zwischen Festland und Meer begann. Dieselben Grundstoffe, welche das flüssige Wasser zusammen= setzen, finden sich zum Theil auch in der normalen Lebensluft, man darf darum die Scheidung der unteren und oberen Wasser vielleicht so verstehen, daß ein Theil des Ursauerstoffes mit Wasserstoff tropfbar=flüssiges Wasser hervorbrachte, während ein anderer constant gasförmig blieb und mit Stickstoff und Wasser= dampf die Grundlage der heutigen Atmosphäre herstellte. Die am dritten Tage beginnende Bildung der festen Erdoberfläche setzt sich nach dem ersten ‚Trocknen‘, dessen Gegensatz zu der ‚Sammlung der Wasser‘ Moses nur ganz allgemein, als Vorbedingung einer Land und Meer belebenden Pflanzen= und Thierwelt erwähnt, bis an das Ende des sechsten Schöpfungstages fort ... Aus der Wechselwirkung aller neptunischen und plutonischen Phänomene ent= stehen Berge, Thäler, Meere, Binnenseen und Flüsse. In dieselbe Zeit fällt auch das Auftreten der ersten Organismen, welche Naturwissenschaft und Bibel einmüthig als kryptogame Pflanzenwelt bezeichnen. — An die erste Vegetation kann sich in Folge des atmosphärischen Absorptionsprocesses, aus dem erst allmählich die heutige, durchsichtige und constant zusammengesetzte Lebensluft hervorging, das klare, ungetrübte Hervortreten des Sternen= himmels als viertes Tagwerk angereiht haben.... Erst nachdem die kosmischen Bedingungen gegeben, die Atmosphäre, vordem mit einem Übermaß von Kohlensäure geschwängert, gereinigt, die Temperatur gemäßigt war und die Sonne ihr wohlthätiges Licht ausgoß, tritt nach den niederen Organismen des Pflanzenlebens die Thierwelt ein, die von den Pflanzen sich nährt, und das organische Leben der Pflanze mit dem höheren Vermögen der Empfindung und willkürlichen Bewegung verbindet. Die Stellung des vierten Tagewerkes zwischen der Vegetation und Animalisation ließe sich also in der Weise moti= viren, daß die eintretenden 24stündigen Zeiträume nur für eine höhere Organi= sation, insbesondere das Thierleben nothwendig sind, und das niedere Pflanzen= leben ihrer noch nicht bedarf. — ... Wenn wir demnach behaupten, daß die Bibel nur die chronologische Entwicklung der Pflanzen, Gestirne, Wasserthiere, Reptilien, Vögel und Landthiere hervorheben will, im Übrigen aber eine Fortsetzung der Pflanzenschöpfung, oder richtiger der Pflanzenent= stehung des dritten Tages, am vierten, fünften und sechsten, und ein Über= greifen der Thierentwicklung des fünften Tages in den sechsten zugibt, so sind die zwei paläontologischen Sätze: das gleichzeitige Auftreten von Pflanzen und Thieren und das Fortschreiten von unvollkommenen zu vollkommeneren For= men, recht gut mit dem mosaischen Bericht vereinbar."

Der Verfasser nennt seine Erklärung eine „idealisirte Concordanz= theorie". In der That, bleibt auch für mehrere Tagwerke die zeitliche Auf= einanderfolge gewahrt, so ist bei anderen die Scheidung eine bloß ideale; am klarsten tritt letzterer Umstand in dem S. 122 gebotenen Schema hervor, welches die gleichzeitige Entwicklung der Pflanzen= und Thierwelt in folgender Stufenfolge vor sich gehen läßt:

Wasserthiere und — Grünes (Akotyledonen),

kriechende lebende Wesen (Reptilien) sammt Geflügel und — samen= tragende Kräuter (Monokotyledonen),

vierfüßige und kriechende Thiere und die Thiere des Feldes (Landthiere) und — fruchtbringende Bäume (Dikotyledonen).

Wir wollen nicht in Abrede stellen, daß der Verfasser dergestalt eine Concordanzformel hergestellt hat, mit welcher sich die Paläontologie zufrieden geben mag: Eines hätten wir gewünscht, eine eingehendere exegetische Begründung der gebotenen Erklärung. Man frägt sich fast unwillkürlich: „Steht das aber auch wirklich in der Bibel?"

Das fünfte Kapitel handelt vom „Menschen" und beschäftigt sich mit den Ergebnissen und Hypothesen der Anthropologie. Die Fragen über Rassenverschiedenheit, Urzeugung, Darwinismus, Affenabstammung werden mit ebenso viel Fachkenntniß als philosophischer Schärfe besprochen. „Niemand," so schließt der Verfasser seine ausführliche Erörterung des Darwinismus, „Nie= mand wird der genialen Idee Darwins ihre großen Verdienste absprechen. Selbst wenn sich in ihr, wie Manche behaupten, auch nicht ein haltbares Moment vorfände, gebührt Darwin der Ruhm, durch sein Buch einen mäch= tigen Sporn zur erneuten Erforschung des Thier= und Pflanzenlebens gegeben zu haben.... Jene Behauptung geht indessen zu weit. Die Lehre Darwins enthält auch eine positive, werthvolle Seite, und eben deßhalb verschwindet sie als Fortschritt unserer Erkenntniß nicht mehr aus der Discussion. Besteht nämlich ihre Schwäche in dem Mangel eines erklärenden Grundprincips und in den Widersprüchen mit unbestreitbaren Erfahrungen, so liegt ihre Stärke unzweifelhaft in der äußerst kenntnißreichen Behandlung von der Transmuta= tion gegebener Pflanzen= und Thierformen. Hier hat Darwin durch die Grundsätze vom Kampf um's Dasein und den äußeren Einflüssen der Natur ein weites, bisher kaum geahntes Gebiet der wichtigsten Untersuchungen er= schlossen. Soweit es sich wird nachweisen lassen, daß diese beiden Factoren bei der Abänderung der Species mitwirken, soweit wird seine Lehre un= getheilte Anerkennung und Vervollkommnung finden.... Schon jetzt gilt als wahrscheinlich, daß die Zahl der ursprünglich vorhandenen Arten erheblich geringer sein dürfte, als bisher angenommen wurde. Was aber an ihr als ‚Einfachheit und Großartigkeit' am meisten bewundert und als non plus ultra aller Wissenschaft in allen Tonarten angepriesen wird: die Abstammung der gesammten Organisation von einem einzigen, denkbar einfachsten Urtypus durch zufällige Bewegung der Materie, ohne vorhergehenden Plan und Zweck, ohne ein gegebenes Entwicklungsgesetz, um es kurz zu sagen, ohne Schöpfer, das wird sicher eine der kommenden Generationen als eine, wenn man will, geistreiche Wiederholung Oken'scher Phantasmen in die Geschichte der Natur= philosophie einreihen." Auch den Vortheil hat der Darwinismus gebracht, daß er die aus der Rassenverschiedenheit gegen die ursprüngliche Einheit des

Menschengeschlechtes erhobenen Bedenken vollständig außer Cours gesetzt hat. Die Ansicht von der ursprünglichen Einheit der Rassen hat, vom Standpunkte der Naturgeschichte, die größere Wahrscheinlichkeit für sich; das ist aber auch alles, was wir verlangen können, denn mehr als eine Möglichkeit oder Wahr= scheinlichkeit vermag hier die Naturwissenschaft innerhalb der ihr angewiesenen Grenzen nicht nachzuweisen. — Überrascht uns einigermaßen in einem Buche über „Naturforschung und Bibel" eine Abhandlung über die „vergleichende Sprachforschung", so versöhnt uns doch wieder mit derselben die klare Übersichtlichkeit, mit welcher der Verfasser auch diesen Stoff zu behandeln und die demselben entnommenen Einwände gegen die Einheit des Menschengeschlech= tes zu beseitigen verstanden hat.

„Die Urgeschichte des Menschen" lautet die Überschrift des sechsten Kapitels. Unter den geologischen Erscheinungen der Quartärzeit nehmen die erste Stelle ein diejenigen der Eiszeit, deren Thatsächlichkeit allerdings feststeht, über deren Ursache, Dauer, Gleichzeitigkeit jedoch noch mannigfache Unsicherheit herrscht; dann kommen die Erscheinungen der Knochenhöhlen u. s. w. „Es haben," so faßt Dr. Güttler seine Untersuchung zusammen, „es haben in einer der Tertiärzeit folgenden Periode der Erdgeschichte, als der Mensch und ein Theil der noch lebenden Thierarten schon existirten, Veränderungen an der Erdoberfläche stattgefunden, welche auf bewegte Wassermassen zurückzuführen sind." Hiemit ist die Möglichkeit einer Identität mit der noachischen Fluth gegeben und somit eine Vergleichung der Einzelheiten der biblischen Erzählung geboten. Eine allgemeine Überschwemmung der Erde in der Art, wie man sich mitunter die Sündfluth vorstellt, läßt sich durch natürliche, gesetzmäßige Vorgänge, soweit wir von ihnen Kenntniß haben, nicht erklären. Dagegen schwinden alle Einwürfe der Naturforschung, wenn man, wie von neueren Exegeten mehrfach geschehen, die locale Allgemeinheit der Sündfluth als von der heiligen Schrift nicht behauptet aufgibt. Dieser Erklärung aus vollem Herzen beizustimmen hält den Verfasser nur das eine Bedenken zurück, daß das Aufgeben der localen Allgemeinheit auch dasjenige der anthropologischen Universalität der Fluth consequent nach sich ziehe, ein Zugeständniß, das in neuerer Zeit thatsächlich wiederholt gemacht wurde, dem Verfasser jedoch nicht ganz geheuer vorkömmt.

Den Gegenstand des siebenten und letzten Kapitels bildet die „Chronologie". Eine Würdigung der verschiedenen, behufs Schätzung des (absoluten) Alters unseres Geschlechtes in Vorschlag gekommenen „geologischen Chronometer" führt zu dem Resultate, „daß 1. alle Versuche, das Alter des Menschen in Zahlen zu berechnen, kein sicheres Ergebniß geliefert haben, und 2. diejenigen Rechnungen, denen einige Zuverlässigkeit zukommt, über 5 bis 7000 Jahre nicht hinausgehen". Ein solches Resultat stört sicherlich die alt= testamentliche Zeitrechnung nicht, hinsichtlich welcher der Verfasser sich der von P. Knabenbauer in dieser Zeitschrift 1874, VI. SS. 164 ff. 358 ff. entwickelten Auffassung anschließt.

Sollen wir nun unser Urtheil über Dr. Güttlers Buch kurz zusammen= fassen, so müssen wir an erster Stelle lobend hervorheben die geschichtlichen

Überblicke über die Entwicklung der einzelnen in den Bereich der Erörterung hereingezogenen Wissenschaften und Systeme; sodann, in engem Zusammenhange hiemit, die fachkundige Behandlung des naturwissenschaftlichen Materials. Der Verfasser vereinigt mit einer genauen Bekanntschaft des einschlägigen eregetischen Materials reiche Fachkenntnisse auf dem Gebiete der Naturwissenschaft; er bewegt sich auf dem Boden der letzteren nicht wie ein ungeladener Hospitant, der sein Erscheinen etwa gar noch entschuldigen muß, sondern wie ein Angehöriger des Hauses; engherzige Anzweifelung oder Verkleinerung wohlbegründeter Resultate liegt ihm ebenso ferne, wie haltlose Begeisterung für unbeweisbare oder noch unbewiesene Hypothesen. Was er sagt, ist klar, gehaltvoll, bündig: es läßt den Leser herausfühlen, daß der Verfasser noch Vieles hätte sagen können, und bedauern, daß er nicht mehr gesagt. Aber auch hierin liegt ein Vorzug des Buches. Das reichhaltige Literaturverzeichniß legt sprechendes Zeugniß ab für den ernsten Fleiß und die vielseitigen Kenntnisse des Verfassers. Wem immer es darum zu thun ist, ohne sich in das Labyrinth endloser Fachschriften und Fachzeitschriften zu verlieren, sich über Inhalt und Verläßlichkeit der die biblische Urgeschichte berührenden wissenschaftlichen Ergebnisse und Hypothesen kurz und gründlich zu orientiren, der wird Dr. Güttlers Buch nicht ohne Nutzen und Befriedigung aus der Hand legen: es ist dasselbe, soviel uns bekannt, unter den Büchern verwandten Inhalts nicht bloß das jüngste, sondern wohl auch das beste.

Fr. v. Hummelauer S. J.

Der Gehorsam gegen die weltliche Obrigkeit und dessen Grenzen nach der Lehre der katholischen Kirche. Von Dr. **Philipp Hergenröther.** 8⁰. VI u. 104 S. Freiburg, Herder, 1877. Preis: *M.* 1.40.

Der Gehorsam. Ein Wort zur Beherzigung für Bibelgläubige und Atheisten. Von **Phil. Laicus.** 8⁰. 189 S. Mainz, Kirchheim, 1877. Preis: *M.* 1.50.

Ungefähr derselbe Gegenstand, welchem unsere Artikel „Der Gehorsam gegen die menschlichen Gesetze" gewidmet waren, ist in umfassender Weise in einigen neueren Broschüren behandelt worden. Die eine davon, schon in mehreren Blättern lobend erwähnte, hat zum Verfasser Dr. Phil. Hergenröther. Derselbe hat sich die Aufgabe gestellt, Zeugnisse von den heiligen Vätern und Kirchenlehrern oder den bewährtesten Theologen der Vorzeit zu sammeln, um dadurch den christlichen Lesern darzuthun, wie zu jeder Zeit nur Eine Stimme darüber geherrscht habe, daß nicht Alles, was eine Obrigkeit anordne, deßhalb schon eine Gewissenspflicht sei, sondern daß im Gegentheil manchmal gerade die Nichtbeachtung der obrigkeitlichen Befehle zur Gewissenspflicht werden könne. Mit großer Erudition und dankenswerthem Fleiße sind Zeugnisse aus allen Jahrhunderten zusammengetragen, so daß die Broschüre sich zu einer reichhaltigen Quellensammlung über die Verwerflichkeit des unbedingten Gehorsams gestaltet. Jeten Aussprüchen heiliger und erleuchteter Lehrer reiht sich eine Auswahl heldenmüthiger Beispiele an, welche ein Vorbild dessen sind, was christlicher Muth und christliche Geduld zu leiden und zu leisten vermögen, wenn es gilt, den Kampf für die Freiheit des Gewissens und der Kirche aufzunehmen gegen die Vergewaltigung von Seiten irdischer Machthaber. Einer näheren Empfehlung bedarf das Büchlein nicht mehr; eine anderweitige Besprechung halten wir um so mehr für überflüssig, als die beigebrachten Zeugnisse schon ihrer Urheber wegen zu hoch stehen, um für uns etwas Anderes als Leitsterne zur Orientirung zu sein.

Die andere Broschüre, aus der gewandten Feder von Ph. Laicus, behandelt in gründlicher und zugleich spannender Weise, nicht ohne Witz noch ohne Sarkasmus den liberalen Begriffsfälschern gegenüber, den staatlichen Gehorsam und dessen Grenzen. Um für diese Besprechung eine feste Grundlage zu gewinnen, untersucht der Verfasser zuerst den Ursprung und den Zweck des Staates.

„Die Familienhäupter traten zusammen, um eine weitere Autorität zu gründen, welche Streitigkeiten zu entscheiden hatte, und deren Ausspruch sich Alle zu unterwerfen hatten ... Nicht die Familie erweiterte sich zum Staate, sondern die Familie war ein abgeschlossenes Ganze, das seiner Natur nach immer wieder, wenn es einen gewissen Umfang erhalten, in einzelne Theile zerfiel" (S. 35). „Die sittliche Berechtigung der von den Familienhäuptern gegründeten Autorität lag aber nicht in dieser Gründung ... (sie) wurzelte vielmehr, gerade wie die Autorität der Väter, in Gott, der da wollte, daß der Mensch als geselliges Wesen leben sollte, um die ihm vorgesetzte Bestimmung zu erreichen." „Gott hat also den Staat gewollt, und als die Vorbedingungen gegeben waren, sind die von Gott bereits gesetzten Autoritäten, die Familienväter, zusammengetreten, um den Staat zu gründen. Einen andern legalen Weg kann ich mir nicht denken" (S. 57). — „Gott hat den Staat gewollt als den irdischen Hüter und Schützer der von ihm begründeten Rechtsordnung ... Aber die Menschen sind es, welche die Obrigkeit einsetzen ... und welche endlich auch den Umfang des Staatszweckes und damit zugleich die Befugnisse der Obrigkeit erweitern können" (S. 69).

Mit Allem können wir uns hier nicht ganz einverstanden erklären. Daß eine Erweiterung des Staatszweckes über den bloßen Rechtsschutz hinaus dem freien Belieben der Menschen anheimgegeben sei, hieße nach unserem Urtheile den von Gott gewollten und in der Geselligkeit der menschlichen Natur hinlänglich bekundeten Zweck des Staates verkürzen. Bezüglich des Ursprunges der Staaten will auch der Verfasser gewiß nicht behaupten, daß alle Staaten factisch nach seiner Erklärungsweise entstanden seien; daß sie manchmal factisch und auch legal so entstanden sein mögen, wollen wir gerne zugestehen, allein diesen Weg als den einzig legalen oder auch nur als den aus sich selber normalen und ursprünglichen erklären, scheint uns bedenklich. Die Ausführungen der Broschüre selbst decken bei sorgsamem Lesen Schwierigkeiten gegen die dort vertheidigte Ansicht auf. Man kann den Staat sich aus der Familie auch entwickeln lassen, ohne anzunehmen, daß, wenn die Schutzbedürftigkeit der Kinder aufhöre, „die Gewohnheit des Befehlens und Gehorsams", sowie die „Dankbarkeit" und die „freiwillige Unterwerfung unter die größere Erfahrung" zur Hilfe kämen. Doch wir müssen verzichten, hierauf weiter einzugehen; die nachfolgenden Erörterungen des Verfassers bleiben von dieser Differenz im Wesentlichen unberührt.

Den atheistischen Unverstand — und dieser klebt Allen an, welche einen Gehorsam auf anderem Grunde aufbauen wollen, als auf dem göttlichen Willen — fertigt der Verfasser ziemlich kurz im zweiten und dritten Kapitel ab (S. 45—63). Er weist die Atheisten klar und bündig darauf hin, daß sie, weil sie gar keinen Gehorsam kennen, eigentlich bei der Frage über unbeschränkten oder beschränkten Gehorsam auch gar nicht mitzureden hätten. Derb aber treffend legt er die nackten Consequenzen jenes unvernünftigen und doch leider so weitverbreiteten Standpunktes (S. 47) dar:

„Wenn Leute einen Vertrag abschließen, woher kommt denn die Giltigkeit desselben (auf atheistischem Standpunkte)? So lange Alle wollen, gilt er ohne Zweifel; aber nicht weil er geschlossen ist, sondern weil Jeder will. Wenn aber heute Einer nicht mehr will, so hört der Vertrag auf. Bedenken wir doch, daß der Atheismus jeden andern als graduellen Unterschied zwischen dem Menschen und der Thierwelt aufhebt. Das ist ja die große Errungenschaft der modernen Wissenschaft. Wo schließen denn Hunde Verträge mit einander ab, und wenn sie sich glücklich über einen Knochen geeinigt haben, hat diese Einigung irgend einen sittlichen Werth? Und dauert dieselbe länger, als bis der Stärkere den Schwächeren wegbeißt? Da wir nach atheistischen Grundsätzen den Thieren analog sind, so müßten nach denselben Grundsätzen analoge Verhältnisse das menschliche Leben beherrschen ... Das Recht hat keinen Werth mehr ... sondern die Gewalt ist das Recht.‟ „Ein Atheist wird nie das Gesetz beobachten, weil es die Obrigkeit angeordnet hat, sondern weil die Beobachtung für ihn Folgen nach sich zieht, die ihm werthvoller sind, als die Folgen der Übertretung‟ (S. 61).

Die übrige Partie der Broschüre richtet sich gegen Solche, welche trotz ihrer Anerkennung Gottes einem unbeschränkten Gehorsam gegen die weltliche Obrigkeit das Wort reden. Die Adresse konnte darum ganz wohl an „die Bibelgläubigen‟ lauten, weil fast alle Gegner, welche noch an Gott glauben, auch die Heiligkeit des göttlichen Wortes in den heiligen Schriften anerkennen, und weil gerade von den gläubigen Gegnern in mißbräuchlicher Weise auf die heilige Schrift zurückgegriffen wird, um den eigenen Standpunkt zu rechtfertigen.

Die wenigen Seiten (63—79) besprechen indessen den Gegenstand noch nicht formell vom gläubigen Standpunkte aus; wir stehen da vielmehr gewissermaßen noch auf neutralem Boden, um von dort aus summarisch die von Niemanden ernstlich angezweifelten Schranken des Gehorsams uns anzusehen, nämlich die sowohl relative als absolute Nothwendigkeit, die Nothwehr und die Competenz. Mit den dießfalligen Ausführungen, welche durch treffliche Beispiele illustrirt werden, ist jedenfalls schon der banalen Phrase eines unbeschränkten Gehorsams die Spitze abgebrochen.

Um so fester kann alsdann vom Verfasser auf gläubigem Boden die letzte und wichtigste Schranke erörtert werden, nämlich Gott und dessen einer Staatsanordnung entgegenstehender Wille. Mit Meisterhand wird die Frage behandelt, ob denn wirklich die heilige Schrift durch Lehre und Beispiel einem uneingeschränkten Gehorsam das Wort rede, die Verantwortlichkeit für das

Anbefohlene ganz allein der Obrigkeit überlassend, oder ob sie nicht vielmehr eclatante Beispiele der Gehorsamsverweigerung als von Gott gebilligt und anbefohlen aufweise. Der Verfasser weiß die gewählten geschichtlichen Facta trefflich auszubeuten, so zwar, daß er an den biblischen Beispielen Boden gewinnt für die Unterscheidung verschiedener Grade eines statthaften oder gar pflichtgemäßen Ungehorsams gegen etwa ergangene Befehle der Obrigkeit. Wir begnügen uns mit kurzen Andeutungen.

Zuerst wird Kap. 4 (S. 85—102) der unverständige oder boshafte Mißbrauch nachgewiesen, mit welchem Aussprüche der heiligen Schrift verunglimpft werden, um aus ihnen die Pflicht des unbeschränkten Gehorsams herauszubeuten. Das Ergebniß aus ihrem wirklichen Sinne wird kurz zusammengefaßt (S. 100):

„Diese Bibelcitate beweisen: 1. daß es Fälle geben kann, in welchen ich der Obrigkeit zu gehorchen verpflichtet bin;

2. daß dieser Fall sowohl bei einer bloß thatsächlichen, wie bei einer legitimen Regierung eintreten kann;

3. daß diese Fälle die allgemeine Regel bilden;

4. daß es nicht bloß ein Vergehen gegen die Obrigkeit, sondern auch eine Sünde gegen Gott ist, wenn ich diese Verpflichtung außer Acht lasse.

(Sie beweisen aber nicht,) daß gar keine Ausnahme von dieser Regel gelten könnte.“

Diese „Ausnahmen“ präcisirt der Verfasser nun im fünften Kapitel, indem er drei große Gebiete des Sittlichen, das von Gott Erlaubte, Gebotene, Verbotene, unterscheidet (S. 109):

„1. Alles, was Gott erlaubt, darf die Obrigkeit gebieten oder verbieten, vorausgesetzt, daß nicht eine andere Schranke, z. B. die Staatsverfassung, die rechtmäßige Freiheit u. s. w., dem entgegensteht.

2. Sie braucht nicht Alles, was Gott geboten oder verboten hat, in den Bereich ihrer Gesetzgebung zu ziehen [1].

3. Dagegen darf sie nicht verbieten, was Gott geboten hat.

4. Ebensowenig darf sie das, was Gott verboten hat, gebieten oder auch nur in ihren Schutz nehmen.“

Diesen dritten und vierten Punkt nun an Beispielen der heiligen Schrift klar zu machen, bezeichnet der Verfasser selbst als die „Hauptaufgabe“ seiner Arbeit; er widmet ihr die folgenden interessanten Kapitel. Wir wollen das gemeinsame Facit (S. 159) referiren:

„Es ist in erster Linie . . . unzweifelhaft, daß die Obrigkeit von Gott gewollt ist . . . und daß wir (ihr) . . . auch um des Gewissens willen . . . Gehorsam zu leisten haben. Es geht aber auch in zweiter Linie hervor, daß dieser Gehorsam seine Schranken hat; daß es Fälle gibt, in welchen der Bürger im Gewissen verpflichtet ist, ungehorsam zu sein. Die Jünglinge im Feuerofen, Daniel, die Makkabäer, Christus, die Apostel gehorchten nicht, und Gott billigte ausdrücklich selbst durch übernatürliches Eingreifen den Ungehorsam. Diese fünf Fälle tragen das gemeinsame Kennzeichen,

---

[1] Wir möchten hinzufügen: Sie kann das nicht einmal.

daß die Obrigkeit gegen Gottes Gesetz Verfügungen erließ und Einrichtungen traf, und das gemeinsame Kennzeichen bezeichnet uns auch die Schranke, wo der Gehorsam aufhört, und der Ungehorsam beginnt, Gewissenspflicht zu werden."

Die Entscheidung, was nun speciell bezüglich des Ungehorsams, oder besser des Nicht=Gehorsams, Pflicht, oder in welcher Weise den Forderungen der Obrigkeit entgegenzutreten sei, läßt der Verfasser ganz richtig von verschiedenen Umständen abhängen. Im weiteren Verlaufe führt er aus, daß selbst Fälle denkbar seien, in denen die Befugniß oder die Pflicht bis zu einem activen Widerstande äußerster Art gedrängt würde.

Wir haben hiermit den Hauptinhalt der Broschüre angegeben. Ohne gerade Alles uns aneignen zu wollen, müssen wir doch sagen, daß sie im Ganzen eine lichtvolle und volksthümliche Erörterung ist, welche die Pflicht des staatlichen Gehorsams auf ihren wahren Inhalt reducirt. Die kräftige und populäre Sprache hat freilich unseres Bedünkens den Verfasser hin und wieder zu Ausdrücken verleitet, welche nicht zu scharf genommen werden dürfen, ohne über das Maß des Richtigen hinauszugreifen. Mehrere finden zwar im Verlaufe der Broschüre selbst ihre Correctur, so daß sich der wahre Sinn dem aufmerksamen Leser später verräth, allein einige dürften wirklich zu schroff oder doch leicht mißverständlich bleiben. Beispielshalber führen wir S. 19 an, wo es heißt: „Die französische Revolution scheint mir zu sichtlich ein Strafgericht Gottes, als daß ich an ihrer Berechtigung mir einen Zweifel gestatten wollte." Auch abgesehen von den „einzelnen Maßnahmen", welche ausdrücklich desavouirt werden, ist doch nicht jedes von Seiten Gottes berechtigte Strafgericht auch eine berechtigte Handlung der menschlichen Factoren. Wir möchten glauben, der Verfasser habe das S. 113 selbst durchgefühlt, wenn er von der Trennung des Reiches Israel und Juda sagt: „Gott billigte zwar nicht ausdrücklich die Lossagung, aber er desavouirte den Scorpionen= könig." Ebenso könnte man in den Ausdrücken auf S. 83 leicht eine un= berechtigte Billigung der revolutionären Vorgänge vom Jahre 1848 zu finden versucht sein; auf S. 134 hätten wir statt der Worte, daß Matthathias „die Fahne der Rebellion offen aufpflanzte", einen andern Ausdruck gewünscht. Die nachherigen Erklärungen lassen freilich den vom Autor gemeinten Sinn ganz unverfänglich erscheinen.

S. 176 werden die zur Erlaubtheit eines allgemeinen activen Wider= standes nöthigen Bedingungen angegeben. Unter diesen heißt es: „3. Der= jenige, welcher zum Widerstande auffordert, muß dazu noch einen besondern Grund haben." Vielleicht ergänzen wir nur den Sinn des Verfassers, wenn wir diesen „Grund", welcher in der Person Jenes liegen müsse, als eine be= sondere Vollmacht oder Autorität verstehen, welche eine solche Person zu derartigem Schritte berechtigte.

Die Theorie über den Ursprung des Staates, welcher, wie oben bemerkt, in der Broschüre gehuldigt wird, erleichtert es, zu der theoretischen Berechti= gung eines activen Widerstandes zu kommen; das dürfte sich in Ausdrücken, wie sie etwa S. 75 vorkommen, ein wenig fühlbar machen. Wir stimmen zwar bei, daß nicht unbedingt und unter allen Umständen ein gewaltsamer

Widerſtand als ſittlich unberechtigt zu erachten ſei, wenn wir die Sache an ſich betrachten, d. h. wenn bloß die Ungerechtigkeit einer etwa getroffenen obrigkeitlichen Anordnung und der etwa verſuchte Zwang zu deren Vollziehung berückſichtigt wird; denn dann wäre ſogar in den meiſten Fällen einer zu weit gehenden Forderung der active Widerſtand berechtigt. Allein faſt immer tritt aus andern Gründen die Pflicht ein, von activem Widerſtande Um= gang zu nehmen. Dieß wäre wohl häufiger zu betonen geweſen, als der Verfaſſer es thut. Und dieſe meiſt per accidens entſpringende Pflicht wirft auch unſeres Erachtens ein etwas anderes Licht auf das Martyrium der erſten Chriſten und Anderer, welches S. 23 und 160—162 beſprochen wird. Ein ſolcher Martyrer=Heroismus konnte wirklich nicht bloß wegen der Unmöglich= keit, etwas Anderes mit Erfolg durchzuſetzen, ſondern auch des höheren Gutes der Religion und der Ehre Gottes wegen zur Pflicht werden. In dieſem Sinne müſſen wohl die Worte Gregor' XVI. in der berühmten, auch in un= ſeren Artikeln angezogenen Encyklika Mirari vos verſtanden werden, in wel= chen der Papſt die Wahl des Martyriums ſtatt bewaffneter Erhebung als die nothwendige Conſequenz aus der chriſtlichen Lehre über die Unterwürfigkeit gegen die weltliche Macht hinſtellt.

Mit dieſen Bemerkungen nehmen wir Abſchied von dem Büchlein und wünſchen von ganzem Herzen, daß es recht viel beitragen möge zur Befeſti= gung des Gehorſams um Gottes und des Gewiſſens willen, und zur Zer= ſtörung des unſittlichen Princips eines unbedingten und unbeſchränkten Ge= horſams gegen weltliche Auctorität.

A. Lehmkuhl S. J.

1. **Kreuz und Schwert.** Hiſtoriſche Erzählung aus den Jahren 1164 bis 1170. Von **Matthias Höhler,** Dr. phil. et theol., biſchöflicher Secretär zu Limburg an der Lahn. Zwei Bände. 16⁰. (XVI u. 350 u. 386 S. Regensburg, Puſtet, 1877. Preis: M. 4.

2. **Der Kaplan von Friedlingen.** Eine didactiſche Novelle von **Wilh. Molitor.** 16⁰. (VI u. 235 S.) Mainz, Kirchheim, 1877. Preis: M. 3.

3. **Ein armer Student.** Geſchichte aus Irlands Schreckenstagen. Von **Fr. Richter.** gr. 8⁰. (VI u. 119 S.) Heidelberg, Commiſſions= verlag von F. König, 1878. Preis: M. 1.70.

4. **Katholiſche illuſtrirte Zeitſchriften.** (Die katholiſchen Miſſionen; Alte und Neue Welt; Deutſcher Hausſchatz.)

Es iſt gewiß eine Seltenheit, auf dem Gebiete erzählender Proſadichtung ein zweibändiges Werk ohne „Liebe" und Hochzeit zu finden. Daß nichts= deſtoweniger ein lebensfähiger Roman ohne dieſe Motive möglich iſt, zeigt Dr. Höhler unſeres Erachtens in vorſtehend verzeichneter Erzählung. Leider läuft ſie wegen des nicht mehr frappanten Titels Gefahr, mit anderen ähnlich benannten verwechselt und darum nicht gehörig beachtet zu werden. Freilich drückt jener Titel „Kreuz und Schwert" auch wiederum das innerste Wesen des Romans, seine beiden bewegenden Principien aus, insofern es sich hier um den tragischen Conflict des weltlichen Schwertes mit dem geistlichen Kreuz handelt, wie er in den gewaltigen Kämpfen zwischen Heinrich II. von England und dem großen Martyrer Thomas von Canterbury zu so blutigem Austrag kam.

Nimmt dieser Stoff in der heutigen Zeit überhaupt ein allgemeineres Interesse in Anspruch, so mußte er für den Verfasser noch eine besondere Anziehungskraft besitzen. Selbst Leidensgefährte und treuer Begleiter eines unserer „abgesetzten" deutschen Bischöfe, lernte Dr. Höhler aus eigener Erfahrung jene Gefühle kennen, welche die Brust des verbannten englischen Primas und seiner Genossen bewegten. Dieses Durchlebte und Selbstempfundene durchströmt denn auch fühlbar die ganze Erzählung mit einer wohlthuenden Wärme des Tones, die sich bisweilen zur Gluth der Begeisterung steigert, und mehr denn einmal glaubt der aufmerksame Leser in den lebendigen Schilderungen und überzeugungsfesten Reden die Stimme des Herbert von Boseham selbst zu vernehmen.

Mit dem Tage von Clarendon (1164) beginnt für England eine jener tief dramatischen Episoden, welche die Weltgeschichte trotz des besten Dichters von Zeit zu Zeit zu weben versteht. Den eigentlichen Knoten an der rechten Stelle erfaßt, ihn mit historischer Treue und psychologischer Wahrheit gelöst zu haben, ist das Hauptverdienst des Verfassers. Schon gleich der Eingang der Erzählung bringt mit der Nachgiebigkeit des Primas das gewaltige Drama in lebhaften Gang. Thomas muß seinen Fehler über kurz oder lang erkennen und dann wird sein Widerstand gegen des Königs Gelüste um so stärker sein. Pflicht und Reue werden die Seele des Erzbischofs kräftigen, während der König, durch eine getäuschte Hoffnung erbittert, nur um so entschiedener auf seiner Forderung beharren wird. Diese Verwicklung kann nicht lange auf sich warten lassen; auf dem Tage von Northampton wirft Thomas kühn den Fehdehandschuh dem König und seinen Großen vor die Füße, indem er den Schwur von Clarendon widerruft und des Fürsten Vergewaltigungen der Kirchenfreiheit offen als Tyrannei brandmarkt. Der Kampf zwischen Kreuz und Schwert ist entbrannt und geht nun unaufhaltsam sechs Jahre lang seinem blutigen Austrag entgegen. Es sind durchaus drei Stadien seiner Entwicklung, die in steter Steigerung das innerste Wesen des Kampfes und der Kämpfer zum Ausdruck bringen und die schließliche Katastrophe herbeiführen. Zuerst versucht Heinrich als König seine „legale" Obmacht gegen den Bischof. Dieser flüchtet, Heinrich scheint zu siegen, aber gerade die Flucht und Verfolgung verschafft dem Verbannten eine solche moralische Übermacht, daß der König ihr weichen muß. Der glorreiche Empfang Beckets im Auslande, die Liebe des Volkes, des französischen Königs und des Papstes, welche alle mit einander wetteifern, den großmüthigen Flüchtling ihres Schutzes und ihrer Sympathie zu versichern, die kirchlichen Censuren endlich, mit denen der Verbannte seinen gewaltthätigen Fürsten bedroht, sind so entscheidende

Factoren, daß die offene Gewalt an ihnen zerschellen muß. Thomas ist schließlich der Gefürchtete, dem König bleibt nur die Unterwerfung. Aber unterwerfen mag sich der trotzige Heinrich nicht, und darum verfällt er auf das unwürdigste Mittel; er entkleidet sich selbst der königlichen Hoheit und wird zum Heuchler. Damit tritt der Kampf in sein zweites Stadium, indem Lüge und Wahrheit, Heuchelei und Ehrlichkeit sich einander gegenüber= stehen und endlich der letzteren unläugbar der Sieg verbleibt. Wie weit= tragend dieser Sieg ist, zeigt sich darin erst recht, daß Heinrich künftighin nicht mehr wagt, als König dem Bischof entgegenzutreten, sondern als per= sönlicher Feind nach dem feigsten Mittel greift, sich des lästigen Gegners zu entschlagen. Das ist dann die dritte Entwicklungsstufe des dramatischen Antagonismus, der Tyrann greift zum Dolche des Meuchlers und bekennt dadurch, daß die Macht des Schwertes durch das Kreuz vernichtet ist. Freilich fällt — ächt tragisch — Thomas als Opfer des Verrathes, aber er und nicht der König triumphirt. Auf dem Grabmal des ermordeten Primas thront im Strahlenglanze der Verklärung die kirchliche Freiheit, an eben diesem Grabmal zerschellt und scheitert aber auch das Herrschergelüste des verhaßten Tyrannen. Nicht bloß moralisch, auch materiell hat das Kreuz des Cantuarius das Schwert Heinrichs besiegt.

Diesen ganzen hochtragischen Verlauf der Ereignisse hat dem Verfasser die Geschichte[1] geliefert; er selbst hatte nur auf die künstlerische Gruppirung und ausdrucksvolle Darstellung sein Augenmerk zu richten, was immerhin für den Roman die Hauptsache bildet. Wir glauben nun, daß dem Ver= faffer Manches sehr wohl gelungen ist, vor Allem vielleicht die lebendige Wiedergabe der historischen Charaktere. Anziehend ist besonders die all= mähliche Entwicklung des heiligen Primas selbst. Er tritt keineswegs als vollendeter Held auf die Bühne, sondern er schwingt sich erst nach und nach unter den Augen des Zuschauers zu jenem Starkmuth, der ihn Alles er= dulden und endlich die Martyrerpalme ergreifen läßt. Obgleich für ge= wöhnlich der Charakter des Königs mehr durch Handlungen als durch Worte gezeichnet wird, so gestatten doch einzelne Scenen einen tiefen Blick auch in seine Seele. Gewaltig ergreifend ist in dieser Hinsicht der furcht= bare Ritt durch die Nacht, jene überwältigende Einsamkeit des schneebedeckten Hochwaldes und jene kräftig hingeworfenen Dialoge zwischen dem verzweifeln= den Fürsten und seinem Vertrauten. Wir glauben „den Judasbund", sowie das folgende Kapitel „der Martyrer" als die gelungensten des ganzen Buches hinstellen zu können.

Nach dem Gesagten könnte es vielleicht scheinen, als ob einzig die Ge= schichte den Stoff der Erzählung geliefert habe, während doch auch die Phan= tasie ihren Antheil beansprucht. Sie tritt freilich nur dort schaffend hervor,

---

[1] Mit lobenswerthem Eifer weist Dr. Höhler in zahlreichen Anmerkungen auf seine geschichtlichen Quellen hin. Die eingestreuten Lieder sind (ohne jeden Hinweis) dieser Zeitschrift entnommen. Vgl. Stimmen aus Maria=Laach 1875, VIII. S. 149, 157; IX. S. 80, 308.

wo es die künstlerische Abrundung des Stoffes erheischte, ohne an den Grund
der Thatsachen zu rühren oder die Geschichte mit unnützem Laubwerk zu über=
wuchern. Im Allgemeinen sind dem Erzähler jene Scenen gelungen, in
denen er das Volk in seinen verschiedenen Klassen sich über die Haupt=
handlung aussprechen läßt. Daß hier bisweilen die Farben etwas derb auf=
getragen werden, versteht sich von selbst, um so erfreulicher aber ist es, daß
alles Gemeine und Unanständige streng ausgeschlossen blieb. Nur einmal
führt uns der Verfasser in eine Versammlung, in welcher ein abgefallener
Subdiakon in trunkenem Zustande auftritt. Da es sich aber um die Ver=
schwörung gegen das Leben des Primas handelt, gewinnt die moralische Ent=
rüstung des Lesers so sehr die Überhand über den natürlichen Ekel, daß man
den grellen Pinselstrich des Künstlers nicht tadeln kann. Eine Nebenfigur
der Dichtung ist unserer Meinung nach trefflich gelungen und durchaus zu
loben. Wir meinen Roger, den treuen, reisigen Diener des Erzbischofs, bei
dessen Worten, die etwas eisern aus goldenem Herzen kommen, der Leser oft
nicht weiß, ob er lachen oder ob er weinen soll.

Einzelne Kritiker dürften vielleicht in Sprache und Darstellung manche
Kleinigkeiten zu tadeln finden; andere werden mit mehr Recht davor warnen,
doch ja des Guten nicht zu viel zu thun und weder durch allzu lange und
häufige Reden den Fluß der Erzählung zu stauen, noch den lustigen Phan=
tasienachen mit allzu schwerem geschichtlichen Ballast zu beladen. In der
That glauben auch wir, daß letzterer Vorwurf nicht ungegründet ist, möchten
jedoch nicht dabei verweilen, da es uns darum zu thun ist, einen anderen
Mißgriff des Romans zu bezeichnen, der von allgemeinerer Tragweite für
katholische Belletristik sein dürfte. Offen gestanden erscheint uns die ganze
Verknüpfung der Haupthandlung mit den Schicksalen der Schwester des
Primas als ein Fehlgriff. Freilich lag für den Verfasser der Gedanke sehr
nahe, die von der Geschichte ihm gebotene Schwester Marie als dichterischen
Hohlspiegel zu benutzen, der alle Strahlen sammeln und in reiner Gefühls=
gluth reflectiren sollte. Eine solche Vertreterin der zarteren Herzensregungen
erschien in dieser Erzählung um so nothwendiger, als die Haupthandlung fast
ausschließlich die eigentlichen Leidenschaften zum Ausdruck brachte. Zwischen
die Helden vermittelnd und besänftigend die Schwester des Primas zu stellen,
schien mithin eine künstlerisch berechtigte That. Unser Bedenken geht nun
auch keineswegs auf die Sache an sich: was uns mißfällt, ist die Ausführung.
Diese ist im Ganzen weich, wo sie bloß zart sein sollte; in Manchem ist sie
gar tändelnd und durchschnittlich durch zu starkes Hineinziehen materieller
Schönheit weniger geeignet, die übersinnliche zu vermitteln. Marie und
Angela dürften wohl ein und das andere Mal vorüberschwebend uns gezeigt
werden, sie aber, wie dieß geschieht, so stark in den Vordergrund treten zu
lassen, hat seine eigenen Schwierigkeiten. Auch wird bisweilen der Leser
urtheilen, Mutter Jodoka's Liebe zu ihren beiden Novizinnen handle nicht
immer klug u. s. w. Vollends müssen wir vor einem Punkte als vor einem
völlig unzulässigen warnen. Die Scenen im Klostergarten (I. S. 94 ff.)
und ähnliche mögen in sich wahr und schön sein, sie sind und bleiben dennoch

unpassend für künstlerische Verwerthung im Roman, weil sie die Gefahr nahe legen, auf jene Abwege zu gerathen, welche wir in diesen Blättern an der Erzählung des Abbé Hurel tadeln mußten. So stark wie in Flavia tritt freilich der Mißstand im vorliegenden Werke nicht hervor, aber die Art ist da und das ist genug, um ernstlich darauf hinzuweisen.

Trotz der angedeuteten Mängel eines Erstlingswerkes dürfen wir „Kreuz und Schwert" dennoch empfehlen und sind versichert, daß kein Leser das Buch ohne Genuß aus der Hand legen wird.

Während Dr. Höhler in dem längstverflossenen Jahrhundert Trost und Ermunterung für die trübe, traurige Gegenwart suchte, greift Dr. Molitor mit kundiger Hand in das frische Leben des heutigen Treibens und bietet uns in seinem streitbaren „**Kaplan von Frieblingen**" die trefflichsten Waffen zur Vertheidigung unserer stark bedrohten Heiligthümer in dem wild entbrannten Kampf zwischen „Kreuz und Schwert". Das Wort „Novelle" auf dem Titel dürfte Manchen wohl irre führen und ihn irgend eine spannende oder rührende Erzählung vermuthen lassen, während es doch augenscheinlich die Absicht des Verfassers war, in der Form der bekannten platonischen Dialoge irgend eine wichtige Zeitfrage belehrend und doch angenehm zu erörtern. Der „Kaplan von Frieblingen" verdiente daher von Rechtswegen allen Männern auf Weihnachten beschert zu werden und zwar Einzelnen mit der ausdrücklichen Anweisung, das Büchlein mehrere Male aufmerksam durchzulesen und zu beherzigen. Es dürfte dann künftighin weniger Apotheker von Frieblingen und noch weniger liberale Professoren der Orthographie geben. „Zu den größten und empfindlichsten Fehlern, welche in der Neuzeit von den Vertheidigern der Wahrheit begangen worden sind, gehört unseres Erachtens dieser, daß wir in den wichtigsten Lebensfragen der Gesellschaft die in sich haltlosen Behauptungen der Gegner der geoffenbarten Wahrheit allzu kurzsichtig gewähren ließen, und wenig sorgten, den stillen und den wilden Wassern des Irrthums und der absichtlichen Täuschung einen Damm entgegenzusetzen... In dieser Beziehung für die Sache der Wahrheit und des Rechtes einzutreten und ... der Verwirrung der Geister entgegenzuwirken, ist die Aufgabe folgender Blätter." Was der Verfasser in diesen Worten verspricht, hat er im Werke selbst treu gehalten. Mit Entschiedenheit und Klarheit tritt er in einigen „der wichtigsten Lebensfragen der jetzigen Gesellschaft" der Geistesverwirrung und Täuschung entgegen. Mit tiefer Sachkenntniß und ruhiger Mäßigung bietet er in dem künstlerischen Rahmen des lebendigen Dialoges eine wohlbegründete Lösung jener schwierigen und doch so brennenden Fragen, von deren Beantwortung das Wohl und Wehe der Generationen abhängt.

Wie weit darf in den heutigen Zerwürfnissen zwischen Staat und Kirche die Klugheit des Katholiken gehen, der weder den Schimpf des Fanatikers noch die Schmach des Feiglings auf sich laden will? — darüber handelt ein fein-ironisches Gespräch zwischen dem Pfarrer von Frieblingen, dem stillen Herrn aus der guten alten Zeit, und seinem heißblütigern Kaplan, „der wohl stets mit voller Dampfkraft fahren möchte, auch wo es gilt, zu laviren". Natürlich

werben in biefer Unterrebung bie wunben Stellen berührt, welche bie un=
feligen Reibungen ber beiben öffentlichen Mächte entzünbet haben, ber Gegen=
ſtanb verallgemeinert ſich unb neue Streitkräfte treten auf ben Kampf=
platz. „Die moberne Bilbung; bie neueſte Papſtfabel; bie Blüthe ber Päda=
gogik; extrem unb gemäßigt; uralte Wahrheiten; Ehe unb Scheibung; unlös=
bare Aufgabe; bas Urtheil ber Geſchichte; bie Lehrmeiſterin ber Völker; bie
chriſtliche Familie; ein Ibeal“ — bas ſinb bie Überſchriften ber Kapitel, welche
in ebenſovielen Geſprächen bie verſchiebenen Seiten einer wichtigen Frage ber
Gegenwart behanbeln: Verhältniß zwiſchen Kirche unb Staat in Bezug auf
bie Schulen. Zur Löſung berſelben bringen bie betheiligten Perſonen ein
reichhaltiges, meiſtens erſchöpfenbes Material bei. Nach ber Reihe hören wir
außer bem ängſtlichen Pfarrer unb bem feurigen Kaplan bie Meinungen
eines unentſchiebenen Dorfapothekers, Herru Cucumus, eines liberalen Schön=
ſchreiblehrers, Herrn Profeſſor Gröhls (fein ſchwäbiſcher Vater hieß Gröhle),
eines vernünftigen Bürgermeiſters, eines culturkämpferiſchen Schulrathes
unb ſtraußgläubigen Provinzialviſitators, eines Kapuziners, ſeines Neffen,
bes jungen Doctor ber Rechte, unb ſchließlich noch eines trefflichen Ibeal=
Dorfſchullehrers, welcher bas Herz auf bem rechten Fleck unb ganz eigene
Grunbſätze über Schulorbnung unb Prüfungen hat. In biefem bunten
Zeugenverhör kommen Ibeal unb Carricatur, Für unb Wiber, poſitives Recht
unb Vergewaltigung, Speculation unb Erfahrung Jurisprubenz unb Theo=
logie zur Sprache, um eine wohlthuenbe Klarheit unb ein unparteiiſches
Urtheil über bie burch tolle Begriffsverwirrungen aller Art unſäglich ver=
bunkelte Frage zu bringen. Der gelehrte Canoniſt verſteht es, ſein reiches,
vielſeitiges, ſtreng katholiſches Wiſſen in bie knappe Form bes Dialogs zu
faſſen. Das Ergebniß biefer Stubie iſt ebenſo ſicher als feſt, ebenſo entfernt
von feiger Transaction als von übertriebenen Anſprüchen. Auf bie Sache
ſelbſt einzugehen, wäre überflüſſig, ba wir vorausſetzen müſſen, baß ber
Leſer zu biefer canoniſtiſchen „Novelle“ ſelbſt greift, unb ba überbieß bie
bort vorgetragenen Grunbſätze auch wieberholt in biefen Blättern ausgeſprochen
wurben.

„Es könnte nach bem Geſagten wohl ſcheinen, als ob bas“ — übrigens,
wie bemerkt wurbe, höchſt leicht geſchürzte — „Gewanb ber Dichtung bei ſolchen
ernſten Dingen unb trüben Zeiten zu heiter unb zu bunt ſei.“ Darauf er=
wiebert Dr. Molitor, man möge bebenken, baß es nicht ſelten ein Stück Lebens=
weisheit ſei, gute Miene zu böſem Spiele zu machen, unb eine Feuersbrunſt
nicht obenbrein burch rothgefärbte Gläſer zu betrachten. Wir glauben zubem,
in ber gewählten Behanblungsweiſe wenigſtens einen praktiſchen Vortheil zu
finben. Vor Abhanblungen haben gewiſſe Leute nun einmal große Schen,
hier bagegen unterhält bas Ballſpiel bes Diſputes bie Aufmerkſamkeit, unb
was noch mehr iſt, ber Leſer finbet nicht bloß Aufklärung für ſich, ſonbern
begegnet nicht ſelten in ben ſchlagfertigen Repliken manchem trefflich zugeſpitzten
Rebepfeil für ähnliche Wortkämpfe. Vielleicht hätte an einzelnen Stellen
auch ber Gegenrebe, wenigſtens ben ernſteren Einwürfen etwas mehr Auf=
merkſamkeit unb Bebeutung geſchenkt werben müſſen, ebenſo wäre für ben

gewöhnlichen Leser eine Zurückführung der Behauptung auf allgemeine Grund=
gesetze bisweilen sehr erwünscht gewesen.

Wir möchten zum Schlusse noch aufmerksam machen auf die äußerst
einfache, aber wunderbar rührende Erzählung eines allem Anscheine nach
jüngeren Schriftstellers. Wie der Sohn eines irischen Martyrers sich ent=
schließt, Priester zu werden, um seine verarmte Familie zu unterstützen, und
wie er dann unter allerlei Mühsalen diesen Plan glücklich ausführt, das ist
in der That kein sehr verführerischer Stoff für gewöhnliche Romanschreiber.
Franz Richter aber hat es verstanden, denselben so zu verarbeiten, daß
nicht bloß eine treffliche Erzählung, sondern auch ein herrliches Culturbild
Irlands am Anfang dieses Jahrhunderts zu Stande kam. Wie Irlands
unsägliche Leiden den epischen Hintergrund zu des „armen Studenten“
Bestrebungen und Mühsalen bilden, so fällt auch der erste Morgenstrahl von
Irlands Befreiung auf den Altar, an dem der „arme Student“ sein erstes
heiliges Opfer feiert. Der Verfasser hat diese glückliche Verschmelzung des
Persönlichen mit dem Nationalen auf die natürlichste und einfachste Weise zu
Stande gebracht. Pauls Vater starb als Martyrer für Irlands Freiheit und
Glauben, seine Güter kamen in die Gewalt des Verräthers „Ehren Sam“;
wie Paul dann in der höchsten Noth, von tödtlicher Krankheit kaum genesen,
an der Heerstraße liegt, begegnet ihm jener, der sowohl die Rechte seiner Familie
als die Freiheit seines Landes vertheidigen soll. Der Ankläger Ehren Sam’s
tritt ein Jahr nachher in das englische Parlament, und wie der alte Mack
dem mächtigen Worte dieses den väterlichen Hof verdankt, so jauchzt ganz Irland
ihm bald als seinem Befreier zu, als dem einzigen, großen Daniel O’Connell!
Auch die Ausführung dieses durchaus glücklichen Gedankenganges ist dem
Schriftsteller trefflich gelungen. Die Schilderung ist gewissenhaft und treu,
der Dialog natürlich und lebendig, der Gang der Handlung rasch und moti=
virt, die Sprache im Ganzen einfach und edel. Nur möchten wir uns erlau=
ben, auf sorgfältigere Vermeidung von Provinzialismen (z. B. S. 37: „er
wurde gewahr, daß sein Ranzen anfangs drücke“, statt: anfing zu drücken
u. s. w.) hinzuweisen. Sodann glauben wir auch, daß der Gebrauch einiger
Diminutive bisweilen etwas gekünstelt herauskommt, und die Localfarbe viel
besser erzielt worden wäre, wenn die plattdeutschen Schleifungen einzelner
Worte fortgeblieben wären. Nicht in der „Verbauerung“ der Worte liegt
der Volkston, sondern in dem natürlichen Ausdruck volksthümlicher Gedanken.
Übrigens sind diese kleinen Fehler selten, und da der Schriftsteller so aus=
nehmend glücklich viel größere Schwierigkeiten überwunden hat, können wir
uns nur der Hoffnung hingeben, er werde sein schönes Talent immer mehr
zum Besten der guten Sache ausbilden und uns auch im Laufe der Zeit
mit einem größeren, in demselben gesunden Geiste entworfenen und mit
gleicher Liebe und Sachkenntniß geschriebenen Werke erfreuen.

Wir können den Jahresschluß nicht vorübergehen lassen, ohne ein Wort
der Empfehlung zu Gunsten unserer katholischen illustrirten Zeitschriften zu
sagen. Wir haben bereits ein anderes Mal ausführlicher über diesen Gegen=
stand gesprochen und damals, wo es nöthig schien, einzelne Ausstellungen

nicht verschwiegen. Es freut uns daher um so mehr, in den seitherigen Lieferungen der betreffenden Zeitschriften ein Streben nach Abstellung jener Mängel von Zeit zu Zeit stärker hervortreten zu sehen. Die „**Katholischen Missionen**" — um mit der Religion zu beginnen — setzten in gewohnter Weise ihr apostolisches Wirken fort. Nicht bloß suchen sie ihren Lesern ein Gesammtbild der ausländischen Missionsthätigkeit zu bieten, sondern auch die Aufmerksamkeit jedesmal auf jene Punkte hinzulenken, wo eine materielle oder geistige Hilfe am bringendsten geboten ist. Wie tief in die Liebe des Volkes diese Wirksamkeit der Zeitschrift schon eingedrungen ist, beweisen die zahlreichen Almosen, welche trotz der für unser eigenes Vaterland so schlimmen Zeiten die einzelnen Nummern der Missionen zu verzeichnen haben. Im Interesse ihres heiligen Zweckes wünschen wir daher dieser Zeitschrift eine immer weitere Verbreitung und empfehlen sie vorzüglich der Aufmerksamkeit des hochw. Pfarrklerus als ein recht geeignetes Mittel, in den Herzen der Gläubigen den Geist des Seeleneifers und lebendigen Glaubens zu vermehren. Auch die beiden weltlichen Unterhaltungsschriften, die „**Alte und neue Welt**" sowohl als der „**Deutsche Hausschatz**", haben sich verdientermaßen die Gunst des Publikums erworben, und wir können im Hinblick auf die stets wachsende Verbreitung derselben jetzt ohne Sorge in die Zukunft blicken. Ihr Bestehen ist gesichert, und wir Katholiken haben endlich auch illustrirte Zeitschriften, die wir kühn mit den liberalen vergleichen dürfen.

Beide Blätter zeigen in den Probenummern des neuen Jahrganges eine verdoppelte Anstrengung, sich soviel möglich dem Ideal einer katholischen Unterhaltungszeitschrift zu nähern. Möge daher ein anhaltendes und wo nöthig noch regeres Entgegenkommen der Lesewelt den Unternehmern neuen Muth und neue Mittel zur Ausführung ihres schönen Plaues an die Hand geben.

W. Kreiten S. J.

Miscellen.

édits. (P. Colombier.) — Les Juifs en Chine. (P. Sommervogel.) — L'église catholique sous le gouvernement Russe. (P. Martinov.)

Bibliographie und Varia in jeder Nummer.

The Month etc. October. French Parties and English Sympathies. — St. Paul on Rationalism. (Rev. Rickaby.) — Historical Geography in the XVII. Century. III. — The schools of Charles the Great. (Rev. Harper.) — The Ethics of Belief. II. (H. W. Lucas.) — Alfred the Great. III. (Rev. Knight.) — A discovery in 1628. (Rev. Mac Leod.) — Our Father Man. (Rev. Rickaby.)

November. Bourdaloue and his Contemporaries. I. — The Ethics of Belief. III. (H. W. Lucas.) — The Early History of the Vulgate. (Rev. Clarke.) — Historical Geography in the XVII. Century. IV. — Alfred the Great. IV. (Rev. Knight.) — European Turkey in time of peace. (Rev. Mac Leod.) — Pope Adrian VI. (C. W. Robinson.)

Recensionen und Bemerkungen über Tagesereignisse in jeder Nummer.

Zeitschrift für katholische Theologie. I. 4. Die zureichende Gnade im Thomismus. (P. Limbourg.) — Verwaltung und Haushalt der päpstlichen Patrimonien um 600. (P. Grisar.) — Plan und Zweck des Matthäus-Evangeliums. (P. Wieser.) — Lichtpunkte im Dunkel des 10. Jahrhunderts. (P. Kobler.) — Recensionen, Bemerkungen und Nachrichten.

Die Katholischen Missionen. Unter Mitwirkung einiger Priester der Gesellschaft Jesu herausgegeben von F. J. Hutter. October. Ausflüge im Libanon. (Schluß.) — Aus dem hohen Norden Amerika's. (Fortsetzung.) — Nachrichten aus Polynesien, Ostindien, Mesopotamien. — Miscellen. — 7 Illustrationen.

November. Bombay und seine Umgegend. (Fortsetzung.) — Aus Ecuador. — Die staatlichen Wirren in Japan. — Nachrichten aus China, Ostindien, Madagascar. — Miscellen. — 8 Illustrationen.

December. Bombay und seine Umgegend. (Schluß.) — Aus dem hohen Norden Amerika's. (Fortsetzung.) — Die katholische Kirche auf Neu-Seeland. (Schluß.) Nachrichten aus Polynesien und Ostindien. — Miscellen. — 7 Illustrationen.

Beilage für die Jugend: Nr. 5 und 6. Aus Haimen. (Nach einigen Briefen des hochw. P. Albert Tscheye.) — 4 Illustrationen.